高速铁路岗位培训教材

CRH380A(L)型 动车组司机

中国铁路总公司劳动和卫生部
中国铁路总公司运输局

中国铁道出版社有限公司
CHINA RAILWAY PUBLISHING HOUSE CO., LTD.

内 容 简 介

本书为高速铁路岗位培训教材之一，全书共分为十四章，内容包括：高速铁路及动车组技术概论、动车组概述、动车组司机室、动车组牵引传动系统、动车组制动系统、动车组控制系统、动车组信息系统、动车组辅助设备、列车运行控制系统、客运专线防灾系统、高速铁路基础设备、动车组司机室设备检查和操作、动车组操纵、故障处理及非正常行车。

本书可作为高速铁路职工岗位培训教材，也可供高速铁路动车组维修和运用管理人员学习，对各类职业院校相关师生学习也有重要的参考价值。

本书内容如有不符最新规章标准之处，以最新规章标准为准。

图书在版编目（CIP）数据

CRH380A(L)型动车组司机/中国铁路总公司劳动和卫生部，
中国铁路总公司运输局组织编写．—北京：中国铁道出版社，2016.6(2025.2 重印)
高速铁路岗位培训教材
ISBN 978-7-113-21856-0

Ⅰ.①C… Ⅱ.①中… ②中… Ⅲ.①高速动车-岗位
培训-教材 Ⅳ.①U266

中国版本图书馆 CIP 数据核字(2016)第 119185 号

书　　名： 高速铁路岗位培训教材
CRH380A(L)型动车组司机
作　　者： 中国铁路总公司劳动和卫生部　中国铁路总公司运输局

责任编辑： 王明容　　**编辑部电话：**(010)51873421　　**电子信箱：**jiche@tdpress.com
封面设计： 王镜夷
责任校对： 孙　玫
责任印制： 高春晓

出版发行： 中国铁道出版社有限公司(100054，北京市西城区右安门西街 8 号)
网　　址： https://www.tdpress.com
印　　刷： 河北宝昌佳彩印刷有限公司
版　　次： 2016 年 6 月第 1 版　2025 年 2 月第 8 次印刷
开　　本： 787 mm×1 092 mm　1/16　**印张：**24.5　**插页：**1　**字数：**618 千
书　　号： ISBN 978-7-113-21856-0
定　　价： 70.00 元

版权所有　侵权必究

凡购买铁道版图书，如有印制质量问题，请与本社读者服务部联系调换。电话：(010)51873174
打击盗版举报电话：(010)63549461

前言

随着我国高速铁路的快速发展，动车组保有量不断增加，新车型不断增多，对动车组运用、检修人员的岗位技术业务和操作技能提出了更高要求。为满足各型动车组运用、检修人员岗位培训的需要，中国铁路总公司劳动和卫生部、运输局在原铁道部开发的 CRH1、CRH2、CRH5 型动车组司机、动车组机械师岗位培训教材的基础上，组织编写了高速铁路动车组系列岗位培训教材。本套教材是高速铁路岗位培训教材的重要组成部分。

本套教材分为动车组司机与动车组机械师两个系列，涵盖了目前投入运营的高速铁路动车组主要车型。教材紧扣动车组司机、动车组机械师《铁路职业技能培训规范》，内容包含了培训规范的主要能力模块。本着岗位培训实际、实用的原则，教材对动车组各系统的工作原理只作基本介绍，不作深入阐述，重点突出了动车组实际运用、检修以及故障处理等相关内容。

本套教材适用于动车组司机、动车组机械师岗前培训、岗位适应性培训或职工自学使用。需要重点说明的是，随着动车组技术的不断发展和现场运用的实际需要，动车组技术参数、系统软件及组成部件会发生更新和升级，这会导致动车组运用、检修相关规程或操作程序发生变化，可能会与本教材当前表述不一致，在实际培训教学中，建议教师编制教学讲义或现场教学以最新规程规定和新版操作手册说明为准。

本书为 CRH380A(L)型动车组司机岗位培训教材。全书共分十四章，内容包括 CRH380A(L)型动车组各系统结构原理、检查操纵以及故障处理等。为便于教学使用，书中各章均配有复习思考题。

Preface

本书由武汉铁路局负责组织编写,主编:徐维军;参加编写人员:胡晓东、潘波、孙亮、王兵兵。

本书由中国铁路总公司劳动和卫生部、运输局组织审定,主要审定人员:李刚、郭小青、韩钧、王桂峰、陆瞻、苗志刚、李伟、张炜、魏强。在本书编写、审定过程中,还得到相关厂家、铁路局的大力支持和帮助,在此一并表示感谢。

编　者

2016 年 3 月

目录

第一章　高速铁路及动车组技术概论 …………………… 1
第一节　国内外铁路运输的发展及现状 …………………… 1
第二节　高速动车组的模式及发展历程 …………………… 3
第三节　高速铁路的主要技术特点 …………………… 6
复习思考题 …………………… 6

第二章　动车组概述 …………………… 7
第一节　动车组总体 …………………… 7
第二节　车辆配置 …………………… 8
第三节　主要技术参数 …………………… 13
第四节　车钩、转向架 …………………… 15
第五节　车　　门 …………………… 26
复习思考题 …………………… 29

第三章　动车组司机室 …………………… 30
第一节　司机室布局 …………………… 30
第二节　司机室操纵设备 …………………… 32
第三节　设备柜及配电柜 …………………… 40
复习思考题 …………………… 48

第四章　动车组牵引传动系统 …………………… 49
第一节　动车组牵引传动方式 …………………… 49
第二节　牵引系统构成及工作原理 …………………… 51
第三节　辅助电源系统 …………………… 54
复习思考题 …………………… 61

第五章　动车组制动系统 …………………… 62
第一节　制动系统组成 …………………… 62
第二节　电气制动控制系统 …………………… 74
第三节　空气制动控制系统 …………………… 76

Contents

第四节　制动方式分类 …… 79
复习思考题 …… 94

第六章　动车组控制系统 …… 95
第一节　直流电源系统 …… 95
第二节　升降弓控制电路 …… 99
第三节　主断路器控制电路 …… 102
第四节　牵引运行指令控制电路 …… 104
第五节　设备远程控制电路 …… 108
复习思考题 …… 113

第七章　动车组信息系统 …… 114
第一节　信息及网络系统 …… 114
第二节　终端装置 …… 119
复习思考题 …… 158

第八章　动车组辅助设备 …… 159
第一节　车门集控系统 …… 159
第二节　空调换气系统 …… 163
第三节　烟火报警系统 …… 168
第四节　旅客信息系统 …… 169
复习思考题 …… 175

第九章　列车运行控制系统 …… 176
第一节　列控系统概述 …… 176
第二节　CTCS 系统分级与组成 …… 183
第三节　列控车载设备工作模式 …… 204
第四节　车载 ATP 的显示 …… 208
第五节　列控系统主要运营场景 …… 218
复习思考题 …… 232

第十章　客运专线防灾系统 …… 233
第一节　防灾安全监控系统概述 …… 233
第二节　防灾安全监控系统子系统 …… 234
复习思考题 …… 240

Contents

第十一章　高速铁路基础设备……………………………… 241
第一节　动车组信号系统 ……………………………………… 241
第二节　牵引供电系统 ………………………………………… 242
第三节　客运专线线路与道岔基本知识 ……………………… 247
第四节　行车组织和调度指挥系统 …………………………… 266
第五节　高速铁路列车通信设备 ……………………………… 271
复习思考题……………………………………………………… 275

第十二章　动车组司机室设备检查和操作………………… 276
第一节　司机室内设备检查 …………………………………… 276
第二节　司机室内设备操作 …………………………………… 281
第三节　制动、电气试验 ……………………………………… 287
第四节　行车安全装备操作 …………………………………… 288
复习思考题……………………………………………………… 319

第十三章　动车组操纵……………………………………… 320
第一节　出入段操纵 …………………………………………… 320
第二节　运行途中操纵 ………………………………………… 322
第三节　动车组重联与解编 …………………………………… 325
第四节　动车组回送与救援操作 ……………………………… 330
复习思考题……………………………………………………… 342

第十四章　故障处理及非正常行车………………………… 344
第一节　动车组设备故障处理 ………………………………… 344
第二节　列控系统故障处理 …………………………………… 349
第三节　非正常行车处理 ……………………………………… 355
第四节　典型案例 ……………………………………………… 367
复习思考题……………………………………………………… 370

附录一　列控系统基本概念和名词术语…………………… 371

附录二　电气缩略语中英对照表…………………………… 373

第一章　高速铁路及动车组技术概论

自世界上第一条铁路建成至今，铁路的发展已走过200年的历程，随着铁路装备的不断更新，列车运行速度的不断提高，高速铁路已经成为当今世界铁路的发展方向。

第一节　国内外铁路运输的发展及现状

一、铁路的起源

自1814年，英国人利用蒸汽机的原理制作了第一台机车，使人类迈入了“火车时代”，铁路在交通运输中的作用日益凸显。纵观世界铁路发展史，大体上可分为萌芽期、蓬勃发展期、衰退期和复苏期4个时期。

二、世界铁路的发展历程

（一）萌芽期（1825—1900年）

1825年，英国人首先在英国修建了从斯托克顿至达林顿的世界上第一条铁路，为世界铁路运输史的开端。此后，欧洲各国开始纷纷兴建铁路。

到了1850年，英国与欧洲大陆已修建了约7 000 km的铁路。美国于1833年开始修建铁路，并于1869年5月在犹他州盐湖城附近的布罗蒙特瑞完成东、西两岸铁路的通车典礼，从此美国东、西岸的交通往来可缩减为5～6天，美国东西两岸铁路连线的完成，为美国的繁荣与强大奠定了良好的基础。这一时期铁路运输在社会上所处的地位相当重要，除了影响经济发展的货物运送之外，在国防运输上更有其绝对的必要性，有鉴于此，欧美各国纷纷于这一时期兴建铁路运输系统。

（二）蓬勃发展期（1900—1945年）

这一时期由于欧美各国在海外殖民与拓荒所需，铁路迅速地发展成为陆上运输的骨干，加上其独占性，使得铁路业者成为运输业界的领导者，坐享高额利润的甜美果实，也正因为如此，大批的投资人纷纷开始在各地修建铁路。以美国为例，1920年全美国铁路里程合计已经达40万km，铁路业者也有1 085家之多。到了1941年，全世界的铁路总长度已达约126万km，其中美洲占了47%，欧洲占了33%。

（三）衰退期（1946—1964年）

二次世界大战以后，小汽车在技术上获得了关键性的突破，美国福特公司开始制造数百万辆的廉价小汽车，让当时美国人民彻底地接受了小汽车的方便性。各国政府有鉴于汽车将被广泛地使用，而纷纷投入大量资金修筑完善公路系统，以促进经济发展，并且提高国民所得，以期获取选民支持。铁路方面服务水准每况愈下，再加上铁路的可及性不及公路高，因而逐渐遭到各国政府的漠视，甚至制定许多法案限制铁路业者的营运，以避免铁路业者获取不当的独占利润。在这些不利因素影响下，铁路运输营运量开始大幅度衰退。以美国为例，到了 1955 年铁路长度约剩下 35 万 km，1965 年时，铁路又减少了 4 万 km，铁路公司减少为 552 家，铁路客运量仅占 1940 年的 20%。

（四）复苏期（1964 年以后）

1964 年，日本建成了世界上第一条运行速度为 200 km/h 的高速铁路——东海道新干线。高速列车的行驶克服了传统铁路在行车速度上的限制，行驶于东京及大阪之间，每天平均载客达 45 万人，高峰日则超过百万人，营运 7 年就将 10 亿美元的建设成本连本带利还清，从而重新找回铁路业者的希望。此后，日本、法国、德国、意大利、西班牙等国陆续完成了更新更快的高速铁路系统，从而彻底改变了铁路的不良形象。

三、中国铁路的发展历程

（一）中国铁路的起源

铁路信息和知识传入中国大约是在 1840 年鸦片战争前后。铁路运输的发展，由于受到满清政府闭关锁国政策的影响，在发展时间上落后西方国家甚久，直至 1881 年，清政府为了开采煤矿所需，兴建了唐山至胥各庄之间约 9 km 的唐胥铁路，才真正揭开了中国铁路运输史的序幕。由于这条铁路的经营效果良好，各地见此，纷纷奏请兴建铁路，到 1949 年新中国成立前夕，在我国境内兴建的铁路里程达 2.18 万 km，不过其中多属外国人出资兴建，以致路权丧失。

（二）中国铁路的发展

1949 年中华人民共和国成立之后，我国铁路建设有了统筹的规划和统一的标准，进入了一个新的大发展时期。既有铁路线路客货列车历经五次大提速后，在 2007 年 4 月 18 日第六次大面积提速时，动车组列车开始大面积出现在全国既有提速线路上，在部分提速线路最高运行速度达到 250 km/h。之后中国铁路建设开始向客运专线高速化、货运重载化方向发展。

我国六次大面积提速概况：

第一次：1997 年 4 月 1 日，京沪、京广、京哈三大干线，列车开行最高时速达 140 km。

第二次：1998 年 10 月 1 日，京广、京沪、京哈三大干线，区段最高时速达到 140～160 km。

第三次：2000 年 10 月 21 日，重点是陇海、兰新线、京九线和浙赣线。

第四次：2001 年 10 月 21 日，重点京广通道（南段）、京九通道、武昌—成都、重庆通道、浙赣线、哈大线。

第五次：2004 年 4 月 18 日，全国铁路实施第五次大面积提速，时速 160 km 及以上提速线路达到 7 700 km。

第六次：2007 年 4 月 18 日，中国铁路第六次大面积提速在京哈、京沪、京广、京九、陇海、浙赣、兰新、广深、胶济等干线展开。

到 2015 年底，中国高速铁路运营总里程达到 1.9 万公里，“四纵”干线基本成形。中国高速铁路运营里程约占世界高速铁路运营里程的 60%以上，稳居世界高速铁路里程榜首。

我国高速铁路网的发展目标：到 21 世纪中叶，建成以北京、上海、武汉、广州为中心、连接绝大部分目前人口在 100 万以上的城市和省会城市的高速铁路网，5 000 km 以内一日到达，高速铁路相连的中心城市间均可实现夕发朝至，运输能力和运输质量全面适应我国 2050 年基本实现现代化经济和社会文明发展的需要。

第二节　高速动车组的模式及发展历程

一、高速铁路的由来

1964 年 10 月 1 日，日本建成的世界上第一条高速铁路——东海道新干线正式投入运营，列车运行速度达到 200 km/h，突破了保持多年的铁路运行速度世界纪录。由于东海道新干线票价较飞机票便宜，从而吸引了大量旅客，迫使东京至名古屋的飞机航班停运。它成为世界上铁路与航空竞争中取得胜利的一个范例。

20 世纪 80 年代，随着世界性能源危机、环境污染等问题的愈演愈烈，各国政府又想起了铁路的优点，与此同时，随着有关高速铁路的一系列新技术、新工艺、新设备的研究取得新的突破和发展，以及各国铁路运输管理体制改革的深入，世界铁路开始进入"第二发展期"——高速铁路的大发展期。

二、世界高速铁路的发展历程

美国 Calgary 大学比尔（Anthony Perl）教授分析了世界高速铁路的发展史，将 1964 年建成高速铁路至今发展的历程描述为三次浪潮。

第一次浪潮：高速铁路初创时期，日、法、德三国建成初期的高速铁路。

第二次浪潮：高速铁路网络规划及初扩建设，日本和欧洲开始建设高速铁路网，高速铁路技术带动周边国家。

第三次浪潮：其他国家开始研究和建设高速铁路，高速铁路的里程将成倍增加。

世界高速铁路的发展模式：

日本新干线模式——全部修建新线，旅客列车专用。

法国 TGV 模式——部分修建新线，部分旧线改造。

德国 ICE 模式——全部修建新线，旅客列车和货物列车混用。

英国 APT 模式——既不修建新线，也不对既有线路进行大量改造，主要依靠摆式列车提速，旅客列车和货物列车混用。

目前，国际铁路联盟（UIC）认为高速铁路的定义相当广泛，包含高速铁路领域下的众多系统。高速铁路是指组成这一"系统"的所有元素的组合，包括：基础设施、高速动车组和运营条件。

当今世界上，铁路速度的划分一般定为：时速 100～120 km 称为常速；时速 120～160 km 称为中速；时速 160～200 km 称为准高速和快速；时速 200～400 km 称为高速，时速 400 km 以上称为特高速。对于"高速"的水平，随着技术进步而逐步提高。西欧把新建时速达到250～300 km、旧线改造时速达到 200 km 的称为高速铁路；1985 年联合国欧洲经济委员会在日内瓦签署的国际铁路干线协议规定：新建客运列车专用型高速铁路时速为 300 km，新建客货运列车混用型高速铁路时速为 250 km。

中国 2014 年 1 月 1 日起实施的《铁路安全管理条例》规定：高速铁路是指设计开行时速 250 km 以上（含预留），并且初期运营时速 200 km 以上的客运列车专线铁路。

三、高速动车组的模式与发展

将一定数量的动力车和拖车连挂，形成编组固定的车组称为动车组。动车组一般在两端均设置司机室，列车折返时不必调头，以满足城际间运行需要。

（一）高速动车组的特点与模式

动车组按动力分布情况分为动力集中型和动力分散型两种。

动力集中型动车组是指将列车电气和动力设备集中安装于位于列车端部的动力车上，仅动力车的轮对是动力轮对，动力车不载客，旅客主要集中于中间拖车的动车组。法国 TGV、德国 ICE1 和 ICE2、瑞典 X2000 等均属于动力集中型动车组。这种动车组与传统列车模式相似，便于按传统习惯进行运营和维修管理，故障相对较高的电气与机械设备集中在动力车上，便于保养，而且工作环境也较清洁。由于拖车不设置牵引电气和机械设备，故拖车内噪声、振动小，其动力车可以进行摘挂与转换，可以满足电气化区段与非电气化区段的直通运行需要。但动力集中型动车组也存在着一些固有缺陷，诸如其动轴轴重难以降低、轮轨间动作用力较大、动力集中方式使列车相对载客量减少、黏着质量不及动力分散动车组、速度的进一步提高将受到功率和黏着的限制、列车动力制动性能欠佳等。

动力分散型动车组是将由电机驱动的动力轮对分散布置在列车的全部或部分轮对上，同时将列车的主要电气和机械设备吊挂在车辆下部，列车全部车辆可载客的动车组。日本新干线动车组、我国 CRH 系列动车组均属于动力分散型动车组。其优点是：可充分利用列车载客，黏着性能优于动力集中型动车组，而且由于动力设备分散设置在各车体下，其动轴轴重小，可以减小车辆与轨道之间的动作用力。动力分散型动车组编组灵活，扩编运行后可在保持其列车牵引特性不变的前提下增加运能，较好地满足了铁路客运市场的需要。但是，动力设备分散布置也带来了车下吊装设备影响车内舒适性、设备布置困难、设备工作环境差等新问题。

（二）动车组的发展历程

1. 国外高速动车组的发展

自 1964 年 10 月 1 日，日本建成世界上第一条高速铁路以来，动车组的运用经过了 50 年的发展，形成了以日本新干线、法国 TGV 和德国 ICE 高速动车组为代表的三大技术体系。各国动车组从本国实际需要出发，具有各自的技术特色，为推动世界铁路向高速化发展起到了积极的作用。

日本是世界上最早开行高速动车组的国家。在日本计划修建东海道新干线时，其高速动车组设计就已经同步展开，0 系新干线列车成为世界上最早运行的高速动车组。日本随着新干线网络的不断扩大，为了在不同的线路条件下提高列车运行速度和乘客的舒适度，降低列车对环境的影响，在 0 系、100 系、200 系、100N 系列车的基础上先后开发了 300 系、400 系、500 系、700 系、800 系、E1 系、E2 系、E3 系、E4 系等二十余种新干线用电动车组。自设计之初起，日本一直坚持采用动力分散作为其动车组发展模式。此外，日本新干线动车组的另一大特点是注重新技术的运用，如主动、半主动悬挂和旋转涡流制动、空气阻力制动等技术均最早运用在新干线动车组上。其动车组轻量化、车辆空气动力学设计水平已经走在世界前列。

法国作为世界铁路运输最发达的国家之一，早在 1955 年 3 月 29 日，就创造了电力机车牵引列车 331 km/h 的速度纪录。在 20 世纪 70 年代，迅速发展的公路和航空运输使法国铁路受到了前所未有的冲击，传统铁路越来越不能适应现代社会对铁路旅客运输的需要。同时，1964 年日本新干线建成并投入运行也大大激发了法国铁路同行的积极性。自 1967 年起，法国国营铁路公司在设计制造高速动车组方面，首先尝试将航空用燃气涡轮发动机用于铁路动车组。1973 年，法国研制出第一列 Z7001 电动车组，1975 年最高试验速度达到 309 km/h。法国开始着力研究交—直传动的 TGV-PSE 动车组，并在 1981 年 9 月投入运用。此后，法国先后研制了交—直—交传动的 TGV-A、西班牙 AVE、、TGV-K 等型号的高速动车组。TGV-A325 动车组于 1990 年 5 月在大西洋线创造了 515.3 km/h 轮轨系统高速行车的世界纪录。在保持了

17年后，该纪录再次被打破，2007年4月3日，法国V150试验动车组创造了574.8 km/h的高速铁路试验速度新纪录。近年来，法国国家铁路与Alstom等共同设计的新型动力分散动车组AGV已投入试验运行。

德国是一个铁路历史悠久的国家，德国的政治家比其他欧洲国家更早地认识到了铁路的重要性。早在1970年，原联邦德国政府技术研究部就开始组织对未来长途运输系统新技术的研究。但是在发展高速铁路采用磁悬浮技术还是轮轨技术的问题上，德国经过了旷日持久的讨论，影响了德国铁路高速化的进程，1973年和1976年动工修建的两条高速新线进展缓慢。直到20世纪80年代中期，原联邦德国政府才意识到以往政策的失误，同时法国TGV列车的成功运营也刺激着素以高技术著称的德国，原联邦德国政府加快了发展高速铁路的步伐。1982年8月，联邦铁路投资1 200万马克，试制ICE试验型城间快车。1985年，2动3拖的ICE/V试验型高速电动车组试制成功，同年，其最高试验速度达到317 km/h。1988年5月，ICE/V型试验列车在汉诺威—维尔茨堡间创造了406.9 km/h的高速动车组速度纪录。在ICE/V的基础上，1985年12月联邦铁路确定了ICE设计任务书，1986年开始试制ICE1型高速动车组，1990年7月试制完成并于1991年6月2日以280 km/h的速度正式投入运行。东西德统一后，德国政府决定修建柏林—汉诺威的高速铁路，同时开始了第二代ICE高速动车组ICE-2型的开发，1996年，该型动车组投入运用。德国1995年开始动工修建的科隆—法兰克福的高速铁路最高运行速度提高到了300 km/h，线路最大坡度达到40‰，因此，ICE-2型列车已经不能满足运行需要。德国铁路于1994年向工业界订购了50列ICE-3型动力分散电动车组并于1997年投入运行。

日本、法国和德国高速铁路的成功经验也带动了世界其他国家和地区高速铁路的发展。意大利、西班牙、瑞典、韩国和我国台湾地区均已有高速铁路投入运行。值得一提的是，除采用日本、法国和德国的技术外，瑞典等国家还通过采用摆式列车提高列车运行速度，以实现既有线路高速化，取得了良好的效果。

2. 我国动车组的发展

我国自20世纪50年代开始引进动车组，先后从匈牙利引进的NC3型内燃动车组和自行设计制造的“东风”号双层动车组在北京—天津等区段投入试验运行。但由于不能适应传统的机车车辆运用、管理、检修体制，动车组并未得到广泛的运用。

改革开放后，基于城际旅客运输的需要，我国开始逐渐认识到动车组的特有优势。由于列车牵引功率与其运行速度的三次方成正比，更高的运行速度要求列车具有更大的牵引功率。基于高速运行对车辆性能的需要，我国高速动车组选择了动力分散模式。

为进一步增强设计、制造能力，并满足第六次提速列车运行速度达到200 km/h的需要，我国机车车辆工业企业引进技术制造了CRH1、CRH2和CRH5型动力分散型高速动车组，并已投入运营，这些动车组最高运营速度可达到250 km/h。随后引进技术建造了最高运营速度达300 km/h的CRH2C、CRH3C型动车组。2009年经过消化、吸收再创新，我国机车车辆企业研制出时速380 km的CRH380A、CRH380AL、CRH380B(G)、CRH380BL、CRH380CL型动车组。

本章讲述的CRH380A/AL型动车组，是中车青岛四方机车车辆股份有限公司在CRH2C型动车组的基础上研制的适合380 km/h高速铁路运营的高速动车组列车。CRH380A系列为动力分散式、交流传动的电动车组，采用了铝合金空心型材车体。CRH380A系列分为CRH380A(8辆编组)和CRH380AL(16辆编组)动车组。2010年12月3日，CRH380A—6041L动车组在京沪高速铁路进行冲高速试验，当日上午11时6分，列车从枣庄西站出发，11时28分，列车在宿州东站附近达到486.1 km/h的最高运行时速，中国高速铁路再次刷新“正常营运编组列车运营线最高试验速度”。2013年根据中国铁路总公司的要求，根据运营经验和乘客乘坐需求，在各型动车组技术平台上，通过对列车的车型、定员、旅客服务设施、司机操控设备、列车的主要性能等进行统一设计而衍生出 CRH380A 统型动车组。

经过 40 余年的发展，动力分散已经成为国内外高速动车组的主要模式，其良好的黏着性能和较小的轴重能够较好地满足高速运行的需要。

第三节　高速铁路的主要技术特点

一、高速铁路特点概述

高速铁路在激烈的客运市场竞争中以其突出的优势，不但在日、法、德等国家占据了城际干线地面交通的主导地位，并在世界诸多经济发达的国家和地区迅速扩展。高速铁路在不长的时期内之所以能取得如此的发展势头，根本原因是基于轮轨关系的高速技术充分发挥了既先进又实用的特点，特别是在中长距离交通中的独特优势。实践表明，高速铁路已是当代科学技术进步与经济发展的象征。高速铁路虽然源于传统铁路，但借助于多项高新技术已全面突破了常规铁路的概念，形成一种能与既有路网兼容的新型交通系统。其具备全天候、运能大、速度快、能耗低、污染轻、安全系数高、土地利用率高、正点率高、乘坐舒适方便、效益好等十大优势。

20 世纪后期科学技术蓬勃发展，迅速转化为生产力的三大技术有：计算机及其应用；微电子技术、电力电子器件的实用化与遥控自控技术的成熟；新材料、复合材料的推广。高速铁路绝非依靠单一先进技术所能成功，它正是建立在这些相关领域高新技术基础之上，综合协调，集成创新的成果。因此，高速铁路实现了由高质量及高稳定的铁路基础设施、性能优越的高速列车、先进可靠的列车运行控制系统、高效的运输组织与运营管理体系等综合集成。系统协调的科学性，则是根据铁路行业总的要求，各子系统均围绕整体统一的经营管理目标，彼此相容，完整结合。

二、高速铁路的技术特点

高速铁路是超大规模的集成系统，由工务工程、牵引供电、通信信号、动车组(高速列车)、运营调度系统、客运服务系统六大子系统有机组合而成。各系统既自成体系，又相互关联。

高速铁路包括四大类核心技术。首先是高速铁路线路技术，保证列车全天候高速运行冲击下线路高平顺度，使之整体上满足高速行车在运动学、动力学、空气动力学及运输质量方面的各项技术指标。其次是列车控制技术，高速铁路列车控制系统属于系统复杂、跨度大、可靠性高的安全控制系统。第三是弓网高速受流技术，列车高速运行时动态取流、保证受流质量和系统的稳定性和可靠性。第四是高速列车技术，高速列车是当代高新技术的集成，高速列车在车型、牵引、制动、减振、列控、检测、供电等一系列专业技术上都取得重大突破，为满足更高的目标需求，其技术设备仍在不断更新换代。

复习思考题

1. 试述世界高速铁路的三次浪潮。
2. 简述高速铁路的特点。
3. 何谓高速铁路，国际及我国对高速铁路是如何界定的？
4. 简述中国高速铁路在当今世界的地位。
5. 动力分散型动车组的优缺点有哪些？

第二章　动车组概述

CRH380A 系列动车组包括 CRH380A、CRH380AL、CRH380A 统型动车组，本章以 CRH380A 统型动车组为主进行讲解，并对 CRH380A 其他型号动车组的不同点进行简要介绍。

第一节　动车组总体

一、动车组概述

(一)CRH380A(统)型动车组基本情况简述

1. CRH380A 型动车组，采用 6 动 2 拖的编组方式，编组配置如图 2-1 所示。另外，两列动车组可连挂运行。列车设有带一等包厢座位的一等座车(ZY)2 辆、二等座车(ZE)3 辆、带观光座的二等座车(ZEG)2 辆和带酒吧的二等座车(ZEC)1 辆。其中一等座采用 2+2 方式布置，二等座为 2+3 布置。除了带酒吧的二等座车、一等包厢座位外，其他车厢所有座位均能旋转。列车设有观光座定员 12 人，一等包座定员 6 人，一等座定员 89 人，二等座定员 373 人，全列定员 480 人。

2. CRH380A 统型车，1 车设一等座/商务座，8 车设二等座/商务座，4 车设带残疾人设施二等座，5 车设置二等座车/餐车，其余均为二等车，全列总定员 556 人，商务定员 10 人，一等车定员 28 人，二等车定员 518 人。

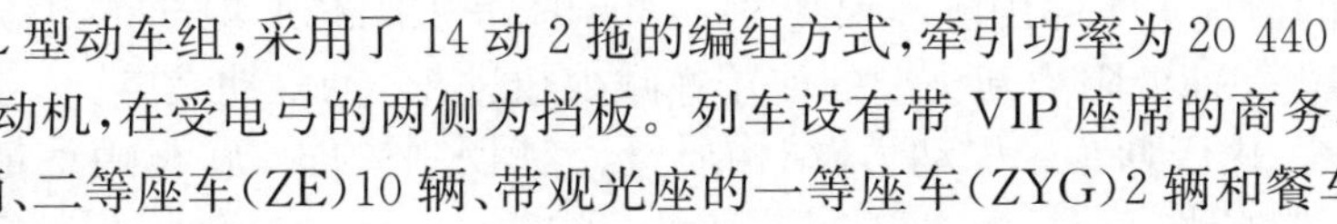

图 2-1　CRH380A 型动车组动力配置

T—拖车；M—动车

(二)CRH380AL 型动车组基本情况简述

CRH380AL 型动车组，采用了 14 动 2 拖的编组方式，牵引功率为 20 440 kW，7 个动力单元，56 台牵引电动机，在受电弓的两侧为挡板。列车设有带 VIP 座席的商务车(SW)1 辆、一等座车(ZY)2 辆、二等座车(ZE)10 辆、带观光座的一等座车(ZYG)2 辆和餐车(CA)1 辆。其中一等座采用 2+2 方式布置，二等座为 2+3 布置，商务车和观光座为 1+2 布置。除了带酒吧的二等座车外，其他车厢所有座椅均能旋转。前期列车商务座定员 28 人、一等座定员 162 人，二等座定员 838 人，全列定员 1 028 人。后期列车商务座定员 26 人、一等座定员 112 人，二等座定员 923 人，全列定员 1 061 人。

CRH380AL 型动车组编组配置如图 2-2 所示。

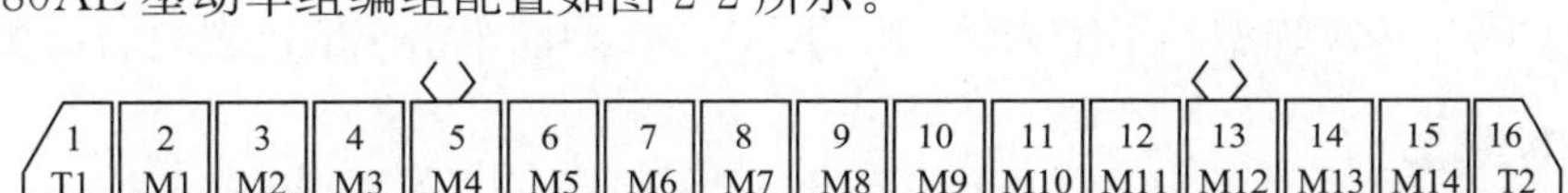

图 2-2　CRH380AL 型动车组动力配置图

二、CRH380A(L)型动车组方向定义和标识

CRH380A(L)型动车组方向定义和标识如图 2-3 所示。

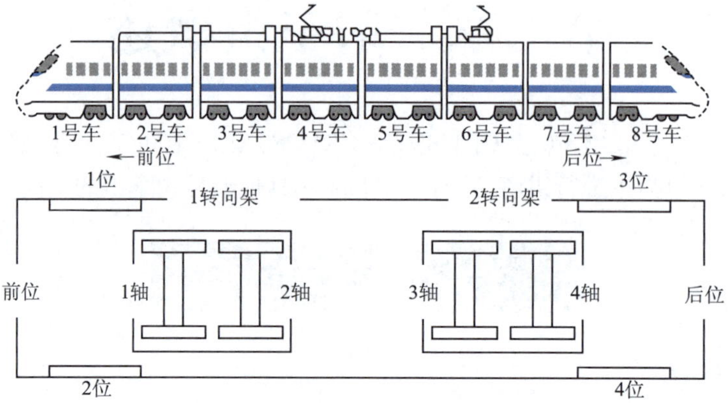

图 2-3　CRH380A 型动车组方向定义及标识

注:CRH380AL、CRH380A 统型动车组方向定义及标识与 CRH380A 型动车组类同。

三、主要技术特点

1. 低阻力流线头型。CRH380A 型动车组运行时新头型的阻力系数小于 0.13,尾车升力系数小于 0.08。

2. 振动模态系统匹配。优化了转向架设计参数并改善车厢内部结构,以配合动车组车体的自然振动频率,有效抑制列车在高速运行时的车体结构性共振,同时提高了乘坐舒适度。

3. 高强度气密性。由于列车运行最高速度提高到 380 km/h,为满足两列动车同时双向通过隧道的气密需要,CRH380A 型动车组进一步提升了气密性,车厢采用差压控制模式的全密封加压。车厢内压力从 4 000 Pa 下降到 1 000 Pa 实际大于 180 s,气压变化值小于200 Pa/s。

4. 高速转向架。CRH380A 系动车组使用 SWMB-400/SWTB-400 型无摇枕转向架,由 CRH2C 二阶段使用的 SWMB-350/SWTB-350 型改良而来。两者相比,新的转向架增加了抗侧滚扭杆,带两组抗蛇行减振器,加强了二系悬挂空气弹簧柔度,提高了转向架的稳定性和减振效果,满足转向架临界失稳速度达 550 km/h 的指标要求。中国与欧盟的列车脱轨系数安全标准是小于或等于 0.8,实验结果表示,当 CRH380A 型动车组运行速度为 386.3 km/h 时,其最大脱轨系数为 0.34。

5. 噪声控制技术。列车采用各种新型噪声吸收和阻隔技术材料,CRH380A 系动车组在速度 350 km/h 的情况下车厢内噪声保持 67～69 dB,与 CRH2A 型动车组以 250 km/h 速度运行时的情况相当。而低阻力新头型的使用亦减少超过 5%的气动噪声。

6. 车辆减重。由于列车牵引动力、结构质量、减噪水平的提高,车辆重量相应增加,但轴重仍维持在 15 t 的水平。

7. 高效率再生制动。再生能量回馈电网效率达到 90%。

第二节　车　辆　配　置

下面以 CRH380A 统型动车组为例,对 CRH380A 型动车组车辆配置进行简要讲解。

一、车辆配置

车辆配置见图 2-4 及表 2-1。

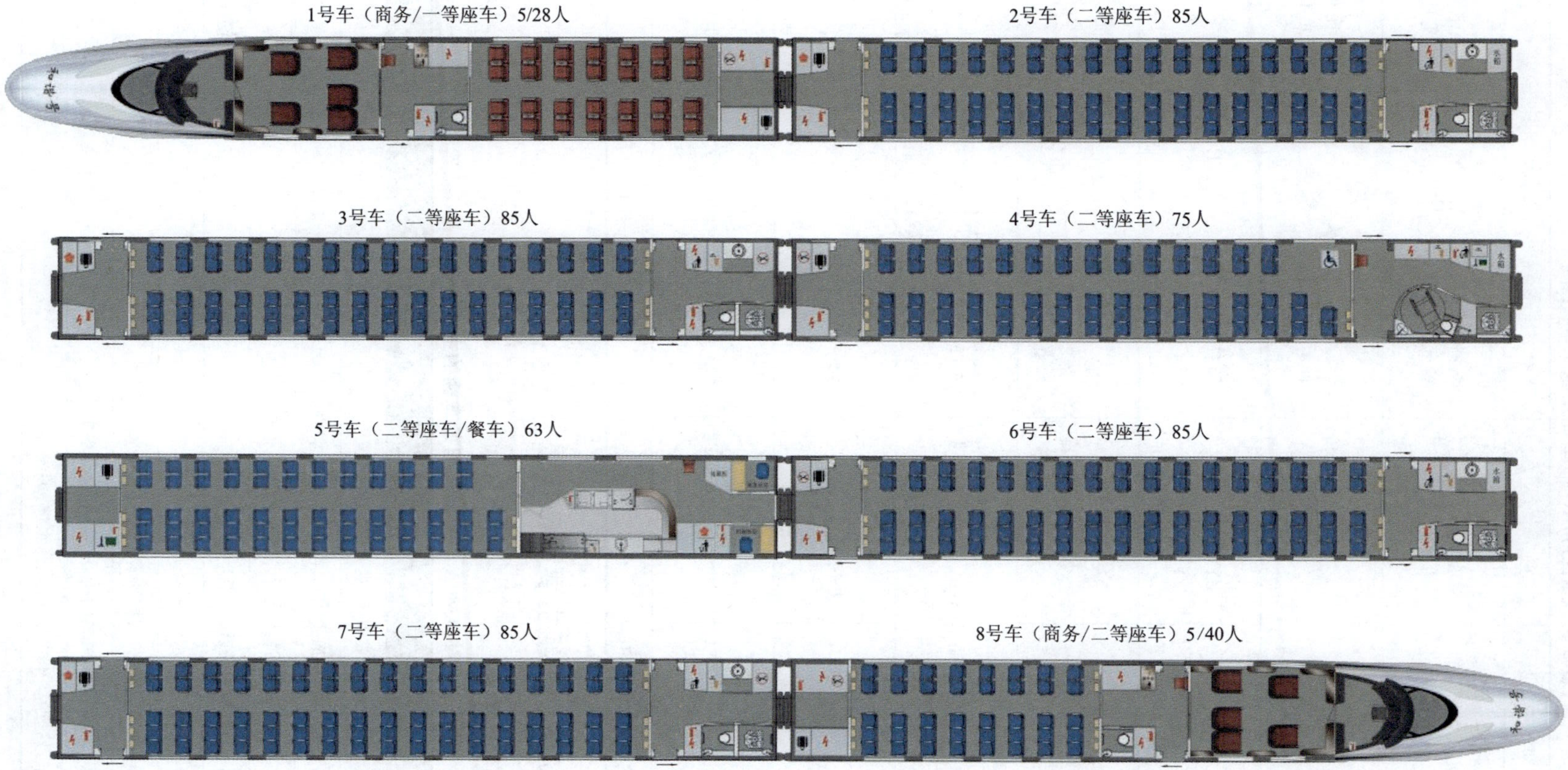

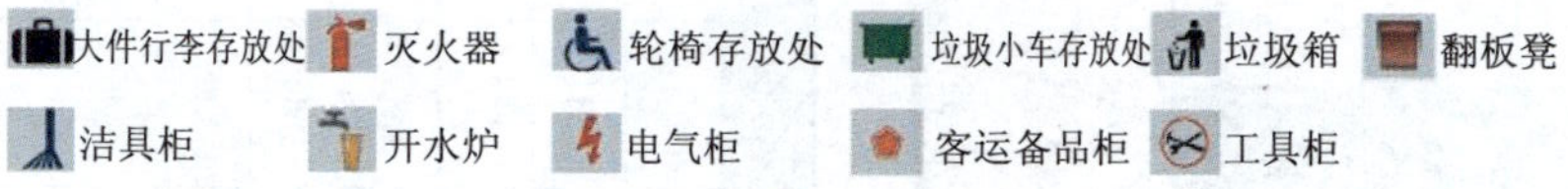

总定员：556人（商务座10人，一等座28人，二等座518人）								
车号	1	2	3	4	5	6	7	8
等级	商务/一等	二等	二等	二等	二等	二等	二等	商务/二等
定员（人）	5/28	85	85	75	63	85	85	5/40

图 2-4　CRH380A 统型动车组车辆配置图

表 2-1 CRH380A(统)型动车组车辆配置

车厢号	1	2	3	4	5	6	7	8
车型 (CRH380A—6001~6040)	二等座车/ 特等座	二等 座车	一等座车/ 特等座	一等座车	二等座车/ 餐车	二等座车		二等座车/ 特等座
车型 (CRH380A—6141~6200)	一等座车/ 观光车	二等座车			二等座车/ 餐车	二等座车		二等座车/ 观光车
车辆编号 (CRH380A—6001~6040)	CRH380A—6××× ZET 6×××01	ZE 6×××02	ZYT 6×××03	ZY 6×××04	ZEC 6×××05	ZE 6×××06	ZE 6×××07	CRH380A—6××× ZET 6×××08
车辆编号 (CRH380A—6141~6200)	CRH380A—6××× ZYG 6×××01	ZE 6×××02	ZE 6×××03	ZE 6×××04	ZEC 6×××05	ZE 6×××06	ZE 6×××07	CRH380A—6××× ZEG 6×××00
动力配置	拖车 带驾驶室(Tc)	动车(M)		动车,带受电弓(Mp)	动车(M)	动车,带受电弓(Mp)	动车(M)	拖车 带驾驶室(Tc)
定员(人) (CRH380A—6001~6040)	6+40	85	6+27	51	14+38	85	85	6+40
定员(人) (CRH380A—6141~6157)	5+28	85	85	75	63	85	85	5+40
动力单元	单元 1				单元 2			

二、CRH380A 统型动车组主要设备布置

各车辆的主要设备见表 2-2。

表 2-2 CRH380A 统型动车组各车辆的主要设备配置

车号	形式	主要设备	其他
1	T1	一等车、驾驶室、坐式厕所、观光区、电开水炉	
2	M1	二等车、坐式厕所、蹲式厕所、洗脸间、电开水炉	
3	M2	二等车、坐式厕所、蹲式厕所、洗脸间、电开水炉	
4	M3	二等车、蹲式厕所、残疾人卫生间、电开水炉	带受电弓可乘坐轮椅
5	M4	二等车、餐车、电开水炉、乘务员室、机械师室	
6	M5	二等车、坐式厕所、蹲式厕所、洗脸间、电开水炉	带受电弓
7	M6	二等车、坐式厕所、蹲式厕所、洗脸间、电开水炉	
8	T2	二等车、驾驶室、坐式厕所、电开水炉、观光区	

(一)车顶设备布置

1. 车顶设备布置

车顶设备的结构为降低噪声，尽量消除突起的部分，力求平滑化。M3、M5 车车顶上安装受电弓、绝缘子、高压隔离开关、高压互感器、保护接地开关(EGS)及外绝缘电缆连接接头。两头车(T1、T2)上设置无线天线。5 车(M4)上配置了 FM 天线。在 2～6 车车顶设贯通特高压电缆，向各单元提供电力。特高压电缆设置在车顶上，车辆间的连接部使用支撑绝缘子加车间跳线形式。

2. 冬季注意事项

车顶高压部件在入库时，请检查各设备及其绝缘子上有无积雪和雪水结冰，应首先清理积雪和结冰，然后严格按照执行车顶高压部件检查及维护保养要求。

(二)车下设备及配置

车下设备分布按照车辆配重均衡的原则设置。

在 1 车车底 1 轴前端中央位置安装 Balise 天线，两侧安装 TCR 天线，1 位转向架后端中央位置安装 Balies 天线。在 8 车车底 4 轴后端中央位置安装 Balise 天线，两侧安装 TCR 天线，3 轴前端中央位置安装 Balies 天线。

在各车枕内靠近转向架处装有空调装置(每车 2 个)，与空调并排安装了制动控制装置(1 车 1 位，2～8 车 2 位)或换气装置及换气装置逆变器箱(1 车 2 位，2～8 车 1 位)。2～7 车枕内靠近空调处装有主电机用冷却风机。

在 1、8 车装有辅助电源装置及辅助整流器箱，在 3、7 车，装有电动空气压缩机，在 4、6 车二位角设有辅助电动空气压缩机。2～7 车车体中间安装了牵引变流器，2、4、6 车还安装了牵引变压器和高压设备箱，5 车枕内还安装了辅助电源装置。

3、5、7 车枕内、1 车 2 位端、8 号 1 位端设置了车下水箱，除 5 车未设污物箱外，1、8 车设置在枕内，其他各车设置在 2 位端部。2、4、5、6 车一位角设置了接触器箱。蓄电池箱设置在 2、3、5、7 车的枕外端部，其中 3、5 车设置了两个蓄电池箱(3 车位于一、二位角，5 车位于二、三位角)。

1、3、7、8 车车下设有停放制动装置，1～8 车车下设有单相逆变电源，1 车的一位端枕内和 8 车的二位端枕内设有 BP 救援装置和刮雨器水箱，1～8 车的车底 2 轴和 3 轴中部设有防滑阀。

车下设备底面要求平滑，设备结构综合考虑了车下环境(积雪、雨水、轨道异物)和设备噪声、振动等方面因素。

三、CRH380AL 型动车组车辆配置

CRH380AL 型动车组为 16 辆编组，在设备布局上基本与 CRH380A 型动车组类似，在高压系统上两个 8 辆车互为独立，车辆配置见表 2-3。

表 2-3　CRH380A(L)型动车组车辆配置表

车厢号	1	2	3	4	5	6	7	8	9	10	11	12	13	14	15	16
车型(CRH380A—6041L～6070L)	一等座车/观光车	一等座车	商务车	一等座车	二等座车				餐车	二等座车						一等座车/观光车
车型(CRH380A—6071L～6140L)	一等座车/商务车	一等座车		二等座车					餐车	二等座车						一等座车/商务车
车辆编号(CRH380A—6041L～6070L)	CRH380A—6×××LZYG 6×××01 ZYS	ZY 6×××02	SW 6×××03 ZY	ZY 6×××04 ZE	ZE 6×××05	ZE 6×××06	ZE 6×××07	ZE 6×××08	ZEC 6×××09	ZE 6×××10	ZE 6×××11	ZE 6×××12	ZE 6×××13	ZE 6×××14	ZE 6×××15	CRH380A—6×××LZYG 6×××00 ZYS
车辆编号(CRH380A—6071L～6140L)	CRH380A—6×××L ZYS 6×××01	ZY 6×××02	ZY 6×××03	ZE 6×××04	ZE 6×××05	ZE 6×××06	ZE 6×××07	ZE 6×××08	ZEC 6×××09	ZE 6×××10	ZE 6×××11	ZE 6×××12	ZE 6×××13	ZE 6×××14	ZE 6×××15	CRH380A—6×××LZYS 6×××00
定员(人)(CRH380A—6041L～6070L)	25+2	56	24	56	73	85	85	85	38	85	85	85	85	85	85	25+2
定员(人)(CRH380A—6071L～6140L)	10+3	56	56	85	73	85	85	85	38	85	85	85	85	85	85	10+3
动力配置	带驾驶室拖车(Tc)	动车(M)			带受电弓动车,车厢两端均有(Mp)	动车(M)							带受电弓动车,车厢两端均有(Mp)	动车(M)		带驾驶室拖车(Tc)
动力单元	单元1			单元2		单元3		单元4		单元5		单元6		单元7		

第三节 主要技术参数

一、牵引系统

CRH380A 系动车组采用动力分散交流传动方式，列车前后两端设驾驶室，通常运行时在前端驾驶室操作。列车牵引系统参数简介如下：

1. 供电方式为单相交流 25 kV，50 Hz；

2. 工作电压：最高电压 31 kV，最低电压 17.5 kV，网侧电压在 22.5～31 kV 时输出额定功率；

3. 动车组在规定载客人数，直线、平坦区间时从 0～200 km/h 的平均加速度不小于0.35 m/s^2；

4. 具有由牵引、再生制动控制的定速行驶功能，其定速范围为 30～350 km/h；

5. 牵引变压器 2 次绕组侧设有 2 个线圈，1 次侧的电压为 25 kV 时，2 次侧两个牵引绕组电压不小于 1 650 V，辅助绕组电压为 400 V。

二、制　　动

1. 制动距离

动车组制动性能在平坦线路上施加快速制动时制动距离或减速必须满足列车追行间隔的要求，制动距离不小于如下要求：制动初速度为 350 km/h 时≤6 500 m；制动初速度为 300 km/h 时≤3 800 m。

2. 制动性能（减速模式）

最大常用制动（7 级）、快速制动、紧急制动制动性能见表 2-4。

表 2-4　制动性能参照表

制动方式	制动初速（km/h）	减速度设定值（m/s^2）
常用 7 级	0	0.553
	20	0.747
	70	0.747
	118	0.619
	200	0.505
	300	0.365
	350	0.295 2
快速制动	0	0.999
	20	1.35
	70	1.35
	118	1.243
	200	0.953
	300	0.599
	350	0.398
紧急制动	≤250	0.706 5
	≥250	0.519 0

三、轴　　重

CRH380A 统型动车组各车的设计质量见表 2-5，定员时最大平均轴重不大于 14.8 t。

表 2-5　CRH380A 统型动车组各车辆的设计质量

车　号	1	2	3	4	5	6	7	8
车　种	T1	M1	M2	M3	M4	M5	M6	T2
整备质量(t)	48.9	51.4	48.2	51.7	48.7	52.0	47.4	48.5
定员质量(t)	52.2	58.6	55.4	58.1	56.0	59.2	54.6	52.8
平均轴重(t)	13.1	14.7	13.9	14.5	14.0	14.8	13.7	13.2
额定输出(kW)	0	1 600	1 600	1 600	1 600	1 600	1 600	0

四、最小通过曲线半径

连挂运行时：≥R250 m。

单车调车时：≥R150 m。

S 曲线时：≥R180 m(曲线+最小 10 m 直线+R180 m 曲线)。

五、CRH380A(L)型动车组总体技术参数

CRH380A(L)型动车组主要技术参数见表 2-6。

表 2-6　CRH380A(L)型动车组主要技术参数表

车　型	CRH380A	CRH380AL
动力配置	6M2T	14M2T
车厢类型	一等座车、二等座车、二等座车/餐车、二等座车/观光车	一等座车、二等座车、餐车、商务车、一等座车/观光车
客室布置	一等座：2+2 二等座：2+3	
持续运营速度(km/h)	350	
最高运营速度(km/h)	380	
试验速度(km/h)	≥400	
最高试验速度(km/h)	416.6	486.1
适应轨距(mm)	1 435	
适应站台高度(mm)	1 200	
车体材质	铝合金空心型材	
气密性	车内压力从 4 kPa 降到 1 kPa 时间大于 180 s	
传动方式	交—直—交	
车长(m)	203	403
头车长度(mm)	26 500	
中间车长度(mm)	25 000	
车辆宽度(mm)	3 380	
车辆高度(mm)	3 700	
转向架	SWMB-400/SWTB-400；H 型无摇枕、转臂式定位、空气弹簧转向架	
转向架一系悬挂	转臂式定位+液压减振器	

续上表

转向架二系悬挂	空气弹簧＋橡胶堆	
转向架中心距(mm)	17 500	
车重(t)	388.4	890
轴重(t)	≤15	
固定轴距(mm)	2 500	
车钩高度(mm)	1 000	
车轮直径(mm)	860	
牵引变流器	IGBT 水冷 VVVF	
牵引电动机(kW)	电机功率 400	电机功率 385
牵引功率	轮周功率 8 760 kW、电机总功率 9 600 kW	轮周功率 20 440 kW、电机总功率 21 560 kW
受流电压	AC 25 kV,50 Hz	
制动方式	再生制动＋直通式电空制动	
紧急制动距离(m)	≤6 500(制动初速 350 km/h)	≤6 500(制动初速 350 km/h)
辅助供电制式	三相 AC 100 V、AC 220 V、AC 400 V,50 Hz;DC 100 V	

第四节　车钩、转向架

一、车　　钩

(一)动车组车钩的作用

动车组之间的连接装置通常包括车钩及电气与风管连接器。车钩是其中最重要的部件之一,用来连接各车辆,使之保持一定距离,并且传递和缓解动车组在运行过程中和调车中产生的纵向力和冲击力。由于动车组运行速度高,制动力大,调速频繁,因此动车组车钩采用密接式车钩,且具有空气管路和电气通路的自动连接功能。

密接式车钩属于刚性车钩,其特点是不允许两个相连接的车钩在垂直方向上有相对位移。当两个车钩的纵轴线存在高度差,在连接后,两车钩的轴线处在同一直线上并呈倾斜状态。两车体的尾部与车体为完全的销接,以保证连接车辆间具有相对的平移和角位移。由于线路的水平面及纵剖面是变化的,同时由于车体在弹簧上的振动和作用于车辆上的力,因此必须保证具有上述位移。

刚性车钩与非刚性车钩相比具有以下优点:减小了两车钩连接间的间隙,可降低列车中的纵向力作用,提高列车平稳性和旅客乘坐舒适度;由于间隙较小,因此车钩内部零件的位移减少,使零件间的相互作用力减小,改善了车钩内机构的工作条件;减小了连接表面的磨耗,减小了由于冲击而产生的噪声,它对于高速列车具有主要意义;刚性车钩在连挂时对心准确,为空气管路和电气连接创造了条件,减轻了连挂人员的劳动强度等。

(二)CRH380A(L)型动车组前端车钩

1. 概　　述

CRH380A(L)型动车组车钩钩头使用密接式,车钩距钢轨顶面高度为(1 000±10) mm。

2. 密接式车钩特征

(1)使用在高速列车上,具有充分的安全性;

(2)采用可以安装电气连接器的结构，使车辆之间电气的连接和分离比较简单；

(3)连接面的凸锥设计成圆柱形，钩舌设计成半圆柱形，使钩舌与车钩的分解、制造和维护都比较容易实施；

(4)空气管与钩体采用刚性连接。

3. 缓冲器特征

(1)前端车缓冲器具有较大的容量；

(2)中间车缓冲器由 2 组橡胶缓冲器相互压缩组成的，该型缓冲器的初压力为 0，即使相互间有很小的冲击，缓冲器也能起作用；

(3)冲击无论是从压缩到拉伸，还是从拉伸到压缩的变化，都能平滑的追随该变化并起到缓冲的作用；

(4)缓冲器无论是在压缩还是拉伸，都不会与车体产生间隙，所以缓冲器(橡胶衬板)和车体(衬板保护)之间不会有撞击的声音。

4. 中间车钩缓冲装置技术参数

(1)车钩的强度：拉伸载荷约 160 t(约 1 570 kN)，压缩载荷约 310 t(约 3 040 kN)。

(2)缓冲器性能

最大载荷：拉伸、压缩 980 kN；

能量吸收：拉伸、压缩 10.7 kJ；

行程：拉伸时 41.1 mm，压缩时 52.7 mm。

5. 头部车钩缓冲装置技术参数

(1)车钩的强度：拉伸载荷在 160 t 左右(约 1 570 kN)，压缩载荷约 310 t(约 3 040 kN)。

(2)前头车钩缓冲器

最大载荷：拉伸、压缩 980 kN；

能量吸收：拉伸 23.5 kJ，压缩 23.5 kJ；

行程：拉伸 90 mm，压缩 90 mm。

6. 车钩结构

车钩结构示意图如图 2-5 所示。

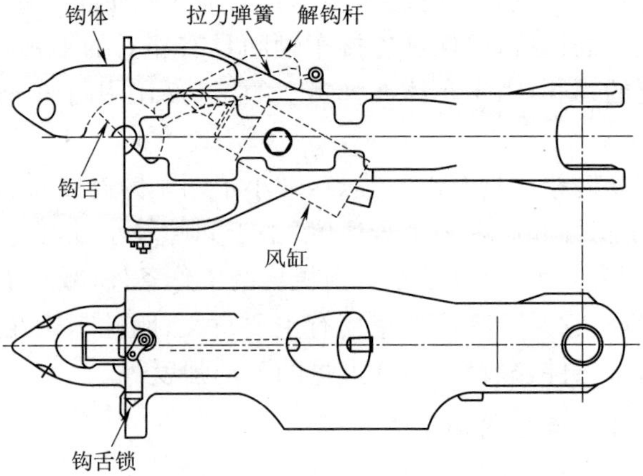

图 2-5　CRH380A(L)型动车组头车密接式自动车钩结构示意图

7. 前头自动密接式车钩连挂和解钩操作方法

自动密接车钩的工作过程主要分连挂和解钩两种。当两车需要连挂时，两车钩以规定的速度相互接近，钩舌与对应车钩的钩头相接触，并在该钩头斜端面的压迫下逆时针转动，逐渐进入钩舌腔内，直至完全进入，而与此同时弹簧拉动解钩杆并带动钩舌顺时针转动，待转动停止后，半圆形钩舌和钩舌腔相互嵌套，完成连挂。而当需要解钩时，通过向解钩风缸充入压缩空气，解钩风缸的活塞在压缩空气的作用下，克服弹簧作用力，推动解钩杆，并带动半圆形钩舌转动直到它处于解钩位置为止，此时原来连挂在一起的车钩将处于待解钩状态。自动车钩的连挂和解钩状态。

连挂与解钩注意事项：

(1)车辆之间相互的冲击可以使车钩自动的连挂，连挂时须保证车钩水平及高度位置在连挂范围内；

(2)自动车钩解钩风缸(仅前头车钩有)安装在钩体内部，在司机室内对解钩风缸进行控制，使车钩自动进行连挂和分解，当解钩风缸操作不良时，手工扳动解钩杆使车钩分解；

(3)手动解钩时，为了防止危险发生，车钩分解时操作人员要与车保持一定的距离，并且必须使用钩锁；

(4)钩锁操作时将钩锁挂在对方车钩解钩杆的凸台上，此时车钩处于解钩状态，车辆可以进行分解；

(5)车辆分解时，以防止钩体中的钩舌腔与钩舌之间擦伤，使车钩能顺利解钩，车钩之间要处于压缩状态。

8. 过渡车钩(机车连接用)

(1)概　　述

过渡车钩为铸造制造，基本结构如图 2-6 所示。

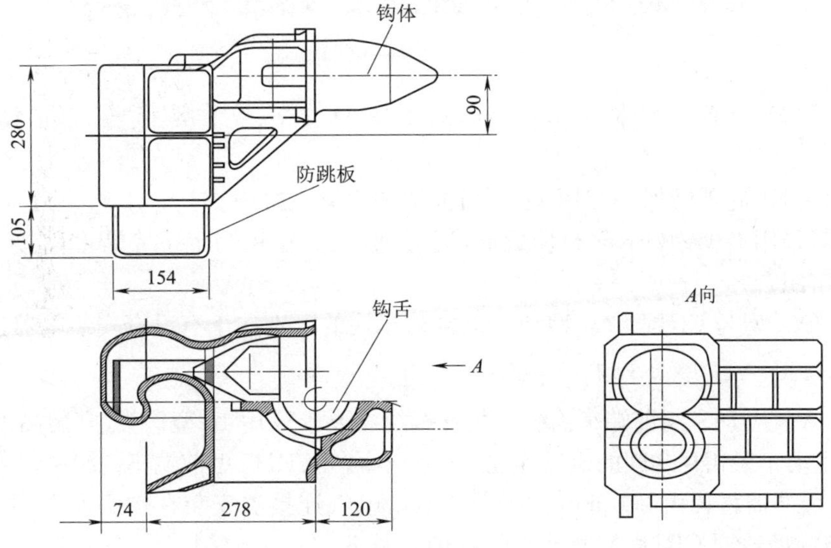

图 2-6　CRH380A(L)型过渡车钩分解图

过渡车钩(机车、车辆连接用)，是在救援和回送时，动车组与机车、车辆连挂的过渡部件，构造上要求过渡车钩的一侧能连接到动车组车钩上，另一侧能与机车连挂。此车钩质量为 63 kg，动车组使用此型号过渡车钩时最大允许运行速度不超过 120 km/h，最大连接车辆数为 16 辆。

(2)操作说明

动车组在救援、回送过程中除严格按照相关无火回送技术条件进行作业外，为确保车钩间

安全连挂,特对机车或回送车的 15 车钩与动车组过渡车钩连挂做如下要求:

① 特殊操作说明如下:

机车或回送车与动车组进行连挂时,地面须有专人指挥,先将过渡车钩安装在动车组头车的密接车钩上,确认锁销相互咬合。

②过渡车钩安装具体操作如下:

a. 将密接钩的锁钩定位在释放位置;

b. 将过渡车钩与动车组密接钩对准后推入;

c. 过渡车钩与动车组密接钩紧密相嵌后松开密接钩释放杆;

d. 以释放杆的动作来确认锁钩相互咬合状况;

e. 确认车钩中心高度,车钩中心高度须距轨面 820~890 mm,回送车 15 车钩中心高度须距轨面 815~890 mm,确认过渡车钩和 15 车钩中心高度差,须不超过 50 mm。

9. 开闭机构

前罩开闭机构由开闭装置、锁紧装置、头罩三部分组成,如图 2-7 所示。

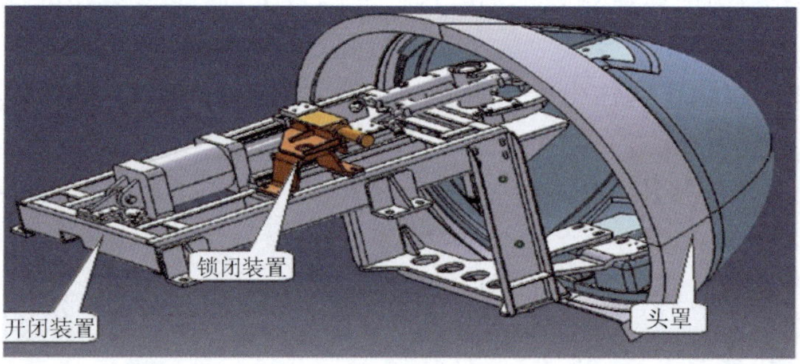

图 2-7 前罩开闭机构组成

(1)开闭装置:装置的主体部分,由主体框架、悬挂支架、安装翼、主推气缸、精密直线导轨组成。

(2)锁紧装置:起辅助保护作用,主要由框架和锁紧气缸组成。

(3)头罩:采用玻璃钢(FRP)材质成形,通过螺栓、定位销与上下安装翼连接,左右头罩通过定位销紧密闭合。

CRH380AL 型与 CRH380A 型动车组自动车钩的区别在于有没有安装电器连接装置。

(三)CRH380A 统型动车组车前端车钩

CRH380A 统型动车组前端车钩缓冲装置按统型要求采用 10 型钩头,安装高度 1 000 mm,可以实现各型动车组相互之间的机械连挂。该型车钩在 CRH5 型前端车钩缓冲装置基础上进行适应性改进,缓冲器行程由 200 mm 改为 100 mm,电气连接器安装在钩头上方,采用伸缩式结构,连接器结构型式同 CRH2A 型动车组。前端钩头、气路连接形式、车钩强度、安装结构与 CRH5 型动车组相同。

1. 前端车钩缓冲装置的基本结构(图 2-8)

采用全自动车钩缓冲装置,可以实现 3 min 内机械、气路和电气的自动连挂分解和手动分解。

2. 车钩主要参数

车钩中心线高度:1 000 mm

车钩拉伸/压缩强度：1 000 kN/1 500 kN

气液缓冲器行程：100 mm

气液缓冲器最小容量(静压)：20 kJ

牵引环弹簧最大行程：30 mm

牵引环弹簧容量：10 kJ

水平转角：±25°

垂直转角：±6°

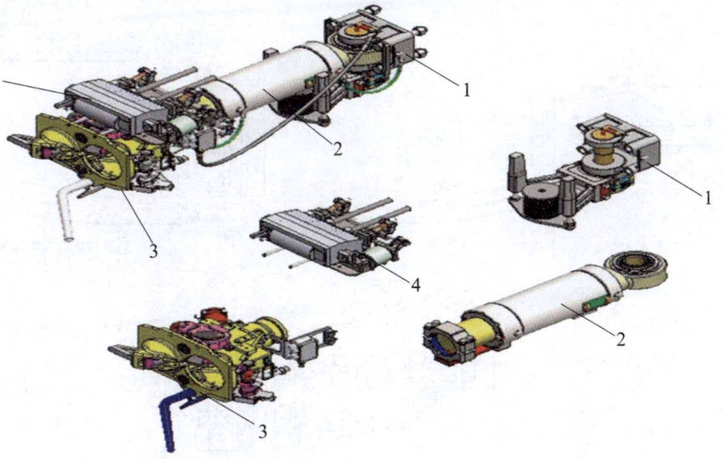

图 2-8　CRH380A 统型车全自动钩缓冲装置主要组成图

1—安装吊挂系统；2—缓冲系统；3—连挂系统；4—电气连接器组成等模块

3. 统型过渡车钩组成(三模块结构)

(1)10 车钩端[图 2-9(a)]：主要由钩体、风管、钩爪和连挂部分组成，可与动车组 10 车钩连挂。

(2)柴田式车钩端[图 2-9(b)]：由钩舌、把手和钩体组成，可与 CRH2 型和 CRH380A(L)型动车组柴田式车钩连挂。

(3)15 车钩端[图 2-9(c)]：主要由钩体、连挂面与防跳装置组成，可与机车的 13 车钩和客车的 15 车钩连挂。

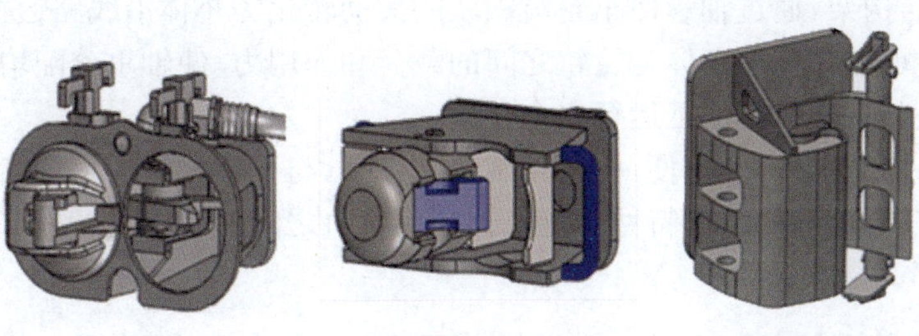

(a)　(b)　(c)

图 2-9　统型过度车钩结构图

4. 过渡车钩连挂操作

操作步骤如下：

(1)将过渡车钩从车钩箱内拿出运至连挂端。

(2)检查车钩是否已伸出并锁闭,检查车钩是否处于准备连挂位置,确认钩舌缩进凸锥,棘轮从车钩头外壳的侧面伸出。

(3)10 型过渡车钩靠辅助挂钩把 10 型过渡车钩挂在对侧自动钩上。

(4)将 15 号过渡车钩挂到 10 型过渡车钩上,依次穿入连接销并插入 R 型销。

(5)按图 2-10 所示的加力位置,用力下压过渡车钩触发全自动车钩完成连挂操作,观察指针是否指示到位,如没有指示到位,需要重新进行连挂。

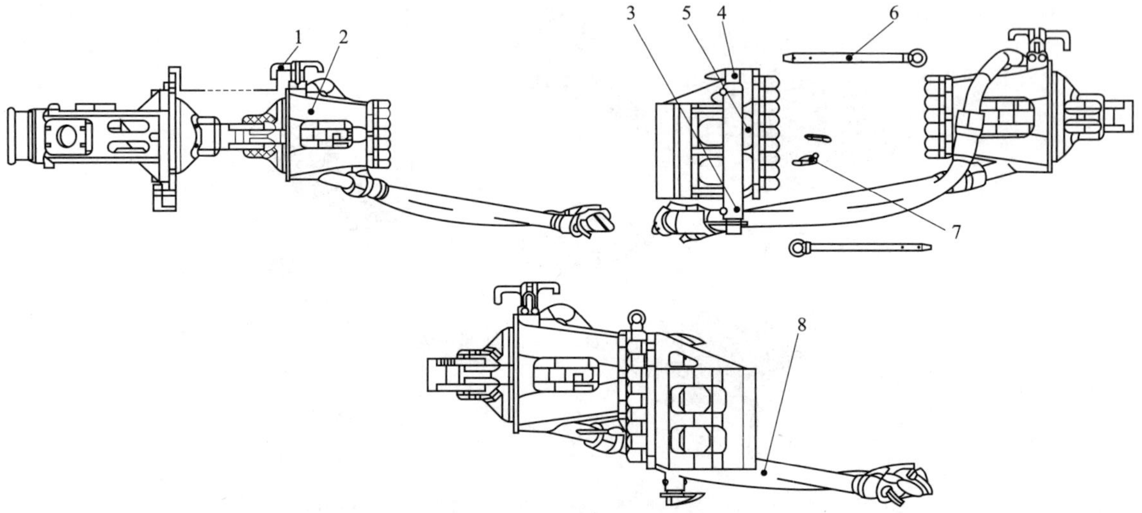

图 2-10 统型车过渡车钩的操作图

二、转 向 架

转向架是动车组最重要的组成部件之一,其结构是否合理直接影响动车组的运行品质(即平稳性)、动力性能(即稳定性)和行车安全。转向架技术是"依靠轮轨接触驱动运行的现代机车车辆"得以发展的核心技术之一。

动车组转向架的基本作用及要求:

(1)增加车辆载重、长度和容积;

(2)连接车体与构架,通过轴承使车轮沿钢轨的滚动转化为车体沿线路运行;

(3)支撑车体,承受并传递车体与轮轨之间的载荷和作用力,使轴重分配均匀;

(4)使车辆顺利通过曲线,保证运行安全。

转向架要求结构简单,拆装方便,可单独制造和维修,与车体之间应尽可能减少连接件,便于安装减振装置,具有良好的减振特性并能充分利用轮轨之间的黏着。

(一)概　　述

中车青岛四方生产的时速 350 km 动车组动车转向架型号为 SWMB-400,拖车转向架型号为 SWTB-400。动车转向架和拖车转向架的主要结构基本一致,采用 H 形构架、无摇枕、空心轴轮对、铝合金轴箱体及前盖和铸铝齿轮箱结构,均为无摇枕转向架。其具体参数见表 2-7。

表 2-7 CRH380A 型动车组转向架主要参数表

项目 \ 转向架形式	动车转向架 SWMB-400	拖车转向架 SWTB-400
转向架质量	7.328 t	端部车(不带清扫装置):6.52 t 端部车(带清扫装置):6.570 t
固定轴距	2 500 mm	
车轮直径	新轮 ϕ860 mm(最小使用直径 ϕ790 mm)	
轴承中心间距	2 000 mm	
转向架最大长度	3 416 mm	一般转向架:3 416 mm 车头转向架:3 566 mm
转向架最大宽度	3 102 mm(两空气弹簧最大横向距离)	
空气弹簧左右间隔	2 460 mm	
空气弹簧有效直径	ϕ520 mm	
驱动方式	平行挠性齿轮连轴节, 1 级减速齿轮方式	—
齿轮比	2.379	—
轴箱轴承	ϕ130 自密封圆锥滚珠轴承	
制动方式	空气制动,轮盘方式	空气制动,轮盘与轴盘并用方式
制动夹钳装置	RZKK Type18	RZKK Type12
制动倍率	8.46	
闸片	浮动式粉末冶金闸片	
轴箱定位方式	转臂式(轴梁式)轮对轴箱定位	

1. 轮　　对

为检修探伤操作方便及减轻重量,采用了合金钢空心车轴。车轮直径为 ϕ860 mm。制动采用盘式制动,动车转向架采用轮盘方式,拖车转向架采用轮盘和轴盘并用方式。

2. 轴箱轴承

使用自密封式的双列圆锥滚子轴承(油脂润滑方式),以此来达到减轻重量和降低维修的频度。

3. 轴箱定位装置

采用转臂(轴梁)式定位方式,以此来减轻磨耗并简化调整方法,从而达到降低维修频度及减轻重量的目的。

4. 牵引装置

牵引装置为单连杆方式,以此来达到减轻重量及降低维修频度的目的。

5. 基础制动装置

采用 RZKK 型气动式制动夹钳以及浮动式闸片,可以制动力分布更为均匀,有效地减少热斑、颤振,并可以进一步减轻重量。

6. 各种车型的速度传感器

动车转向架的速度传感器配置,因由安装在牵引电机上的 PG 传感器来获得信号,所以轴端不配置速度传感器。两端头车用的拖车转向架由配置在 2、8 轴端的速度传感器 AG37 和 4、6 轴端的速度传感器 AG43 来获得检测滑行用的速度信号,除 AG37 、AG43 之外,还配置了车载设备用速度传感器 AG43、HS22G1A 或其他类型(注:车载用速度传感器依据其采用的车载设备而确定)。

(二)转向架结构及使用

动车转向架主要由构架、轮对组装、轴箱装置、一系悬挂、二系悬挂、牵引驱动装置、基础制动装置和踏面清扫装置等八部分组成,具体结构如图 2-11 所示。

拖车转向架可分为中间转向架和端部转向架两类,两者结构基本相同,只是端部转向架上装有排障器。中间转向架主要由构架、轮对组装、轴箱装置、一系悬挂、二系悬挂、基础制动装置、踏面清扫装置和速度传感器安装等八部分组成,具体结构如图 2-12 所示。拖车转向架分别装用于动车组的第 1 和 8 车(CRH380AL 型为 16 车)。

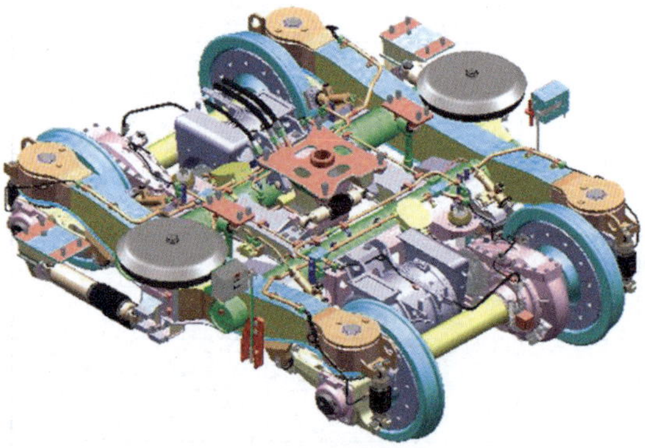
图 2-11 动车转向架

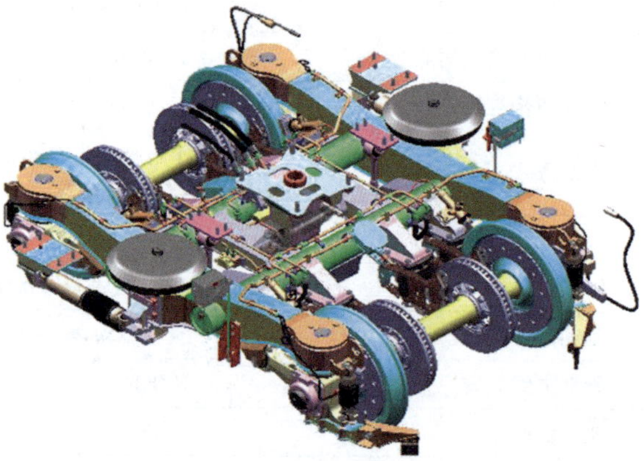
图 2-12 拖车转向架

1. 转向架构架

转向架构架为钢板焊接结构,主体框架呈 H 形,由两侧梁、横梁、纵向连接梁、空气弹簧支承梁及其他焊接附件构成。横梁采用无缝钢管型材,动车转向架的横梁上焊有由用于焊接结构的压形钢板制成的牵引电机吊座、齿轮箱吊座、轮盘制动吊座等。靠车端方向的牵引电机座还兼作牵引装置的单牵引拉杆座。拖车转向架的横梁上焊有由焊接结构的压形钢板制成的制动吊座、轮盘制动吊座等。与动车转向架一样,近车端处为单拉杆座。用于动车转向架的仅有轮盘制动吊座,用于拖车转向架的除用于轮盘的制动吊座外还有轴盘制动吊座。

侧梁为箱形断面,动车转向架和拖车转向架的构架侧梁为同一结构。侧面设有空气弹簧座,其内腔为空气弹簧用的辅助空气室。另外,只有辅助空气室部分为密封结构。

动车转向架、拖车转向架靠近车端的横梁上焊有由压形钢板制成抗侧滚扭杆安装座。

2. 轮对组成

轮对组装主要包括车轮、车轴、制动盘(轮盘和轴盘)、齿轮箱及轴承等。轮对分为动力轮对(M 轮对)和拖车轮对(T 轮对),M 轮对一侧安装齿轮箱装置,而 T 轮对则代之以两套轴盘。此外,T 轮对因轴端安装不同速度传感器齿轮而略显差异。

3. 轴 箱

(1)轴 箱 体

轴箱体、后盖由锻压铝合金制造,前盖由铸造铝合金制成,以此来达到减重目的。轴箱体组成分为轴箱体和压盖两部分,轴箱体和压盖之间夹有橡胶定位节点,装配后以组件安装在转向架的构架上。

(2)NTN 轴箱轴承

轴箱轴承为外径 ϕ240 mm、内径 ϕ130 mm 的自密封式双列圆锥滚子轴承。轴承由外圈、内圈组合件、通孔、油封、前盖、后盖、隔板构成，为内部封入油脂的自密封型轴承单元。

4. 制动夹钳装置

(1)规格及基本结构

制动夹钳装置带自动间隙调整机构，制动夹钳的主要参数见表 2-8，其基本结构如图 2-13、图 2-14 所示。

表 2-8　制动夹钳装置主要参数

使用场所	M 车轮盘	T 车轮盘	T 车轴盘
型号	RZKK TYPE18	RZKK TYPE12	
气缸有效面积(cm^2)	112	77.4	
制动盘尺寸(mm)	ϕ710×128×150 (外形×厚度×宽度)	—	ϕ670×80×145 (外形×厚度×宽度)
作用半径(mm)	280	—	263

图 2-13　动车组拖车轮对制动夹钳

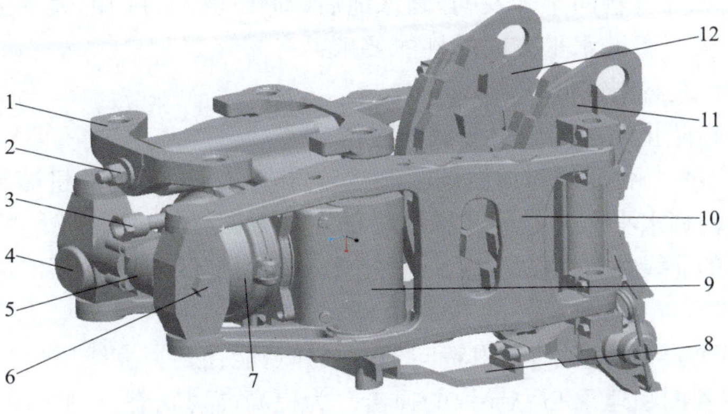

图 2-14　制动夹钳

1—安装座；2—支撑销；3—进气口；4—推杆调整器；5—自动间隙调节装置；6—六角头复位螺栓；7—膜板风缸；8—平行滑杆；9—壳体；10—夹钳臂；11—闸片托；12—闸片

(2)停放制动夹钳

CRH380A统型车拖车每轴盘和M2、M6车每轮盘设有一套停放制动夹钳，最大夹紧力40 kN/套，满足动车组在20‰坡度上无动力停放防溜要求；在双侧空簧附加气室处设安装座，实现手动缓解。其结构如图2-15所示。

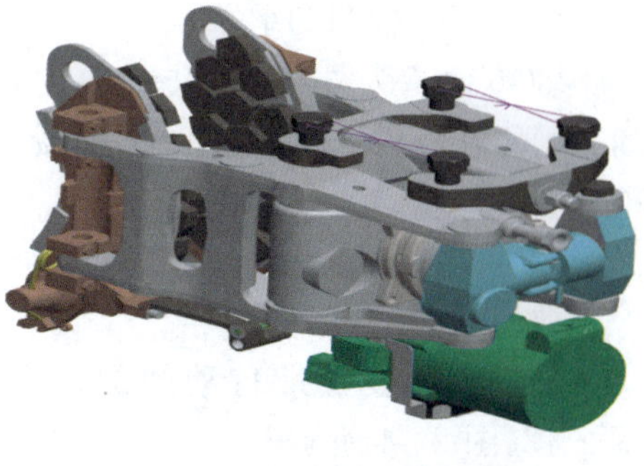

图2-15 动车组停放制动夹钳

5. 温度传感器

在轴箱体和齿轮箱轴承设实时温度传感器，监测轴承温度。其位置如图2-16、图2-17所示。

当轴承温度达到一定值以上时，温度熔丝就熔断并发出轴温异常报警。装置的规格为：动作温度为$165_{-10}^{\ 0}$ ℃(温度梯度5 ℃/min)；内置温度熔丝的设定温度为144 ℃。

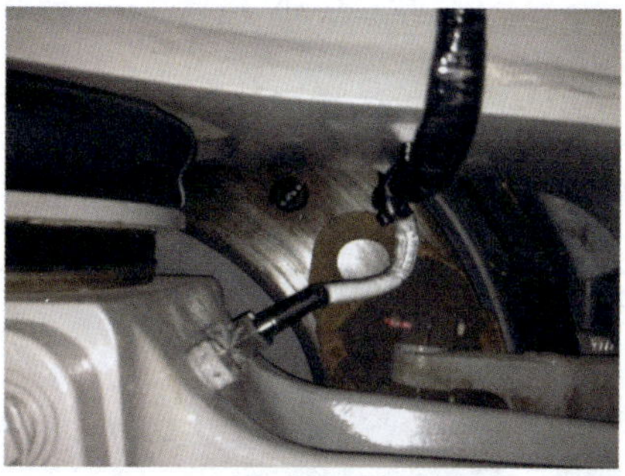

图2-16 轴箱体温度传感器

图2-17 齿轮箱温度传感器

6. 车体悬挂装置

车体悬挂装置是转向架支撑车体的装置，由非线性空气弹簧、牵引装置、半主动横向减振器、抗蛇行减振器、抗侧滚扭杆装置等构成。另外，通过牵引装置将转向架的牵引力传递到车体。由于是无摇枕转向架，通过抗蛇行减振器提供转向架回转力矩。为了弥补空气弹簧垂向刚度下降导致抗侧滚刚度的降低，加装了抗侧滚扭杆装置。

(1)空气弹簧

①结　　构

空气弹簧是为无摇枕转向架开发的，确保前后(即转向架)方向的大变位量。

非线性空气弹簧具备的水平方向的性能要求：

a. 直线行驶时：左右刚性低；

b. 曲线行驶时：防止超速离心力导致的撞击。

水平方向的非线性特性是通过设置的限制橡胶堆左右方向运动的机械制动装置(内止挡)，当达到规定的左右位移水平时开始停止橡胶堆的左右方向变形，使橡胶堆的刚体化来实现的。空气弹簧左右方向的非线性特性，提升了列车在高速行驶状态下通过曲线时的乘坐舒适度。

②作　　用

CRH380A型时速350 km动车组转向架空气弹簧能在列车直线通过时柔和调节，并且在列车曲线通过时缓和因超速离心力导致的撞击。为提高高速状态下列车通过曲线时的乘坐舒适度，实现左右方向的弹簧常量的非线性化，采用了在积层橡胶与下面板之间安设机械止动装置的结构(内止挡)。由于非线性空气弹簧左右方向特性具有非线性特点，因此将防止转向架误搭载专用的定位销安设在橡胶堆的下面。

橡胶囊是被内部空气压压入上盖板和下盖板的密封部的自密封类型。空气弹簧的有效直径为 ϕ527 mm，节流孔为固定节流孔。空气弹簧向上移动量是 70 mm，向下的移动量是 40 mm。为使转向架在空气弹簧无气时能够行驶，在下盖板的上面设置聚四氟乙烯制的摩擦板，在上盖板的下面设置不锈钢板，在故障工况下也可以通过弯道。

(2)牵引装置

安装在车体上的中心销和转向架构架上的牵引拉杆座上，牵引拉杆组成两端带有橡胶节点，是传递牵引力的装置。如图 2-18 所示。

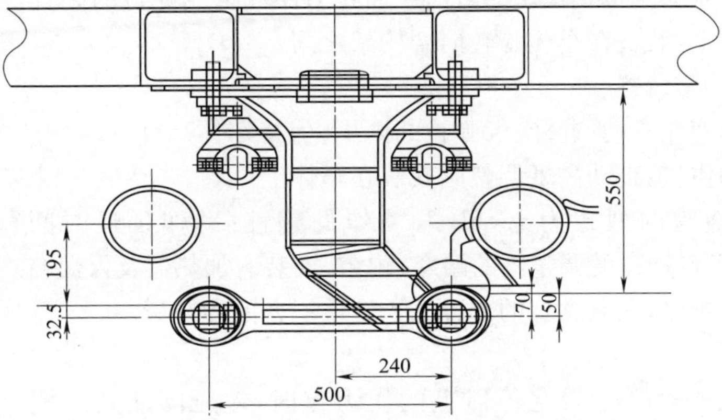

图 2-18　牵引装置结构图(单连杆)

其特征如下：

转向架的转向依靠两端的橡胶节点产生变形。

转向架横向的复原力除依据空气弹簧的横向刚度之外，也依据牵引拉杆两端的橡胶节点的刚度。

占用空间比其他的牵引装置小；由于零件数量少，因此重量较轻。

由于滑动部分少，减少了磨耗。

(3)横向止挡

为了限制车体横向移动量，设置横向止挡，单侧间隙为 40^{+2}_{0} mm。如图 2-19 所示。

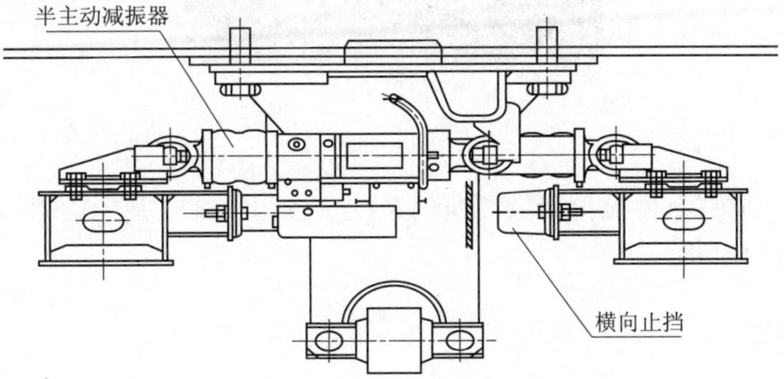

图 2-19　牵引装置(横向减振器及横向止挡)

(4)异常上升止动

如果空气弹簧产生缺陷，作为异常上升情况下的防过冲设计，当车体上升 70 mm 时，牵引拉杆端头与动车构架横梁上垂向止挡(单侧，牵引拉杆与中心销相连一侧)接触，能够防止空簧异常上升。

(5)半主动横向减振器

为了改善动车组的振动性能，提高乘坐舒适度，在每辆车车体和转向架之间安装了半主动横向减振器，安装位置在中心销和转向架构架的纵向梁之间。半主动横向减振器两端安装有橡胶节点，同时为了根据车体振动调整阻尼，在减振器下部集成了电磁比例阀。

(6)抗蛇行减振器

抗蛇行减振器是为了得到稳定的转向架回转力矩和抑制蛇行的装置，作用在转向架的回转方向(摇头方向)上，装备在车体与转向架构架之间。

(7)自动高度调整装置

是根据载重的变化自动调整空气弹簧的内压，保持车体高度一定的装置。由空气弹簧储风缸向空气弹簧的供气，自动高度调整阀安装在车体上。

自动高度调整阀的型式为 LV5B-2，动作的特性：动作延迟时间(3±1) s，无感区(10±1) mm。为了自动高度调整阀的耐寒、耐雪，安装有加热器及保温箱。另外，为了强化车体与转向架之间的绝缘，在调整杆的部分插入硬质尼龙的绝缘板。

(8)差压阀

当左右的空气弹簧产生设定值以上的压力差时，差压阀使高压侧的空气向低压侧流动，可防止车体的异常倾斜及降低左右的轮重不平衡，设定差压为(150±20) kPa[(1.5±0.2) kgf/cm^2]。

(9)抗侧滚扭杆装置

抗侧滚扭杆装置是对于车辆所要求的侧滚刚度，仅靠空气弹簧的垂向刚度依然不能满足其要求时发挥作用的装置。当为了提高乘坐舒适度而降低空气弹簧的垂向刚度时，则侧滚刚度也随之降低，而有了本装置就可以提高侧滚刚度。

在转向架上安装扭杆，通过杆端轴承和缓冲橡胶以连接杆与车体结合。当车体发生侧滚时，以连接杆连接的扭杆产生扭转变形，因扭转变形而产生对抗侧滚的抵抗力(复原力)，从而起到抑制侧滚的作用。

第五节 车 门

一、概 述

车门系统包括侧拉门、内端拉门及厕所门系统。各门系统电路包括侧拉门电路、内端门电路及残疾人用厕所门电路。

二、侧 拉 门

(一)设备组成

侧拉门采用旋转杆气压型式的内藏侧拉门，侧拉门机构由上部驱动装置、电磁阀组件、旋转杆式压紧装置、下导轨以及供气管路等组成。门板采用隔音复合结构，设有夹层中空玻璃。如图 2-20 所示。

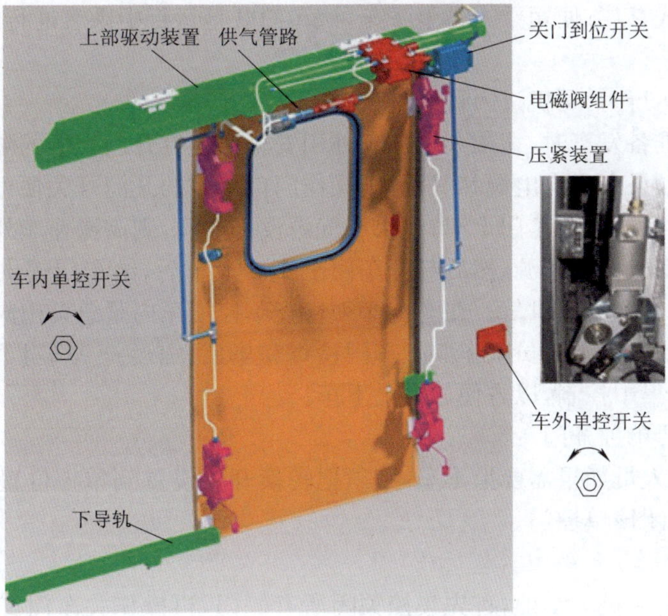

图 2-20 CRH380A 型动车组单侧拉门结构图

注：本图所示为单控门，相比非单控门多出车外单控开关和车内单控开关。

侧拉门门口部分与地板为同一平面，导轨安装在门袋内。关门时压紧装置将门板向车外方向压紧，保持了气密性，在构造上还具有防冻性能。

侧拉门的有效宽度设定为 720 mm 和 1 010 mm 两种规格。另外，门的驱动机构为带有缓冲机构的直动式气缸，气缸的构造以及动作速度，都充分考虑了防夹功能。同时，CRH380A 统型车车门具有障碍物检测功能，车门关闭时如检测到障碍物则车门返回打开状态，防止夹伤旅客或夹坏物品，能检测最小障碍物尺寸为 30 mm×60 mm。

（二）设备操作

侧拉门压紧装置为气压旋转杆式，通过锁紧气缸来顶住门的构造；速度达到 30 km/h 以上时压紧装置会启动，将门和车体紧密贴近，保持气密性。并且，在运行速度达到 5 km/h 以上时，因为关门保护电路在起作用，乘务员即使是在进行集控操作门开关时，侧拉门也不会打开，但是在紧急情况下，可通过操作车内门罩板上部的气阀，将门压紧气缸里的空气强行进行排空，然后手动可以开门。

1. 单控侧拉门附加说明

司机上车门、餐车上货门设置为单控侧拉门（全车 6 套）。

在司机室配电盘上和餐车配电盘内分别设置单控/集控转换开关。

车内外设置开关门操作开关，给出开门信号、关门信号，车外开关旋至“关/压紧”可以将门关闭，门关闭后，该开关旋至“关/压紧”位置，保持 2～3 s，便可以压紧车门。

门板上设置隔离锁，关门位置操作隔离锁后，实现该门的机械和电隔离。除隔离锁车外采用保险钥匙外，其他采用动车组通用钥匙操作。

2. 单控侧拉门的运用操作

（1）头车司机登车单控门

在头车上靠近司机室的侧拉门为可单控门，司机室设置有转换开关，可以根据需要方便的选择车门的控制模式，以方便司乘人员上下车，该车门既是运行中乘客通行的车门又是司乘人员登乘的车门。

①动车组初始运行时，司机进入司机室

动车组在车库准备发车时，司乘人员从车外用安全钥匙打开门板上的隔离锁，解除机械锁闭和电隔离。此时如果车门有电源和气源，则操作门口出处的开门开关便可打开车门；如果没有气源，则可以直接用手拉开车门上车；如果有气源没有电源，则需操作车外裙板内的阀门(关闭门总阀门)，切断门机构的气源，然后打开车门上车。上车后，给车门提供电源，把打开的裙板内门总阀门恢复，给侧拉门供气。在车上必须检查单控门车内紧急开门阀门是否有打开的，有打开的应恢复原状。司乘人员上车并把车门检查完毕后，需要把头车上的转换开关都设置到集控位，整列车门集中控制，以方便旅客上下车。

②运行途中需要单独开门

运行途中，司乘人员如果需要上下车，则须把转换开关设置到单控位置，然后可以操作开关门开关，打开或关闭该单控门。

③动车组入库停车

动车组入库司乘人员下车前，首先集控关闭所有侧门，再操作关车门安全，把所有车门压紧密封，然后操作单控/集控转换开关到单控位，下车前为防止无关人员随意从车外打开车门，应在车内把所有设置为单控的车门锁闭隔离(司乘人员下车通行的门除外)。

司乘人员下车时，如果侧拉门有电有气，用通用钥匙从车内打开车门，便可下车。下车后用通用钥匙操作关门开关关闭车门，并通过操作开关压紧车门。最后用安全钥匙锁闭隔离锁。司乘人员下车时，如果侧拉门有气无电，则无法通过开关操作车门的打开和关闭，需要把下车门的车内紧急开门阀打开，切断侧拉门的气源，然后手动开门下车，下车后用安全钥匙锁闭车门，此时该车门无法压紧密封。下次司乘人员若从此门上车，打开隔离锁后可直接拉开车门上车，上车后必须要恢复车内紧急开门阀。

(2)动车组长期停放时的操作

动车组需要长期停放时必须锁闭车门。入库停车后，操纵关门开关，关闭全列的车门，在车内把所有车门的隔离锁手动锁闭，仅保留下车通行的单控车门不锁，车门锁闭完后，从车内打开要下车的车门处横罩板上的检查门，切断紧急开门阀(因此时车上有气，要手动开门必须切断气源)，手动拉开该门，下车后，手动关上门，锁闭门板上的隔离锁。

下次登车时，由于车上紧急开门阀已切断，压紧缸没有气源，用安全钥匙打开隔离锁，便可手动拉开车门上车。上车后需要检查并恢复门口横罩内的紧急开门阀。

三、内 端 门

内端门为电动式的自动门，通过顶板内光电开关的检测来自动进行开、关。内端门有适用于轮椅使用者(4 车二位端)的大宽度的类型和普通宽度类型 2 种。门板主结构为玻璃，三面铝型材包边，门上部分的夹玻璃型材同时起到携门装置功能。人或物体通过时，门两侧的光电开关将检测信号传递给门控系统，从而实现自动开关门。并且，自动开关门有故障时(停电时)，用手动也能够轻松进行开闭。

门的操作方式分为手动操作、电动操作，由手动电动切换开关切换。

1. 手动操作

手动电动切换开关拨到 OFF 位置，即断开电控系统输入电源，此时门系统处于手动操作状态。

2. 电动操作

手动电动切换开关拨到 ON 位置时，电控系统上电，门系统将以低速进行第一次关门，初始化系统参数，初始化完成后，进入电动操作状态。

开门：电动操作电动移门是在门没有机械锁闭，手动电动切换开关拨到 ON 位置，门系统有电时，门处于自动状态，传感器探测到有物体，将发出开门信号通知 EDCU，EDCU 接收到开门信号后，控制电机开门。

关门：门开到位后，传感器未探测到有物体时，EDCU 控制延时 4 s 后（0～10 s 可调）自动关门。在关闭途中遇到障碍，门扇会自动返回至开到位位置，4 s 后自动关闭。

正常开、关门出现故障时，可关断电源，用手动将门打开，并报请专业人员检修。

3. 障碍检测

门板在关闭过程中碰到障碍物，门会再次自动打开然后再重新关闭。如果障碍物依然存在，这一过程将重复，3 次关门试图之后，门将保持打开，并给出故障指示。30 s 以后门将关闭，故障指示消失并正常运行，如果仍遇到障碍物则重复以上过程。当门运动至最后约25 mm 内的位置时，不再有无障碍检测功能。

门板在开门过程中碰到障碍物，将自动停在那个位置然后重新关闭，并将继续通过传感器系统正常打开，3 次开门没有达到全开后，门控器要给出故障指示，并继续通过传感器正常开门，30 s 以后故障指示消失。当门运动至最后约 25 mm 内的位置时，不再有无障碍检测功能。

4. 第一次开关门

电控系统上电，EDCU 的电源 LED 指示灯亮。

门系统将以低速进行第一次关门，初始化系统参数。

注意：在第一次开门过程中，若门碰到障碍物，将自动停在那个位置然后重新关闭，在第一次关门过程中，如果有障碍物阻挡门的运动，门将自动停在那个位置直到下一次开关门。

5. 门 隔 离

当门处于关到位时，用四角钥匙操作隔离锁可以将门系统进行机械锁闭，在此过程中，隔离锁上的隔离开关动作后，电控系统电源被切断。

复习思考题

1. CRH380A 型动车组的主要技术特点有哪些？

2. CRH380AL 型动车组有哪几种制动方式，分别起什么作用？

3. CRH380A(L)型动车组的前端自动车钩是什么型号？简述前端车钩连挂和解钩的操作方法。

4. CRH380A 统型动车组的前端自动车钩是什么型号？简述前端车钩连挂和解钩的操作方法。

5. 简述动车组转向架的基本作用及要求。

6. 分别说明动车、拖车转向架的基本组成。

7. CRH380A 型动车组入库停车后，司机如何操作关闭侧拉门？

第三章　动车组司机室

本章介绍 CRH380A 系列动车组司机室设备的布局以及功能，依据 CRH380A 系列动车组维护检修手册和司机操作手册，重点阐述各设备的显示含义以及各开关的作用。

第一节　司机室布局

一、概　　述

司机室是司机获取动车组状态信息以及行车信息，操控动车组相关设备、驾驶列车的工作场所。动车组两端各设置一个司机室，两个司机室具有相同的结构与功能，但列车运行控制只能由激活端司机室实施。

司机室设计为单司机驾驶布局，司机操纵台设在司机室靠前方中部，提供驾驶过程中的控制功能。司机室设计遵行 UIC 651 标准，符合人机工程学设计原则。司机室两侧设置电气边柜，内部安装了各种功能设定的开关扳钮。通过操作司机操纵台搁脚台处安装有脚踏式风笛开关[CRH380A(统)型车在汽笛阀旁还安装有无人警惕装置(ASD)踏板]，控制气密墙外的风笛。

在车头前侧安装有前照灯，其由标示灯、近光灯及远光灯三部分组成，标示灯为红色 LED 灯，远光灯、近光灯为封闭式大灯。司机室前部设置前窗，以满足司机瞭望视野要求，前窗设置有刮雨器和遮阳装置，以提高驾乘舒适度。司机室侧边设置侧窗，其中 CRH380A(统)型动车组侧窗兼具逃生功能，在紧急情况可敲碎侧窗玻璃，使用司机座椅底部工具箱内的扶手、软梯逃生。

在司机室后方设有旅客观光区，司机室与观光区之间的玻璃隔墙上(早期型号的该系列动车组设置有可通过开关控制的雾化玻璃幕墙，后续生产或经改造后的该系列动车组已取消该开关设置)，安装有通向车厢的司机室门。

司机室单独设有空调和暖风机，可实现司机室空间内温度的调节和通风功能。司机室顶板设置司机室灯，提供照明功能。

CRH380A 系列动车组司机室内的各种操控开关、手柄和设备均围绕司机座椅布置(图 3-1 和图 3-2)。设备根据其功能布局划分为设备舱、操控区、电气柜三个区域。操控区主要集中在司机操纵台上，前窗玻璃的下方；操控区与气密墙之间为设备舱区，司机室电气柜位于司机的左右两侧。司机室区域划分如图 3-3 所示。

图 3-1　司机室正面

二、司机操纵台

CRH380A 系列动车组司机操纵台安装有司机操纵列车的各种开关设备，以及动车组网络信息终端、仪表、行车安全装备车载终端(列控车载设备、机车综合无线通信设备)等。

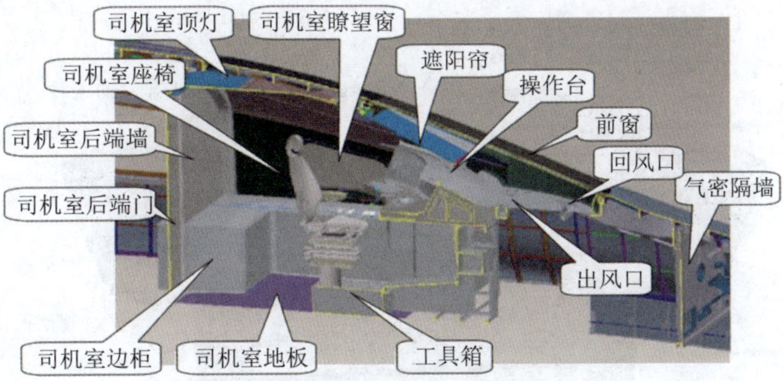

图 3-2　司机室剖面图

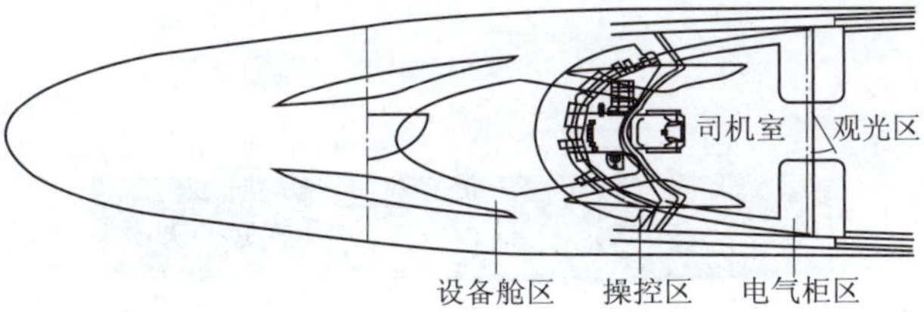

图 3-3　司机室区域划分图

CRH380A 系司机操纵台大体相同,仅在一些开关的布局上有一些变化。CRH380A 型动车组司机室操纵台如图 3-4 所示。

CRH380AL 型动车组司机室操纵台(图 3-5)与 CRH380A 型动车组司机室相比较,改变了操纵台功能区的开关布局,并将安装在电器柜上的 CIR 打印机移至司机操纵面板上。

CRH380A(统)型动车组司机室操纵台(图 3-6)与 CRH380AL 型动车组相比较,增加了"ASD 踏板和按钮开关"、"停放制动控制开关",并对操纵台各功能区的按键布置进行了调整。

图 3-4　CRH380A 型动车组司机操纵台

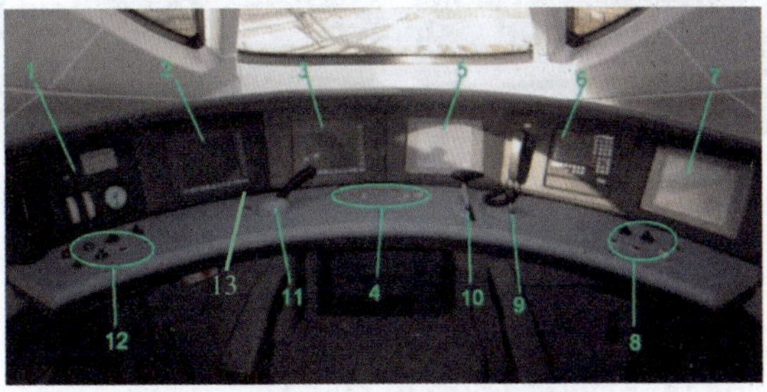

图 3-5　CRH380AL 型司机操纵台

1—仪表显示盘及辅助开关盘;2—备用 ATP 人机交互 DMI;
3—ATP 人机交互 DMI;4—中间开关盘;5—车辆信息显示终端 MON;
6—列车无线调度通信设备(CIR)及列车故障显示屏;
7—车辆信息显示 MON(热冗余);8—右开关盘;
9—运行方向控制开关;10—牵引控制手柄;
11—制动控制手柄;12—左开关盘;13—电钥匙插孔

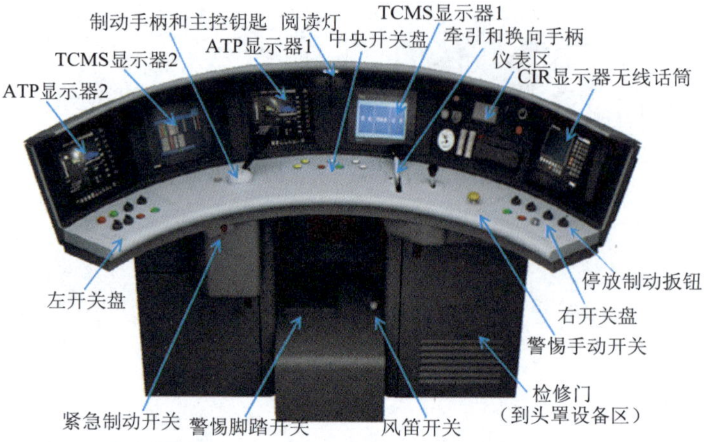

图 3-6　CRH380A(统)型司机操纵台

第二节　司机室操纵设备

一、仪表显示及辅助开关盘

仪表及辅助开关盘由设备安装件和聚氨酯面板构成。整个仪表盘采用面板背面安装设备的结构，大大提高了设备的检修及维护性。CRH380A 型和 CRH380A(统)型在仪表及辅助开关盘的开关设置上稍有不同，具体区别如图 3-7 和图 3-8 所示。

图 3-7　CRH380A 型动车组 T1C 车仪表及辅助开关盘

图 3-8　CRH380A 型动车组 T2C 车仪表及辅助开关盘

CRH380A 型动车组仪表及辅助开关盘主要用来进行车内通话、司机室辅助电器设备操作以及网压、蓄电池电压、风压的显示。

各按键及仪表的功能见表 3-1。

表 3-1　CRH380A 型仪表及辅助开关盘各开关、仪表功能

序号	名　称	功　能	备　注
1	刮雨器冲洗按钮	前窗玻璃喷洒清洗液	
2	刮雨器洗车模式选择开关	通过洗车线时，将雨刷处于前玻璃的中间位置	
3	刮雨器功能选择开关	维护、停止、间歇、连续，四种雨刷工作模式手动选择	
4	连挂开关	进入自动连挂模式	自复位

续上表

序号	名　　称	功　　能	备　　注
5	刮雨器速度调节开关	调节雨刷工作速度	
6	解联开关	进入自动解编模式	仅 T1C 车
7	电压切换	切换蓄电池、应急蓄电池电压的显示	仅 T2C 车
8	广播话筒	车内广播、通话	
9	25 kV 电压表	显示网侧电压值	
10	DC 100 V 电压表	常态显示蓄电池电压，按下“电压切换”按钮时显示应急蓄电池电压	
11	双针压力表	红针显示总风压力、黄针显示首尾车制动缸压力	

CRH380A(统)型动车组仪表及辅助开关盘与基本型有一定的不同，具体见图 3-9 和表 3-2。

图 3-9　CRH380A(统)型仪表及辅助开关盘

表 3-2　CRH380A(统)型动车组仪表及辅助开关盘各开关、仪表功能

序号	名　　称	功　　能	备　　注
1	无线打印机	CIR 系统信息打印输出	
2	广播话筒	车内广播、通话	
3	25 kV 电压表	显示网侧电压值	
4	DC 100 V 电压表	显示直流电压(蓄电池)	
5	双针压力表	显示总风压力、制动压力	
6	连挂开关	进入自动连挂模式	自复位
7	解联开关	进入自动解编模式	仅 T1 车
8	刮雨器开关	启动、关闭刮雨器，调整动作速度，喷水等	
9	警惕报警灯	司机警惕系统报警灯	
10	关门显示灯	全部车门关闭状态	
11	遮阳帘升降开关	遮阳帘升降控制	

二、列控车载设备人机交互界面

列控车载设备人机交互界面(图 3-10)的作用有两个，一是显示列控车载设备生成的连续速度控制曲线，司机根据连续速度控制曲线控制列车运行；二是司机通过人机交互界面对列控车载设备输入数据。CRH380A 系列动车组目前使用的列控车载设备有三种，分别是 CTCS-300T、CTCS-300H、CTCS-300S。它们的外观和键盘布置基本相同，但上电后司机的操作和控车方法有较大的不同，具体操作见第十二章中列控车载设备的操作。

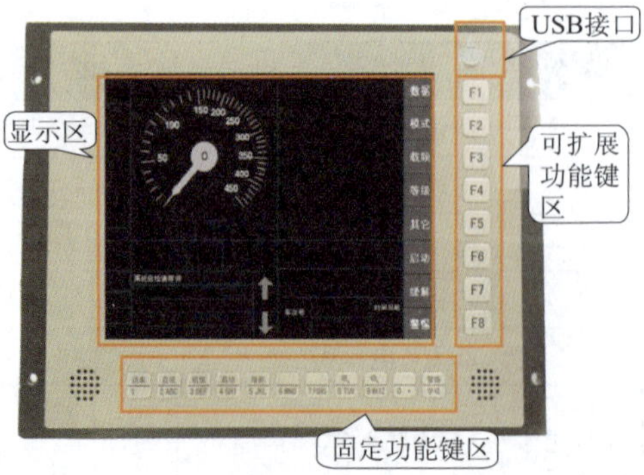

图 3-10　CTCS-300H 型 ATP 人机界面外观

三、中间开关盘

中间开关盘(图 3-11)位于司机座椅的正前方，主要是对动车组高压设备操作、列车恒速运行控制、动车组车辆的紧急制动缓解、动车组保护电路的复位的主要操作区。各按键的具体功能见表 3-3。

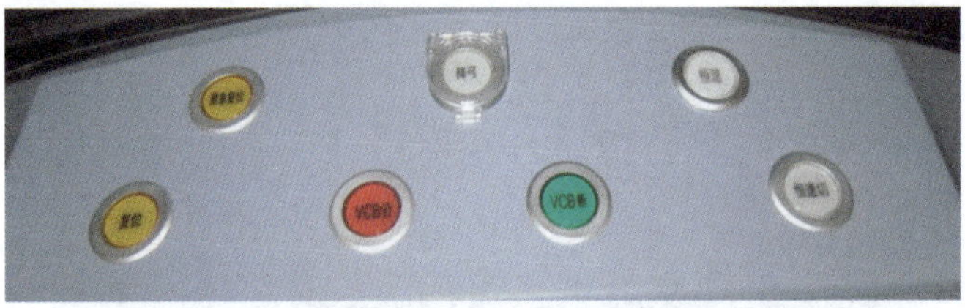
图 3-11　CRH380A 型动车组司机操纵台中间开关盘

表 3-3　CRH380A 型司机操纵台中间开关盘功能

序号	名称	功　能	备　注
1	紧急复位	复位车辆紧急制动	操作时 MR 压力必须大于 780 kPa、制动控制手柄必须在快速位；此开关为自复式
2	复位	可以复位主变压器次边、牵引变流电路、辅助电源装置的部分保护电路，使设备重新投入运转	自复式
3	降弓	降下受电弓，同时断开 VCB	自复式
4	VCB 合	闭合真空主断路器	自复式
5	VCB 断	断开真空主断路器	自复式
6	恒速	保持动车组以均衡速度行驶	车速≥30 km/h、牵引手柄置 P2 级以上且无制动输出时，恒速操作有效；操作牵引手柄或制动手柄均可自动解除恒速，此开关为自复式
7	恒速切	解除动车组的恒速运行状态	自复式

四、车辆信息显示终端 MON

车辆信息显示终端 MON(图 3-12)有三大模式界面：检修模式，一般模式和诊断模式。通过副驾驶座椅背后的配电盘内的 MON 中央装置的模式切换开关可以进行一般、检修、诊断三种模式之间的切换。

1. 一般模式，司乘人员运行中常用的模式，可细分为司机模式、列车员模式和记录模式。

2. 检修模式：是在车辆入库或在检修基地做检修

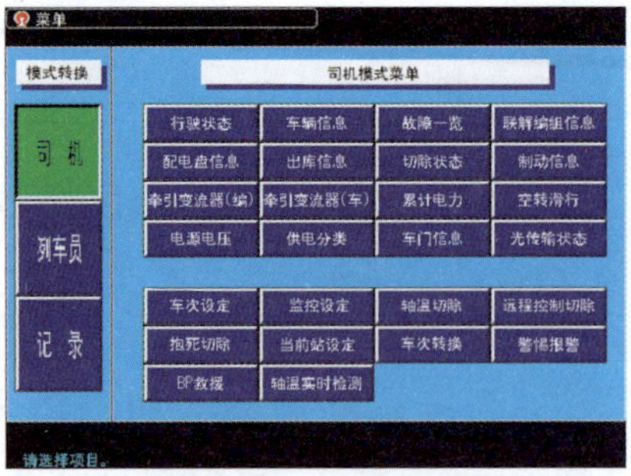

图 3-12　CRH380A(统)型动车组车辆信息显示终端 MON

时所使用的功能状态。

3. 诊断模式：可以实现对自身设备的诊断，以及传送网络的诊断。

具体功能及操作在第七章中详细讲解。

五、列车无线调度通信设备面板

列车无线调度通信设备面板[图 3-13(a)]上设有车载列车无线调度通信设备操作终端[图 3-13(b)、表 3-4]、列车故障显示屏[CRH380A 型以及 CRH380A(统)型车见图 3-14(a)、表 3-5]、车门状态指示灯(图 3-15)。由于 CRH380AL 型动车组的列车编组与 CRH380A 型不同，所以故障显示屏的单元指示灯也不同，具体见图 3-14(b)、表 3-6。

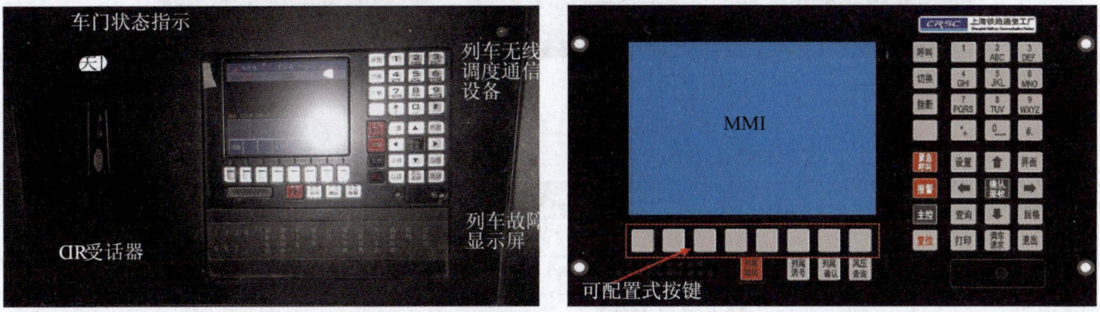

(a) CRH380A系列动车组驾驶台列车无线调度通信设备面板　(b) CRH380A系列动车组车载列车无线调度通信设备操作终端(CIR)

图 3-13　列车无线调度通信设备面板

表 3-4　CRH380A 型动车组 CIR 键盘功能

按键名称	按键功能
“报警”按键	用于发送 800 MHz 二次防护报警信息
“紧急呼叫”按键	用于发起 GSM-R 铁路紧急呼叫
“复位”按键	应能对整机进行重新启动。按键颜色：黑底红字
“主控”按键	实现副控状态到主控状态的切换。按键颜色：黑底白字
“呼叫”按键	在完成拨号后按该键进行呼叫
“切换”按键	用于处于通话中与等待中的呼叫之间切换
“挂断”按键	用于挂断通话
数字及字母按键	用于拨号、输入车次号、输入机车号等
“设置”按键	用于进入设置界面
“界面”按键	用于调度通信、调度命令等不同界面之间的切换
“查询”按键	用于查询调度命令等信息
“回格”按键	用于删除已输入的字符
“打印”按键	用于打印调度命令等信息
“调车请求”按键	用于发送调车请求信息
“退出”按键	用于返回上级界面
“←”、“↑”、“→”、“↓”按键	用于移动光标、调节音量、翻页等
“确认/签收”按键	用于确定选择信息、调度命令签收等
“列尾排风”、“列尾消号”、“列尾确认”、“风压查询”按键	用于完成列尾规定的功能
8 个可配置式按键	根据工作模式定义按键功能，用于调度通信的呼叫

(a) CRH380A型动车组驾驶台列车故障显示屏

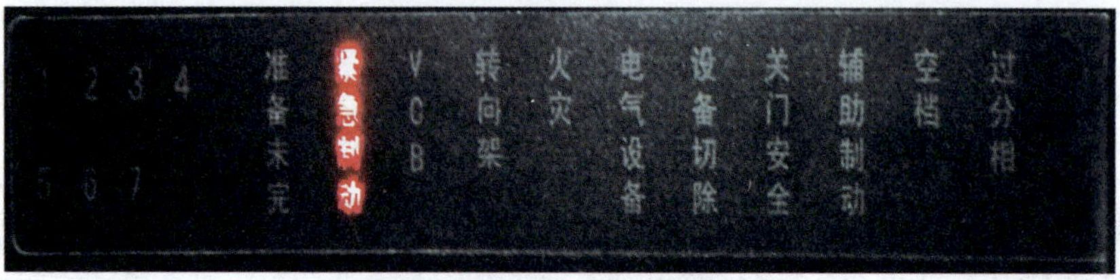

(b) CRH380A(L)型动车组驾驶台列车故障显示屏

图 3-14　列车故障显示屏

表 3-5　CRH380A 型动车组驾驶台列车故障显示屏各指示灯功能

名　称	颜色	功　能
准备未完	红色	动车组总风压力低于 640 kPa,不满足升弓、闭合 VCB 条件时点亮
紧急制动	红色	紧急制动施加时点亮
VCB	红色	断开 VCB 时点亮
转向架	红色	检测到制动不缓解、轴温、黏着、空转、滑行等转向架异常时点亮
火灾	红色	火灾报警开关被按下且没有复位时点亮
电气设备	红色	EGS 闭合时及检测到驱动电路故障时点亮
设备切除	褐色	切除某一电气设备时点亮
关车门安全	绿色	车速≥5 km/h(5SR 关闭)断开集控开关门电路
辅助制动	褐色	辅助制动投入时点亮
空挡	褐色	空挡旋钮作用位,中央装置接收到空挡信号时点亮
自动过分相	红色	检测到自动过分相控制装置故障时点亮
单元显示灯 1	红色	1～3 车动力单元工作不正常时点亮
单元显示灯 2	红色	4～5 车动力单元工作不正常时点亮
单元显示灯 3	红色	6～8 车动力单元工作不正常时点亮
单元显示灯 4	红色	重联运行时 9～11 车动力单元工作不正常时点亮
单元显示灯 5	红色	重联运行时 12～13 车动力单元工作不正常时点亮
单元显示灯 6	红色	重联运行时 14～16 车动力单元工作不正常时点亮

关门指示灯是向司机快捷显示全列车客室侧门状态的一个指示灯,在该指示灯的保护罩上写有“关门”两个字。全列车客室侧门关闭之后,该指示灯显示黄色灯光;全列车客室侧门至少有一扇处于未关闭状态时,该指示灯灯光熄灭。

图 3-15　CRH380A 型动车组驾驶台关门指示灯

六、右开关盘

驾驶台右侧开关盘(图 3-16 和图 3-17),主要对动车组的右侧客室侧门、司机室灯及头部灯光、遮阳帘升降、司机室扬声器音量、风笛的高低音选择(统型车)、停放制动的施加与释放(统型车)进行控制,各按键、扳钮的作用见表 3-7。

表 3-6　CRH380AL 型动车组驾驶台列车故障显示屏单元显示灯

名　称	颜色	功　能
单元显示灯 1	红色	1～3 车动力单元工作不正常时点亮
单元显示灯 2	红色	4～5 车动力单元工作不正常时点亮
单元显示灯 3	红色	6～7 车动力单元工作不正常时点亮
单元显示灯 4	红色	8～9 车动力单元工作不正常时点亮
单元显示灯 5	红色	10～11 车动力单元工作不正常时点亮
单元显示灯 6	红色	12～13 车动力单元工作不正常时点亮
单元显示灯 7	红色	14～16 车动力单元工作不正常时点亮
单元显示灯 8		备用

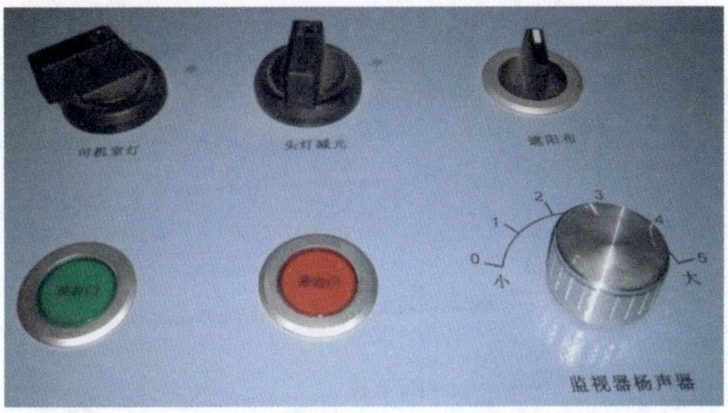

图 3-16　CRH380A 型动车组司机操纵台右侧开关盘

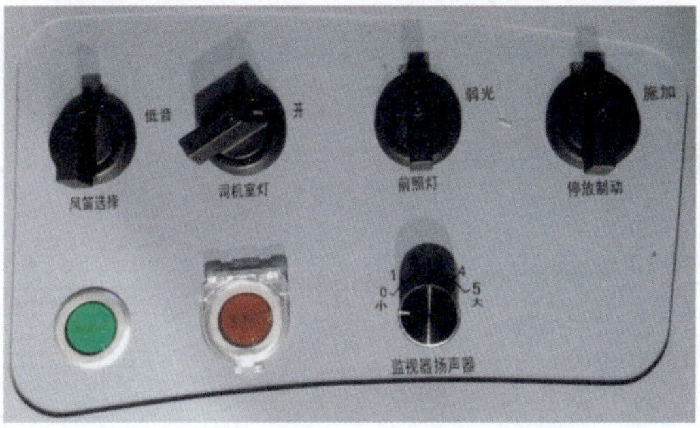

图 3-17　CRH380A(统)型动车组司机操纵台右侧开关盘

表 3-7　CRH380A 型动车组司机操纵台右侧开关盘功能

序号	名　称	功　能	备　注
1	司机室灯	打开或关闭司机室照明	
2	头灯减光	前照灯光的强、弱调整	统型名称为“前照灯”
3	遮阳帘	遮阳帘升降控制	非统型车
4	关右门	关闭右侧车门	自复式
5	开右门	打开右侧车门	自复式
6	监视器扬声器	调节司机室内扬声器音量大小	
7	风笛选择	选择风笛的高、低音模式	统型车
8	停放制动	对动车组施加停放制动	统型车

七、主控钥匙及钥匙插孔

激活动车组或占用司机室时需要将主控钥匙插入钥匙孔(图 3-18)，并顺时针旋转 90°到投入位。投入位与制动控制手柄的拔取位互有机械联锁。只有主控钥匙在投入位时，制动控制手柄才能从拔取位移动至快速位，完成动车组的激活或司机室的占用；退出司机室占用时，制动控制手柄只有在拔取位，主控钥匙才能逆时针转动至关闭位。

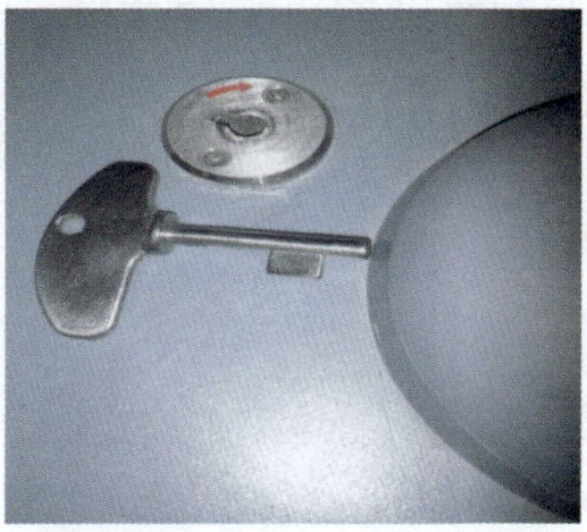

图 3-18　CRH380A 系列动车组主控钥匙及插孔

八、制动控制手柄

制动控制器是用来发出生成各制动阶段相对应的制动力的

指令设备，制动控制手柄共有 10 个操作挡位(图 3-19)：运行位，B1 位～B7 位，快速位，拔取位共 10 个挡位。其中“运行”位不输出制动指令；“B1”位～“B7”位由低到高分别输出相应的常用制动指令(图 3-20)；“快速”位输出快速制动指令，输出的制动力相当于 1.5 倍的“B7”；“拔取”位有两个作用，一个是输出紧急制动指令，另一个是关闭驾驶台(若 VCB 在断开状态则会关断蓄电池)。按照下列步骤，手柄挡位能正常动作：

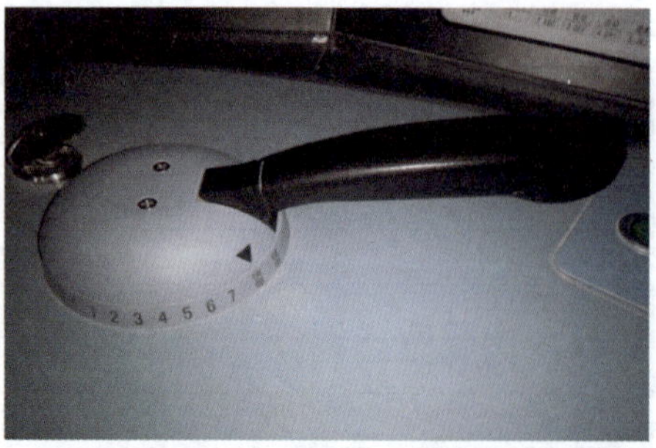
图 3-19 CRH380A 系列动车组制动控制手柄

(1)当电钥匙在投入位时，手柄方可由“拔取”位往“运行”位方向转动。

(2)手柄从“快速”位转到“拔取”位时，手柄需要向上方抬起 10°。

(3)当手柄在“拔取”位时，将电钥匙向逆时针方向旋转 90°拔出后，机械联锁会将制动控制手柄锁在“拔出”位。

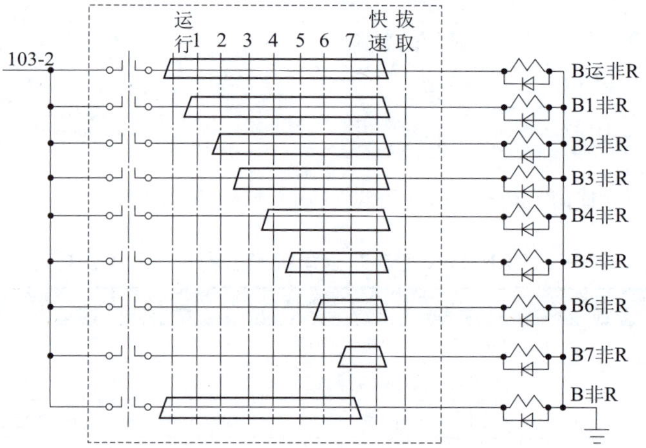

图 3-20 CRH380A 型动车组制动控制手柄接线图

九、运行方向控制手柄

CRH380A 型动车组运行方向控制手柄采用了方便手掌包容的形状(图 3-21)，有“前”、“切”、“后”三个位置，分别对应向前运行、无运行方向、向后运行(图 3-22)。运行方向控制开关与牵引控制手柄之间互有机械联锁，运行方向控制开关在“切”位时，牵引控制手柄不能设定牵引级位；牵引控制手柄设定有牵引级位时，运行方向控制开关不能转换方向状态。

图 3-21 CRH380A 型动车组运行方向控制手柄

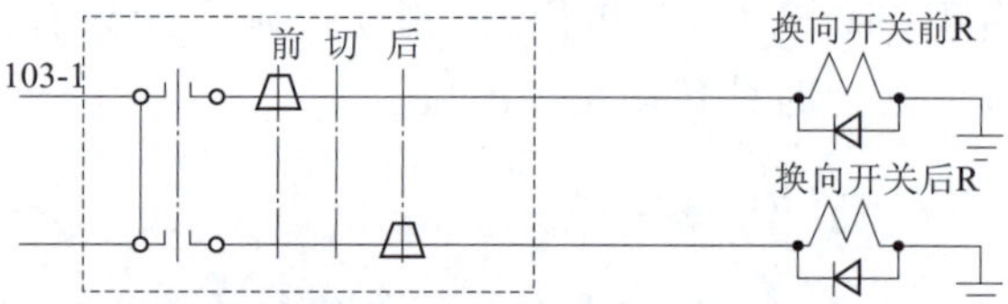

图 3-22 CRH380A 系动车组运行方向控制开关接线图

在驾驶操纵时，先由换向手柄选定动车组的运行方向，再操作牵引控制手柄来控制动车组的运行速度。如需要改变机车的运行方向时，必须在停车状态将牵引控制手柄置“切”位后，才可进行换向手柄的操作。

十、牵引控制手柄

牵引手柄的设计充分考虑到使用方便、舒适，采用了细长的水滴状(图 3-23)，有“切”、“P1”至“P10”共 11 个级位。“切”位关断牵引指令，“P1”至“P10”由低至高分别设定 10 个牵引级位。牵引控制手柄除与运行方向控制开关互有机械联锁外，牵引控制手柄还与牵动控制手柄之间有制动优先的逻辑关系，制动控制手柄在制动位时会切断动力运行指令条件，此时牵引控制手柄设定的牵引级位无效。

十一、左开关盘

驾驶台左侧开关盘(图 3-24)各开关的主要功能是用来设定司机室空调工作模式以及左侧客室侧门的开闭，具体的功能见表 3-8。

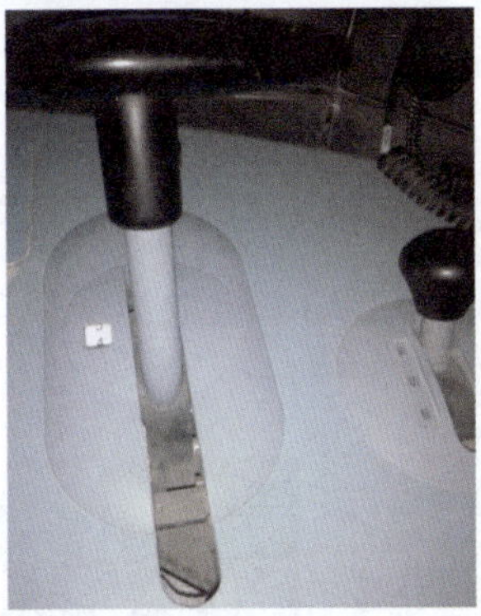

图 3-23　CRH380A 系动车组牵引控制手柄

图 3-24　CRH380A 动车组驾驶台左侧开关盘

表 3-8　CRH380A 动车组司机操纵台左侧开关盘功能

序号	名　称	功　能
1	空调故障指示灯	司机室空调工作状态指示
2	空调正常工作指示灯	司机室空调工作状态指示
3	电暖气 2	实现司机室取暖温度调节
4	电暖气 1	实现司机室取暖温度调节
5	送风	空调风量调节开关
6	温度	司机室制冷强度调节
7	开左门	打开列车左侧车门
8	关左门	关闭列车左侧车门

十二、紧急制动拉式开关

紧急制动拉式开关位于驾驶台左开关盘的正下方(图 3-25 和图 3-26)，当向外拉出该开关时动车组将触发紧急制动。

图 3-25 紧急制动拉式开关正面

图 3-26 紧急制动拉式开关下部

十三、司机警惕装置脚踏开关和按钮[仅 CRH380A(统)型车]

CRH380A(统)型动车组设置有司机警惕装置,司机警惕装置主要由设置于司机操纵台下方的警惕脚踏(图 3-27),操纵台上的警惕按钮(图 3-27)、蜂鸣器、显示灯,司机室转换开关盘-2中的警惕报警试验、警惕报警隔离这几部分组成。

十四、风笛开关

CRH380A 系列动车组在司机驾驶台的正下方设置有脚踩式风笛开关,其中 CRH380A 型和 CRH380AL 型动车组设有风笛阀罩(图 3-28);CRH380A(统)型动车组取消了风笛阀罩(图 3-29),在司机驾驶台右侧开关盘中增加了高、低音选择开关(图 3-17)。

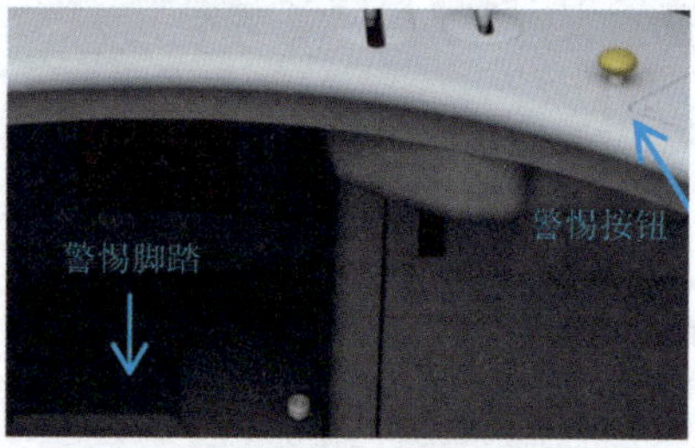

图 3-27 CRH380A(统)型动车组警惕脚踏和警惕按钮

图 3-28 CRH380A(L)型动车组风笛阀

图 3-29 CRH380A(统)型动车组风笛开关

第三节 设备柜及配电柜

司机室设备柜及配电柜位于司机的左右两侧,驾驶列车所需的电子和电气、空气和机械的设备设于司机室柜中,设备组件按功能分组安装。根据相对于司机驾驶座椅的位置,将司机室设备柜及配电柜划分为 4 部分:右前电气柜、右后电气柜、左前电气柜、左后电气柜(图 3-30～图 3-33)。

早期生产的 CRH380A 型动车组司机室设备柜及配电柜中,各开关、保险的布置情况与 CRH380A(统)型动车组不一致,这些不一致的地方在本章节中主要以 CRH380A(统)型车为例进行讲解。

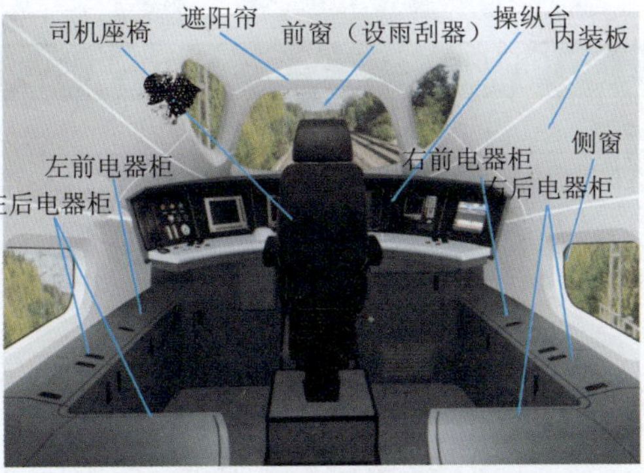

图 3-30　CRH380A 系列动车组司机室电器柜分布图

图 3-31　CRH380A 系列动车组司机室左侧电器柜

图 3-32　CRH380A 系列动车组司机室右侧电器柜

图 3-33　CRH380A 系列动车组司机室后侧电器柜

一、司机室转换开关盘-1

司机室转换开关盘-1（图 3-34）位于司机室的左前侧电器柜中，各扳钮的作用见表 3-9。

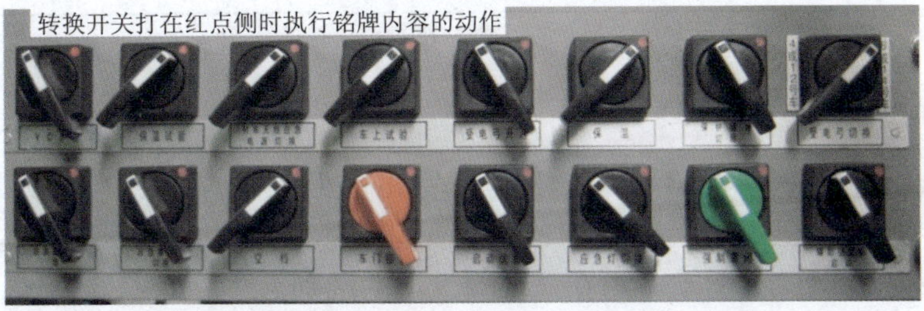

图 3-34　CRH380A 型动车组司机室转换开关盘-1

表 3-9　CRH380A 型动车组司机室转换开关盘-1 各扳钮功能表

序号	名　称	常位	功　能	备　注
1	受电弓切换	前弓或后弓	选择升起 4 号和 6 号车前弓或后弓	只能在每次升弓操作前进行切换选择
2	辅助空气压缩机启动	左	启动辅助空气压缩机	MR 压力低于 640 kPa（显示屏显示“准备未完”）时使用，此扳钮为自复位扳钮
3	保护接地切除	左	保护接地开关操作	切除保护接地时，首先断开保护接地开关，然后向右扳动保护接地切除开关，切除保护接地。此扳钮为自复位扳钮

续上表

序号	名　称	常位	功　能	备　注
4	强制罩闭	左	强制关闭头罩	仅 8 号车
5	保温	左	室外温度 10 ℃以下，自动投入保温加热器	常位：断开；反位：投入
6	应急灯切换	左	将应急灯的电源切换到 102 线，即使蓄电池接触器断开也可保持应急灯供电	常位：应急灯灭；反位：应急灯点亮
7	受电弓升起	左	升起受电弓	自复式开关
8	启动试验	左	制动手柄处在 B7 或快速位、牵引手柄置 P1 位时，扳动“启动试验”开关可试验主电路得电	自复式开关
9	车上试验	左	与牵引变流器、制动系统、ATP、辅助电源等各设备内置的自我诊断功能协调动作，给车辆信息装置发出指令	MON 检修模式时使用
10	车门锁紧	左	运行速度 30 km/h 以下、强制性压紧车厢侧门	低速通过清洗线洗车时使用，此扳钮为自复式开关
11	列车无线应急电源切换	左	将列车无线的电源切换到 102 线，即使蓄电池断开也保持列车无线供电	未通电加压状态，需要使用列车无线调度通信设备(CIR)时使用
12	空挡	左	试验主电路牵引性能，进行空挡试验。“空挡”开关投入时，不能输出牵引力	常位：断开；反位：投入
13	保温试验 SW	左	试验辅助加热器的性能(强制闭合) 10 ℃以上，可强制投入保温加热器	与保温开关联合使用，试验辅助加热器的性能
14	应急蓄电池切除	左	断开应急蓄电池	正常工作时切除
15	VCB 合	左	闭合真空断路器	自复式开关
16	应急蓄电池合	左	驱动进、排气风扇电机与气密阀的通风装置，使客室内的通风换气系统能继续正常运转，持续时间约 2 h	

注：CRH380AL 型动车组的司机室转换开关盘-1 的扳钮设置没有“强制罩闭”开关。

二、司机室转换开关盘-2

司机室转换开关盘-2(图 3-35)位于司机室的左后侧电器柜中，本开关盘的讲解以 CRH380A(统)型为例(图 3-35)，各扳钮的作用见表 3-10，在该表的下方标注有 CRH380A、CRH380AL、CRH380A(统)型动车组在该开关盘上的区别。

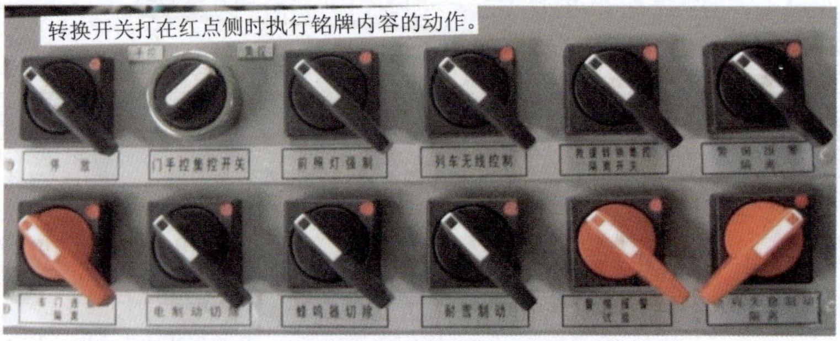

图 3-35　CRH380A(统)型动车组司机室转换开关盘-2

表 3-10　CRH380A(统)型动车组司机室转换开关盘-2 各扳钮功能表

序号	名　称	常位	功　能	备　注
1	列车无线控制		主控未投入时对列车无线系统供电	
2	耐雪制动	左	运行速度小于 110 km/h 时，可使夹钳与制动盘轻轻压紧，防止冰雪进入制动盘与夹钳间，影响制动效果	
3	前照灯强制	左	强制性点亮非占用司机室端前照灯	
4	蜂鸣器切除	左	停止蜂鸣器声响	
5	门手控集控开关		手动/集中控制头车外门	手控时：头车外门不受司机室统一控制；集控时：头车外门受司机室统一控制
6	电制动切除	左	切除电气制动，仅使用空气制动	
7	停放	左	库内升弓状态下停放。但空调、换气系统、门、车厢照明、标志灯处于关闭状态	常位：正常停放动车组；反位：受电弓升起状态停放
8	车门联锁隔离	左	在 DIR(门互锁继电器)非励磁的情况下，强制动力运行指令恢复工作	
9	警惕报警试验	左	动车组处于静态时，试验警惕装置性能	仅 CRH380A(统)型车配置此扳钮
10	全列失稳制动隔离	左	隔离转向架失稳检测装置(BIDS)触发的 B7 级制动	空气弹簧压力＜280 kPa、车速＜120 km/h或者空气弹簧压力正常、车速＜200 km/h，需缓解 BIDS 触发的 B7 级制动时。仅 CRH380A(统)型车配置此扳钮
11	警惕报警隔离	左	隔离司机警惕报警系统	仅在警惕功能故障时，将此开关打致隔离位。仅 CRH380A 统型车配置此扳钮
12	救援转换集控隔离开关	左	避免重联时造成不明原因紧急制动	常位：断开 反位：闭合

注：CRH380A 型动车组的司机室转换开关盘-2 的扳钮未设置“警惕装置报警试验”、“全列失稳制动隔离”、“警惕报警隔离”这三个开关，而 CRH380AL 型动车组除未设置上述三个开关外，还未设置“救援转换集控隔离开关”。

三、司机室配电盘-1

司机室配电盘-1(图 3-36、图 3-37)位于司机室的右后侧电器柜中。

CRH380AL 型动车组司机室配电盘-1 与 CRH380A 型各开关的设置基本相同，不同的是 CRH380AL 型将获得外部 DC 110 V 电源的“机车电源”开关挪至配电盘-2 中，其他开关的作用见表 3-11。

图 3-36　CRH380A 型动车组司机室配电盘-1

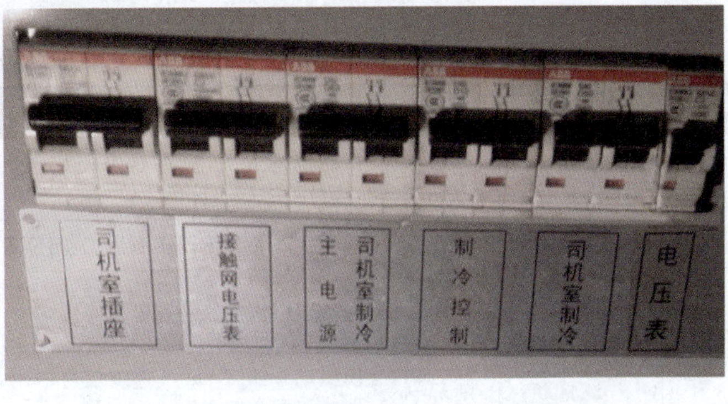

图 3-37　CRH380A(L)型动车组司机室配电盘-1

表 3-11 CRH380A 型动车组司机室配电盘-1 中各开关、保险功能

名　称	功　能	常　位
司机室插座	司机室插座用断路器	ON
接触网电压表	电压表用断路器 2(架线电压)	ON
司机室制冷主电源	司机室空调电动机电源用断路器	ON
制冷控制	司机室空调控制电源用断路器	ON
司机室制冷	司机室空调主断路器	ON
机车电源	获得外部 DC 110 V 电源	OFF
电压表	电压表用断路器 1(DC 100 V)	ON

四、解联试验开关盘

解联试验开关盘位于司机室配电盘-1 的正下方，该开关盘在 1 车和 8 车(CRH380AL 型为 16 车)的功能设置相比，1 车设置有"试验"按钮而 8 车(16 车)未设置(图 3-38 和图 3-39)，该按钮的作用是模拟 5 km/h 的速度信号，在此同时右旋解编旋钮则可强制关闭头罩。具体功能见表 3-12 。

图 3-38 CRH380A 系列动车组 1 车解联试验开关盘

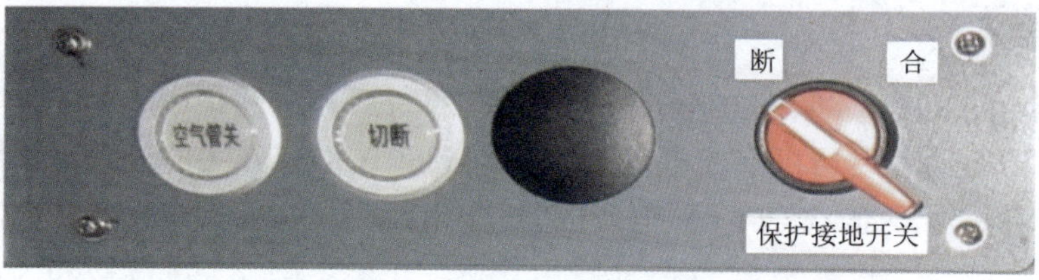

图 3-39 CRH380A 系列动车组 8 车解联试验开关盘

表 3-12 CRH380A 系列动车组解联试验开关盘

序号	名　称	常位	功　能	备　注
1	保护接地开关	断开	接通接地开关，升弓状态使接触网接地，降弓状态高压设备防护	需将配电盘-2 的保护接地保险和此保护接地开关均闭合
2	空气管关	断开	强制空气管开闭器转换为"关闭位置"	试验或手动操作空气管关时使用
3	切断	断开	强制连接切换器断开电气连接	试验或手动操作动车组解编时，强制断开电气连接
4	试验	断开	模拟动车组 5 km/h 速度信号输出，和解编旋钮配合使用可关闭头罩	解编操作后需强制关闭前端头罩时使用。仅 1 车，使用后需按压恢复

五、司机室配电盘-2

司机室配电盘-2 位于司机室司机座椅的右后侧，主要设置了一些动车组控制电路的空气断路器开关[以 CRH380A(统)型为例，如图 3-40 所示，各空气断路器的作用见表 3-13]，其中司机经常用到的 ATP 系统电源也设置在该配电盘中，由于和 ATP 显示器的开关相邻，司机在操作 ATP 重启时需要确认清楚后再操作。

图 3-40 CRH380A(统)型动车组司机室配电盘-2(列车间隔检测装置仅配置于 1 车)

表 3-13 CRH380A(统)型动车组司机室配电盘-2 各空气断路器功能表

序号	名 称	功 能	常位
1	后部标识灯电源	后部标志灯用电源开关	ON
2	前部标识灯电源	前照灯用电源开关	ON
3	集中控制 1	动力系统控制电源电路开关	ON
4	集中控制 2	制动系统控制电源电路开关	ON
5	集中控制 3	紧急制动系统控制电源电路开关	ON
6	受电弓 VCB	受电弓、VCB 操作指令用断路器	ON
7	蓄电池接触器	蓄电池接触器控制用断路器	ON
8	监视器 1	监视器中央装置电源用断路器 1	ON
9	监视器 2	监视器中央装置电源用断路器 2	ON
10	切除指令	切除车上试验及空挡试验指令开关用断路器	ON
11	显示灯电源	显示灯用断路器 2	ON
12	关门	关车门指令回路用断路器	ON
13	关车门安全	关车门安全回路用断路器	ON
14	警惕装置	警惕装置用断路器	ON
15	电压表照明	电压表灯用断路器	ON
16	应急灯切换	预备灯切换选择用断路器(前照灯减光)	ON
17	联解分控	重联解编过程中闭合	ON

续上表

序号	名　称	功　能	常位
18	列车无线	列车无线电电源用断路器	ON
19	无线蓄电池控制	无线蓄电池控制用断路器	ON
20	风笛加热器	风笛加热器用断路器	ON
21	前窗玻璃加热控制	司机室前挡风玻璃加热	OFF
22	联解限位开关	限位开关断路器	ON
23	列车间隔检测装置(仅1车)	列车间隔检测装置用断路器	ON
24	司机室灯1	驾驶台射灯用断路器1	ON
25	司机室灯2	驾驶台射灯用断路器2	ON
26	司机室灯3	司机室灯用断路器	ON
27	司机室加热器1	司机室加热器用断路器1	ON
28	司机室加热器2	司机室加热器用断路器2	ON
29	车内压力释放	车门压紧压力控制用断路器	ON
30	24 V电源	24 V电源装置输入用断路器	ON
31	应急蓄电池控制	应急蓄电池控制用断路器	ON
32	SDMS(列控设备动态监测系统)	对列控设备进行动态监测	ON
33	EOAS主机	EOAS主机用断路器	ON
34	电动遮阳帘控制	遮阳帘控制用断路器	ON
35	救援指令器	BP救援装置用断路器	OFF
36	刮雨器控制电源	刮雨器控制电源用断路器	ON
37	电笛	电笛用断路器	ON
38	数据记录及无线传输装置	数据记录及无线传输装置用断路器	ON
39	电加热玻璃	司机室前挡风玻璃加热	OFF
40	联解控制	连挂控制用断路器	OFF
41	设备室灯1	设备室内照明灯开关	OFF
42	设备室灯2	设备室内照明灯开关	OFF
43	保护接地	保护接地开关控制用断路器	OFF
44	辅助制动	供给辅助制动用的交流电源	OFF
45	救援转换装置	接通制动指令转换器电源，将BP管压力变化转变为动车组制动信号	OFF
46	ATP系统电源	ATP系统电源用断路器	ON
47	ATP显示器1	ATP显示器1用断路器	ON
48	ATP显示器2	ATP显示器2用断路器	ON
49	JRU控制	ATP司法记录仪控制用断路器	ON
50	失稳制动控制	失稳制动控制用断路器	ON
51	电子标签	电子标签用断路器	ON
52	仪表灯	点亮司机室仪表灯	ON

注：CRH380AL型动车组在司机室配电盘-2与CRH380A型动车组不同的是，CRH380AL型动车组在此配电盘中设置了“机车电源”空气断路器。

六、联解控制盘

解联控制盘（图 3-41）安装在 CRH380A、CRH380A（统）型司机室右前侧电器柜内（CRH380AL 型动车组在此电器柜中设置了头罩开闭控制盘），在紧急情况下手动重联与解编操作或动作试验时使用。该控制盘设有“闭锁解除强制合”、“罩开强制合”、“罩关强制合”、“空气管开强制合”、“空气管关强制合”五个开关和“强制进行”按钮；“闭锁解除强制合”开关与其他开关配合使用可以强制打开、关闭头罩、强制打开、关闭空气管。

七、头罩开闭控制盘（仅 CRH380AL 型）

CRH380AL 型动车组因为本身是 16 辆长编组，不存在重联、解编的情况，因此没有在司机室右前侧电器柜设置联解控制盘（图 3-42），而是设置了头罩开闭控制盘，通过头罩控制开关直接控制头罩的开启与关闭。具体功能设置见表 3-14。

图 3-41　CRH380A、CRH380A（统）型动车组司机室联解控制盘

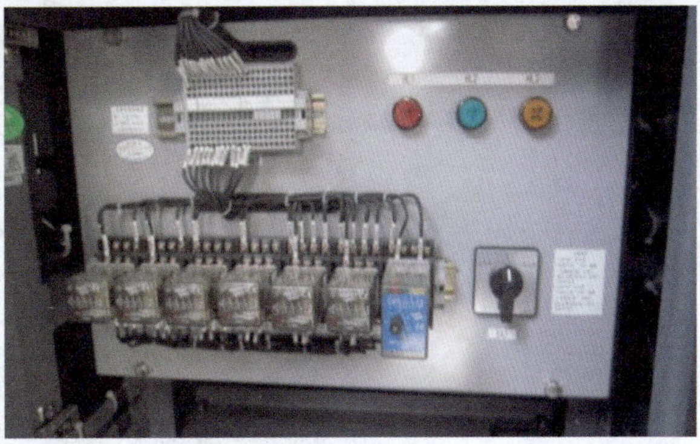

图 3-42　CRH380AL 型动车组头罩开闭控制盘

表 3-14　CRH380AL 型动车组头罩开闭控制盘

序号	名　称	常位	功　能	使用时机
1	头罩控制开关	0	该开关有“开头罩”、“0”、“关头罩”三个位置。在“开头罩”位可以打开并锁闭头罩；“关头罩”位可以关闭并锁闭头罩	需要打开或关闭头罩时
2	头罩开指示灯（红灯）		头罩打开状态时点亮	
3	头罩关指示灯（绿灯）		头罩关闭状态时点亮	
4	头罩被锁指示灯（黄灯）		头罩锁闭状态时点亮	

八、刮雨器紧急控制装置

刮雨器控制装置安装在左前电器柜中（图 3-43），当刮雨器自动控制装置故障时，紧急情况下可以通过手动将紧急操作装置置于“ON”状态，刮雨器始终以最快的速度进行刮刷；正常情况下紧急操作装置置于“OFF”状态。

九、救援（HELPS）开关

救援（HELPS）开关（图 3-44）位于司机座椅的左后侧电器柜中，安装在司机室转换开关盘-1 的正下方，救援(HELPS)开关有“救援”和“正常”两个位置。该开关主要用于动车组相互救援，并使用跨接电缆连接时，实现救援动车组对被救援动车组的控制。

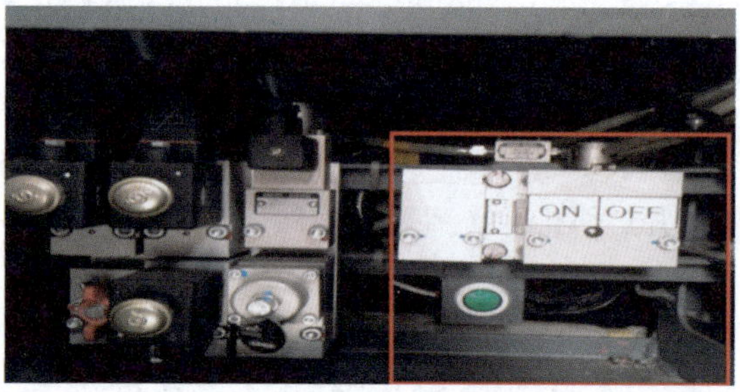

图 3-43　CRH380A 系列动车组刮雨器紧急控制装置

图 3-44　CRH380A 系列动车组救援(HELPS)开关

复习思考题

1. CRH380A 系列动车组哪种型号装备了警惕装置？
2. CRH380A 系列动车组牵引手柄在牵引区时，能否操作换向手柄？
3. 司机室转换开关盘-2 中的“停放”旋钮是控制停放制动装置的吗？
4. 救援转换装置的作用是什么？

第四章　动车组牵引传动系统

本章对 CRH380A 系列动车组牵引传动方式进行了简要概括，对主要动力系统高压设备进行了介绍，对辅助系统构成，主要是辅助电源装置进行了简介。读者通过学习，了解动车组牵引传动系统的基本构成，为后续动车组控制系统的学习奠定基础，为操纵动车组提供基本的理论支撑。

第一节　动车组牵引传动方式

一、牵引方式

CRH380A(L)型动车组采用动力分散交流驱动方式，在前后两端都设有司机室，司机在列车运行方向前端司机室内进行操作。

CRH380A 型动车组(6M2T)在平直线路上，速度从 0 到 200 km/h 过程中，平均加速度不小于 0.38 m/s^2。CRH380AL 型动车组(14M2T)在平直线路上，速度从 0 到 200 km/h 过程中，平均加速度不小于 0.4 m/s^2。

动车组有效恒速设定速度范围为 30～380 km/h，网侧电源为交流 25 kV、50 Hz，额定输出为 22.5～29 kV，网侧电压在 17.5～31 kV 的变动范围内动车组牵引输出可实现正常控制。

牵引特性曲线见图 4-1～图 4-3。

二、牵引主电路(图 4-4)

CRH380A 型动车组高压电源由接触网通过 4 车或 6 车受电弓进行受电，通过车顶上的特高压导线，经由 VCB 后被送到 2 车、4 车和 6 车的主变压器。

CRH380AL 型动车组高压电源由接触网通过 5 车和 13 车受电弓进行受电，通过车顶上的特高压导线，经由 VCB 后被送到各动力单元主变压器。

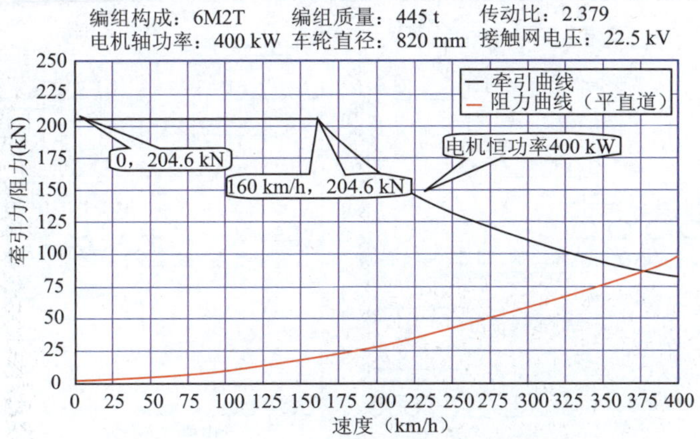

图 4-1　CRH380A 型动车组牵引特性曲线(6M2T)

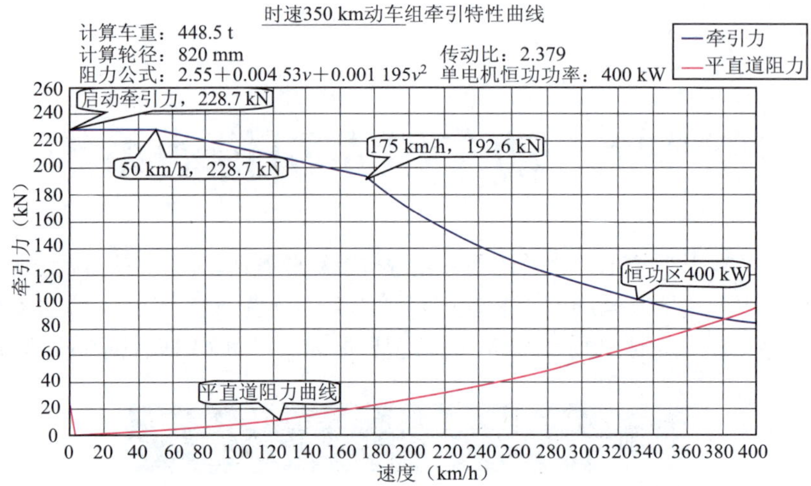

图 4-2 CRH380A 统型动车组牵引特性曲线(6M2T)

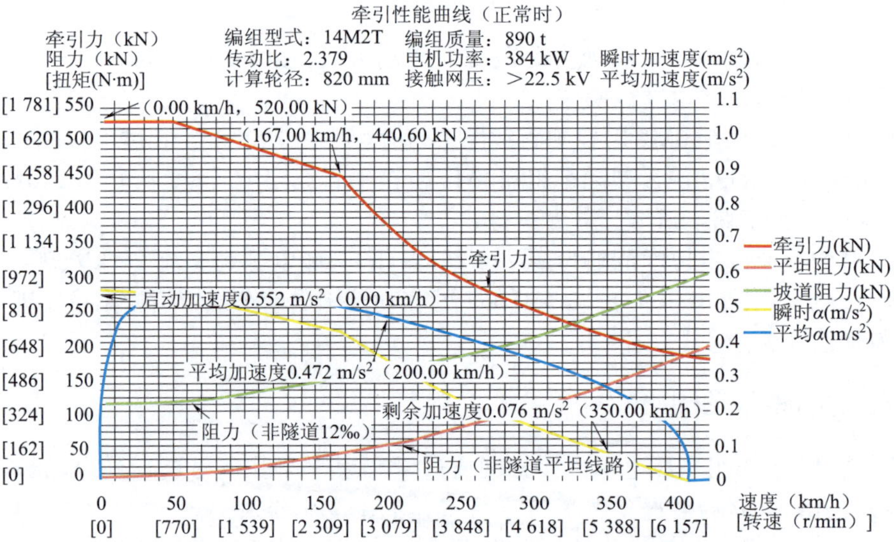

图 4-3 CRH380AL 型动车组牵引特性曲线(14M2T)

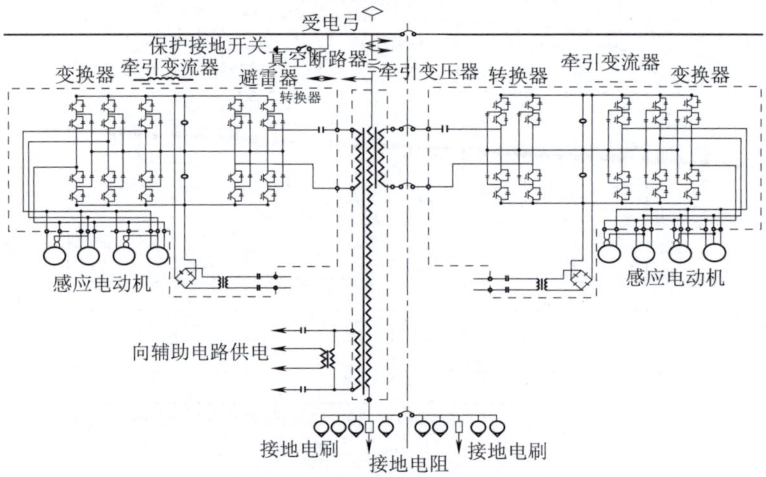

图 4-4 牵引主电路示意图

车顶上安装有保护接地装置(EGS),可使接触网接地短路。牵引变压器2次绕组侧设有2个线圈,1次侧的电压为25 kV时,2次侧绕组电压则为1 650 V。牵引变流器安装在各动车上,每台牵引变流器控制4台牵引电机,在牵引时向牵引电机提供电力、在制动时进行电力再生控制。

牵引电机采用三相鼠笼式感应电机,其轴端设置有速度传感器、用于牵引变流器测速以及检测制动控制装置的速度(转子频率数)。

牵引系统故障时可分别对M1车、M2车切除动力,也可以通过断开VCB切除一个牵引单元,不影响另一个单元的牵引。

第二节　牵引系统构成及工作原理

一、CRH380A(L)型动车组牵引系统的组成

时速350 km CRH380A(统)型动车组(非高寒)以2辆动车为一个主电路的基本单元,有3个动力单元,T1、M1、M2是一个动力单元,M3、M4是一个动力单元,M5、M6、T2为一个动力单元。

时速350 km CRH380AL型动车组牵引系统的组成以2辆动车为一个主电路的基本单元,有7个主电路基本单元。T1、M1、M2是一个动力单元,M3、M4是一个动力单元,M5、M6是一个动力单元,M7、M8是一个动力单元,M9、M10是一个动力单元,M11、M12是一个动力单元,M13、M14、T2是一个动力单元。

一个基本动力单元的牵引系统主要由网侧高压电气设备、1台牵引变压器、2台牵引变流器、8台三相交流异步牵引电机构成。牵引单元示意见图4-5。

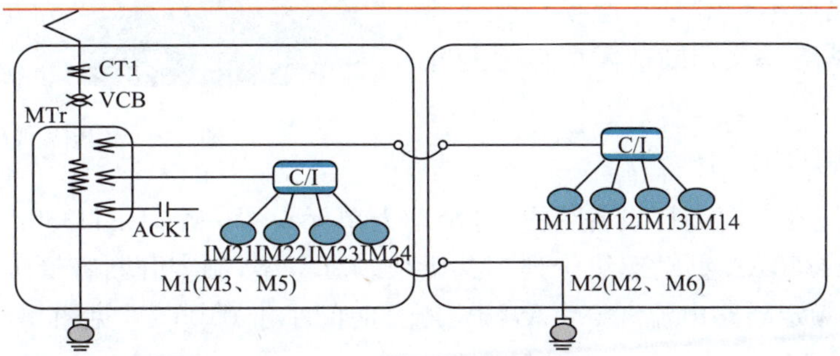

图4-5　牵引单元示意图

二、网侧高压电气设备

网侧高压电气设备主要包括:受电弓、主断路器、避雷器、接地保护开关等。

CRH380A型动车组牵引传动系统图见附图1。

(一)受电弓(图4-6)

CRH380A型动车组采用TSG19A/DSG19A型受电弓,每列车设两个受电弓,分设在4车和6车车顶上,受电弓为单臂型,额定电流700 A。单列车运行时采用单弓受流,两列重联运行时每列各升前(后)位一架受电弓受流。

CRH380AL型动车组采用DSA380型受电弓,每列车设4个受电弓,分设在5车和13车靠车端车顶上,每车2个。受电弓为单臂型,最大受电电流1 000 A,运行时采用双弓受流,工作受电弓受流方向一致。

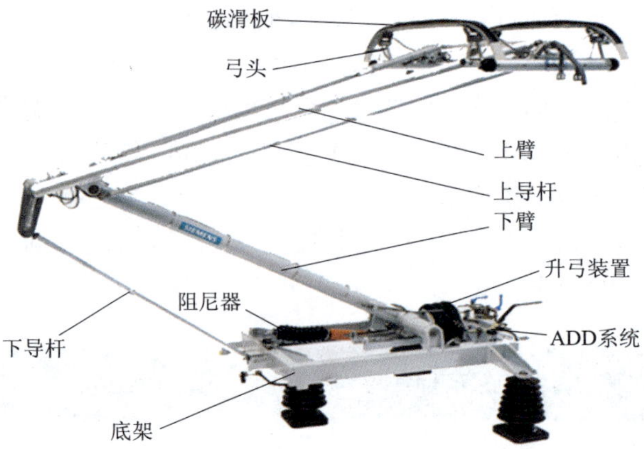

图 4-6 TSG19A 型受电弓结构图

CRH380AL 型动车组受电弓静态接触压力(80±10) N，弓头宽度 1 950 mm，具有自动降弓功能，适应接触网高度为 530～650 mm，列车运营速度为 350 km/h。通过设置控制联锁，使双工作弓之间的距离大于 190 m，确保动车组正常运行。

受电弓距轨面最高工作高度 6 500 mm，最低高工作高度 4 800 mm，其降弓后折叠高度 650 mm(含绝缘子)。

(二)高压隔离开关(图 4-7)

高压隔离开关设置在车顶，用于隔离故障受电弓。当动车组受电弓损坏故障造成永久接地时，为确保接地点不影响动车组换弓受流维持运行，操作该隔离开关切断故障受电弓与车顶高压电路。

图 4-7 高压隔离开关

(三)主断路器(CB201C 型)

主断路器设置在车底高压设备箱内，每个动力单元设置一个，CRH380A(统)型动车组全列车共 3 个，CRH380AL 型动车组全列车共 7 个。真空型，额定开断容量 100 MV·A，额定电流 AC 200 A，额定断路电流 3 400 A，额定断开时间小于 0.06 s。见图 4-8。

图 4-8 真空主断路器

(四)高压电流互感器

CRH380A 系列动车组全车共有 3 个，变流比 200/5 A，用于检测牵引变压器原边电流。

(五)避雷器(PGLS-42R 型)

CRH380A 系列动车组全列车共 3 个，额定电压 42 kV (RMS)，动作电压(57 kV)以上，DC 限制电压 107 kV。

(六)接地保护开关(EGS 开关、SH2052C 型)

CRH380A 系列动车组全列车共 2 个,CRH380AL 型动车组全列车共 4 个,额定瞬时电流 6 000 A(15 周)。见图 4-9。

图 4-9　保护接地开关 EGS

(七)牵引变压器(TBQ34-3855/25A/ATM9D)

一个基本动力单元 1 个牵引变压器,CRH380A 型动车组全列车共 3 个,CRH380AL 型动车组全列车共 7 个。采用壳式结构、车体下吊挂、油循环强迫风冷方式。每台牵引变压器具有 1 个原边绕组(25 kV、4 175 kV · A),2 个牵引绕组(1 658 V、3 654 kV · A),1 个辅助绕组(400 V、520 kV · A)。采用轻量耐热材料和环保型硅油,约 3 500 kg,效率大于 95%。见图 4-10。

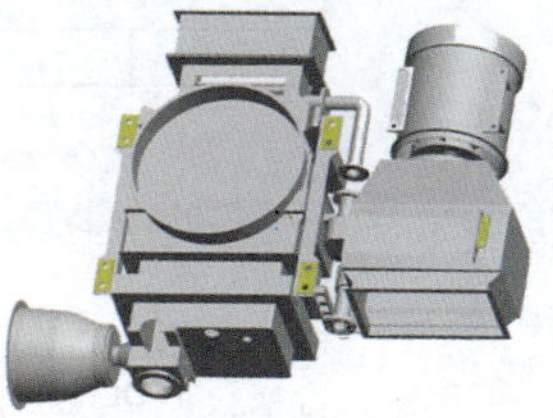

	原边绕组	牵引绕组	辅助绕组
容量	4 174 kV · A	3 654 kV · A	520 kV · A
电压	25 000 V	1 658 V	400 V
电流	167 A	1 102 A×2	1 300 A
频率	50 Hz	50 Hz	50 Hz
额定种类	连续	连续	连续

图 4-10　牵引变压器

(八)牵引变流器(TGA10A/CII-HHR1420C)

一个基本动力单元 2 个牵引变流器,CRH380A 型动车组全列共 6 个,CRH380AL 型动车组全列共 14 个。牵引变流器采用车下吊挂,液体沸腾冷却方式。

主电路由脉冲整流器、中间直流电路、中间整流电路、逆变器构成,采用 PWM 方式控制。中间直流电压为 3 100 V/3 050 V(随牵引电机输出功率进行调整),1 个牵引变流器采用矢量控制原理控制 4 台并联的牵引电机。效率大于 96%,功率因数大于 0. 97。见图 4-11。

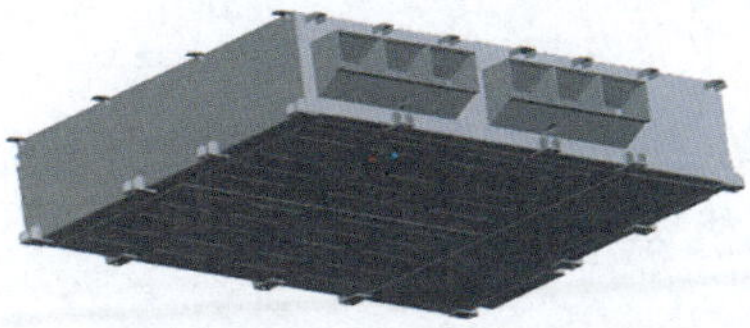

图 4-11　牵引变流器

(九)牵引电动机(YQ365/YJ92B 型)

CRH380A(L)型动车组每节动车有 4 台并联牵引电动机,一个基本动力单元 8 台,CRH380A 型动车组全列共 24 台,CRH380AL 型动车组全列共 56 台。牵引电动机为 4 极三相鼠笼式异步电动机,采用架悬、强迫风冷方式,通过挠性齿型连轴节连接传动齿轮。见图 4-12。

CRH380A 型动车组额定输出功率 365 kW,额定转速 4 142 r/min。

CRH380AL 型动车组牵引电动机持续运行功率 385 kW。

图 4-12　牵引电机

第三节　辅助电源系统

一、辅助电源系统概述

动车组辅助系统主要功能是向动车组牵引制动系统设备提供控制风源，以及对动力设备进行通风冷却，为辅助设备提供工作电源和向动车组电气设备提供控制电源。

辅助电源系统(APU)是辅助系统的主要组成部分，其采用干线供电方式，电源系统贯穿全列车。辅助电源系统(APU)包括非稳压单相 AC 100 V 系统，稳压单相 AC 100 V 系统、稳压单相 AC 220 V 系统、稳压三相 AC 400 V 系统、稳压 DC 100 V 系统。见图 4-13。

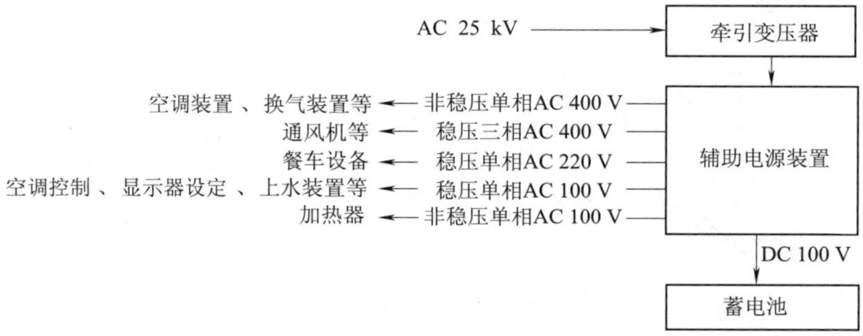

图 4-13　辅助电源系统简图

(一)非稳压单相 AC 100 V 系统

由辅助变压器(ATr)将牵引变压器辅助绕组的 AC 400 V 电压直接降压至 AC 100 V，向热水器的加热器等容许电压变动的负荷供电。

(二)稳压单相 AC 100 V、AC 220 V 系统

使用辅助电源装置与 AC 400 V 实现隔离，并且降压和稳压。

(三)稳压三相 AC 400 V 系统

使用辅助电源装置与单相 AC 400 V 实现隔离，并且降压和稳压，与牵引系统相关的辅助设备(牵引变压器、牵引变流器、牵引电机用各送风机等)连接。

(四)稳压 DC 100 V 系统

稳压 DC 100 V 系统向车辆的控制电源、车厢照明、蓄电池等供电。

辅助电源系统输出电压具体参数见表 4-1。

表 4-1　辅助电源系统输出电压

类别	交流三相	交流单相		直流(辅助整流器箱)	Atr(非稳压)输出
额定电压	AC 400 V	AC 100 V	AC 220 V	DC 100 V	AC 100 V
额定功率	123 kV·A	12 kV·A	123 kV·A	58 kW	22 kV·A
电压精度	+10%～−10%	同左	同左	+10%～−10%	+26%～−41%
频率	50×(1±1%)Hz	同左	同左		50 Hz
畸变系数	5%以下				
担当负荷	100%连续 180%、10 s 连续			100%连续 120%、20 s 连续	

二、动车组辅助电源装置(APU)配置

(一)CRH380A(统)型动车组

CRH380A(统)型动车组每列车体设置3台辅助电源装置(APU),分别安装在1、5、8车体底下。1、8车的APU是分别向1～4和5～8车的牵引变流器通风机(4、5车除外)、牵引变压器通风机(4车除外)、压缩机等提供三相交流动力电源,给辅助电路、监视装置、制动装置、关门装置、牵引变流器控制等提供单相直流控制电源,给空调控制、显示器、水泵装置、辅助制动等提供单相交流电的电源装置。5车的APU3是给4车的牵引变流器通风机、牵引电机通风机和牵引变压器通风机提供动力电源,同时也给5车的牵引变流器通风机和牵引电机的通风机提供动力电源。

为了能够通过电源感应来延展供电,在2、4、6车牵引变压器三次侧输出线路中设有ACK1,在4车设置电磁接触器ACK2,4车设电磁接触器BKK,5车设电磁接触器BKK2。当2、6车其中一台牵引变压器不能提供三次侧电源时,通过断开相应的ACK1,闭合相应的ACK2开关,实现通过相邻变压器提供电源。但4车APU不具备这个功能,当4车牵引变压器不能提供三次侧电源时,APU将停止工作。

当1、5、8车的其中一台辅助电源装置发生故障时,可通过断开相应ACK1开关,闭合BKK的方式通过另一台辅助电源装置扩展供电,ACK1和BKK还具备电磁接触器互锁功能。当APU3发生故障时,可由8车的APU向APU3进行扩展供电,具体供电关系见图4-14。

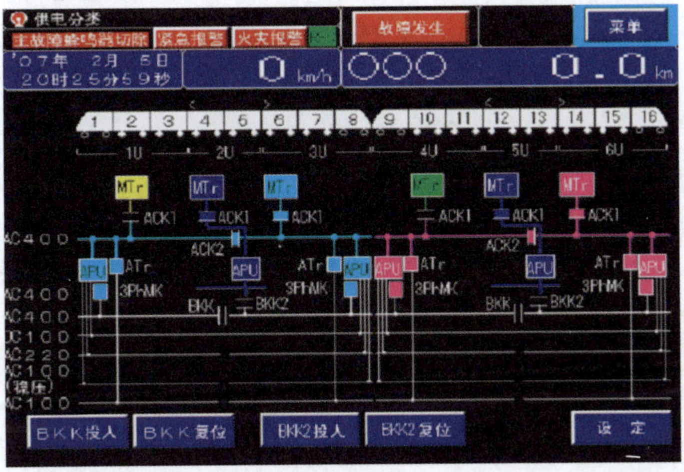

图4-14 CRH380A(统)型动车组辅助电源装置扩展供电MON图

(二)CRH380AL型动车组

CRH380AL型动车组每列车体设置7台辅助电源装置(APU),安装在1、5、7、9、11、13、16车体底下。各车的APU是分别向1～9和10～16车的牵引变流器通风机、牵引变压器通风机、压缩机等提供三相交流动力电源,给辅助电路、监视装置、制动装置、关门装置、牵引变流器控制等提供单相直流控制电源,给空调控制、显示器、水泵装置、辅助制动等提供单相交流电的电源装置。

为了能够通过电源感应来延展供电,在2、4、6、8、10、12、14车牵引变压器三次侧输出线路中设有ACK1,在3、7、11、13车设置电磁接触器ACK2,3、7、11、13车设电磁接触器BKK。当

其中一台牵引变压器不能提供三次侧电源时，通过断开相应的 ACK1，闭合相应的 ACK2 开关，实现通过相邻变压器提供电源。

当其中一台辅助电源装置发生故障时，可通过断开相应 ACK1 开关，闭合 BKK 的方式通过另一台辅助电源装置扩展供电，ACK1 和 BKK 还具备电磁接触器互锁功能。但1～9 车与 10～16 车的 BKK 扩展供电是相互独立的，其他各动力单元间的扩展方式同 8 编组。

闭合或断开 ACK1、ACK2、BKK 开关可通过设置 MON 供电分类页面，选择相应动力单元，进行设定。具体供电关系见图 4-15。

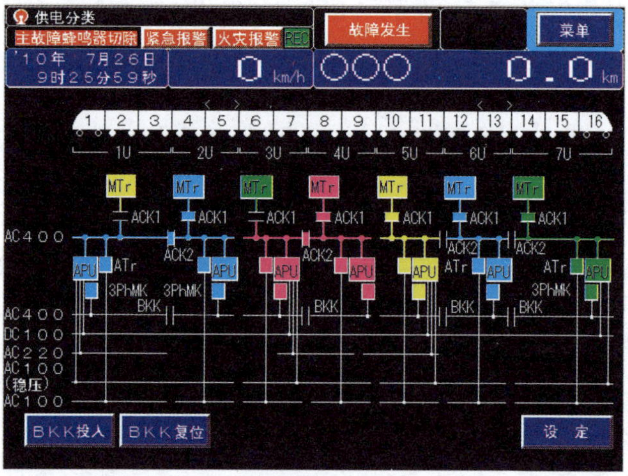

图 4-15 CRH380AL 型动车组辅助电源装置扩展供电 MON 图

三、辅助电源装置(APU)构成及工作原理

(一)APU 系统构成

APU 系统由输入变压器(TR1)、输入滤波电容器(ACFC)、输入滤波电抗器(ACL1)、变频器、逆变器、输出滤波电抗器(ACL2)、输出滤波电容器(ACC)、辅助变压器(ATr)等构成。

辅助整流器箱是由整流器用变压器(TR2)、辅助整流器(Rf)、2 个辅助变压器(TR3、TR4)等构成。

(二)APU 系统工作原理

APU 的输入电源是牵引变压器三次辅助绕组输出的 AC 400 V 单相 50 Hz，通过可控硅混合电桥变换成为直流电。该直流电通过 PWM 三相逆变器变换成为交流电，通过逆变器输出变压器提供 AC 400 V 三相 50 Hz 电源。CVCF 输出变压器将 AC 400 V 三相电源变换成单相 AC 220 V、AC 100 V 的稳压电源。辅助变压器将牵引变压器辅助绕组的 AC 400 V 变换成另一单相 AC 100 V 电源。辅助整流器箱使用整流器变压器将 APU 的 400 V 三相电压输出变压后，通过三相全波整流器，输出 DC 100 V。

输入整流器使用大电流、高电压器件，实现了小型、轻量化。逆变器单元使用可高速开关的 IGBT，通过高频 PWM 控制，实现了滤波电抗器的小型、轻量化。

辅助整流装置采用自冷式，由整流器变压器、整流二极管单元、用于实现输出电压下降特性的电阻等构成。

辅助电源系统工作原理见图 4-16。

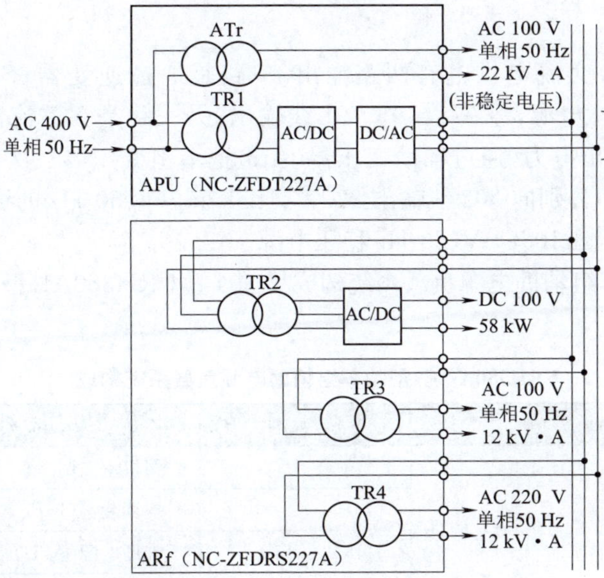

图 4-16　电源系统构成及工作原理框图

四、辅助电源系统负载

(一)辅助电源系统主要负载

辅助电源系统主要负载框图见图 4-17。

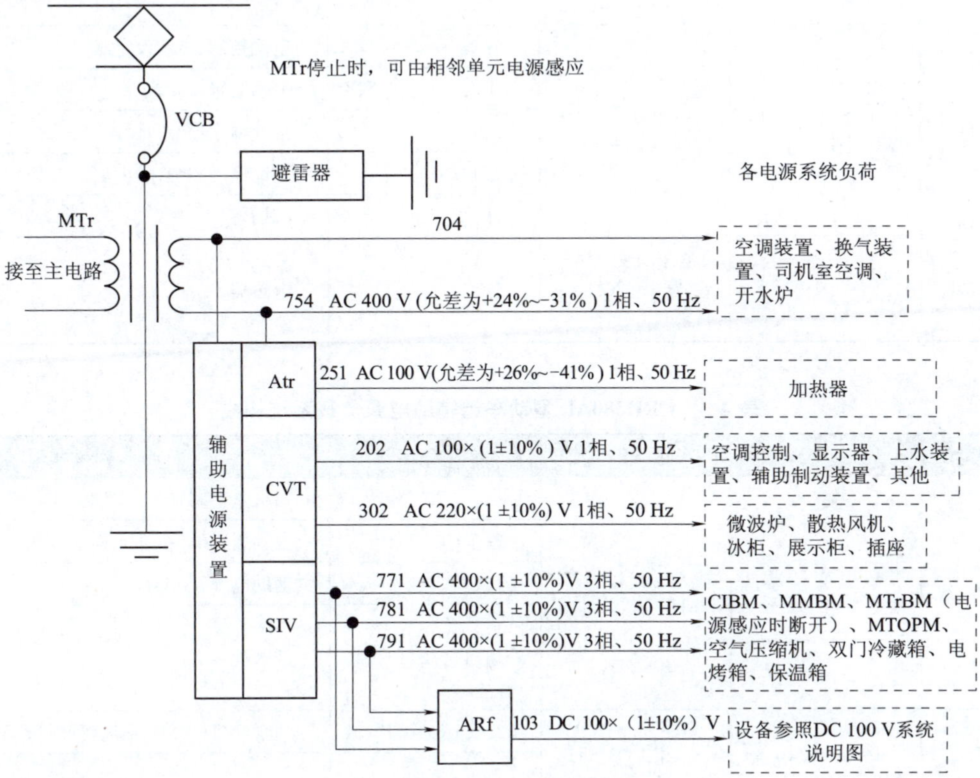

图 4-17　辅助电源系统负载框图

(二)交流供电系统

辅助电源装置(APU)交流电供电有两路输出，一路是通过逆变器(SIV)输出的三相400 V±10%、50 Hz的稳压电源，经771、781、791线输出；另一路是在整流器箱(ArfBox)的内部设置有接受SIV的输出电力，通过辅助变压器(Atr)把牵引变压器三次侧绕组进行电压降压，经恒压变压器(CVT)分别向302线输出220×(1±10%) V、50 Hz的稳压电源，以及通过202线输出单相100×(1±10%) V、50 Hz稳压电源。

CRH380A(统)型动车组辅助电源负载系统构成见表4-2，CRH380AL型动车组辅助电源负载系统构成见表4-3。

表4-2 CRH380A(统)型动车组辅助电源负载系统构成

电源系统	电　源	电　压	车　辆	负　载
704、754线	牵引变压器3次	单相400 V,50 Hz	1	司机室空调
			各车	空调装置(1～8车)、换气装置
			1、8	辅助电源(APU)
			1、2、3、4、5、6、7、8	开水炉
771、781、791线	1、8车APU-SIV	三相400×(1±10%)V,50 Hz	2、4、6	油泵(MTOPM)、通风机(MTrBM)
			2、3、4、5、6、7	牵引变流器通风机，牵引电机通风机
			3、7	空气压缩机
			1、8	辅助整流器(ARf)
302线	1、8车APU-CVT	单相220×(1±10%)V,50 Hz	5	餐车、吧台设备
202线	1、8车APU-ARf-CVT	单相100×(1±10%)V,50 Hz	各车	空调控制、显示设定器
			1、2、3、4、5、6、7、8	上水装置
			3、6	空气清净器
			1、8	辅助制动装置
			7	广播
251线	1、8车APU-ATr	单相100 V(允差为+26%～41%),50 Hz	各车	电热器

表4-3 CRH380AL型动车组辅助电源负载系统构成

电源系统	电　源	电　压	车　辆	负　载
704、754线	牵引变压器3次侧绕组	单相400 V,50 Hz	1	司机室空调
			各车	空调装置(1～8车)、换气装置
			1、16	辅助电源(APU)
			1、2、3、4、5、6、7、8、10、11、12、13、14、15、16	开水炉
771、781、791线	1、7、11、16车APU-SIV	三相400×(1±10%)V,50 Hz	2、4、6、8、10、12、14	油泵(MTOPM)、通风机(MTrBM)
			2、3、4、5、6、7、8、9、10、11、12、13、14	牵引变流器通风机，牵引电机通风机

续上表

电源系统	电　源	电　压	车　辆	负　载
771、781、791 线	1、7、11、16 车 APU-SIV	三相 400×(1±10%)V，50 Hz	3、5、13、15	空气压缩机
			1、7、11、16	辅助整流器(ARf)
302 线	1、7、11、16 车 APU-CVT	单相 220×(1±10%)V，50 Hz	1、9、16	餐车、吧台设备
202 线	1、7、11、16 车 APU-ARf-CVT	单相 100×(1±10%)V，50 Hz	各车	空调控制、显示设定器
			1、2、3、4、5、6、7、8、9、10、11、12、13、14、15	上水装置
			3、6	空气清净器
			1、16	辅助制动装置
			9	广播
251 线	1、7、11、16 车 APU-ATr	单相 100 V(允差为 +26%～−41%)，50 Hz	各车	电热器

（三）直流供电系统

辅助整流器箱使用整流器变压器将 APU 的 400 V 三相电压输出变压后，通过三相全波整流器，输出稳压 DC 100 V，向车辆的控制电源、车厢照明、蓄电池、插座、服务设备等供电。

DC 100 V 系统可由 102、103 线两条线供电。通常是由 103 线供电，辅助电源装置无直流电源输出时，通过操作应急灯切换接触器，在将电源由 103 线切换到 102 线的同时，即可向广播装置，应急灯等最低限度负载提供所需电源。

直流供电系统框图见图 4-18。

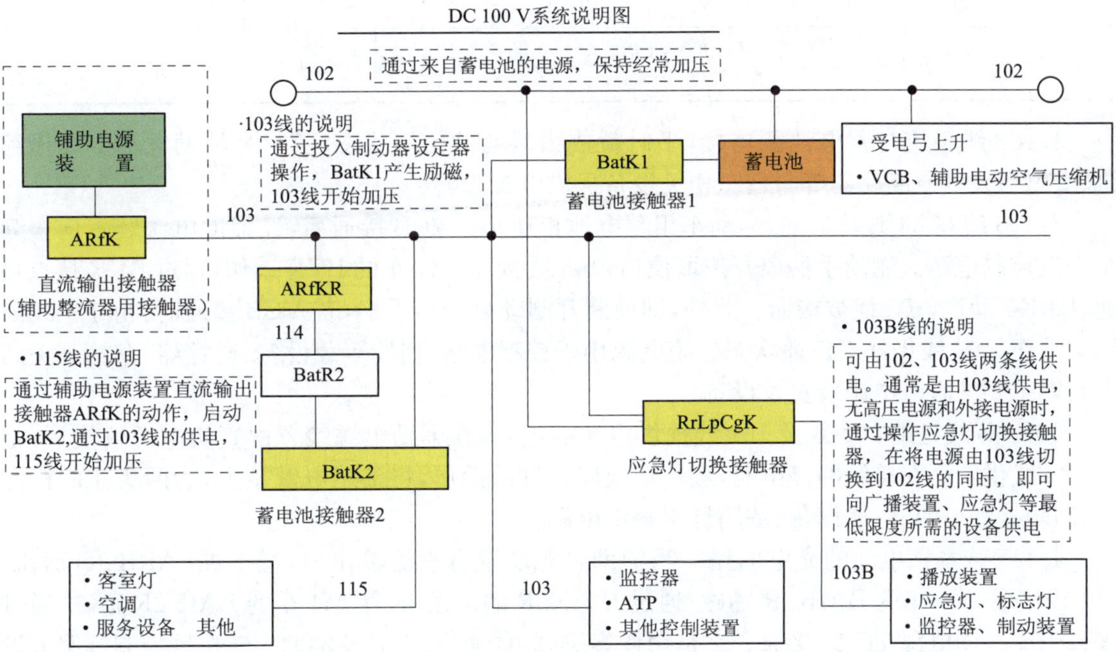

图 4-18　直流供电系统框图

CRH380A(统)型动车组在2、3、5、7车上设置蓄电池，其中3、5车各配置2组，2、7车各配置1组，总容量600 A·h。外部车体侧面装有连接外部电源的插座(AC 400 V、单相、50 Hz)，2车及6车上各有一处。

CRH380AL型动车组在1、2、4、7、9、11、13、15、16车上分别设有一个控制蓄电池箱。外部车体侧面装有连接外部电源的插座(AC 400 V、单相、50 Hz)，2车、6车、10车、14车上各有一处。

CRH380AL型动车组直流输出控制电路各控制线负载见表4-4。

表4-4 直流电路电源系统参数表

电源系统	电源	电压	车辆	负载
102线	2、4、6、8、9、10、12、14、15车蓄电池，103线(BatK1，ON时)	DC 100 V(允差为+20%～−10%)	1、16	运转控制(含受电弓、VCB控制)
			2、4、6、8、9、10、12、14、15	辅助空气压缩机、蓄电池
103线	1、7、13、16车Arf	DC 100×(1±10%)V	各车	辅助电路、信息控制装置、制动装置、关车门装置、烟火报警
			2、3、4、5、6、7、8、9、10、11、12、13、14、15	牵引变流器控制
			1、16	ATP
			16	列车无线用专用蓄电池
103B线	102线(RrLpCgK，ON时) 103线(RrLpCgK，OFF时)	DC 100×(1±10%)V	各车	广播、应急灯，污物处理
			5	影视系统主机
			1、16	标志灯、分并装置、刮雨器装置
115线	103线(BatK2，ON时)	DC 100×(1±10%)V	各车	空调控制、自动门装置、客室照明、鼓风机控制、影视系统设备箱
118A线	专用蓄电池103线	DC 100×(1±10%)V	1、16	列车无线装置
172 M	应急通风	DC 100 V(允差为+10%～−30%)	各车	应急通风

1. 102线系统与蓄电池相连接，平时就成为接通的使用状态，随时为辅助电动空气压缩机、受电弓及真空断路器等与行车相关设备提供电源。

2. 103线在VCB接通前，与动车组蓄电池相连接。VCB接通后，经辅助电源装置向全列车提供控制电源。制动手柄离开拔取位后，105线接通，M1车的BVR动作，通过BVR接点接通，BatK1动作，103线被接通。此外，即使断开制动设定器手柄，若VCB接通时，由于BatK1继续动作，103线仍处于接通状态。该电源用于控制电路、列控车载设备、监控器、车辆开关门电路等主要的直流电源装置及设备。

3. 103B线是由102线及103线提供电源的电路，在辅助电源装置由直流电源输出后，是由103线供电。在接触网停电时，进行切换应急灯的操作，将备用电源接入，为两头车的标志灯、回转接触电源、广播设备、备用灯等提供电源。

4. 115线系蓄电池的充电电路。当辅助电源装置有直流输出时，继电器(ARfKR)动作，114线接通，M1车的BAtK2R励磁，通过BAtK2R的动作，致使M1车的BAtK2R励磁，通过来自103线的电源115线接通。它是用作客房灯、自动门、空调及辅助旋转机器控制等服务设施的电源。

5. 118A 线，平时以 103 线做为电源。非常情况时应急灯切换接触器 RrLpCgK 关闭、列车无线用蓄电池切换接触器（TWEmCgK）工作，电源从 103 线切换成列车无线用蓄电池（TWBat）。列车无线用蓄电池（TWBat）平时从 103 线得到充电。

6. 172M 线，以应急通风用蓄电池做为电源，通过 103 线给应急通风用蓄电池充电。

复习思考题

1. 从 CRH380A 型动车组牵引特性曲线分析，该型动车组设计最高时速是多少？
2. 牵引主电路有哪些电气设备构成？
3. 简述 CRH380A 系动车组牵引系统的构成。
4. 辅助供电系统由哪些设备构成？其主要功能有哪些？

第五章　动车组制动系统

本章主要以 CRH380A 型动车组为基础，对 CRH380A 系列动车组制动系统的构成进行介绍，对其制动控制原理进行分析，对制动系统电气再生制动、空气制动的实施原理进行介绍，并针对 CRH380AL、CRH380A 统型动车组不同点进行对比性讲解，对三种车型因设备布局的不同不再赘述。读者通过本章节学习，可以基本掌握该系列动车组制动控制系统的控制原理，正确掌握制动机的使用方法，指导制动机的操作实践。

第一节　制动系统组成

一、动车组制动系统的基本概念

人为地制止列车运动，包括使其减速、阻止其运动或加速，均可称之为制动。制动装置产生的与列车运行方向相反的外力称为制动力，它是人为或安全装备施加的阻力。反之，对已施行制动的列车，解除或减弱其制动作用，均称为缓解。

动车组制动机采用计算机控制直通式电空制动系统，制动系统具备动力制动和空气制动的功能，当动力制动能力不足或丧失时，使用空气制动补充，仍能够满足规定的紧急制动距离要求。

动车组制动系统采用手动制动方式及由行车安全装备控制的自动制动方式并用，动作输出采用电气再生制动方式与电气指令式空气制动方式并用，对应速度—黏着曲线模式进行制动力控制，并具有滑行检测技能及应载荷机能。

制动各级位的减速度均具有应载荷检测机能，无论车辆的质量如何，司机施加制动措施后，制动单元计算机控制列车围绕制动级位对应的减速度控制列车制动力，确保列车始终按照减速度设定值减速。

对于装备停放制动装置的动车组，当施加停放制动后，具有在 20‰坡道上停放时不溜逸的能力。

二、CRH380A 系动车组制动控制基本原理

CRH380A 系动车组的制动控制装置采用再生制动的电气指令式空气制动装置。CRH380A(统)型动车组 6M2T 的编组构成中对 T 车使用全机械制动方式，M 车采用电气再生制动优先空气制动补充的制动方式，M 车、T 车基础制动均采用气动卡钳盘式制动装置。

CRH380A 型动车组制动控制系统见附图 2。

CRH380A(统)型动车组制动系统分为四个制动单元，见图 5-1，其中 1～3 车为一个制动单元，1 车 BCU 作为主控制动计算机，根据制动指令分别向 2、3 车制动单元 BCU 发送指令信号。4、5 车 BCU 分别负责本车制动控制，6～8 车为一个制动单元，8 车 BCU 作为主控制动计算机，根据制动指令分别向 6、7 车制动单元 BCU 发送指令信号。CRH380AL 型动车组制动单元划分比照 CRH380A 型动车组。

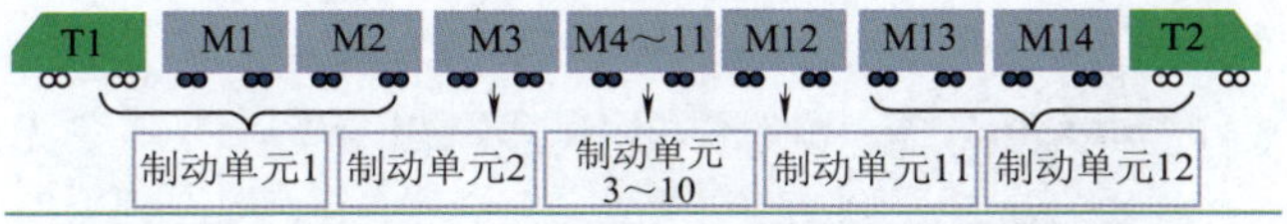

图 5-1　CRH380AL 型动车组制动单元划分示意图

CRH380A 系动车组采用延迟制动控制方式，制动力优先让 M 车（再生制动）负担、降低 T 车自车的制动力的方式，从而降低闸瓦的磨损。再生制动和空气制动的切换根据电空协调控制，由制动控制器判断所需要的制动力，当再生制动力不足时，用空气制动来进行补足。

在两动一拖制动单元内优先采用电制动，电制动不足时先由 T 车空气制动补充，T 车空气制动输出至最大仍满足不了制动减速度需求时，再由 M 车的空气制动进行补充。在 1M 车制动单元内优先采用电制动，电制动不足时，由本车的空气制动进行补充。

三、制动系统的构成

为了使动车组列车能施行制动或缓解而安装在动车组上的一整套设备，总称为制动装置。

CRH380A 统型车制动系统是在 CRH380A 型动车组的基础上，为了满足各型动车组间的救援要求和统一技术条件，制动系统在常用和紧急制动、停放制动及救援要求三个方面进行了统型。

其统型内容见表 5-1。

表 5-1　CRH380A 统型车制动系统统型变更表

序号	统型方面	统型项目	统型内容	变更项点
1	制动系统	常用和紧急制动	统一最大常用制动和紧急制动减速度 设置紧急制动 EB 和 UB	常用制动减速度特性调整
2	制动系统	停放制动	配置弹簧储能停放制动，满足 20‰停放要求	根据停放要求配置停放制动
3	制动系统	救援要求	满足不同车型救援制动	设置救援转换装置

制动控制的基本结构以 CRH380A 系列首、尾两动一拖制动单元（如：CRH380A 型动车组 M5-M6-T2c 车）为例，其控制框图见图 5-2，其 T 车的制动控制的基本构成见图 5-3。

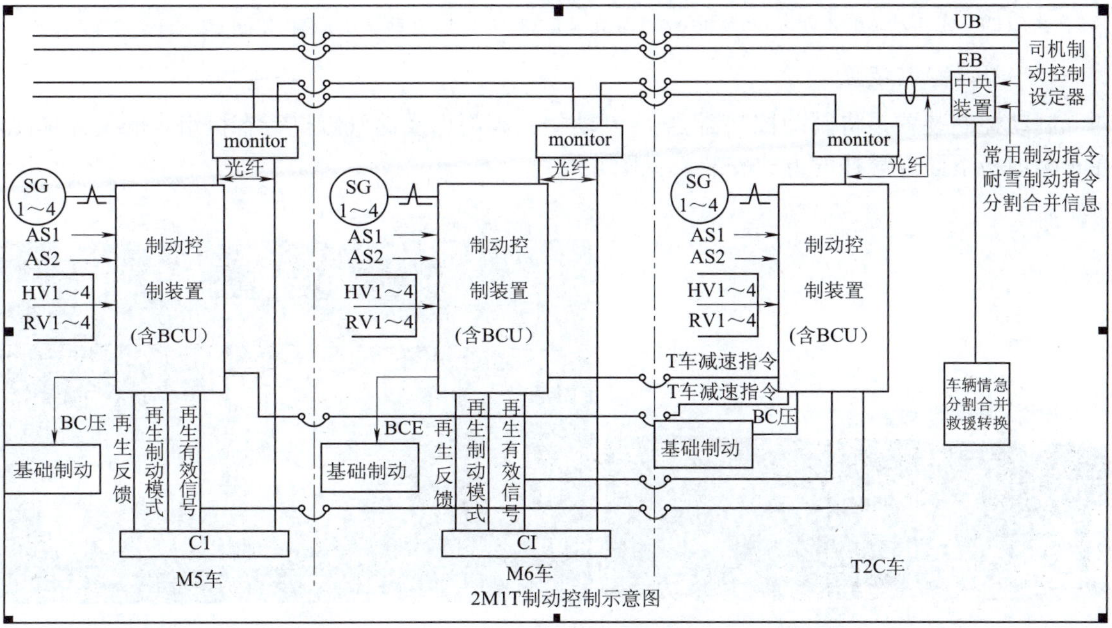

图 5-2　制动控制方框图

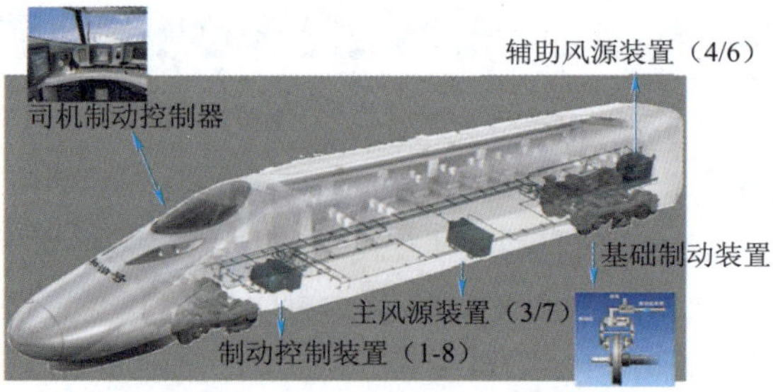

图 5-3　Tc 车制动构成示意图

(一)制动系统的主要构成部件

CRH380A 型动车组制动系统的主要部件构成见表 5-2。

表 5-2　CRH380A(统)型动车组制动系统主要零部件

零部件名称	数量								备　注
	T1	M1	M2	M3	M4	M5	M6	T2	
电动空气压缩机	—	—	1	—	—	—	1	—	GAR14BD
S39 乙 A 气压开关	1	—	—	—	—	—	—	1	590 kPa　OFF
S39 乙 A 气压开关	1	—	—	—	—	—	—	1	340 kPa　OFF
S39 乙气压开关	1	—	—	—	—	—	—	—	340 kPa　ON 连挂用
制动控制装置	1	—	—	—	—	—	—	1	CF-140 (A 统:CF-220)
制动控制装置	—	—	—	1	1	—	—	—	CF-141 (A 统:CF-221)
制动控制装置	—	1	—	—	—	1	—	—	CF-143 (A 统:CF-223)
制动控制装置	—	—	1	—	—	—	1	—	CF-144 (A 统:CF-224)
救援转换装置	1	—	—	—	—	—	—	1	CBTD100(A 统:CBTD100)
滑行控制阀装置	2	2	2	2	2	2	2	2	PC15W
BP 救援装置	1	—	—	—	—	—	—	1	BTU100(A 统)
停放制动控制装置	1	—	1	—	—	—	1	1	PBU5(A 统)
双针压力表	1	—	—	—	—	—	—	1	

注:CRH380AL 型动车组电动空气压缩机分布安装在 3、5、13、15 车上,辅助空气压缩机分布安装在 3、5、9、13 车上。

(二)制动控制装置

制动控制装置是将制动控制器、空气制动相关阀门以及储气缸进行有机组合的整体单元,在车辆地板下面以悬挂的方式安装。见图 5-4。

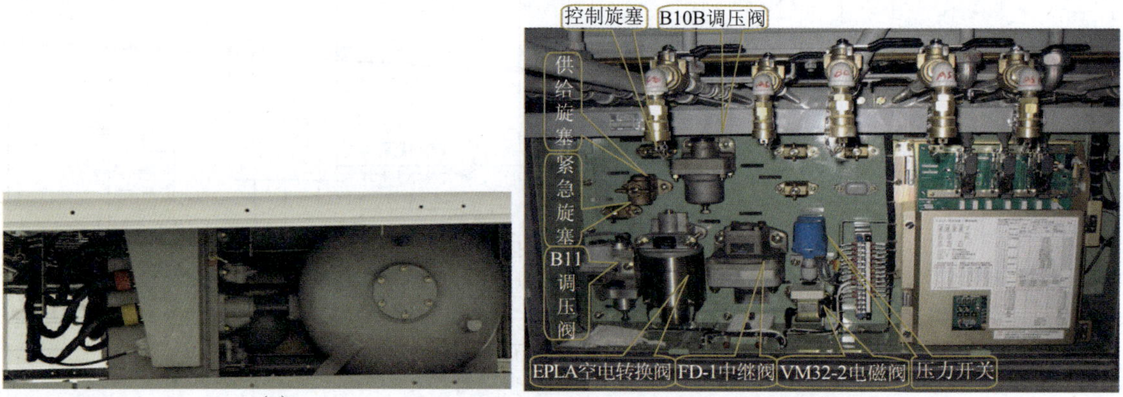

(a)　(b)

图 5-4　制动控制装置

CRH380A(统)型动车组制动控制装置主要零部件构成及安装布局见表 5-3。

表 5-3　CRH380A(统)型动车组制动控制装置主要构成零部件

零部件名称	需要数量								备　注
	T1	M1	M2	M3	M4	M5	M6	T2	
制动控制器	1	—	—	—	—	—	—	1	CBCD140(220)
制动控制器	—	1	1	1	1	1	1	—	CBCD141(221)
EPLA 电空变换阀	1	1	1	1	1	1	1	1	
B11 压力调节阀	1	1	1	1	1	1	1	1	
VM32-2 电磁阀	1	1	1	1	1	1	1	1	紧急电磁阀
FD-1 中继阀	1	1	1	1	1	1	1	1	
B10B 压力调节阀	1	1	1	1	1	1	1	1	CTR 用
SPS-8WP-SD 压力开关	2	2	2	2	2	2	2	2	检测不足用
3/8 止回阀	1	1	1	1	1	1	1	1	CTR 用
3/4 止回阀	1	1	1	1	1	1	1	1	SR 用
3/4 管座用球形塞门	1	1	2	1	2	1	2	1	SR,MR 用
3/4 管座用球形塞门(带侧孔)	1	1	1	1	1	1	1	1	SR 用
3/8 管座用球形塞门(带侧孔)	2	2	3	2	3	2	3	2	PSW,紧急制动,GOV
3/8 管座用球形塞门	3	3	3	3	3	3	3	3	CTR,空气弹簧用
3/8 球形塞门(带侧孔)	7	7	7	7	7	7	7	7	检压用
3/8 快速接头	7	7	7	7	7	7	7	7	检压用
E1L 安全阀	—	—	1	—	—	—	1	—	MR 用
UMA 过滤器	1	1	1	1	1	1	1	1	
6 mm 排水用球形塞门	3	3	3	3	3	3	3	3	
200×700-20L 控制风缸	1	1	1	1	1	1	1	1	CTR
609×990-100L-150L 总风缸	1	1	1	1	1	1	1	1	MR、SR

(三)主要部件及其控制原理

1. 制动控制器

制动控制器内置在制动控制装置内,采用由微处理器进行数据演算处理的方式,将驾驶台传来的制动指令,经过中央装置、传送终端,由光纤接收后,根据各车的载荷信号以及速度信息演算出必要的制动力,进行电气制动及空气制动。

制动控制器,在装置前面的上部配置连接用的航空插座和 AS 压力、BC 压力、MR 压力的空电转换用传感器,在其下部配置 IF(interface)卡、CPU 卡、Power source 卡、MRC 卡、SKV-02卡。此外,在装置前面下部(CPU 卡上)配置 7 节 LED、表示切换开关及车轮直径设定开关,可以显示制动控制器内部的控制信息及设定车轮直径。见图 5-5。

图 5-5　司机制动控制器

制动控制器主要技术规格见表 5-4、表 5-5 。

表 5-4 CRH380A(统)型动车组制动控制器主要技术规格

<table>
<tr><td colspan="3">型　号</td><td colspan="3">Tc 车用:CBCD140(220)
M 车用:CBCD141(221)</td></tr>
<tr><td colspan="3">方式</td><td colspan="3">由微处理器进行数字演算处理</td></tr>
<tr><td colspan="3">控制单元</td><td colspan="3">2M-1Tc 或 M 单独控制</td></tr>
<tr><td colspan="3">空气弹簧压力检测方式</td><td colspan="3">由半导体压力传感器进行每 1 辆检测 2 点</td></tr>
<tr><td colspan="3">输入空气压力</td><td colspan="3">0～980 kPa</td></tr>
<tr><td colspan="2" rowspan="2">电源电压</td><td>性能保证</td><td colspan="3">DC 70～110 V</td></tr>
<tr><td>动作保证</td><td colspan="3">DC 60～110 V</td></tr>
<tr><td colspan="2" rowspan="3">环境温度范围</td><td>性能保证</td><td colspan="3">－25～60 ℃</td></tr>
<tr><td>动作保证</td><td colspan="3">－25～60 ℃</td></tr>
<tr><td>保存</td><td colspan="3">－30～60 ℃</td></tr>
<tr><td colspan="3">环境湿度范围</td><td colspan="3">95%以下(以不结露为条件)</td></tr>
<tr><td colspan="3">振动</td><td colspan="3">IEC 61373:2010(JIS E4031 2 种 B)</td></tr>
<tr><td colspan="3">消耗电力</td><td colspan="3">300 W(滑行时)</td></tr>
<tr><td colspan="3">质量</td><td colspan="3">11.5 kg</td></tr>
<tr><td rowspan="22">输入</td><td>信　号</td><td>个数</td><td>Tc</td><td>M</td><td></td></tr>
<tr><td>光纤传输(SDR 接收)</td><td>1</td><td>○</td><td>○</td><td>控制装置之间的车辆信息传输
常用制动指令等的接收
(SDR 的内容参照传输终端 I/F 规格书)</td></tr>
<tr><td>常用制动器</td><td>7</td><td>○</td><td>○</td><td>DC 24 V,逐步加压方式</td></tr>
<tr><td>牵引</td><td>1</td><td>×</td><td>○</td><td>DC 24 V 只限动车</td></tr>
<tr><td>ATC(7N)制动指令</td><td>1</td><td>○</td><td>○</td><td>DC 100 V 励磁时 ATC 制动</td></tr>
<tr><td>快速制动指令</td><td>1</td><td>○</td><td>○</td><td>DC 100 V 消磁时快速制动</td></tr>
<tr><td>紧急制动指令</td><td>1</td><td>○</td><td>○</td><td>DC 100 V 消磁时紧急制动</td></tr>
<tr><td>紧急复位</td><td>1</td><td>○</td><td>○</td><td>DC 100 V 励磁时紧急复位</td></tr>
<tr><td>再生有效信号</td><td>1(M)
2(Tc)</td><td>○</td><td>○</td><td>DC 100 V 励磁时有效</td></tr>
<tr><td>再生反馈信号</td><td>1</td><td>×</td><td>○</td><td>DC 0～10 V (0～63.5 kN)</td></tr>
<tr><td>空挡指令</td><td>1</td><td></td><td></td><td>DC 24 V 试验用</td></tr>
<tr><td>PB 状态</td><td>1</td><td>△</td><td>△</td><td>DC 100 V 消磁时停放制动有效(A 统)</td></tr>
<tr><td>BP 救援有效</td><td>1</td><td>○</td><td>○</td><td>DC 100 V 励磁时有效(A 统)</td></tr>
<tr><td>BP 救援故障</td><td>1</td><td>○</td><td>×</td><td>DC 100 V 励磁时 BP 救援装置故障(A 统)</td></tr>
<tr><td>压缩机车信号</td><td>1</td><td>×</td><td>△</td><td>DC 100 V(仅限压缩机车)励磁时压缩机车</td></tr>
<tr><td>M 车单元转换</td><td>1</td><td>×</td><td>○</td><td>DC 100 V 励磁时单元控制(消磁时 M 单独)</td></tr>
<tr><td>指令 A</td><td>1</td><td>○</td><td>○</td><td rowspan="2">DC 24 V 光纤传输异常时的备用常用指令
(2 bit:0、3 N、5 N、7 N)</td></tr>
<tr><td>指令 B</td><td>1</td><td>○</td><td>○</td></tr>
<tr><td>AS 压力信号</td><td>2</td><td>○</td><td>○</td><td rowspan="3">DC 1～5 V (0～980 kPa)</td></tr>
<tr><td>BC 压力信号</td><td>1</td><td>○</td><td>○</td></tr>
<tr><td>MR 压力信号</td><td>1</td><td>△</td><td>△</td></tr>
<tr><td>减法指令信号</td><td>2</td><td>○</td><td>×</td><td>DC 10～30 mA (0～16.7 kN)</td></tr>
</table>

续上表

	信 号	个数	Tc	M	
输入	BP 压力输入	1	○	×	DC 10～30 mA(0～880 kPa)
	速度信号	4	○	○	T 轴:AG37 测速发电机 ATC 轴:AG43 测速发电机 M 轴:速度传感器
	辅助制动模式指令	1	○	×	EP 阀直接驱动
输出	电空转换阀 控制电流	1	○	○	EP 阀控制 Max. DC 700 mA 输出 负载:EPLA 电空转换中继阀
	压力控制阀 驱动输出	4	○	○	RV/HV 的 ON/OFF 控制 (轴控制) DC 24 V(DC 100 V_PWM 控制)输出 负载:PC1S 防滑阀
	再生模式信号	1	×	○	DC 0～20 V (0～65.3 kN)
	减法指令信号	1	×	○	DC 10～30 mA (0～16.7 kN) (仅限 M 单元控制)
	压缩机启动信号	1	×	△	DC 100 V (仅限压缩机车)启动时 ON
	5 km/h 信号	1	○	×	DC 100 V 5 km/h 以上时 OFF
	30 km/h 信号	1	○	○	DC 100 V 30 km/h 以上时 OFF
	70 km/h 信号	1	○	×	DC 100 V 70 km/h 以上时 OFF
	160 km/h 信号	1	○	○	DC 100 V 160 km/h 以上时 OFF
	250 km/h 信号	1	○	×	DC 100 V 250 km/h 以上时 OFF
	SKVR	1	○	○	DC 100 V 检测出滑行时 ON
	SKVRR	1	○	×	DC 100 V ATC 轴 检测出滑行时 ON
	有无 CBCD 控制电源	1	○	○	开关电压 DC 24 V 有控制电源时关
	CBCD 异常信号	1	○	○	开关电压 DC 24 V 异常时开
	制动不缓解	1	○	○	开关电压 DC 24 V 检测出不缓解时关
	抱死 1	1	○	○	开关电压 DC 24 V 1、2 轴车轮锁定时关
	抱死 2	1	○	○	开关电压 DC 24 V 3、4 轴车轮锁定时关
	光纤传输(SD 发送)	1	○	○	控制装置之间的车辆信息传输 制动控制信息、故障信息等的发送

注:(1) 辅助制动特性指令输入只限于 T_{1C},T_{2C}车。
(2) 调压器输出只限于 M2,M6 车。

表 5-5 制动控制器的规格

项 目	规 格		
方法	微处理器进行数据演算处理		
电源电压	DC 100^{+10}_{-30} V		
工作速度范围	0～350 km/h		
演算周期	40 ms		
速度输入频率 f	M 轴	f=16 127.7×v/D(PG 传感器:齿数 60)	v: 速度(km/h) D:车轮径(mm)
	T 轴	f= 5 305.2×v/D(AG37:齿数 60)	
	ATC 轴	f= 6 366.2×v/D(AG43:齿数 72)	
制动滑行	滑行再黏着控制		

制动控制器的形式和主要机能见表5-6。

表5-6 CRH380A系动车组制动控制器的型式与主要功能

序号	车种	M车	T车
	制动控制器型式	CBCD221	CBCD220
1	制动力控制 电气空气演算控制 随负荷变化调整控制 柔性控制 EP阀控制	○	○
2	滑行再黏着控制	○	○
3	调压器机能	○[1]	无
4	空挡控制	○	○
5	速度检测	○	○
6	耐雪制动控制	○	○
7	制动不缓解检测	○	○
8	抱死(固着)检测	○	○
9	监控器信息输出	○	○
10	7节整流子片LED显示	○	○
11	故障数据内存	○	○

[1]:只限M2,M6车。

2. 电空转换阀(EPLA)

该阀将制动控制装置输出的电气指令转换成空气压力指令,进而向中继阀输出增压或排风的工作空气压力。其空气压力输出具备能连续且无级平滑的特点。见图5-6。

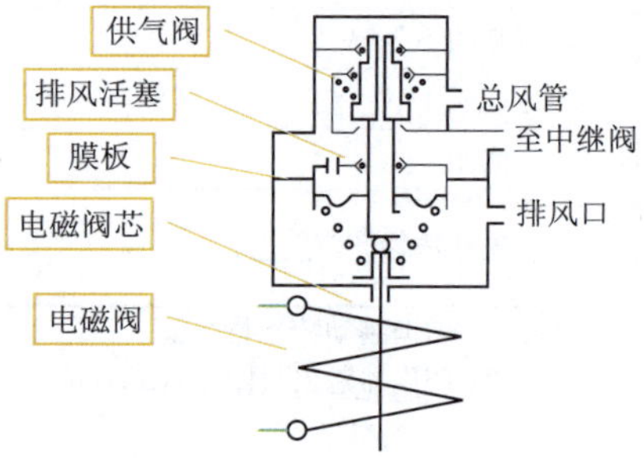

图5-6 电空转换阀(EP阀)

该阀以电磁铁部和供气、排气部构成。电流通到电磁铁线圈,会产生吸引力打开供气阀,将来自总风的压力控压后输出,输出压力空气的压力值与输入电磁铁线圈电流产生的电磁吸引力相关。控压后的压力空气在向基础制动单元提供控制风源的同时,压力空气还进入电空转换阀的膜板室,当其压力与电磁阀的吸引力平衡状态时会关闭供气阀。因此,可以通过控制电磁铁线圈电流的大小来控制电磁阀吸引力的大小,进而控制对应输出压力空气压力值的大小。通过电空转换阀的控制,可将最大900 kPa的输入空气压力(SR压力)变成与电空转换阀电流成比例的输出压力空气(AC压力)。

为防止在缓解时AC压力随电空转换阀温度的变化而变化,需要加偏流进行缓解补偿。另外,为补偿AC压力上升和下降时所产生的压力差(约30 kPa),即使是对于相同的制动级别,也要供给不同的电空转换阀电流以保证输出正确的AC压力。

(1)作用原理

当接受到电气指令,电磁阀被励磁,驱动电磁阀芯杆上移,顶排风阀活塞上升,排风活塞在上升过程中,使供排风阀接触排风阀座而关闭排风孔后,以压力顶上供排风阀4,顶部与供风阀底部接触并密贴,关闭中继阀管至大气通路。同时供风阀在排风活塞作用下,底部脱离供风阀座,开通总风至中继阀充风通路。与此同时,压力空气经缩孔进入膜板上方膜板室,当膜板室压力空气及供风阀底座弹簧二者作用力与电磁阀输出电磁力达到平衡时，供风阀带动排风活塞下移，底部与供风阀底座、排风活塞顶部密贴，关闭总风向中继阀充风通路。

当电磁阀继续增大电磁力，上述过程再次重复并再次达到平衡状态。

当电磁阀减小电磁力时，膜板室空气压力大于电磁阀芯杆输出的力，膜板带动排风阀活塞下行，排风阀活塞顶部脱离供风阀底部，开通中继阀管向大气排风通路。当膜板室空气压力与电磁阀芯杆输出的力的达到平衡时，排风阀顶部与供风阀底部密贴，关闭中继阀管排风通路。

当电磁阀继续减小电磁力，上述过程再次重复并再次达到平衡状态。

其作用原理参见图 5-7。

(2)技术规格：

最高输入压力：880 kPa (9 kgf/cm²)

最高输出侧压力：685 kPa (7 kgf/cm²)

输入电流：0～700 mA

线圈：26.6×(1±4%) Ω(20 ℃)

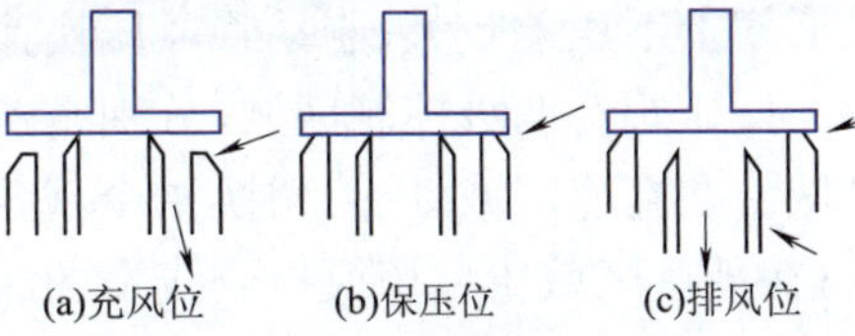

图 5-7　作用原理

3. 中继阀

中继阀是将空电转换阀(EP 阀)输出压力空气作为压力空气控制指令，控制总风(MR)管压力空气向制动管(BP)进行充风，从而驱动基础制动装置实施制动的二压力控制部件。

其共有缓解位、制动位、保压位、紧急制动位四个作用位置，其控制原理见图 5-8～图 5-11。

(1)缓解位

当 EP 阀接收到缓解指令，排除 EP 阀管压力空气，主膜板在其上方制动管压力空气作用下带动空心阀杆下移，空心阀杆顶部离开供风阀底部，开通制动管经空心阀杆至大气通路。

供气阀在其尾部弹簧伸张作用下，阀体与阀座密贴，关闭总风管向制动管充风通路。

其作用原理见图 5-8。

(2)制动位

当 EP 阀接收到制动指令，控制总风向 EP 阀管充入设定压力空气，主膜板在其下方 EP 阀管压力空气作用下带动空心阀杆上移，空心阀杆顶部与供风阀底部密贴，关闭制动管向大气排风通路，同时克服供风阀座弹簧作用力顶开供风阀，开通总风管向制动管充风通路。

其作用原理见图 5-9。

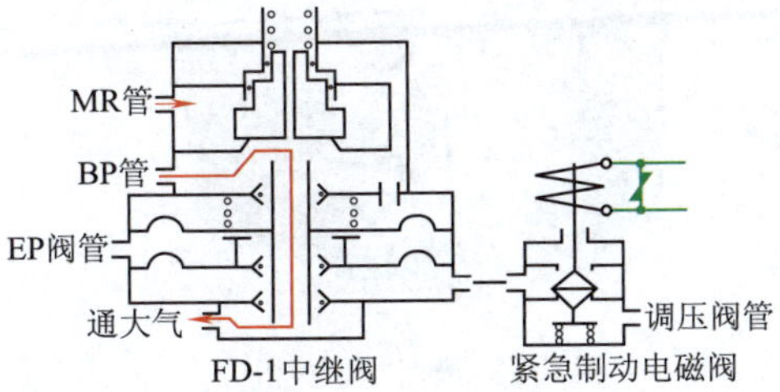

图 5-8　中继阀缓解位

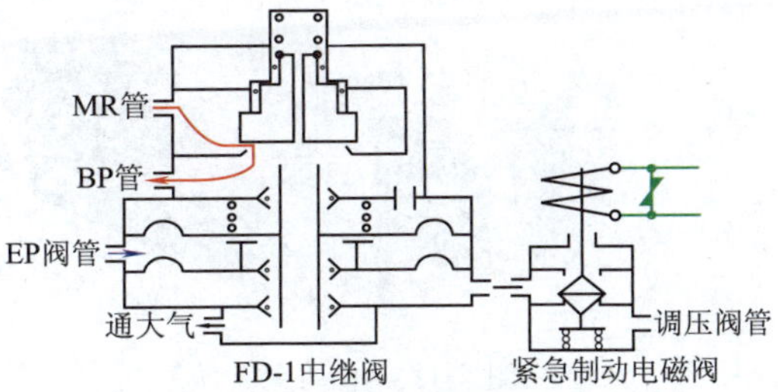

图 5-9　中继阀制动位

(3)保压位

当 EP 阀接收到制动指令，开通总风管向制动管充风通路后，制动管风压同时经缩孔向主活塞上方膜板室充风，当总风经 EP 阀向中继阀供风的压力达到其设定值后，EP 阀关闭供风口，EP 阀管处于保压状态。当进入主活塞上方膜板室内压力空气达到一定值，主活塞膜板上下压力差逐渐消除后，供风阀在其底座弹簧和自重作用下，供风阀底部与主活塞杆顶端密贴并带动主活塞杆逐步下移，最终供风阀与阀座密贴关闭总风向制动管充风通路，处于制动后的保压状态。

其作用原理见图 5-10。

(4)紧急制动位

当 EP 阀接收到制动指令，控制总风向 EP 阀管快速充入设定压力空气，同时紧急制动电磁阀得电动作，开通总风经调压阀向主活塞下膜板室充风通路，使主活塞上下快速形成较大的压差，主活塞带动空心阀杆迅速上移，空心阀杆顶部与供风阀底部密贴，关闭制动管向大气排风通路，同时克服供风阀座弹簧作用力快速顶开供风阀，开通总风管经向制动管充风通路。因主活塞上下压差较大，制动管风压快速增加，制动装置迅速形成较大制动力输出。

调压阀有两级控制区域，分别是速度超过 250 km/h 的高速区域和 250 km/h 以下的低速区域。在高速区域，压力切换指令线加压，装配在 B11 调压阀的 VM32-2 电磁阀动作输出低压；在低速区域压力切换指令线不加压，B11 调压阀将输出高压。

其作用原理见图 5-11。

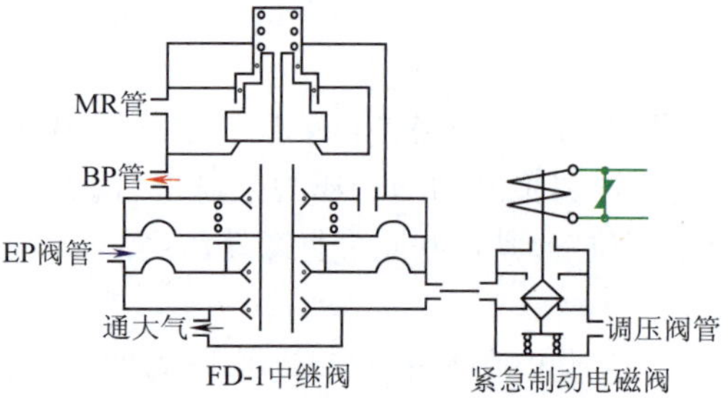

图 5-10　中继阀保压位

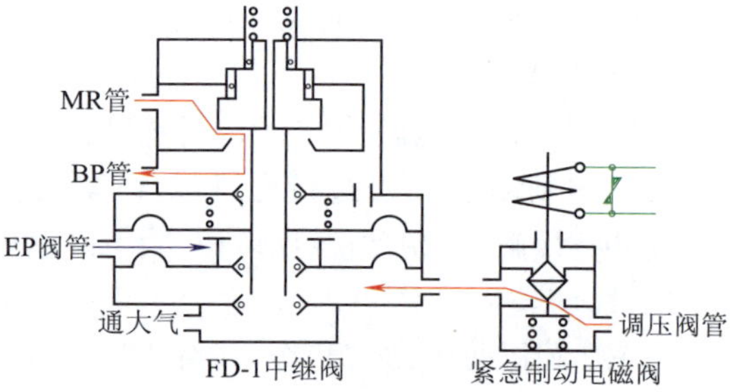

图 5-11　中继阀紧急制动位

4. 电动空气压缩机(主压缩机)(图 5-12)

CRH380A(统)型动车组电动空气压缩机装备在 3 车(M1)、5 车(T1K)及 7 车(M1s)的车厢地板下。为确保总风(MR)压力在 780 kPa 至 880 kPa 工作范围内，制动控制单元(BCU)根据内置的压力传感器，控制压缩机电动机电源。需要泵风时，通过同步继电器使 3 台压缩机同时启动、停止。

5. 辅助压缩机(图 5-13)

在动车组初始运行时，当总风压力不能满足动车组受电弓、VCB、EGS 动作提供可靠压缩空气风源时，启动该设备，由蓄电池提供动力电源，其工作压力范围为 0～780 kPa。

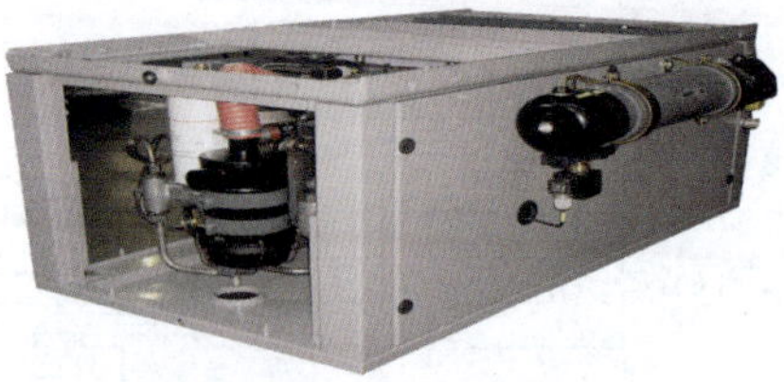

图 5-12　电动空气压缩机

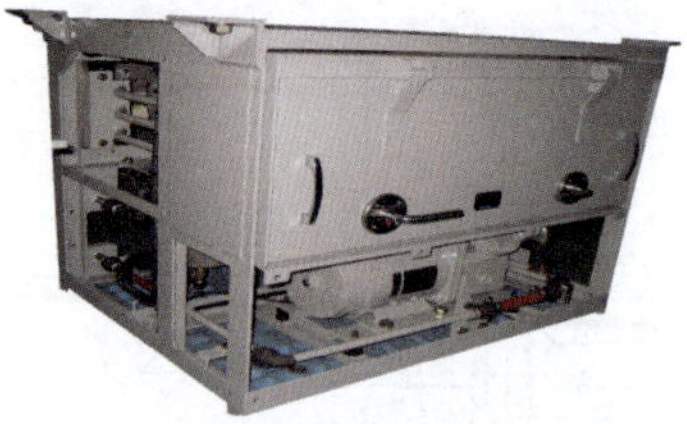

图 5-13　辅助压缩机

6. 基础制动装置

(1)夹钳装置

动车组普遍使用夹钳式装置，该装置由制动夹钳、支架和剪刀形的夹紧制动盘的本体组成，支架和本体之间用销轴联结。

本体上设有稳定制动力和防止振动的防振橡胶，本体在销轴上可以滑动以满足轮对左、右运动的要求。另外，本体上还有间隙调整器。

(2)制动盘

制动盘结构形式见图 5-14。按摩擦面的配置,制动盘可分为单摩擦面和双摩擦面两种。按盘本身的结构,可分为整体式和由两个“半圆盘”用螺栓组装而成的“对半式”,这种对半分开式便于制动盘磨耗到限时更换,不需退轮。按盘安装的位置可分为轴盘式和轮盘式,前者装在轴上,后者装在轮的两侧;动车组中的拖车一般采用轴盘式盘型制动装置,而动车采用轮盘式制动装置,因动车的车轴上要安装驱动装置,没有安装制动盘的位置。

由于制动盘是一个既受力又受热的零部件,不宜用过盈配合直接装在轴上,所以轴盘式通常要采用锻钢盘毂作为车轴与制动盘之间的过渡零件,而且在摩擦盘螺栓连接处要加装弹性套。制动盘和盘毂之间采用多个径向弹性圆销实现浮动连接,受热时摩擦盘可以沿着径向弹性圆销完全自由地伸缩,以消除内应力。考虑到制动盘要有良好的散热性,在制动盘的中间部分设计许多散热筋片。这样,当车辆运行时,空气对流即达到散热作用。

(3)制动闸片

闸片的形状均呈月牙形或扇形(图 5-15),也有对称分成两半的,其好处是容易拆卸,特别适用于闸片与轨面空间很小的条件。闸片上的散热槽有各种不同的形式,有横向槽、竖向槽和斜槽等,其作用都是增加摩擦面的贴合性,便于排除磨屑和散热。

7. 停放制动控制装置(CRH380A 统型动车组装配)

在拖车每轴盘和 M2、M6 车每轮盘设 1 套停放制动夹钳,最大夹紧力 40 kN/套,满足 20‰坡度上停放;在双侧空簧附加气室处设安装座,实现手动缓解。

图 5-14　制动盘

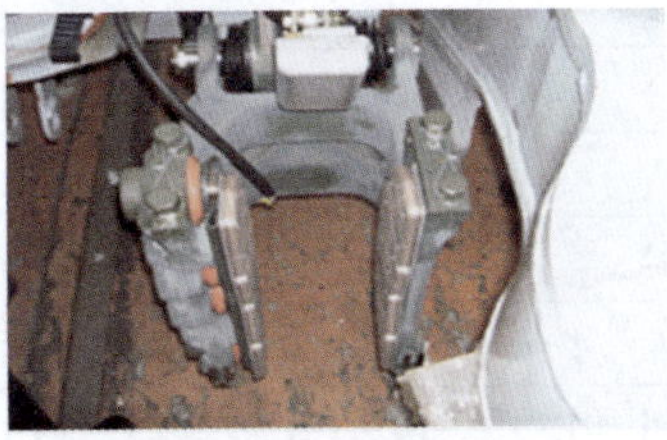

图 5-15　制动闸片

停放制动控制装置构成如表 5-7 所示。

表 5-7　停放制动控制装置组成

PBU5 停放制动控制装置组件											
项目	名　称	数量(列)	编组数量								备　注
			T1	M1	M2	M3	M4	M5	M6	T2	
1	气路板组件	4	1	—	1	—	—	—	1	1	
2	箱体	4	1	—	1	—	—	—	1	1	
3	VM28A-1 电磁阀	4	1	—	1	—	—	—	1	1	DC 100 V
4	SPS-8WP-SD 压力开关	4	1	—	1	—	—	—	1	1	开压:550 kPa 关压:500 kPa
5	UMA 滤尘器	4	1	—	1	—	—	—	1	1	
6	B8 型压力调整阀	4	1	—	1	—	—	—	1	1	调整值:650 kPa
7	A1A 型双向逆止阀	4	1	—	1	—	—	—	1	1	
8	蝶形手柄管座用 3/8 球旋塞(带侧孔)	8	2	—	2	—	—	—	2	2	

续上表

PBU5 停放制动控制装置组件											
项目	名 称	数量(列)	编组数量								备 注
			T1	M1	M2	M3	M4	M5	M6	T2	
9	3/8 快速接头	4	1	—	1	—	—	—	1	1	
10	中间体(VM28)	4	1	—	1	—	—	—	1	1	
11	中间体组件(带旁通 CHV)	4	1	—	1	—	—	—	1	1	

停放制动控制装置设计性能见表 5-8。

表 5-8 停放制动控制装置基本规格

项 目			规 格
型号			PBU5
安装车辆			E27 型为 1、3、7、8 车,E28 型为 1、4、5、8 车
最高使用压力			960 kPa
允许电压范围			100 V(允差为−30%～+25%)
防振动、冲击			GB/T 21563—2008 1 类 B 级
防护等级			IP54
连接器防护等级			IP67
动作温度			−25～+60 ℃
周围相对湿度			97%RH 以下(月平均最低温度为 25 ℃,最高温度为 29 ℃)
质量			约 41 kg
电磁阀	型号		VM28A-1
	功能		常开
	使用电压		100 V(允差为−30%～+10%)
	通风容量(排泄口)	供给	ϕ2.2 mm
		排风	ϕ2.2 mm
压力开关	型号		SPS-8WP
	最高使用压力		980 kPa
	开压		(500±10) kPa
	关压		(550±10) kPa
过滤器	型号		UMA
	过滤精度		60 μm
压力调整阀	型号		B8
	调整范围		390～735 kPa
	通气容量(排泄口)		ϕ5.0 mm
	灵敏度	供给	15 kPa 以下
		排风	20 kPa 以下
	滞后		20 kPa 以下
双向逆止阀	型号		A1A
	换向压力		20 kPa

续上表

项　目		规　格
旋塞	型式	蝶形手柄型
	结构	球旋塞式

停放制动控制装置的外形见图 5-16。

图 5-16　停放制动装置

8. BP 救援装置(CRH380A 统型动车组装配)

本装置在 T1、T2 车设置有电空转换阀和救援指令器,使用本装置可以对具备制动管的车辆进行救援,通过 10 号钩将列车管、总风管与其他车型动车组导通。

CRH380A 统型动车组加装 BP 救援装置,主要目的用于不同车型动车组间进行救援连挂时,对装有制动管的列车,将本车制动电制动指令转换成制动管压力(BP 压力),或将救援车辆输出的制动管压力变化转换成本车的制动电指令,以达到控制被救援车辆的制动力或接收救援车辆输出制动指令信号,实现救援或被救援的功能。见图 5-17。

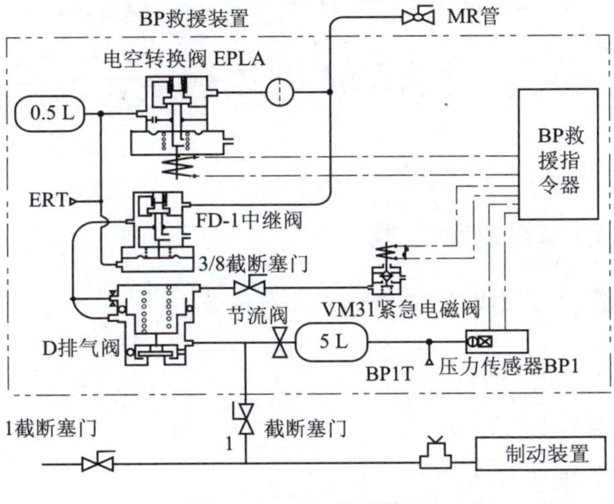

图 5-17　BP 救援装置

BP 救援转换装置实现制动指令的转换,可用于实现救援其他车型动车组的制动指令传输。

(1)主要控制内容

a. 电空转换阀对制动管压力的控制;

b. 紧急制动压力的控制。

BP 救援装置主要构成零部件见表 5-9。

表 5-9　BP 救援装置主要构成零部件

名　称	数　量	备　注	名　称	数　量	备　注
BP 救援控制器	1		VM31-1 电磁阀	1	
EPLA 电空转换阀	1		UMA 滤尘器	1	
F-1 中继阀	1		压力转换器	1	
D 排气阀	1		1/4 排水旋塞	1	
旁通逆止阀	1		风缸	1	
3/8 球旋塞	1				

(2)主要部件说明

a. 救援控制器(BP压力控制)

通过本装置对被救援车进行BP压力的控制,当接收到司控台发来的电制动指令,通过EPLA电空转换阀进行电空转换,将(1～7N、EB)转换为列车管压力信号,对被救援车的BP压力进行控制,控制被救援车辆的制动。

救援转换装置可以读取BP管的压力,当BP压力从500 kPa或600 kPa开始减压时,装置将以数字信号输出符合其减压量的制动指令,制动控制装置根据制动指令产生相应的动作。

b. 电空转换阀(EPLA)

该阀具有将电气指令(电流指令)转换成空气压力指令信号,并能够将供给空气提供给工作机构(中继阀等)。或者根据指令信号排出工作机构的空气,具备连续、平滑地控制空气压力输入输出的特性。

c. 中继阀(F-1)

本阀可以增容EPLA电空转换阀的指令压力和同等压力,提供排出BP压力。

d. 排气阀

快速排出BP压力,根据控制压力信号让BP压力急速排出,实现快速(紧急)制动的功能。保持控制压力(非常电磁阀消磁)提供BP压力。

e. 电磁阀(VM31-1)

根据电指令保持、排除压力空气,消磁为保持、励磁为排气。

f. 球旋塞

球旋塞安装在空气管路中,手动操作可以开闭管路。

四、CRH380A系动车组制动性能

额定载重、平直线路、干轨上时的测试制动距离:

1. 快速制动

制动初速度为350 km/h:≤6 500 m

制动初速度为300 km/h:≤3 800 m

制动初速度为250 km/h:≤3 200 m

制动初速度为200 km/h:≤2 000 m

2. 紧急制动距离

电制动功率大于3万kW时:

350 km/h:5 850 m(限值6 500 m);

380 km/h:7 383 m(限值8 500 m);

紧急制动响应时间为1.5 s。

3. 制动初速为380 km/h时最大常用制动距离为12 000 m。

第二节　电气制动控制系统

一、电气再生制动系统构成

电气再生制动采用了牵引变流器可逆原理,系统构成与牵引系统一致,主要由受电弓、牵引变压器、牵引变流器、牵引电机及控制系统构成。见图5-18。

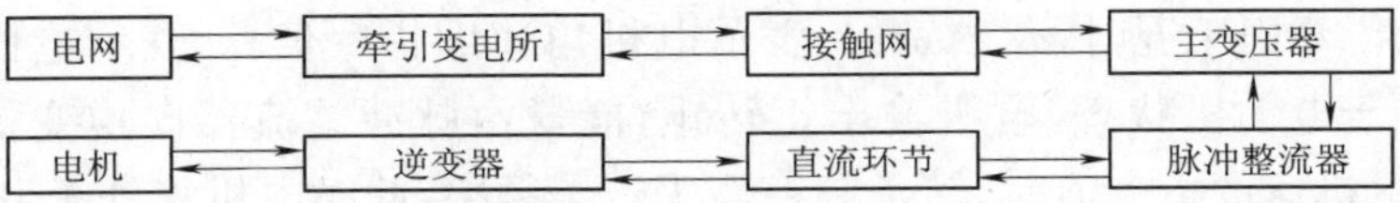

图 5-18　电气系统可逆框图

二、电气再生制动控制基本原理

CRH380A 系动车组采用交直交传动方式，以交流异步感应电动机作为牵引电机，在输出制动指令时，制动系统优先采用电气再生制动的方式，将电动机转为交流发电机工作模式，产生制动力矩，并将所发电能反馈回电网。在所有制动方式中，再生制动是唯一向电网反馈电能的制动方式。见图 5-19。

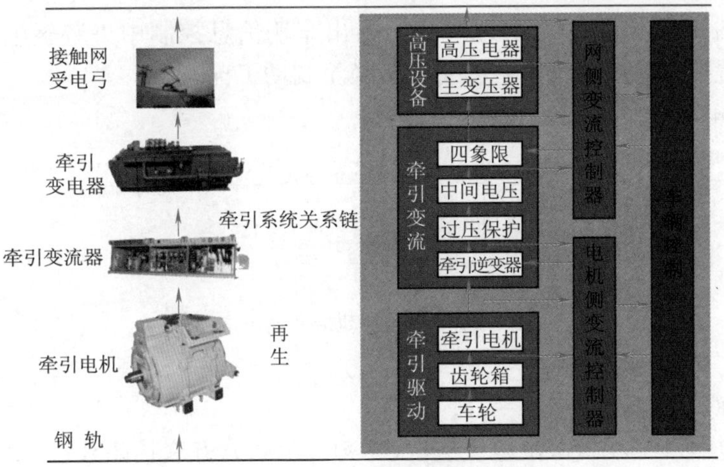

图 5-19　电气再生制动系统原理图

牵引传动主电路采用了拓扑结构，牵引变流器整流侧采用单相四象限脉冲整流器，逆变侧采用电压源型三电平逆变器，中间直流侧设置过电压吸收电路。其牵引、制动工况原理简图见图 5-20。

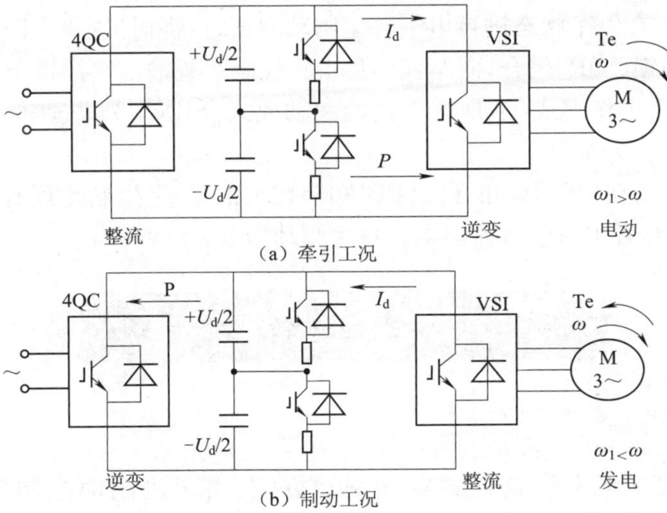

（a）牵引工况

（b）制动工况

图 5-20　牵引、制动工况原理简图

当动车组处于牵引工况时，$\omega_1 > \omega$（ω_1 表示电机角速度指令值，ω 表示电机实际速度值），此时牵引电机处于电动机状态，电机输出正转矩，能量由脉冲整流器向逆变器—牵引电机流动；当人为降低电机速度指令值时，转子频率高于定子频率，此时电机将处于发电机状态，电机输出负转矩。由于采用四象限脉冲整流器，所以电机电流经逆变器续流二极管续流，并由脉冲整流器逆变，回馈给电网，为了防止中间直流电压泵升过高，加入电压吸收电路，一旦检测到中间直流电压高于设定值，则功率开关管开通，多余能量由电阻吸收。

三、电气再生制动控制

正常情况下电气再生制动指令可以是制动设定器给出，也可以是列控车载设备(ATP)发出，且动车组速度必须在 5 km/h 以上时，才会有效。在辅助制动工况和电制动切除时，将不会有电气制动指令输出。

当电气再生制动指令（10 号线）加压后，给出车辆信息控制中央装置电气指令正常的信号，信息控制装置控制高压系统由牵引工况转换至制动工况。

其逻辑输出电路见图 5-21。

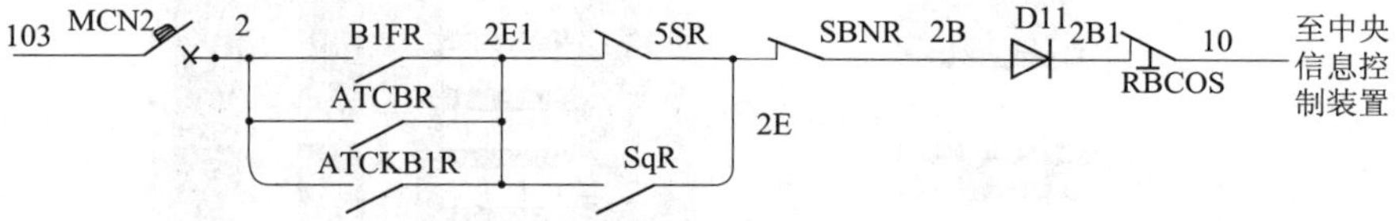

图 5-21　电气制动指令输出电路

电路说明：

1. 2E1 号线得电电路：

(1)制动设定器(BV)在 B1 位至快速位，B1FR 励磁，常开联锁闭合；

(2)ATP 输出制动指令，ATCBR 励磁，常开联锁闭合；

(3)ATP 有 B1 位以上制动输出，ATCKB1R 励磁：常开联锁闭合。

2. 2E 线得电电路：

(1)运行速度在 5 km/h 以上时，5SR 为非励磁，其常闭联锁断开；

(2)检修作业时，在停车状态进行电气再生制动测试时，将司机室“空挡”扳钮旋至作用位，空挡 R 励磁，常开联锁(SqR)闭合，向车辆信息中央控制装置输出空挡指令。

3. 制动装置正常工作模式，不是处于辅助制动模式，SBNR 为非励磁，其常闭联锁闭合，2B 线得电。

4. 司机室“电气制动切除”旋钮开关(RBCOS)在正常位，再生制动没有被切断，10 号线加压，向车辆信息控制装置中央装置输出电气再生制动指令。

第三节　空气制动控制系统

一、电气指令式空气制动原理

CRH380A 系动车组采用直通式空气制动方式，由司机制动控制器、列控车载设备(ATP)、动车安全保护回路输出的电指令制动信号，通过 EP 阀转换成对应空气压力控制信号。中间主要控制部件由电空转换阀(EP 阀)、中继阀、紧急制动阀等组成。

当电空转换阀(EP)接收到输出空气制动指令信号时,根据其电流值大小,将来自总风(MR)储风缸的压力空气控制输出对应压力值,作为中继阀控制指令信号。中继阀根据电空转换阀(EP)压力空气指令信号,将总风(MR)储风缸压力空气控制输出对应压力值,向基础制动装置提供压缩空气。

当制动系统输出紧急制动指令时,紧急制动电磁阀励磁,打开 MR 储风缸经调压阀向中继阀的空气通路,中继阀接收到快速的较大压力的压力空气指令信号,快速向基础制动装置提供较高压力的压缩空气。

中继阀输出的压力空气经滑行控制装置向制动风缸输出压力空气,传递给卡钳装置,控制卡钳夹紧或松开制动盘,实现制动装置输出制动和缓解作用。在制动过程中,滑行检测器通过各轴速度传感器速度对比,实时进行滑行检测,确保制动效果,防止轮对擦伤。

空气制动采用充风制动,排风缓解的设计原理。

CRH380A 系动车组电气指令空气式制动基本控制原理见图 5-22。

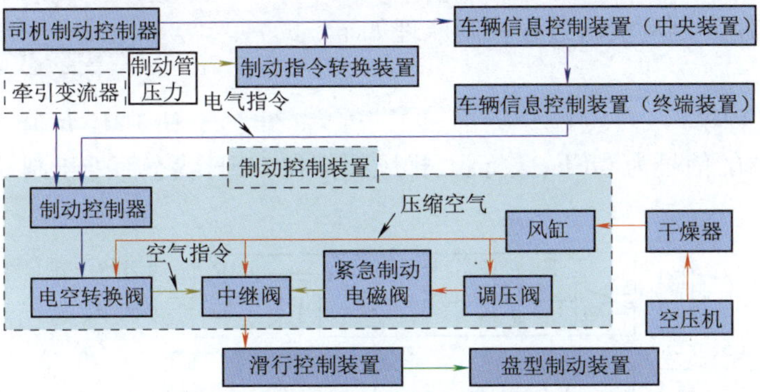

图 5-22　动车组制动控制基本原理图

CRH380A 系动车组紧急制动控制基本原理见图 5-23。

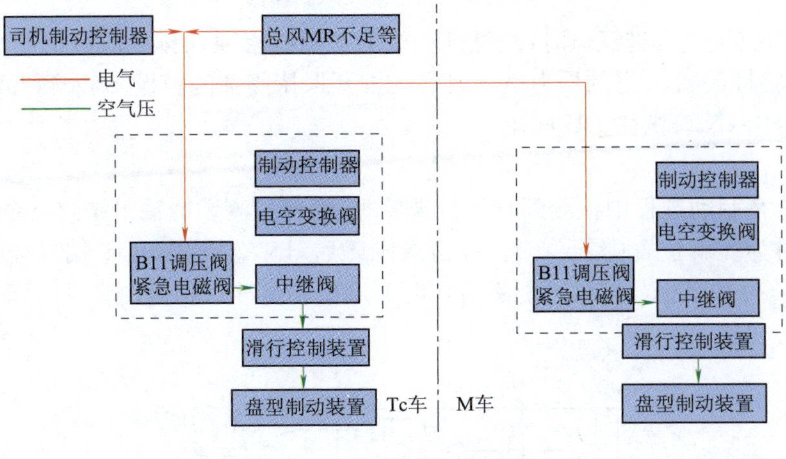

图 5-23　紧急制动原理框图

二、滑行检测控制

MR 压力空气经中继阀输出定量压力空气,该输出压力空气定义为制动缸风压,简称 BC 压力。BC 压力经滑行控制装置,输出至基础制动装置,推动制动卡钳压紧制动盘,输出摩擦制动。

（一）滑行控制装置

本装置采用了将 PC1S 压力控制阀、消音器、机箱及护盖安装在安装管座上呈整体构造的方式，通过安装管座安装在车体上。在实施空气制动时，装置接受由滑行检测器发出的制动缓解信号及再制动信号，控制制动缸的充风、保压及排风，防止在施加空气制动的过程中发生轮对抱死滑行，实现防滑行控制。

PC1S 压力控制阀结构见图 5-24。

在压力控制阀内，有两处由隔膜开闭的阀门结构和使该隔膜开闭用的螺线管结构组成的装置，它们分别称作为保持阀(HV)，排风阀(RV)。

保持阀是在 IN-OUT 之间起遮断作用的装置，排风阀是在 OUT-Ex 间起联通作用的装置。

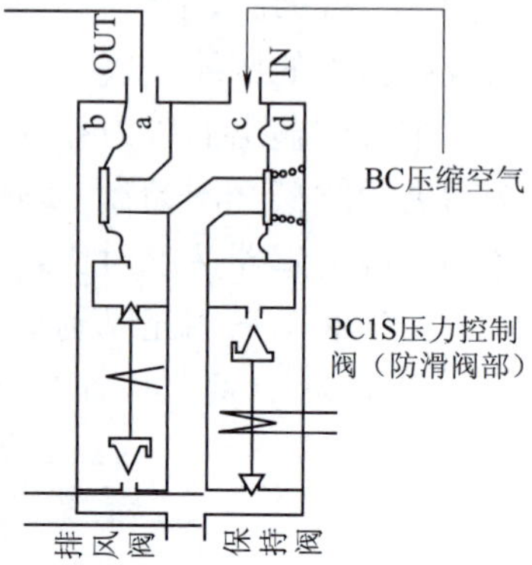

图 5-24 PC1S 压力控制阀结构简图

（二）防滑行控制作用原理

PC1S 压力控制阀制动缓解过程控制原理如下。

1. 制动作用

(1)无滑行现象时

因滑行探知器的信号为 OFF，保持阀、排风阀都在 OFF 状态而处于制动位置(图 5-25)。

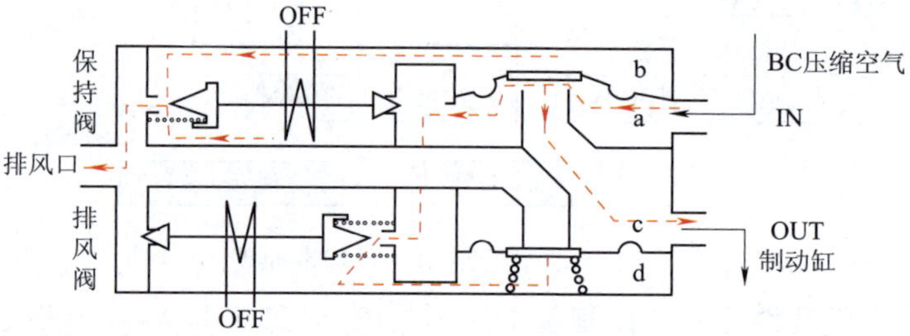

图 5-25 电空阀充风制动位

当 BC 压力空气进入进气口时，经过排风阀侧的螺线管通往排风阀侧的膜板背压，此时 d 室排风阀侧的膜板关闭，a 室的压力空气以自压推开保持阀部的膜板，流入到 OUT 口，从而使 BC 压力空气经由 IN 口供往 OUT 口。

(2)滑行时

缓解作用：在制动过程中检测到有滑行现象时，滑行检测装置输出缓解指令，保持阀、排风阀均励磁，此时为缓解位置(图 5-26)。保持阀励磁后，IN 端口和 OUT 端口会断开，从 IN 端口流入的 BC 压力被阻止。排风阀励磁后，OUT 端口和排气口相通，制动缸一侧的 BC 压力空气会快速排向大气。

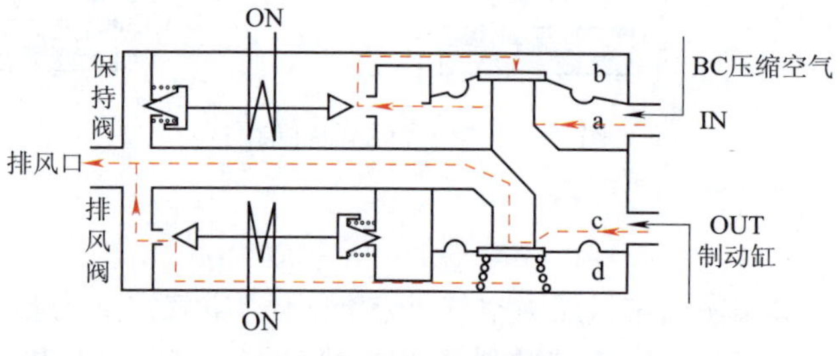

图 5-26 电空阀缓解位

2. 保持状态

依照保持指令，保持阀继续励磁，排风阀消磁，此时为保持状态（图 5-27）。排风阀消磁后，OUT 端口和排风口断开，制动缸一侧的 BC 压力空气停止排风。由于保持阀继续励磁，从 IN 端口处 BC 压力空气的流入被继续隔断。

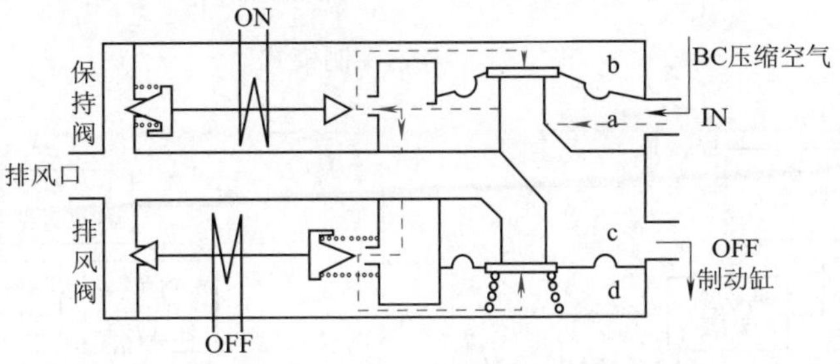

图 5-27　电空阀保持位

因此，制动缸一侧的压力空气是保持一定量的减压状态，快速缓解再制动的同时，又能保持制动缸侧的压力不低于必要限度，实现动车组的阶段缓解作用。

3. 滑行消除后制动作用

依照供给指令，保持阀消磁，此时为制动位置（图 5-25）。

保持阀消磁，制动缸侧的压力空气停止排风，随着保持阀的消磁过程，IN 端口和 OUT 端口连通，BC 压力空气再次从 IN 端口向 OUT 端口供给。

因此，制动缸的压力空气恢复到发生滑行前的压力，继续根据制动指令输出制动。

第四节　制动方式分类

CRH380A(L)型动车组制动方式有常用制动、非常制动、辅助制动、耐雪制动等几种方式，CRH380A 统型动车组制动系统加装了停放制动功能。下面就这几种制动方式及控制原理予以讲解。

一、常用制动

常用制动分为 1N～7N，其进行延迟控制。

（一）延迟制动控制原理

“延迟控制”是指在制动时，优先使用该制动单元中 M 车的电气再生制动，在 M 车的再生制动力不足（对于本制动控制单元）的情况下，由 T 车空气制动力补足；T 车的空气制动力在达到应该靠自车起作用的必要的制动力时，若仍满足不了设定的减速度值时，用该制动单元 M 车的空气制动力来补足。2M1T 制动单元在制动力控制方面实际上是每个 M 车对 T 车 1/2的制动力进行延迟控制。

对于 M 车优先使用其电气再生制动，在其电气再生制动输出不能满足该制动单元制动指令要求的减速度时，追加空气制动补足。

在再生制动力全部失效的状态下，M、T 车均输出空气制动。

CRH380A 系动车组延迟制动控制模式见图 5-28。

M 车（2M1T 中 M 车；4 号、5 号 M 车 BCU 没有空减指令输出）BCU 控制框图见图 5-29；T 车（以 T1 车为例）BCU 控制框图见图 5-30。

图 5-28　延迟控制模式

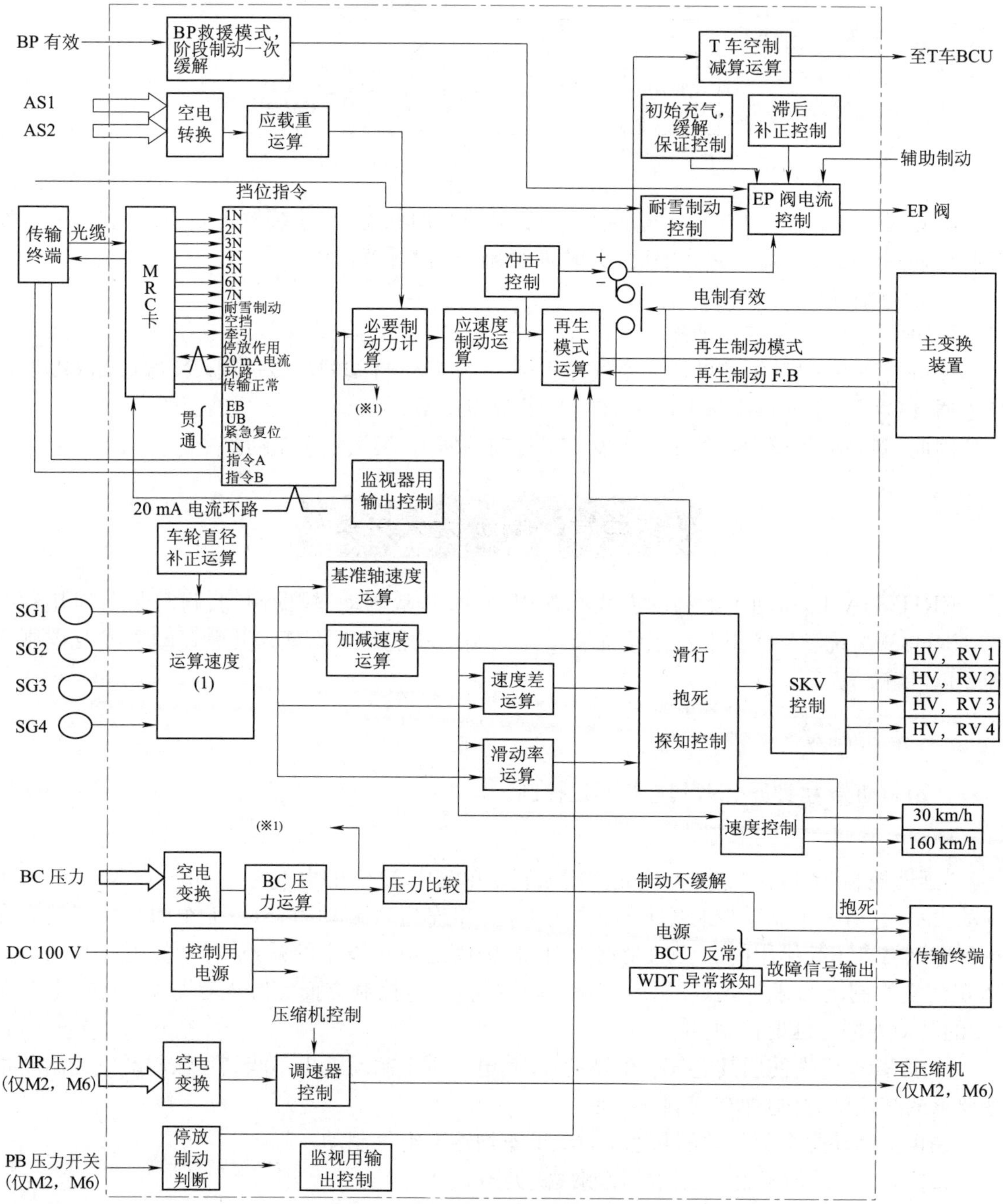

图 5-29　M 车 BCU 控制框图

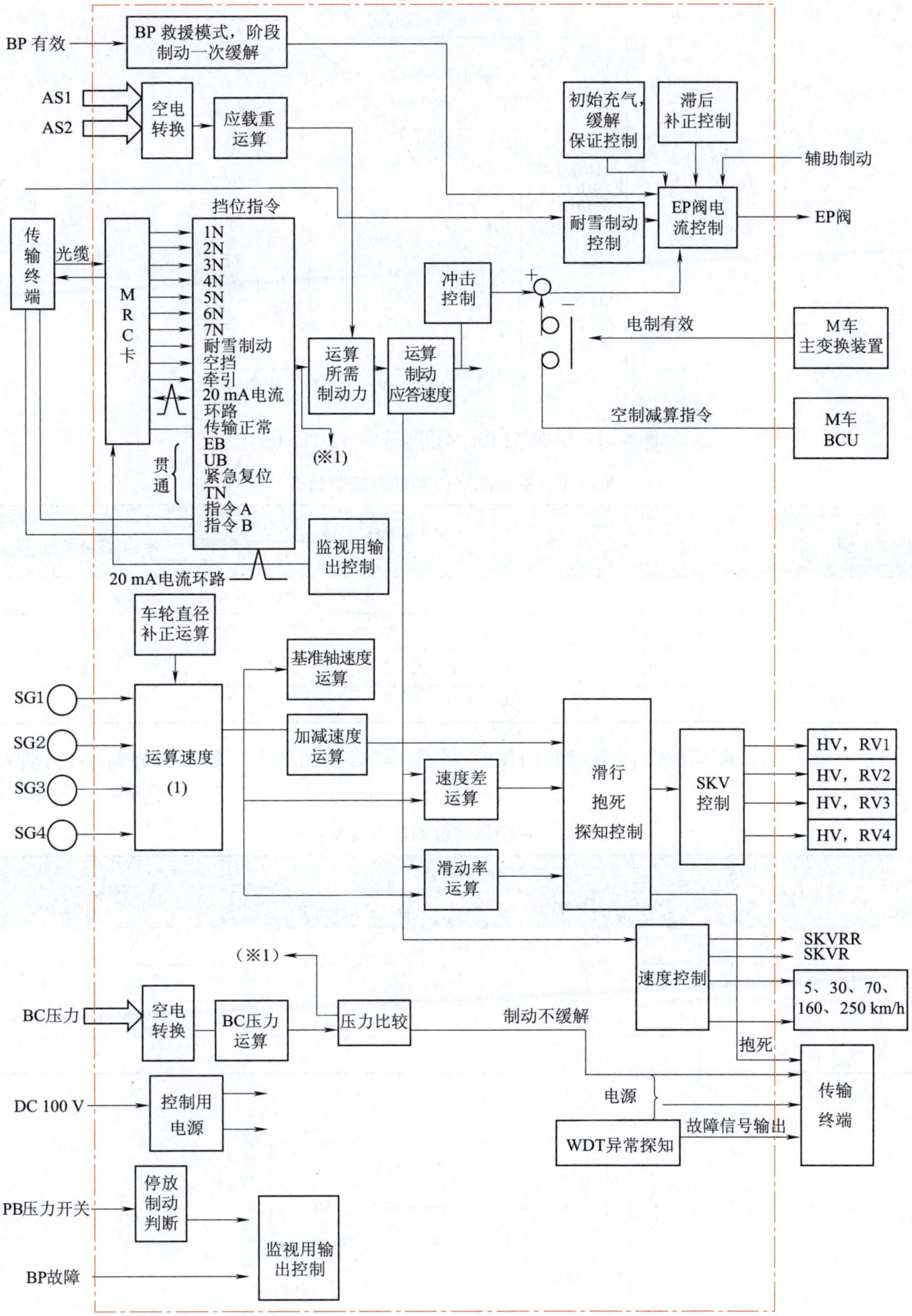

图 5-30　T 车 BCU 控制框图

图 5-31 显示了 M、T 车制动手柄高挡位(必要制动力 > 黏着限界时)的制动力分配关系。

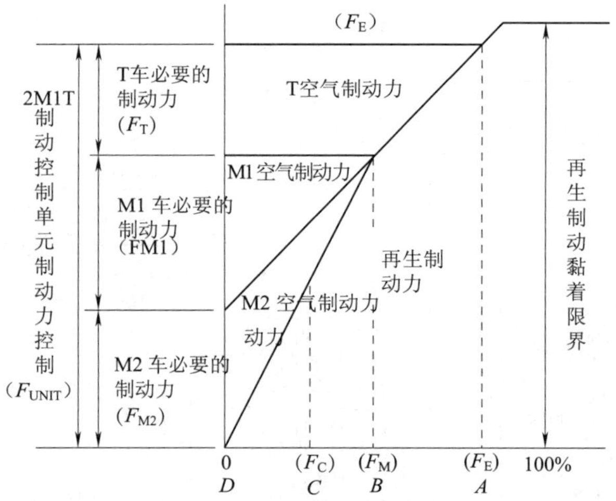

图 5-31 手柄高挡位 M、T 车的制动力负担图

表 5-10 手柄高挡位制动力控制状态

再生点	再生力	空气制动力		T 空气制动力
		M1 车	M2 车	
A	F_E	0	0	0
B	F_M	0	0	F_T
C	F_C	$(F_M-F_C)/2$	$(F_M-F_C)/2$	F_T
D	0	F_{M1}	F_{M2}	F_T

图 5-32 显示了制动设定器设定低挡位时 M、T 车(必要制动力>黏着限界时)的制动力分配关系。

表 5-11 手柄低挡位制动力控制状态

再生点	M 车制动		T 车制动力
	再生力	空气制动力	
A	F_e	0	0
B	F_m	0	F_t
C	F_c	F_m-F_c	F_t
D	0	F_m	F_t

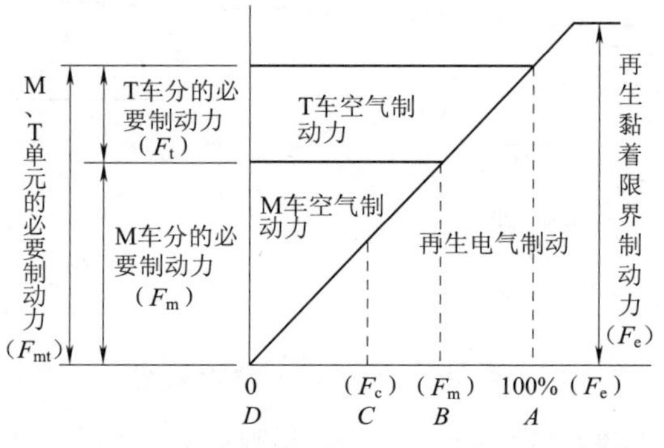

图 5-32 手柄低挡位 M、T 车的制动力负担图

M 车制动控制概念图见图 5-33。T 车制动控制概念图见图 5-34。

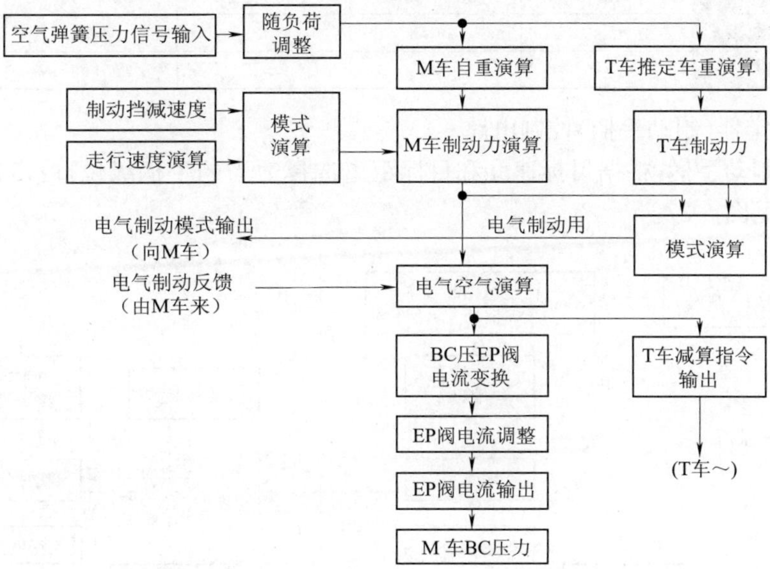

图 5-33　M 车制动控制概念图

根据 M、T 车制动控制演算概念图可以看出，动车组制动输出控制随负荷（空气弹簧压力参考）调整。空气弹簧压力（AS 压力）用压力传感器实行电、空转换，把它做为空重车载荷信号来进行制动控制。此外，还考虑了空气弹簧压力信号故障时，通过空车限制及满车实施限制控制。通过应载荷检测，确保了车辆无论质量如何，均可保持一定减速度的控制。

为了提高制动运行时旅客乘坐的舒适感，制动指令对应制动力的变化不是以步进方式输出，而是以时间常数的方式平滑进行控制的。其控制常数见图 5-35。

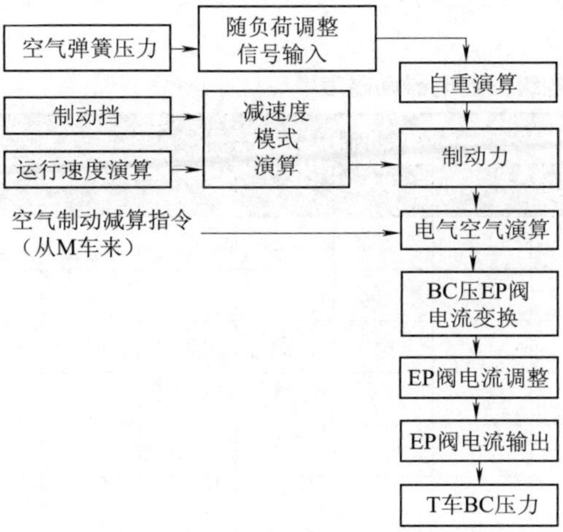

图 5-34　T 车制动控制概念图

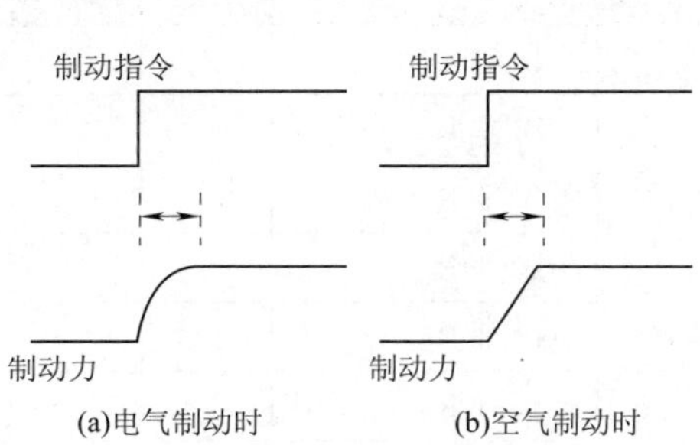

图 5-35　动车组柔性控制示意图

(二)常用制动控制

常用、快速、耐雪制动基本控制原理图见图 5-36。

表 5-12 CRH380A 统型车最大常用制动平均减速度

速度段	km/h	350～300	300～230	230～170	170～0
最小平均减速度要求	m/s^2	≥0.3	≥0.35	≥0.5	≥0.6
计算结果	m/s^2	0.5	0.55	0.62	0.7

1. 制动设定器(制动手柄)控制电路

司机操作制动手柄,根据目标速度和目标距离选择适当的手柄级位,设定减速度,其控制相应电路通路见图 5-37。

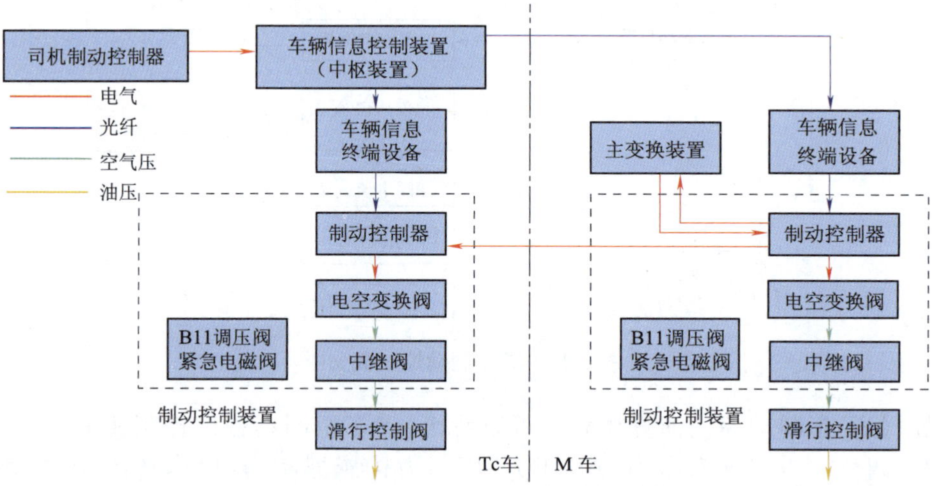

图 5-36 常用、快速、耐雪制动原理框图

继电器代号说明:

B:指制动设定器 BV;

0～7 数字:代表 BV 运转位至 B7 位;

F:快速位;

R:继电器,如继电器 B0FR,表示在运转位至快速位均处于励磁状态。

制动设定器和励磁继电器的对应见表 5-13。

表 5-13 制动设定器各级位继电器励磁表

		制动设定器指令								
		运转	1	2	3	4	5	6	7	快速
继电器	B运非 R	○	○	○	○	○	○	○	○	○
	B1 非 R		○	○	○	○	○	○	○	○
	B2 非 R			○	○	○	○	○	○	○
	B3 非 R				○	○	○	○	○	○
	B4 非 R					○	○	○	○	○
	B5 非 R						○	○	○	○
	B6 非 R							○	○	○
	B7 非 R								○	○
	B 非 R	○	○	○	○	○	○	○	○	

注:○=「励磁」、空白处=「非励磁」。

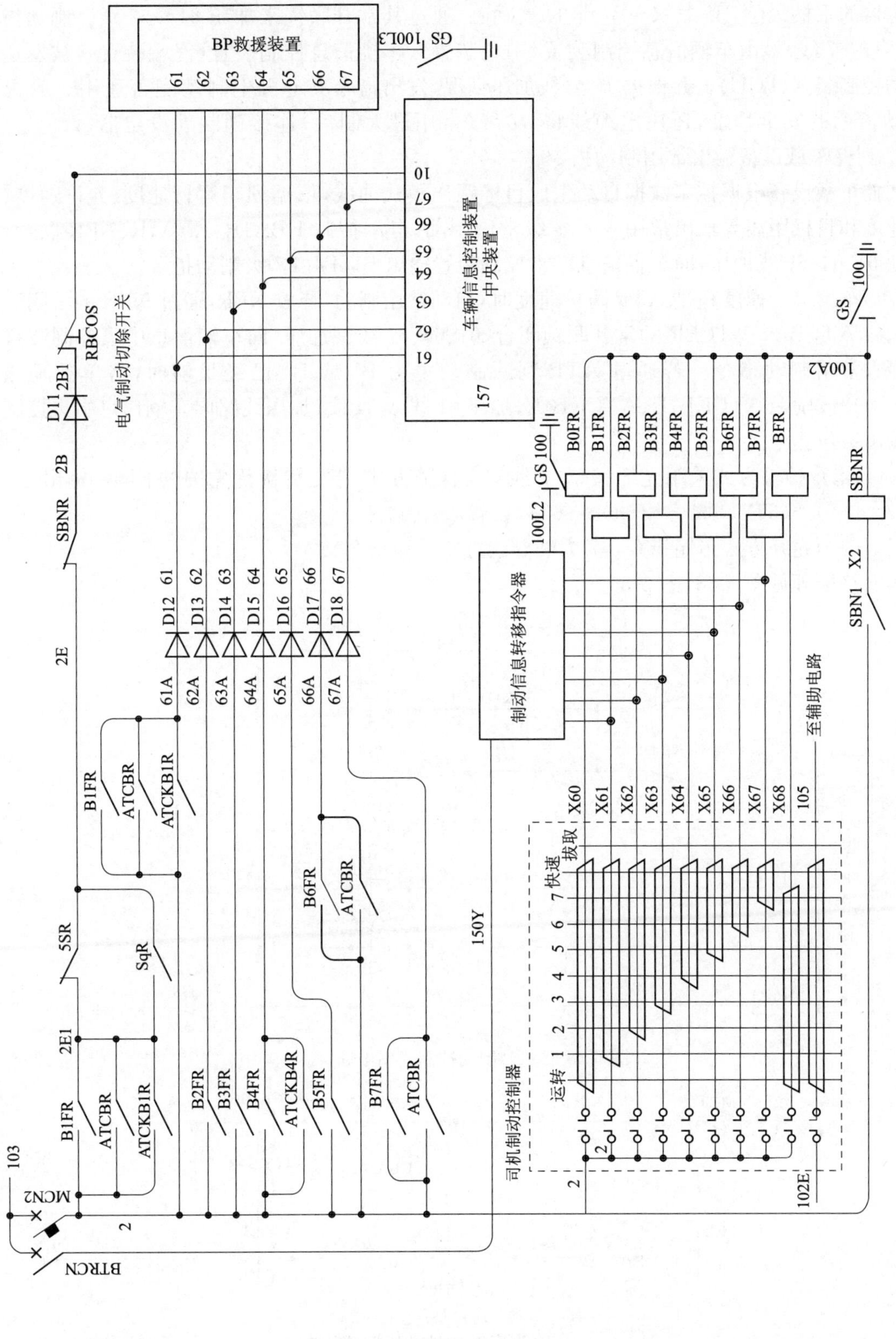

图 5-37　动车组常用制动控制电路

2. 制动级位输出指令

常用制动指令是由制动设定器、列控车载设备(ATP)、制动换读指令器输出的。根据制动设定器的手柄级位,B1 非 R～B7 非 R 被励磁,通过其常开联锁来加压 61～67 线。制动指令线(61～67 线)经由车辆信息控制装置(中央装置)、车辆信息控制装置(终端装置),被发送到制动控制装置(BCU)。并根据 10 号线加压情况,发出指令决定再生制动是否适用。为提高制动指令的安全程度,还用电缆线将 67 线(常用最大制动)连接到制动设定器。

3. 列控车载设备输出常用制动指令

列控车载设备根据控车数据自动生成目标距离模式曲线,依据列车运行速度、允许速度、目标速度和目标距离等输出常用 1、4、7 级常用制动,自动控制 KBA1R、KBA4R、NBR 联锁,分别使 61、64、67 线加压,向车辆信息中央控制装置输出 B1、B4、B7 级制动指令。

在动车组运行速度超过 ATP 防护速度时,启动常用制动,释放 NBR,通过 NBR 的常闭联锁来励磁 ATCBR。ATCBR 的常开联锁闭合,61、66、67 线被加压,向车辆信息中央控制装置输出最大常用制动指令。若通过 ATP 判断制动力为 B1 或 B4 已经足够时,将单独励磁 ATCKB1R 或励磁 ATCKB1R、ATCKB4R,加压 61 线或 64 线,加压线路向车辆信息中央控制装置输出级位指令。

ATP 指令传输方式采用光纤和 67 导线双重保障方式,指令等级优先按以下顺序输出。

67=(67)>(66)>(65)>(64)>(63)>(62)>(61)

( )内为光纤方式传输指令,67 为硬导线方式传输指令。

其电路原理见图 5-38、图 5-39。

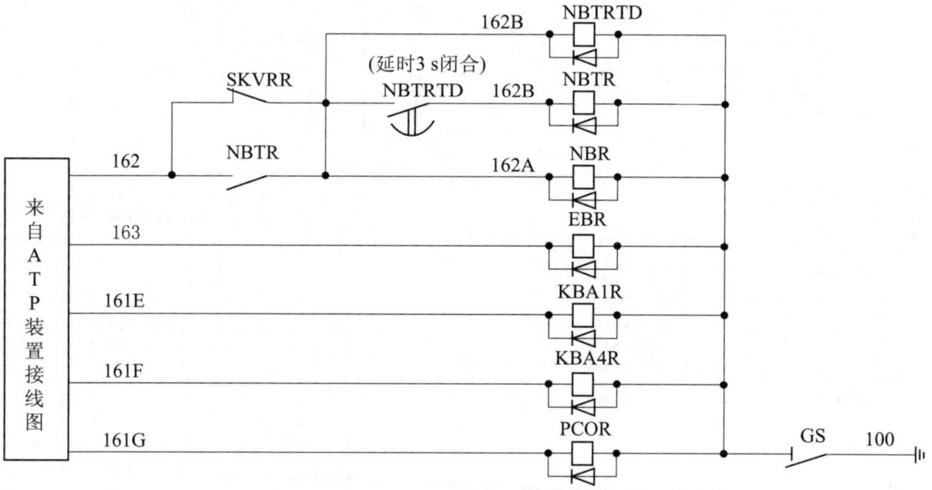

图 5-38 ATP 制动控制逻辑电路

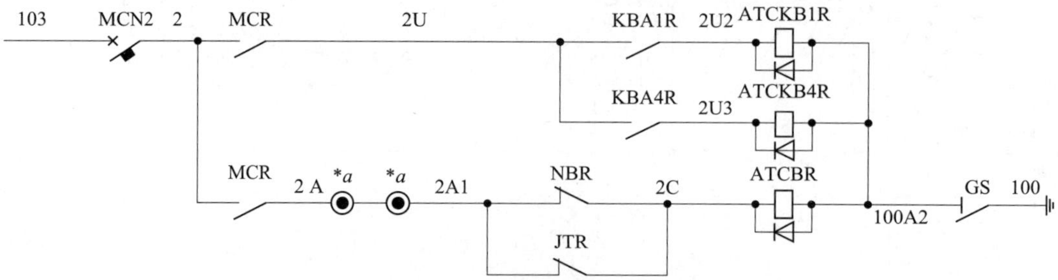

图 5-39 ATP 常用继电器控制逻辑电路

4. 常用制动减速度曲线

根据图 5-40 再生制动减速度与各挡位减速度与各级挡位减速度数据比较：

在全速区域，再生电制动可基本满足 M 车 5 级以下（含 5 级）的制动需求；

高速区再生电制动可以满足 M 车 7 级以内的制动需求。

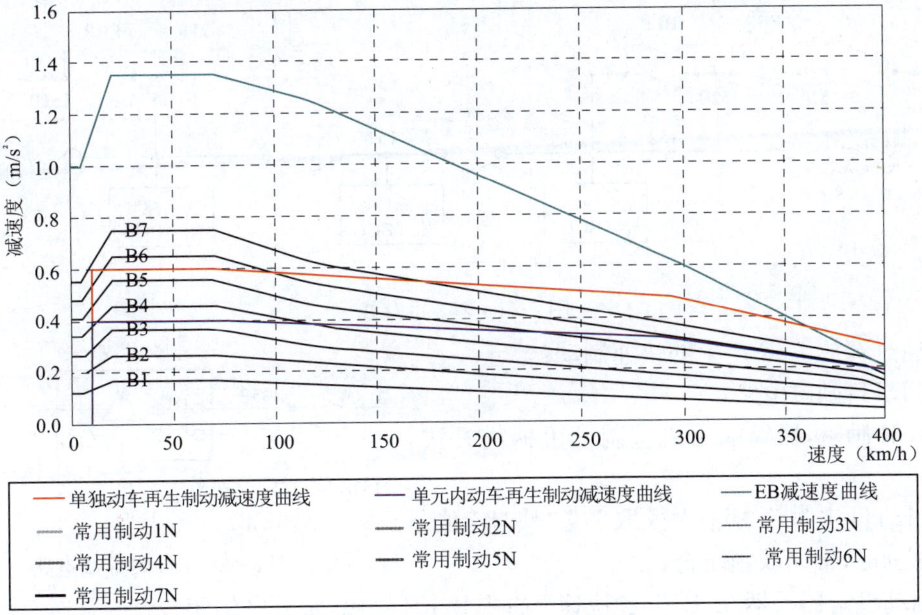

图 5-40　常用制动减速度曲线图

二、非常制动

遇非正常情况发生时，通过操作制动设定器、按压紧急停车按钮或行车安全装置输出非常制动指令，控制动车组在最短时间内停车，为此设置了非常制动电路。非常制动包括快速制动和紧急制动，在高压供电系统工作正常时，动车组自动选择快速制动，否则输出纯空气的紧急制动。

（一）快速制动

动车组正常运用时，向由快速制动贯穿线（152 线）组成的制动控制器输送加压信号，保持快速制动为关闭状态。当 152 线没有被加压时，制动控制器启动快速制动。快速制动采用复合制动方式，电制动优先，电制动能力不足时由空气制动补充，其具备最大 B7 级常用制动 1.35～1.81 倍的制动力。

1. 快速制动在以下情况时起作用。

（1）司机操作制动设定器手柄至快速位；

（2）ATP 输出的快速制动指令（释放 EBR）；

（3）JTR 继电器释放引起的快速制动。

2. 相关电路说明如下，其逻辑控制电路见图 5-41～图 5-43。

（1）制动设定器手柄快速位：制动设定器“快速”位置继电器（BFR）变为非励磁，其常开联锁打开，152 线失电，向车辆信息控制中央装置发出快速制动指令。

（2）通过 ATP 输出的快速制动（释放 EBR）：通过 ATP 的输出的指令，释放 ATP 快速制动继电器（EBR），其常开联锁断开，152 线失电，向车辆信息控制中央装置发出快速制动指令。

如果 ATP 装置被关闭，ATPCOS 处在断开的位置（ATPCOR 励磁）时，用于 ATP 快速制动的继电器(EBR) 不起作用。

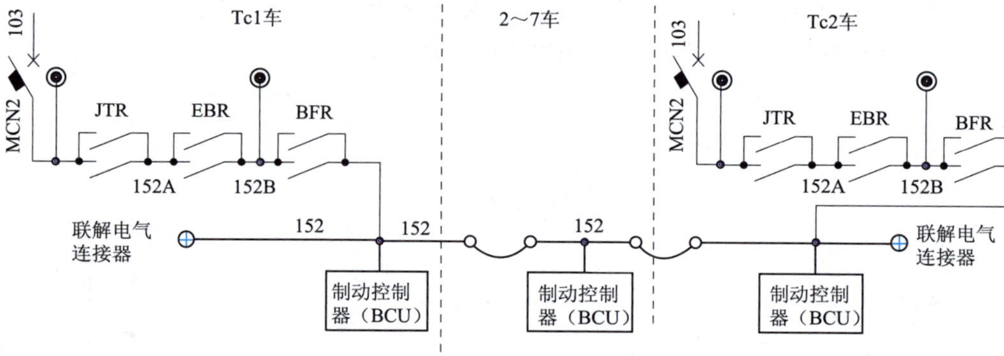

图 5-41　152 贯穿线

(3)通过释放 JTR 产生的快速制动：

①JTRTD 励磁电路：

a. MCR 励磁，操纵端司机室制动手柄离开拔取位；

b. 制动设定器手柄在“拔取”或“快速”位，BFR 为非励磁，常闭联锁闭合；

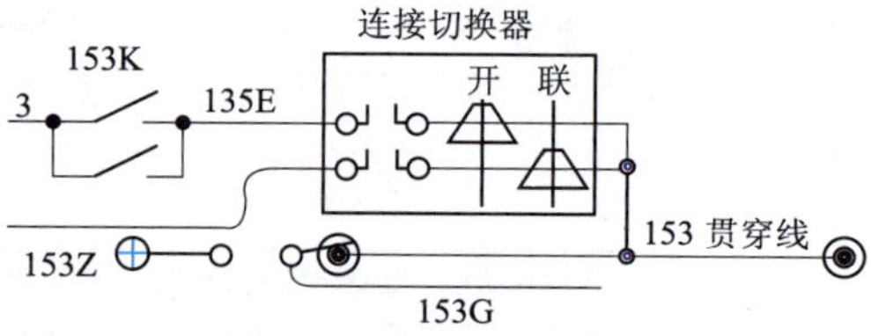

图 5-42　153 贯穿线电路

c. 制动设定器手柄在“B7”或“快速”位间，B7FR 励磁，常开联锁闭合；

d. 紧急制动复位操作，紧急制动复位继电器(UBRSWR)励磁常开联锁闭合。

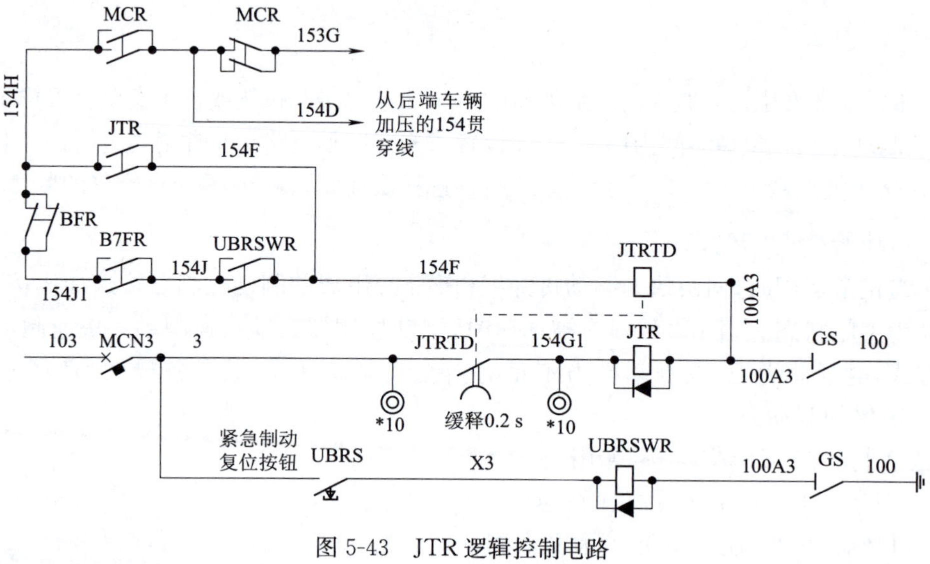

图 5-43　JTR 逻辑控制电路

②JTR 励磁电路：

JTRTD 励磁，其常开联锁闭合，紧急制动继电器 JTR 励磁，与 BFR、B7FR、UBRSWR 并联的 JTR 常开联锁闭合，JTRTD 处于与 JTR 共同自保持状态。一旦 JTR 励磁，直至 154 线变为无加压，进行自保持。

从以上电路分析，在复位紧急制动时，因串联在 JTRTD 励磁电路中的 BFR 常闭联锁和 B7FR 的常开联锁，决定了制动设定器手柄只能在“快速位”操作才有效。

当 JTRTD 从励磁变为非励磁时，0.2 s 后才松缓其常开联锁。

（二）紧急制动

在发生列车分离、总风管压力降低（正常运行时低于 590 kPa，救援状态低于 340 kPa）、检测制动不足、紧急电磁阀被关闭（按压紧急制动按钮）、司机制动控制器手柄被拔取时，动车组施加紧急制动。

紧急制动的控制和检测是靠 154 贯穿线加压电路，控制 JTR 励磁电路来实现的。

1. 154 线加压电路

经由操纵端车辆的 153K 的常开接点，贯穿线（153 线）得到加压。从 153 线、经由后位司机台的 MCR 的常闭接点，对贯穿线（154 线）进行加压。见图 5-44。

2. 产生紧急制动的几种逻辑控制电路分析

（1）列车分离时

列车发生分离情况时，列车分离前端车辆因 154 线贯穿线加压电路被切断，JTR 处于非励磁状态，车辆信息中央控制装置启动快速制动。在分离列车后部的车辆，153 线、154 线同时处于无加压状态，紧急制动电磁阀（UV）消磁，紧急制动动作。其逻辑控制电路见图 5-43。

与此同时，因 JTR 消磁，152 线没有加压，快速制动得到指令，BC 压将以紧急制动和快速制动的制动力高的方式选择输出。其控制电路见图 5-41。

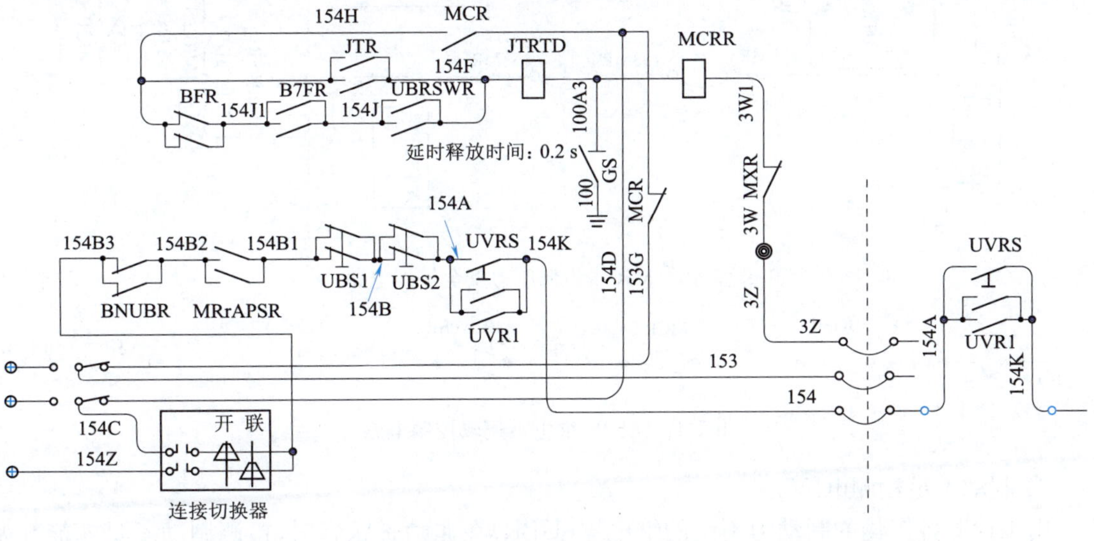

图 5-44　154 线加压电路

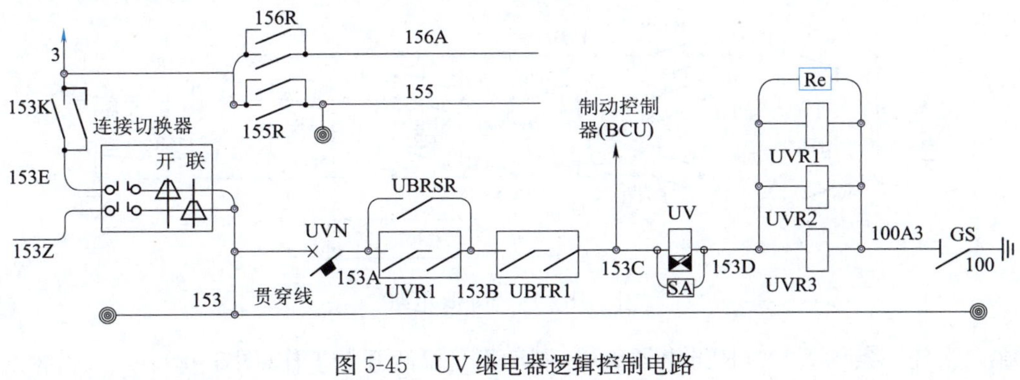

图 5-45　UV 继电器逻辑控制电路

(2)总风管管压降低时

在动车组头罩内设置有总风管用压力开关,对两端头罩内的总风管压力进行检测。在正常运用状态时,当 MR 风压低于设定值(590±10) kPa 时,(MRHPS)开放接点;在救援状态(救援转换 NFB 在 ON 位),当 MR 风压低于设定值(340±10) kPa 时,(MRLPS)开放接点。由于 MRHPS(MRLPS)的接点被打开,总风管用气压开关继电器(MRrAPSR)变为非励磁。其逻辑控制电路见图 5-46。

由此,MRrAPSR 的常开联锁打开,153K 继电器失电,154D 线为不加压,JTR 失电,UV 失电,紧急制动输出,同时快速制动得到指令。其逻辑控制电路见图 5-47。

(3)制动不足检测时

在检测到制动不足时,UBTR 失电,UV 和 UVR 的加压电路在 153B-153C 之间被切断(图 5-45)。UV 失电后,启动该车辆的紧急制动。与此同时,由于 UVR 的常开联断开,154A-154K 之间被切断,154 贯穿线失电(图 5-44),JTR 失电,失去了对 152 线的加压,快速制动动作(图 5-41)。

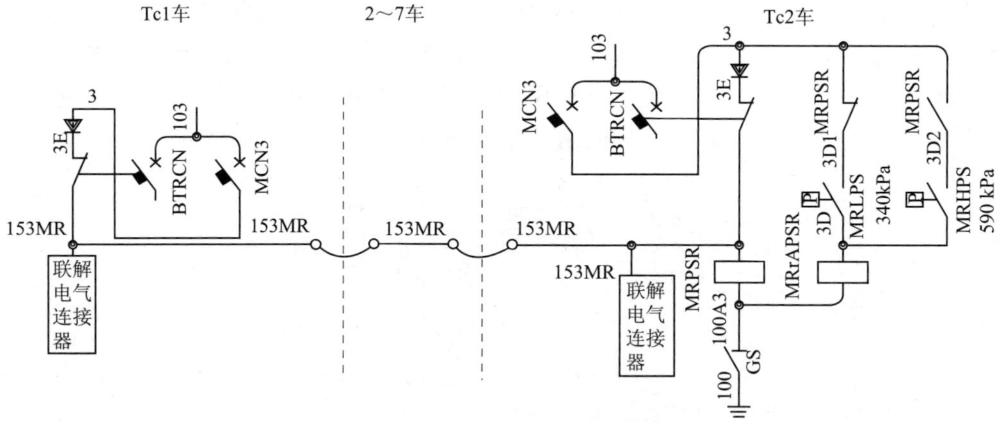

图 5-46 MR 压力低压力安全保护电路

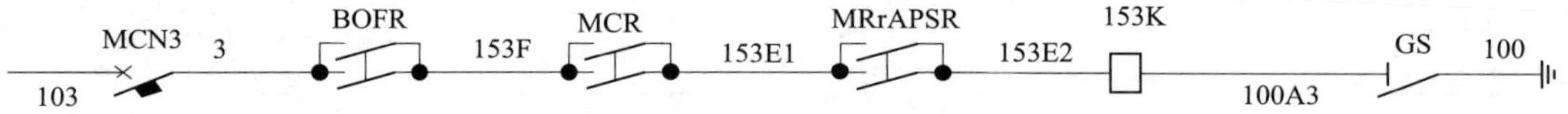

图 5-47 153K 继电器逻辑控制电路

① 制动不足检测电路

用于检测各车辆的制动力不足的继电器(UBR)在非励磁状态时,检测制动不足功能开始启动。UBR 通过在 155R 的常开联锁被加压,155 线得到励磁。见图 5-48、图 5-49。

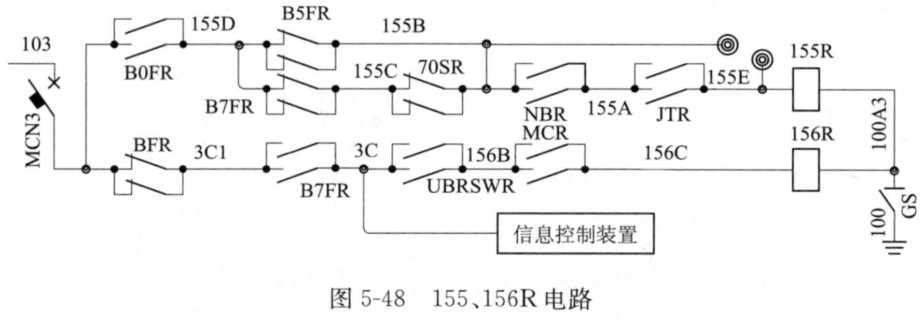

图 5-48 155、156R 电路

在以下任一条件下,155R 继电器失电,制动不足检测开始工作(图 5-48):

a. 当制动设定器在拔取位，B0FR 为非励磁，常开联锁断开；

b. 制动设定器在“B5-快速”位时，B5FR 励磁，其常闭联锁断开；或者运行速度在 70 km/h 以上，制动设定器级位输出 B7 级以下制动指令时；

c. ATP 输出常用制动，NBR 非励磁，其常开联锁断开；

d. 列车输出输出紧急制动时，JTR 失电，其常开联锁断开。

当 155R 失电后，其常开联锁断开，155 线变为非加压状态，UBR 失电，常开联锁打开（图 5-49），UBTR1、2 通过 UBTR1 常开联锁呈自保状态。此状态时、检测制动不足的功能启动（图 5-50）。

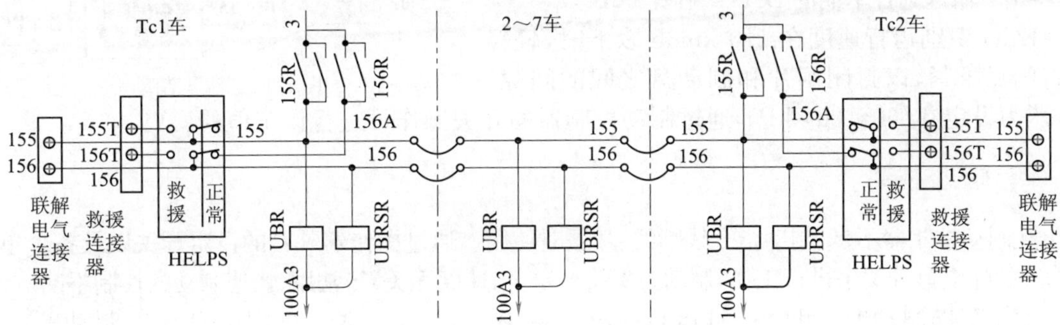

图 5-49　155、156 贯穿线

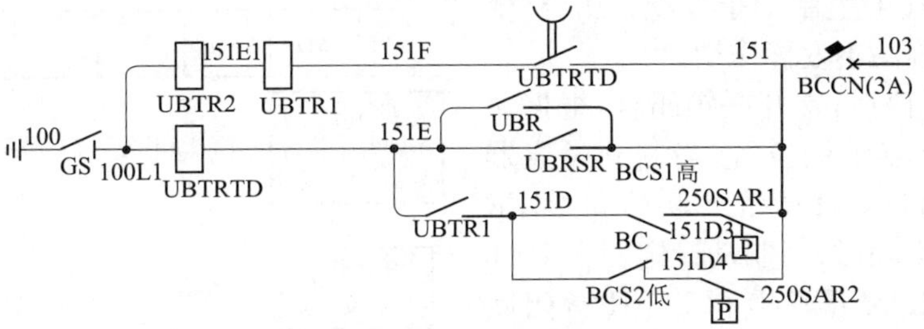

图 5-50　制动不足检测电路

当速度达到 250 km/h 以上时，BCS2（低压）变为 OFF；或者当速度在 250 km/h 以下时，BCS1（高压）变为 OFF；若牵引变流器检测到电制动力不足（UBCDR 为 OFF）时，UBTR1 保电路断开，BTR1、2 失电。当 UBTR 为 OFF 后，UV（紧急制动阀）的失电，紧急制动起作用（图 5-45）。在 UBR 失电期间，当 UBTR 释放后即使恢复了制动压力（制动力）检测，仍为释放状态。

② 制动不足检测电路的复位

当 155R 励磁时，制动不足检测处于非工作状态。当 UBR 被再次励磁，UBTR 被励磁，若检测制动不足的条件不成立时，也构成自保电路。URTR 在 UBRSR（用于紧急制动复位开关的继电器）被励磁时也进行同样的复位。

（4）紧急制动的复位方法

继电器 156R 被励磁的条件：

① 制动设定器在“快速”位时，BFR 非励磁，常闭联锁闭合；

② 制动设定器“B7-紧快速”位，B7FR 励磁，常开联锁闭合；

③ 按压紧急制动复位开关 UBRS，UBRSWR 励磁常开联锁闭合；

④ 司机台制动设定器在“运行—快速”位，MCR 励磁常开联锁闭合，156R 励磁。

从 156R 励磁条件可以看出，只有司机台制动设定器手柄在“快速”位时，按压紧急制动复位按钮，156R 励磁电路才能够接通（图 5-48）。

继电器 156R 励磁后，156 线(紧急复位贯穿线)被加压，各个车辆的 UBRSR(用于紧急制动复位开关的继电器)被励磁。UBTR 通过 UBRSR 的常开联得电(图 5-50)。只要 153 线的加压被恢复、UV 和 UVR 的励磁电路构成，紧急制动被复位，紧急制动被解除(图 5-45)。

三、耐雪制动

为了防止降雪时制动盘和闸瓦之间进雪，影响制动效果，司机操作耐雪制动开关(耐雪 SW)，启用耐雪制动，157 线被加压，经由车辆信息控制装置，将指令输送到各车辆的 BCU。见图 5-51。

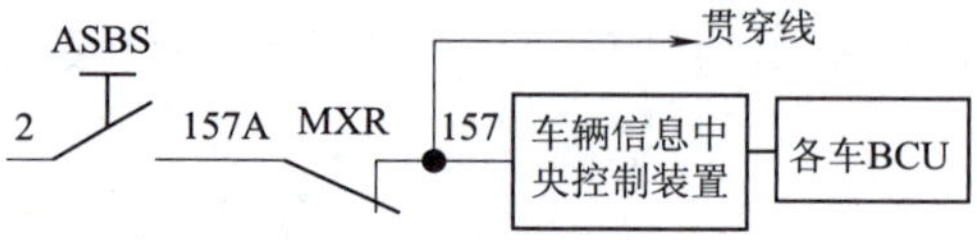

图 5-51 耐雪制动

BCU 识别运行速度在 110 km/h 以下时，轻轻的将闸瓦压紧，以封闭闸片和制动盘之间的间隙。BC 压力设定在(60±20) kPa，通过制动控制器的开关操作可进行设定值的变更。

四、辅助制动

在制动控制器不良、制动指令线断线、救援时使用。通过操作驾驶台的设定开关以及各个单元(T 车)的配电盘开关来进行工作，制动力保持一定，与速度无关，与常用、快速制动的控制不同。

使用辅助制动时，闭合正常运行时处于断开位的司机室运行配电盘辅助制动断路器 SBN1，辅助制动继电器(SBNR)被励磁，同时还需闭合车辆配电盘的 SBN2。由于 SBNR 的常闭联锁断开，电气再生制动指令线(10 线)变为非加压，再生制动不发挥作用。

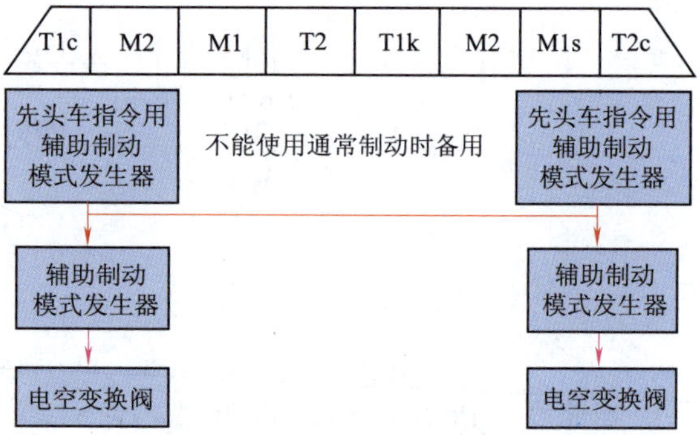

图 5-52 辅助制动原理框图

当 SBNR 励磁后，常开联锁闭合，根据司机操纵制动设定器手柄位置，当制动设定器在 B1-3 级时，通过 B1FR 常开联锁和 B4FR 常闭联锁，B1-3K 励磁；当制动设定器在 B4-5 级时，通过 B4FR 常开联锁和 B5FR 常闭联锁，B4-5K 励磁；当制动设定器在 B6-7 级时，通过 B6FR 常开联锁和 BFR 常开联锁，B6-7K 励磁；当制动设定器在快速和拔取位时，通过 BFR 常闭联锁，或者动车组在输出紧急制动指令时，通过 JTR 常闭联锁，BFK 励磁(图 5-53)。

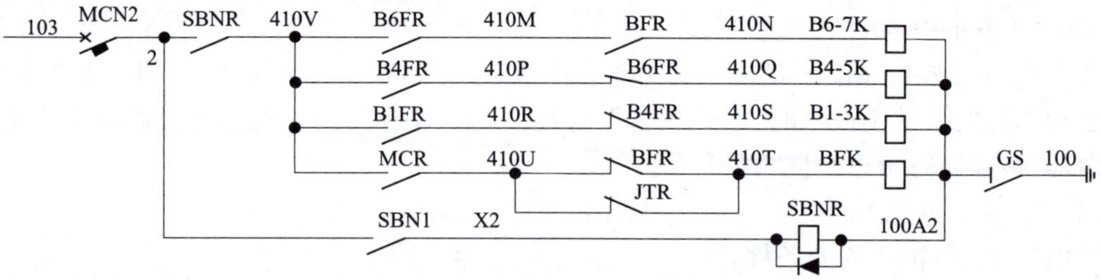

图 5-53 辅助制动控制电路

辅助制动的级位信号输出继电器(B6-7K，B4-5K，B1-3K，BFK)对应制动手柄级位励磁后，从辅助制动模式发生器发出辅助制动力指令。向贯穿线(411 线、461 线)输出交流电压。辅助制动模式发生器(车辆用)将 411 线、461 线的电压变压、整流后，供给制动控制装置，直接控制 EP 阀。由此构成不经由车辆信息控制装置的制动控制路径。由于辅助制动装置只在 1、8 车配备，因此辅助制动制动力很弱，使用时动车组移动有限速要求。见图 5-54。

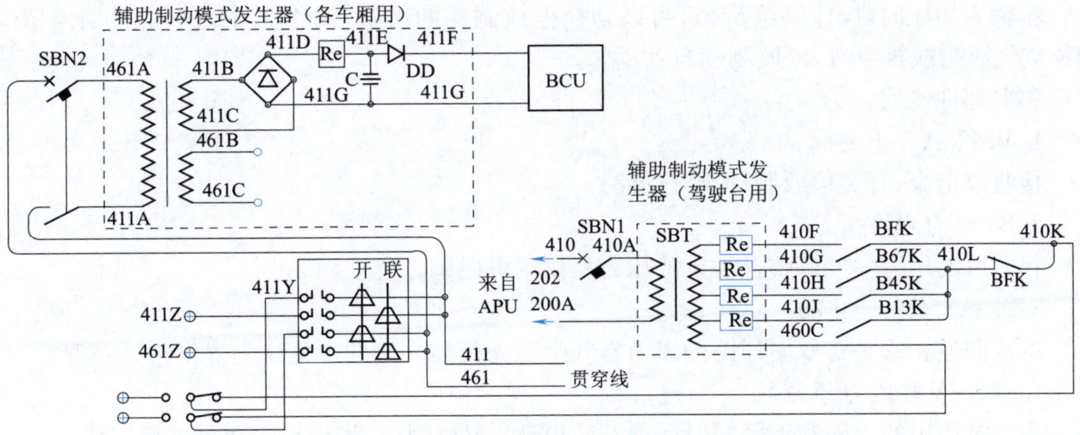

图 5-54　辅助制动控制装置

五、停放制动控制(CRH380A 统型动车组装配)

CRH380A 统型动车组在 T1、M2、M6、T2 车上设置,每轴设置 1 套带停放制动缸基础制动单元,共 16 套。

停放制动功能是由单独的停放制动控制装置来控制的。当需要施加停放制动时,停放制动控制装置排出停放制动缸中的空气,停放制动施加;当需缓解停放制动时,停放制动控制装置向停放制动制动缸充气到预定压力,停放制动缓解。

通过停放指令对停放制动压力进行控制。接收到停放制动 ON 信号时,电磁阀排气动作,排出停放制动缸内的压力空气,停放制动施加。当接收到停放制动 OFF 信号时,则通过电磁阀供气动作,向停放制动缸内充入压力空气,停放制动缓解。为防止基础制动的制动力过大,设计了双向止回阀,防止与常用制动叠加。见图 5-55。

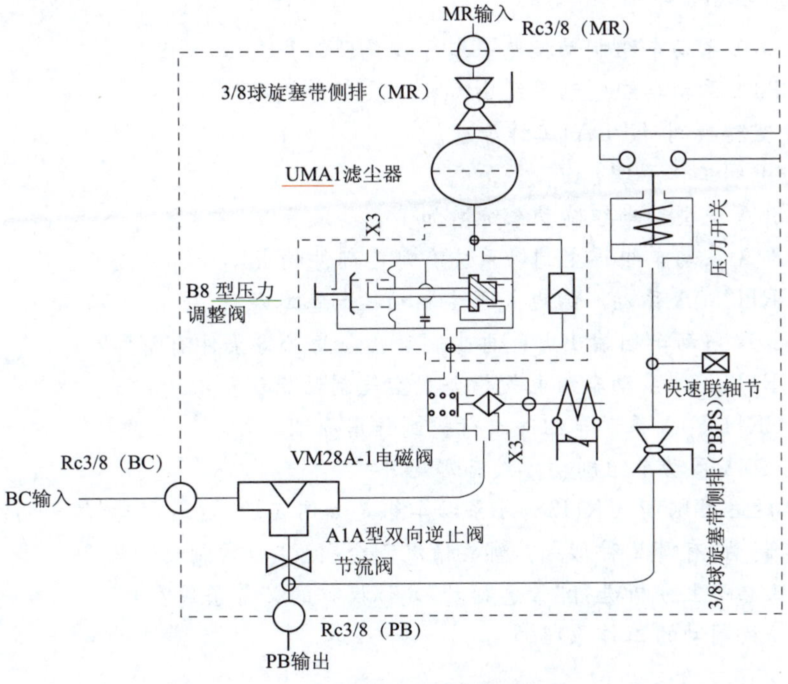

图 5-55　停放制动控制装置原理图

车辆无加压时，操作供给旋塞，可以切换停放制动的缓解/动作。在动车组长期停留时，MR 空气泄露或排空时，停放制动自动动作。

主要部件说明：

1. VM28A-1 电磁阀

接收电指令，开关停放制动空气回路。

2. B8 压力调整阀

将总风的压力空气调整至规定的压力提供给电磁阀。

3. A-1-A 双向逆止阀

本双向逆止阀是将双向通路的压力空气中压力较高一侧的空气压力提供给另一方。

4. SPS-8WP 压力开关

在设定压力的上限和下限同时获得 ON-OFF2 点控制信号，根据需要可进行调整。

5. 3/8 带侧孔截断塞门

带侧孔旋塞在空气管路中，通过手动操作开关管路，关闭二次侧的压力空气时，从本体侧面排出空气压力。

6. UMA 型滤尘器

去除压力空气中的灰尘、污垢及其他脏物，起到保护装置的作用。

停放制动装置列车停放能力校核见表 5-14。

表 5-14　停放制动能力校核表

停放条件	下滑力(kN)	停放制动力(kN)	安全系数
整列 448.5 t，坡道 20‰	81.4	129.3	1.59

复习思考题

1. CRH380A 系动车组制动控制基本原理是什么？
2. CRH380A 系动车组制动系统由哪些主要部件构成？
3. 简述电空转换阀(EPLA)工作原理。
4. 简述中继阀工作原理。
5. CRH380A 统型动车组制动系统增加了哪些装置？
6. CRH380A 系动车组再生制动系统有哪些部件构成？
7. 简述 CRH380A 系动车组电气再生制动控制基本原理。
8. CRH380A 系动车组输出电气再生制动指令的必备条件有哪些？
9. 简述 CRH380A 系动车组电气指令式空气制动原理。
10. 简述 CRH380A 系动车组防滑行控制作用原理。
11. CRH380A 系动车组制动方式有哪几种？
12. 何谓“延迟控制”？CRH380A 系动车组是如何实现“延迟制动”控制的？
13. “非常制动”有哪几种形式？哪些情况下会引发“非常制动？
14. 如何从电路上分析进行“紧急制动”复位操作的必备条件？
15. 简述停放制动的工作原理。

第六章　动车组控制系统

本章主要以 CRH380A 型动车组为基础，对 CRH380A 系动车组低压控制电路进行介绍，对主要动力设备的控制进行讲解。读者通过对本章的学习，能够基本掌握动车组控制电源电路，以及受电弓、VCB、动力输出控制电路的控制原理，通过对基本控制原理的学习，具备理论指导操控设备操作实践的基本能力。

第一节　直流电源系统

CRH380A 系动车组电路系统采用计算机网络控制和有触点逻辑控制电路，使用 100 V 低压直流电，通过中间继电器控制高压电路和各个系统设备，见图 6-1。低压控制系统分为低压直流电源电路、低压控制牵引设备电路、低压控制辅助设备系统、低压控制制动系统电路、辅助电源和辅助机组控制等电路。

CRH380A(统)型动车组用碱性蓄电池共 6 组 100 A·h，为控制、应急通风和列车无线供电。2、7 车各装有一组蓄电池，3、5 车各装有两组蓄电池。具备能够使应急通风工作90 min，应急照明、广播装置、应急显示及通信装置工作 2 h 以上的容量。

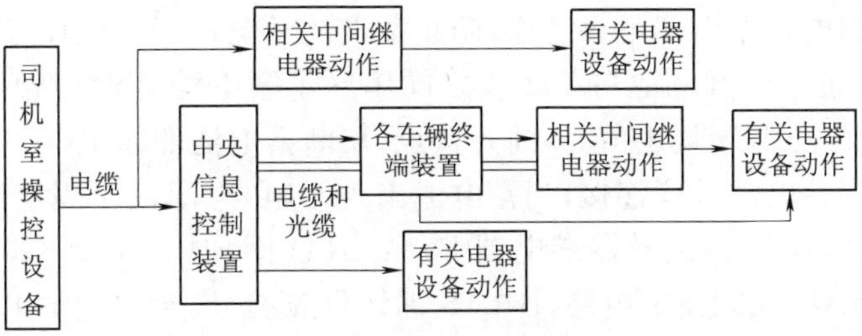

图 6-1　低压控制原理框图

一、蓄电池输出电路

动车组在未升弓受电前，电气设备投入工作，均需要由蓄电池提供控制或驱动电源。

蓄电池直流电源输出电路见图 6-2，在“直流电源 2”NFB 处于闭合状态，102 线为常加压。动车组长期停放期间，需将“直流电源 2”NFB 断开，避免蓄电池放电亏损。

闭合车辆运行配电盘“蓄电池接触器控制 NFB”，解除司机室制动设定器 BV 手柄锁定，将手柄移至快速～运行位，105 线进行加压。105 线通过闭合的“蓄电池接触器 NFB”对继电器 BVR1 加压，BVR1 常开接点闭合，102 线对蓄电池用接触器(BatK1)线圈加压。和 BVR1 的接点并联的有 VCB 的辅助接点，VCB 如果是投入的状态，即使制动设定器手柄在拔出位，BatK1 线圈也会继续通过 102 线加压。102 线加压，开通蓄电池电源输出电路。其控制逻辑电路见图 6-2、图 6-3。

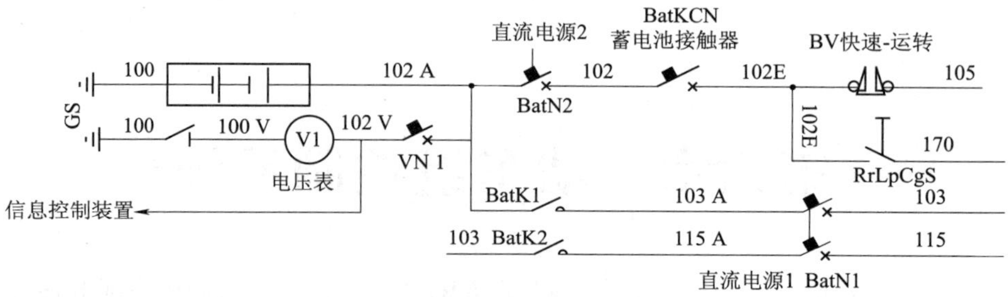

图 6-2　蓄电池直流电源输出电路

CRH380A(统)型动车组 102 线以[T1-1、M1-2]、[M2-3、M3-4]、[M4-5、M5-6]、[M6-7、T2-8]为单位进行连接，没有编组贯穿。

由于 BatK1 常开联锁的闭合，蓄电池 Bat 与 103 线连接，在 APU 启动后，蓄电池通过 103 线经辅助整流器 ARf 进行浮动充电(图 6-4)。

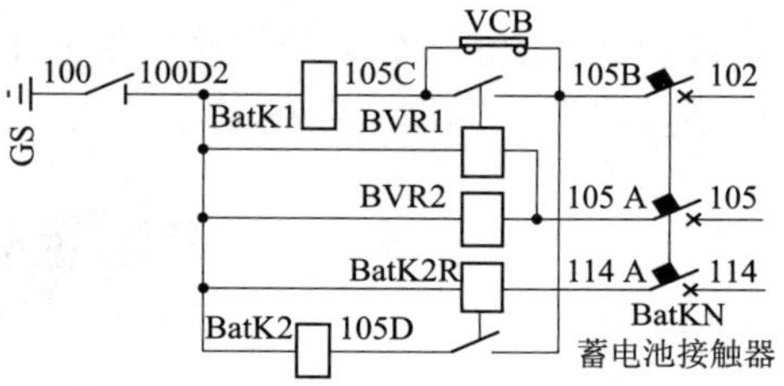

图 6-3　102 线蓄电池输出电源电路

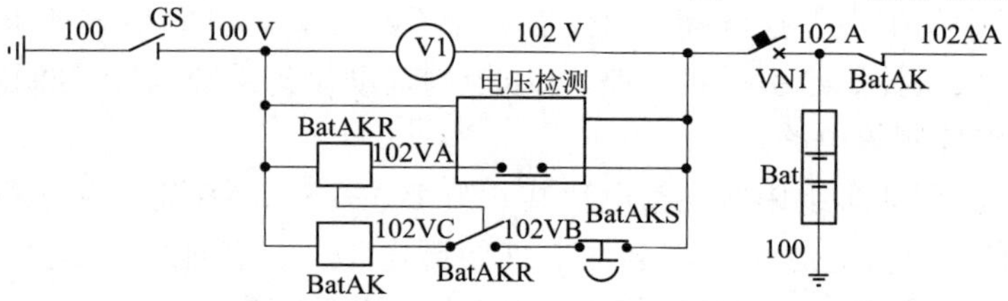

图 6-4　蓄电池电压监测电路

为保证直流控制电路中电器可靠动作，防止蓄电池亏电，在蓄电池电路中加装了电压检测保护电路，其原理是通过在蓄电池与 102 线之间串联了蓄电池辅助接触器 BatAK 的常闭接点，在检测到蓄电池电压低于规定值时，断开接点，切断蓄电池的输出(图 6-4)。

电压检测电路同蓄电池并联连接，当蓄电池出现亏电，电压低于规定值时，电压检测器闭合内部接点，对蓄电池用辅助接触器继电器 BatAKR 线圈加压，BatAKR 常开联锁接通蓄电池用辅助接触器 BatAK 线圈得电电路，BatAK 常闭联锁打开，蓄电池输出电路 Bat 被切断，防止蓄电池过度放电。

二、辅助整流器(APU)直流输出电路

动车组升弓合闸后，APU 开始工作，电压确立(101 线加压)后，辅助整流器整流装置直流电源接触器用继电器 ARfKR、辅助整流器整流装置直流电源接触器 ARfK 相继动作，对 103 线加压，输出 DC 100×(1±10%) V 电源(图 6-5)。ARfKR 常开联锁闭合，经由标志灯继电器 MLpR1 的常闭接点对 BatK2 控制指令 114 线进行加压。103 线为动车组全编组贯穿线。

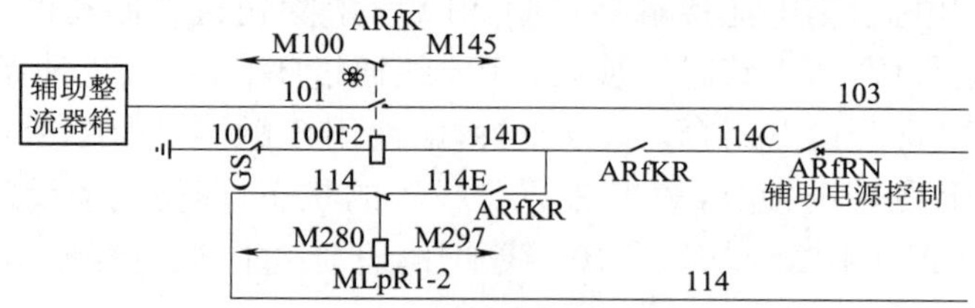

图 6-5　114 线加压电路

114 线加压，蓄电池用接触器 BatK2R 线圈得电（图 6-3），常开联锁闭合，经 102 线对 BatK2 线圈加压，BatK2 常开联锁闭合，使 103 线和 115 线连接（图 6-2），115 线处于加压状态，向车辆空调控制、自动门装置、客室照明、客室（空调）电动送风机等设备提供控制电源。115 线与 102 线相同样没有编组贯穿，而是以蓄电池供电范围为单位连通。

三、重联编组控制电源输出

如果与其他编组重联时，在操纵端司机室制动手柄解锁离开拔取位后，通过 105 贯穿重联线，使重联侧车辆的蓄电池控制分并用继电器 JBVR 得电，闭合 JBVR 的常开联锁。见图 6-6。

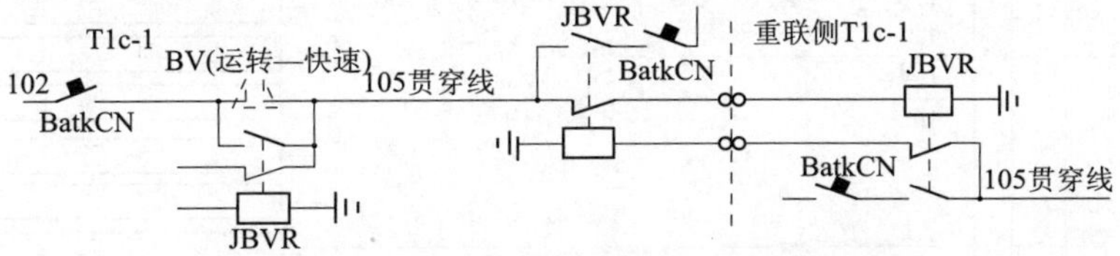

图 6-6　重联动车组直流控制电源输出电路

重联侧动车组 102 线通过 JBVR 的常开联锁对 105 线加压，105 线加压后 BatK1 得电，蓄电池经 BatK1 常开联锁接通 102 线，重联侧蓄电池输出电路接通。见图 6-3 及图 6-7。

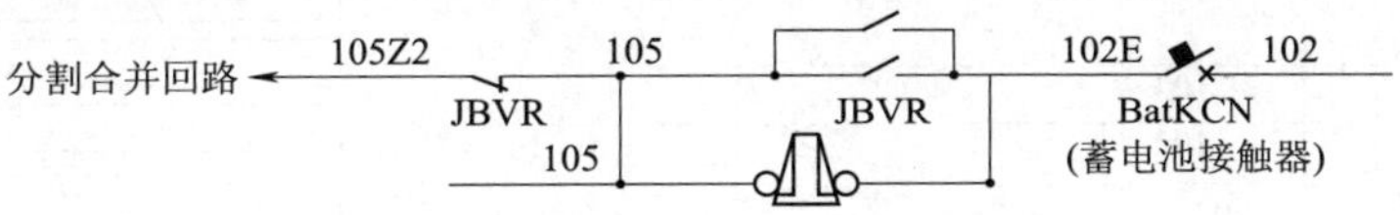

图 6-7　重联动车组电源输出电路

四、应急灯切换电路

操作司机室配电盘“应急灯切换”旋钮开关（RrLpCgS），发出应急灯投入指令，170 线加压，应急灯切换接触器 RrLpCgK 线圈得电，常开联锁闭合，连接在 103B 线的负载从 103 线供电切换到 102 线。103B 线以各车为单位，没有编组贯穿。见图 6-8。

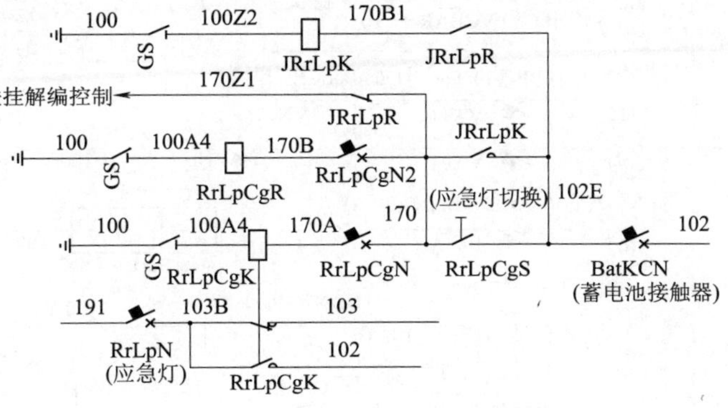

图 6-8　应急灯切换输出电路

五、直流电源控制负载

直流控制电源电路见图 6-9。

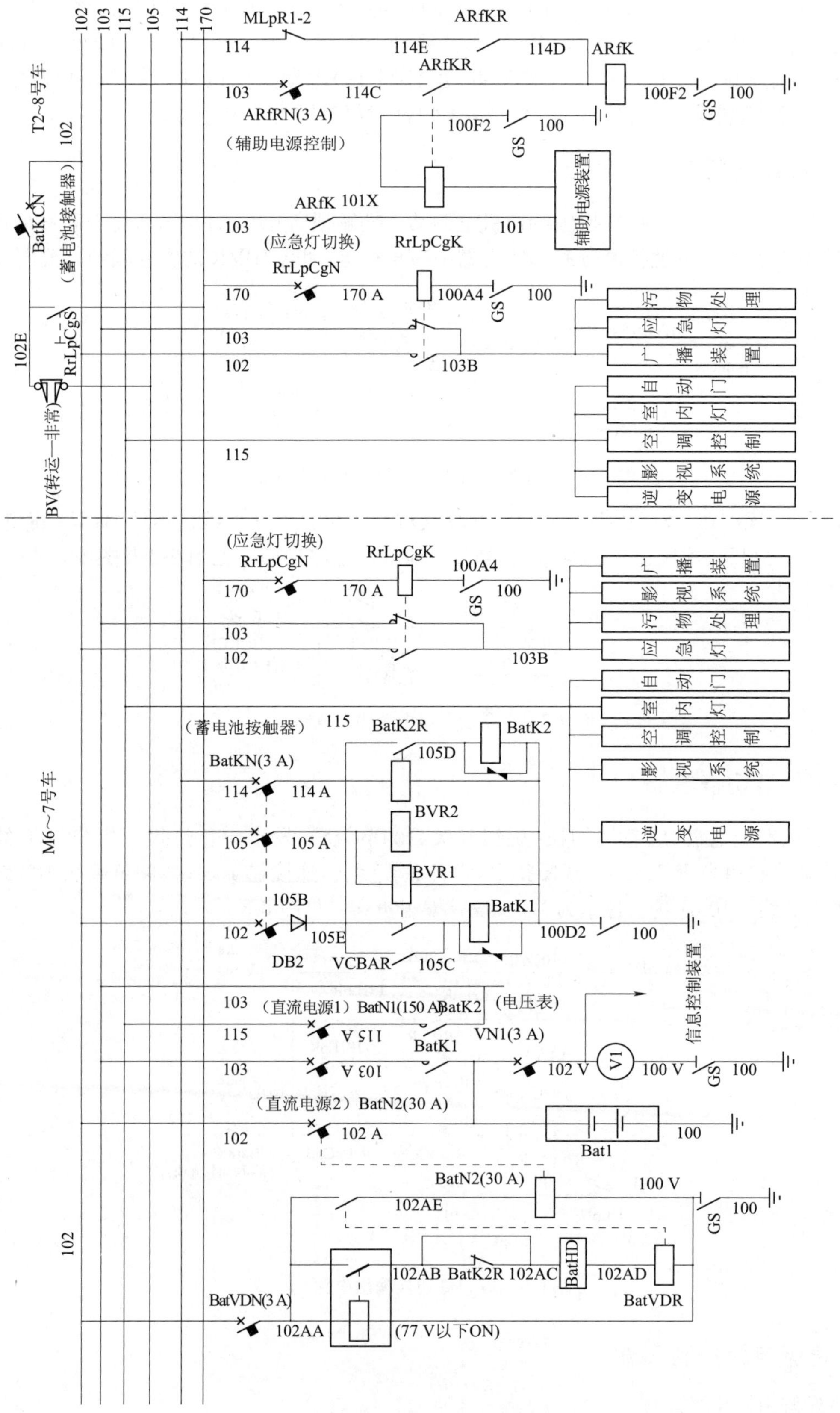
102
103
115
105
114
170
MLpR1-2
114
ARfKR
114E
114D
ARfK
103
ARfKR
114C
100F2
GS
100
ARfRN(3 A)
（辅助电源控制）
100F2
100
GS
T2~8号车
102
BatKCN
（蓄电池接触器）
ARfK 101X
103
101
辅助电源装置
(应急灯切换)
RrLpCgK
RrLpCgN
170
170 A
100A4
GS
100
污物处理
应急灯
广播装置
自动门
室内灯
空调控制
影视系统
逆变电源
102E
RrLpCgS
103
102
103B
BV(转运—非常)
115
(应急灯切换)
RrLpCgN
RrLpCgK
100A4
170
170 A
100
GS
广播装置
影视系统
污物处理
应急灯
103
102
103B
自动门
室内灯
空调控制
影视系统
逆变电源
（蓄电池按触器）
115
BatK2R
BatK2
105D
BatKN(3 A)
114
114 A
BVR2
105
105 A
BVR1
M6~7号车
105B
BatK1
102
105E
100D2
100
DB2
VCBAR
105C
信息控制装置
103
（直流电源1）BatN1(150 A)
BatK2
(电压表)
115
115 A
VN1(3 A)
BatK1
103
103 A
102 V
V1
100 V
GS
100
（直流电源2）BatN2(30 A)
102
102 A
Bat1
100
BatN2(30 A)
100 V
102AE
100
GS
102
102AB
BatK2R
102AC
BatHD
102AD
BatVDN(3 A)
BatVDR
102AA
(77 V以下ON)

图 6-9 直流电源电路

第二节　升降弓控制电路

一、司机室控制互锁电路

正常情况下司机在列车运行方向前端司机室操作，为防止非操纵端司机室操作设备误操作，在电路上设置了 MCR 和 MCRR 继电器的连锁装置。其工作原理如下。

（一）MCR 继电器得电电路

MCR 逻辑控制电路见图 6-10。

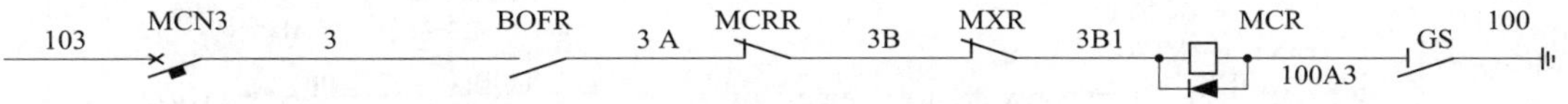

图 6-10　MCR 逻辑控制电路

满足以下条件，MCR 线圈励磁：

1. 103 线经 MCN3（集中控制 3NFB 闭合）到 3 号线；

2. BOFR（B 运非 R）常开联锁，见图 6-11，BOFR 继电器线圈在制动控制器手柄离开拔取位得电；

图 6-11　BOFR 继电器逻辑控制电路

3. MCRR 常闭联锁：非操纵端 MCRR 线圈在非励磁状态；

4. MXR 常闭联锁：本端司机室与其他编组在非连挂状态。

T1 车、T2 车的 MCR 以及 MCRR 的关系见图 6-12。在操纵端司机室 MCR 线圈励磁状态，如 T1 车的 MCR 进行励磁后，经由贯穿线 3Y 到 T2 车的主控制器辅助继电器 MCRR 进行励磁，与 T2 车的主控制器继电器 MCR 线圈串连的 MCRR b 接点处于打开的状态，所以 T2 车 MCR 不能被励磁。于是，从 T2 车 MCR 接点经由贯穿线至 T1 车主控制器继电器 MCR 被励磁的电路断开。

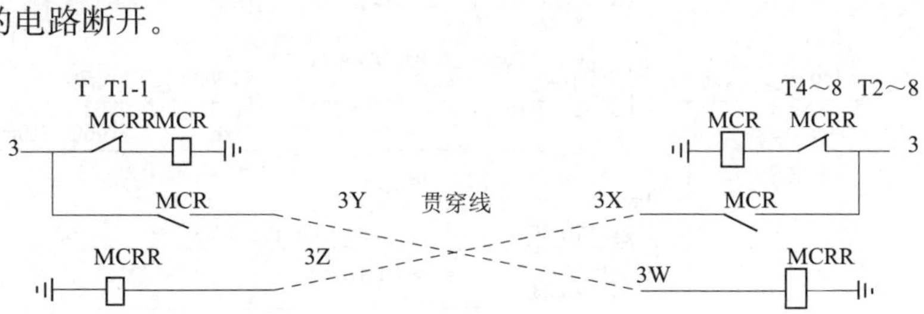

图 6-12　MCR 和 MCRR 的互锁电路

上述电路保证了只有在操纵端司机室制动设定器手柄离开拔取位后，MCR 继电器励磁，同时切断了非操纵端司机室 MCR 励磁电路，确保只有一端司机室处于可操作状态。在各种设备的控制电路中都串联了 MCR 的常开联锁。

二、受电弓升降控制电路

当司机在操纵端司机室(如 T1 车)将制动设定器手柄移离拔取位时,非操纵端(T2 车)MCRR 得到励磁(图 6-12),其常开联锁闭合,110 线 111 线处于加压状态,使得操纵端接地保护开关继电器 EGSR 和 VCB 辅助继电器 VCBRR 励磁,VCBRR、EGSR 继电器的常开接点处于闭合状态。在 M1～2 车、M3～4 车和 M5～6 车的 110、111 贯穿线中分别串联有 EGS、VCB 常闭联锁,若 EGS、VCB 在闭合状态,将断开 EGSR、VCBRR 继电器励磁电路(图 6-13)。由此电路可见,如欲升降受电弓,两端司机室"升弓、合闸 NFB"都必须在闭合位,而且 EGS、VCB 均需在断开状态才能操作。

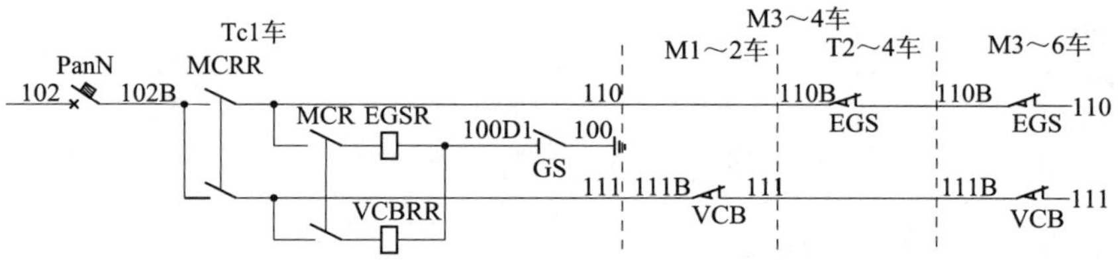

图 6-13 升弓电路 VCB/EGS 互锁电路

受电弓设置在 M3～4 车、M5～6 车车顶,正常情况下动车组采用单列单弓运行方式。升弓操作有两种方式,一是通过司机室运行配电盘自复式"受电弓升起"旋钮,还可以通过 MON 屏"远程控制切除"页面进行选择升弓。降弓操作有也有两种方式,一是通过司机室操纵台"降弓"按钮操作,也可通过 MON 屏"远程控制切除"页面进行降弓操作,但后一种降弓操作方式在受电弓降下的同时,也将该受电弓从电路上进行了切除。升降弓电路见图 6-14。

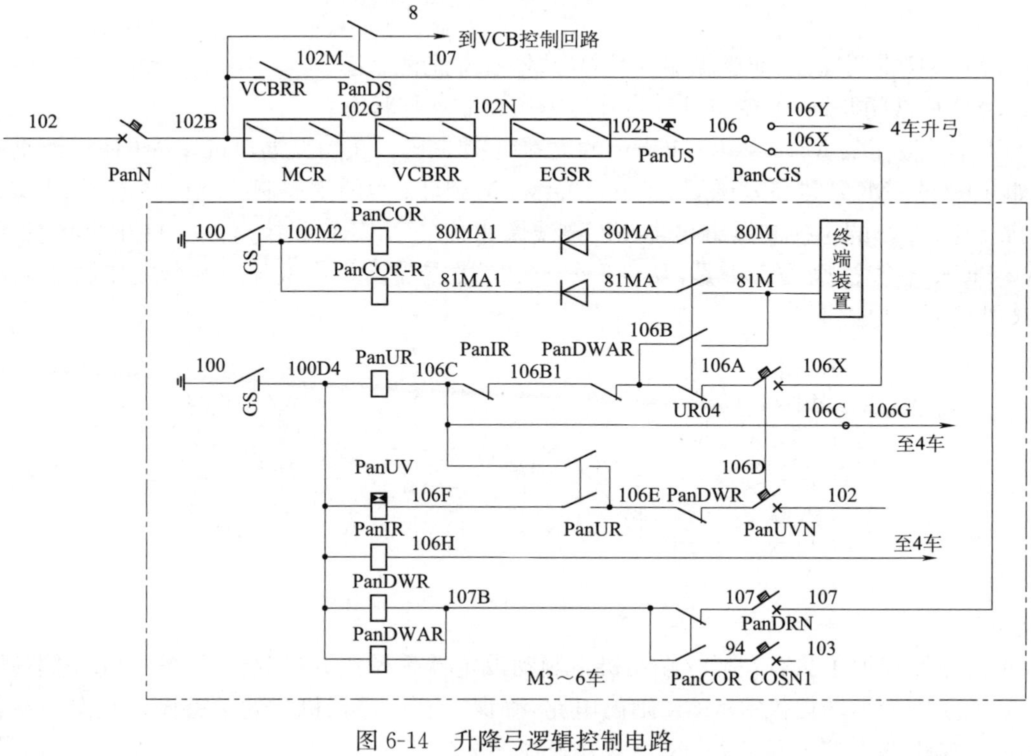

图 6-14 升降弓逻辑控制电路

（一）升弓电路

手动升弓电路：操作升起受电弓开关（PanUS）后，升起受电弓的指令 106X 线（M2～6 车）或 106Y 线（T2～4 车）加压，哪条线加压由受电弓切换开关（PanCGS）进行选择。106 线被加压后，PanUVN（运行配电盘升弓 NFB）在闭合位，同时没有输入降下受电弓的指令（PanDWAR 非励磁），4 车弓在降弓状态（PanIR 非励磁状态），PanUR 被励磁，PanUR 的常开联锁处于闭合的状态。6 车受电弓上升电磁阀 PanUV 被励磁，受电弓上升。在 PanUR 的常开联锁闭合的同时，PanUV 电磁阀由 102 线经降下受电弓继电器（PanDWR）常闭联锁自保持励磁状态，在松开升弓旋钮后，PanUV 仍保持励磁状态。从受电弓升弓自保持电路由 102 线作为控制电源可以看出，只要蓄电池"直流控制 2"NFB 在闭合位，不论制动控制器手柄是否离开拔取位，接触网是否向动车组供电，如果不操作降弓按钮，受电弓自动降弓装置未动作受电弓升弓后将始终保持升弓状态。

由 MON"远程控制切除"页面输入升起受电弓的指令电路，单元指令继电器（URO4）切换到监控器终端装置一侧，对该单元的 PanUR 进行励磁。

（二）降弓电路

按下降下受电弓开关（PanDS），受电弓下降指令 107 线被加压，同时 VCB 断开指令 8 线被加压（参照 VCB 控制回路）。107 线被加压，降下受电弓继电器（PanDWAR）被励磁，PanDWAR的常闭联锁处于打开状态，受电弓上升电磁阀 PanUV 成为非励磁，受电弓降下。

由监控器显示器输入降下受电弓的指令，降弓指令继电器（PanCOR）被励磁，由此 PanDWR工作，断开 PanDWR 常闭联锁，受电弓上升电磁阀 PanUV 经由 102 线励磁通路被切断，受电弓降下。

（三）升弓互锁电路

在动车组上，只允许单列动车组升单弓的方式。在电路上除了通过受电弓选择开关来实现只能升单弓的方式外，在升弓控制电路上还设置了联锁装置，保证了在使用 MON"远程控制切除"进行升弓操作时，仍然只能升单弓运行。

在电路上通过 M3～4 车、M5～6 车的受电弓升弓联锁装置继电器 PanIR 来实现的。受电弓升弓联锁继电器（PanIR）的关系见图 6-15。假若选择升 M3～4 车的受电弓，通过 106G 线、M5～6 车的 PanIR 被励磁。由于 M5～6 车的 PanIR 被励磁，M5～6 车的 PanIR 的常闭联锁断开，因此 M5～6 的 PanUR 继电器无法被励磁，同时 M3～4 车的 PanIR 励磁电路也被断开。在 M5～6 车被输入升弓指令的情况下，按照同样的逻辑，M3～4 车的 PanUR 继电器是无法励磁的。

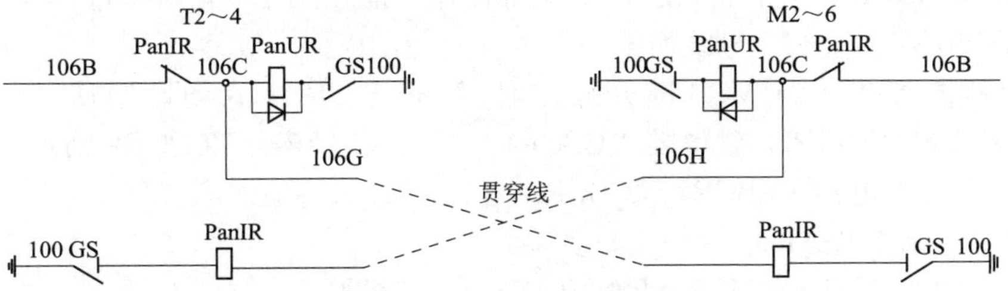

图 6-15　升弓互锁电路

第三节 主断路器控制电路

在进行动车组升弓操作，通过 MON 确认受电弓升起后，即可进行 VCB 闭合操作，向动车组提供电源。VCB 闭合操作有两种方式，一是通过操作司机操纵台上“VCB 闭合”按钮，另外可操作司机室运行配电盘上自复式“VCB 闭合”旋钮，均可实现 VCB 闭合操作。

VCB 控制电路见图 6-16。

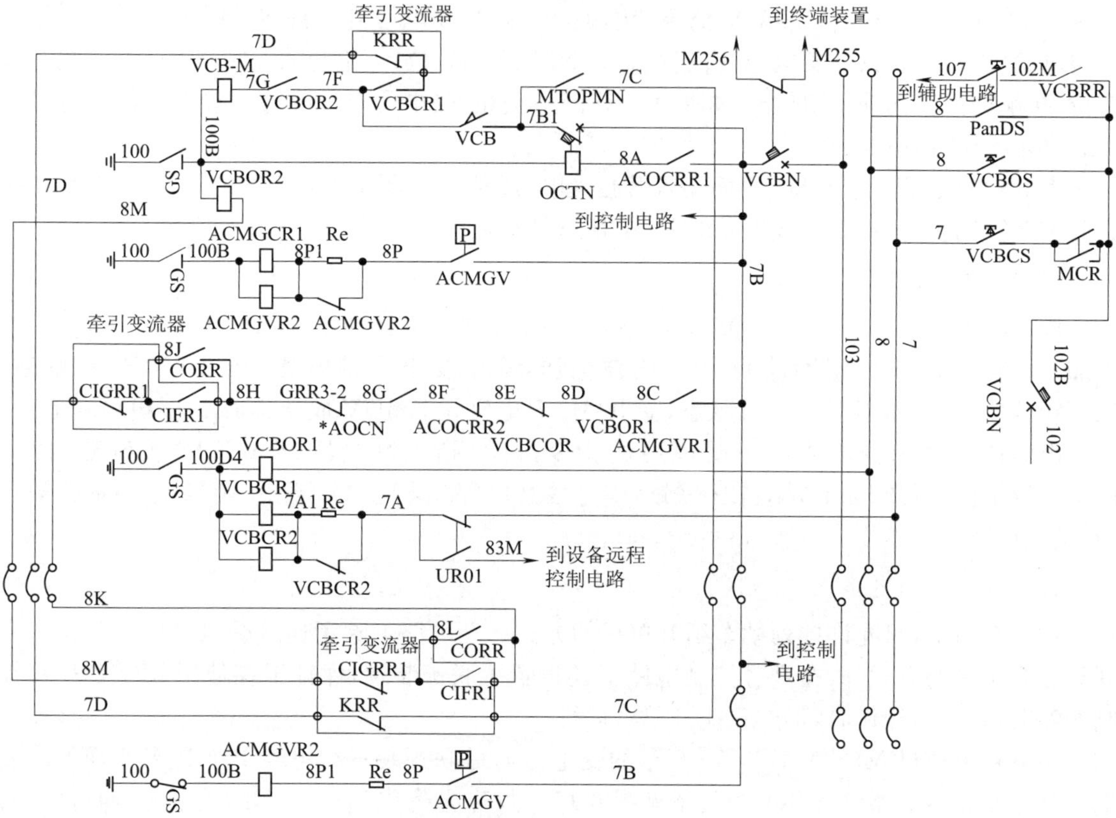

图 6-16 VCB 逻辑控制电路

一、VCB 闭合电路

VCB 闭合使用 102 线蓄电池电源，经过闭合位 VCBN(受电弓 VCB NFB)，102B 线加压，在通路中串联了 MCR 常开联锁，使 VCB 闭合操作只能在操作端司机室进行。在按压 VCB 投入开关(VCBCS)时，使得 7 号线加压。

1. 在远程控制未进行 VCB 断开操作时，7 线经 URO1 常闭联锁使 7A 线加压，经 VCBCR2常闭联锁，VCB 闭合继电器 VCBCR1、VCBCR2 励磁。VCBCR2 励磁后，其常闭联锁断开，VCB 闭合继电器 VCBCR1、VCBCR2 经 Re 继续保持励磁状态。

2. VCBOR2 励磁电路：

(1)103 电源线经闭合位 VCB-NFB(VCBN)使 7B 线加压；

(2)辅助气压检测正常时，经 ACMGVR1(小型空气压缩机调压器用继电器)常开联锁，8C 线加压；

(3)在未按压 VCB 断开按钮,8 线未加压时经 VCBOR1(VCB 开放继电器)常闭联锁,8D 线加压;

(4)MON 远程控制未发出断开 VCB 的指令时,经 VCB 开放继电器 VCBCOR 常闭联锁,8E 线加压;

(5)未发生一次侧(原边)过电流时,经 ACOCRR2[一次侧(原边)过电流检测辅助继电器]常闭联锁,8F 线加压;

(6)未发生三次侧过电流时,经辅助电路过电流 NFB(AOCN),8G 线加压;

(7)三次侧电路接地正常,经 GRR3-2 常闭联锁,8H 线加压;

(8)两个动车牵引变流器装置正常,接地正常,牵引电机开放时,牵引变流器故障检测继电器 CIFR 常开联锁,或 CORR 常开联锁,初级电路接地继电器 CIGRR 常闭联锁,8M 线加压;VCBOR2 线圈励磁。

3. VCB-M 励磁电路

①103 电源线经闭合位 VCB-NFB(VCBN)使 7B 线加压;

②经 OCTN 常闭联锁(无一次侧原边过流),7B1 线加压;

③经牵引变压器油泵 NFB(MTOPMN)闭合位,7C 线加压;

④经 KRR 常闭联锁(牵引变流器装置接触器开放 M1 车),7D 线加压;

⑤经 KRR 常闭联锁(牵引变流器装置接触器开放 M2 车)和 VCBCR1 常开联锁,7F 线加压;

⑥经 VCBOR2 常开联锁,7G 线加压,VCB-M 励磁,真空断路器 VCB 闭合。

真空断路器 VCB 闭合后,其辅助常开联锁闭合,通过 103 线经 VCBN、OCTN 常闭联锁、VCB 辅助常开联锁、VCBOR2 常开联锁,使 VCB-M 线圈自保持励磁状态。

二、VCB 断开电路

正常情况下需断开 VCB 时,按压“VCB 断”(VCBOS)按钮,8 线被加压,VCBOR1 继电器励磁,其常闭联锁断开,VCB-M 消磁,所有 VCB 都断开。另外,在操作降弓开关(PanDS)时,为防止在 VCB 未断开时,受电弓带负荷降弓,造成弓网拉弧,因此在按压降弓按钮时,同时对 8 线加压,断开 VCB。

三、VCB 高压保护电路

主断路器(VCB)在主电路中,具有高压开关和保护高压电器的双重作用。在正常时,是对主电路的开闭进行操作的开关;在牵引变压器二次侧以后的电路发生故障时,能够迅速、安全的阻断过电流。在 VCBOR2 继电器励磁电路中,为了确保 VCB 自身能够正常工作外,还必须保证其他牵引电器的正常工作,因此,串联了大量的保护电器联锁,作为异常时的断路保护。由以下的任一故障造成 VCBOR2 消磁,该单元的 VCB 将断开。

1. ACMGVR(小型空气压缩机调压器用继电器):OFF(辅助气压低下)
2. VCBCOR(VCB 开放继电器):ON(由远程控制造成的断开)
3. ACOCCR(交流化电流辅助继电器):ON(1 次侧(原边)过电流检测)
4. AOCN(辅助电路过电流 NFB):OFF(3 次侧过电流检测)
5. GRR3(第 3 级电路接地继电器):ON(第 3 级电路接地检测)
6. CIFR(牵引变流器故障检测继电器):OFF(牵引变流电路故障检测)
7. GRR(初级电路接地继电器):ON(初级电路接地检测)

第四节 牵引运行指令控制电路

一、牵引设备动力输出原理

380A 系列动车组，采用动力分散交流传动方式，其通过接触网提供的 25 kV 单相工频 50 Hz交流电源，以 VCB 为高压电源开关，经牵引变压器二次侧绕组分别向两台牵引变流器提供 1 500 V 工频 50 Hz 交流电，每台牵引变流器采用矢量控制分别向 4 台并联的牵引电机提供可调压调频的三相交流电，通过牵引电机驱动列车。其原理见图 6-17。

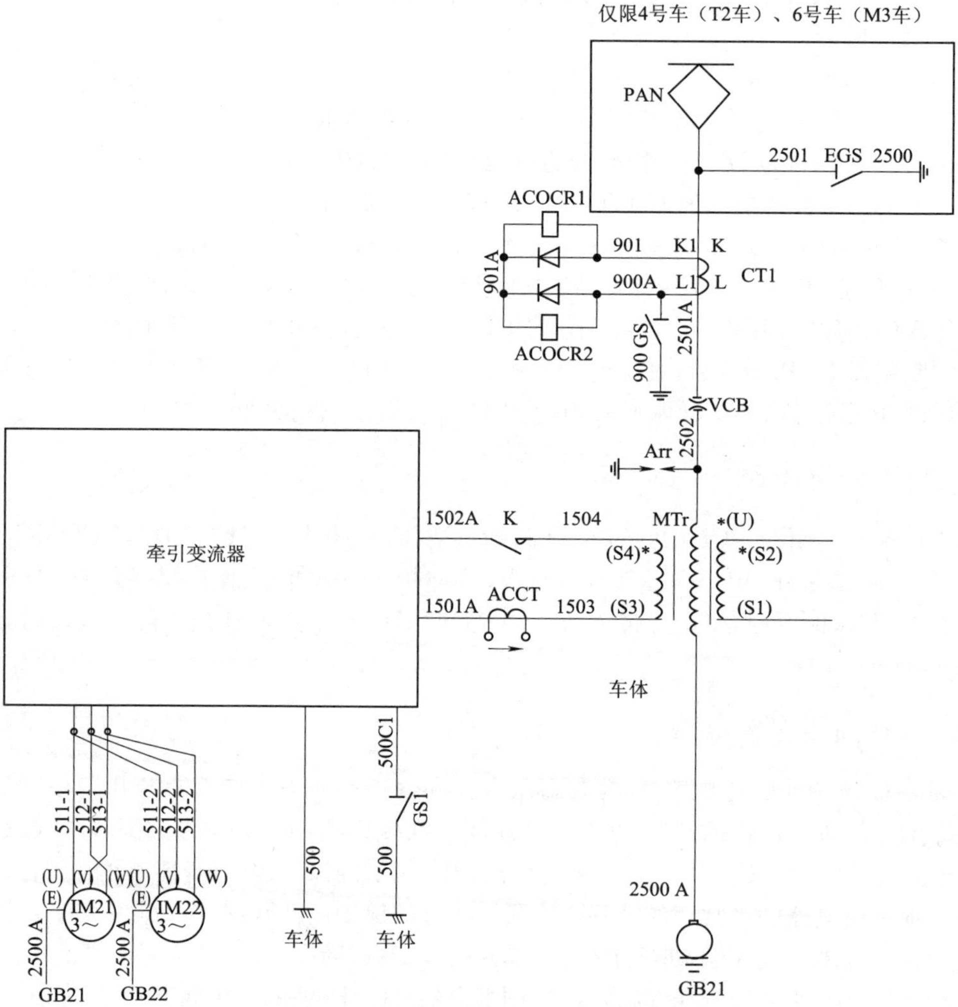

图 6-17 动车组牵引输出原理框图

二、动力指令控制电路

在动车组升弓供电状态，具备运行条件时，司机通过缓解列车制动，选择前进或退行模式，操纵牵引功率输出手柄，控制动车组运行。以下将简要介绍 CRH380A 型动车组的动力输出控制电路原理。

司机操作制动、换向、牵引手柄后，通过相应继电器和连锁控制相应线路加压，各指令线被输入到车辆信息控制的中央装置，中央装置向牵引变流器输出相应指令，控制动车组动力运行。

(一)换向操作电路

司机操作换向手柄后，接通 X4 或 X5 电路，前向(DFR)或后向(DRR)继电器励磁，见图 6-18。

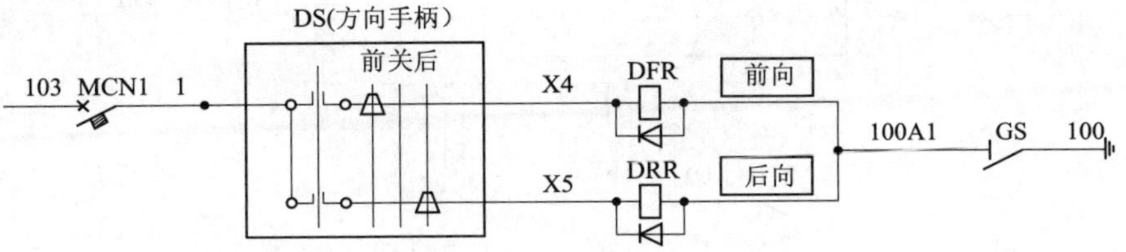

图 6-18　换向控制电路

前向(DFR)或后向(DRR)继电器励磁后，其相应常开联锁闭合，向中央信息控制装置输出向前或向后的指令(图 6-19)。4、5 线短接线端点是在换向开关失效或是换向继电器故障时，闭合相应短接开关，强制输出向前或向后指令。

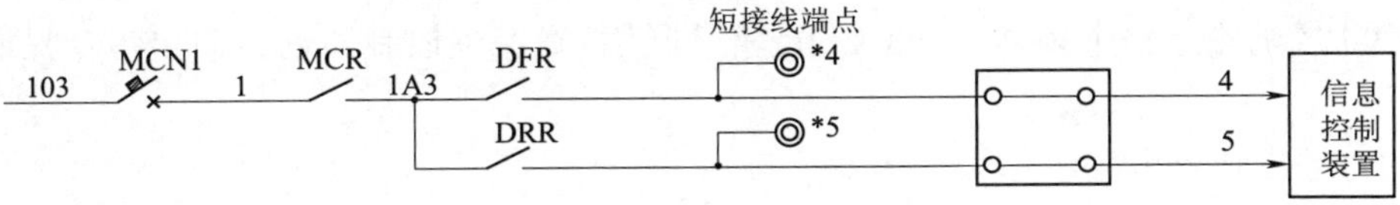

图 6-19　换向指令输出电路

(二)牵引输出指令电路

1. 主控制器(牵引手柄)接通继电器 PCR 电路

动车组输出牵引指令前，需确保动车组乘员在安全状态，车门关闭良好，动车组无紧急制动情况发生，司机已选择向前或是向后运行工况，为此设置了主控制器接通继电器 PCR，其通路见图 6-20。

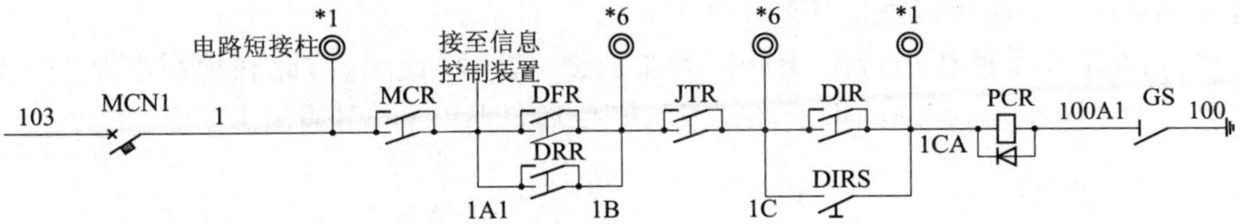

图 6-20　PCR 继电器逻辑控制电路

PCR 得电条件：

(1)“集中控制 1”NFB 闭合位；

(2)操作端司机室制动控制手柄离开拔取位，MCR 励磁，常开联锁闭合，此联锁确保动车组只有在操纵端司机室操作主司机控制器手柄相关电器才会动作，防止非操纵端司机室误操作；

(3)换向手柄向前(后)位，DFR(DRR)励磁，常开联锁闭合；

(4)没有紧急制动发生，JTR 励磁状态(参照制动控制电路)，常开联锁闭合，此联锁确保在有紧急制动发生时，切断动车组牵引指令输出；

(5)车门关闭正常，车门关闭联锁继电器 DIR 励磁，常开联锁闭合；或车门故障处于隔离位运行，关门联锁继电器未励磁，司机操作司机室“关门联锁”开关，DIRS 励磁，其常开联锁闭合。此联锁确保动车组只有在安全关门状态才有牵引指令输出，确保人身安全。

PCR 继电器励磁，为主控制器操作提供电源通路。

2. 动力指令输出辅助继电器 MCPR 电路(图 6-21)。

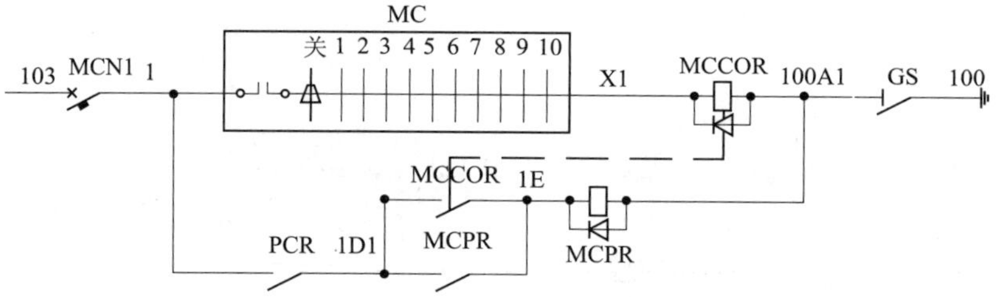

图 6-21 MCPR 继电器逻辑控制电路

(1)“集中控制 1”NFB 闭合位；

(2)主控制器(牵引手柄)MC 在“切”位，主控制器“切”定位继电器 MCCOR 励磁；

(3)通过 PCR 常开联锁、MCCOR 常开联锁，MCPR 励磁，其常开联锁闭合自我保持，不再受主控制器手柄位置限制。

在 MCPR 励磁电路中串联了 MCCOR 常开联锁，确保主控制器动力输出指令只能从低级位开始。

3. 动力输出指令电路

当一切准备工作就绪，具备动车条件时，司机操作主控制器手柄，根据目标运行速度，设定适当手柄级位，控制动车组运行。在主控制器手柄离开“切”位，经图 6-22 通路，9 号线加压及 PR 励磁。

在(1)～(8)项中如果满足以下条件，动力运行线(9 线)进行加压及 PR 励磁。

(1)主控制器(牵引手柄)接通继电器 PCR 励磁，常开联锁闭合。

(2)主控制器 MC 手柄离开“切”位，级位为 1～10。

(3)动力指令输出辅助继电器 MCPR 励磁，常开联锁闭合。

(4)制动设定器手柄离开拔取位，BOFR 励磁，常开联锁闭合，参照制动电路。此联锁在电路上确保只有在激活端司机室操作牵引手柄时才会有牵引指令输出。

(5)制动设定器手柄在运行位，B1FR 为非励磁，常闭联锁闭合，此联锁在电路上实现了动车组制动优先的操作理念，制动手柄离开“运转”位后，即切断牵引输出。

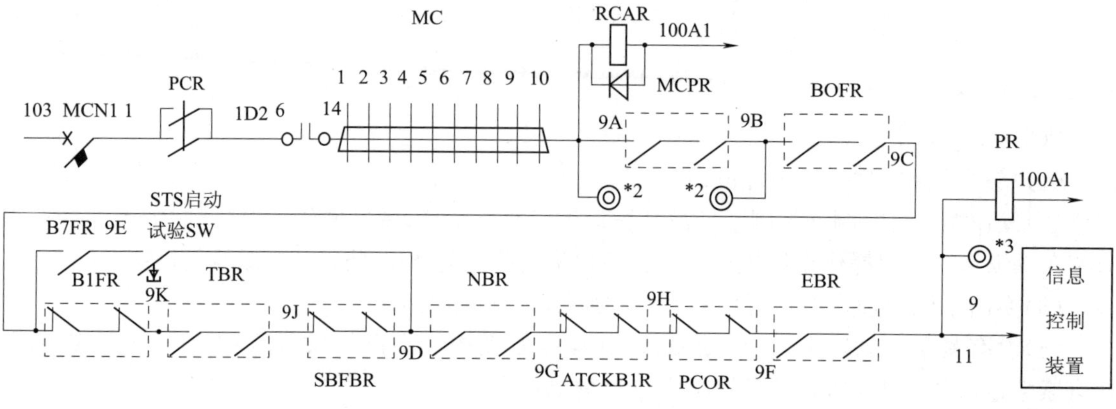

图 6-22 PR 继电器逻辑控制电路

此处还并联了 B7FR 和 STS(启动试验旋钮)联锁,是“启动试验”电路。制动控制器手柄在“B7”位和“快速”位时 B7FR 励磁,常开联锁闭合,在扳动启动试验旋钮时,输出牵引指令,实现动车组在制动停车状态检查动车组牵引动力设备工作情况。

(6)列控车载设备(ATP)无常用制动输出指令,NBR 励磁,常开联锁闭合。此联锁为确保动车组制动优先而设置。

(7)列控车载设备(ATP)无 B1 位常用制动输出,ATCKB1R 为非励磁,常闭联锁闭合。

(8)列控车载设备(ATP)处于工作状态,ATP 供电切断继电器 PCOR 非励磁,常闭联锁闭合。此联锁确保只有列控车载设备在工作状态才可以输出牵引指令。

(9)列控车载设备(ATP)无紧急制动输出,EBR 励磁,常开联锁闭合。

至此 9 号线加压,将主控制器牵引运行指令输入中央信息监控装置,中央信息监控装置控制相关牵引设备投入工作。同时,PR 继电器励磁,PR 的接点信号输入到制动装置,制动装置识别动力运行模式。

4. 主控制器级位指令条件

动力指令输出辅助继电器 MCPR 在励磁状态,通过操作主控制器(MC)级位,图 6-23 所示 11,12,13,15,17,19 线的各线被加压,各线输入监控器中央装置,进行动力运行控制。

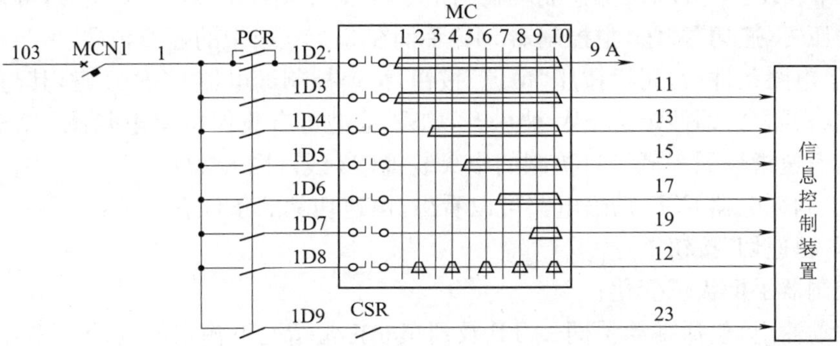

图 6-23　主控制器级位信息

主控制器与级位指令线对照关系见表 6-1。

表 6-1　主控制器与级位指令线对照表

		主控制器级位指令									
		1	2	3	4	5	6	7	8	9	10
加压线	11	○	○	○	○	○	○	○	○	○	○
	13			○	○	○	○	○	○	○	○
	15					○	○	○	○	○	○
	17							○	○	○	○
	19									○	○
	12		○		○		○		○		○

注:○:加压　　空白处:无加压。

5. 定速开关电路(定速行驶)

为减轻司机控制动车组运行速度的劳动强度,在控制电路中设置了“定速”开关电路,在动车组加、减到目标运行速度后,通过按压“恒速”按钮实现动车组均速运行。其原理见图 6-24。

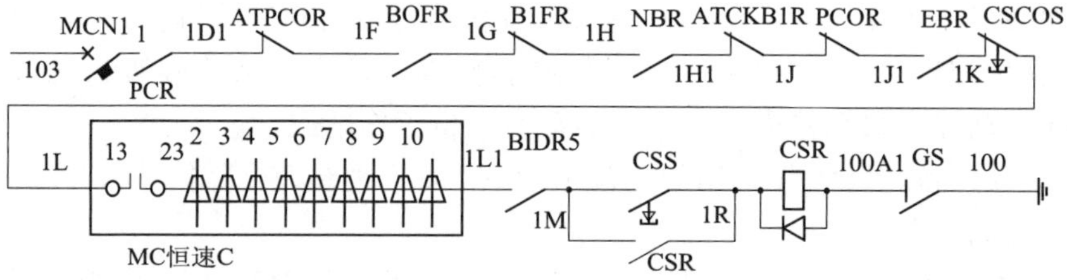

图 6-24　定速逻辑控制电路

恒速控制继电器 CSR 励磁的条件：

(1)MC 手柄接通继电器 PCR 励磁，常开联锁闭合；

(2)ATP 处于正常工作状态，ATP 切断继电器(ATPCOR)为励磁，常开联锁闭合；

(3)制动设定器手柄离开拔取位，BOFR 励磁，常开联锁闭合；

(4)制动设定器手柄在运行位，B1FR 为消磁，常闭联锁闭合；

(5)列控车载设备(ATP)无常用制动输出指令，常用制动继电器(NBR)励磁，常开联锁闭合；

(6)列控车载设备(ATP)无 B1 位常用制动输出，ATCKB1R 为消磁，常闭联锁闭合；

(7)列控车载设备(ATP)处于工作状态，供电切断继电器 PCOR 消磁，常闭联锁闭合；

(8)列控车载设备(ATP)无紧急制动输出指令，紧急制动继电器(EBR)励磁，常开联锁闭合；

(9)未按压"恒速切"按钮，主控制器 MC 手柄在 2～10 级中的任意位置。

具备以上电路条件后，司机按压"恒速"按钮，恒速控制继电器 CSR 励磁，其与"恒速"按钮并联的常开联锁闭合，即使定速 SW 被松开，CSR 也进行自我保持得电状态。CSR 的常开联锁闭合，输入恒速指令到车辆信息控制的中央装置(23 线)(图 6-23)。

从恒速控制继电器 CSR 励磁电路可以看出，恒速切除的条件有 3 种：

(1)按压"恒速切"按钮；

(2)主控制器手柄级位变化；

(3)有制动输出，包括制动手柄、ATP 及列车非正常情况下输出的制动。

第五节　设备远程控制电路

在动车组激活端司机室 MON 终端【远程控制切除】菜单页面设定指令，指令通过车辆信息传送线(光纤)传送到各车的监视器终端装置上，由监视器终端装置对相关的继电器加压。设备远程控制项目见表 6-2。

表 6-2　远程控制操作项目表

线　号	指　　令	T1～1	M1～2	M2～3	M3～4	M4～5	M5～6	M6～7	T2～8
80M/81M	降下受电弓(隔离)/升起受电弓				○		○		
82M/83M	VCB 断开/VCB 投入		○		○		○		
84M/85M	电源切换/电源切换复位		○				○		
86M/87M	压缩机切除复位/压缩机切除			○				○	
88M/89M/90M	有变压器 M 车切除/M 车切除复位/无变压器 M 车切除		○	○	○	○	○	○	
71M～76M	单元选择		○	○	○	○	○	○	

一、单元选择(图 6-25)

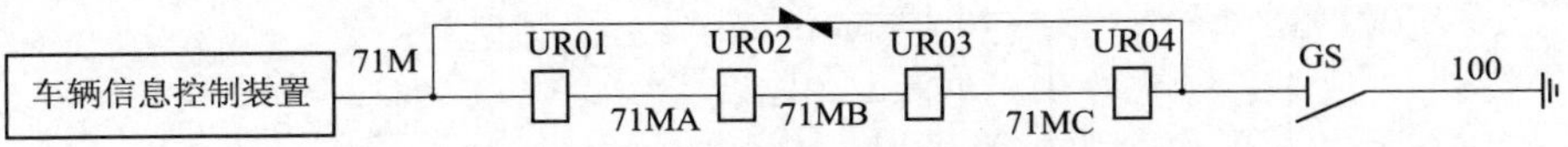

图 6-25　单元选择继电器加压电路

单元选择通过车辆信息控制装置对 71M～76M 线加压，控制本车 UR01～UR02(04)继电器得电，实现对相关设备远程操作电路的加压控制。380A(统)型动车组 2、4、6 车各设有 4 个 UR01～UR04 单元选择继电器，3、5、7 车各设有 2 个 UR01～UR02 继电器。

二、受电弓远程控制电路(图 6-26)

1. 降弓操作

受电弓远程控制电路具备对选择动力单元的受电弓升、降弓控制，当进行 MON【远程控制切除】菜单降弓操作时，车辆信息控制装置发出 80M 线加压指令，控制该车 PanCOR1/2 继电器励磁，其常开联锁闭合，控制降弓电路接通，实现受电弓降下(见图 6-14 升降弓逻辑控制电路)。由于在升弓控制电路中串入了 UR04 继电器常闭联锁，在进行远程降弓操作时，UR04 被励磁，其常闭联锁断开了升弓控制电路，因此在进行远程降弓操作后，实际上该受电弓升弓控制回路被切断，该受电弓处于被切除状态。

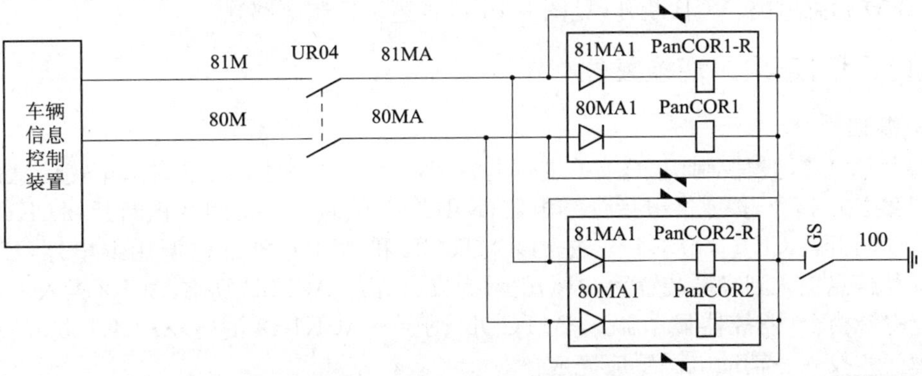

图 6-26　受电弓远程控制电路

2. 升弓操作(图 6-27)

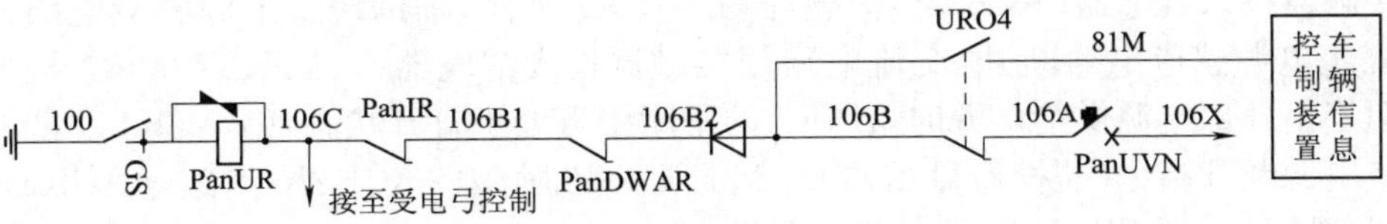

图 6-27　受电弓远程升弓电路

当进行 MON【远程控制切除】菜单进行升弓操作时，车辆信息控制装置发出 81M 线加压指令，控制该车 PanCOR1-R/2-R 继电器励磁，其常开联锁闭合，断开升弓操作开关升弓控制电路，直接由 81 线加压电路控制 PanUR 励磁，其常开联锁闭合，控制 PanUV 励磁，控制受电弓升起(见图 6-14 升降弓逻辑控制电路)。

三、VCB断开、闭合远程控制(图6-28)

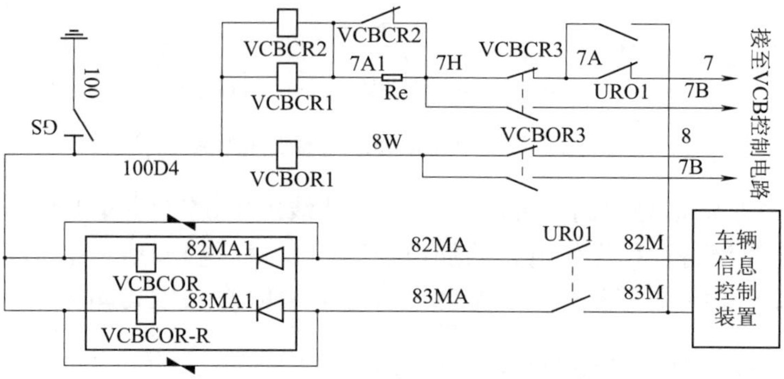

图6-28 VCB远程控制电路

1. VCB闭合操作

当进行MON【远程控制切除】菜单VCB闭合操作时，车辆信息控制装置发出83M线加压指令，继电器VCBCR1/2励磁，并通过励磁，其常开联锁闭合，直接接通VCB-M励磁电路(见图6-16VCB逻辑控制电路)。

2. VCB断开操作

当进行MON【远程控制切除】菜单VCB断开操作时，车辆信息控制装置发出82M线加压指令，继电器VCBCOR励磁，其常闭联锁断开，切断VCBOR2励磁电路，VCBOR2常开联锁断开VCB-M励磁电路，VCB断开(见图6-16VCB逻辑控制电路)。

四、电源切换、电源切换复位

1. 电源切换

当进行MON【远程控制切除】菜单进行电源切换操作时，根据单元选择，车辆信息控制装置发出84M线加压指令，扩展供电指令继电器(MTCOR)励磁。其常闭联锁断开，ACK1R2消磁，其常开联锁断开，ACK1-1/2/3/4消磁。该MTCOR和ACK1，外部电源用继电器(EXR)以及VCB的动作信息输入到终端装置后，根据逻辑构成，4车的ACK2R励磁，ACK2投入。

感应电源指令(监控器显示器)→MTCOR励磁→ACK1R2消磁→ACK1断开→ACK2R励磁→ACK2投入→辅助电源感应完成。

2. 电源切换复位

M2车的辅助绕组扩展供电复位指令继电器(MTCOR-R)励磁。MTCOR-R励磁后，交流电路用接触器投入继电器(ACK2R)消磁，因此ACK2消磁，辅助绕组电源感应电路断开。由于辅助绕组电源感应电路断开，交流电路用接触器投入继电器1(ACK1R)励磁，因此ACK1投入。但当由外部电源供给电源时，EXR2的常闭接点处于打开状态，则ACK1不能投入。

感应电源断开指令(监控器显示器)→MTCOR-R励磁→ACK2R消磁→ACK2开放(辅助电源感应解除)→ACK1R励磁→ACK1投入。

逻辑控制电路见图6-29～图6-32。

五、压缩机切除、复位电路

1. 压缩机切除操作

当进行MON【远程控制切除】菜单进行动车切除操作时，根据单元选择，车辆信息控制装置发出87M线加压指令，CMCOR得电励磁，其常开联锁闭合，接通CMCORR1、2继电器电路，CMCORR2 常闭联锁断开，断开调压器 CMGV 的加压电路及压缩机同步指令 112 线，该压缩机停止工作。

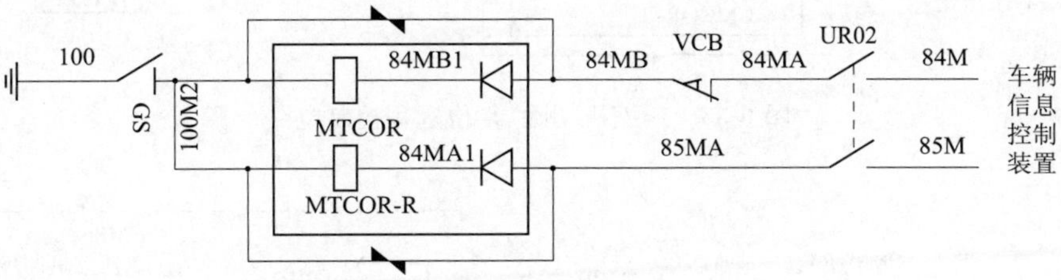

图 6-29 电源远程切换、复位电路

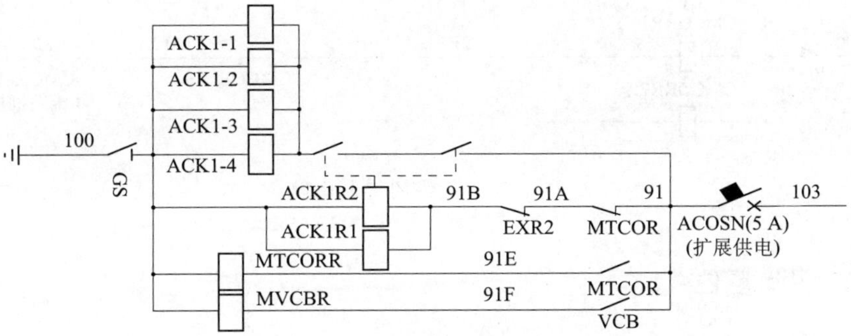

图 6-30 M1-2 车扩展供电控制电路

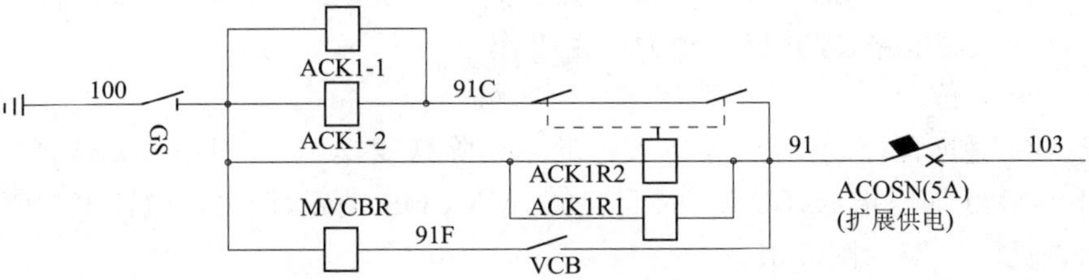

图 6-31 M3-4 车 ACK1 扩展供电电路

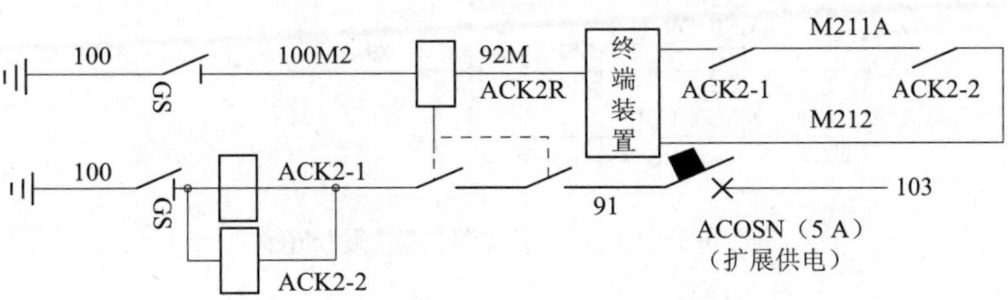

图 6-32 M4-5 车 ACK2 扩展供电电路

2. 压缩机切除恢复电路

当进行 MON【远程控制切除】菜单进行压缩机切除恢复操作时，根据单元选择，车辆信息控制装置发出 86M 线加压指令，CMCOR-R 得电励磁，MMCOR 消磁，恢复调压器 CMGV 的加压电路及压缩机同步指令 112 线，该压缩机恢复工作。

电路原理见图 6-33～图 6-34。

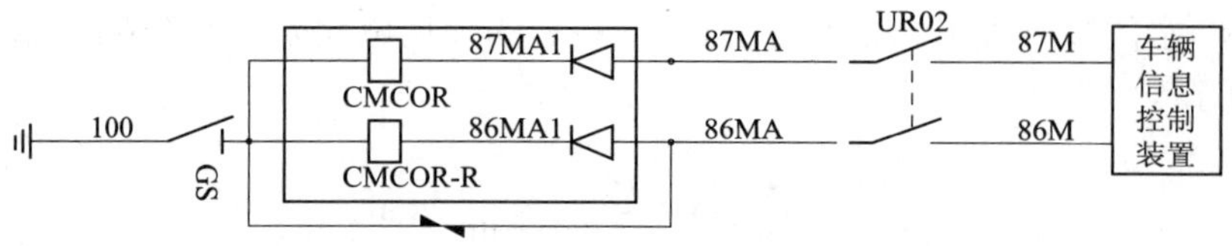

图 6-33　压缩机切除、复位远程控制电路

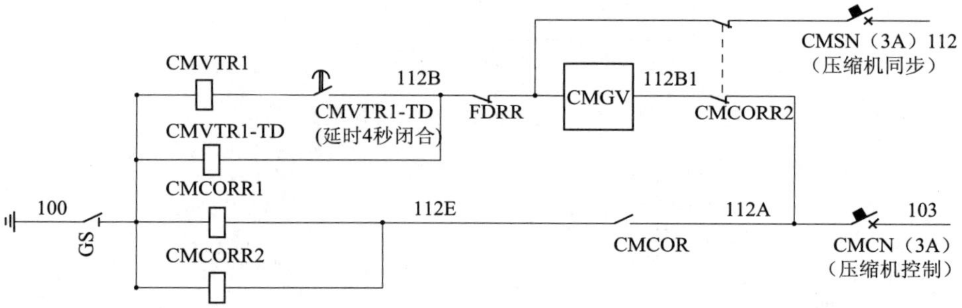

图 6-34　压缩机控制电路

六、M 车切除复位

1. M 车切除

当进行 MON【远程控制切除】菜单进行动车切除操作时，根据单元选择，车辆信息控制装置发出 88 M/90 M 线加压指令，MMCOR 励磁，其常开联锁断开该车 K 继电器电路，断开该车牵引变压器二次侧电路，停止该车动力设备工作。

2. M 车切除复位

当进行 MON【远程控制切除】菜单进行动车切除恢复操作时，根据单元选择，车辆信息控制装置发出 89M 线加压指令，MMCOR-R 励磁，MMCOR 消磁，恢复继电器 K 励磁电路。

电路原理见图 6-35～图 6-37。

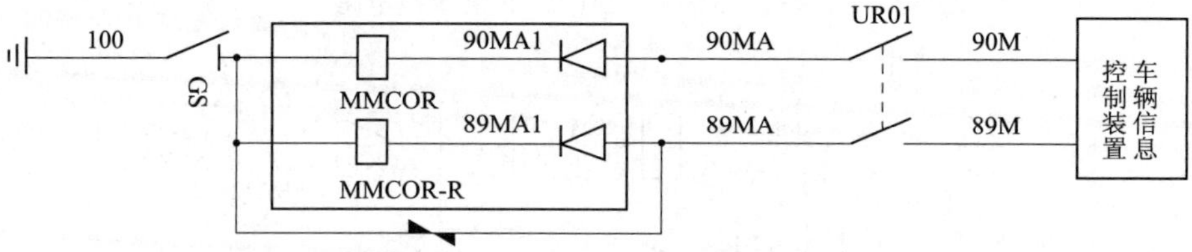

图 6-35　3/5/7 车远程切除、复位电路

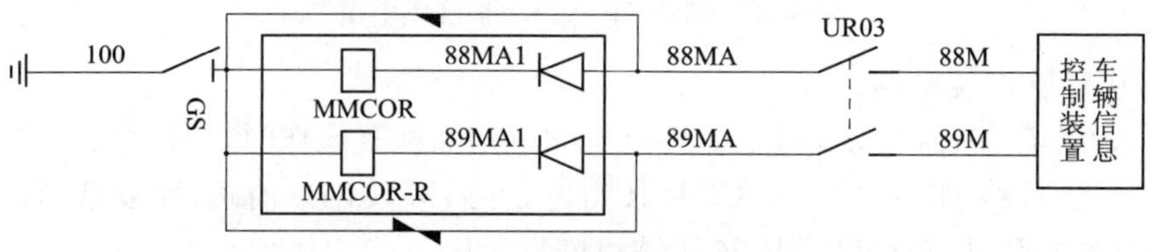

图 6-36　2/4/6 车远程切除、复位电路

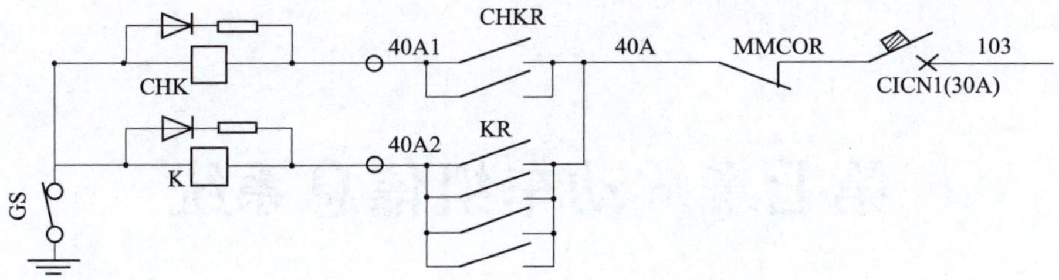

图 6-37　继电器 K 逻辑电路

复习思考题

1. 简述 CRH380A 系动车组未升弓供电前的蓄电池输出电路。
2. 简述 CRH380A 系动车组蓄电池电压检测电路工作原理。
3. CRH380A 型动车组重联运行时在未升弓供电前后编组如何实现蓄电池控制电源电路输出？
4. CRH380A 系动车组两端司机室是如何实现互锁控制的？
5. 依照 CRH380A 系动车组升弓控制电路分析升弓必备条件。
6. 分析 CRH380A 系动车组如何实现升单弓运行控制的。
7. 简述 CRH380A 系动车组闭合 VCB 的必备条件。
8. 依据电路分析 CRH380A 系动车组高压保护电路控制原理。
9. 简述 CRH380A 系动车组动力输出的必备条件。
10. 简述 CRH380A 系动车组恒速运行指令输出的必备条件。
11. 简述 CRH380A 系动车组具备哪些远程控制功能。
12. 进行设备远程控制时如何实现单元选择？

第七章　动车组信息系统

本章主要介绍 CRH380A 系列动车组信息系统的构成及信息终端的显示及操作，对 MON 涉及司机操作页面的功能及操作步骤进行重点讲解。鉴于 CRH380A(L)型动车组为 16 辆编组，基本涵盖 8 辆编组的 CRH380A、CRH380A 统型动车组 MON 显示页面，本章将以 CRH380A(L)型动车组为例，对 CRH380A、CRH380A 统型动车组不同点做对比性讲解。

第一节　信息及网络系统

动车组车辆信息控制装置采用了贯穿列车的总线来传送信息，并通过对列车运行及车载设备动作的相关信息进行集中管理，司机可以通过操作信息装置终端查询动车组列车技术状态，实现对部分设备的远程控制操作，为动车组司机准确掌握列车运用状态，正确操控列车操纵设备，为旅客提供高质量的技术服务提供支撑。

一、动车组信息控制系统的构成

CRH380A 系列动车组列车信息控制系统由监控器和控制传输部分组成。硬件为一体化装置，但各自独立构成网络。系统为自律分散型，通信采用 ANSI878.1 ARCNET 标准。控制传输部为双重系统，确保系统冗余性。头车设置的中央装置为双重系统构成，确保其可靠性。前后中心的控制单元间采用母线仲裁。

(一)车载信息装置系统

车载信息装置系统由列车信息中央装置(在头尾车各一套)和列车信息终端装置(每车各一套)构成，同时还有列车信息显示器、列车信息显示控制装置、IC 卡架等附属设施。

CRH380A(L)型动车组信息控制系统设备配置及分布见表 7-1，CRH380A 型及 CRH380A 统型为 8 辆编组，按照中间车型减配进行设置，CRH380A 统型动车组信息控制系统设备配置及分布见表 7-2。

表 7-1　CRH380A(L)型动车组信息控制系统设备配置及分布

设备名称	车号	1	2	3	4	5	6	7	8
	车种	T1	M1	M2	M3	M4	M5	M6	M7
中央装置	MS-A1074	1							
终端装置	MS-A1075-G1	1	1	1	1	1	1	1	1
车辆信息显示器	MS-A1348	2							
显示控制装置	MS-A1347	2							
IC 读卡写装置	MS-A1349	2							
中央装置	MS-A1074	1							1
终端装置	MS-A1075-G1	1	1	1	1	1	1	1	1
车辆信息显示器	MS-A1348	1							2
显示控制装置	MS-A1347	1							2
IC 读卡写装置	MS-A1349								2

表 7-2　CRH380A 统型动车组信息控制系统设备配置及分布

设备名称	车号	1	2	3	4	5	6	7	8
	车种	T1	M1	M2	M3	M4	M5	M6	T2
中央装置	MS-A1350	1							1
终端装置	MS-A1351	1	1	1	1	1	1	1	1
车辆信息显示器	MS-A1352	2				1			2
显示控制装置	MS-A1353	2				1			2
IC 读卡写装置	MS-A1354	2							2

（二）传输系统构成

CRH380A 系列动车组车辆信息控制装置的传输系统结构见图 7-1。

二、动车组信息控制系统的功用

在动车组信息系统中引用了车载信息装置和自诊断技术，动车组信息控制系统通过对监控设备的数据进行取样对比，对监控设备的工作状态进行判断，通过信息终端输出，并接受终端操作指令，实现对部分设备的远程控制。

（一）终端装置

在头、尾车司机室内各有两台显示器（一主一备），能实时显示车辆运行过程中的相关数据以及记录相应的运行数据，在乘务员室内设有一台显示器，司乘人员可通过触摸显示器，来实现控制指令的传送、了解车辆实时运行状态。司机室和乘务员室的显示终端针对司机和机械师的职能设置了不同的权限，头尾车司机室内的 4 台显示器能查询显示车辆上各种状态的信息并执行司机部分操作命令，乘务员室的显示器只能显示和执行乘务人员相关信息。但运行中出现故障时，各台显示器都能同步显示故障的信息及相应的处理方案。

地面检修人员可通过对显示器的操作实现车上的检查功能，使检查自动化，通过车上操作发现实时故障和部分故障履历，并指导故障的处理。

其主要功能有：

1. 实现牵引和制动的指令系统信息的串行传输，可通过界面传输司机的控制指令；

2. 设备的切除、复位功能：

（1）可以向牵引变流器、辅助电源装置以及配电盘传送复位指令；

（2）设备远程切除指令的传送；

（3）辅助绕组电源感应电路的控制；

（4）三相 AC 400 V 电源感应电路的控制（BKK 远程断开及闭合操作）；

3. 空调温度控制器的开启/复位以及温度和工作模式的设定。

4. 司乘人员提示功能：

（1）发生故障时自动显示故障名称、部位以及应急处理办法，并鸣响蜂鸣器；

（2）通过 IC 卡输入并显示担当区段、车次、时刻表、站名等信息；

（3）显示应急故障处理手册；

（4）显示最新故障信息。

5. 服务设备控制功能：

（1）控制车内信息显示器、目的地显示器显示内容；

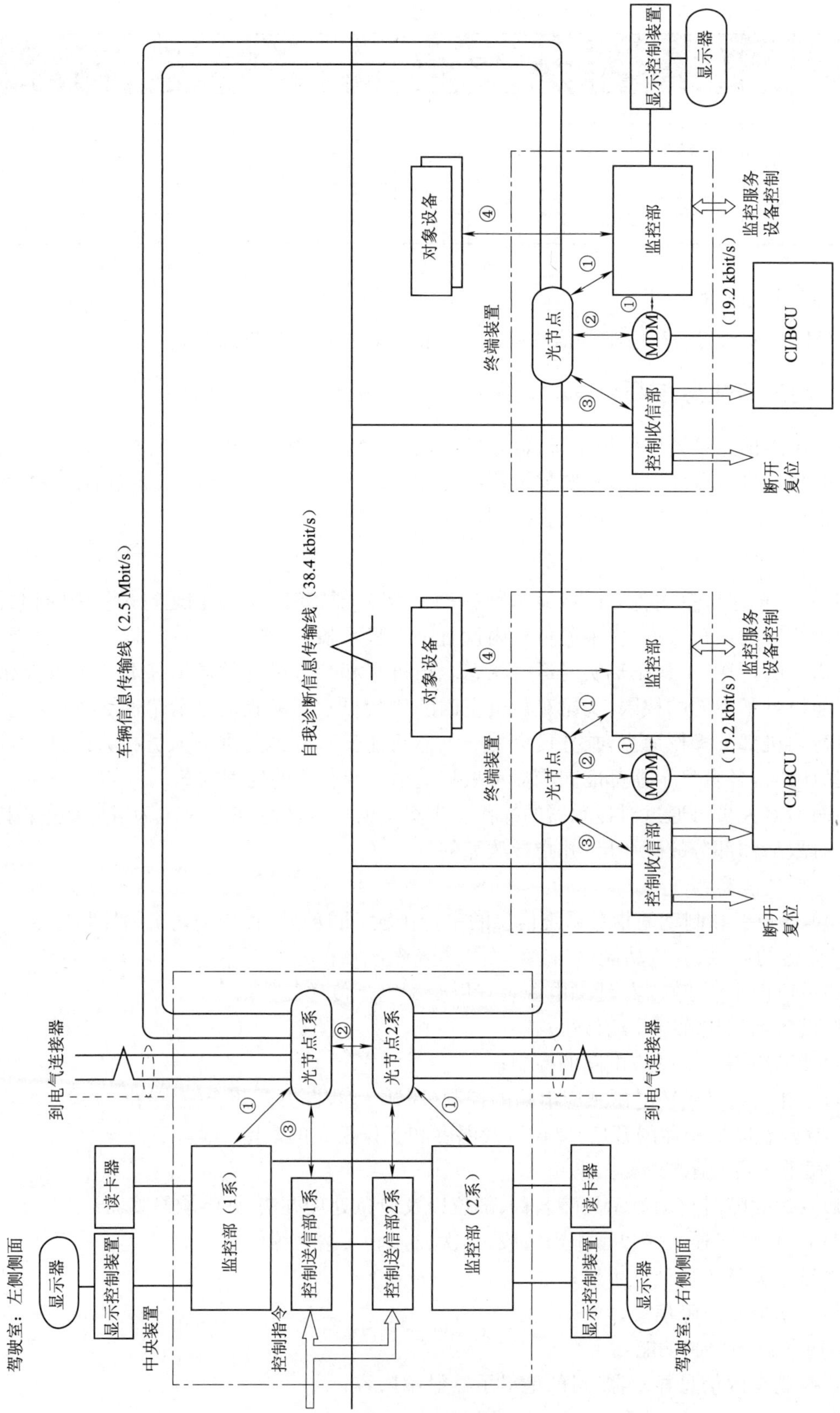

图 7-1　车辆信息控制装置传输系统构成

(2)控制车号显示器显示内容；

(3)向自动播放装置传送播音时间信息；

(4)解编时关闭其他编组广播输出；

(5)服务设备(空调、室内灯、广播)的控制及状态显示。

6. 数据记录功能：

(1)故障时记录设备动作信息；

(2)主故障发生时记录状态；

(3)累计走行距离及牵引/再生电力；

(4)正式运营或试运行中收集车辆性能、项目选择、空调运转率、空调运行状态等信息。

7. 车上试验功能：

(1)车上试验：车上各设备(牵引变流器、制动器、辅助电源、门等)内置的与自诊断功能相协调的车上试验功能；

(2)试验结果的收集。

8. 自我诊断功能：

(1)各监视器部/控制传输部之间的传输错误的检测；

(2)控制信息的自我诊断；

(3)光传输故障时的运转控制指令的备份；

(4)自我诊断传输线故障时在车辆信息显示器上显示自我诊断线连接不良的故障信息。

9. 其他功能：

(1)远程装载功能；

(2)升弓位置异常监测功能；

(3)自动过分相控制功能。

(二)传输系统

车载信息系统是以通过贯穿列车的总线来传送信息，总线是以两组环形光纤网络构成，同时为了保证系统的高可靠性，在两环光纤网络线的基础上，在其中间加了一根双绞线贯穿，这样的网络设计充分地保证了信息传送的高冗余性，网络总体响应速度小于 50 ms，本网络系统通过对列车运行以及与车载设备动作的相关信息进行集中采集和管理，有效地实现对司机和乘务人员的辅助作用、加强对设备的保养，提高保养和检修效率。

传输线有光纤传输线和自我诊断信息传输线(双绞屏蔽线)2 种，形成双通道双回路信息传输路径，因此其具备在传输线路发生故障时根据信息种类进行自动的切换功能：

1. 车辆信息传输系的传输路径切换

车辆信息传输系有右转和左转 2 条线路、用以下的方法规避故障处所。

控制指令等要求快速应答的数据：

总是向两个系统同时送信及时地回避故障处所(切换时没有延迟)。

监控信息等其他的数据：

通过送信源的光传输节点(node)检测出一个方向无应答时，就转向其他方向送信，回避发生故障的地方。

2. 中央装置内控制传输部切换

控制传输部 1 系、2 系通过双 CPU 进行常时的自我故障诊断，1 系故障时使用来自 2 系的数据(异常检测在 50 ms 以内)。

3. 牵引变流器、制动控制装置间切换

在装置侧进行异常检测，故障时切换到控制传输部传来的备份用指令。

4. 自我诊断传输线

通过能独立进行自我诊断的自我诊断传输线(双绞屏蔽线)进行常态监视功能。终端节点故障时，可以使用这条传输线而不经过光传输系统完成控制传输部间的传输(最终备份手段)。

5. 显示功能的冗余性

操纵台的显示终端有 2 台，在其中一台发生故障后仍能为司机提供基本显示功能。

三、传输的指令

控制传输装置把从操纵台操控设备输入的下述控制指令经由车辆信息传输线路传输给牵引变流器和制动控制装置等。通过操作 MON 终端进行设置时，也可以输出控制指令。

光传输的控制指令项目见表 7-3。

表 7-3 光传输的控制指令项目一览表

	线编号	指令	光传输				用途及其他
			CI传输	BCU传输	中央接点	终端接点	
运行指令	61～67	常用制动		○		○(61 M) ○(A、B)	61 M 线接点信号用于踏面清扫装置(配电盘) 常用制动 A、B 用于向 BCU 传输的备份
	157	耐雪制动		○			
	4	前进牵引	○			○	接点信号用于 CI 传输的备份
	5	后退牵引	○			○	接点信号用于 CI 传输的备份
	9/11/13/15/17/19/12	牵引、牵引挡	○	○(9)		○(A、B)	BCU 传输信号用于防止空转时滑行误检测，牵引 A、B 用于 CI 传输的备份
	10	电制动	○				
	23	恒速	○				
	79	空挡	○	○			
	M601	车上试验					
	6	复位	○			○(6 M)	接点信号用于 ACOCRR1/GRR3 复位和 CI 传输的备份，也可用于辅助电源复位
	1A	制动设定器闭合					运行指令送信条件
	58	救援					救援指令送信条件
设备远程切除	80 M/81 M	受电弓降下/隔离开关断				○	
	82 M/83 M	VCB 切除/VCB 接通				○	
	84 M/85 M	3 次电源扩展/3 次电源扩展复位				○	
	86 M/87 M	空压机切除复位/空压机切除				○	
	88 M/89 M/90 M	有变压器 M 车切除/MM 复位/无变压器 M 车切除				○	
	71 M-77 M	单元选择				○	
指示灯	130 M	准备未完			○		根据各车监控信息用开关量制作逻辑
	131 M	紧急制动			○		根据各车监控信息用开关量制作逻辑

续上表

	线编号	指　　令	光传输			终端接点	用途及其他
			CI传输	BCU传输	中央接点		
指示灯	132 M	电气设备			○		根据各车监控信息用开关量制作逻辑
	133 M	转向架			○		根据各车监控信息用开关量制作逻辑
	134 M	VCB			○		根据各车监控信息用开关量制作逻辑
	137 M	设备切除			○		根据各车监控信息用开关量制作逻辑
	121 M	单元显示(RLP1)			○		由监控部输出
	122 M	单元显示(RLP2)			○		由监控部输出
	123 M	单元显示(RLP3)			○		由监控部输出
	124 M	单元显示(RLP4)			○		由监控部输出
	125 M	单元显示(RLP5)			○		由监控部输出
	126 M	单元显示(RLP6)			○		由监控部输出
	127 M	单元显示(RLP7)			○		由监控部输出
	79 M	空挡			○		由监控部输出
	23 M	恒速			○		由监控部输出
	J515 M	过分相故障			○		由监控部输出
	92 M	ACK2 闭合				○	3 次电源扩展输出
	M201	VCB				○	3 次电源扩展控制用
	M202	ACK1				○	3 次电源扩展控制用
	M203	EXR				○	3 次电源扩展控制用
	M204	MTCOR				○	3 次电源扩展控制用
	93 M1	BKK(3 相 AC400V 线间)闭合				○	BKK 闭合输出
	93 M2	BKK(3 相 AC400V 线间)断开				○	BKK 闭合输出
	M611	过分相预告信号				○	
	M612	过分相强制信号				○	
	M613	过分相区间				○	
	M614	自动过分相信号			○		
	M615	300/200 线转换信号			○		
	M618	受电弓下降			○		

第二节　终 端 装 置

一、中央信息装置

CRH380A 系列动车组列车信息终端显示装置为触控屏，简称 MON 屏，操作人员通过触控相应模块实现对应功能操作。其显示内容及功能根据信息中央装置一般、检修、诊断三种模式设置有所区别，可通过司机室配电盘内中央装置的模式切换开关进行三种模式之间的切换，当该模式开关被按下时，该键指示灯点亮。中央信息装置见图 7-2，信息终端显示器见图 7-3。

二、MON 信息显示及操作

(一)MON 显示器(图 7-3)

(二)显示模式及硬件切换方法

本系统有三大模式界面:一般模式,检修模式和诊断模式。

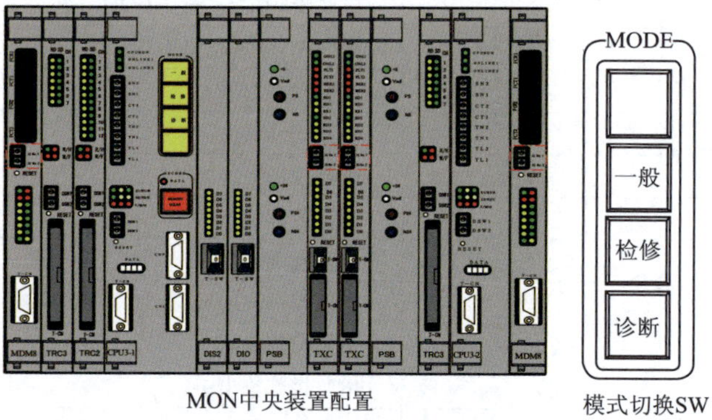

图 7-2 中央信息装置

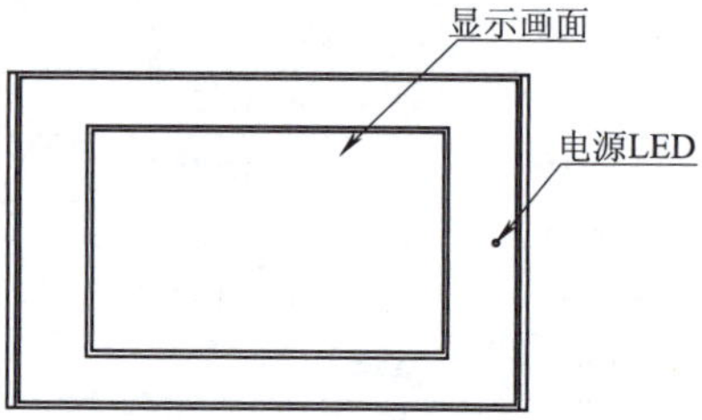

图 7-3 车辆信息显示器(正面图)

1. 一般模式

司乘人员在列车运行中常用的模式,可细分为司机模式、列车员模式和记录模式。

司机模式:可以查看列车行驶状态、车辆信息、出库信息、制动信息、电源电压、配电盘信息、车门状态及车次设定等项功能;

列车员模式:可以查看车门信息、空调状态、实现对服务设施、广告显示、空调模式等项目的设定等项功能;

记录模式:可以实现各运行信息的记录下载,以及试运行功能的实现。

一般模式下可以做到:运行里程的检测、车辆检查信息的显示(变流器、受电弓状态、VCB 等)、监视器信息的修改和输入、运行状态的显示(列车号、各单元状态等)、安全装置动作状态、编组形式、空调的控制、室内灯广播等的控制、发生故障时的状态记录、故障的实时显示及处理指南、电力累计、运行或试运行中车辆性能信息的收集等近 60 项功能。

2. 检修模式

共 42 项功能,是在车辆入库或在动车组运用所做检修时所使用的功能状态。

(1)可实现车上 7 个主要功能的检查和试验(主变流器、主风管的压力、常用和非常用制动的试验、辅助制动试验、加压和非加压辅助电源的检查以及车门开关的测试)。并对这些检查试验的相关信息进行记录、存储;

(2)可以设定车轮直径、编组信息、车车次、停车站等项目;

(3)可以实现对主故障记录的信息查询;

(4)对 IC 卡信息的读取和写入;

(5)模拟故障的设定。

3. 诊断模式

7 项子功能,可以实现对自身设备的诊断,以及传送网络的诊断,适用于动车组检修作业完成后对其各子系统功能是否正常进行诊断测试。

(三)MON 显示器各功能界面显示层级关系

1. 司机模式下各功能界面子菜单关系见图 7-4、图 7-5。

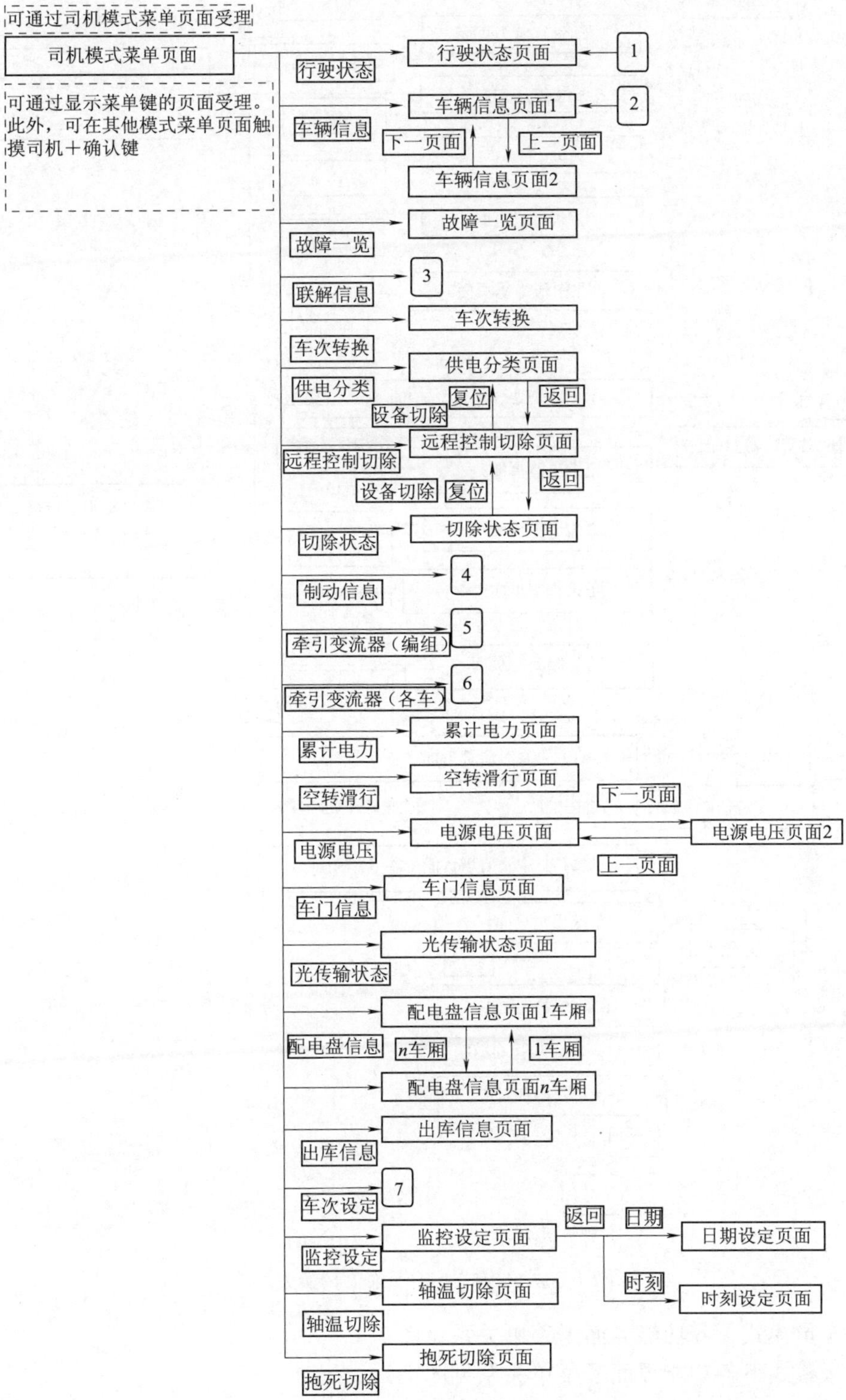

图 7-4　司机模式下各子菜单转换关系图

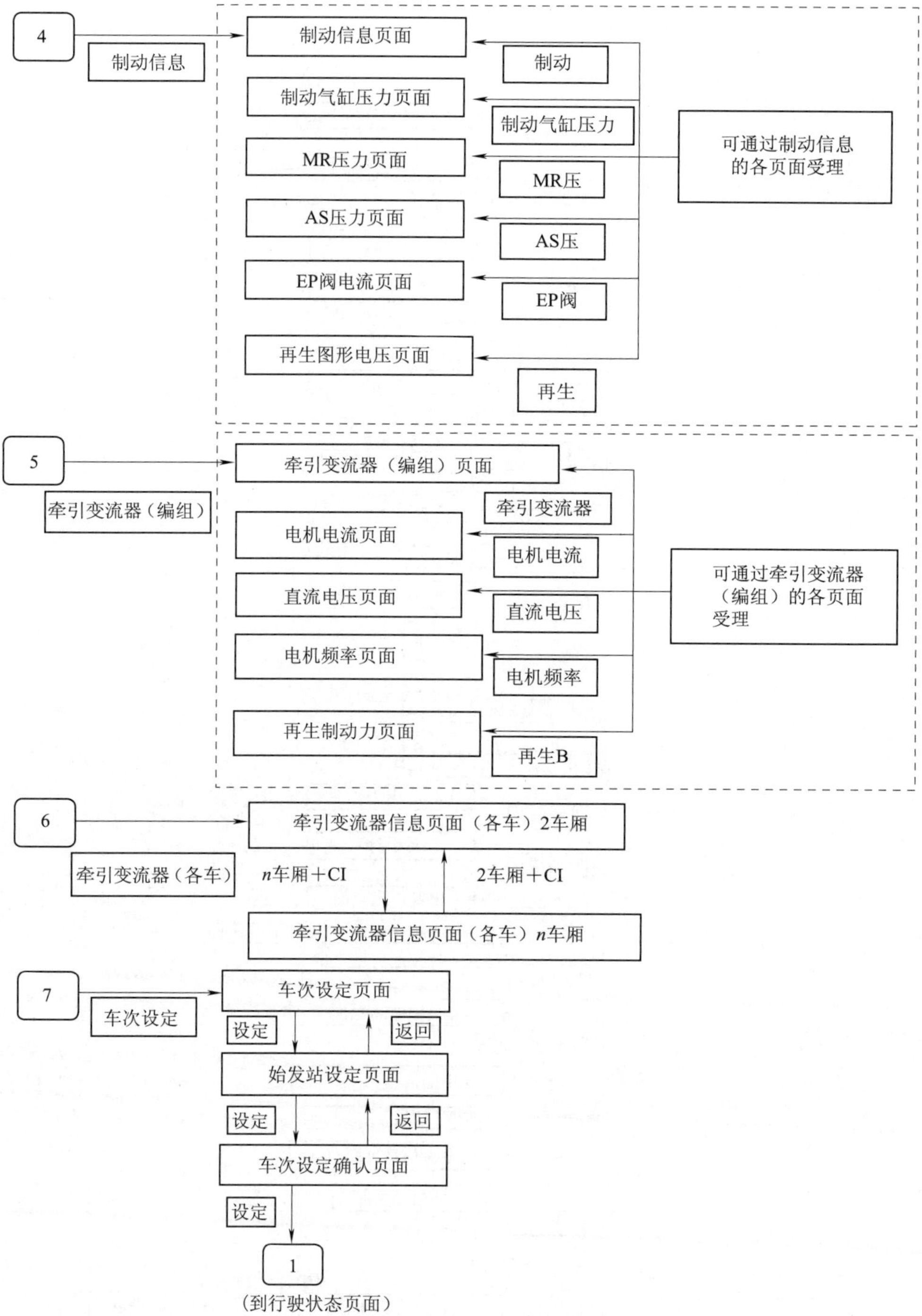

图 7-5　司机模式下各子菜单转换关系图

2. 列车员模式下各功能界面子菜单关系见图 7-6。

3. 记录模式下各功能界面子菜单关系见图 7-7。

(四)MON 显示器界面显示布局及主页面公共部分说明

1. MON 显示屏显示内容布局(图 7-8)

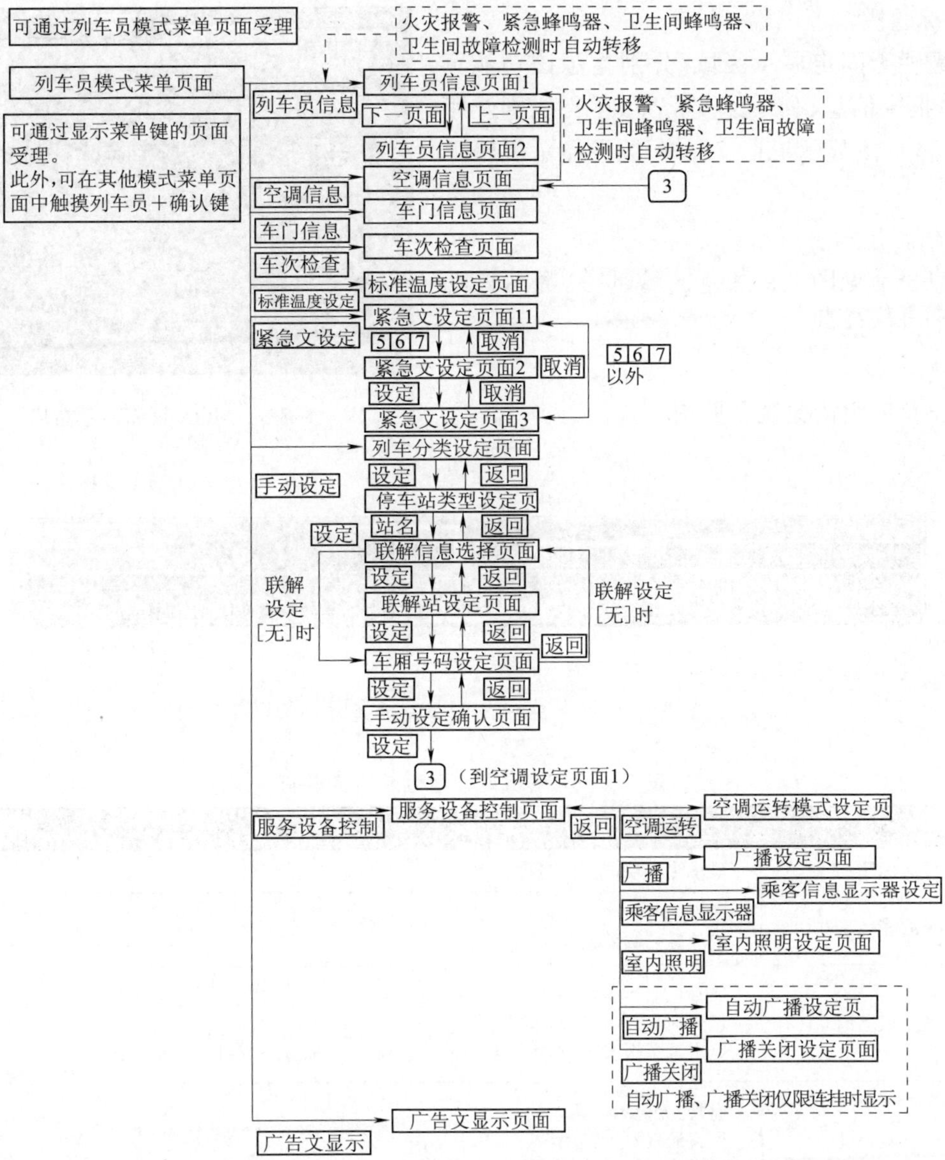

图 7-6　列车员模式下各子菜单转换关系图

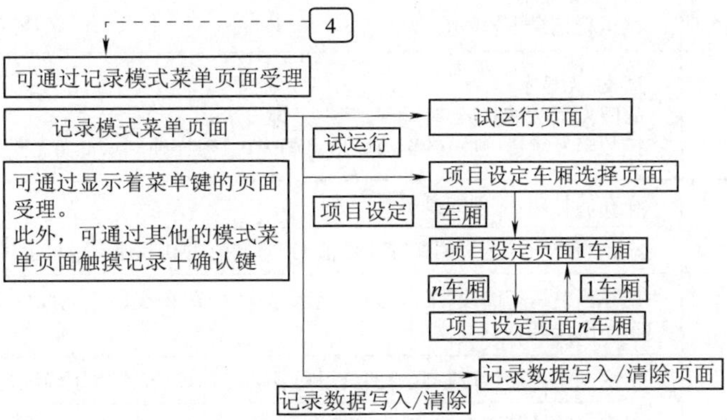

图 7-7　记录模式下各子菜单转换关系图

2. 标题栏

标题栏为固定显示区域，分别显示该功能页面名称、报警信息、列车速度信息、运行线别及距离信息等，具体显示见图 7-9，标题栏显示说明见表 7-4。

3. 信息显示

信息显示见图 7-9 黑色区域部分，显示该功能页面的具体信息。

4. 列车显示

列车及编组情况显示见图 7-10。

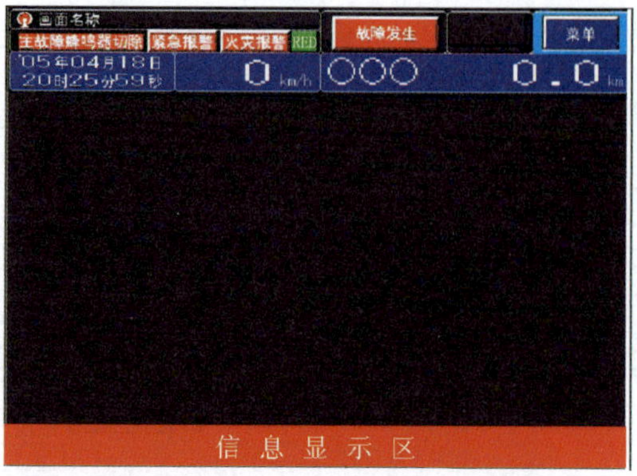

图 7-8　MON 页面显示布局

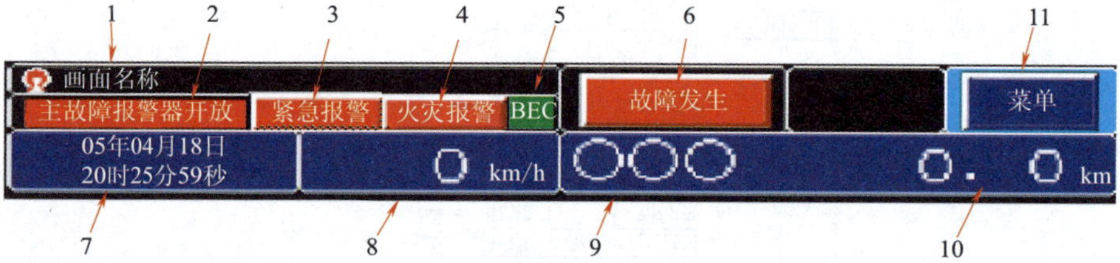

图 7-9　MON 固定显示区域

表 7-4　MON 固定显示区域显示说明

项目	显示内容	显示说明
1	页面标题	显示当前功能页面名称
2	主故障蜂鸣器切除	通常：无显示 主故障蜂鸣器切除时：显示
3	紧急报警键	通常：无显示 紧急通报发生时：显示 点击紧急报警键，则跳转至通报状态画面。（有紧急报警信息时，闪烁显示）
4	火灾报警键	通常：无显示 火灾通报发生：显示 按火灾报警键，则跳转至通报状态画面。（有火警报警信息未消除前，闪烁显示）
5	REC	通常：无显示 试运行记录中：显示
6	故障发生键	通常：无显示 故障发生时：蜂鸣器鸣动、故障发生键显示 按故障发生键，则跳转至故障信息画面（故障详细显示页面无此显示）
7	当前日期、时间	现在的日期，时刻的显示
8	当前列车运行速度	显示当前列车运行的实际速度值，其速度值由其测速发电机提供
9	路线	列车当前运行路线（线区名）的显示（只在列车车次设定完成后显示，根据预设数据通过列车车次选调）
10	公里里程键	本次列车已运行（或剩余）的公里里程的显示（列车车次正确设定后显示）
11	菜单键	点击可跳转到图 7-11 各模式菜单页面

（五）MON 各功能页面显示与操作

1. 司机模式页面

在本页面能够提供动车组各主要设备的工作状态，只有在激活端司机室，MON 屏能进行故障设备的切除和恢复切除设备操作。

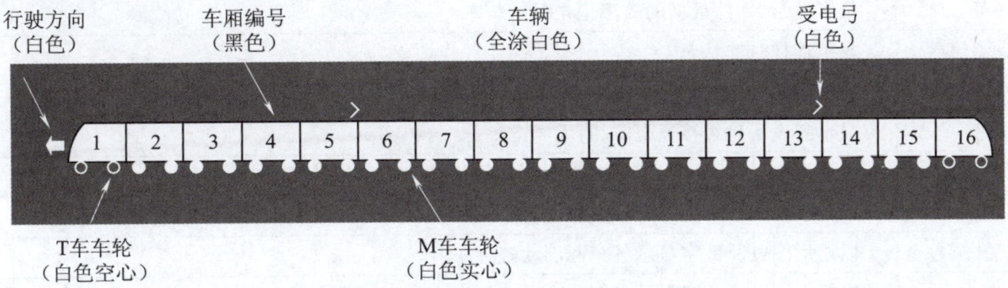

图 7-10　列车显示说明

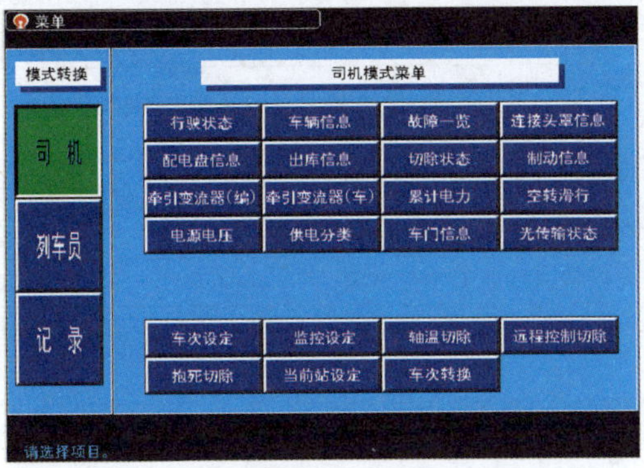

图 7-11　CRH380A(L)型动车组司机模式菜单(1/3)

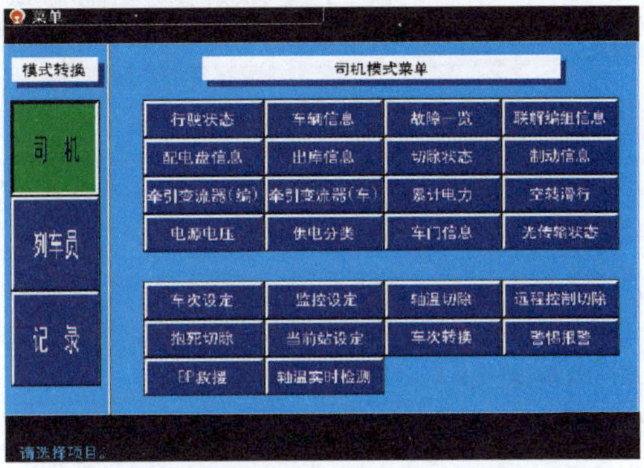

图 7-11　CRH380A 统型动车组司机模式菜单(2/3)

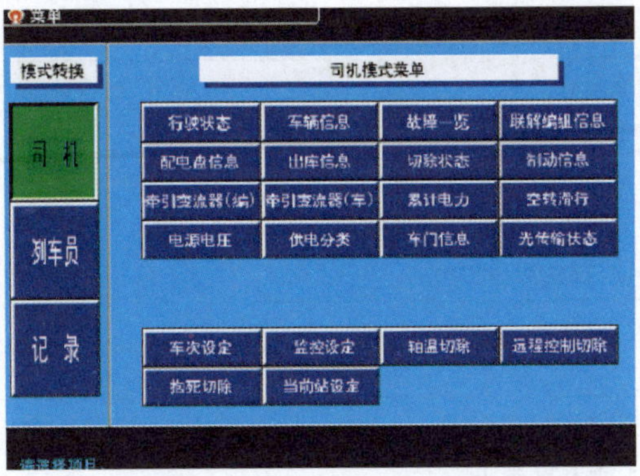

图 7-11　CRH380A 型动车组司机模式菜单(3/3)

根据图 7-11 对比，CRH380A(L)型动车组为 16 辆编组，根据铁路规章和运输实际，不存在加编重联运行的情况，因此在司机模式界面第一排第四列模块功能为“连接头罩信息”，而 CRH380A 型及 CRH380A 统型动车组此模块功能为“联解编组信息”。

鉴于 CRH380A 统型动车组加装了警惕报警装置，因此在该页面加了该功能的显示模块。

表 7-5　CRH380A(L)型动车组司机模式菜单页面说明(a)

页面名称	显示说明	备注
行驶状态	显示列车行驶主要信息(主手柄级位、制动级位、车门、单元、牵引/再生等)	
车辆信息	第 1 页面显示引发紧急制动的原因、以及主要设备有无故障。 第 2 页面显示 CMP、EGS、无电压、MR 压力信息	
故障一览	最多显示 20 件最新的故障记录	
连接头罩信息	显示连挂时的状态	
配电盘信息	显示各车厢的配电盘信息。此外,触摸车厢号码键后可以显示被指定车厢的配电盘信息	
出库信息	显示各设备是否接通电源、有无异常	
切除状态	显示受电弓、VCB、M 车、压缩机、紧急隔离、门状态切除信息	
制动信息	以数字模式显示各压力(制动气缸压力、AS 压力、MR 压力、EP 阀电流、再生)的状态	
制动气缸压力	以矩形图以及数字显示各车厢制动气缸压力	子菜单
AS 压力	以矩形图以及数字显示各车厢 AS 压力	子菜单
MR 压力	以矩形图以及数字显示各车厢 MR 压力	子菜单
EP 阀	以矩形图以及数字显示各车厢 EP 阀电流	子菜单
再生	以矩形图以及数字显示各车厢的牵引变流器再生电压	子菜单
牵引变流器(编)	以数字显示各牵引变流器的电机电流、直流电压、电机频率、再生制动力的状态。通过操作键可以显示有各信息页面	
电机电流	以矩形图以及数字显示各牵引变流器的电机电流指令值和测试值	子菜单
直流电压	以矩形图以及数字显示各牵引变流器的直流电压指令值和测试值	子菜单
电机频率	以矩形图以及数字显示各牵引变流器的电机转速指令值和测试值	子菜单
再生制动	以矩形图以及数字显示各牵引变流器再生制动力	子菜单
牵引变流器(车)	显示各车牵引变流器的工作状态	
累计电力	以数字显示各牵引变流器的累计开始日期、牵引电量、再生电量、总消耗电量、累计行车距离	
空转滑行	显示各车空转、滑行的出现次数	
电源电压	显示三相电压、AC 400 V、AC 100 V(稳压)、蓄电池电压	
供电分类	显示 AC 400 V、DC 100 V、AC 220 V、AC 100 V、AC 100 V(稳压)等各电压的供电范围	
车门信息	显示各车的车门信息	
光传输状态	显示光传输路径状态	
车次设定	司乘人员手动设定车次	
当前站设定	在车次设定页面设定好车次后,设定始发站	子菜单
车次设定确认	对已设定的车次、始发站内容进行确认	
监控设定	选择设定项目(日期、时刻)	
日期设定	设定日期	子菜单
时刻设定	设定时刻	子菜单
轴温切除	设定轴温切除操作	
远程控制切除	设定远程控制切除操作	
抱死切除	设定抱死切除操作	
车次转换	手动三次及三次以上车次转换	
故障信息	显示故障发生时的故障信息(故障内容、保护措施、处理措施、注意)	自动弹出
故障发生	发生故障时,无论处在哪个页面都会在该页面的下方瞬间显示故障信息(故障内容、保护)	自动弹出
通知状态	发生紧急报警或火灾报警时,显示紧急报警和火灾报警状态	自动弹出

表 7-5　CRH380A 统型动车组司机模式菜单页面说明(b)

页面名称	显示说明	备注
联解编组信息	显示连挂时的状态	
警惕报警	显示警惕隔离、警惕报警、警惕制动等信息	
BP 救援	显示 BP 救援装置工作状态、BP 救援有效信息，以及 BP 压力值	
轴温实时检测	实时显示轴温系统检测的传感器数值	

注：CRH380A 统型动车组与 CRH380AL 型动车组司机模式菜单页面相同的模块其功能一致。

(1)行驶状态页面

列车正常运行中对动车组主要设备工作状态及运行信息的显示，其页面显示布局及内容见图 7-12，页面显示说明见表 7-6。

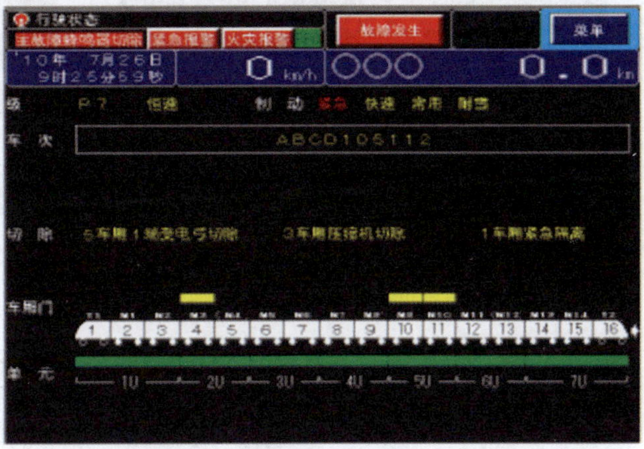

图 7-12　CRH380A(L)型动车组行驶状态页面

表 7-6　CRH380A(L)型动车组行驶状态页面显示说明

显示项目	显示内容	显示说明
手柄级位	○○○	牵引级：P1-P10 制动级：B1-B7、快速
恒速	恒速	恒速功能施加时显示
制动	紧急	依据制动施加类型优先顺序从前向后显示
	快速・常用・耐雪	
车次	○○○○ 888888	英文 4 个字母位置 数字 6 个文字位置
解联准备就绪		解编准备完毕时显示
切除	○○○	有设备切除信息时，显示
车厢门	000	车门开启状态时显示
单元	000	该单元工作正常时
	000	该单元工作异常时
	000	不明时
车辆	000	车辆工作正常，动车无牵引制动施加时
	000	动车输出牵引时
	000	动车施加再生制动时
	○　○	该轴无空气制动输出时
	●　●	该轴空转/滑行时

(2)车辆信息页面(车辆信息第一页面)

查看引发快速、紧急制动的原因、以及重要设备有无故障、切除。见图 7-13 及表 7-7。

车辆信息页面(车辆信息第二页面)各设备的工作状态,见图 7-13 及表 7-7。

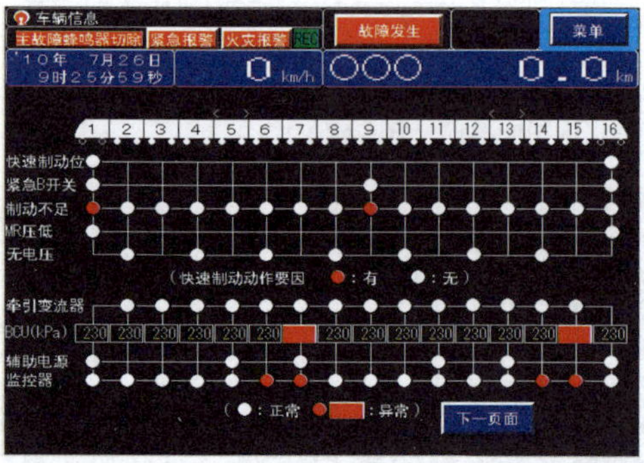

图 7-13　CRH380A(L)型动车组车辆信息页面第一页(1/3)

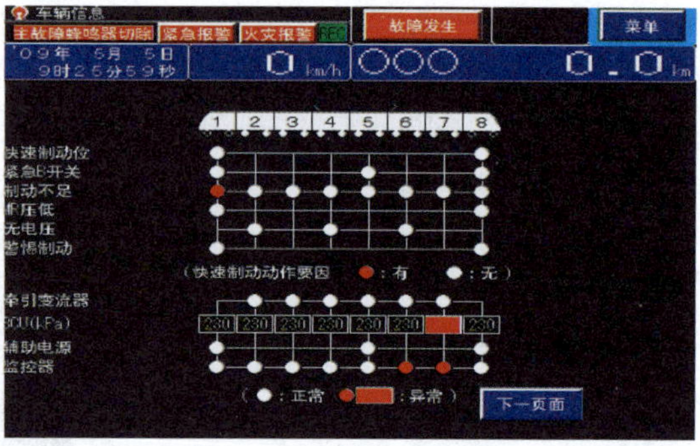

图 7-13　CRH380A 统型动车组车辆信息页面第一页(2/3)

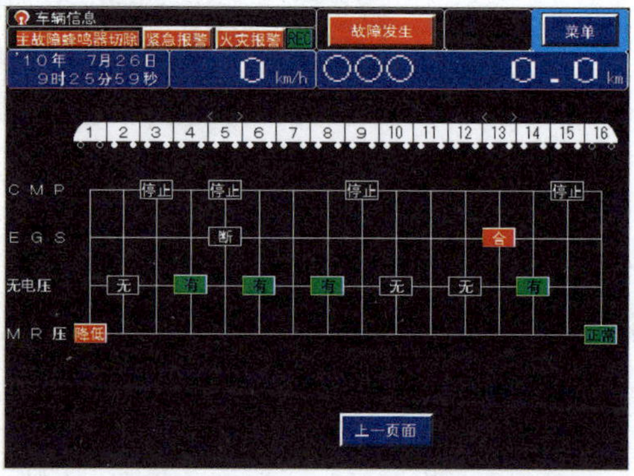

图 7-13　CRH380A(L)型动车组车辆信息页面第二页(3/3)

表 7-7　车辆信息页面第一页显示说明(1/2)

显示项目	显示内容	显示说明
快速制动位 紧急 B 开关 制动不足 MR 压低 无电压 警惕制动(CRH380A 统) 牵引变流器 辅助电源 监控器	○	正常时
	●	异常时
BCU(kPa)	888 (BC 压力)	正常时显示该轴施加的空气制动输出压力
	000	故障时
页面切换	下一页面	

表 7-7　CRH380A(L)型动车组车辆信息页面第二页显示说明(2/2)

显示项目	显示内容	显示说明
CMP	停止	压缩机停止时
	动作	压缩机工作时
EGS	断	EGS 断开状态时
	合	EGS 闭合状态时
无电压	无	NVR 无时
	有	NVR 有时
MR 压	正常	MRrAPS 风压检测正常时
	降低	MRrAPS 降低时
页面切换	上一页面	

(3)故障一览页面

显示最近 20 条的故障记录,见图 7-14 及表 7-8。

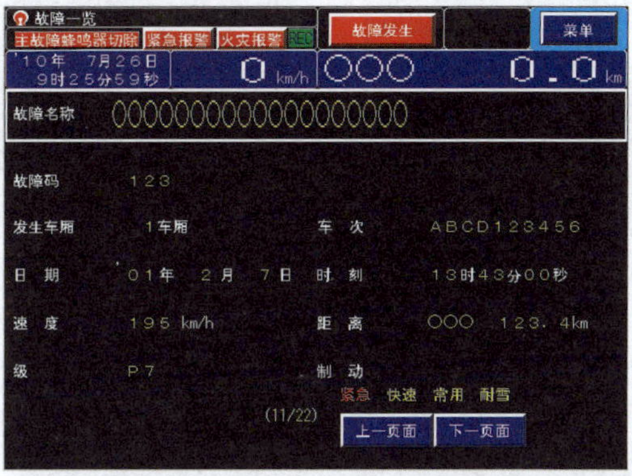

图 7-14　CRH380AL 型动车组故障一览页面

表 7-8　CRH380AL 型动车组故障一览页面显示说明

显示项目	显示内容	显示说明
故障名称	_○○_	
故障码	_123_	
发生车厢	_0 车厢_	故障发生车厢
车次	_ABCD123456_	英文 4 字符数字 6 字符
日期	_01 年 2 月 7 日_	故障发生日期
时刻	13 时 43 分 00 秒	故障发生时刻
速度	_195 km/h_	故障发生速度
距离	_000 123.4 km_	故障发生里程
级	_P0_	与行驶状态页面相同
制动	_B0_	
	上一页面	
	下一页面	
页号码	(11/22)	有关故障信息的页码号

(4)连接头罩信息页面

CRH380AL 型动车组在该页面主要显示头罩开启状态，不具备动车组间的自动连挂功能。而 CRH380A(统)型动车组根据运营需要进行重联解编，其界面显示与 CRH380AL 型动车组有所不同具体显示及说明见图 7-15。

距离信息显示仅在“0”车与“1”车连挂时才会显示，因在 1 车头罩内设置有距离传感器和距离检测装置，在 0 车头罩内设置有反射板，1 车距离检测装置通过发射红外线，经 0 车反射板反馈后，距离监测装置通过对反馈时间计算两车间距离，并将该距离信息在 1 车 MON 终端输出，为司机在动车组连挂作业时提供参考。

正常情况下，操作人员操作司机台“连挂准备”按钮，MON 会自动跳至该页面。在进行连挂作业时，电动钩头、MR 管及机械锁闭自动进行及检测，图 7-15(3/3)页面连挂动作依次显示。

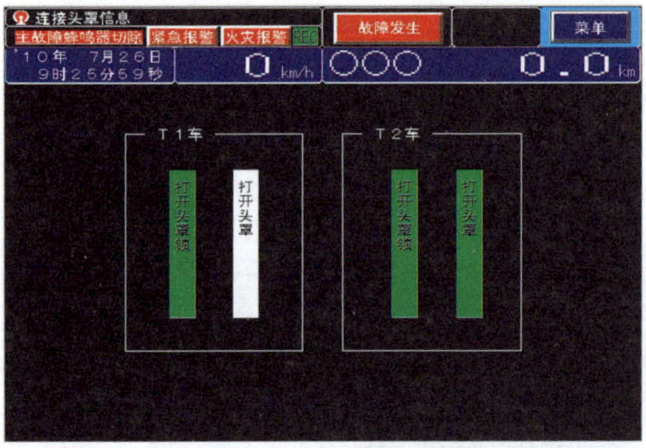

图 7-15 CRH380A(L)型动车组
连接头罩信息页面(1/3)

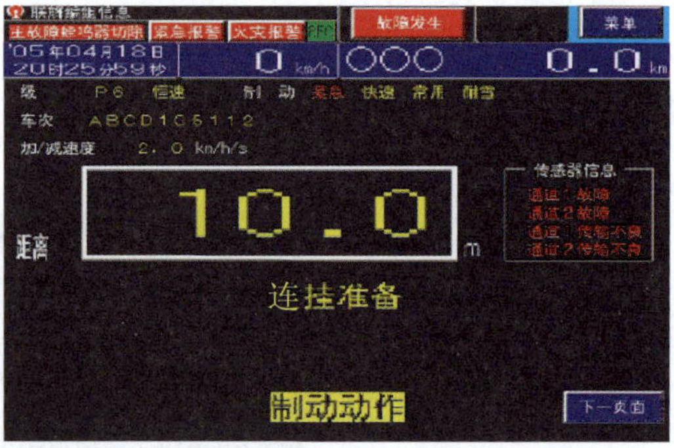

图 7-15 CRH380A(统)型动车组
连接头罩信息页面(2/3)

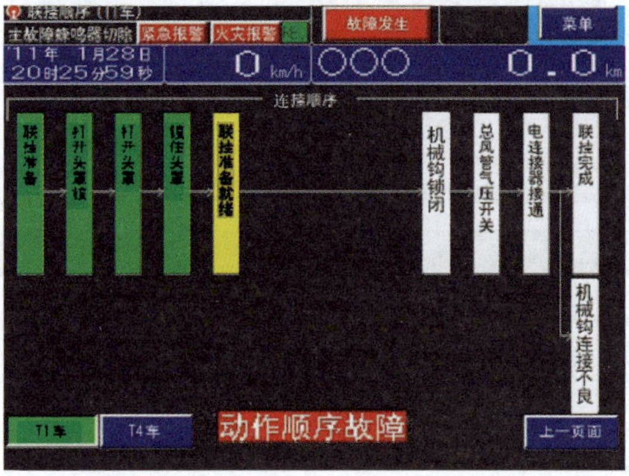

图 7-15 CRH380A(统)型动车组连接头罩信息页面(3/3)

表 7-9 CRH380A(CRH380A(L)、CRH380A 统)**型动车组连接头罩信息页面说明**

显示项目	显示内容	显示说明
连接头罩动作状态		设备脱线时
	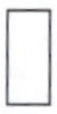	正常时
		动作时

续上表

显示项目	显示内容		显示说明	
加/减速度	88.8		加/减速度值,向司机提供动力输出信息	
剩余距离	10.0(10 m以上时) 88.8(小于10 m时)			
传感器信息	通道1故障 通道2故障 通道1　传输不良 通道1　传输不良		未发生故障时:空白	
连挂信息	连挂准备			
	连挂准备就绪			
	连挂完成			
	注意距离			
	连接器故障			
动作顺序故障	○○○○		故障时	
顺序			动作未完时	文字:黑 背景:白
			动作结束后	文字:黑 背景:绿
	连挂准备就绪	机械钩连接不良	准备就绪时 连接不良时	
上一页面 下一页面 T1车 T4车			页面转换	

(5)配电盘信息页面

配电盘信息主要对动车组各种设备工作状态进行监控并显示,当操作操控设备时,相应设备工作状态信息可以在该页面进行查询。当设备发生故障,司机室内故障屏指示灯点亮,可通过该页面查询相应车厢设备状态,确认指示灯点亮的具体原因。见图7-16及表7-10。

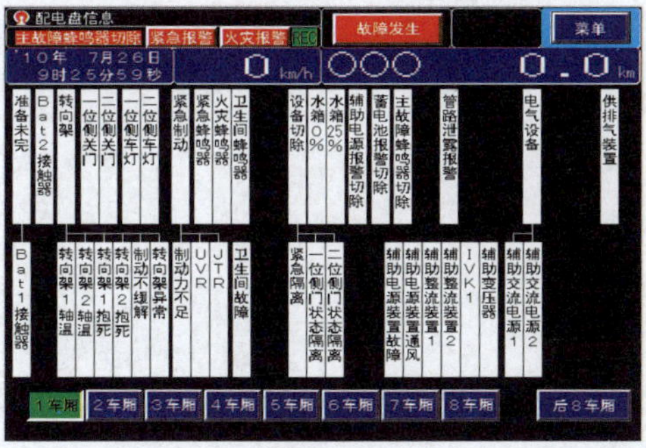

图7-16　CRH380A(L)型动车组配电盘信息页面

表7-10　CRH380A(L)型动车组配电盘信息页面说明

显示项目	显示内容	显示说明
	文字:黑 背景:白	正常时 不工作时
	文字:白 背景:红	故障时
	文字:黑 背景:绿	工作时
	文字:白 背景:黑 框:白虚线	不明时
n车厢	通常 文字:白 背景:蓝	
	页面选择中 文字:黑 背景:绿	

(6)出库信息页面

动车组车体担当列车任务出库前，司机可操作该页面查询是否有故障存在。见图 7-17 及表 7-11。

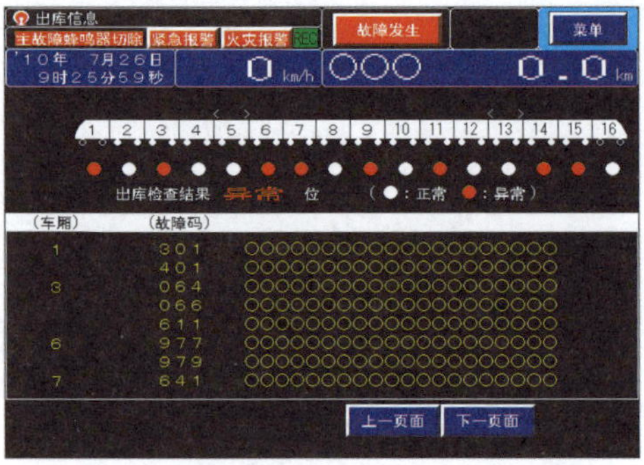

图 7-17 CRH380A(L)型动车组出库信息页面

表 7-11 CRH380A(L)型动车组出库信息页面说明

显示项目	显示内容	显示说明
检查结果	○	正常时
	●	异常时
出库检查结果	正常	全车厢正常时
	异常	出现 1 节及以上异常车厢时
车厢	_1_	车厢号
故障码	_301_	
异常名称	○○(20 文字)	
	上一页面	异常项目为 9 个，如 9 个以上时，则显示翻页
	下一页面	

(7)切除状态页面

操作人员可通过该页面查询有无设备处于切除状态，以及在设备切除、恢复操作时是否设置成功。见图 7-18 及表 7-12。

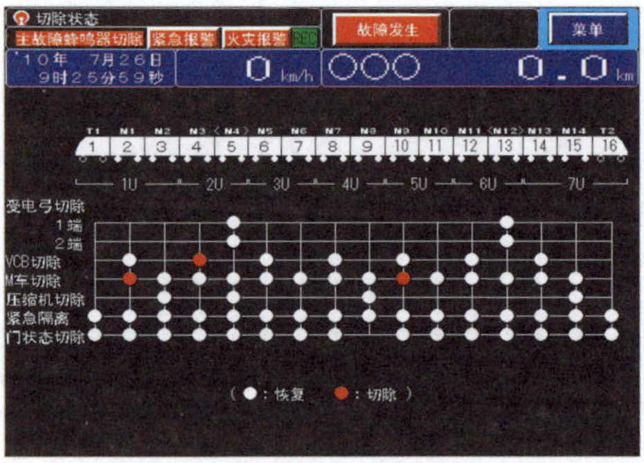

图 7-18 CRH380A(L)型动车组切除状态页面

表 7-12 CRH380A(L)型动车组切除状态页面说明

显示项目	显示内容	显示说明
受电弓切除 VCB 切除 M 车切除 压缩机切除 紧急隔离 门状态切除	_●_	正常时
	_●_	该设备切除时

(8)制动信息页面

制动信息页面以图示或数据的方式对动车组空气制动、电气再生制动以及相关制动系统设备工作状态进行显示，为司机正确使用制动机，查询制动系统设备工作状态提供参考。见图 7-19及表 7-13。

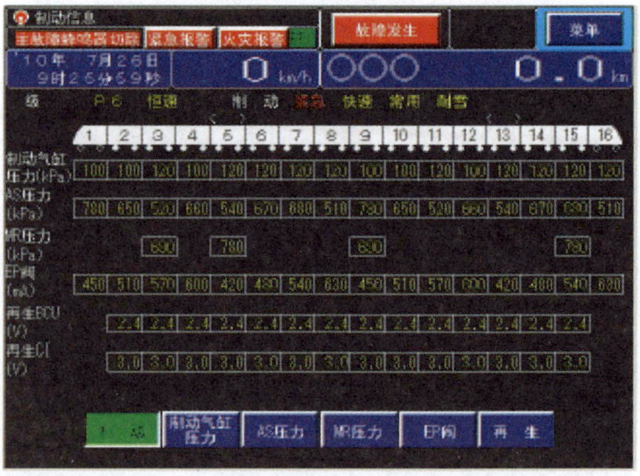

图 7-19 CRH380A(L)型动车组制动信息页面(1/8)

表 7-13　CRH380A(L)型动车组制动信息页面说明(1/6)

显示项目	显示内容	显示说明
制动气缸压力(kPa)	888	显示范围 0～780 kPa 分辨率 10 kPa
AS 压力(kPa)	888	显示范围 0～780 kPa 分辨率 10 kPa
MR 压力(kPa)	8888	显示范围 0～1 000 kPa 分辨率 10 kPa
EP 阀(mA)	888	显示范围 0～700 mA 分辨率 1 mA
再生 BCU	88. 8	显示范围 0～20. 4 V 分辨率 0. 1 V
再生 CI	88. 8	显示范围 0～10. 0 V 分辨率 0. 1 V
制动 制动气缸压力 AS 压力 MR 压力 EP 阀 再生	通常 文字:白 背景:蓝 页面选择中 文字:黑 背景:绿	转移至各项目的矩形图页面

司机还可通过 AS(空气弹簧)压力值判断车厢载客量状态。

①制动气缸压力页面

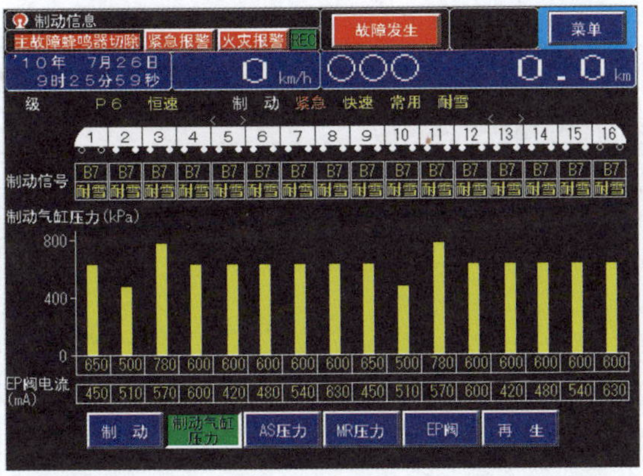

图 7-19　CRH380A(L)型动车组制动气缸压力页面(2/8)

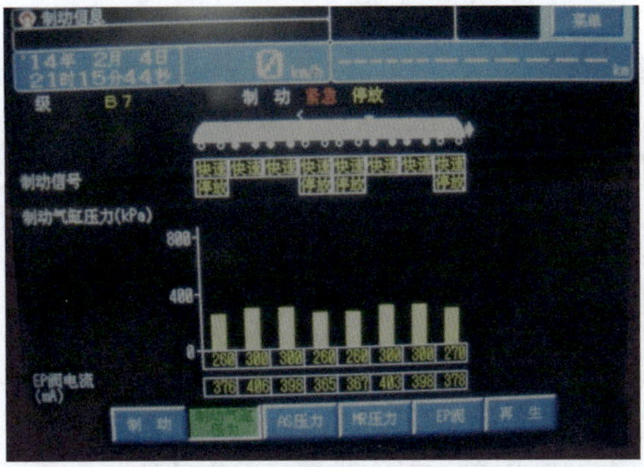

图 7-19　CRH380A 统型动车组制动气缸压力页面(3/8)

CRH380A 统型动车组加装了停放制动装置，当停放制动功能施加时，制动信号来源会予以显示。

表 7-13　CRH380A(L)型动车组制动气缸压力页面说明(2/6)

显示项目	显示内容	显示说明
制动信号	○○○	牵引级:P 制动级:B1～B7 OFF 紧急:UB 快速:EB 耐雪:根据来自于 BCU 装置的数据显示
耐雪	耐雪	耐雪时
	无显示	通常
制动气缸压力(kPa)矩形图	9 9	
制动气缸压力(kPa)	888	显示范围 0～780 kPa 分辨率 10 kPa
EP 阀电流(mA)	888	显示范围 0～700 mA 分辨率 1 mA
制动 制动气缸压力 AS 压力 MR 压力 EP 阀 再生	通常 文字:白 背景:蓝	
	页面选择中 文字:黑 背景:绿	

②AS(车辆空气弹簧)压力页面

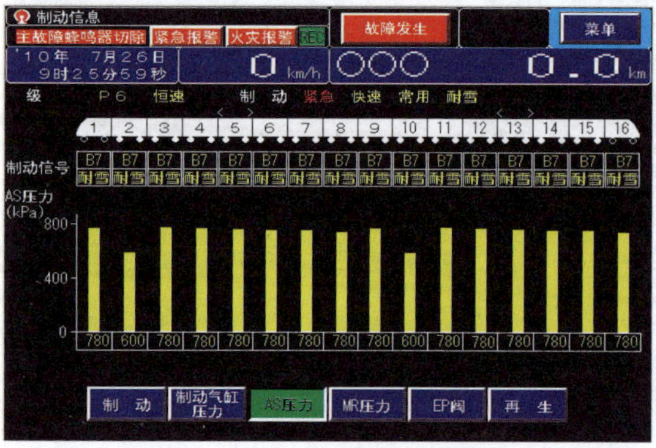

图 7-19　CRH380A(L)型动车组 AS 压力页面(4/8)

表 7-13　CRH380A(L)型动车组 AS 压力页面(3/6)

显示项目	显示内容	显示说明
AS 压力(kPa)矩形图	9 9	显示范围 0～780 kPa 分辨率 10 kPa
AS 压力(kPa)	888	
制动 制动气缸压力 AS 压力 MR 压力 EP 阀 再生	通常 文字:白 背景:蓝	
	页面选择中 文字:黑 背景:绿	

③MR(总风系统)压力页面

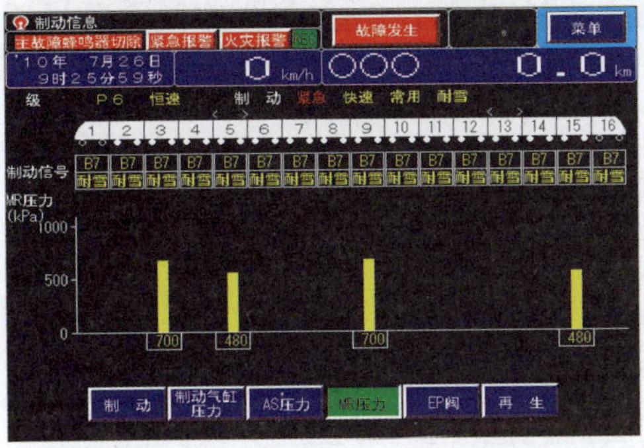

图 7-19　CRH380A(L)型动车组 MR 压力页面(5/8)

表 7-13　CRH380A(L)型动车组 MR 压力页面说明(4/6)

显示项目	显示内容	显示说明
MR 压力(kPa)矩形图	99	显示范围 0～1 000 kPa 分辨率 10 kPa
MR 压力(kPa)	888	
制动 制动气缸压力 AS 压力 MR 压力 EP 阀 再生	通常 文字:白 背景:蓝	
	页面选择中 文字:黑 背景:绿	

④EP(电空转换)阀电流页面

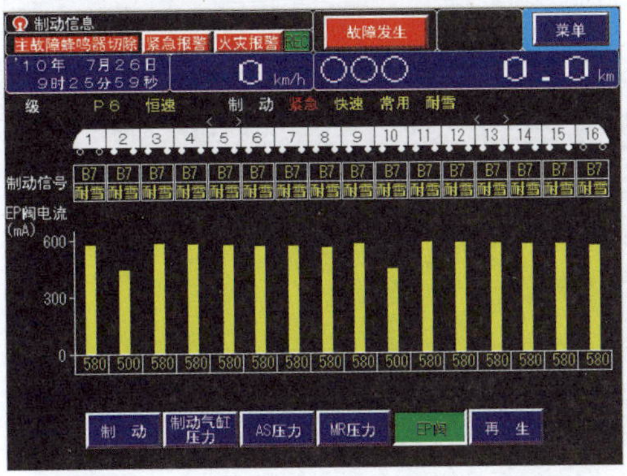

图 7-19　CRH380A(L)型动车组 EP 阀电流页面(6/8)

表 7-13　CRH380A(L)型动车组 EP 阀电流页面说明(5/6)

显示项目	显示内容	显示说明
EP 阀电流(mA)矩形图	99	显示范围 0～700 mA 分辨率 1 mA
EP 阀电流(mA)	888	
制动 制动气缸压力 AS 压力 MR 压力 EP 阀 再生	通常 文字:白 背景:蓝	
	页面选择中 文字:黑 背景:绿	

⑤再生制动力页面

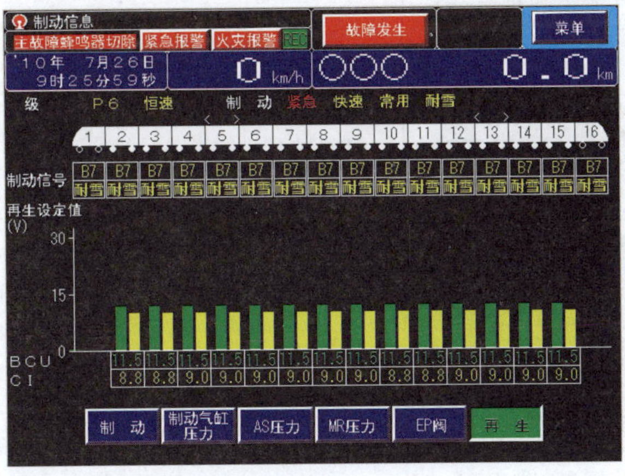

图 7-19　CRH380A(L)型动车组 EP 阀电流页面(7/8)

表 7-13　CRH380A(L)型动车组 EP 阀电流页面说明(6/6)

显示项目	显示内容	显示说明
再生图形(V) BCU 矩形图	9 9	显示范围 0～20.4 V 分辨率 0.1 V
再生图形(V) BCU 矩形图	88.8	
再生图形(V) CI 矩形图	9 9	显示范围 0～10.0 V 分辨率 0.1 V
再生图形(V) CI	88.8	
制动 制动气缸压力 AS 压力 MR 压力 EP 阀 再生	通常 文字:白 背景:蓝 页面选择中 文字:黑 背景:绿	

(9)牵引变流器信息(编)页面

该页面主要对各动车牵引变流器的工作状态进行图示或数值显示。见图 7-20 及表 7-14。

①牵引变流器信息页面

该页面主要对各动车牵引变流器调频调压各环节参数进行输出显示,通过该页面可实现对整个编组动车的牵引变流器工作状态进行查询。

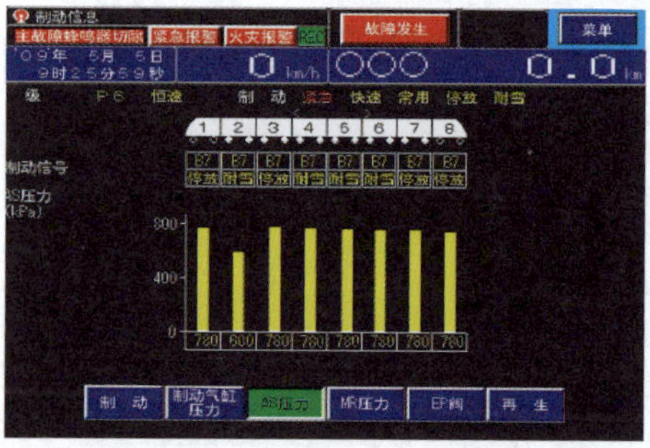

图 7-19　CRH380A 统型动车组 EP 阀电流页面(8/8)

表 7-14　CRH380A(L)型动车组牵引变流器信息页面说明(1/5)

显示项目	显示内容	显示说明
K(断流器)	合 断	K 为 ON 时显示“合”、其他显示“断”
电机电流设定值(A)	8888	
电机电流反馈值(A)	8888	
直流电压设定值(A)	8888	
直流电压反馈值(A)	8888	
回转器频率(Hz)	888	
再生制动力(t)	8.8	
牵引变流器 电机电流 直流电压 电机频率 再生制动	通常 文字:白 背景:蓝 页面选择中 文字:黑 背景:绿	通过触摸各键,可以转移至各项目的矩形图页面

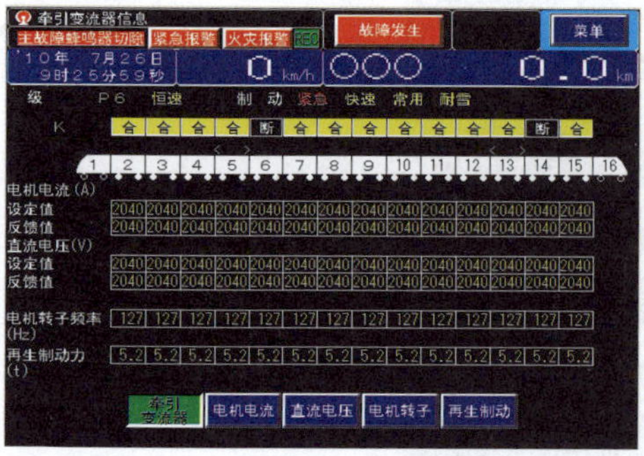

图 7-20　CRH380A(L)型动车组牵引变流器信息页面(1/5)

②电机电流页面

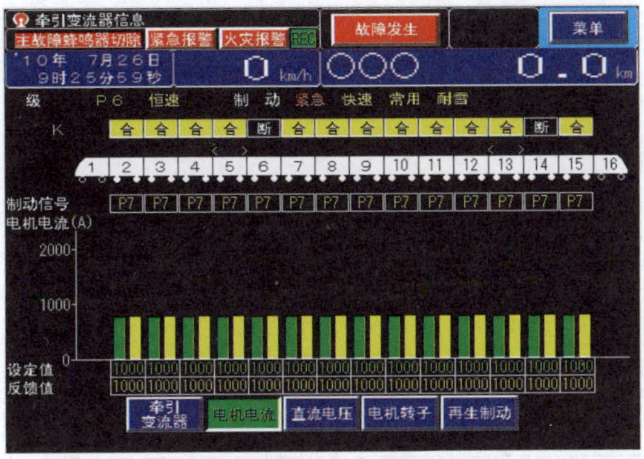

图 7-20　CRH380A(L)型动车组
电机电流页面(2/5)

表 7-14　CRH380A(L)型动车组电机电流页面说明(2/5)

显示项目	显示内容	显示说明
制动信号	○○	牵引级 P1～P10 OFF 再生制动级 B
电机电流 设定值(A) 矩形图	8 8	
电机电流 反馈值(A) 矩形图	8 8	
电机电流 设定值(A)	8888	
电机电流 反馈值(A)	8888	
牵引变流器 电机电流 直流电压 电机频率 再生制动	通常 文字:白 背景:蓝	
	页面选择中 文字:黑 背景:绿	

③直流电压页面

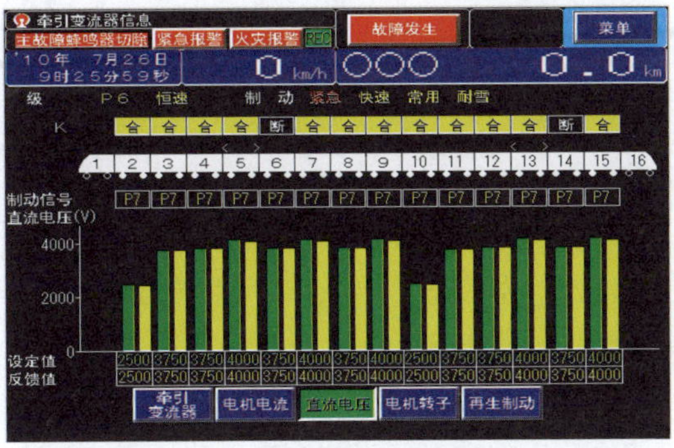

图 7-20　CRH380A(L)型动车组
直流电压页面(3/5)

表 7-14　CRH380A(L)型动车组直流电压页面说明(3/5)

显示项目	显示内容	显示说明
直流电压设定值(V)矩形图	8 8	
直流电压反馈值(V)矩形图	8 8	
直流电压设定值(V)	8888	
直流电压反馈值(V)	8888	
牵引变流器 电机电流 直流电压 电机频率 再生制动	通常 文字:白 背景:蓝	
	页面选择中 文字:黑 背景:绿	

④电机转子频率页面

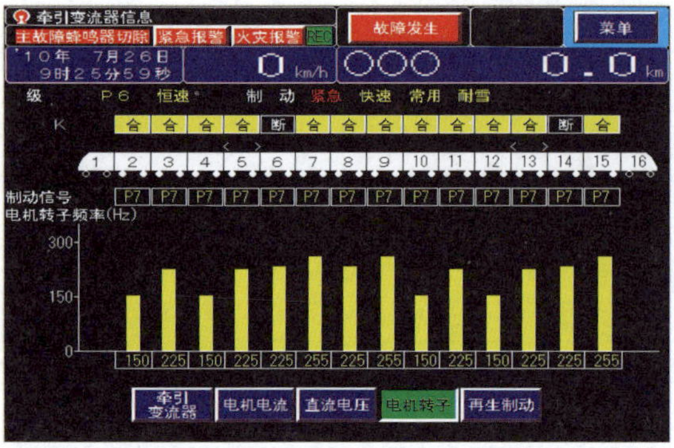

图 7-20 CRH380A(L)型动车组电机转子频率页面(4/5)

表 7-14 CRH380A(L)型动车组电机转子频率页面说明(4/5)

显示项目	显示内容	显示说明
电机频率(Hz) 矩形图	8 8	
电机频率(Hz)	888	
牵引变流器 电机电流 直流电压 电机频率 再生制动	通常 文字:白 背景:蓝 页面选择中 文字:黑 背景:绿	

⑤再生制动页面

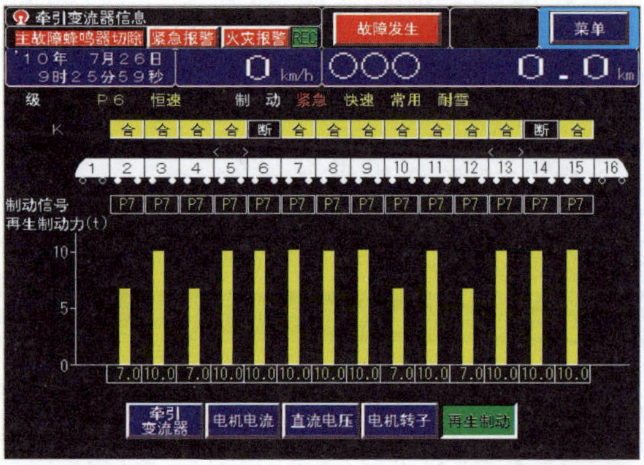

图 7-20 CRH380A(L)型动车组再生制动页面(5/5)

表 7-14 CRH380A(L)型动车组再生制动页面说明(5/5)

显示项目	显示内容	显示说明
再生制动力(t) 矩形图	8 8	
再生制动力(t)	8.8	
牵引变流器 电机电流 直流电压 电机频率 再生制动	通常 文字:白 背景:蓝 页面选择中 文字:黑 背景:绿	

(10)牵引变流器信息(各车)页面

显示被选择车厢牵引变流器及相关牵引设备的工作/异常状态。当有牵引系统设备故障报警时,可通过该页面查询具体故障设备及处所。见图 7-21 及表 7-15。

(11)累计电力页面

通过该页面对动车组各动车车厢能耗、走行公里进行数字记录和查询。见图 7-22 及表 7-16。

(12)空转滑行页面(图 7-23、表 7-17)

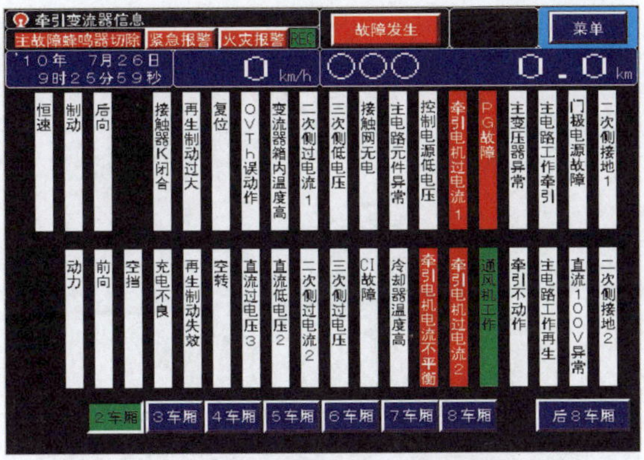

图 7-21 CRH380A(L)型动车组
牵引变流器信息(车)页面

表 7-15 CRH380A(L)型动车组牵引变流器信息(车)页面说明

显示项目	显示内容	显示说明
牵引变流器工作状态		不明时
		正常时
		工作时
		异常时
n 车	通常 文字:白 背景:蓝	
	页面选择中 文字:黑 背景:绿	

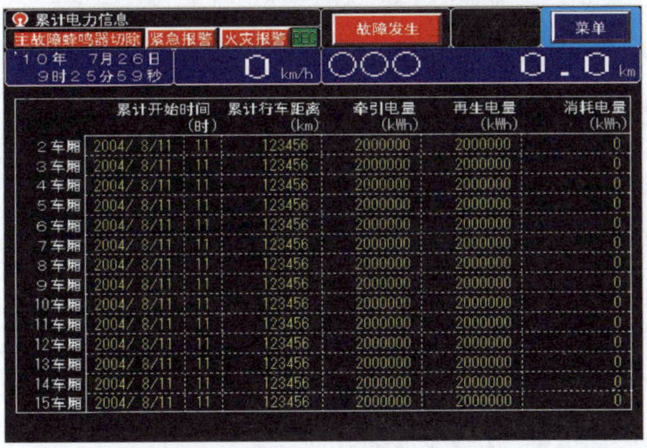

图 7-22 CRH380A(L)型动车组
牵引变流器信息(车)页面

表 7-16 CRH380A(L)型动车组牵引变流器信息(车)页面说明

显示项目	显示内容	显示说明
累计开始时间(时)	8888/88/88	显示累计开始时间
累计行车距离(km)	888888	显示范围:0～9 999 999 km 分辨率:1 km
牵引电量(kW・h)	8888888	显示范围:0～9 999 999 kW・h 分辨率:1 kW・h
再生电量(kW・h)	88888888	减除牵引电能与再生电能后显示
消耗电量(kW・h)	88888888	显示范围:0～999 999 kW・h 分辨率:1 kW・h

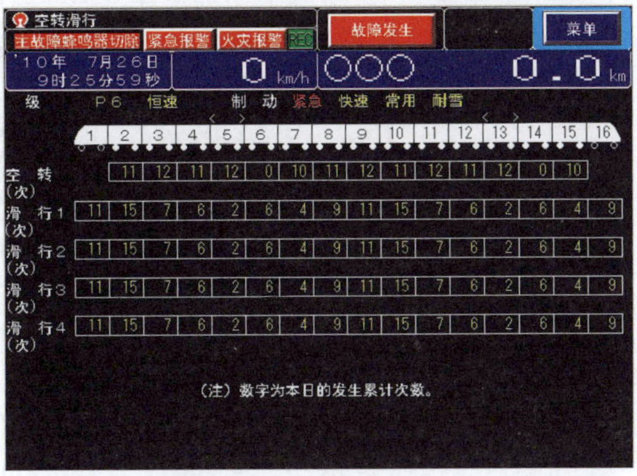

图 7-23 CRH380A(L)型动车组空转、滑行页面

表 7-17 CRH380A(L)型动车组空转、滑行页面说明

显示项目	显示内容	显示说明
空转	888	显示一天内空转发生的次数(MAX:255 次)
滑行 1234		显示一天内滑行发生的次数(MAX:255 次)

(13)电源电压页面

电源电压页面主要显示动车组牵引整流环节、三次侧、辅助电源系统电压值、直流控制电源电压，为司机提供相关设备工作状况的查询功能。见图 7-24 及表 7-18。

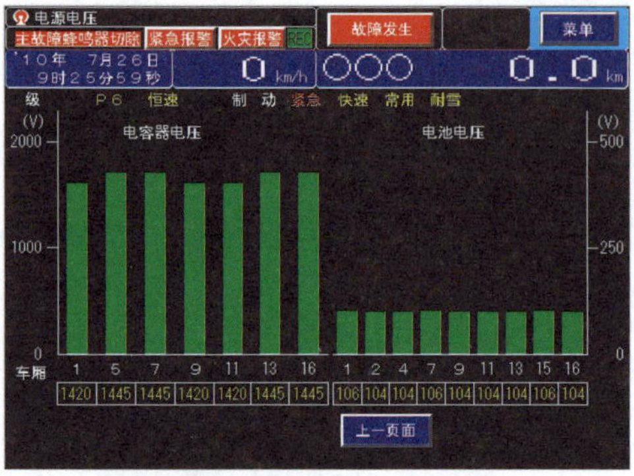

图 7-24 CRH380A(L)型动车组电源电压页面(1/4)

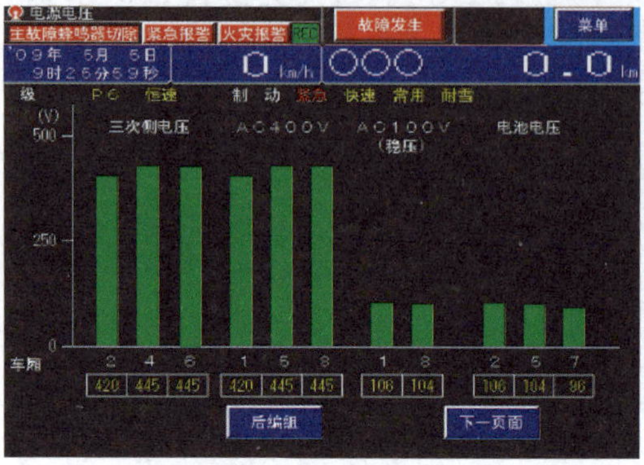

图 7-24 CRH380A 统型动车组电源电压页面(2/4)

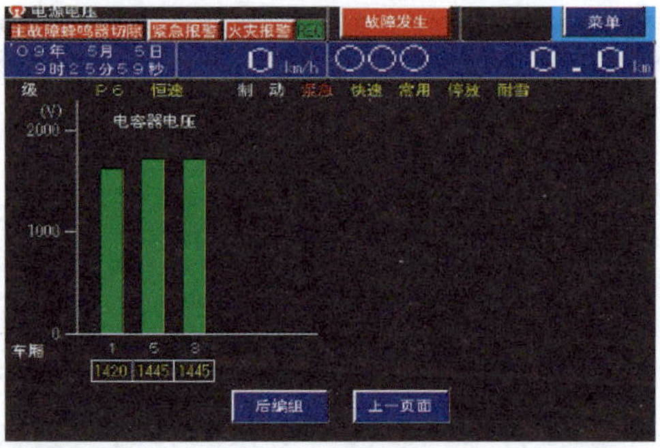

图 7-24 CRH380A 统型动车组电源电压页面(3/4)

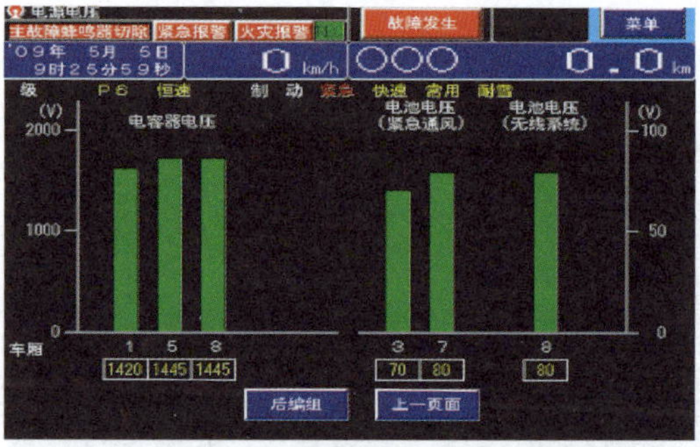

图 7-24 CRH380A 型动车组电源电压页面(4/4)

表 7-18 CRH380A(L)型动车组电源电压页面说明

显示项目	显示内容	显示说明
三次侧电压(V)矩形图		显示范围 0～400 V 分辨率 1 V
AC 400 V(V)矩形图		显示范围 0～400 V 分辨率 1 V
AC 100 V 稳电压(V)矩形图		显示范围 0～100 V 分辨率 1 V
电池电压(V)矩形图		显示范围 0～100 V 分辨率 1 V
电池电压(紧急通风)(V)矩形图		显示范围 0～100 V 分辨率 1 V
电池电压(无线系统)(V)矩形图		显示范围 0～100 V 分辨率 1 V
三次侧电压(V)	888	
AC 400 V(V)	888	
AC 100 V 稳压(V)	888	

续上表

显示项目	显示内容	显示说明
电池电压(V)	888	
电容器电压(V)	888	
电池电压(紧急通风)(V)	888	
电池电压(无线系统)(V)	888	

(14)供电分类页面

当某个单元的辅助电源装置(APU)发生故障时,操作人员可通过供电分类页面,通过设定相应 BKK 投入操作,实现相邻 APU 装置对故障 APU 单元提供辅助电源。见图 7-24 及表 7-19。

具体操作步骤:

当 CRH380A(统)型动车组 1(8)车 APU 故障时,机械师断开 1(8)车【辅助电源装置控制】断路器,并闭合相应车辆配电盘中的【BKK 延时控制】断路器后,按压【BKK 投入】或【BKK2 投入】+【设定】。

当 1 车 APU 恢复正常需重新投入工作时,应先进行 BKK 复位(断开)操作,点击【BKK 复位】+【设定】,确认 BKK 图表无色块后,再通知机械师闭合 1 车 APU 电源开关。

当 4 车 APU 故障时,应进行 BKK2 的闭合操作,操作方式与闭合 BKK 相一致,只是闭合 BKK2 后,4、5 车辅助供电系统设备由 8 车 APU 提供电源。

CRH380AL 型动车组在进行 BKK 投入操作前,须将相应单元的【BMK 延时控制】断路器闭合,操作办法如下:

①01、05 车 APU 互相扩展供电前,将 03 和 05 车组合配电盘中的【BMK 延时控制】断路器闭合;

②07、09 车 APU 互相扩展供电前,将 07 车组合配电盘和 09 车运行配电盘中的【BMK 延时控制】断路器闭合;

③11、13 车 APU 互相扩展供电前,将 11 和 13 车组合配电盘中的【BMK 延时控制】断路器闭合;

④13、00 车 APU 互相扩展供电前,将 13 和 15 车组合配电柜中的组合配电盘中的【BMK 延时控制】断路器闭合。

在机械师操作完成后,按压【BKK 投入】+【设定】键,相应 APU 单元实现 BKK 的投入控制。

CRH380AL 型动车组 BKK 复位操作与 CRH380A 型动车组操作一致。

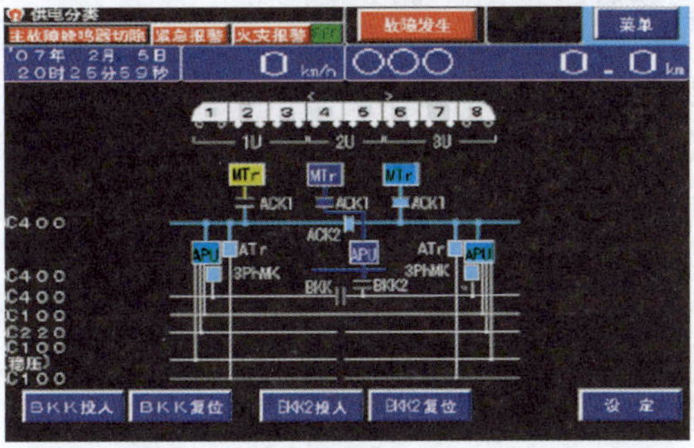

图 7-24　CRH380A(统)型动车组供电分类页面(1/2)

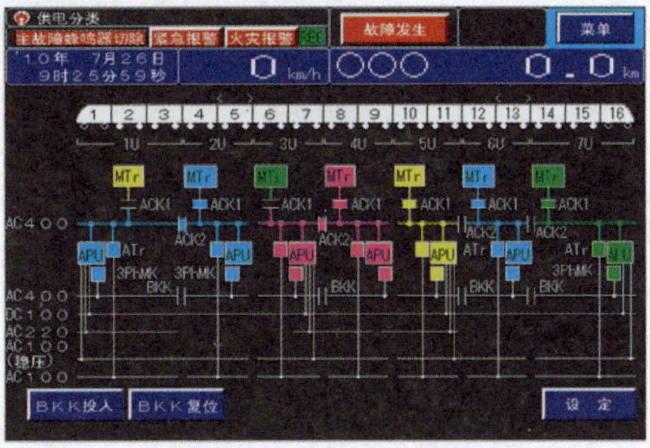

图 7-24　CRH380A(L)型动车组供电分类页面(2/2)

表 7-19　CRH380A(L)型动车组供电分类页面说明

显示项目	显示内容	显示说明
BKK 投入 BKK 复位	触摸选择时 文字:黑 背景:绿	通过触摸 BKK 投入 + 设定 键,使 BKK 投入 通过触摸 BKK 复位 + 设定 键,使 BKK 复位
设定		
MTr	电压(NVR1)‘无’	无色(全车厢)
	电压(NVR1)‘无’	无色(全车厢)
ACK1	‘开’	供电方颜色
	‘关’	无色(全车厢)
AC400	供电	供电方初颜色
	无供电	无色
ACK2	‘开’	供电方颜色
	‘关’	无色
ATr	‘开’	供电方颜色
	‘关’	无色
APU	APU 正常	供电方颜色
	APU 故障	无色
3PhMK	‘开’	供电方颜色
	‘关’	无色

注:供电方为多个时,颜色显示依据以下标准:

1. 最近路线的供电方颜色;
2. 供给方路线相同时:左侧优先依次排列(黄色、浅蓝色、绿色)。

(15)车门信息页面

该页面可查询动车车厢车门状态,分为打开、关闭、隔离、故障报警等信息。1～4 位车门判定按照动车组方向定位原则识别。见图 7-25 及表 7-20。

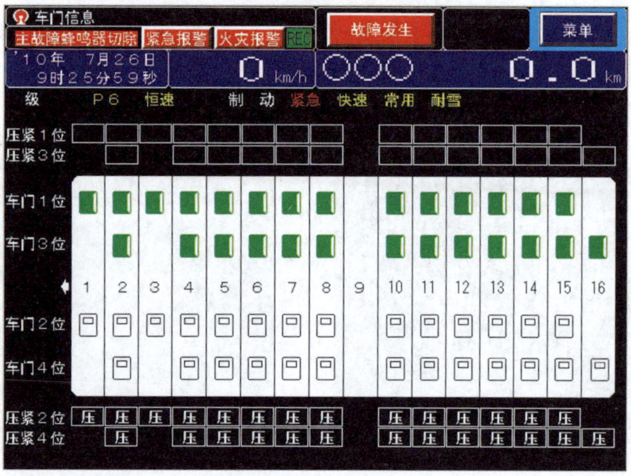

图 7-25　CRH380A(L)型动车组车门信息页面

表 7-20　CRH380A(L)型动车组车门信息页面说明(故障、隔离)

显示项目	显示内容	显示说明
压紧 1·2·3·4位	压紧	车门空气条充气压紧密封车门
	(空白)	
车门		开时
	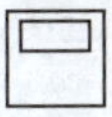	闭时

(16)光传输状态页面

该页面主要显示动车组列车、车辆网络系统传输单元工作状态,从该页面图示可以看出CRH380A系列动车组网络采用双回路光纤方式传输列车控制信息和设备状态信息。见图7-26及表7-21。

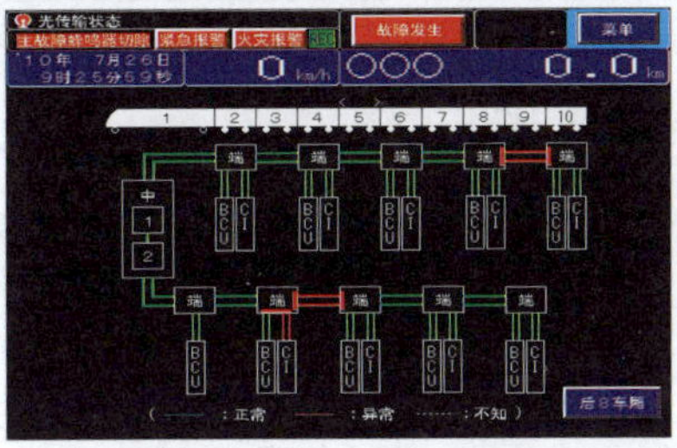

图 7-26　CRH380A(L)型动车组传输线的状态(1/2)

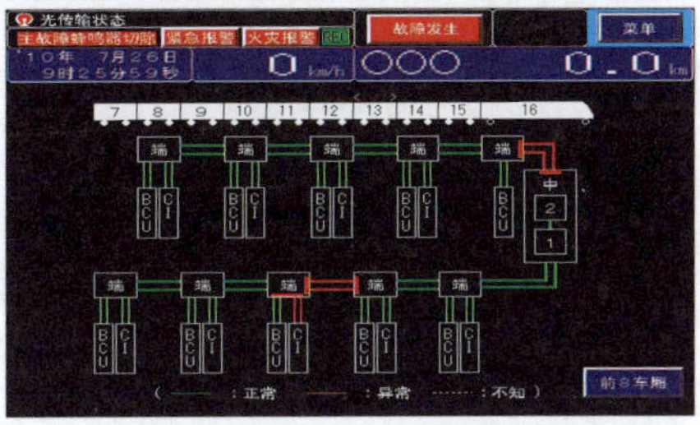

图 7-26　CRH380A(L)型动车组传输线的状态(2/2)

表 7-21　CRH380A(L)型动车组传输线的状态页面说明

显示项目	显示内容	显示说明
中1、中2 中1、中2 端	文字色:白 框线:绿	正常时
	文字色:白 框线:白虚线	不明时
COM1 COM2	○	异常时
	(无显示)	正常时
COM3	○○○○○○○○○○○○○○○○○○	异常时
	(无显示)	正常时
传输线	═════	正常时
	═════	异常时
	- - - - -	不明时

(17)车次设定页面(图 7-27、表 7-22)

①车次设定页面

图 7-27　车次及日期设定页面(1/3)

表 7-22　车次及日期设定页面说明(1/3)

显示项目	显示内容	显示说明
输入错误,请重新设定	OOOO	未输入车次时触摸设定键显示。触摸任意键清除信息
行车时间表更改日	8888 年 88 月 88 日	年月日为白色
车次	OOOO 888888	英文 4 文字 数字 6 文字
A～Z 1～0		输入 A～Z、0～9 等列车车次后,通过触摸设定键设定车次
删除		输入过程中出现错误时,触摸删除键将输入内容删除
设定		触摸设定键后,转移至与车次相对应的始发站设定页面

②当前站设定页面

通过触摸站名键,设定始发站。

表 7-22　当前站设定页面说明(2/3)

显示项目	显示内容	显示说明
车次	OOOO 888888	英文 4　文字 数字 6　文字
站名	通常 文字:白 背景:蓝 触摸选择时 文字:黑 背景:绿	通过触摸站名键,设定始发站
设定 下一页面 上一页面		
返回		进行重新设定时:通过触摸返回键,转移至车次设定页面

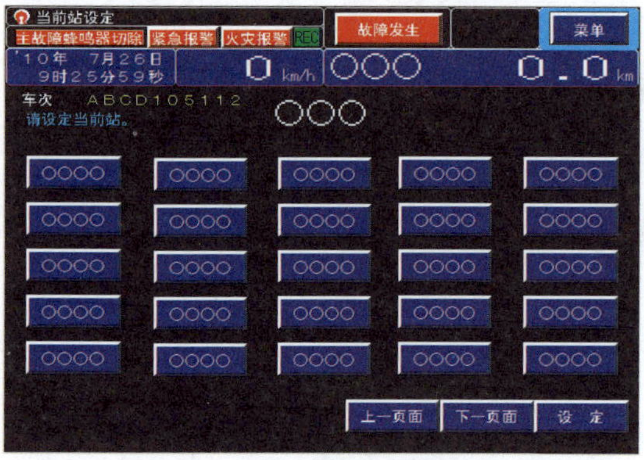

图 7-27　当前站设定页面(2/3)

③列车车次设定确认页面

显示车次设定内容(通过车次设定页面设定)、始发站设定内容(通过始发站设定页面设定)。

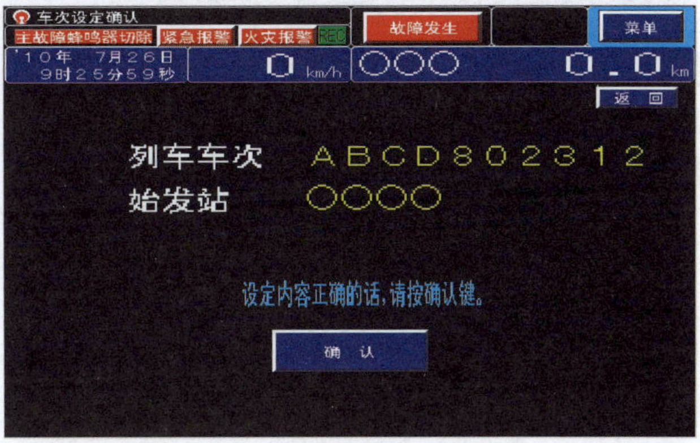

图 7-27　车次设定确认页面(3/3)

表 7-22　车次设定确认页面说明(3/3)

显示项目	显示内容	显示说明
列车车次	○○○○ 888888	英文 4　文字 数字 6　文字
始发站名称	○○○○○○	
确认		车次、始发站的内容如果无误,则通过触摸 确认 键转移至运行状态页面
返回		进行重新设定的场合:通过触摸 返回 键转移至始发站设定页面

(18)监控设定页面

通过触摸与项目有关的各键,转移至各设定页面。见图 7-28 及表 7-23。

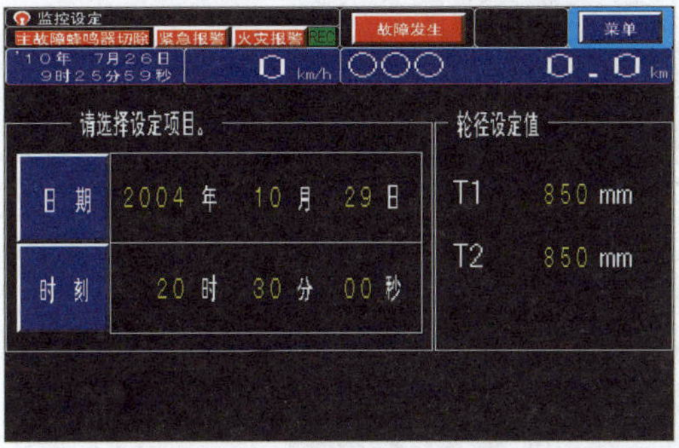

图 7-28　监控设定页面(1/3)

表 7-23　监控设定页面说明(1/3)

显示项目	显示内容	显示说明
日期	8888 年 88 月 88 日	年月日文字为白色
时刻	88 时 88 分 88 秒	时分秒文字为白色
轮径设定值	888	
日期 时刻		

①日期设定页面

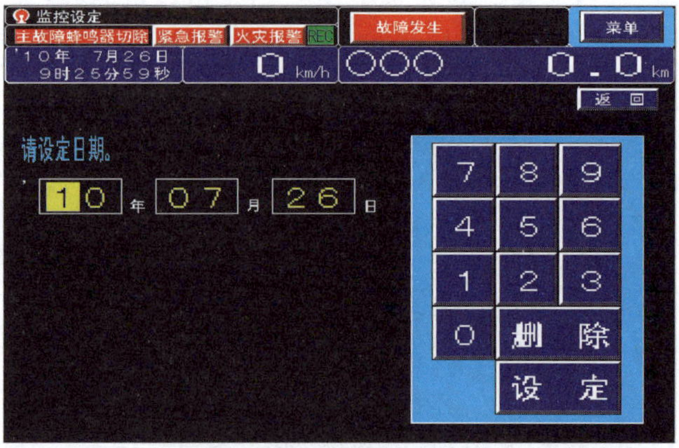

图 7-28 日期设定页面(2/3)

表 7-23 日期设定页面说明(2/3)

显示项目	显示内容	显示说明
日期	88	
[0]～[9] [删除] [设定]		通过 0～9 数字键输入日期、然后触摸[设定]键。输入出现错误时：先触摸[删除]键，再重新进行上述操作。触摸[设定]键后，自动转移至监控[设定]页面
[返回]		通过触摸[返回]键，转移至监控设定页面
输入错误，请重新设定	○○○○	输入错误日期时，触摸[设定]键后显示。通过触摸任意键清除信息

②时刻设定页面

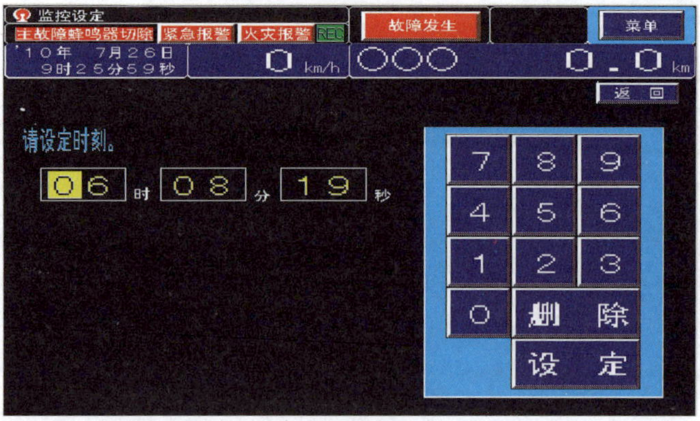

图 7-28 时刻设定页面(3/3)

表 7-23　时刻设定页面说明(3/3)

显示项目	显示内容	显示说明
日期	88	
[0]～[9] [删除] [设定]		通过 0～9 数字键输入日期、然后触摸[设定]键。输入出现错误时:先触摸[删除]键,再重新进行上述操作。触摸[设定]键后,自动转移至监控[设定]页面
[返回]		通过触摸[返回]键,转移至监控设定页面
输入错误,请重新设定	○○○○	输入错误日期时触摸[设定]键后显示。通过触摸任意键清除信息

(19)轴温切除页面

显示每个轴的轴温状态,轴温异常时可通过本页面设定各轴的切除、复位。见图 7-29 及表 7-24。

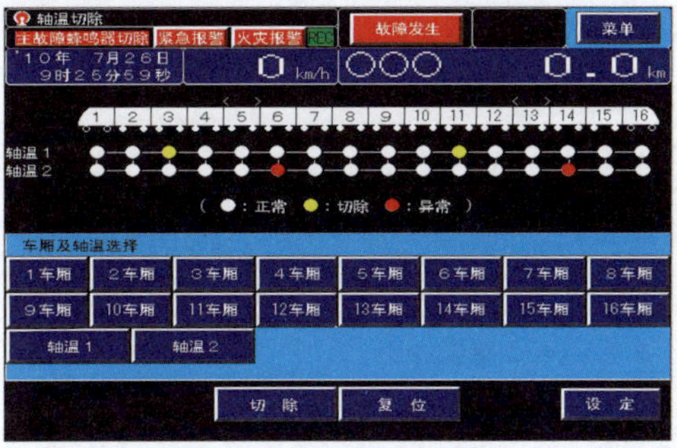

图 7-29　CRH380A(L)型动车组轴温切除页面

表 7-24　CRH380A(L)型动车组轴温切除页面说明

显示项目	显示内容	显示说明
轴温 1 轴温 2	○	恢复时
	●	异常时
	●(灰)	切除时
[1 车厢]～[8 车厢] [9 车厢]～[16 车厢]	通常 文字:白 背景:蓝	仅可选择任意一个[车厢]键
	页面选择中 文字:黑 背景:绿	
[轴温 1]、[轴温 2]		仅可选择任意一个[轴温]键
[切除] [复位] [设定]		仅可选择[切除]键以及[复位]键两者之一
输入错误,请重新设定	○○○○	车厢、轴温、切除/复位中有未选择项的状态下触摸设定键后显示。可通过触摸任意键清除此信息

(20)远程控制切除页面

进行设备切除、复位设定时,进入该页面。当进行有选择的升、降受电弓以及选择性的闭合或断开 VCB 时,可在该页面直接操作。见图 7-30 及表 7-25。

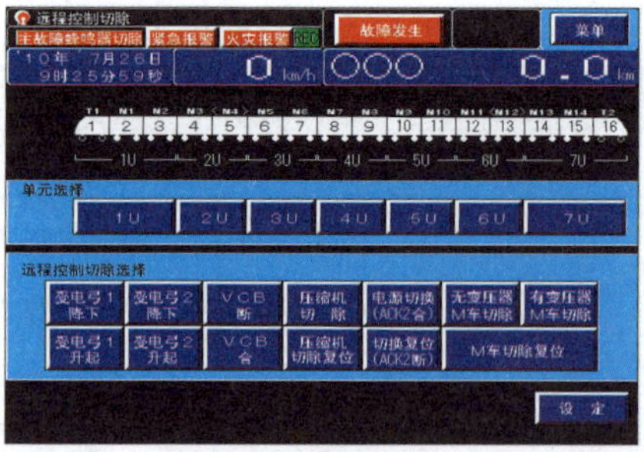

图 7-30　CRH380A(L)型动车组远程控制切除页面

表 7-25　CRH380A(L)型动车组远程控制切除页面说明

显示项目	显示内容	显示说明
1U～4U 受电弓降下 受电弓升起 VCB 断 VCB 合 压缩机切除 压缩机切除复位 电源切换(ACK2 合) 切换复位(ACK2 断) M1 车切除 M2 车切除 M 车切除复位	通常 文字:白 背景:蓝	
	页面选择中 文字:黑 背景:绿	
设定		选择需要进行远程控制切除的设备后,通过触摸设定键,即可实现
输入错误,请重新设定	○○○○	车厢、抱死切除/复位中有未选择项时,触摸设定键后显示。可通过触摸任意键清除此信息

(21)抱死切除页面

显示每个轴的抱死状态,抱死异常时通过本页面设定每个轴抱死的切除、复位。见图 7-31及表 7-26。

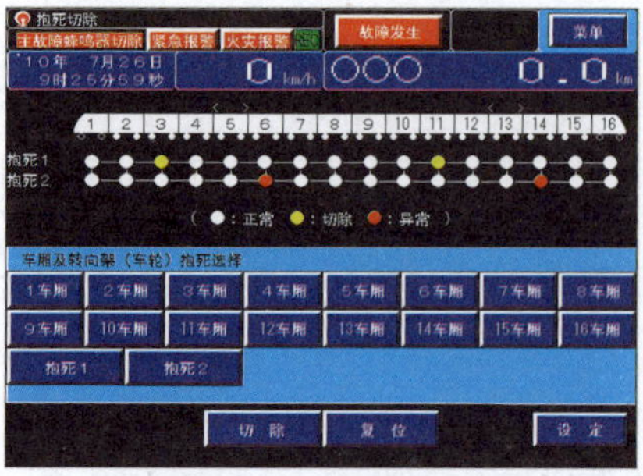

图 7-31　CRH380A(L)型动车组抱死切除页面

表 7-26　CRH380A(L)型动车组抱死切除页面说明

显示项目	显示内容	显示说明
抱死 1 抱死 2	○	恢复时
	●	异常时
	●	切除时
1 车厢～8 车厢 9 车厢～16 车厢	通常 文字:白 背景:蓝	仅可选择任意一个车厢键
	页面选择中 文字:黑 背景:绿	
轴温 1、轴温 2		仅可选择任意一个抱死键
切除 复位 设定		仅可选择切除键以及复位键两者之一
输入错误,请重新设定	○○○○	车厢、抱死切除/复位中有未选择项的状态下触摸设定键后显示。可通过触摸任意键清除此信息

(22)车次转换页面

当列车终到需要终止列车车次显示时,选择结束该次列车车次显示,页面显示见图 7-32 及表 7-27。

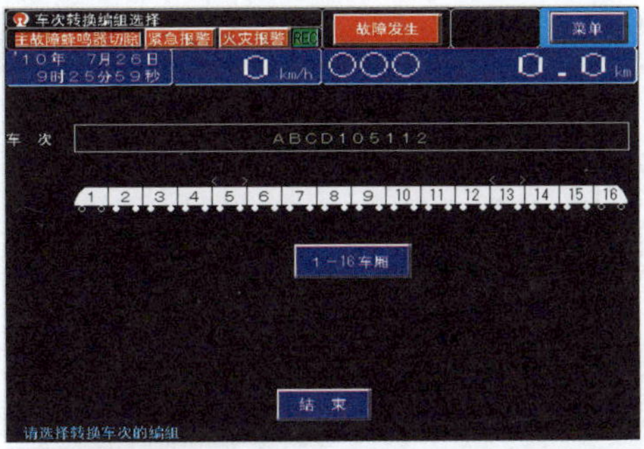

图 7-32　CRH380A(L)型动车组车次转换页面

表 7-27　CRH380A(L)型动车组车次转换页面说明

显示内容		备注
车次	○○○	英文 4 文字
	○○○○○○	数字 6 文字
1—16 车 结束		

具体操作步骤:

点击选择【1—16 号车厢】,点击【结束】。

当列车返程需重新设定车次时,具体操作及显示见本节第(17)项。

(23)故障发生信息页面

发生故障时,司机室的右侧显示器以及列车员室的显示器会自动显示故障发生信息。见图 7-33 及表 7-28。

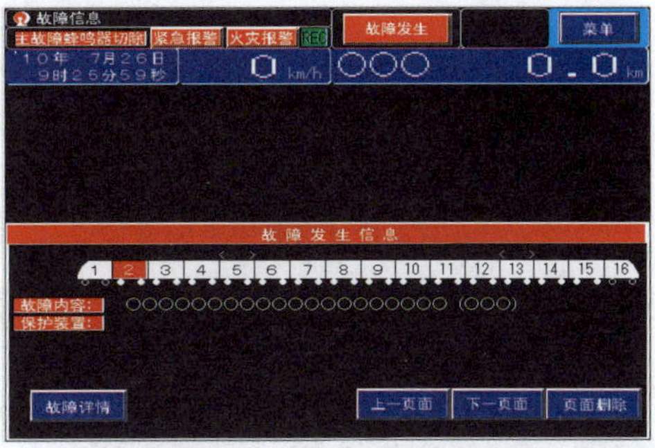

图 7-33　CRH380A(L)型动车组故障发生信息页面

表 7-28　CRH380A(L)型动车组故障发生信息页面说明

显示项目	显示内容	显示说明
故障内容	○○○	显示故障名称
保护装置	○○○	显示相关保护装置(无保护装置时无显示)
故障发生车辆	000	故障显示中的车辆
		发生故障的其他车辆
[故障详情]		转移至故障信息页面
[上一页面] [下一页面]		故障数为 2 起以上时,通过上一页面、下一页面键进行循环显示(按照故障发生顺序)
[页面删除]		删除故障发生信息页面

(24)故障信息页面

当设备发生故障并报警后,操作人员点击【故障详情】就跳转至该页面,该页面记录并显示故障发生的相关信息。见图 7-34 及表 7-29。

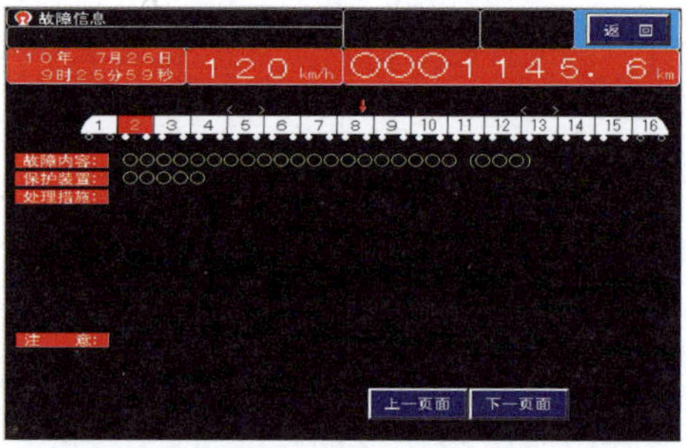

图 7-34　CRH380A(L)型动车组故障信息页面

(25)通知状态页面

该页面主要显示车厢火警及客服系统报警情况及位置信息。该紧急报警只显示报警信息而不会自动输出制动指令,仅供司机参考,是否减速或停车由司机根据具体情况自行判断。见图 7-35 及表 7-30。

表 7-29　CRH380A(L)型动车组故障信息页面说明

显示项目	显示内容	显示说明
故障内容	○○○	显示故障名称
保护装置	○○○	显示相关保护装置
处理措施	○○○	显示对已发生故障的处置
注意	○○○	显示对已发生故障的注意(无注意事项时无显示)
故障发生车辆	000	故障显示中的车辆
	↓	发生故障的其他车辆
[上一页面] [下一页面]		故障数为 2 起以上时,通过上一页面、下一页面键进行循环显示(按照故障发生顺序)
[返回]		通过触摸[返回]键,返回至故障信息页面转移前的页面

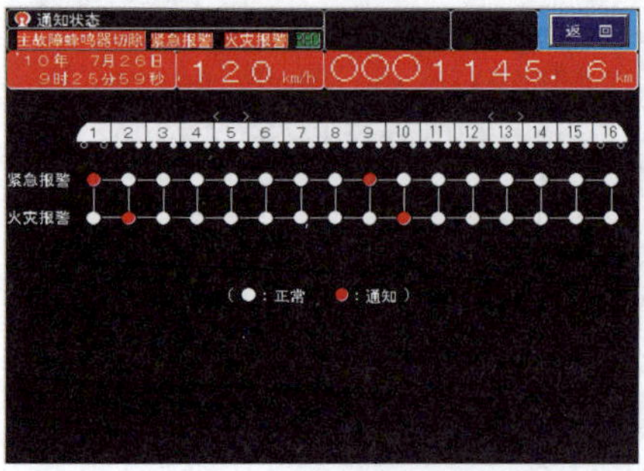

图 7-35　通知状态页面

表 7-30　通知状态页面

显示项目	显示内容	显示说明
紧急报警	○	正常时
火灾报警	●	通知时

(26)警惕报警页面(适用于 CRH380A 统型动车组)

通过该页面可查询 CRH380A 统型动车组警惕装置工作状态,并对已输出制动的警惕装置位置予以明确,对非常制动继电器 JTR 工作状态进行显示。见图 7-36及表 7-31。

(27)BP 救援页面(适用于 CRH380A 统型动车组)(图 7-36、表 7-32)

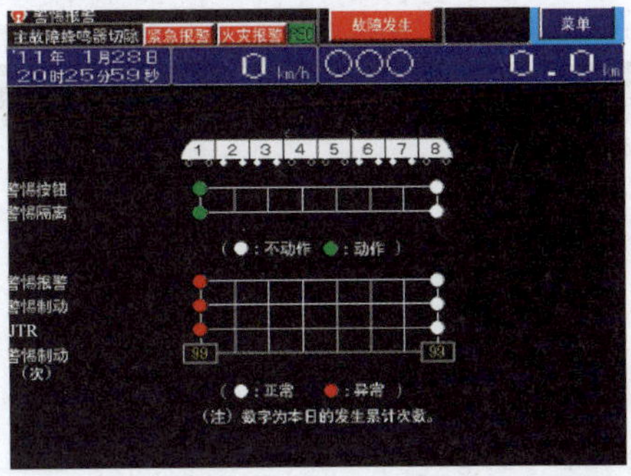

图 7-36　CRH380A 统型动车组警惕报警页面

表 7-31　CRH380A 统型动车组警惕报警页面说明

显示项目	显示内容			显示说明
警惕按钮 警惕隔离	—	文字:黄 背景:黑	通常	不明时
	○	文字:白 背景:黑	通常	不动作时
	●	文字:绿 背景:黑	通常	动作时
警惕报警 警惕制动 JTR	—	文字:黄 背景:黑	通常	不明时
	○	文字:白 背景:黑	通常	正常时
	●	文字:红 背景:黑	通常	异常时
警惕制动当日累计次数	空白	背景:黑	通常	不明时
	○○	文字:黄 背景:黑	通常	正常时

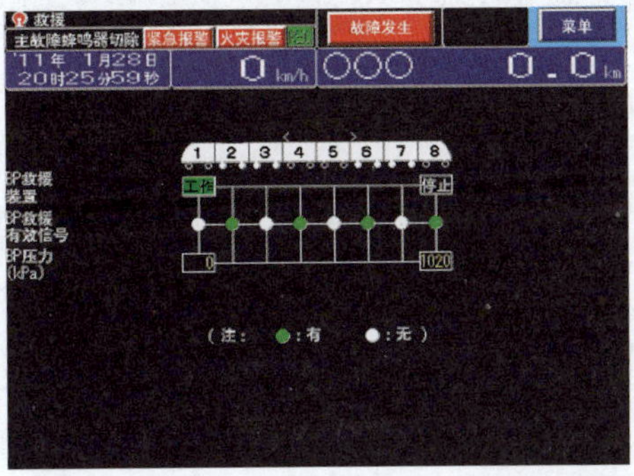

图 7-36　CRH380A 统型动车组 BP 救援页面

表 7-32　CRH380A 统型动车组 BP 救援页面说明

显示项目	显示内容			显示说明
BP 救援装置	停止	文字:白 背景:黑	通常	不明时 不动作时
	工作	文字:黑 背景:绿	通常	动作时

续上表

显示项目	显示内容			显示说明
BP 救援装置	停止	文字:白 背景:黑	通常	不明时 不动作时
BP 救援有效信号	—	文字:黄 背景:黑	通常	不明时
	○	文字:白 背景:黑	通常	无效时
	●	文字:绿 背景:黑	通常	有效时
BP 压力(kPa)	—	背景:黑	通常	不明时
	○○○○	文字:黄 背景:黑	通常	正常时

(28)轴温实时检测(仅限 CRH380A 统型动车组)(图 7-37、表 7-33)

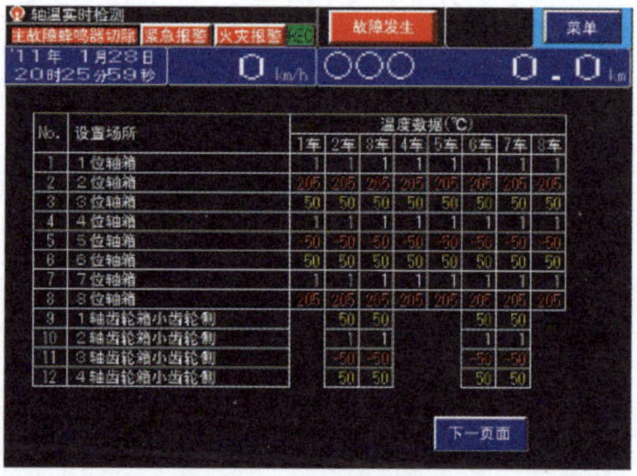

图 7-37　CRH380A 统型动车组轴温实时检测页面

表 7-33　CRH380A 统型动车组轴温实时检测页面说明

显示项目	显示内容			显示说明
轴温传感器温度	—	文字:白 背景:黑	通常	不明时 传感器信息　无效时 传感器信息　故障时
	○○○	文字:白 背景:黑	通常	传感器信息　通常时
		文字:红 背景:黑	通常	传感器信息　温度报警
		文字:黄 背景:黑	通常	传感器信息　温度预警时
轴温传感器温度	—	文字:白 背景:黑	通常	不明时 传感器信息　无效时 传感器信息　故障时
		文字:白 背景:黑	通常	传感器信息　通常时
下一页面 上一页面		文字:白 背景:青	通常	轴温显示画面 第 1～3 画面切换按钮

2. 远程控制操作

因设备发生故障不能继续投入使用，或因特殊操作需要切除特定设备时，通过进入该页面操作，实现对设备的远程控制切除或恢复操作，此操作页面仅限于占用端司机室 MON。

(1)显示远程切除画面(图 7-38)

(2)设备切除方法

选择设备所在的动力单元，并选择要切除的设备后，按下【设定】键，显示屏页面自动转换到切除状态页面，操作人员通过该页面确认设备是否有效切除。见图 7-39。

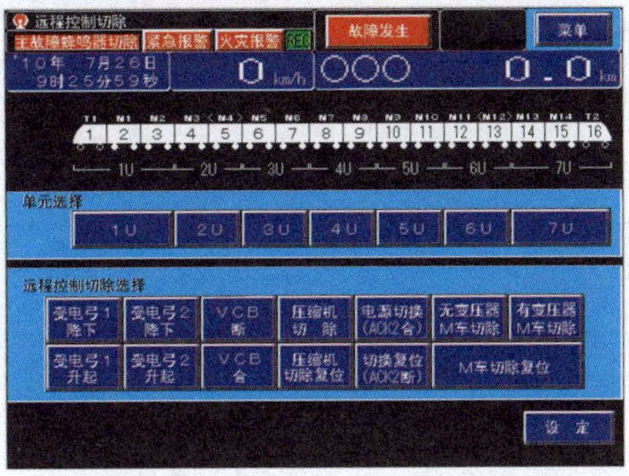

图 7-38　CRH380A(L)型动车组远程控制切除画面

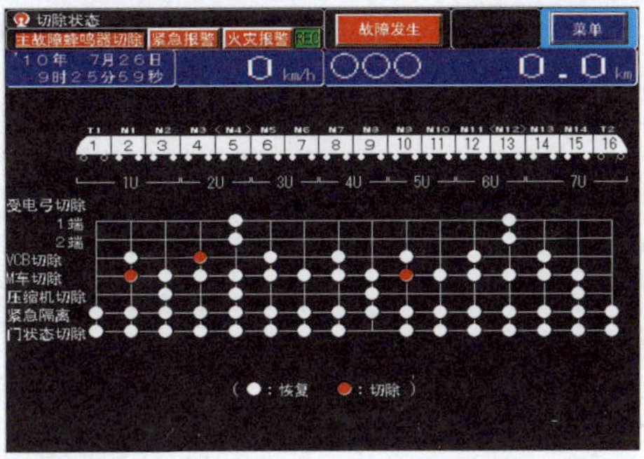

图 7-39　CRH380A(L)型动车组设备切除画面

(3)电源切换方法

当某一动力单元牵引变压器或 VCB 故障时，为确保故障单元辅助用电设备正常工作，操作人员可通过该页面采用电源切换的方法，从相邻动力单元变压器获取次边三次侧电压，确保故障动力单元辅助电源装置正常工作。

具体操作步骤：

见图 7-40，当进行 ACK2 切换操作时，必须先切除该动力单元 VCB，通过"设备切除"页面确认后，再操作【电源切换(ACK2 合)】+【故障单元】+【设定】，页面自动跳转至"电源电压"页面，确认操作是否成功。

闭合 ACK2 进行扩展供电后，CRH380A 型动车组全列空调自动减半运行；CRH380AL 型动车组相应的前 8 辆编组或后 8 辆编组空调自动减半运行。按【电源切换】键，再按【设定】键。操作完成后显示屏页面自动转换到供电分类页面，见图 7-40，操作人员需确认所操作单元 ACK1 断开，ACK2 合上。

(4)复位方法

选择单元并选定要复位的设备后，按【设定】键，显示屏页面自动转换到"切除状态"页面，操作人员通过该页面确认设备是否恢复有效。

3. 列车员模式

在列车员模式下，可以通过 MON 进行对乘客服务相关的客室空调、照明、卫生间、车门、信息显示等设备工作状态的查询、控制、状态监视等功能。见图 7-41 及表 7-34。

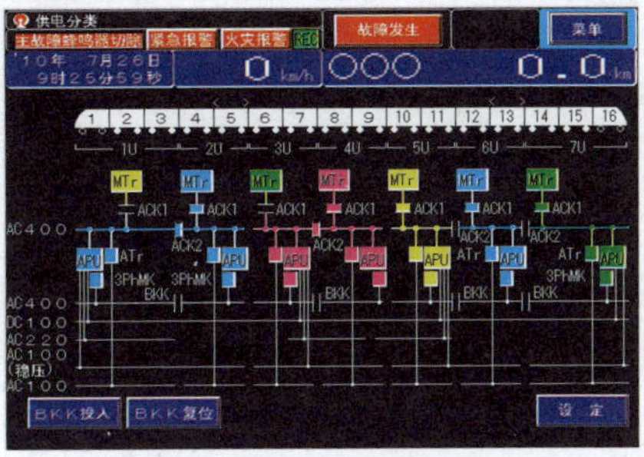

图 7-40　CRH380A(L)型动车组供电分类画面

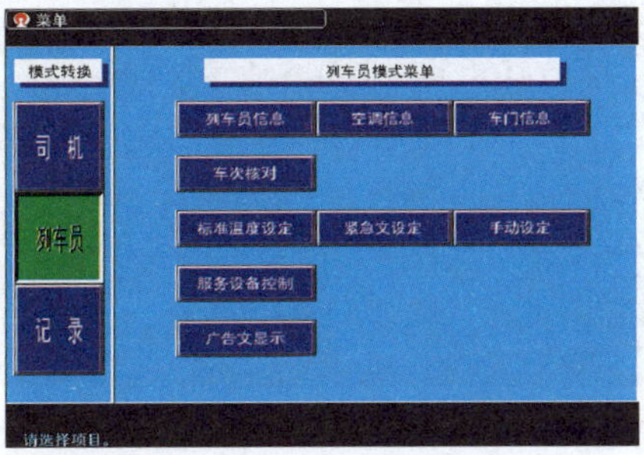

图 7-41　列车员模式页面

表 7-34 列车员模式菜单页面说明

页面名称	说　明	备注
列车员信息	第 1 页面显示车门、火灾蜂鸣器、紧急蜂鸣器、卫生间蜂鸣器、缺水等状态。第 2 页面显示全车广播、室内照明的开/关、车厢指南的各种状态	
空调信息	显示空调运转模式、空调减半、设定温度、室温、运行率等各种状态	
车门信息	显示各车的车门信息	
车次核对	显示目前已设定的车种、车次、联解、停车方式、列车编号	
标准温度设定	对各车厢的制冷、以及制热温度进行设定	
紧急文设定	发生车辆故障或者晚点的场合，通过此页面选择具体原因(短文)，向乘客信息显示器发送	
手动设定	输入有关列车的分类、车次等	子菜单
列车分类设定		
停车站方式设定	输入有关列车的停车站方式	子菜单
联解信息选择	输入有关列车的联解信息	子菜单
联解站设定	输入有关列车的联解站	子菜单
车厢号码设定	输入有关列车的车厢号码	子菜单
手动设定确认	显示在列车分类设定—车厢号码设定页面中设定的分类、车次、停车类型、联解站、车厢号码	子菜单
服务设备控制	选择空调运转模式、广播、乘客信息显示、室内照明、自动广播(混编列车时)、关闭广播(混编列车时)的控制输入	
空调运转模式设定	设定空调运转模式	子菜单
广播设定	设定整车广播的开/关	子菜单
乘客信息显示设定	设定乘客信息显示与对象车辆	
室内照明设定	设定整车室内照明的开/关	
广播切换设定	设定编组间广播的开/关	
自动广播设定	进行自动广播的切换	
广告文显示	最多可显示 30 条通过列车无线装置接收的广告文	
故障信息	显示故障发生时的故障信息(故障内容、保护措施、处理措施、注意)	自动弹出
故障发生	发生故障时，无论处在哪个页面都会在该页面的下方瞬间显示故障信息(故障内容、保护)	自动弹出
通知状态	发生紧急报警或火灾报警时，显示紧急报警和火灾报警状态	自动弹出

(1)列车员信息页面(图 7-42)

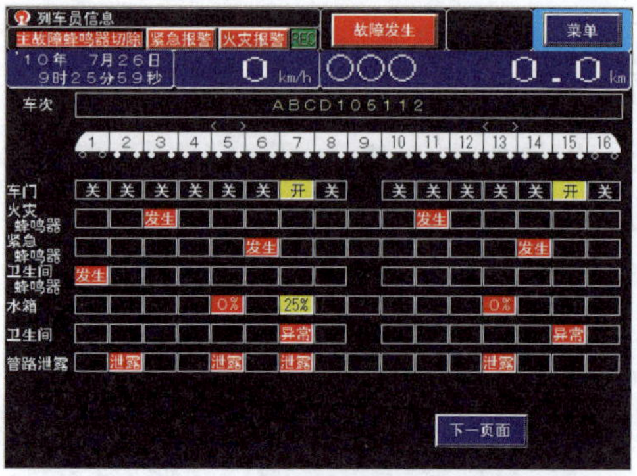

图 7-42 CRH380A(L)型动车组
列车员信息页面(1/2)

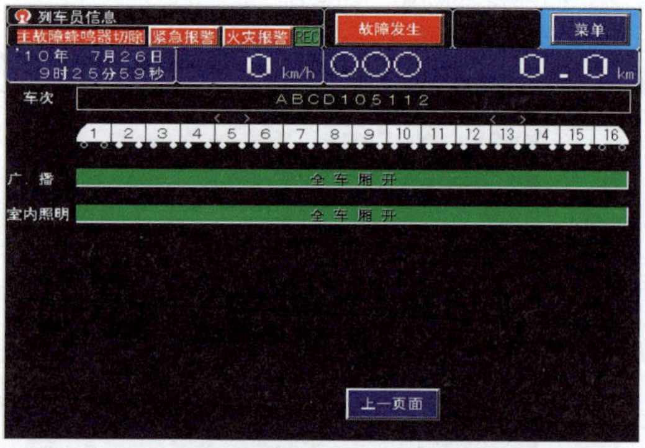

图 7-42 CRH380A(L)型动车组
列车员信息页面(2/2)

(2)空调信息页面(图 7-43)

(3)车门信息页面(图 7-44)

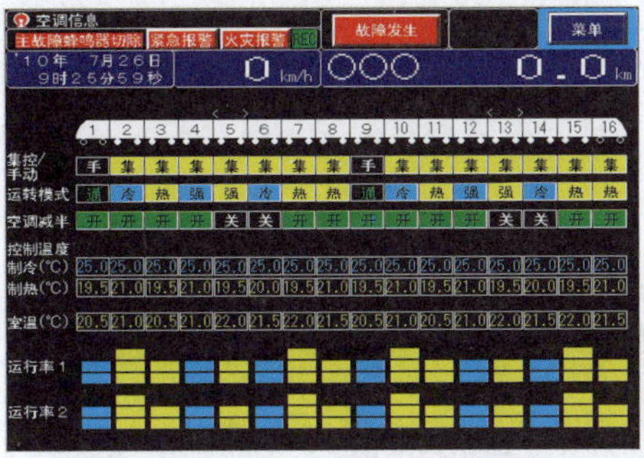

图 7-43　CRH380A(L)型动车组空调信息页面

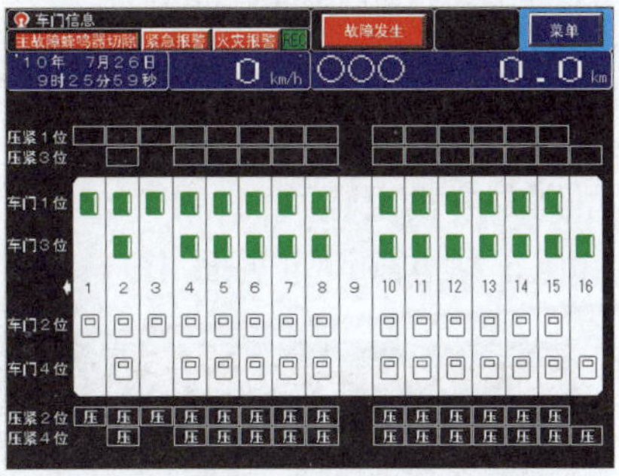

图 7-44　CRH380A(L)型动车组车门信息页面

(4)车次核对页面(图 7-45)

(5)客室空调标准温度设定页面(图 7-46)

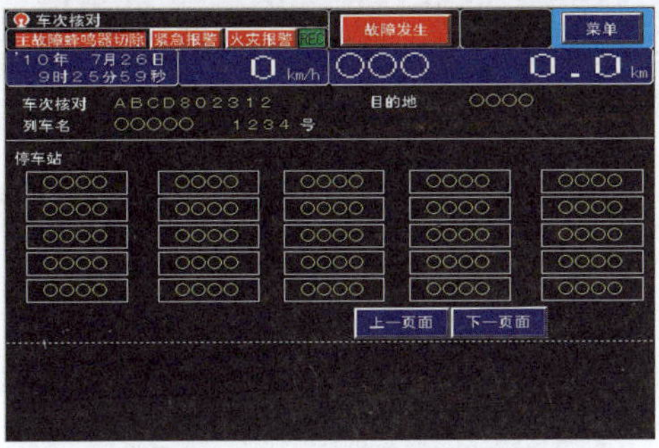

图 7-45　CRH380A(L)型动车组车次核对页面

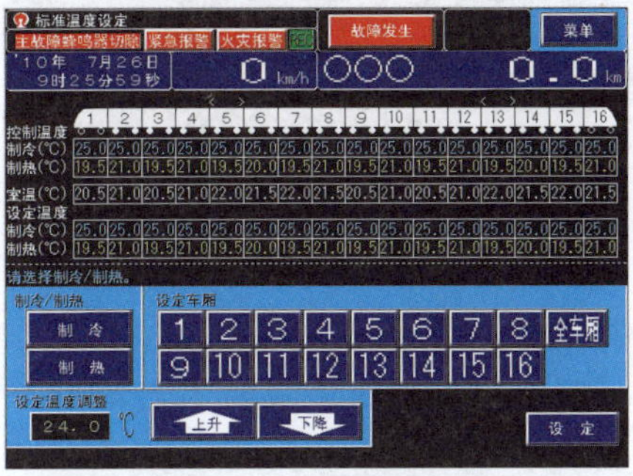

图 7-46　CRH380A(L)型动车组标准温度设定页面

在该页面可实现对客室空调进行功能设定和温度调节,可对全列车,也可对某节车厢单独设定。

具体操作步骤:

选择【制冷】或【制热】,点击【全车厢】,对温度通过【上升】或【下降】进行设定,点击【设定】,即可实现对空调设备的控制机设定。温度设定后,可通过页面表格中“控制温度”与“设定温度”进行对比,若设定成功,则这两项温度值应相一致,两者不一致表示设定不成功。

(6)紧急文设定页面

紧急文设定页面主要是在列车发生晚点或故障后,需要通过车厢内信息终端向旅客提供解释信息。此页面预设有 8 种常见信息,操作人员选择对应信息设定,就可实现在车厢内信息终端平滚动播出。见图 7-47。

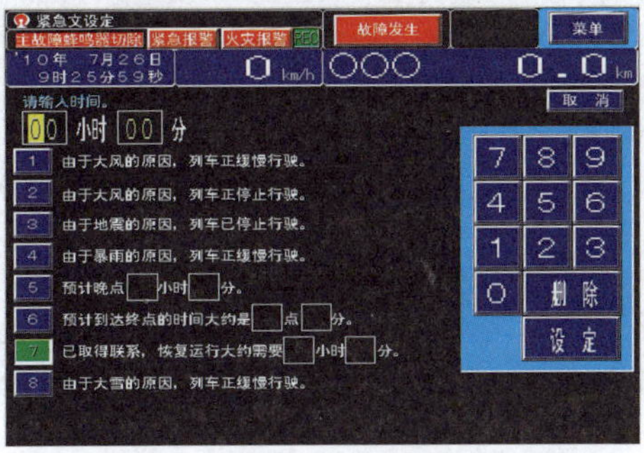

图 7-47　紧急文设定页面(1/2)

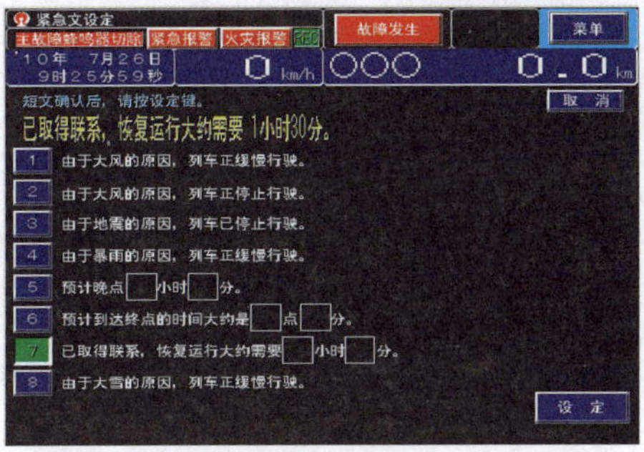

图 7-47　紧急文设定页面(2/2)

(7)手动设定页面

正常情况下,列车运行数据通过事先编制好后存入信息系统,机械师在进行列车车次设定后,信息系统通过车次自动调取列车信息。当该信息丢失或信息自动调取失败时,机械师可通过手动设定本次列车运行线路数据及停车站相关信息的的方式,实现列车信息的自动播报功能。见图7-48。

①列车分类设定页面(图7-49)

②停车站方式设定页面(图7-50)

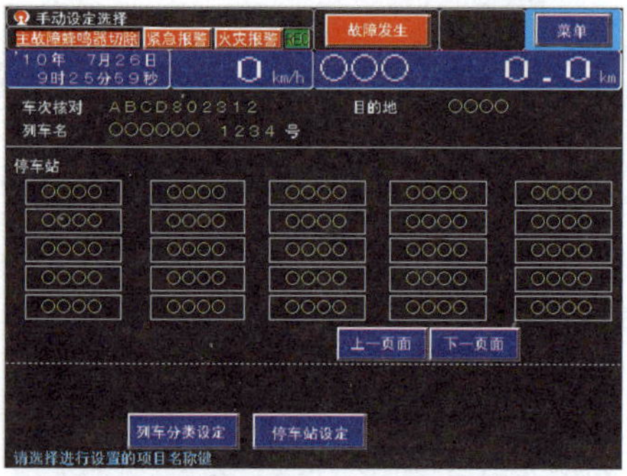

图7-48　手动设定页面

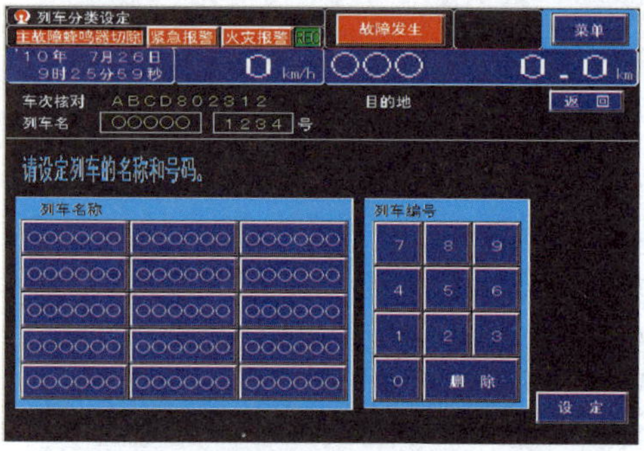

图7-49　列车分类设定页面

(8)服务设备控制页面

在该页面,操作人员可对客室空调工作模式进行设置,对客室广播、信息显示终端、客室照明进行开关控制。见图7-51~图7-55。

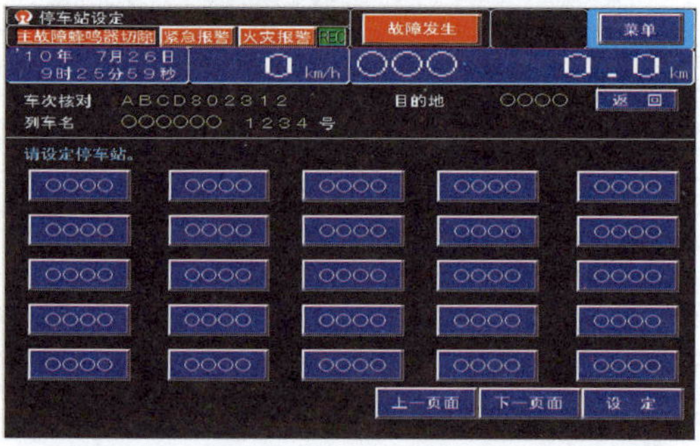

图7-50　停车站方式设定页面

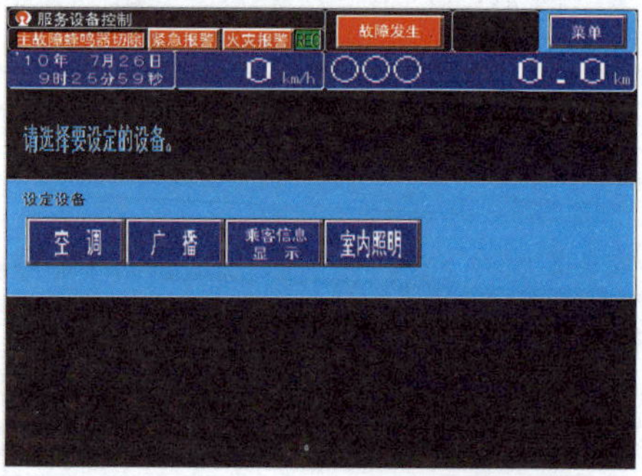

图7-51　服务设备控制页面

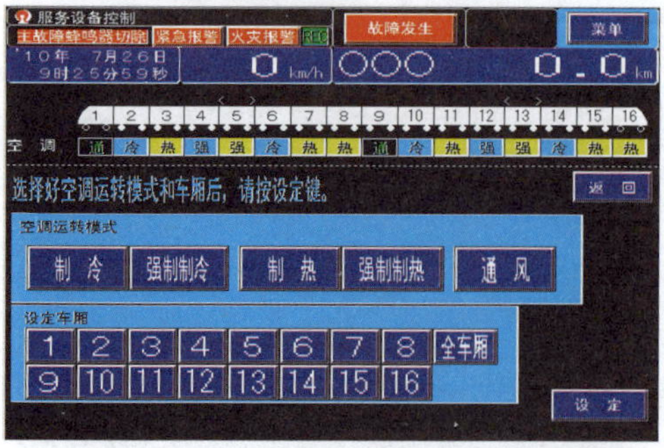

图7-52　客室空调工作模式设定页面

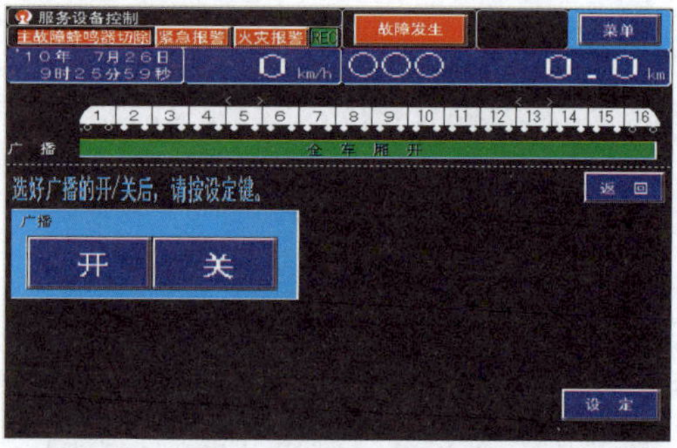

图7-53　客室广播开关设定页面

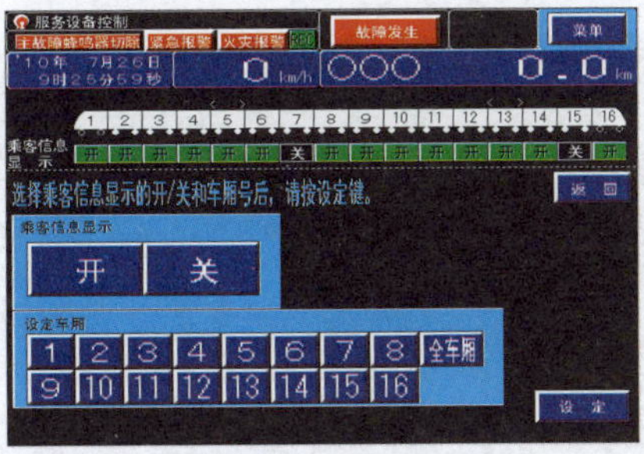

图 7-54　客室信息终端显示设置页面

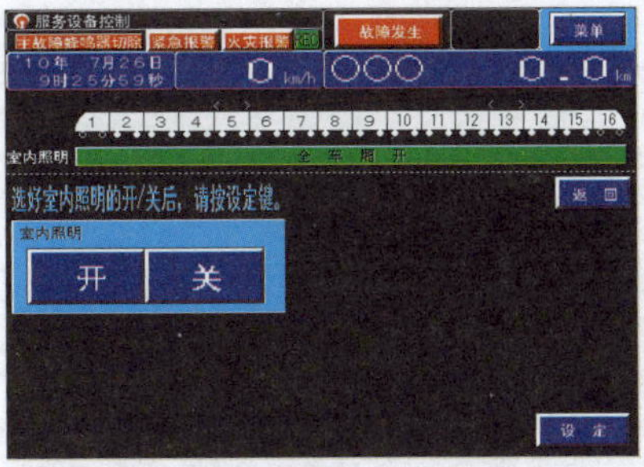

图 7-55　客室照明显示设置页面

4. 记录模式

记录模式是当动车组车体进行整修后，根据需要或维修规程规定，对动车组相关设备在试运行时采集数据的模式，运行中的故障等的记录可以通过切换到维修模式来读取数据。见图 7-56及表 7-35。

在该模式下可将 IC 卡插入卡架对试运行数据进行存储。

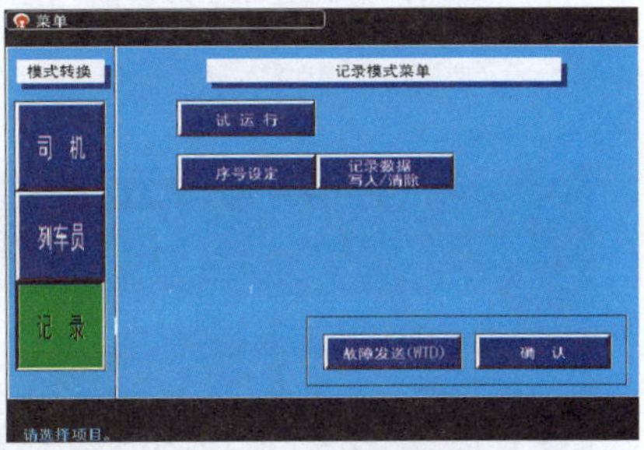

图 7-56　记录模式菜单页面

表 7-35　记录模式菜单页面说明

页面名称	说　明	备注
试运行	最多可在存储卡内记录 2 000 秒的车辆性能信息(级位、速度、电机电流、制动气缸压力、行驶距离等)	
项目设定	选择每个车厢记录的数字信息、模拟信息、以及各信息的触发器(trigger)的设定	
记录数据写入/清除	将第 2 项记录的数据传输至 IC 卡或清除	
故障发送(WTD)按键	按下【故障发送(WTD)】,再按下【确认】,MON 将故障记录、累计电力/里程记录、累计空转/滑行记录发送给 WTD,供其发送到地面服务器	

(1)试运行页面

在该页面可直观反映动车组试运行式动力值的设定情况，可查看牵引、制动手柄在各级位时的加/减速度值，通过与标准值对比对动力设备调试情况进行查验。见图 7-57。

(2)序号设定页面(图 7-58)

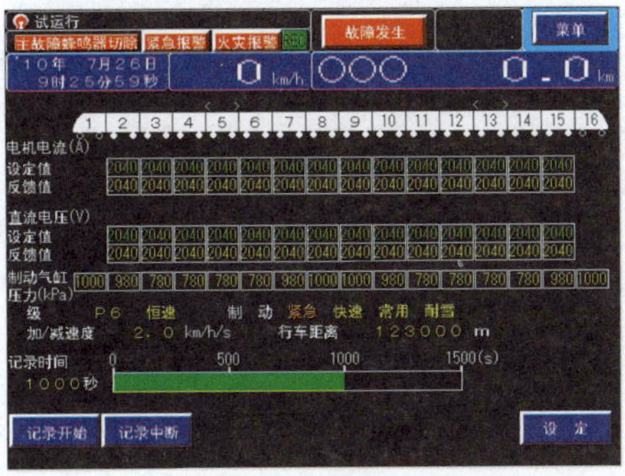

图 7-57　试运行页面

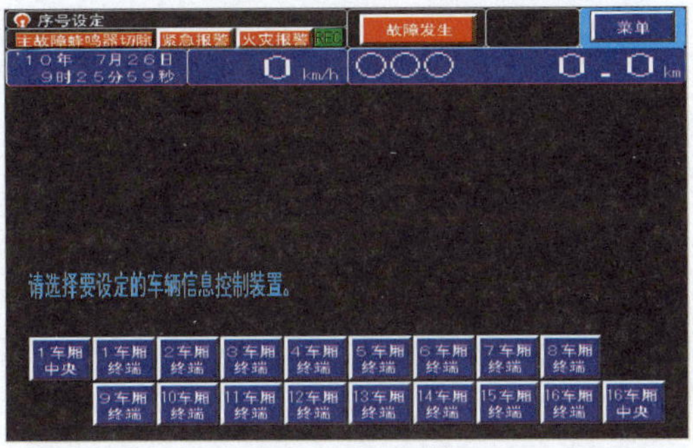

图 7-58　序号设定页面(1/3)

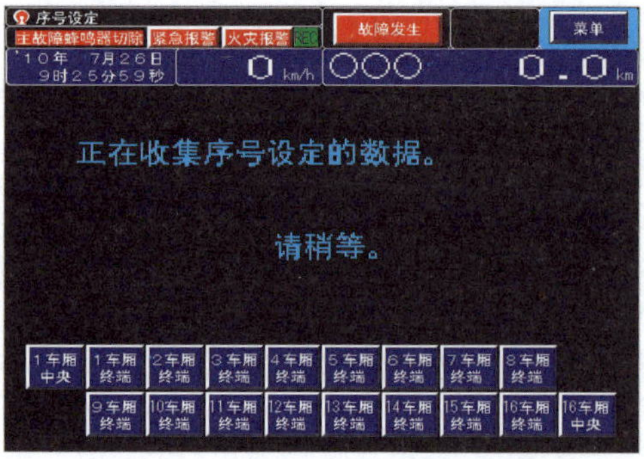

图 7-58 序号设定页面(2/3)

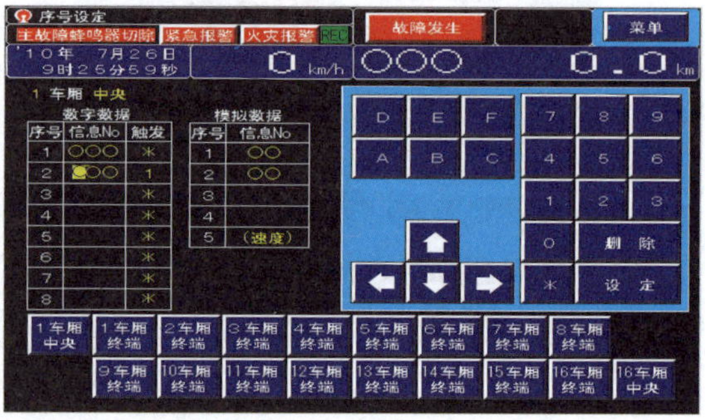

图 7-58 序号设定页面(3/3)

(3)记录数据写入/清除(图 7-59)

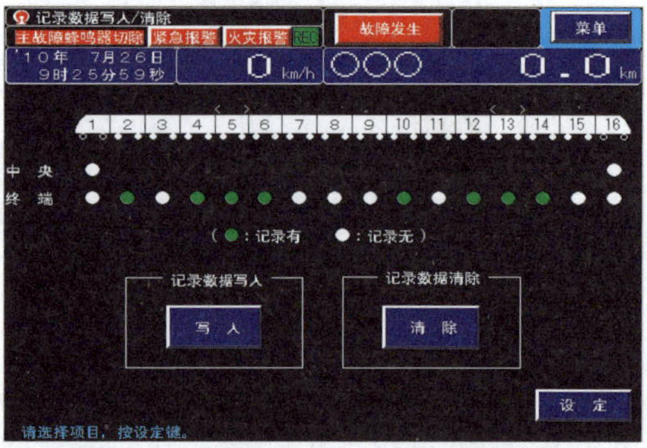

图 7-59 记录数据写入/清除页面(1/2)

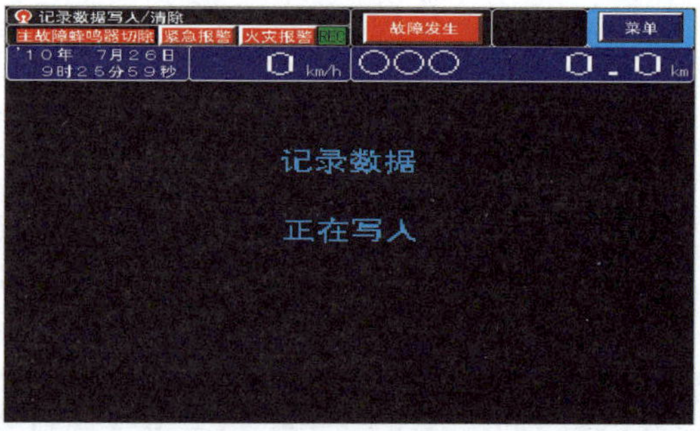

图 7-59 记录数据写入/清除页面(2/2)

复习思考题

1. 动车组车载信息系统由哪些部件构成?
2. 动车组信息系统信息传输有哪些特点?
3. 动车组车载中央信息装置有哪几种工作模式,如何实现功能切换?
4. 动车组终端装置司机模式菜单有哪些功能模块?
5. 动车组发生紧急制动后,如何通过 MON 屏判别紧急制动指令输出来源?
6. 如何通过 MON 屏进行远程升降弓操作,远程降弓操作与按压降弓按钮降弓有何区别?
7. 辅助电源装置故障后扩展供电如何操作?
8. 当动车组某一台牵引变压器故障后动车组维持运行,司机应如何操作?有哪些注意事项?

第八章　动车组辅助设备

第一节　车门集控系统

一、概　　述

CRH380A 型动车组开关门电路中包括侧拉门电路、内端拉门电路及残疾人用厕所自动门电路的 3 种门的电路。侧拉门及内端拉门设置在各个车辆，残疾人用厕所的自动门因出厂的批次不同设置在不同的车厢。以 CRH380A(6001～6040)型动车组为例，车门设备的构成见表 8-1。

表 8-1　CRH380A 车门设备构成

车 设备的构成	T1-1	M1-2	M2-3	M3-4	M4-5	M5-6	M6-7	T2-8
[侧拉门电路]								
继电器盘	1	1	1	1		1	1	1
乘务员开关（一位侧/二位侧）	2				2			2
上下车门语音控制装置	1	1	1	1		1	1	1
[内端拉门电路]								
自动门开关装置	3	2	2	2	1	2	2	3
[残疾人用厕所自动门电路]								
厕所自动门开关装置				1				

二、动车组外侧门集中控制

(一)侧开门及操作

CRH380A 型动车组侧拉门装置采用通过操作在司机室以及监控室内设置的开关集中控制的方式。侧开门的开关可以在 1 车、8(CRH380AL 型动车组为 16)车的司机室操纵台和 5(9)车的监控室进行操作。关闭侧拉门之后各个车厢侧面外部的显示灯会熄灭，司机台的关门显示灯会亮起。司机在确认了显示灯状态之后，头车侧拉门和餐车侧拉门为可手控侧拉门，可根据需要选择车门是单控还是集控。

动车组运行速度达到 5 km/h 以上时，关门保护电路起作用，即使进行开门操作，侧拉门也不会打开，但是在紧急情况下，可通过操作车内门上部的气阀，将门气缸里的空气强行排除，可以手动打开车门。

1. 动车组集控关门操作流程见图 8-1。

2. CRH380A(L)型动车组 5(9)车监控室操作步骤：

(1)将开关门钥匙插入靠站台侧的侧开门操作开关。

(2)旋转开关门钥匙到“合”位。

(3)按下开门开关(车侧灯亮灯、车门打开、乘客上下车)。

(4)确认已无旅客在上下车后,按下关门开关。

(5)确认车侧灯已熄灭。

(6)旋转开关门钥匙到"断"位。

(7)拔出开关门钥匙。

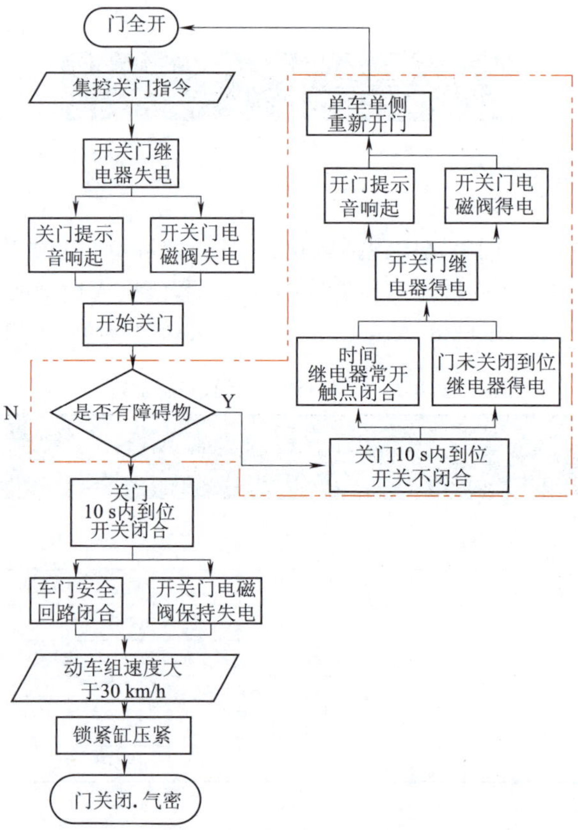

图 8-1 关门动作流程图

(二)侧拉门电路

开关门控制电路见图 8-2,下面以 CRH380A 统型动车组 1 车一位侧车门控制电路讲解开关门控制原理。

1. 集控开关门电路

103 电源线经门控制电路 NFB(DN),141 线加压。当操作开门按钮(DS11)时,142 线加压,当"门手控集控开关"选择"集控"位时,142Z4 线加压,经门隔离联锁(DGS1),142Z7 线加压,门磁阀开门继电器(DVOR1)励磁。

当操作关门按钮(DVS12)时,142Z 线加压,当"门手控集控开关"选择"集控"位时,142Z3 线加压,门磁阀关门继电器(DVCR1)励磁。

2. 手控开关门电路

CRH380A(统)型动车组的 1/6/0 车具备手控开关门控制。当采用手控开关门时 103 线经门控制开关(DVCN3)使 103X3 线加压,当"门手控集控开关"选择"手控"位时,103X4 线加压,需要手控开门时,操作"一位侧车门车内、外开关"(DSW1 或 DSW2),142Z6 线加压,经门隔离联锁(DGS1),142Z7 线加压,门磁阀开门继电器(DVOR1)励磁。

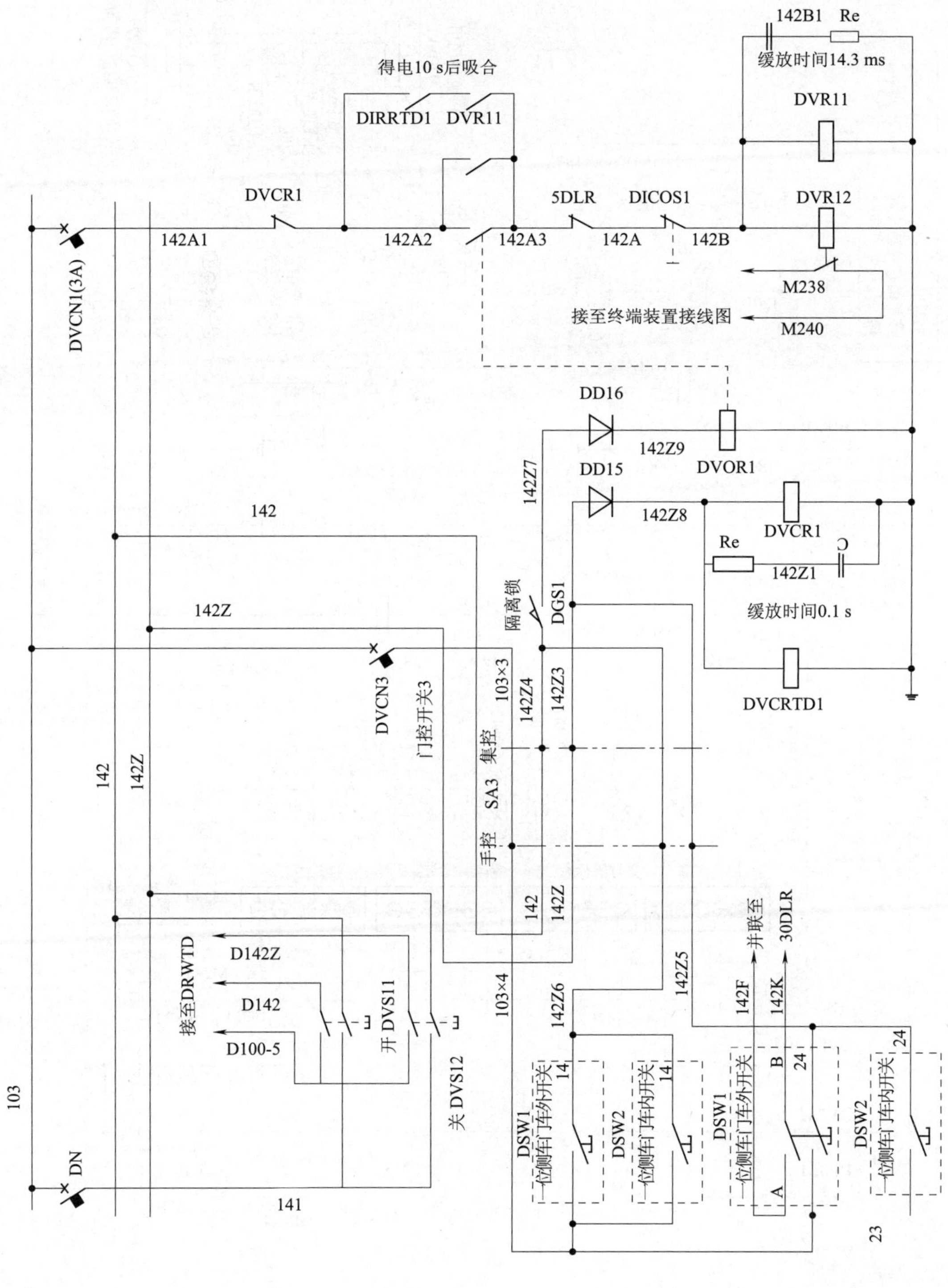

图 8-2 开关门控制电路(a)

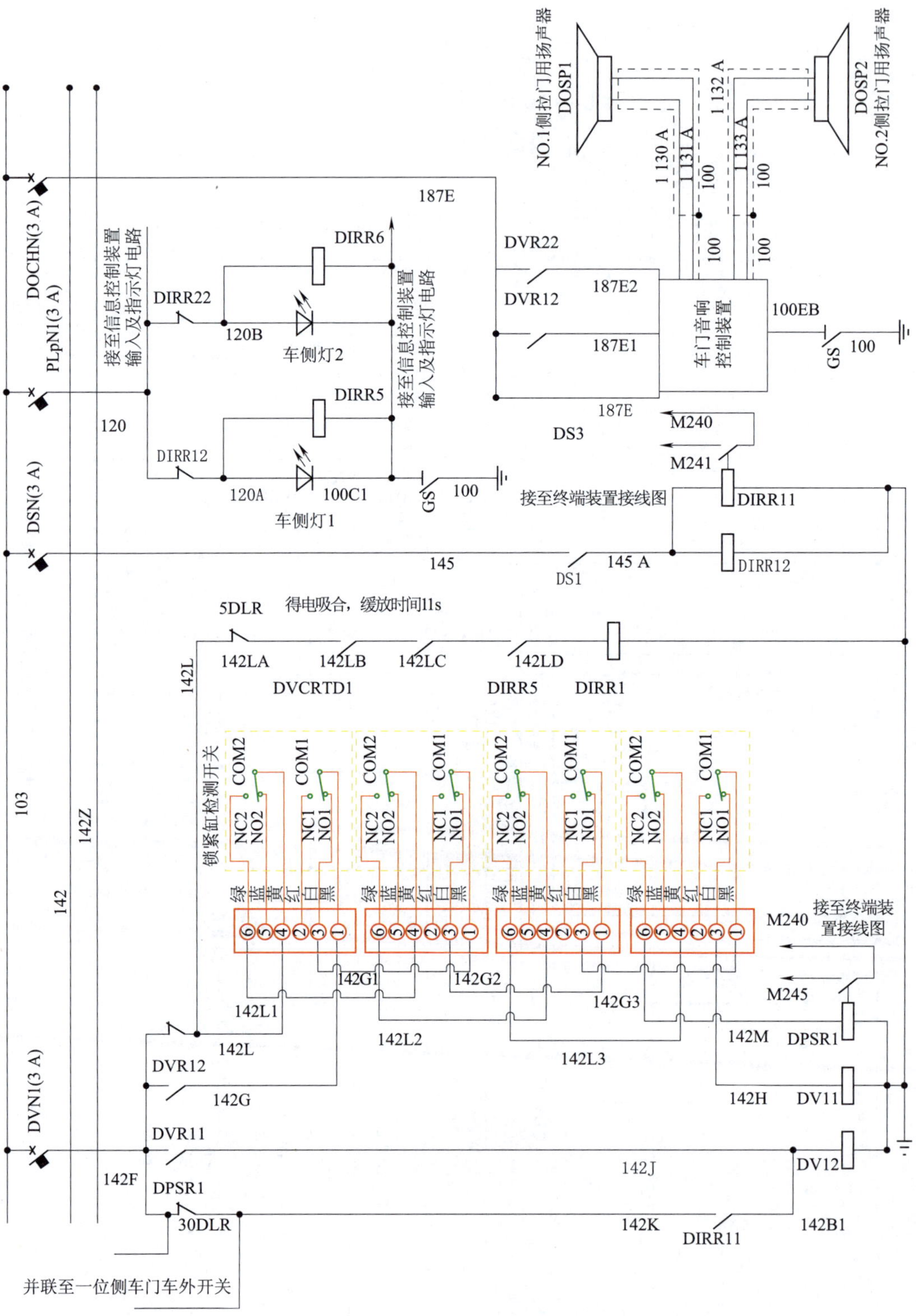

图 8-2 开关门控制电路(b)

需要手控关门时，操作“一位侧车门车内、外开关”（DSW1 或 DSW2），142Z5 线加压，142Z8 线加压，门磁阀关门继电器（DVCR1）励磁。

3. 开关门控制（图 8-2）

（1）开门控制

DVOR1 被励磁后，其常开联锁闭合，103 线经门控制 NFB（DVCN1），使 142A1 线加压，经门磁阀关门继电器（DVCR1）常闭联锁，DVOR1 常开连锁，5DLR（5 km/h 以下时非励磁）、DICOS1（门互锁切断开关）常闭联锁，DVR11、DVR12（门磁锁关闭继电器）励磁，DVR11 常开联锁闭合，当松开开门按钮后，DVR11、DVR12 将处于自保持状态。

DVR11 励磁后，其常开连锁闭合，103 线经 DVN1、DVR11 常开连锁，142C 线加压，经油压缸检测开关联锁，门磁阀 DV11 励磁。

当速度在 30 km/h 以下（30DLR 励磁）的状态时，门压紧电磁阀 DV12 变为非励磁，油压被释放，通过内部装有的弹簧，门压紧气缸得到松缓。由于压紧装置的油压降低，压力开关 PS1、3（一位侧）的接点被连接，电磁阀 DV11 被励磁，完成开门动作。

（2）关门控制

根据司机操纵台的关门指令，用于关门电磁阀的关门指令继电器 DVCR1 励磁，其常闭联锁断开，关门电磁阀继电器 DVR11、12 消磁。DVR11 常开联锁断开，关门电磁阀 DV11 消磁，车门关闭。

由于 DVR12 消磁，其常闭联锁闭合，DPSR1 励磁，其常开联锁闭合，门压紧电磁阀 DV12 变为励磁。

车门处于关闭状态下（DIRR 励磁），列车速度为达到 30 km/h 以上时，压紧电磁阀 DV12 经 30DLR（30 km/h 以上非励磁）常闭联锁、DIRR11 常开联锁励磁，压紧装置将门压紧保持气密。

当侧拉门处于开放状态，列车速度达到 5 km/h 以上时，5DLR 励磁，其常闭联锁断开，DVR11、DVR12 将消磁，列车将自动关闭侧拉门。

从开关门电路分析，当列车速度达到 5 km/h 以上时，开关门电路失去控制作用，操作开关门按钮无效。

4. 车侧灯

根据关门开关 DS1 来检测门的开关状态，由于关门开关的接点为关（关门状态），关门连动辅助继电器 DIRR11、12 励磁，关门连动辅助继电器励磁后，作为车侧灯亮灯条件的 DIRR 接点变为打开，车侧灯灭灯。

5. 开关车门提示音控制

伴随门控制电磁阀继电器的动作，侧拉门开关时，从扬声器发出声音。在一位侧、二位侧分别设有扬声器，进行开关一侧能够自动识别。

6. 内端拉门控制

通过从设在客室侧、通过台侧的光线感应开关，把信号输入自动门开关装置（ADCD）后，内端拉门进行开和关的动作。

第二节　空调换气系统

一、系统概述

（一）系统组成

空调系统由客室空调机组、换气装置、风道系统、应急通风系统、司机室空调及司机室暖风机等组成。每节车厢车下设备舱内安装 2 台客室空调机组、1 台换气装置，通过连接风道与设置在车内的风道相连接，调节车厢各部位对送风量、回风量和新风量的需求，保证车内的温度、湿度、气流速度、压力等参数指标，为旅客提供舒适的车内环境。空调系统空气传输流程示意图见图 8-3。

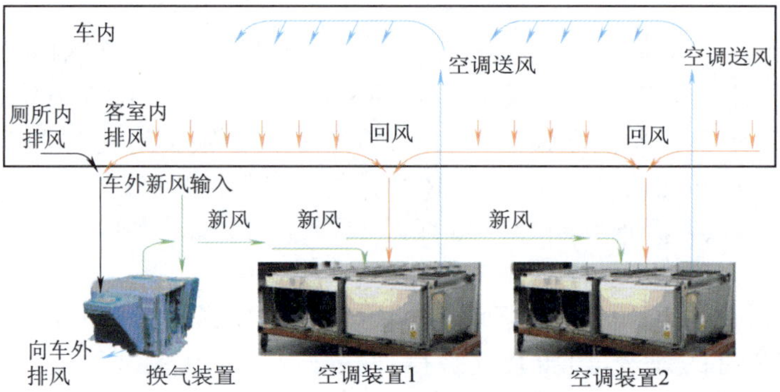

图 8-3 空气传输流程示意图

头尾车司机室设单独的空调和暖风机，以保证司机室的舒适性。

每节车设单独的应急通风系统，用于空调系统供电故障时的应急通风。应急通风系统主要包括应急释放阀、车内压力开放阀及应急通风机。每车设置 4 台应急通风机，中间车设有 2 台应急释放阀，对于头尾车，设有 1 台应急释放阀及 1 台车内压开放阀，车内压力开放阀安装在司机室端。应急通风系统能够保证紧急情况下车辆的应急通风量。

空调系统各部件主要功能如下：

1. 客室空调机组：制冷、采暖、送/回风；
2. 换气装置：车内新风供给、车内废气排出、车内压力保护；
3. 司机室空调机组：实现司机室内的制冷、通风；
4. 司机室暖风机：实现司机室内的采暖；
5. 风道：实现车内各区域送风、回风；
6. 应急通风：在正常交流电源供电发生故障时，向客室提供乘客所需的新风量。

列车空调系统主要设备配置表见 8-2。

表 8-2 CRH380A 型动车组空调系统主要配置表

名称 \ 车辆	数量							
	T1	M1	M2	M3	M4	M5	M6	T2
客室空调机组	2	2	2	2	2	2	2	2
换气装置	1	1	1	1	1	1	1	1
风道系统	1	1	1	1	1	1	1	1
司机室空调机组	1							1
司机室暖风机	2							2
应急通风系统	1	1	1	1	1	1	1	1

（二）主要技术参数

1. 制冷能力

夏季外温 33 ℃、相对湿度为 80％及 150％定员时，客室温度可保持在 26 ℃以下；

夏季外温为 40 ℃、相对湿度为 46％及 100％定员时，客室温度可保持在 28 ℃以下。

2. 制热能力

冬季气温为－15 ℃时，客室温度可保持在 20 ℃以上。

3. 室内空调微风速

车厢(在座位上边位置)：<0.4 m/s；

通过台(在顶板出气口位置)：<2.0 m/s。

4. 车厢内温度分布

±2 ℃以内。

5. 循环风量

在静压 68 mmAq(666 Pa)时 3 600 m^3/h・台以上。

6. 新鲜空气量

正常通风：≥20 m^3/(人・h)；

应急通风：≥10 m^3/(人・h)。

7. 空气清净度

粉尘浓度：<0.15 mg/m^3；

CO_2 浓度(在定员状态下)：<0.15%。

8. 车内压力控制

压力变化率小于 800 Pa/3 s。

二、客室空调、换气装置

(一)换　　气

为了抑制高速运行的车辆在进入隧道或车辆交汇时产生的车外压力变化传播到车内，避免乘客产生耳鸣等不适，同时为了实现新风供给和车内废气排放，采用了供排风一体的连续换气装置。

换气装置主要由送风机、电机、连接风道、换气装置及逆变器箱等部分组成。新风通过专门的新风风道与空调机组相连，向空调机组提供新风；通过与回风道及卫生间废气风道相连，排出客室内的废气(废气包括两部分，一部分从回风道排出，另外一部分从厕所废排风道排出)。送风机与连接风道相连，连接风道壁敷设有消音用降噪材料。在新风吸入侧的连接风道内置有固定式风量调整板，在排气侧的连接风道上设置有滑动式风量调整板，用于调节风量及调整车内气压。

车外新风经过装有风量调节板的给风侧，被高压送风风机吸入，分别送到两台空调机组中，客室内回风被高压排风风机吸入，进入装有电机的换气装置的内部通道，从装有调节板的出风口排出车外。正常运行时，它可以保证从室内排出风量就与补充的新风相等，从而保证客室内空气压力恒定。换气装置工作示意图见图 8-4。

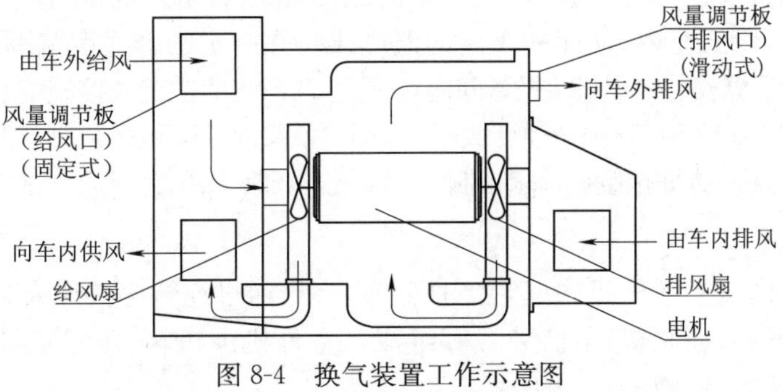

图 8-4　换气装置工作示意图

(二)客室空调设备

1. 概述

CRH380A型动车组在车辆地板下对称设置了2台空调机组。空调机组的送风口与设在客室地板下部的送风道连通,并与顶板位置处的送风口连通;回风口与吸入车内空气的回风道连通。冷气输送时,从回风道吸入的室内空气与从供气装置通过供气风道送入的新鲜室外空气相混合,通过设置在空调机组回风口的回风滤网,然后与室内热交换器进行热交换,冷却为冷气。该冷气从车体两侧风道的出风口吹入客室,向乘客提供冷风。暖气输送时,从回风道吸入空气,同样与新鲜的室外空气混合,通过设置在空调机组回风口的回风滤网,由电加热器加热,通过相同路径,向乘客提供暖风。另外,安装了室外滤网以防止热交换器污损。室内外滤网均采用无纺布材料。机组的运行和容量控制由空调自备逆变器进行。

餐车送风口设置在侧顶与窗上墙板间;走廊侧送风口设置于窗框与顶板结合处,为隐形送风口。

回风口设在座椅下方。为防止噪声,地板下空调机组、换气装置连接部分的附近座席下没有设置回风口。餐车的回风口分别设在餐厅餐椅下方、厨房纵向间壁上和吧台下方。

动车组每辆车设有4个温度传感器,两台机组分别接收两个传感器检测的温度信息,并将2个温度传感器测定的温度值平均后所得的车内温度和制冷设定温度比较、自动选择不同的运行模式,对压缩机进行ON/OFF控制,并决定压缩机运行频率。

2. 运转时注意事项

(1)制冷运转

制冷运转时,在压缩机75 Hz运转下,进出风温差在6~7 ℃以下时,冷媒可能泄露。

(2)20 ℃以下低温运转

室内室外热交换器在吸入温度为20 ℃以下的空气运转时,室内热交换器可能会结霜,从而导致压缩机的损坏,应严禁运转。如果确实需要试运转时,在10 ℃以上时可运转3~5 min、0 ℃以上时3~4 min之间。

(3)启动/停止

如果短时间内送风机或压缩机反复启动,可能引起压缩机、室内外送风机的电动机和接触器的过早损坏。启动、停止时间间隔要求在1 min以上。

三、司机室空调

(一)概　　述

司机室空调机组是专为动车组司机室设计的舒适性空气调节设备,具有通风和制冷功能。

空调机组的室外机安装在车下,室内机安装在司机室设备间内;室内机和室外机的制冷系统通过中间管路和接头连接在一起,形成封闭的制冷循环回路。空调机组先对司机室内的回风进行冷却,然后再供给车内,从而使车内的温度维持在一定的舒适度范围内。

空调电源箱、变压器安装在司机室设备间内,它是空调系统的逆变兼控制中心。控制电源一方面把从车辆输入的AC 400 V、50 Hz电源逆变成三相交流440 V、60 Hz和直流24 V后供给空调压缩机和室内风机、室外风机,另一方面按空调要求控制空调系统的正常工作,完成通风、制冷的运行。

(二)设备组成

空调机组由室内机和室外机构成,室内机和室外机通过连管连接形成封闭制冷循环系统。室内机由机箱、蒸发器、通风机、节流装置等组成。室外机由机箱、压缩机、冷凝器、冷凝风机、压力开关、干燥过滤器、汽液分离器组成。

（三）工作原理

1. 制冷系统的工作过程

由压缩机压缩成高温高压的冷媒蒸气，进入风冷冷凝器，经外界空气的强制冷却，冷凝成常温高压的液体，进入毛细管节流降压，变成低温低压的气液混合冷媒，然后进入蒸发器，吸收流过蒸发器的空气的热量，蒸发成低温低压蒸气，被压缩机吸入，完成一个制冷循环。压缩机不断工作，达到连续制冷的效果。

车内的空气通过蒸发器时，空气中的水分冷凝成水滴，被引到车外，在降温的同时也起了除湿作用。

2. 降温

车内的循环空气由机组的通风机吸入，通过蒸发器得到冷却，并由机组底部出风口送入车内，向车内吹出冷风。制冷系统连续工作，使车内温度逐渐降低。

图 8-5　操纵台前方冷气出风口的位置

（四）操　　作

（1）司机室制冷与制暖

为满足司机室舒适度要求，司机室单独设置空调装置和暖风机，实现司机室的制冷功能和制热功能，从而保证司机室的环境。司机室制冷和采暖出风口的位置见图 8-5～图 8-8。

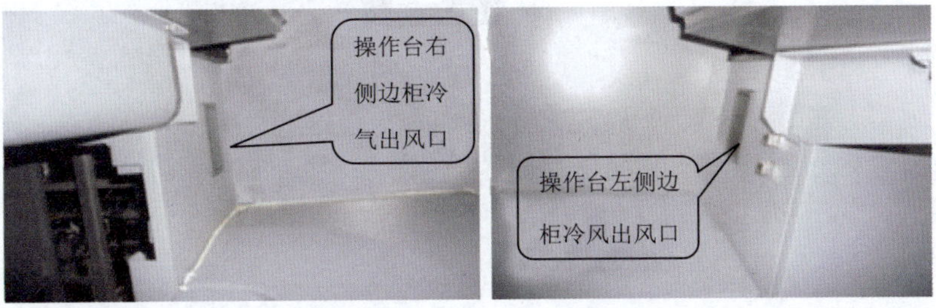

图 8-6　操纵台右侧、左侧边柜冷气出风口的位置

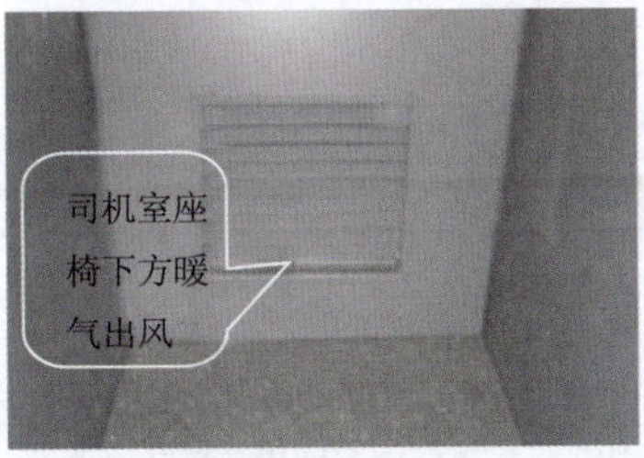

图 8-7　司机室座椅下方暖气出风口的位置

图 8-8　司机室右前边柜暖气出风口的位置

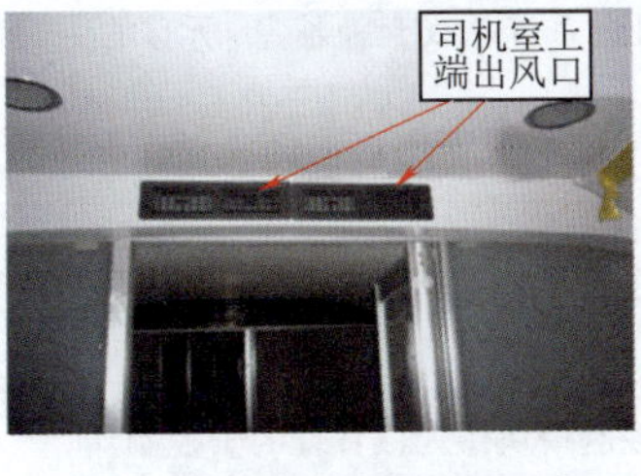

图 8-9　司机室新风入口

（2）CRH380A 统型车司机室通风

为保证司机新风量要求，CRH380A 统型车在司机室内端门上方设置了 4 个可调节的格栅出风口，通过客室的空调装置向司机室提供新鲜空气。见图 8-9。

第三节 烟火报警系统

CRH380A 系列型动车组采用同样的车内报警装置。本节以 CRH380A 型动车组为例讲解车内报警装置的结构和功能。

一、系统描述

本烟火探测系统是可寻址模拟量烟火探测系统，对人体工程学和人机界面做了特别的优化设计。烟火探测系统见图 8-10。

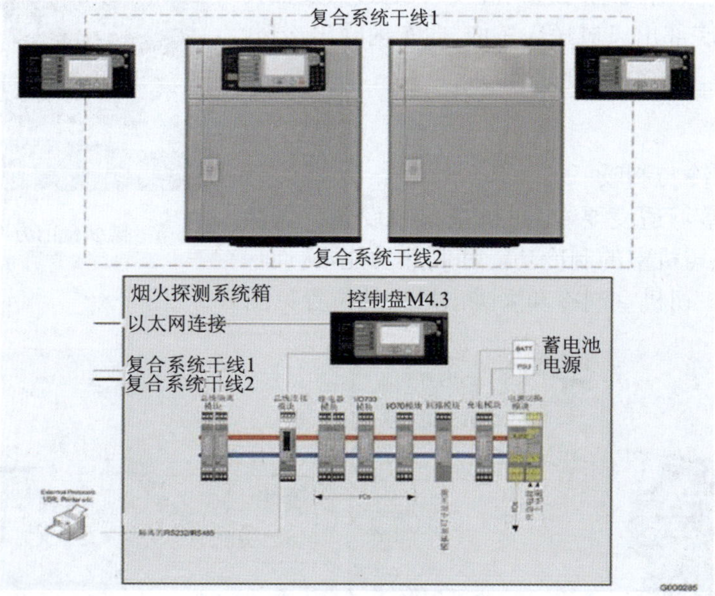

图 8-10 烟火探测报警系统

在每车配电盘内、厕所内、客室内均布有感烟探测器。

二、火灾报警设备及用语的定义(表 8-3)

表 8-3 火灾报警设备及用语的定义

火警状态	当火警被探测到时的系统状态
报警延时关闭	当火警被探测到时，外接报警设备被延时触发，通常为 2 min
报警设备	火警时，输出的报警设备被激活。报警设备指的是声音报警(比如警铃、汽笛)或光报警(比如闪灯)
分段的干线	系统干线可以分为几段，几段干线可以分别供电。通信由总线隔离模块来连接
CCP 平台	有各种模块和设备相互连接的系统总称
中枢单元	中枢单元是一个可以自行运行的完整系统，监视探测器和输入信号，激活输出和现实故障或火警。如果连接到其他中央单元，它将和其他中央单元通过系统总线交换信息，所有的中央单元组成一个大的系统
中枢单元机箱	安装中枢单元全部或部分模块的机箱
控制模块	控制模块 M4，3 等可以作为系统控制器的模块
控制盘	附带操作显示屏的控制模块
控制器模式	控制模块的运行方式，比如，作为主控制器或者热备份机。多个控制器可以组成一个更大的系统，其中一台控制模块作为管理模式的控制器，而其他控制模块作为被管理的子控制器

续上表

控制器模块	在一个中央单元或者系统中作为主控制器或热备份机的控制模块
DCS	分布式中央单元
探测器	能够探测火灾或者气体的探测器
屏蔽	屏蔽一个区域或者一个探测器后，被屏蔽的区域和探测器发出的火警信号被忽略
ESD 系统	紧急关断系统，紧急状况下的安全部件，比如防火门、风扇的关闭控制设备
外部控制	外接设备的输出控制，比如防火门
故障状态	当一个故障被探测到时的系统状态
热备份模式	处于热备份模式的控制器模块可以随时接替管理系统的主控制器的功能
回路	将探测器等部件连接到火灾报警控制器的传输通路
回路设备	火灾探测器，气体探测器，手动报警按钮等可以组成回路的设备
回路模块	给回路提供通信通道和电源的模块
被管理模式	相对于控制器模式，所有被一个处于管理模式控制模块管理的模块
MCS	多中央单元系统，由多个中央单元组成的系统
操作模式	在系统中担任不同角色的控制模块 通过系统干线： (1)中枢单元控制器模式（主控制器或热备份机） (2)中枢单元被管理模式 通过系统总线： 系统控制器模式（主控制器或热备份机）
模块	组成中枢系统平台的各个模块，平台内部的模块通常支持系统干线，控制模块支持系统总线
模块地址	模块的地址由一个 DIP 开关来设定
静音	确认报警，并将本地蜂鸣器和报警设备关闭的动作
预报警状态	火灾报警装置接收到探测信号，尚待确认是否为火灾信号的一种报警指示
可编程输出	输出的动作可以有配置文件设定的输出
PSU	电源模块
冗余性	对于本系统来说指系统具有后备功能，像热备份控制器模块
SCS	单中枢单元系统
延伸的中枢单元(DCS)	中枢单元被物理上的分为 2 个或多个位置
同步信号	系统干线上用来同步模块行为的同步信号
系统	包含一个或几个中枢单元的系统
系统总线	多中枢系统中各个中枢单元之间的通信总线，如果需要保留冗余通信，系统总线可包含主总线和次总线
接线端	对应于 I/O 脚，接线端是指连接的物理接点
测试状态	在测试状态(或测试模式)的探测器禁止产生外部报警，但控制盘上会显示它的报警以证明被测试的探测器的功能
警告状态	当一个警告被探测到的时系统状态。警告没有像故障那么严重，只是作为提示性质，比如气体探测器需要校正
区域	一组位于地理区域的探测器

第四节　旅客信息系统

旅客信息系统是一个能够随时给旅客提供一些重要信息的系统。动车组能够及时发送列车当前到站、前方到站、正晚点情况，当前时间、运行速度、临时停车等信息。旅客信息系统包括信息显示、车内标识、列车运行信息与自动报站、列车广播、电视、列车通话系统等。CRH380A 系列动车组采用同样的旅客信息系统。本节以 CRH380A 型动车组为例讲解旅客信息系统的结构和功能。

一、旅客信息系统设备及布置

旅客信息系统由列车信息控制系统的中央装置和终端装置控制，它由以下设备构成(旅客信息系统设备构成见图 8-11)：

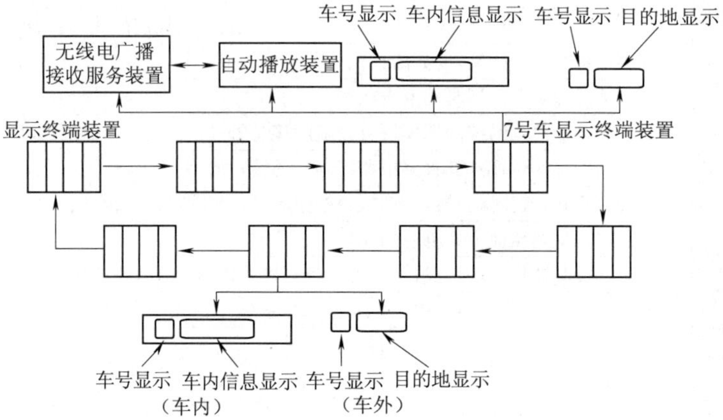

图 8-11　旅客信息系统设备构成图

1. 车内信息显示装置；
2. 车号显示装置；
3. 目的地显示装置；
4. 自动广播装置(5 车)；
5. 无线广播接受服务装置(5 车)。

二、广播系统

(一)系统概述

CRH380A(L)型动车组广播系统广播联络装置的设计，以 LON 网络作为依托平台，实现了以下主要功能：

1. 司机与司机之间的专线联络通话；
2. 司机与乘务员之间的联络通话；
3. 乘务员之间的联络通话；
4. 通话可以被强插或监听；
5. 提供一路通话通道，可以多方同时通话；
6. 通话权限可以通过软件进行设定；
7. 司乘人员对全车进行广播；
8. 司乘人员对定点车厢进行广播；
9. 广播功能可以通过软件进行设定；
10. 与车上 MON 之间的通信；
11. MON 对广播的控制；
12. 自动报站和手动报站；
13. 对系统内的设备状态进行监视，故障自动报警；
14. 系统采用模块化设计，各功能相同的装置之间可以完全互换，功能的不同由软件设定。操作符合日常习惯。

15. 系统与 MON 的接口部分和通信协议与 200EMU 动车组上的 MON 相同。

(二)系统组成及功能

1. 系统的组成(表 8-4)

表 8-4　旅客信息系统组成

设备名称 车号	控制放大器 C. AMP-380EMU	控制放大器 C. AMP-380EMU-A	控制放大器 C. AMP-380EMU-B	输出放大器 P. AMP-380EMU	广播系统主机 AAD-380EMU	车门音声控制器 DSC-EMU	司机联络终端 DCU-380EMU	网络路由器 CONT-380EMU	乘客信息备份主机 DBCU-380EMU
1		1		1		1	1	1	
2	1			1		1			
3	1			1		1			
4	1			1		1			1
5	2		1	1	1	1			
6	1			1		1			
7	1			1		1			
8		1		1		1	1	1	
总计	7	2	1	8		8	2	2	1

2. 控制放大器

CRH380A 型动车组全车共设有 9 台控制放大器,除 5 车设有 2 台外,其余的每车厢1 台。各个控制放大器的外形尺寸、安装尺寸以及所用的接插件完全相同。控制放大器实现的功能是:

(1)网络通信功能

控制放大器通过网络总线实现与其他控制放大器,联络装置、自动广播装置及呼唤显示屏的相互通信。

(2)通话联络功能

各个控制放大器之间可以通过装置上的话筒拨打不同的控制放大器呼叫号码进行通话。呼叫时,控制放大器发出振铃声,提示司乘人员有人呼叫。全车仅提供一路通话链路。但司机室内的控制放大器在任何状况下,都可以通过司机联络专线进行通话,而不占用通话链路。当使用专线通话时,只有两车端的联络装置和司机室内的控制放大器会振铃、通话。

(3)全体通话功能

所有控制放大器均可以同时呼叫所有放大器并通话。

(4)通话的强插、监听功能

在两个控制放大器进行通话时,有强插权限的控制放大器,可以通过操作面板,强行插入通话链路,进行通话。有监听权限的控制放大器,可以通过操作面板对通话进行监听。

(5)广播功能

所有控制放大器均可以通过话筒对全车进行广播。支持同时有多个控制放大器进行广播。5 车的自动广播装置提供一路广播控制信号到影视系统。

(6)定点广播功能

每个控制放大器均有定向广播的功能,即该控制放大器可以通过输入某一个车号或某几个车号的方式,实现单独向这个或这几个车厢广播的功能,当进行定向广播时,被广播车辆的

1141B、1142B触点闭合。

(7)音量调节功能

联络和广播音量可以通过前面板音量调整按钮进行调节。

(8)权限设定功能

通话的强插、监听和广播功能均可以通过控制放大器面板进行权限设定。没有设定功能权限的控制放大器,将自动屏蔽相应的功能。

(9)地址设定功能

控制放大器的呼叫号码可以通过前面板进行设定。在设定完成后,将自动保存。

(10)状态显示功能

控制放大器面板设有液晶屏,用来显示通话、广播、呼叫的工作状态。显示的内容包括:是否广播,广播音量的大小,是否有呼叫,主叫号码,呼叫类型(个别、群呼),通话链路是否占用,是否有强插或监听权限,呼叫号码的设定。

3. 输出放大器

全车共设有8台P.AMP,每个车厢一台。所有输出放大器的外形尺寸、安装尺寸、以及所用接插件均完全相同。输出放大器接收来自系统音频线上的广播声音信号,放大后,驱动各自车厢的扬声器。输出放大器包括以下功能。

(1)MON控制功能

输出放大器设有一个开关量输入接口。当MON发出控制信号时,输出放大器可以关闭输出,实现关闭广播功能。

(2)输出区域控制

座车的P.AMP有一路输入,两路输出,输入音源由影视主机提供,一路输出对应客室扬声器,另一路输出对应卫生间、通过台、走廊等区域的扬声器。在正常情况下一路输出(客室扬声器)播放视频伴音,二路输出静音。当进行列车广播时,由影视系统自动切换为广播内容,一路、二路输出均播放广播内容,当广播结束后,自动切换为原来的状态。餐车的P.AMP有一路输入,两路输出,输入音源由影视主机提供,一路输出对应休闲区、餐厅区扬声器,另一路输出对应通过台、走廊等区域的扬声器。在正常情况下一路输出(休闲区、餐厅区扬声器)播放视频伴音,二路输出静音。当进行列车广播时,由影视系统自动切换为广播内容,一路、二路输出均播放广播内容,当广播结束后,自动切换为原来的状态。

4. 自动广播装置

全车在7车内设有1台自动广播装置。自动广播装置要完成的功能是:

(1)网络通信功能

自动广播装置通过网络总线与控制放大器、联络装置进行通信。

(2)触摸屏

自动广播装置设有一块10.4英寸液晶触摸屏,对装置的所有操作,均通过触摸屏来完成。

(3)自动报站功能

自动广播装置通过电流环与车辆信息系统的通信获得里程、车站代码等自动报站所需的信息,然后参照预存在装置中的车站代码,线路数据,自动判断列车的出发、到站状态,实现自动报站功能。报站所需的语音文件以MP3格式存储在装置的CF卡当中。用户通过更换CF卡来实现对语音文件的更新。在自动广播装置加电后,如果检测正常,将自动进入自动广播报站界面。

(4)手动报站功能

通过自动广播装置的手动报站界面实现手动报站功能。手动报站时,可以分别选择出站广播、到站广播，广播停止。

(5)收音机广播功能

自动广播装置同时接收来自收音机广播架的2路收音机音频信号，并通过屏幕上的频道按键选择进行广播。车机械师室内的影视系统监控屏通过RS-485总7线与AAD通信，进行收音机系统位置与频点的设定、背景音乐的播放控制等。影视系统监控屏通过通信控制广播系统以默认的音量(低音量)背景音乐，播放的音源可以选择为MP3或FM节目，同时，通过该通信口，可以通过影视系统监控屏进行收音机系统位置与频点的设定。当外部广播时，自动广播装置将把对影视系统的输出切换成外部广播。

(6)备用输入广播功能

自动广播装置面板上设有备用输入立体声插座，可以通过屏幕上的备用输入按钮播放来自外部音声设备的音频。

(7)音量调节功能

自动广播装置设有音量调节画面完成对报站广播、收音机广播和备用广播输出音量的调节和静音功能。

(8)手动设定功能

自动广播装置有手动设定功能。设定的范围包括：设定运行线路、始发站、终点站，下一停靠站，发出站。

(9)广播优先级

自动广播装置的广播设有优先级，当在低优先级的广播进行中，有高优先级的广播，低优先级的广播将被打断，直到高优先级广播完成后再恢复。

广播的优先顺序是：外部广播(控制放大器广播)＞自动广播(手动广播)＞收音机广播＋备用广播。

在发生外部广播插入时，自动广播装置在显示屏上显示外部正在广播。外部广播结束时，将恢复成原来的状态。也可以通过操作屏上的全取消按钮手动切除自动广播装置的全部对外广播(包括对影视系统的广播输出)。

(10)广播控制功能

自动广播装置在没有外部广播或自动广播(手动广播)时，将控制本车内的输出放大器静音。在有上述广播时，自动打开本车内的输出放大器，对本车内进行广播。

5. 车门音声控制器

全车在每个车厢里各设有一个车门音声控制器，当接收到来自左右门开闭继电器的信号时，将控制并输出开关门的提示声音。

三、影视系统

(一)架构和基本功能

列车采用8节车厢编组，有三种基本类型的车辆：一等车(A车)、普通车(B车)、餐座合造的普通车(C车)三种车型。编组方式见图8-12。

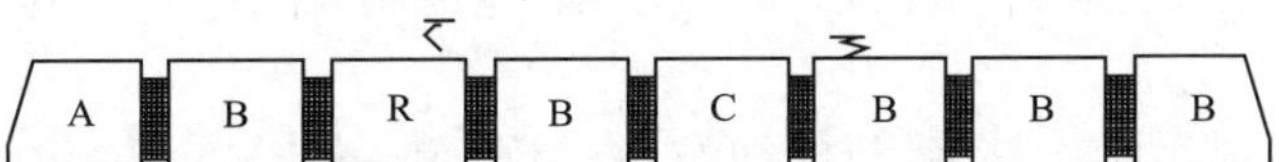

图8-12　动车组车厢基本类型图

一等座席:能通过座椅接收器选择收听 MP3、视频伴音、FM 广播等音频节目;通过车载电视收看视频节目。

二等座席:能通过车载电视收看视频节目,通过客室区扬声器收听视频伴音、背景音乐或 FM 广播。当无公共广播时,旅客信息系统的扬声器系统可用于娱乐系统音频播出,其音频源由娱乐系统控制,有公共广播时,旅客信息系统自动将扬声器系统切换至公共广播音频播出,公共广播结束后扬声器系统自动恢复到原来的娱乐系统音频播出。

一等座椅、二等座椅音视频节目采用集中管理本地播放方式,监控屏是全车娱乐系统的人机操作界面,监控屏能够预览音、视频节目,监听、监播当前正在播放的音视频节目。一等车音频通过座椅接收器播出,二等车音频由影视娱乐的音频功放输出给广播系统由客室扬声器播出。

影视系统在实现影视娱乐的基本功能外,兼顾实现与列车广播系统的切换对接。正常状态下 2～8 车扬声器播放视频伴音,1 车扬声器静音。当进行全列车背景音乐广播时,由 5 车乘务员室内的影视系统监控屏选择背景音乐的音源,3 路 MP3 或 FM。当选择某一路 MP3 作为背景音乐时,监控屏通过列车干线以太网络总线控制 1～8 车影视系统将 MP3 音频信号给到广播系统,由车厢扬声器播出,此时一等车座椅耳机不进行切换。当选择 FM 作为背景音乐时,监控屏通过 RS-485 总线下发控制指令给广播系统。广播系统接收到 FM 播放功能指令后,执行 FM 广播音频播放,此时 1～8 车扬声器及一等车座椅耳机各频道都切换到 FM 广播,FM 播放优先级高于影视媒体伴音。当广播系统本身有广播需求时,执行广播系统自身的广播播放功能,广播完毕后继续执行影视系统 FM 播放功能,直至影视系统取消 FM 播放需求。

当 PIS 系统公共广播时,视频伴音被切断,但其视频继续播放。

(二)目的地显示器

1. 电源闭合时

电源闭合后马上或者瞬间停机时、侧面显示器上的接点信号为 OFF。接点信号 2 s 以上为 OFF 时、车辆信息控制装置就判断侧面显示器为异常动作。

电源升高时的接点 ON 输出在 1 s 以内。

2. 列车类别、目的地名、车号设定

车辆电源闭合后、在车辆信息控制装置中设定列车类别、始发站名、目的地名、车号信息之前、车辆信息控制装置把车号信息、列车类别、目的地名、始发站名都以 00 H 数据的形式传送。侧面显示器在接收这些数据时为无显示。

3. 行驶中的显示控制

行驶中(当车辆信息控制装置检测到 30 km/h 以上的速度时),侧面显示器无显示。

停车中或停车前(当车辆信息控制装置检测到 30 km/h 以下的速度时)、从车辆信息控制装置发出车号信息、列车类别、目的地名、始发站名等数据、侧面显示器就根据接收的这些数据、进行上段、下段显示控制。

4. 上段显示

侧面显示器的上段进行车号(英文字母最多 4 个、数字最多 6 位)的定中心固定显示、显示内容由列车信息控制装置传来的英文字母显示数据和数字显示数据来决定。

未满 4 个英文字母、或未满 6 位数字时、进行消零控制、作为定中心显示。

5. 下段显示

侧面显示器下段显示始发站名、目的地站名、类别、数字。显示方法为滚动显示、①～④的显示模式通过每次滚动来切换。①～④的显示模式内容根据列车信息控制装置发出的数据来决定。显示模式①、②的连字符附加于显示器侧。见表 8-5。

表 8-5　侧面显示器下段显示内容

模式号码	显示内容	接收数据
①	「始发站(中文)」「一(连字符)」「目的地名(中文)」	※1 始发站(中文)显示数据 :TEXT[196]~[211]
		※2 目的地站(中文)显示数据 :TEXT[90]~[105]
②	「始发站(英文)」「一(连字符)」「目的地名(英文)」	※3 始发站(英文)显示数据 :TEXT[212]~[291]
		※4 目的地站(英文)显示数据 :TEXT[113]~[192]
③	「列车类别(中文)」「列车类别(数字)」	※5 列车类别(中文)显示数据 :TEXT[10]~[21]
		※6 列车类别(数字)显示数据 :TEXT[22]~[23]
④	「列车类别(英文)」「列车类别(数字)」	※7 列车类别(英文)显示数据 :TEXT[24]~[83]
		※5 列车类别(中文)显示数据 :TEXT[22]~[23]

(三)显　示　器

电源闭合时,车号显示器根据内置的控制电路板的旋转开关的设定显示车号。

(四)信息显示器

1. 概述

安装在通道的门上框部分、根据车辆信息终端装置发出的信号对目的地,中途的停车站等各种信息、在 LED 上进行滚动或固定显示。

2. 显示内容

显示文本内容依赖于自动广播装置的传送信息、有如下的滚动或固定显示模式。

(1)实时文本显示

显示实时的文本。

(2)插入显示

消去正在显示中的文本、显示消去后接收到的新的文本。

(3)交替显示

把前后送来的 2 段文本、在指定的时间或每次交替显示。

(4)时刻显示

显示时、分。

复习思考题

1. 画出 CRH380A 型动车组集控关门操作流程图。
2. CRH380A 型动车组侧拉门在速度分别达到多少时自动关闭、压紧车门？为什么？
3. CRH380A 型动车组司机室空调温度调节范围为多少？
4. CRH380A 型动车组旅客信息系统由哪几部分组成,并向乘客提供哪些信息？

第九章　列车运行控制系统

本章介绍列车运行控制系统的组成设备及工作原理，对列控车载设备的工作模式结合运营场景进行重点阐述，并根据《CTCS-2/3 级列控车载设备人机界面（DMI）显示暂行规范》（铁总运〔2014〕30 号文），对列控车载设备人机界面（DMI）的显示进行介绍。

第一节　列控系统概述

列车运行控制系统是保证列车运行安全、提高运输效率、实现铁路统一指挥调度的关键技术设备，也是铁路信息化技术的重要技术领域。

列车运行控制系统（train control system）是以技术手段对列车运行方向、运行间隔和运行速度进行控制，使列车能够安全运行并且提高运行效率的系统。我国高速铁路目前主要采用列车超速防护系统（ATP），以下简称"列控系统"。列控系统是随着列车技术的发展以及列车与地面信息传输系统发展而发展的轨道交通信号系统，将先进的控制技术、通信技术、计算机技术与铁路信号技术融为一体的行车指挥、控制、管理自动化系统，是保证行车安全、提高运输效率的核心装备。

一、列控系统概述

（一）高速铁路采用列控系统的必要性

列车速度的不断提高，靠地面信号行车已不能保证行车安全，必须靠车载信号设备对列车实施运行控制，列控系统已成为行车安全不可缺少的重要技术装备。20 世纪 90 年代以来，世界范围内掀起了一个轮轨高速铁路建设的新高潮，其特点集中表现在高速度、高舒适度、高安全度和高效率。近年来，作为世界上铁路最发达的地区，欧洲铁路公司和信号公司在对各自的既有信号系统进行升级改造的同时，在欧盟委员会和国际铁路联盟的推动下，为信号系统的互联和兼容问题制定了相关的技术标准，并研制和开发了相关的产品，其中就包括列车运行控制系统——ETCS 标准。

（二）列控系统发展概况

当今世界各国已投入使用的高速列车（时速超过 200 km）运行控制系统主要有法国的 U/T系统、日本新干线 ATC 系统、德国和西班牙高速铁路使用的 LZB 系统，意大利高速铁路的 9 码列车自动控制系统、瑞典铁路的 EBICA900 系统等。

以上各系统都可以实现自动连续监控列车运行速度，可靠地防止人为错误操作所造成事故的发生，保证列车高速安全运行，主要区别体现在对高速列车超速后的控制方式以及车—地间信息传输方式有所不同。

1. 法国 U/T 系统

法国高速铁路 TGV 区段均采用 TVM300 型或 TVM430 型机车信号，地面信息传输采用 UM71 或 UM2000 轨道电路，简称 U/T 系统。

机车信号具备列车速度监控是法国 U/T 系统的一个特点，它是保证行车安全、防止列车超速运行的有效手段。U/T 系统对速度的控制采用分段（每个轨道电路区段）制动的列控模式，司机按照每一个轨道电路地面信息给出的速度值运行时，速度监控设备不干预司机正常操作，当列车速度超过规定的允许速度时，速度监控设备就将自动实施制动。

法国 U/T 系统大多采用 UM71 无绝缘轨道电路。该轨道电路是法国 1997 年为防止电气化牵引电流谐波干扰而研制的一种移频轨道电路。它分为 1 700 Hz、2 000 Hz、2 300 Hz、2 600 Hz四种类型。它在两个相邻的轨道电路间采用电气分隔接头，实现了无机械轨缝的电气隔离。为解决地面向机车传递多种信息，在 TVM300 系统中，采用 UM71 轨道电路向机车发送 18 种低频调制信息，以实现速差式机车信号及带阶梯型速度控制曲线的速度监控。

1993 年开通的法国第三条北方线高速铁路，列车运行速度已达 320 km/h，为此，法国有关公司对原由模拟电路构成的 U/T 系统进行了全数字化的改造，投入使用的有 TVM430 系统，其在继承原 UM71 轨道电路基本特性基础上，通过对设备器材的数字改造，低频数量增加到 27 种，并且进行编码处理，使其信息传输量由 TVM300 的 18 种变为 221 种，为提高列控系统的性能创造了条件。

2. 日本 ATC 系统

日本于 1964 年交付使用了世界上第一条高速铁路—东海道新干线。它每天以开行 200 多次列车的高密度，至今已有 50 多年的历史。

随着电子数字技术的发展，日本铁路公司新开发了多种数字式 ATC 系统，不仅对装置实施微电子化，而且使通过轨道电路向列车传送的信息数字代码化。数字 ATC 分地面设备和车载设备两部分。地面轨道电路检查列车出清或占用，并将线路状况信息传输给列车；车载设备根据该数据确定能保证列车安全运行的速度，控制列车运行。

3. 德国 LZB 系统

德国 LZB 连续式列车运行控制系统由阿尔卡特 SEL 公司和西门子公司联合开发的。1995 年，LZB 系统在慕尼黑—奥斯堡区间投入运用，目前在德国已经装备了数千公里铁路线。1992 年开通的西班牙马德里—塞维利亚 471 km 高速铁路已成为 LZB 系统应用的典范。

LZB 系统突破了传统闭塞区段分段控制的概念，首次将列车连续速度控制的列控模式用于对高速列车的实际控制。

LZB 系统主要由地面列控中心、车—地双向信息传输设备、车载列控设备三部分组成。地面列控中心是 LZB 系统的核心，它负责实时确定所管辖范围内各列车的安全运行速度，并通过车—地双向信息传输系统将速度控制命令传送给相应的车载列控设备，控制列车安全运行。

LZB 系统在移动列车与地面列控中心之间的信息传输媒介有两种，一种是按一定方式铺设在轨道内的 LZB 专用电缆，另一种是采用 GSM 数字移动铁路专用无线通信网。

其车载设备主要包括中央计算机、快速制动组合、自动运行和制动控制设备、测距测速设备等。

通过 LZB 车—地双向信息传输系统，LZB 车载列控设备将列车的精确位置、实际速度、机车及列车工作状况（如：设备状态、轴温、供电、故障）等信息送到 LZB 地面列控中心，LZB 地面列控中心的计算机对列车运行线路状况信息（坡道、曲线半径、限速要求、线路安全防护信息等）、相邻联锁中心传送来的列车进路信息、采集的列车实时运行信息等经计算、比较处理后，确定出在保证列车行车安全的前提下使列车运行间隔最小的列车运行速度，并立即通过 LZB 地—车双向信息传输系统将这一速度命令传给机车上的 LZB 车载列控设备，由此实现对列车运行速度的控制。

4. 欧洲ETCS系统

20世纪末，为解决跨国列车运行及高速铁路中列控系统的互连互通和兼容性问题，欧洲国际铁路联盟(UIC)提出泛欧铁路系统互操作性规定。在欧盟支持下，欧洲各信号厂商联合制订了ERTMS/ETCS技术规范，ERTMS是欧洲铁路运输管理系统(European Railway Traffic Management System)，为欧洲铁路通信信号一体化发展项目，其包含两个重要方面，其一是ETCS，它是欧洲列车运行控制系统(European Train Control System)，其二就是欧洲铁路综合调度移动通信系统(GSM-R)。安装符合ERTMS/ETCS技术规范的列车运行控制系统，在欧洲境内穿越国境时可实现互通运营。

ETCS系统根据功能需求和运用条件配置基本结构，划分了5个应用等级，分别是ETCS0、ETCS1、ETCS2、ETCS3、ETCS4。低等级系统在原有设备的基础上，增加一些新的设备(模块)就能方便升级到更高的等级，原有的列控车载设备在高等级的系统中继续使用。目前，欧盟各国计划建设的高速线将全部采用ETCS2级系统，该系统是基于无线传输的列控系统，在由无线闭塞中心控制并且装备了应答器和无线传输(GSM-R)的线路上运行，由地面设备提供列车定位功能和列车完整性检测，司机凭车载信号行车。

5. 我国列控系统的发展概况

20世纪80年代末期，我国相继在京广线郑武段、京哈线京秦段引进了法国的UM71轨道电路和TVM300列控系统，在京哈线秦沈段引进了法国的UM2000轨道电路和TVM430列控系统，在京九线、广深线试验和小范围使用了国内研究开发的LCF模式曲线超防系统和LSK分级速度控制系统。进入21世纪以来，为适应提速战略和高速铁路的建设，保证我国铁路运输安全及满足互通运营的需求，迫切需要规范化的列车运行控制系统。

2003年，在前段研发工作的基础上，为进一步适应我国铁路发展战略，满足日益增长的铁路运输需求，参照欧洲列车控制系统(ETCS)，结合我国国情，铁道部制定了《中国列车控制系统(CTCS)技术规范总则(暂行)》和相应CTCS技术条件，以保证我国铁路运输安全，满足长交路运营的需求，适应提速战略的实施。CTCS就是中国列车运行控制系统(Chinese Train Control System)的英文缩写。

2004年底，铁道部组织研究并决策，在我国第六次提速既有线铁路200～250 km/h运行区段采用CTCS-2级列控系统，在动车组列车上装备CTCS-2级列控车载设备。

2006年7月，采用关键设备和技术引进、主要设备自主研发、既有设备结合改造的模式，主要依靠国内技术力量、借助国外先进经验进行系统集成的CTCS-2级列控系统通过中国铁路总公司技术审查。

2007年，铁道部在总结近年来既有线提速和高速铁路CTCS-2级列控系统建设和运用经验的基础上，颁布了《既有线CTCS-2列车运行控制系统技术规范(暂行)》和《高速铁路CTCS-2级列控系统配置及运用技术原则(暂行)》等文件，用于指导200～250 km/h高速铁路的CTCS-2级列车运行控制系统，和300～350 km/h高速铁路后备控车模式的CTCS-2级列车运行控制系统工程设计、施工，设备研发、生产，运行试验、运用及维护。

2008年，CTCS-3级列控系统标准规范由铁道部科学技术司及铁道部运输局联合颁布。

2014年中国铁路总公司重新发布了铁总运〔2014〕198号印发《CTCS-3级列控车载设备技术规范(暂行)补充规定》、铁总运〔2014〕199号印发《CTCS-2级列控车载设备暂行技术规范补充规定》、铁总运〔2014〕30号印发《CTCS-2.3级列控车载设备人机界面(DMI)显示暂行规范》等三个文件，对CTCS-2/3级列控系统进行了完善和补充。

（三）列控系统的分类

1. 根据系统功能分类

(1)列车自动防护系统。该系统可对列车运行速度进行实时监控，当列车运行速度超过最大允许速度时，自动控制列车实施常用制动或紧急制动，确保列车在显示禁止信号的信号机或停车标前停车。

(2)列车运行自动控制系统。该系统可根据行车指挥命令、线路参数、列车参数等实时监督列车运行速度，通过控制列车多级常用制动，自动降低列车运行速度，保证行车安全。是比列车超速防护系统高一级的列车自动控制系统，它可替代司机的部分操作。

(3)列车自动操作系统。它具有列车自动控制系统的基本功能，并能自动控制列车的启动、加速、减速，使列车保持在既能保证行车安全而又符合列车运行图要求的最优化运行状态；必要时还能实现开、闭车门等辅助操作。它是在列车速度监督系统基础上发展起来的更高一级的行车控制系统。

2. 按人一机设备优先等级分类

(1)设备优先的列控系统。设备优先的列控系统在列车速度高于目标速度后立即进行制动控制，当列车速度低于目标速度后自动缓解，不必司机参与。日本新干线 ATC 采用设备优先控制的方式。

(2)人控优先的列控系统。人控优先的方式只有在列车速度超过安全运行所允许的速度，设备才自动介入实施制动，列车正常运行时设备不干预司机操作。法国 TVM300/430 以及德国的 LZB 系统即采用司机控制优先的方式。

3. 按控制模式分类

(1)阶梯控制方式。阶梯控制方式，在一个闭塞分区内只控制一个速度等级，见图 9-1。在一个闭塞分区中只按照一种速度判断列车是否超速。阶梯控制方式又可分为：出口检查方式（滞后式控制）及入口检查方式（提前式控制）两种。

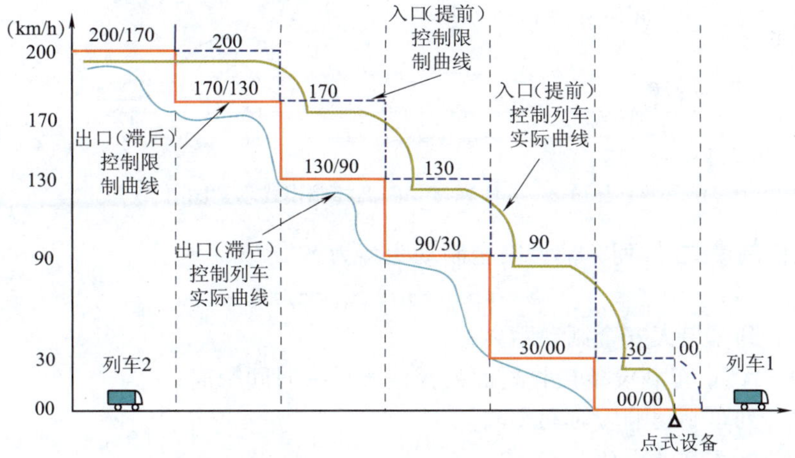

图 9-1　阶梯控制曲线

图 9-1 中出口检查方式要求司机在闭塞分区内将列车运行降低到目标速度，列控车载设备在闭塞分区出口检查列车运行。如果司机按照允许速度操纵列车，列控车载设备不干预司机正常操作，当司机违章操作或列车运行超过允许速度时，列控设备将自动实施制动。其属于滞后控制模式，列车制动后需要走行一段距才能减速（或停车），因此，在禁止信号后方需要设置一段防护区段实现过走防护。法国 TVM300 就采用这种控制方式。

图 9-1 中入口检查方式就是列车在闭塞分区入口处接收到允许速度后立即依此速度进行检查，没有目标速度指示，一旦列车速度超过允许速度，则列控设备自动实施制动使列车运行降低到目标速度以下。入口检查方式中本区段的入口速度就是本区段的允许速度。日本新干线 ATC 就用这种方式，较滞后式控制方式可有效提高列车运行间隔能力。

阶梯控制方式的系统主要优点是简单，需要地车传输的信息量小，不需要知道列车的准确位置，只需要知道列车占用哪个区段即可。

(2)速度—距离模式曲线控制方式

速度—距离模式曲线控制是根据目标速度、线路参数、列车参数、制动性能等确定的反映列车允许速度与目标距离间关系的曲线，速度—距离模式曲线反映了列车在各点允许运行的速度值。列控系统根据速度距离模式曲线实时给出列车当前的允许速度，当列车超过当前允许速度时，设备自动实施常用制动或紧急制动，保证列车能在停车地点前停车。因此，采用这种控制方式的列控系统不需要设置安全防护区段，具体有以下两种控制方式。

①分段速度—距离模式曲线控制

分段速度控制模式是将轨道区段按照制动性能最差列车安全制动距离要求，以一定的速度等级将其划分成若干固定区段。一旦这种划分完成，每一列车无论其制动性能如何，其与前行列车的最小追踪距离只与其运行速度、区段划分有关，这对于制动性能好的列车其线路通过能力将受到影响，TVM430 就采用这种控制方式，见图 9-2。

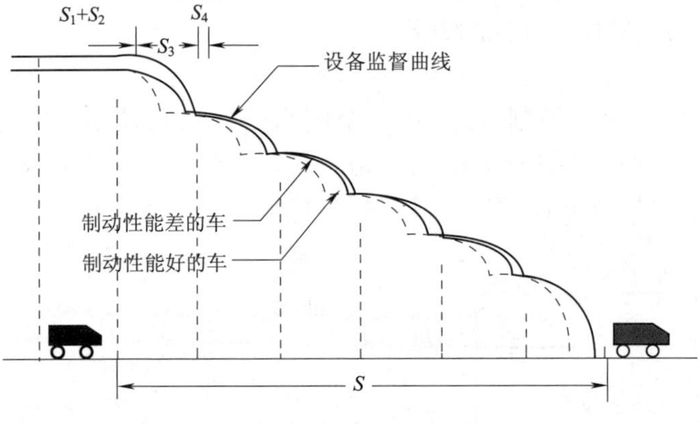

图 9-2 分段速度—距离控制模式示意图

分段速度控制模式时，列车最大安全制动距离为 S：

$$S=(S_1+S_2+S_3+S_4)n \tag{9-1}$$

其中：S——列车最大安全制动距离；

S_1——ATC 车载设备接收地面列控信号反映时间距离；

S_2——列车制动响应时间距离；

S_3——列车制动距离；

S_4——过走防护距离；

n——列车从最高速度停车制动所需分区数。

②连续速度—距离模式曲线控制

连续—距离模式曲线控制的制动模式是根据目标距离、目标速度的方式确定的速度—距离模式曲线，该方式不设定每个闭塞分区速度等级，采用一次制动，故又称为一次速度—距离模式。以前方列车占用闭塞分区入口为目标点，通过地车信息传输系统向列车传送目标速度、目标距离等信息。连续速度—距离模式曲线方式更适于高中速混跑的线路。图 9-3 是连续速度模式曲线控制模式示意图。

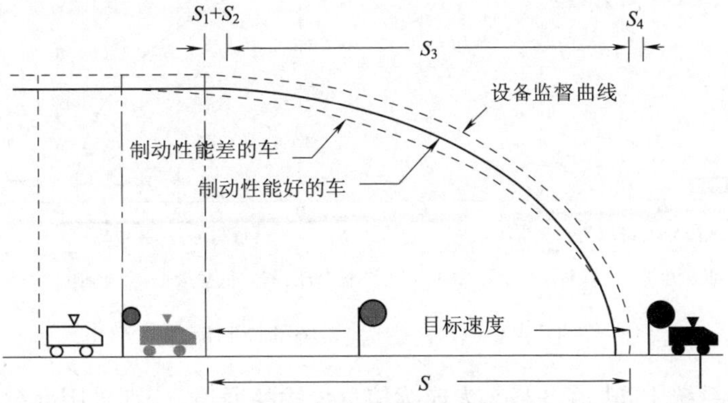

图 9-3　连续速度—距离控制模式示意图

连续速度控制模式列车最大安全制动距离 S 为：

$$S=S_1+S_2+S_3+S_4 \tag{9-2}$$

式中：S_1、S_2、S_4 与式(9-1)基本相同，在计算一次连续速度模式最大安全制动中由于为一次制动，因此在制动过程中它们只考虑一次。而在分段模式中由于在整个制动过程中要多次制动、缓解，这三个参数要考虑 n 次。另外，连续速度控制模式列车最大安全制动距离 S_3 采用的是每一列车的实际最大安全制动距离，列车制动性能好的列车 S_3 的数值小，性能差则 S_3 的数值就大。因此，在连续速度控制模式中，列车的运行间隔距离，各尽其能，有助于提高运行效率。同时其所具有的一次性制动的性能也与列车实际制动方式相吻合，一次连续速度距离模式是各国铁路尤其是高速铁路列车运行控制系统的发展主流。

连续式一次速度控制模式若以前方列车占用的闭塞分区入口为追踪目标点，则为准移动闭塞；若以前方列车的尾部为追踪目标点，则为移动闭塞。

4. 按照地—车信息传输方式划分

(1)点式列控系统

点式列控系统是一种点式传递信息，用车载计算机进行信息处理，最后达到列车超速防护目的的系统。它采用高信息容量的地面应答器、地面轨道环线或其他感应设备进行地面对车载设备的信息传输，其主要功能是实现列车超速防护，又称为点式超速防护(点式 ATP)系统。具有结构简单，安装灵活，可靠性高等优点。

(2)连续式列控系统

鉴于点式列控系统的主要缺点是信息传递的不连续性，有时会对列车的精确定位或高效运行造成影响，西方工业国家的铁路信号公司相继研制开发了采用连续交叉轨道交叉环线、音频轨道电路、GSM-R、漏泄交叉环线、无线或波导管等方式作为信息传输通道的连续式列控系统，实现了连续信息传递。

连续式列控系统是适应高速铁路干线与高行车密度的地铁、轻轨交通而发展的信号技术。

(3)点连式列控系统

我国的列控系统采用点连式列车运行控制系统，点式应答器作为线路数据的输入，连续轨道电路信息作为列车前方轨道空闲数量的传输媒介。这种方式有效利用了轨道线路和点式设备，典型的应用就是目前 CTCS-2 级的控制方式，见图 9-4。

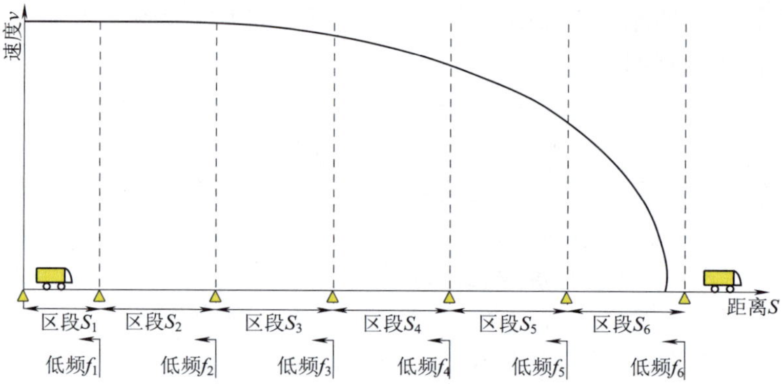

图 9-4　点连式列控系统的控制原理

在点连式列控系统中，轨道电路作为连续信息传输的通道，分别采用低频信息代表列车运行前方闭塞区段的空闲数目，在每个区段或间隔几个区段设置的应答器向列车传送线路参数信息，车载设备将接收到的点式应答器数据与轨道电路接收的连续信息进行综合计算，则计算出列车目标点的目标距离和限制速度，实时比较列车的实际速度和限制速度，实现对列车的安全控制。

二、列车运行控制系统的功能、组成

(一)列车运行控制系统的功能

1. 安全防护

(1)在任何情况下防止列车无行车许可运行。

(2)防止列车超速运行:包括防止列车超过进路允许速度;防止列车超过线路结构规定的速度;防止列车超过机车车辆构造速度;防止列车超过临时限速及紧急限速;防止列车超过铁路有关运行设备的限速。

(3)防止列车溜逸。

(4)测速环节应保证一定范围内的车轮滑行和空转不影响列控车载设备的防护功能，并具有轮径修正能力。

2. 检测功能

(1)具有开机自检和动态检查功能;

(2)具有关键数据和关键动作的记录功能及监测接口。

3. 可靠性和安全性

(1)按照信号故障导向安全原则进行系统设计;

(2)采用冗余结构;

(3)满足电磁兼容性相关标准。

4. 人机界面

(1)能够为机车乘务员提供必要的开关、按钮、显示和有关数据输入装置;

(2)能够以字符、数字及图形等方式显示列车运行速度、允许速度、目标速度和目标距离;

(3)能够实时给出列车超速、制动、允许缓解等表示以及设备故障状态的报警;

(4)具有标准的列车数据输入界面，可根据运营和安全控制要求对输入数据进行有效性检查。

(二)列车运行控制系统的组成

以中国高速铁路运行控制系统 CTCS 为例，列控体系结构分为铁路运输管理层、CTCS 网络传输层、地面设备层、车载设备层配置，此标准适用于各种铁路区段及客运列车。CTCS 体系的构建原则是以地面设备为基础，车载与地面设备统一设计。

铁路运输管理系统是行车指挥中心，以 CTCS 为行车安全保障基础，通过通信网络实现对列车运行的控制和管理。

网络传输层分布在系统的各个层面，通过有线和无线通信方式实现数据传输。

地面设备层主要包括列控中心、轨道电路和点式设备、接口单元、无线通信模块等。地面设备根据行车命令、列车进路、列车运行状况和设备状态，通过安全逻辑运算，产生控车命令并传送给列控车载设备，实现对运行列车的控制。

车载设备层是对列车进行操纵和控制的主体，具有多种控制模式，并能够适应轨道电路、点式传输和无线传输方式。车载设备层主要包括车载安全计算机、连续信息接收模块、点式信息接收模块、无线通信模块、测速模块、人机界面和记录单元等。

（三）列车运行控制系统的发展方向

为增进安全、提高可靠性和整体性能，世界各地的轨道交通机构正致力于提高其轨道网络功能，使之超出常规传统信号方式能力，以提高安全性、可靠性和整体性能。目前国际上在轨道交通信号系统的发展方向上已经得到统一的认识：技术上采用基于通信的列车控制系统（CBTC）。CBTC 系统是现代电子、计算机、通信及自动化等技术在轨道中的综合应用，将推动轨道交通运行控制技术发生革命性的变革，使轨道交通运行控制系统向以下方向发展：

1. 系统化。现代轨道交通的列控系统不再是调度、联锁、闭塞、信号机等设备的一个简单组合，而是向集调度指挥、运行控制及自动驾驶为一体的功能完善、层次分明的综合自动化系统方向发展。

2. 网络化。地面局域网、广域网及车地间的无线通信网将控制中心、车载及列车连成一个有机整体，使指挥中心能够全面了解辖区内的各种情况，灵活配置系统资源，保证铁路系统的安全、高效运行。

3. 信息化。网络化使各类信息上通下达，准确获得各类实时信息，在保证安全、高效运营的同时，大大提高维护、旅客服务水平智能化。

4. 智能化。智能化使调度指挥系统根据运输实时情况，借助先进的计算机控制技术及时自动调整列车运行，实现列车运行速度的自动控制，使整个轨道交通达到最优化，提高运行效率，大大降低劳动强度。

5. 通信信号一体化。通信技术已在欧洲的轨道交通信号中大量运用，使通信信号趋于一体，基于通信的列车控制系统成为今后轨道交通信号系统的发展方向。

6. 标准化和开放化。CBTC 系统的大量运用，为轨道交通的路网运营提供了可能，为了降低建设成本和线路、车辆的互联互通，CBTC 的标准化和开放性将得到进一步的研究。

新一代铁路信号系统是由列车调度控制系统及列车运行控制系统两大部分组成的。发展中的列车控制系统将成为一个集列车运行控制、行车调度指挥、信息管理和设备监测为一体的综合业务管理的自动化系统。

第二节　CTCS 系统分级与组成

一、CTCS 系统分级

CTCS 根据功能要求和设备配置划分应用等级分 0～4 级。

为了规范的一致性，将目前干线铁路应用的地面信号设备和车载设备定义为0级。0级由通用机车信号＋列车运行监控装置组成，对这一定义，业内尚有不同的看法。0级到底是在等级内还是在等级外不够明确，目前的通用机车信号尚未能成为主体机车信号，列车运行监控装置尚未能被公认为安全系统，所以称列车运行控制系统还是不够格的，但目前确实在运用，并起着保证安全的作用。

CTCS-0级的控制模式由通用机车信号＋列车监控装置组成，它在既有地面信号设备的基础上，采取大储存的方式把线路数据全部储存在车载设备中，靠逻辑推断地址调取所需的线路数据，结合列车性能计算给出目标距离式制动曲线。如能在每个进出站口增加点式设备，加强核对地址，就能大大减少逻辑推断地址产生错误的可能性。日本的数字列车运行控制系统I-ATC就是采取车载信号设备储存电子电图，通过每一轨道区段的地址编码来调取所需的线路数据，这种方式可以使地—车信息传输的信息的需求量减少。在欧洲列车控制系统ETCS规范中也不排斥车载信号设备储存线路数据的方式。正因为0级尚未成为安全系统，适用于列车最高运行速度为160 km/h及以下，一般自动闭塞设计仍按固定闭塞方式进行，采用四显示自动闭塞，信号显示具有分级速度控制的概念，其目标距离式制动曲线可作为参考。应该说这是一个过渡阶段。

CTCS-1级由主体机车信号＋加强型运行监控装置组成，面向160 km/h及以下的区段，在既有设备基础上强化改造，达到机车信号主体化要求，增加点式设备，实现列车运行安全监控功能。利用轨道电路完成列车占用检测及完整性检查，连续向列车传送控制信息。

CTCS-1级的控制模式为目标距离式，采取大储存的方式把线路数据全部储存在车载设备中，靠逻辑推断地址调取所需的线路数据，结合列车性能计算给出目标距离式制动曲线。在车站附近增加点式信息设备，传输定位信息，以减少逻辑推断地址产生错误的可能性。1级与0级的差别在于全面提高了系统的安全性，是对0级的全面加强，可称为线路数据全部储存在车载设备上的列车运行控制系统。

CTCS-2级列控系统基于轨道电路和点式应答器传输行车许可信息，采用目标距离连续速度控制模式监控列车运行。面向提速干线和高速新线，适用于各种限速区段，地面可不设通过信号机。是一种点—连式列车运行控制系统，功能比较齐全和适合国情。轨道电路完成列车占用检测及完整性检查，连续向列车传送控制信息；点式信息设备传输定位信息、进路参数、线路参数、限速成和停车信息。

CTCS-2级采取目标距离控制模式(又称连续式一次速度控制)。目标距离控制模式根据目标距离、目标速度及列车本身的性能确定列车制动曲线，不设定每个闭塞分区速度等级，采用一次连续制动方式。CTCS-2级采取的闭塞方式称为准移动闭塞方式，准移动闭塞的追踪目标点是前行列车所占用闭塞分区的始端，留有一定的安全距离，而后行列车从最高速开始一次制动曲线的计算点是根据目标距离、目标速度及列车本身的性能计算决定的。目标点相对固定，在同一闭塞分区内不依前行列车的走行而变化，而制动的起始点是随线路参数和列车本身性能不同而变化的。空间间隔的长度是不固定的，由于要与移动闭塞相区别，所以称为准移动闭塞，显然其追踪运行间隔要比固定闭塞小一些。

CTCS-3级列控系统基于GSM-R无线通信实现车地信息双向传输，无线闭塞中心生成行车许可，轨道电路实现列车占用检查，应答器实现列车定位，并具备CTCS-2级功能。轨道电路完成列车占用检测及完整性检查，点式信息设备提供列车用于测距修正的定位基准信息。无线通信系统实现地—车间连续、双向的信息传输，行车许可由列控中心产生，通过无线通信系统传送到车上。CTCS-3级与CTCS-2级一样，采取目标距离控制模式(又称连续式一次速度控制)和准移动闭塞方式。由于其实现了地—车间连续、双向的信息传输，所以功能更丰富，实时性更强。

CTCS-4 级完全基于无线通信（如 GSM-R）的列车运行控制系统。由地面无线闭塞中心（RBC）和车载设备完成列车占用检测及完整性检查，点式信息设备提供列车用于测距修正的定位基准信息。CTCS-4 级采取目标距离控制模式，列车按移动闭塞或虚拟闭塞方式运行。

虚拟闭塞是准移动闭塞的一种特殊方式，它不设轨道占用检查设备，采取无线定位方式来实现列车定位和占用轨道的检查功能，闭塞分区是以计算机技术虚拟设定的。移动闭塞的追踪目标点是前行列车的尾部，留有一定的安全距离，后行列车从最高速开始制动的计算点是根据目标距离、目标速度及列车本身的性能计算决定的。目标点是前行列车的尾部，与前行列车的走行和速度有关，是随时变化的，而制动的起始点是随线路参数和列车本身性能不同而变化的。空间间隔的长度是不固定的，所以称为移动闭塞。其追踪运行间隔要比准移动闭塞更小一些。

表 9-1　CTCS 列控系统等级比对表

CTCS 等级	CTCS-0 级	CTCS-1 级	CTCS-2 级	CTCS-3 级	CTCS-4 级
控制模式	目标距离	目标距离	目标距离	目标距离	目标距离
制动方式	一次连续	一次连续	一次连续	一次连续	一次连续
闭塞方式	固定闭塞或准移动闭塞	准移动闭塞	准移动闭塞	准移动闭塞	移动闭塞或虚拟闭塞
地面设备组成	轨道电路	轨道电路、应答器及 LEU	车站列控中心、轨道电路、应答器及 LEU	车站列控中心、GSM-R 地面设备、轨道电路、应答器及 LEU、无线闭塞中心	车站列控中心、GSM-R 地面设备、无线闭塞中心
车载设备组成	通用机车信号、运行监控记录装置	主体机车信号、应答器信息接收模块、加强型运行监控记录装置	ATP（含机车信号、应答器信息接收功能）、LKJ	GSM-R 接收模块、ATP	GSM-R 接收模块、ATP
地对车信息传输	多信息轨道电路	多信息轨道电路＋应答器	多信息轨道电路＋应答器；或数字轨道电路	无线通信双向信息传输	无线通信双向信息传输
轨道占用检查	轨道电路	轨道电路	轨道电路	轨道电路	无线定位、应答器校正
列车运行间隔	大于 L	设为对照值 L	L	L	小于 L
线路数据来源	储存于车载数据库	储存于车载数据库	应答器提供	无线通信提供	无线通信提供

分析 CTCS 的应用等级划分，发现有以下两个特点：

1. 各应用等级均采用目标距离控制模式，采取连续一次制动方式。这是由于我国的列控系统的应用起步晚，起点高，因此一步就瞄准了比较先进的控制模式。在我国阶梯式和曲线式分级速度控制都用过，取得了经验，好在并未形成规模，CTCS 推荐采用目标距离控制模式是适宜的，符合国际列控系统的发展趋势。由于列控系统的控制模式是其主要特征和性能之一，控制模式决定了闭塞方式和列车运行间隔，从而决定了运输能力，所以说除移动闭塞外，各应用等级的主要功能几乎是一样的。

2. 各应用等级是根据设备配置来划分的，其主要差别在于地对车信息传输的方式和线路数据的来源。基于国情多信息轨道电路（UM 系列 18 信息）比较成熟，达到国产化程度，所以以它为基础设备之一;欧标应答器通用性强,供货厂商多,也作为基础设备之一;轨道电缆和计轴器不准备推广;数字轨道电路国际上唯有日本用它实现了目标距离控制模式,国内研制尚未成熟,暂不于确定,数字轨道电路的生命力将取决于其国产化程度和进度;无线通信(如 GSM-R)欧洲推广,能实现地—车间连续、双向的大信息量传输,有发展趋势,用于高等级列控系统。线路数据大储存于车载数据库靠逻辑推算来提取相应数据的方式,用于较低等级列控系统;点式信息设备传输线路数据的方式,增加了线路数据的实时性,用于中等级列控系统,至于采用储存电子地图和点式信息设备提供闭塞区段地址码的方式将在技术发展中比选;无线通信连续、双向信息传输,有大信息量和实时性的优势,用于高等级列控系统。

二、当前我国高速铁路列控系统构成及工作原理

为了保证列车安全运行,并以分级形式满足不同线路运输需求,我国根据不同线路速度等级,高速铁路列控系统目前主要采用 CTCS-2 级系统或 CTCS-3 级系统。

(一)CTCS-2 级列控系统的构成及工作原理

CTCS-2 级列控系统由轨道电路实现列车占用检测及完整性检查。并连续向列车传输控制信息。包括行车许可、空闲闭塞分区数量和道岔限速等。由应答器传输点式信息,包括线路长度、线路坡度、线路固定限速、列车定位、列车进路、临时限速信息等。

CTCS-2 级采用连续速度—距离模式曲线控制。

(1)车站列控中心。车站列控中心与 CTC 或 TDCS 站机连接获取临时限速命令,与车站联锁连接获取列车进路信息。按照行车计划选择合适时机将临时限速信息和进路信息发送到 LEU 和有源应答器,向列车发送。

(2)列控车载设备。列车运行过程中车载列控设备不断检测列车运行速度,接收轨道电路低频信息,根据空闲闭塞分区数量确定目标距离,结合地面提供的列控动态信息(包括运行许可、进路信息等)、线路静态信息、临时限速信息及有关动车组数据,计算生成速度—距离模式曲线,通过 DMI 显示列车运行速度、允许速度、目标速度和目标距离等,控制列车运行。

(3)调度中心。调度中心通过 CTC 或 TDCS 网络向车站列控中心发送临时限速命令,车站列控中心接收到临时限速命令后返回确认。当网络中断后,调度中心应授权在 CTC 或 TDCS 站机上完成临时限速命令设置操作。CTC 或 TDCS 既有功能不变。

CTCS-2 列控系统有两个子系统,即车载子系统和地面子系统,见图 9-5。

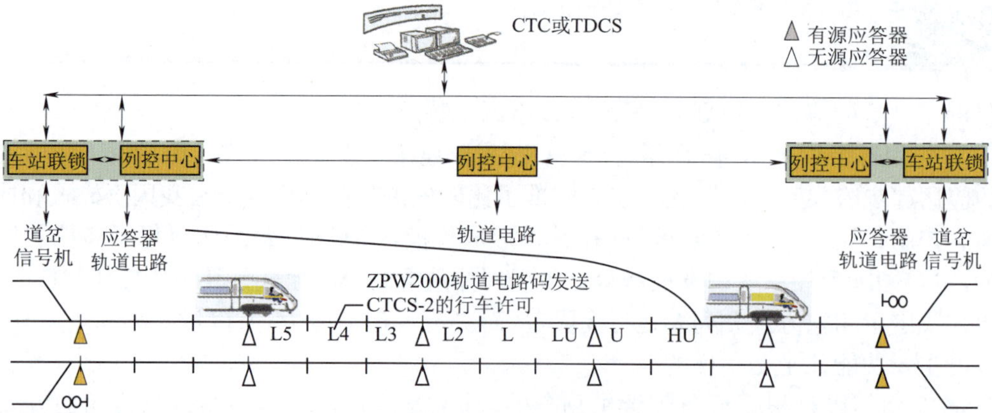

图 9-5 CTCS-2 列控系统结构图

1. 地面设备

地面设备由 ZPW-2000(UM)系列轨道电路、车站电码化、应答器和车站列控中心(包括地面电子单元 LEU)等设备组成。车站列控中心具备与车站联锁系统、TDCS/CTC、微机监测等系统的接口。

2. 车载设备

车载设备由车载安全计算机(VC)、轨道电路信息接收单元(STM)、应答器信息接收单元(BTM)、制动接口单元(TIU)、记录单元(DRU)、人机界面(DMI)、速度传感器、轨道电路信息接收天线、应答器信息接收天线等部件组成,见图 9-6。

(1)安全计算机(VC)是列控车载设备的核心。VC 基于两个处理器的实时比较达到 SⅡ.4级,为了提高系统可用性采用了三个处理器。该原则基于两个不同应用处理器同时执行应用软件,并采用故障安全检测器对这些处理器的输出进行比较。如果输出相同,检测器给出相关输出;若存在任何差异,检测器将输出设置为限制状态。

(2)轨道电路信息接收单元(STM)。STM 模块用于接收 ZPW-2000A 系列轨道电路及 4 信息、8 信息、18 信息等传统移频轨道电路的信息,并及时将地面轨道电路信息传输给 VC 和 LKJ 监控装置。

(3)应答器信息接收单元(BTM)。应答器信息接收单元通过 BTM 天线,接收、解调地面应答器的报文信息,并在校核后将正确的信息传输给 VC。应答器具有提供精确定位功能。

(4)制动接口单元。列控车载设备与动车组的接口均为继电器接口,不同型号的动车组与不同型号的列控车载设备均采用统一接口。

(5)记录单元。列控车载设备配备了内部记录器,主要用于设备状态和故障信息以及各种事件(包括司机对列控设备的操作、轨道电路信息、列控系统与机车的信息交换等)的记录。维修人员可通过专用电脑或 IC 卡等进行数据下载。

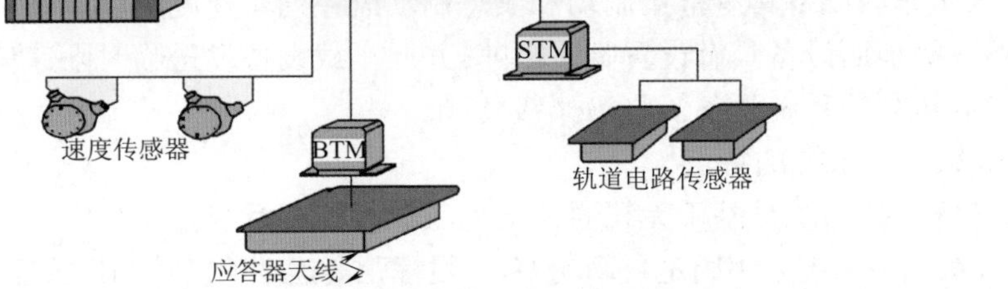

图 9-6　CTCS-2 车载设备系统结构

(6)人机界面(DMI)。DMI 是周围配置了扬声器和各种按键的 10 英寸 LED 液晶显示器,安装在驾驶台上,作用是通过按键、声音、文字和图像实现司机与列控车上装置的信息交互。

(7)速度传感器。列控车载设备的测速系统要求配置两套速度传感器。速度传感器需安装于不同的轴端,可以为机车及其他车载设备提供速度通道,供 VC 了解列车速度和辅助确定列车距离位置。

(8)轨道电路信息接收天线。利用电磁感应接收流经钢轨的信号电流,传送到设置在列控车载设备主机柜的 STM,STM 对该信号进行选择和解调。

(9)应答器信息接收天线。BTM 天线接收地面应答器所发出的高频无线电信号,并通过专用的电缆将该信号传递给设置在列控车载设备车体上的 BTM。

(10)列车监控装置(LKJ)。当动车组运行在 CTCS-0/1 区段或在 CTCS-2 区段列控车载设备因故障被隔离后,由 LKJ-2000 控制列车。因机车上取消了传统的通用式机车信号设备,需要列控车载设备通过 RS-422 接口向列车监控装置提供控制所需的机车信号信息和应答器信息。控车权的转换以列控车载设备为主(控制切换继电器由列控车载设备控制)。在列车监控装置控车时,列控车载设备的 DMI 上显示机车信号和列车实际运行速度。

CTCS-2 级列控系统工作原理:列控车载设备根据目标距离、线路参数和列车本身的性能计算而定的。为计算得到速度监控曲线,由轨道电路发送行车许可和前方空闲闭塞分区数量信息,由应答器发送闭塞分区长度、线路速度、线路坡度等固定信息,列控车载设备接收上述信息,通过"前速度方空闲闭塞分区数量"和"闭塞分区长度"信息,获得目标距离长度,并结合线路速度、线路坡度和对应列车的制动性能等固定参数,实时计算得到一次连续的制动速度控制曲线,并监控实际驾驶曲线处于速度监控曲线下方,保证列车安全运行。

(二)CTCS-3 级列控系统构成及工作原理

1. CTCS-3 级列控系统构成

CTCS-3 级列控系统包括地面设备和车载设备。见图 9-7。

2. CTCS-3 级列控系统的基本功能

(1)CTCS-3 级列控系统向司机提供安全驾驶列车的必要信息;

(2)CTCS-3 级列控系统能监控列车及调车运行;

(3)受 RBC 控制的列车,只有得到 RBC 的授权才能在该 RBC 控制区域内运行;

(4)CTCS-3 级列控系统满足运营速度 350 km/h 及以上、最小追踪间隔 3 min 的要求;

(5)CTCS-3 级列控系统满足跨线运行的要求;

(6)CTCS-3 级列控系统应具有轨道占用检查功能;

(7)CTCS-3 级列控系统采用固定自动闭塞,以目标距离连续速度控制模式监控列车运行;

(8)CTCS-3 级车载设备具备设备制动优先和司机制动优先两种控制方式,且一般采用设备制动优先控制方式;

(9)CTCS-3 级车载设备具有常用制动和紧急制动监控列车速度的功能;

(10)CTCS-3 级地面设备具有设置临时限速,并向车载设备发送临时限速信息的功能;

(11)CTCS-3 级列控系统具备 CTCS-2 级功能。

3. CTCS-3 级列控系统的特点

(1)CTCS-3 级列控系统是基于无线通信的列车运行控制系统;

(2)CTCS-3 级列控系统采用固定自动闭塞,以目标距离连续速度控制模式监控列车运行;

(3)CTCS-3 级列控系统中列车占用检查由轨道电路完成;

(4)CTCS-3 级车载设备应具备设备制动优先和司机制动优先两种控制方式,且一般采用设备制动优先控制方式;

(5)CTCS-3 级列控系统中行车许可及线路描述信息等通过连续的无线通信传送给车载设备;

(6)CTCS-3 级列控系统中临时限速通过连续的无线通信传送给车载设备;

(7)CTCS-2 级作为 CTCS-3 级列控系统的后备系统。

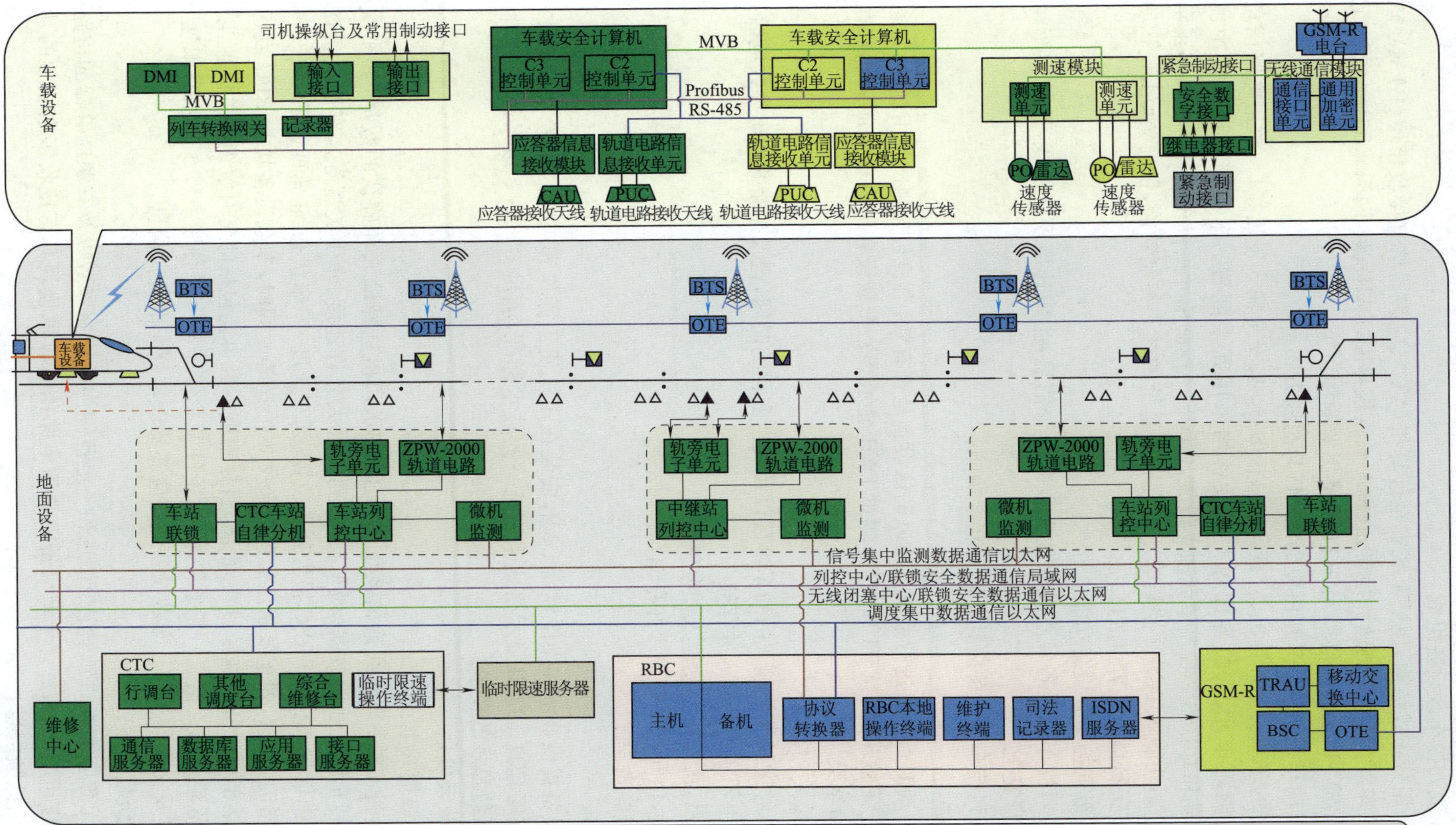

缩写对照表

BSC：基站控制器　　BTS：基站　　DMI：人机界面

OTE：光传输设备　　RBC：无线闭塞中心　　TRAU：码型转换和速率适配单元

图例

停车标志牌　△ 无源应答器　▲ 有源应答器

图 9-7　CTCS-3 级列控系统总体结构示意图

4. CTCS-3 级列控车载设备组成

车载设备采用分布式结构，包括车载安全计算机（VC）、应答器信息接收模块（BTM）、轨道电路信息接收单元（TCR）、测速测距单元（SDU）、人机界面（DMI）、列车接口（TIU）、司法记录单元（JRU）、GSM-R 无线通信单元（RTU）、动态监测接口等。

车载设备与动车组的接口采用继电器或 MVB 总线方式。

车载设备中的车载安全计算机、应答器信息接收模块、安全输入输出接口、轨道电路信息接收单元、测速测距单元、人机界面等关键设备均采用冗余配置。车载安全计算机中的 CTCS-3控制单元和 CTCS-2 控制单元独立设置，CTCS-3 控制单元负责在 CTCS-3 线路正常运行时的核心控制功能，CTCS-2 控制单元负责后备系统的核心控制功能，目前 300 km/h 动车组不装设列车运行监控装置（LKJ）。

5. CTCS-3 级列控车载设备功能

CTCS-3 级列控车载设备负责接收地面数据命令信息，生成速度模式曲线，监控列车运行，保证列车运行安全。

CTCS-3 级列控车载设备应具有以下基本功能：

（1）自检功能

车载设备启动时首先要进行系统自检以确认设备是否有效，自检包括测试常用制动、紧急制动命令能否正确输出，测试 TCR 完好，测试 DMI 显示等。车载设备的自检完成后能够在 DMI 上显示自检结果。

（2）数据的输入和存储

车载设备能够记录外部输入的列车参数以及发生变化的时间，记录存储的列车参数包括：

①车次号，由司机手动输入并存储。

②司机 ID 号，由司机手动输入并存储。

③列车长度，由司机手动输入并存储。

④上下行载频选定。

（3）界面显示

列控车载设备提供显示和操作界面 DMI，安装在司机便于操作和观察的位置，为司机提供驾驶过程的参考信息。DMI 显示格式采用统一的技术标准，满足 CTCS-3 级系统显示、兼容 CTCS-2 级系统显示的要求。

（4）信息接收及发送

①CTCS-3 级模式下：

车载设备通过 GSM-R 无线通信系统向 RBC 发送司机选择输入和确认的数据（如车次号、列车长度），列车固有性质数据（列车类型、列车最大允许速度、牵引类型等），车载设备在 RBC 的注册、注销信息，定期向 RBC 报告列车位置、列车速度、列车状态（正常时）和车载设备故障类型（非正常时）信息，列车限制性信息以及文本信息等。同时，车载设备接收 RBC 发送的行车许可（包括车载设备识别号、目标距离、目标速度以及可能包括的延时解锁相关信息、防护区相关信息、危险点相关信息），紧急停车（无条件紧急停车和有条件紧急停车），临时限速，外部报警信息以及文本信息等。车载设备通过应答器获取列车的位置信息。

②CTCS-2 级模式下：

BTM 接收无源应答器的列车定位信息和一定范围内的线路参数以及有源应答器的进路线路参数信息和临时限速信息。车载设备的轨道电路信息读取模块具有接收多个载频的功能，并从中解调出低频信息。

(5)静态曲线比较

车载设备根据列车数据和线路数据生成静态列车速度曲线,静态曲线考虑线路速度等级、线路允许速度、列车的限制速度等计算得到线路所有位置的列车允许速度。

(6)动态曲线计算

车载设备考虑列车运行的各种限制生成动态列车制动模式曲线,动态曲线包括常用全制动曲线和紧急制动曲线。计算动态列车制动模式曲线的公式和参数经过评估,在保证安全的前提下尽量优化制动曲线,减少制动距离。

(7)列车定位

车载设备具有确定列车位置的功能,该功能是依据地面应答器收到的信息并以此为基准点通过测速单元等设备测量列车运行距离来获得列车位置。计算列车位置时要考虑测速设备的误差。车载设备应定时向 RBC 报告列车位置。

(8)速度的测量及显示

车载设备通过安装在车轮上的速度传感器和安装在车体的雷达能够实时测试列车的运行速度,测速单元把速度传感器和雷达的输入进行测量和逻辑运算,得到列车的实际速度,并把列车运行速度送主机模块,同时通过 DMI 向司机显示。

(9)行车许可和限速命令显示

车载设备根据得到的行车许可和限速命令通过 DMI 向司机显示目标距离、允许速度,还可以运用声音提示等方式向司机进行报警,提供司机足够的显示信息,方便司机驾驶。

(10)行车许可和限制速度的监督

车载设备允许司机以最大安全速度行驶,保证列车在静态和动态速度模式曲线监督下安全运行。当列车速度超过报警速度值时向司机报警,报警持续到实际速度低于允许速度为止;列车速度超过常用制动速度值时,车载设备实施常用制动直到实际速度低于缓解速度,此后可以由设备或司机选择缓解常用制动;如果常用全制动失效列车速度超过紧急制动速度值,车载设备实施紧急制动,列车停稳后司机才能缓解紧急制动。

(11)司机操作的监督

车载设备某些情况下要求司机在一定间隔(时间或距离)内应答。如果在规定的间隔未接收到司机的应答信息,则以声音形式向司机报警,如果司机在报警后的一定时间内未做出响应,车载设备实施紧急制动,直到列车停稳后方可缓解紧急制动。当列车在完全监控方式时,该监督功能可以取消。

(12)溜逸防护

为防止列车溜逸,车载设备监视列车的运行方向和当前运行状态。当列车发生溜逸时,车载设备实施紧急制动,该制动只能在列车停车后才能由司机缓解。

(13)信息记录

车载设备将输入的数据、接收的数据和计算的数据进行信息记录,所有记录的数据与统一时钟和位置参考点对应;记录数据可以通过标准输出接口转储到其他介质上以便分析。

(14)自动过分相

车载设备能根据地面设备提供的数据提供前方过分相信息(GFX-3+ETCS-68 包)。

(15)站名和公里标显示

车载设备能根据地面提供信息提供当前车站站名显示和固定点公里标信息。

(16)在非 CTCS-2/3 级区段运行功能

在没有装备 CTCS-2/3 级地面设备而具有 ZPW-2000 轨道电路的区段,列控车载设备支持以机车信号模式(CS)行车。

(17)特殊行车功能

车载设备支持重联等特殊行车功能。

车载设备支持使用有重联控制装置的多机牵引。使用多机牵引时,不必隔离正在工作的牵引单元上的车载设备,但该牵引单元的列车冒进防护功能被禁止,车载所接收的信息不影响正在工作的牵引单元操作;用于全体乘务人员、维护人员的信息,可在本务机车司机室外的其他司机室 DMI 上显示。

(18)其他防护功能

紧急停车:遇到紧急情况时,司机将紧急消息通过无线发送给 RBC,RBC 自动将该消息发送给正接近报警地点的列车。列车司机在 5 s 内确认收到的紧急报警信息并决定安全停车的地点,否则设备将实施紧急制动。

施工防护:列车收到地面施工信息后可执行施工防护。施工信息包括施工地段的位置、长度、速度限制等基础数据。列车通过施工地段的速度受到监督,直到列车全部通过施工地段前,列车速度不能超过限制速度。

进路适应性防护:车载设备能将列车实际与为列车建立的进路的基础数据比较,以确定列车能否在该进路运行。只有符合进路要求的列车才能在该进路上运行,列车在禁止运行的进路外方停车。

(19)CTCS-3 级列控车载设备集成功能

CTCS-3 列控车载设备既包含 CTCS-3 控制单元,也包括 CTCS-2 控制单元,二者同时运行。

CTCS-3 控制单元负责 CTCS-3 级模式下的核心控制逻辑计算功能;CTCS-2 控制单元负责 CTCS-2 级核心控制逻辑计算功能;两者共用 DMI 人机界面模块、列车接口单元模块、测速测距模块、BTM 模块、速度传感器及雷达速度传感器,CTCS-3 控制单元连接 GSM-R 单元,并负责系统总线管理及统一对外输出。CTCS-2 级车载控制单元连接轨道电路读取器单元(TCR),从 TCR 获得行车许可信息。

当 CTCS-2 控制单元设备控车的时候,CTCS-2 控制单元根据接收到轨道电路信息和应答器信息计算限速曲线,对列车的速度进行监督控制,并把相关信息通过 DMI 进行显示。CTCS-2 控制单元监督控制功能的实现,需要 CTCS-3 控制单元的辅助和监管,这时 CTCS-3 控制单元的作用如下:

①监视整个系统包括 CTCS-2 级设备的状态是否安全。

②控制系统的启动包括自检(CTCS-2 控制单元设备自检,当 CTCS-3 控制单元授权之后 CTCS-2 控制单元也可以检查列车接口)。

③提供访问列车接口通道。

④提供制动的控制。

⑤提供对速度传感器数据的访问通道。

在 CTCS-3 级设备控车时,CTCS-2 设备仍正常接收轨道电路信息和应答器信息,并根据接收到的地面信息计算限速曲线,根据列车实际运行速度和限速曲线进行比较,但计算和比较结果不作为控制列车的依据和不传送 DMI 显示,仅作为 CTCS-3 控制单元的备用,在 CTCS-3 转换到 CTCS-2 时能马上投入控车和送 DMI 显示。

CTCS-3 和 CTCS-2 之间的转换分为正常转换和故障转换,正常转换通过转换点地面设置的应答器实现不停车转换;在 GSM-R 通信中断时,当列车运行速度降至后备系统可控的允许速度后车载设备自动转为 CTCS-2 级设备控车(需司机确认)。

CTCS-2 控制单元和 TCR(轨道电路读取器)故障不影响 CTCS-3 级的正常运营;CTCS-3 级专用模块(如 GSM-R 模块)故障不影响 CTCS-2 级的正常运营。

(20)安全技术平台

CTCS-3 级列控车载设备采用分布式模块结构,各模块之间通信采用了高安全高可靠的车辆总线 Profibus 和 MVB 双总线方式,对列车紧急制动输出采用专用的安全输出。

安全平台由两套硬件软件完全一致的车载安全计算机组成,两套车载计算机互为备用。

6. CTCS-3 级列控地面设备

列控地面设备由无线闭塞中心、临时限速服务器、ZPW-2000(UM)系列轨道电路、列控中心和应答器、GSM-R 接口设备等组成。见图 9-8。

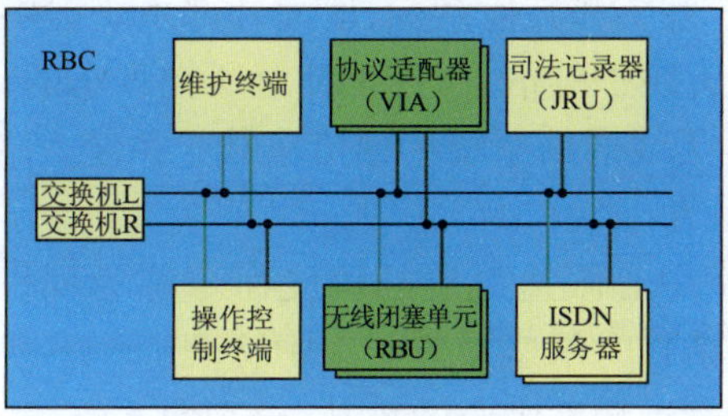

图 9-8　RBC 示意图

(1)列控中心(TCC)用于列车控制、产生进路命令、速度等信息设备的总称。

①根据其管辖范围内列车位置(轨道占用情况)、联锁进路以及线路临时限速状态等信息,对轨道电路发送编码信息,对车站有源应答器发送进路参数信息,向列车提供其所需的行车许可。

②列控中心适用于高速铁路中的联锁车站、中继站或无岔站,也可使用在与 CTCS-2 级高速铁路相衔接的 CTCS-0 级车站。

③根据车站类型,分为车站列控中心、中继站列控中心、无岔站列控中心。

④列控中心与车站联锁、ZPW-2000 轨道电路、临时限速服务器、相邻列控中心、地面电子单元(LEU)、集中监测和 CTC 车站自律分机配置通信接口。

(2)无线闭塞中心(RBC)

无线闭塞中心是使用无线通信手段的地面列车间隔控制系统。RBC 是 CTCS-3 级列控系统地面核心设备,是基于信号故障导向安全原则设计的控制系统,其根据地面子系统或来自外部地面系统的信息,如列车位置信息、轨道占用信息、联锁进路状态等实时计算产生列车行车许可,通过 GSM-R 无线通信系统发送给车载 ATP 设备,保证其管辖内列车的高速安全运行。

①RBC 的作用

根据轨道电路、联锁进路、列车占用情况等信息生成行车许可,并通过 GSM-R 无线通信系统将行车许可、线路参数、临时限速传输给所管辖列车的车载设备,使列车在 RBC 管辖范围内的线路上安全运行。同时通过 GSM-R 无线通信系统接收车载设备发送的位置和列车数据等信息。

RBC 设备采用硬件安全比较冗余结构,包括:无线闭塞单元(RBU)、协议适配器(VIA)、RBC 维护终端、司法记录器(JRU)、ISDN 服务器、操作控制终端和交换机等设备组成。

②RBC 配置原则

RBC 配置原则重点考虑三大重要因素:控制能力,接口能力及维护适应性。RBC 及其他关键设备采用冗余配置。

每台 RBC 的控制能力包括：

a. 同时登录的列车数量；

b. 同时设定的进路数量；

c. 同时激活的临时限速数量；

d. 同时激活的紧急区域数量；

e. 同时激活的调车区域数量。

考虑其限制条件、运行调试和维修维护的便利，RBC 主机集中设置。

③RBC 的功能

RBC 是 CTCS-3 级列控系统的核心设备，满足 CTCS-3 级列控系统总体列车控制的要求。根据车载子系统、地面子系统和其他系统、地面外部系统提供的列车状态、轨道占用、临时限速命令、联锁进路状态、灾害防护等信息，产生针对所控列车的行车许可及线路描述、临时限速等控制信息，通过 GSM-R 无线通信系统传输给车载子系统。

(3)临时限速服务器

用于列控中心、无线闭塞中心限速设置的调度命令称为列控限速调度命令(数据格式)。高速铁路列控限速调度命令由临时限速服务器集中管理。

临时限速服务器设置于靠近调度中心的车站，分别向 TCC 和 RBC 传递临时限速命令。

TCC 根据进路状态、区间运行方向及临时限速指令等信息生成用户报文并编码生成应答器报文，经 LEU 传输至有源应答器；RBC 根据行车许可、临时限速指令等信息生成相应的无线消息，经 GSM-R 传输给车载设备。

(4)轨道电路

实现列车占用检测及列车完整性检查，并为 CTCS-3 级后备系统提供前方空闲间隔信息。

①区间轨道电路

区间采用计算机编码控制的 ZPW-2000(UM)系列无绝缘轨道电路，轨道电路的正常码序为：L5-L4-L3-L2-L-LU-U-HU。

②站内轨道电路

复杂大站：正线及股道采用与区间同制式的、计算机编码控制的 ZPW-2000(UM)系列有绝缘轨道电路，其他区段采用 25 Hz 轨道电路。

一般车站：全站采用与区间同制式的、计算机编码控制的 ZPW-2000(UM)系列有绝缘轨道电路。

(5)轨旁电子单元(LEU)

LEU 与列控中心连接，周期地接收列控中心发送的实时变化信息，生成应答器所要传输报文并连续向有源应答器发送报文的电子设备。

(6)应答器

由地面向车载设备传送消息，它能提供固定消息、或与轨旁电子单元(LEU)连接时能提供可变消息。应答器可按组使用，每个应答器传送一个报文，所有报文的组合构成应答器组的消息。

向车载设备传输定位和等级转换等信息，同时向车载设备传送线路参数和临时限速等信息，满足后备系统需要。应答器传输的信息与无线传输的信息的相关内容含义保持一致。

7. CTCS-3 级列控车载设备

300 km/h 动车组列控车载设备有四种型号，分别是 300T、300S、300H、3D 型，其中 3D 型专用于京津城际动车组。

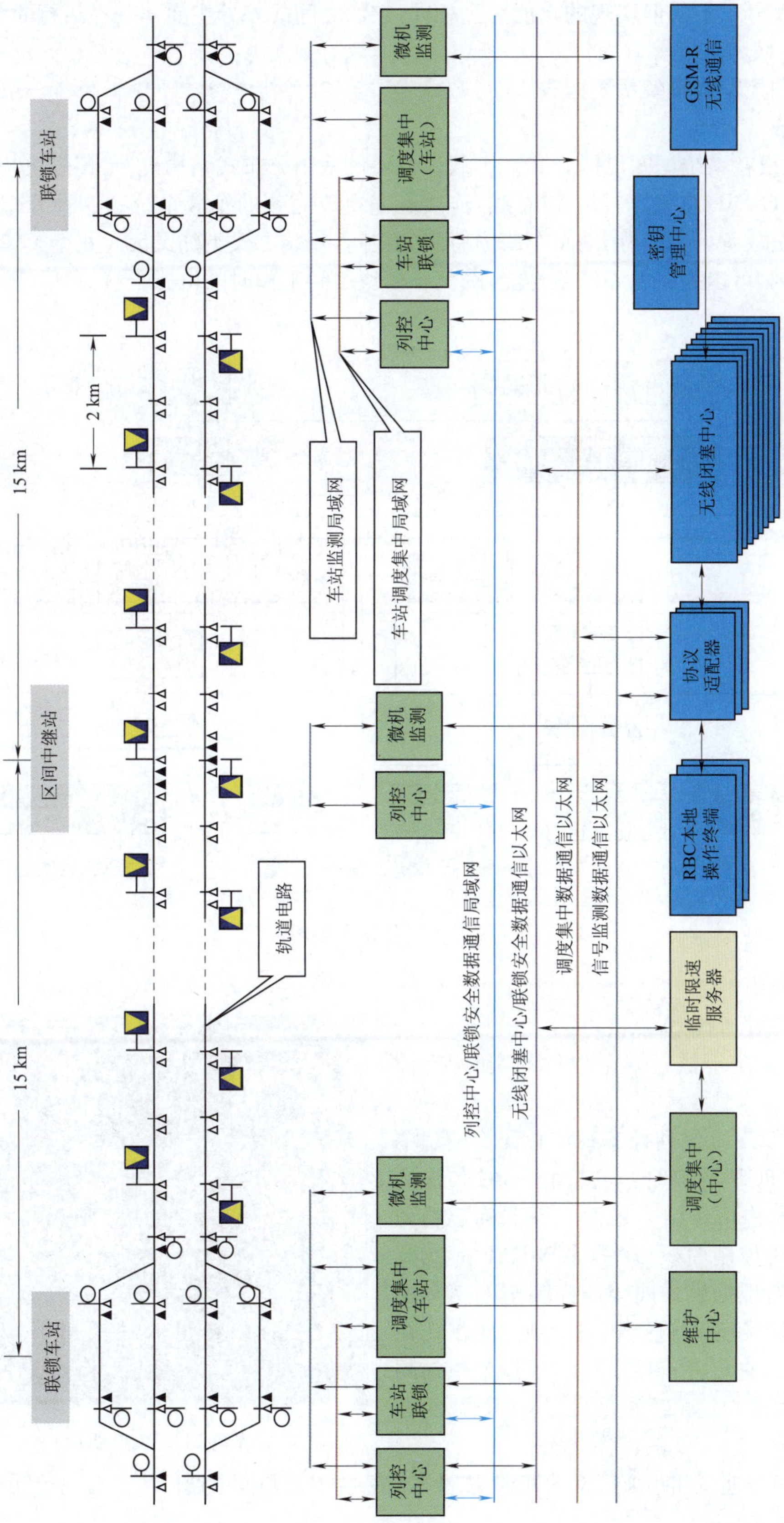

图 9-9　CTCS-3级地面设备结构示意图

车载设备型号虽不同但实现的功能完全相同，它们之间的差异主要体现在运行曲线控制、DMI界面显示、故障处理等方面。

(1)300T列控车载设备系统构成

①系统构成

300T车载设备系统框图见图9-10。车载设备硬件采用分布式结构设计，各模块功能相对独立，通过总线(MVB总线、Profibus总线)连接起来组成完整的车载系统。这种分布式结构可以将模块分散放置，充分利用动车车头内有限的空间，安装方式更加灵活。每个模块都单独封装在金属盒内，可以提高电磁屏蔽性能，降低各模块之间工作时的电磁干扰。

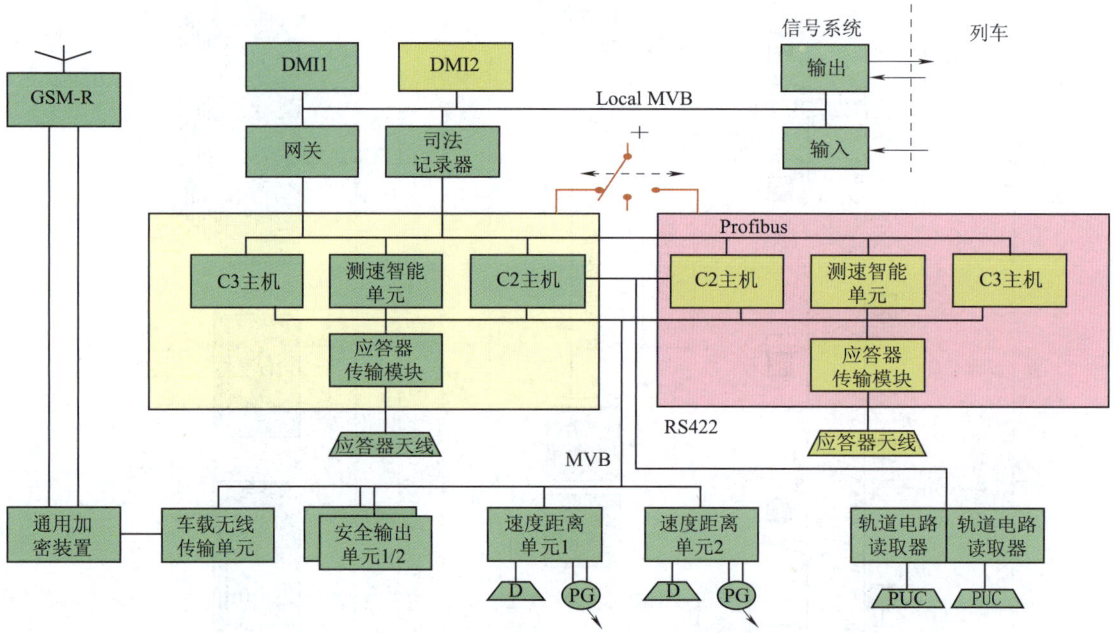

图9-10 300T车载设备系统框图

②设备主要组件

a. VCU计算控制单元

VCU单元是用于执行安全软件的实时平台，其外形见图9-11。

VCU是CTCS-3级列控车载核心计算控制单元，当工作在CTCS-3等级时，它接收RBC传送的线路描述及行车许可并结合地面应答器确定的列车位置计算模式控制曲线(含静态MRSP曲线及动态MA曲线)，根据模式曲线监控列车的实际速度和位置，在列车超速时进行相关干预。当工作在CTCS-2等级时，它负责向C2单元VCU提供访问列车接口、制动接口、测距单元及DMI资源的通道，并监管C2单元VCU的工作状态。

图9-11 VCU组成

SDP软件负责速度和距离数据的处理，以及车载系统单元和设备通信的平台主控器处理。

TSG 列车总线转换网关，用于连接车载设备 Profibus 总线和车辆 MVB 总线。主要是用于 DMI 数据与 VCU 和 C2 单元 VCU 之间数据交互。

C2 单元 VCU 是 CTCS-2 主机控制核心单元，接收 BTM 传来的数据，结合 TCR 传来的数据和当前列车速度计算速度曲线，监控列车运行。C2 单元 VCU 软件为 CTCS-2 单元，负责 CTCS-2 等级自动列车防护功能，在 CTCS-2 等级运行过程中监督静态速度、动态速度和目标限制，并在超出限制时发出制动命令。

VCU、SDP、TSG、C2 单元 VCU 模块外观相同，通过内部不同的软件来实现相应的功能。见图 9-12。

b. SDU 测速测距单元

测速测距单元(SDU)包括 SDU1 和 SDU2，它们属于热备关系，各连接一个轮轴速度传感器和一个多普勒雷达并为其提供电源。列车运行时，SDU 接收速度传感器和雷达采集的脉冲信号，并将脉冲信号转换成数字数据通过 MVB 总线发送给 SDP 进行运算处理。见图 9-13。

图 9-12　VCU、SDP、TSG、C2 单元 VCU 模块

图 9-13　SDU 测速测距单元

c. STU-V 安全无线传输系统单元

STU-V 是安全无线传输系统，STU-V 负责对车载设备与地面之间传送的无线数据进行加密和安全传输，由一个 COMC 和一个 GCD 组成，其中 COMC 负责数据的安全传输，GCD 负责数据的加密/解密。见图 9-14。

d. VDX 安全数字输入输出单元

VDX 单元是安全数字输入输出单元(VDX)，为故障—安全单元，包括 VDX1 和 VDX2，用于输出紧急制动并采集制动反馈。VDX1 和 VDX2 采用互为采集的方式进行工作，即 VDX1 的输出由 VDX2 回采，VDX2 的输出由 VDX1 回采，只有输出和回采都正确，才判断 VDX 工作正常，在判断 VDX 异常时，系统无条件输出紧急制动。见图 9-15。

图 9-14　STU-V 安全无线传输系统单元

图 9-15　VDX 安全数字输入输出单元

e. BTM 应答器传输模块单元

BTM 单元即应答器传输模块，是应答器传输处理器，主要功能是通过应答器天线(CAU)实现对应答器信息的接收，并将接收到的 1023 位应答器报文进行校验解码，转换为 830 位的有效消息后发送给 CTCS-3 主机单元(VCU)及 CTCS-2 主机单元。

工作方式：电磁感应式信号调制方式，FSK 接收载波频率 4.234 MHz±200 kHz。移频 282.24 kHz，速率 564.48 kbit/s，功率载频 27.095 MHz±5 kHz。

BTM 软件应被下载到单元中，并设置 SDA 地址。BTM 软件负责系统运行过程中的应答器检测和应答器数据处理功能。

f. GSM-R 电台

GSM-R 电台是无线传输模块，处理无线通信。车载电台的主要功能是注册 GSM-R 网络并通过该网络使得车载设备与地面 RBC 之间建立通信会晤，以实现车载设备与 RBC 之间的数据交互。车载电台包括两个移动终端(MT)，两个 MT 在上电后均注册到 GSM-R 网络且在运行中一般只有一个 MT 与 RBC 建立连接，只有在进行 RBC 移交时，处于空闲工作状态下的另一个 MT 呼叫并与下一个 RBC(接收 RBC)建立连接，当列车(最小安全末端)越过 RBC 切换边界后，原来工作的那个 MT 与它连接的 RBC(移交 RBC)断开连接，此后处于空闲工作状态以备进行下一次 RBC 移交处理。见图 9-16。

g. DMI 人机界面单元

DMI 单元即为司机显示器。DMI 主要用于向司机显示车载设备的控制信息及警示信息并为司机操作提供人机接口。控制信息及警示信息包括：速度信息、距离信息、工作状态信息、线路条件信息、司机干预提示信息及设备故障报警信息。司机操作包括：列车数据输入或确认、等级或模式选择、上下行载频选择、信息或警惕确认及缓解制动。

DMI 软件负责监督司机在 DMI 触摸屏上的操作。

h. JRU 司法记录单元

JRU 单元即司法记录单元，用于记录 CTCS-3 和 CTCS-2 列车运行中，车载设备采集的原始信息和车载设备输出的控制信息。

JRU 主要用于记录车载设备运行过程中的司法数据，以便进行故障分析及事故责任界定。记录数据包括：车载设备采集的列车接口信息、制动反馈信息、司机对 ATP 的操作信息、接收到的 RBC 消息、收到的地面应答器数据、轨道电路信息，向外输出的切牵引、制动、过分相、DMI 警示信息以及车载设备的工作状态、日期时间等。车载 JRU 记录数据可以进行下载分析。见图 9-17。

图 9-16 GSM-R 电台

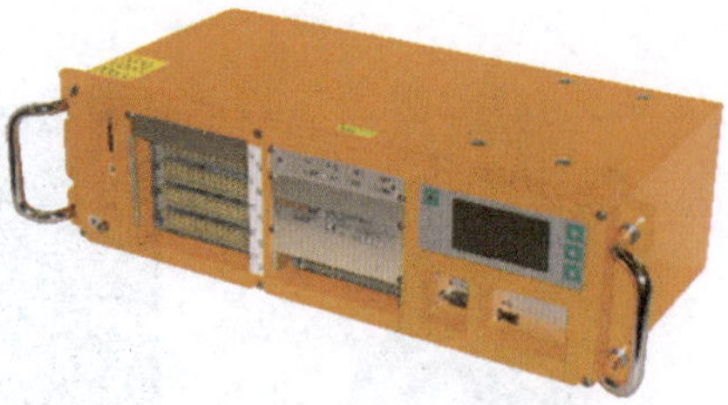

图 9-17 JRU 司法记录单元

i. MOBAD 单元

MOBAD 单元是状态电池地址单元，为锂电池，其可以安装于 VCU 单元上以保持在单元的闪存中存储的数据。

MOBAD 安装在每个 VCU 单元的终端 X5。

j. 速度传感器

速度传感器是安装于车轴上的转速脉冲传感器，见图 9-18。

k. 多普勒雷达

多普勒雷达即测速雷达，是安装于列车上的脉冲传感器。当目标向雷达天线靠近时，反射信号频率将高于发射频率；反之，当目标远离天线而去时，反射信号频率将低于发射频率。如此即可借由频率的改变数值，计算出目标与雷达的相对速度。测速雷达校正轮轴速度传感器的测速（如发生空转、打滑时），以提高测速测距系统的精度。见图 9-19。

图 9-18　速度传感器

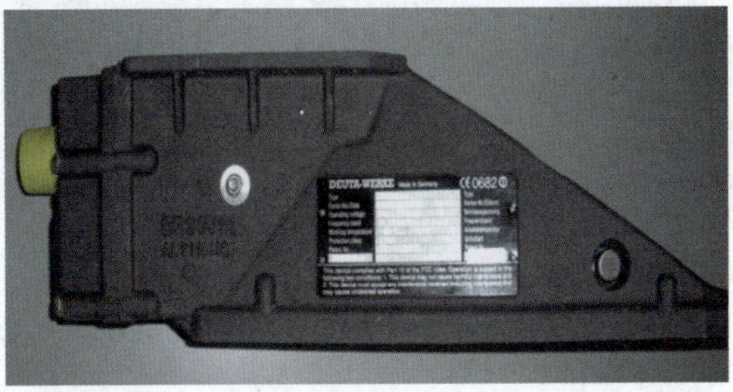

图 9-19　多普勒雷达

l. CAU 紧凑型天线单元

CAU 是紧凑型天线单元，是应答器检测天线。工作方式为电磁感应式信号调制方式，FSK 接收载波频率 4.234 MHz±200 kHz。移频 282.24 kHz、速率 564.48 kbit/s，功率载频 27.095 MHz±5 kHz。见图 9-20。

m. GSM-R 天线

GSM-R 天线为无线接收和发送天线。工作频率：870～960 MHz。见图 9-21。

n. 轨道电路读取器（TCR）

轨道电路读取器（TCR）是接收到的轨道电路并进行信息解调的单元，用于接收轨道电路信息，并将该信息通过 RS-422 接口传送给主机 C2 单元 VCU。见图 9-22。

o. TCR 接收线圈

TCR 接收线圈是轨道电路读取器的接收天线，用于感应轨道电路信息。静态条件下，TCR 接收线圈底部与轨面距离为（210±10）mm，线圈中心与轨面中心偏移小于 5 mm。见图 9-23。

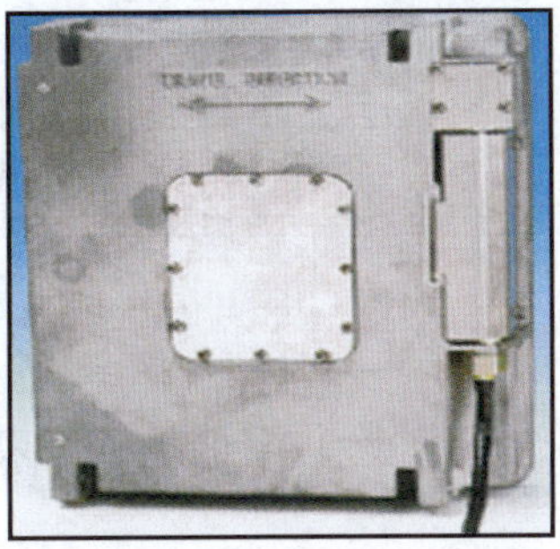

图 9-20　CAU 紧凑型天线单元

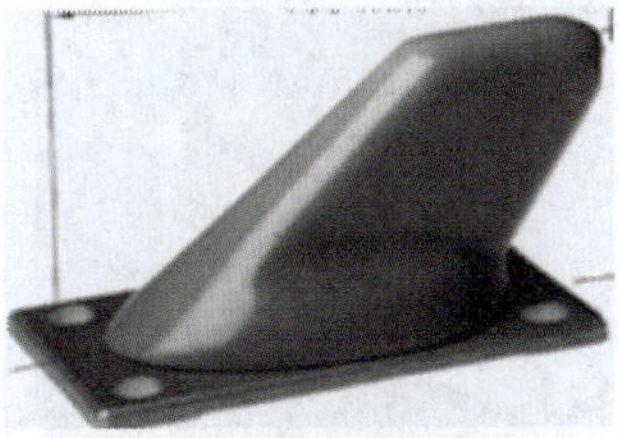

图 9-21　GSM-R 天线

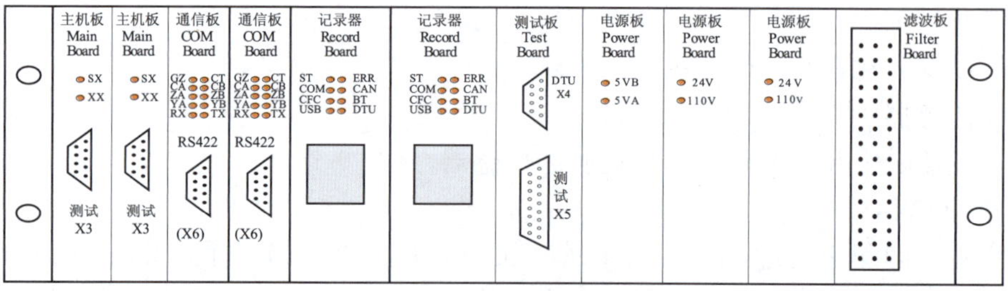

图 9-22　轨道电路读取器

p. AG 继电器

AG 继电器是安全型继电器，用于紧急制动命令、冗余制动、紧急制动反馈、牵引切除和常用制动反馈。

q. SBG 继电器

SBG 继电器是双极继电器，用于系统切除冗余制动和紧急制动的输出。

图 9-23　TCR 接收线圈

r. 空气开关

空气开关是车载系统单元和设备的车辆电源开关。

s. 隔离开关

隔离开关是隔离列控车载设备制动输出和控制输出的开关。隔离开关用于将列控车载设备的制动输出旁路掉，它有两个挡位，“1”位选择列控车载设备控车，“2”位旁路制动输出。隔离开关处于“2”位时，列控车载设备输出的制动被旁路，这时可以移动列车。

t. 冗余开关

冗余开关是 CTCS3-300T 列控车载设备选择采用 A 系或者 B 系的开关。它有 3 个挡位，“1”位用于选择 A 系工作，“2”位用于选择 B 系工作，“0”位用于将两系都断开。冗余开关处于“0”位时，列控车载设备无条件输出制动，这时不能移动列车。

(2)300S 列控车载设备系统构成

300S 车载设备是基于 2×2 取 2 的结构，每个安全模块(例如 RIM 模块、EVC 模块、TMM 模块、BTM 模块)均按照 2×2 取 2 的结构设计和实施，每个安全模块组成一个故障安全区，为了保证可用性，ALA 机柜包含 2 套独立的安全模块。见图 9-24。

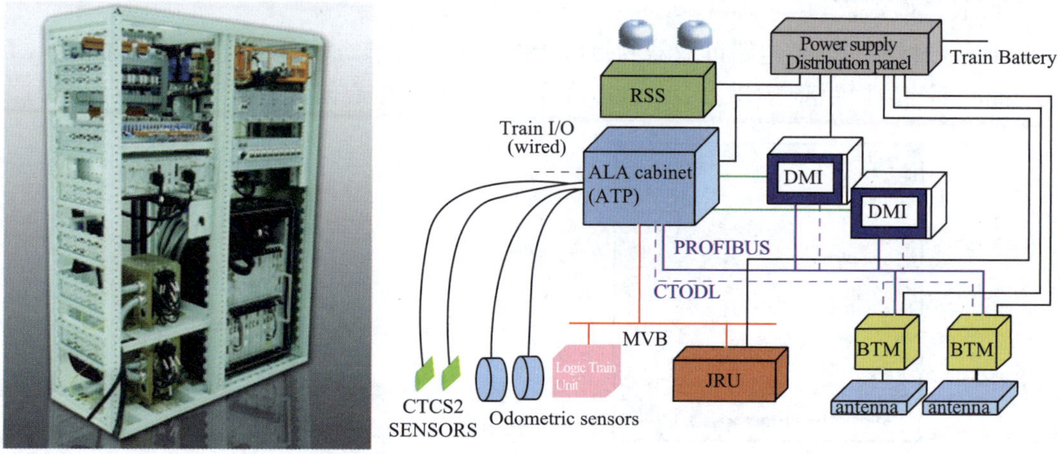

图 9-24　300S 车载设备主机柜 系统框图

鉴于 300S 和 300T 车载设备功能基本一致，下面只对两者之间不同模块及功能进行介绍。

300S 车载设备机柜包括 ALA 机柜及相关子系统。

①主机柜 ALA 包含 EVC、RIM、TMM 和 C2 单元模块。

a. EVC：执行 CTCS-3 逻辑功能的安全计算机，该模块位于下机箱内，用来在 ERTMS 环境下执行车辆逻辑，对 DMI 面板的串行通道进行管理，由 CPUE/EVC 板—中央处理单元和 WDRS 板—DMI 和看门狗接口板构成。

b. 列车管理模块(TMM)，该模块包含在 ALA 机柜上机箱内，实现与列车的功能接口，它计算和控制列车的参数(时间基准、覆盖的距离、速度、加速度)和其他辅助功能。

其具体实施的功能如下：时钟控制；运行距离和速度计算；与机车的接口。

该模块由以下板件组成：见图 9-25。

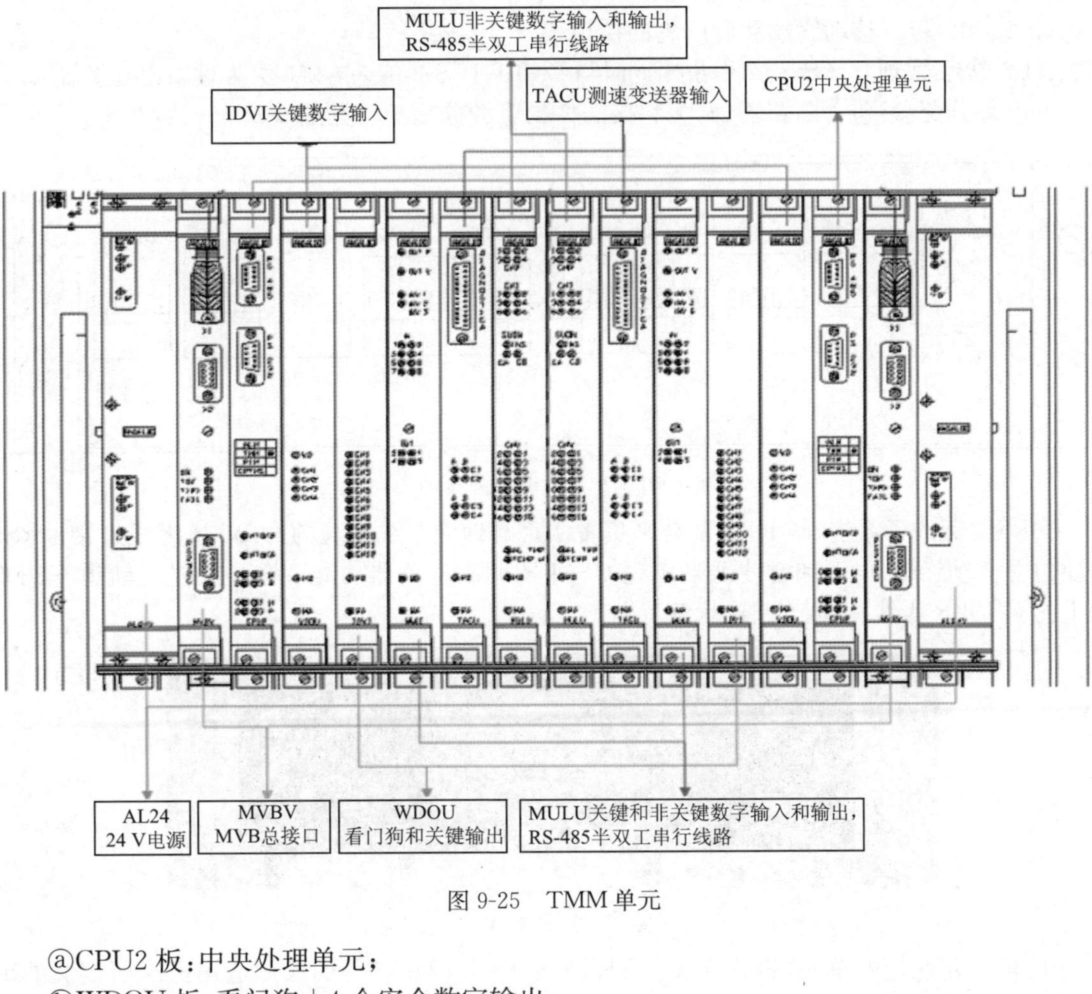

图 9-25　TMM 单元

ⓐCPU2 板：中央处理单元；

ⓑWDOU 板：看门狗＋4 个安全数字输出；

ⓒIDVI 板：12 个安全数字输入；

ⓓTACU 板：4 个双通道光磁编码器的测速接口；

ⓔMULU 板：多功能卡，带有 16 个非安全数字输出、4 个继电器触点式数字输出、4 个速度可达 115 kbit/s 的 HD RS-485 串行端口、6 个非安全输入、4 个风扇的诊断电路和 2 个过热传感器；

ⓕMULE 板：多功能卡，带有 4 个非安全数字输出、1 个安全数字输出、1 个继电器触点式数字

输出、3 个速度可达 115 kbit/s 的 RS-485 HD 串行端口、8 个非安全数字输入和 3 个安全数字输入；

ⓖMVBV 板：同 MVB 车辆总线的网关。

c. ALM 模块：

该模块位于下机箱内，专门用来对 RSC 传感器进行管理，并在 STM SCMT 环境下执行列车运行逻辑，由下述各板构成：

ⓐAUXT 板—辅助电压发生；

ⓑAL5V 板—5 V 电源；

ⓒCPU2/ALM 板—STM/SCMT 环境下的中央处理单元；

ⓓTCR 板—TCR，看门狗的确认和解码。

d. RIM：无线接口模块，位于下机箱内，通过移动终端与无线网络连接，由下述各板构成：

(a)CPU2/RIM 板—中央处理单元；

(b)RIME 板—移动终端和看门狗的接口板。

e. C2 单元：实现 CTCS-2 逻辑功能，同时与 DMI、CTCS-2 传感器接口并处理轨道电路信息。

②电源分配盘：包含断路器、开关和接插件的电源分配盘。见图 9-26。

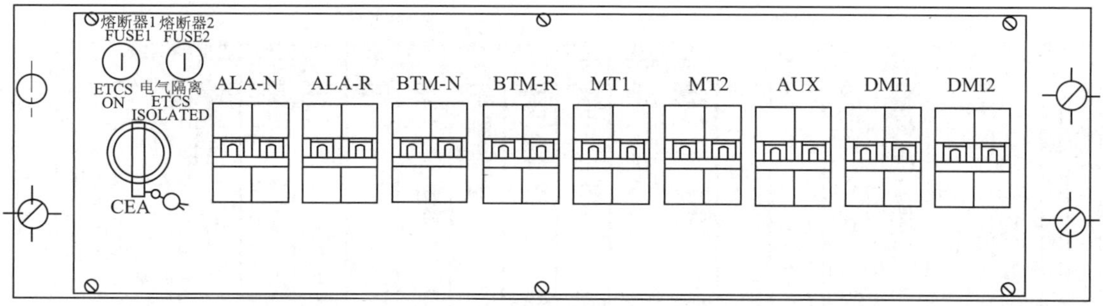

图 9-26　电源分配盘

③RSS：无线子系统，与 RIM 配合来负责实现与地面无线系统的 GSM-R 无线连接。RSS 模块包含移动终端、电源和滤波器来实现 GSM-R 调制解调器功能。它与放置在轨道车辆车顶上的 GSM-R 天线相连。见图 9-27。

图 9-27　RSS 单元

④JRU：司法记录单元，用于记录从 ERTMS/EVC 模块获得的按照适用标准所定义的事件。如标准中所要求的，分析运行过程中发送的情况所必需的信息应记录在 JRU 内。该模块同时通过 GPS 向 TMM 提供标准时间，也用于记录 CTCS-2 中的数据信息。

(3)300H 列控车载信号设备系统构成

①系统构成

CTCS3-300H 列控车载设备采用模块化设计，并且采用了能保证系统的安全性及可用性的 2×2 取 2 冗余结构。见图 9-28。

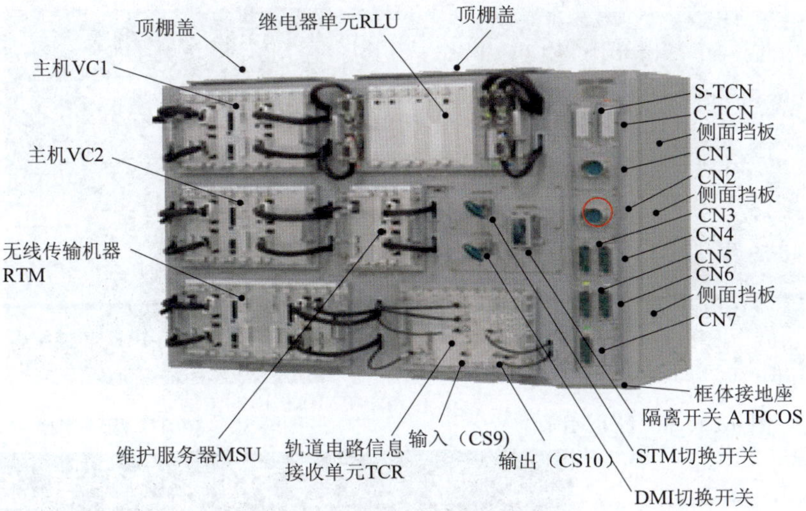

图 9-28 CTCS-300H 列控车载设备

CTCS3-300H 列控车载设备主要由以下部分构成：

a. 安全计算机 VC(Vital Computer)；

b. 应答器传输模块 BTM(Balise Transmission Module)；

c. 轨道电路信息接收单元 TCR(Track Circuit Reader unit)；

d. 继电器逻辑单元 RLU(Relay Logic Unit)；

e. 维护服务单元 MSU(Maintenance Service Unit)；

f. 无线传输模块 RTM(Radio Transmission Module)；

g. GSM-R 车载电台(GSM-R Mobile)；

h. 人机界面 DMI(Driver Machine Interface)；

i. 速度传感器。

②设备功能

由于 300H 和 300S 车载设备功能基本一致，这里只对不同模块的功能做介绍。

a. DMI1 和 DMI2 的切换

在驾驶室内有两个功能完全相同的 DMI(DMI1 和 DMI2)，在 ATP 机柜上有 DMI 的切换开关，通常情况下 DMI 切换手柄处于“1”的位置，表示 DMI1 有效。当 DMI1 发生异常时应首先关闭 ATP 电源开关，再将 DMI 切换手开关至“2”的位置，使 DMI2 有效，再重新启动 ATP 设备。DMI 切换开关见图 9-29。

b. BTM1 和 BTM2 的切换

在 ATP 机柜上有两个功能完全相同的 BTM，在 ATP 机柜上有 BTM 的切换开关，通常情况下手柄处于“1”的位置，表示 BTM1 有效。当 BTM1 发生异常时应首先关闭 ATP 电源开关，再将 BTM 切换开关的手柄转至“2”的位置，使 BTM2 有效，再重新启动 ATP 设备。BTM 切换开关见图 9-30。

c. ATP 隔离运行

当由于某种原因(设备故障或者其他原因)需要将 ATP 系统隔离，驾驶员以人控方式运行列车时，需先打开隔离开关保护罩，将隔离开关置于“隔离”位置。当 ATP 在非故障条件下，打到隔离运行时，DMI 界面显示见图 9-31。

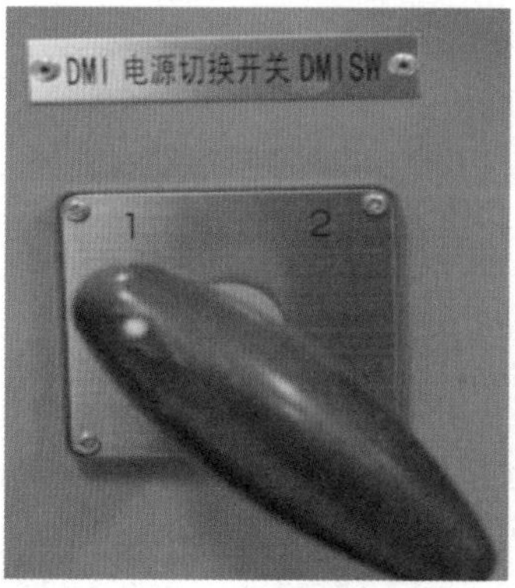

图 9-29　300H DMI 切换

图 9-30　300H BTM 切换

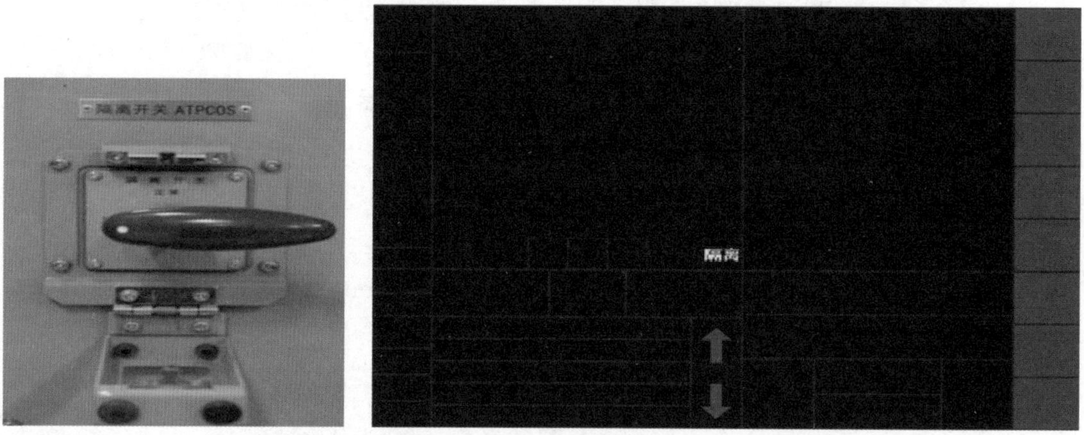

图 9-31　300H 隔离模式

第三节　列控车载设备工作模式

一、CTCS-2 级列控车载设备的工作模式

列控车载设备的控制方法有两个可选择的模式，机控优先和人控优先模式，系统分别在这两种控制模式下运行。其中在 DMI 上把反向运行模式归结到完全监控模式，应答器故障归结到部分监控模式。

1. 待机模式

如果列控车载设备在关机前或启动过程中预先选择了 CTCS-2 级，在投入电源后车载设备启动完成后，系统就直接转入 SB 模式。在 SB 模式下列控车载设备车载装置的接收轨道电路信息、接收应答器信息等功能有效，但不进行速度比较等控制，同时，无条件地输出制动。

2. 完全监控模式

完全监控模式是列车的正常运行模式。列控车载设备根据控车数据自动生成目标距离模式曲线，司机依据人机界面显示的列车运行速度、允许速度、目标速度和目标距离等信息控制列车运行。在完全监控模式下，列车判断自身位置和停车位置后，产生一次制动速度模式曲线并能通过 DMI 显示列车运行速度、允许速度、目标速度和目标距离等，控制列车安全运行。其控制模式曲线见图 9-32。

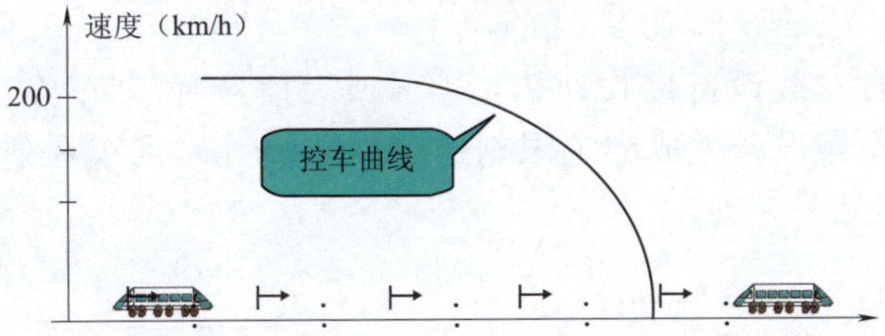

图 9-32　完全监控模式曲线

3. 部分监控模式

部分监控模式是列控车载设备接收到轨道电路允许行车信息，而缺少应答器提供的线路数据或限速数据时使用的模式。在部分监控模式下，限速值为 45 km/h。见图 9-33。

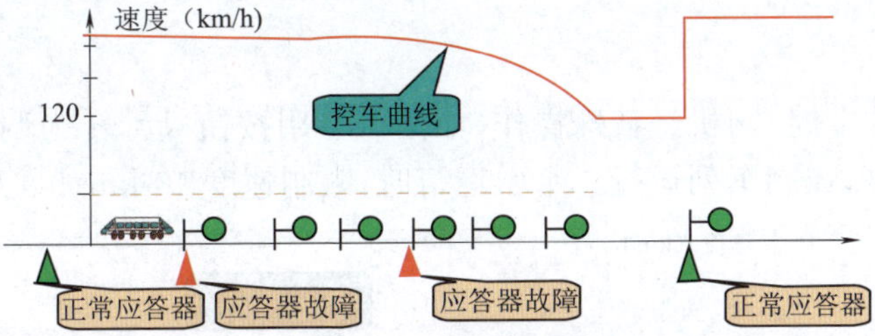

图 9-33　部分监控模式曲线一

若列控车载设备接收到轨道电路允许行车信息，但线路数据缺损时，列控车载设备产生固定限制速度，控制列车运行。

侧线发车列控车载设备根据股道轨道电路信息（根据道岔限速发送 UU 码或 UUS 码），形成并保持固定限制速度（至出站口），控制列车运行。见图 9-34。

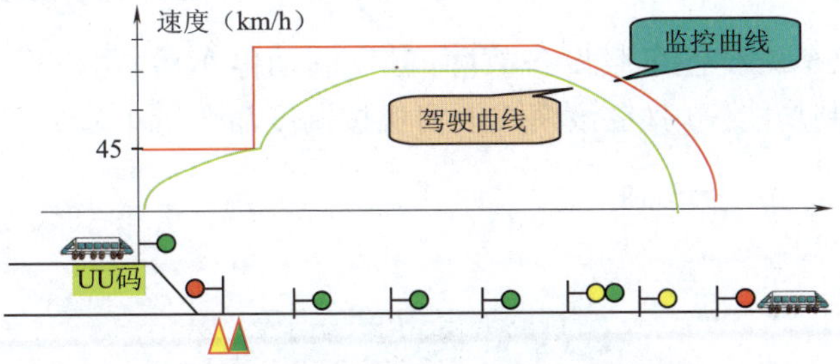

图 9-34　部分监控模式曲线二（侧线发车）

4. 引导模式

引导模式是在进站或出站建立引导进路后，列控车载设备按照最高限速 40 km/h 控车的模式。在该模式下，司机应当在每 60 s 之内或运行 200 m 以前按下警惕开关，否则列控车载设备将触动紧急制动。见图 9-35。

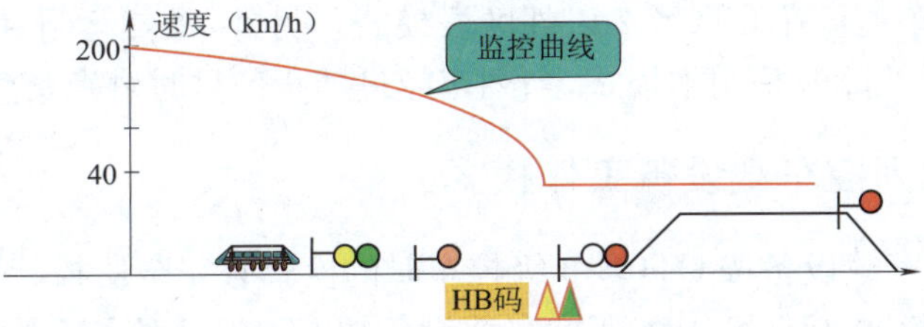

图 9-35　引导模式监控曲线

5. 目视行车模式

目视模式是当列控车载设备接收到禁止信号或无信号时，列车停车后，根据行车管理办法，司机经操作，列控车载设备生成固定限制速度(40 km/h)，列车在列控车载设备监控下运行，司机对安全负责。见图 9-36。

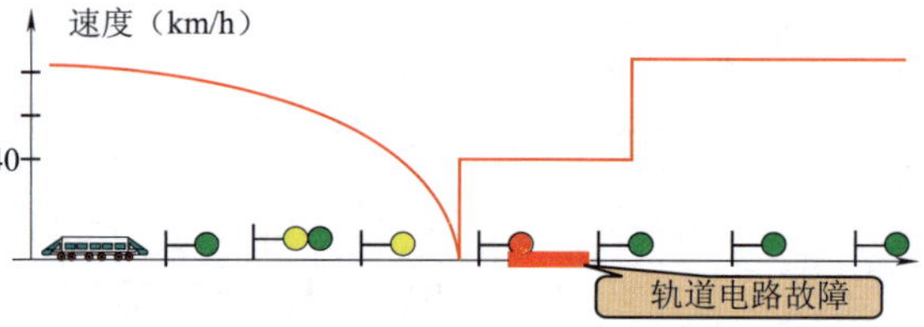

图 9-36 目视行车模式曲线

6. 调车模式

车列进行调车作业时，司机经特殊操作(如按压专用按钮)后，转为调车模式，列控车载设备生成调车限制速度，控制车列运行。牵引运行时，限制速度 40 km/h。见图 9-37。

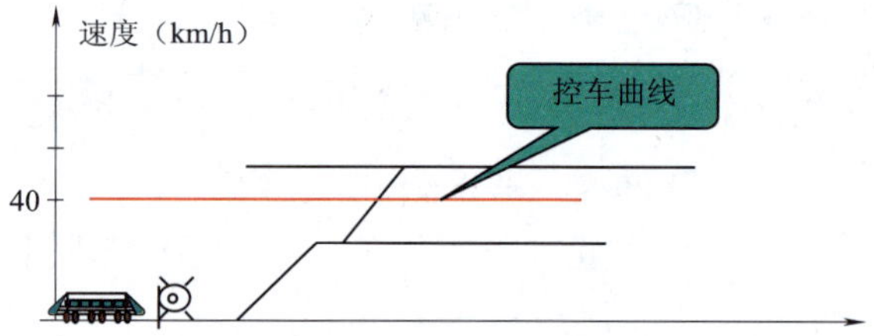

图 9-37 调车模式监控曲线

7. 隔离模式

隔离模式是列控车载设备车载设备故障，触发制动停车后，司机根据故障提示经特殊操作，列控车载设备控制功能停用，在该模式下司机按调度命令行车。见图 9-38。

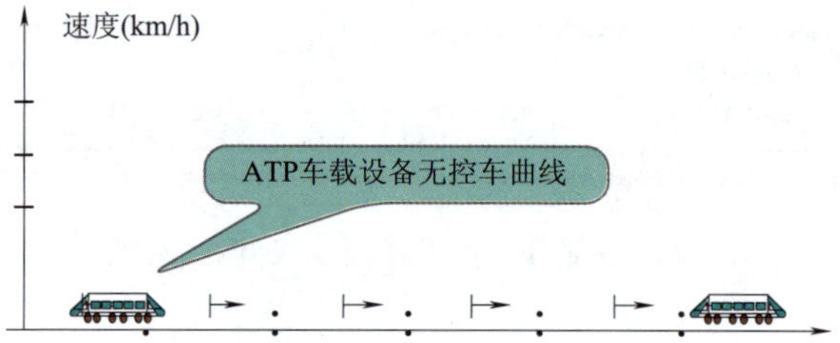

图 9-38 隔离模式

8. 机车信号模式

CS 模式属于列车运行在 CTCS-2 以外区段模式。另外，虽然运行在 CTCS-2 区段，但列控车载设备某些单元故障时采用本模式，当列车越过禁止信号时触发紧急制动。

二、CTCS-3 级列控车载设备工作模式

CTCS-3 级列控车载设备按 CTCS-3 级控车时的模式有完全监控、引导、目视行车、调车、休眠、隔离和待机等模式；CTCS-3 级列控车载设备按 CTCS-2 级控车时的模式有完全监控、部分监控、引导、目视行车、调车、休眠、隔离、待机和机车信号等模式。

1. 完全监控模式

完全监控模式是列车的正常运行模式。列控车载设备根据控车数据自动生成目标距离模式曲线，司机依据人机界面显示的列车运行速度、允许速度、目标速度和目标距离等信息控制列车运行。

当车载设备具备列控所需的全部基本数据（包括列车数据、行车许可和线路数据等）时，列控车载设备生成目标距离连续速度控制模式曲线，并通过人机界面（DMI）显示列车运行速度、允许速度、目标速度和目标距离等信息，监控列车安全运行。

2. 休眠模式

休眠模式是非本务端车载设备不监控列车运行，但仍执行列车定位、测速测距、记录等级转换及 RBC 切换信息等功能。

列车立即折返，非本务端升为本务端后，车载设备可自动进入正常工作状态。

3. 目视行车模式

目视行车模式是司机控车的固定限速模式，限速值为 40 km/h。列控车载设备显示停车信号或位置不确定时，在停车状态下司机按规定操作转入目视行车模式。

当地面设备故障、列控车载设备显示禁止信号且列车停车后需继续运行时，根据行车管理办法，经司机操作，列控车载设备按固定限制速度 40 km/h 监控列车运行，列车每运行一定距离（300 m）或一定时间（60 s）司机需确认一次。

4. 调车模式

调车模式是动车组进行调车作业的固定限速模式，限速值为 40 km/h。司机按压专用按钮使列控车载设备转入调车模式。只有在列车停车时，司机才可以选择进入或退出调车模式。CTCS-3 级控车时，只能在车站内转入调车模式。

当工作在 CTCS-3 级时，经 RBC 同意，列控车载设备转入调车模式后与 RBC 断开连接，退出调车模式后再重新与 RBC 连接。

5. 隔离模式

隔离模式是列控车载设备控制功能停用的模式。列车停车后，根据规定，司机操作隔离装置使列控车载设备转入隔离模式。

6. 待机模式

待机模式是列控车载设备上电后的默认模式。列控车载设备自检和外部设备测试后，自动处于待机模式。在待机模式下，列控车载设备正常接收轨道电路及应答器信息。

7. 引导模式

引导模式是在进站或出站建立引导进路后，列控车载设备按照最高限速 40 km/h 控车的模式。

当开放引导信号或出站信号机开放且列车前端距离出站信号机较远（大于 250 m）发车时，列控车载设备生成目标距离连续速度控制模式曲线，并通过 DMI 显示列车运行速度、允许速度、目标速度和目标距离等，CTCS-2 时车载设备按固定限制速度 40 km/h 监控列车运行，司机负责在列车运行时检查轨道占用情况。

8. 部分监控模式

CTCS-3 级列控车载设备按 CTCS-2 级控车时的部分监控模式，是列控车载设备接收到轨道电路允许行车信息，而缺少应答器提供的线路数据或限速数据时使用的模式。在部分监控模式下，限速值为 45 km/h。

9. 机车信号模式（表 9-2、表 9-3）

机车信号模式是装备 CTCS-3 级列控车载设备的动车组在 CTCS-0/1 级区段运行时使用

的模式。经司机操作后，列控车载设备转为最高限速 80 km/h 控车模式。在机车信号模式下，按地面信号显示运行。

当列车越过禁止信号时触发紧急制动。

表 9-2 CTCS-3 级列控车载设备按 CTCS-3 级控车时七种模式之间的转换

当前模式＼转换模式	待机模式	完全监控模式	引导模式	目视行车模式	调车模式	休眠模式	隔离模式
待机模式	—	—	人工/停车	人工/停车	人工/停车	人工/停车	人工/停车
完全监控模式	人工/停车	—	人工	人工/停车	人工/停车	—	人工/停车
引导模式	人工/停车	自动	—	人工/停车	人工/停车	—	人工/停车
目视行车模式	人工/停车	自动	人工	—	人工/停车	—	人工/停车
调车模式	人工/停车	—	—	—	—	—	人工/停车
休眠模式	人工/停车	—	—	—	—	—	人工/停车
隔离模式	人工/停车	—	—	—	—	—	—

表 9-3 CTCS-3 级列控车载设备按 CTCS-2 级控车时九种模式之间的转换

当前模式＼转换模式	待机模式	部分监控模式	完全监控模式	引导模式	目视行车模式	调车模式	休眠模式	隔离模式	机车信号模式
待机模式	—	人工/停车	—	—	人工/停车	人工/停车	人工/停车	人工/停车	人工/停车
部分监控模式	人工/停车	—	自动	自动	人工/停车	人工/停车	—	人工/停车	人工/停车
完全监控模式	人工/停车	自动	—	人工	人工/停车	人工/停车	—	人工/停车	人工/停车
引导模式	人工/停车	自动	自动	—	人工/停车	人工/停车	—	人工/停车	人工/停车
目视行车模式	人工/停车	自动	自动	自动	—	人工/停车	—	人工/停车	人工/停车
调车模式	人工/停车	—	—	—	—	—	—	人工/停车	—
休眠模式	人工/停车	—	—	—	—	—	—	人工/停车	—
隔离模式	人工/停车	—	—	—	—	—	—	—	—
机车信号模式	人工/停车	—	—	—	—	—	—	人工/停车	—

第四节 车载 ATP 的显示

一、CTCS-3 级列控车载信号设备(DMI)显示

1. 显示区域分布

DMI 显示屏的显示分辨率为 640×480。主界面分为六个主显示区，见图 9-39。

(1)A 区距离监控信息

①A1 区，制动预警时间(FS 模式下显示)

制动预警时间在 A1 区中心以正方形图标显示。

正方形图标的大小取决于距触发制动的预期时间。

一旦距触发制动的预期时间低于设定时间值(8 s)，方块图标开始变大直至最大尺寸(54×54)。

②A2 区，目标距离(FS 模式下显示)

使用两种方法表示目标距离：柱状光带表示法和数字表示法。

柱状光带颜色总为白色，光带正上方为数字表示区。

柱状光带的左侧为坐标系刻度，该坐标系采用对数坐标。

0～100 m 采用线性坐标，最大显示范围是 1 000 m。当目标距离大于 1 000 m 时，光带上方用数字显示实际目标距离，柱状光带的高度保持不变，数字显示的精度为 10 m；当目标距离小于 1 000 m 时，柱状光带逐渐缩短，数字显示的精度为 1 m。

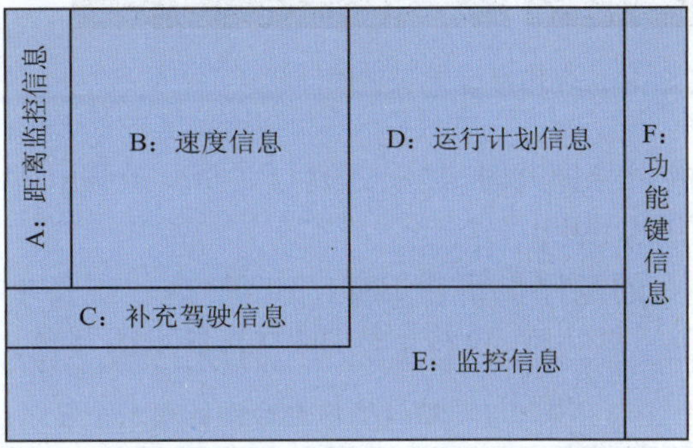

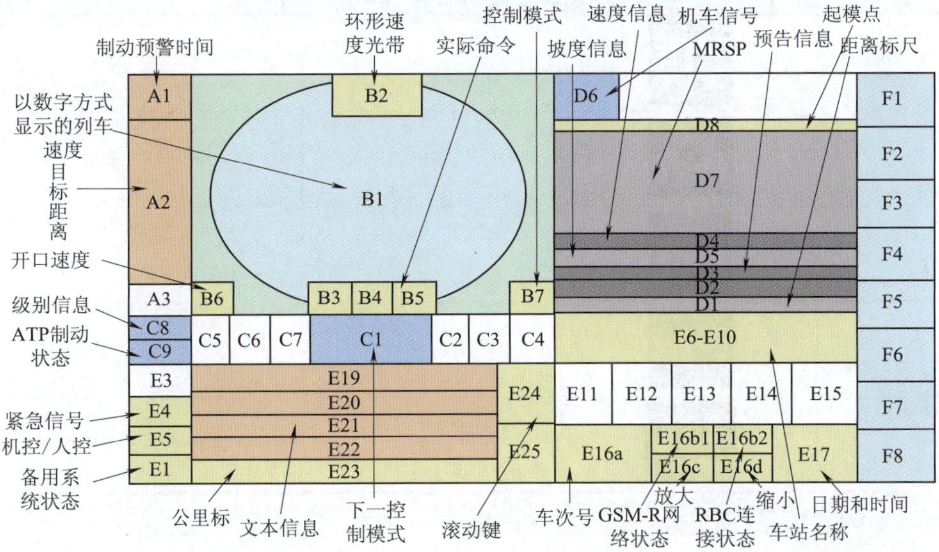

图 9-39　车载设备布置图

(2)B 区，速度信息

①B1 区与 B2 区速度表盘

列车速度采用双备份显示。

一种方式是速度表，表盘的刻度为 0～450 km/h；另一种方式是数字，在速度表的中间区显示列车速度值。

B1 区与 B2 区是速度显示的主要区域，其图形方式主要表现为速度指针与环形速度光带，数字方式则显示在速度指针中心(B1 区)；环形速度表的具体表示方式见图 9-40，其中 A 表示目标速度，B 表示允许速度，C 表示 SBI(最大常用制动速度)或 EBI(紧急制度速度)速度。

当列控车载设备处于部分监控模式、目视行车模式、调车模式和机车信号模式时，在 B2 区显示允许速度，以灰色短线显示(图 9-41)。当速度超过该允许速度后，显示常用制动速度或紧急制动速度。

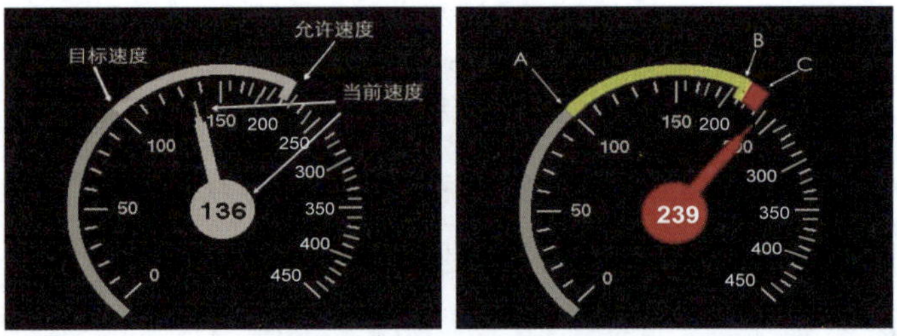

图 9-40 环形速度表示意图

图 9-41 非完全监控模式
引导”除外)下的速度显示

当处于 C3 控车下的引导模式时，显示方式与完全监控模式相同。

②B3/4/5 区，命令图标(表 9-4)

命令图标按从左到右的顺序显示在 B3/4/5 区域内。当要求司机执行一个动作时，用黄色图标显示，并带有黄色闪烁边框，执行了该动作后，显示为灰色。

表 9-4 B3/4/5 区命令图标显示含义

序号	图标	颜色	含义
1		灰色	桥梁
2		灰色	车站
3		灰色	隧道
4		灰色	临时限速区
5		灰色	分相区

③B7 区，模式信息(表 9-5)

表 9-5 B7 区模式信息

序号	模式	显示文本	序号	模式	显示文本
1	完全监控模式	完全	7	隔离模式	隔离
2	部分监控模式	部分	8	机车信号模式	机信
3	目视行车模式	目视	9	休眠模式	休眠
4	引导模式	引导	10	冒进模式	冒进
5	调车模式	调车	11	冒进后模式	冒后
6	待机模式	待机	12	Lkj 控车	Lkj

(3)C 区，补充驾驶信息

C 区显示的主要内容为补充驾驶信息，包括九个分区。

①C1 区，下一控制模式

在 C1 区以带黄色闪动边框的模式文本，显示要确认的各种模式，闪烁频率为 1 Hz，以便司机确认下一有效模式。当司机进行确认，并且列控车载设备接受后，该图标从 C1 区消失，成为 B7 中显示的新的有效控制模式。

②C8 区，CTCS 等级(表 9-6)

以文字的方式显示列控车载设备的运行等级。

表 9-6　C8 区显示文本含义

C8 区显示文本	等级	C8 区显示文本	等级
CTCS-0	CTCS-0 级	CTCS-2	CTCS-2 级
CTCS-1	CTCS-1 级(可选)	CTCS-3	CTCS-3 级

③C9 区，列控车载设备制动状态(表 9-7)

以图标的方式显示列控车载设备制动状态，DMI 根据列控车载设备的制动状态显示图标。如果列控车载设备处于非制动非允许缓解状态，则该区域不显示任何图标。

表 9-7　C9 区显示图标含义

1		紧急制动	4	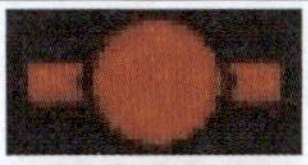	弱常用制动
2	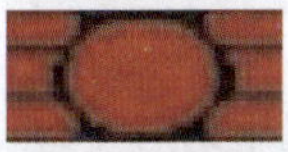	常用制动	5	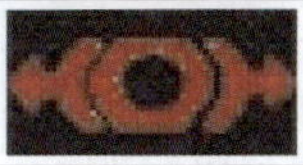	允许缓解
3	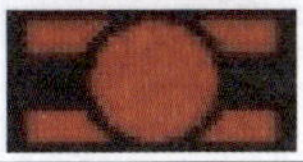	中等常用制动			

(4)D 区，运行计划信息

D 区显示的主要内容为运行计划信息，包括 8 个分区。D1 区：距离标尺；D2/D3 区：预告信息；D4 区：速度变化信息；D5 区：坡度信息；D6 区：机车信号；D7 区：最限制速度曲线；D8 区：起模点信息。D 区的显示示意图见图 9-42。

①D1 区：距离标尺

D1 区用于显示距离坐标。坐标系的原点位于 D1 区的左下角，始终以列车当前所在位置为参考原点，即列车始终位于坐标系的原点。

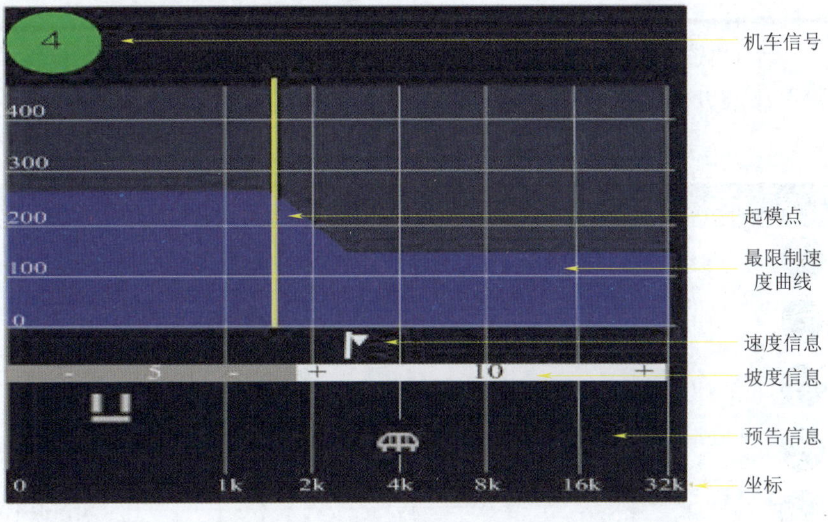

图 9-42　D 区显示示意图

坐标系的横坐标为距离(单位为 km),采用以 10 为底的对数坐标(0～1km 为线性坐标,1 km取在整个横坐标的 1/3 处),标尺上刻度分别为 0,1k,2k,4k,8k,16k 和 32k;纵坐标为速度坐标,单位为 km/h,坐标刻度为 0,100,200,300,400,500。字体颜色为白色。最大距离坐标值能够进行 8 km、16 km 和 32 km 三级切换。

②D2/D3 区:预告信息(表 9-8)

D2/D3 区用于显示预告信息。为了最大限度避免图标重叠,将预告信息分两栏显示,两个时间相邻的图标不能放在同一栏内。预告图标要显示在计划区相对应的位置,当列车通过预告位置后,移除预告图标。预告图标不能改变颜色,图标的左侧对应该信息的位置。

表 9-8　D2/D3 区的显示图标

序号	图标	尺寸,颜色	含义	序号	图标	尺寸,颜色	含义
1		灰色	桥梁	4		灰色	临时限速区
2		灰色	车站	5		灰色	分相区
3		灰色	隧道				

表 9-9　D4 区域显示图标

序号	图标	尺寸,颜色	含义
1		灰色	加速
2		灰色	减速
3		灰色	减速(目标为 0)

③D4 区:速度变化信息(表 9-9)

D4 区使用符号显示速度变化信息,符号左侧处在速度发生变化的位置。

④D5 区:坡度信息

坡度信息由一系列不同坡度的长方形组成,长方形具有标准高度,其宽度取决于到列车前端的距离和坡度延伸的长度。坡度为下坡道时,长方形显示为暗灰色,数字为灰色;坡度为上坡道时,长方形显示为灰色,数字为暗灰色。

如果长方形的长度大于指定长度,将坡度是千分之几标在长方形的中央位置。并在长方形的两端标出坡度的走向,“+”表示上坡,“—”表示下坡。若坡度为 0,只显示“0”,不显示“+”,“—”符号。

⑤D6 区:机车信号

当列车运行在 CTCS-2 级和 CTCS-3 级时,D6 区用于显示机车信号。机车信号的显示标准符合相应规定显示方法。机车信号的具体定义和显示图标的对应关系见表 9-10。

表 9-10　机车信号图标

序号	图标	含义	备注	序号	图标	含义	备注
1	5	L5		6		LU	
2	4	L4		7		LU2	
3	3	L3		8		U	
4	2	L2		9	2	U2	
5		L		10	2	U2S	以 1 Hz 的频率闪动

续上表

序号	图标	含义	备注	序号	图标	含义	备注
11		UU		15		H	
12		UUS	以 1 Hz 的频率闪动	16		25.7 Hz	中灰色
13		HB	以 1 Hz 的频率闪动	17		27.9 Hz	中灰色
14		HU					

⑥D7 区:最限制速度曲线(MRSP)

D7 区显示列车前方最远 32 km 范围内的最限制速度曲线(显示距离能够进行8 km、16 km和 32 km 三级切换)。MRSP 信息以图表的形式显示,横轴为距离标尺,纵轴为速度标尺。MRSP 的第一个起模点到目标点显示斜线,后面的变速点均以台阶方式显示。

⑦D8 区:起模点信息

D8 区显示起模点信息,只显示动态速度递减的起始点,不涉及速度递增的情况。起模点用一个黄色的垂直光标在 D8 和 D7 的中间显示。

(5)E 区,监控信息

E 区显示的主要内容为监控信息,包括 25 个分区。其显示示意图见图 9-43。

①E1 区:备用系统状态

当 C3 控车时,显示 C2 系统的状态;

当 C2 主控时,显示 C3 系统的状态。

显示的状态包括正常和故障两种状态。

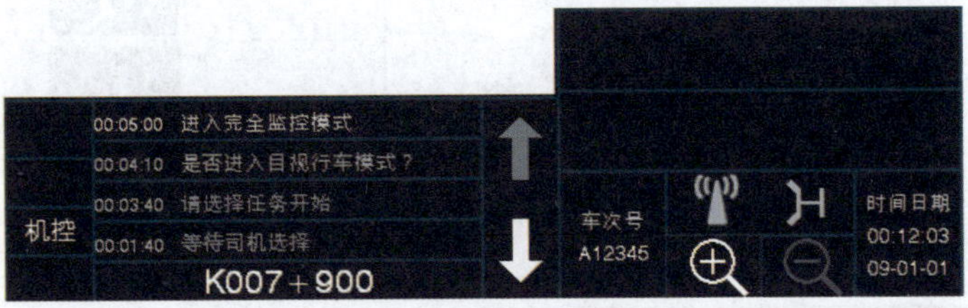

图 9-43 监控信息

②E4 区:紧急信号(表 9-11)

当车载设备收到紧急信号后,显示带有闪烁边框的紧急信号图标,并伴有声音发出。

当超出紧急信号条件时,该图标不再显示。

③E5 区:机控/人控表示(表 9-12)

在机控优先的情况下,显示"机控";

在人控优先的情况下,显示"人控"。

表 9-11 E4 区显示图标含义

序号	图标	含义
1		紧急消息
2		没有无线通信

表 9-12 E5 区显示图标含义

序号	图标	含义
1	机控	机控优先
2	人控	人控优先

④E6-E10 区：车站名称

E6-E10 区，显示车站名称。车站名称以汉字方式显示，最多显示 6 个汉字，汉字采用 GB 18030编码方式。

⑤E16 区

a. E16a 区：车次号

区域的上面显示文本“车次号”，下面显示实际的车次号。

b. E16b 区，GSM-R 网络状态和与 RBC 连接状态

(a) E16b1 区，显示 GSM-R 的网络状态。当有 GSM-R网络时，显示网络图标，没有 GSM-R 网络时，则不显示网络图标。见表 9-13。

表 9-13　E16b 区显示信息

序号	图标	含义
1		有 GSM-R 网络

(b)E16b2 区，显示 RBC 的连接状态。

表示与 RBC 未连接、正在连接或已经连接的状态。见表 9-14。

表 9-14　E16b2 区显示信息

序号	图标	含义	序号	图标	含义
1		与 RBC 未连接	3		已经与一个 RBC 建立连接
2		正在与 RBC 建立连接	4		已经与两个 RBC 建立连接

c. E16c/E16d 区：缩放键图标

E16c/E16d 区，计划区缩放键图标。E16c 区显示放大键图标，E16d 区显示缩小键图标。见表 9-15。

表 9-15　E16c/E16d 区显示信息

序号	图标	含义
1		放大(不可用)
2		放大(可用)
3		缩小(不可用)
4		缩小(可用)

⑥E17 区：日期和时间

在此区域分三行显示：

第一行显示文本“时间日期”；

第二行显示时间，显示格式是“小时：分：秒”，如 11：20：23；

第三行显示日期，显示格式是“年-月-日”，如 07-11-13。

⑦E19-E22 区：文本信息

最多能显示 4 行文本，可滚动显示信息，所显示信息的最前端有时间标记(小时：分钟：秒)，应避免显示信息的长度超过 1 行的情况。

文本信息按时间先后顺序分类显示，最新信息显示在 E19 处，白色显示，伴有声音提示。有新文本出现后，原来的文本变为灰色。

对于需要司机确认的信息，显示带有闪烁的黄色边框。司机进行确认后，文本变为灰色，黄色边框消失。

根据主机的要求，选择保留或删除文本。DMI 保留最近至少 50 条文本信息。

⑧E23 区：公里标

在 E23 区的中心位置显示公里标。显示格式为“Kx＋y”，其中字母“K”后显示公里数，“＋”后显示米数。x 单位为 km，y 单位为 m。

如：K1268＋345

2. 按键布局

DMI 共有 19 个按键，2 块键盘。右侧键盘为 8 个可扩展功能键，屏幕正下方 11 个按键为

固定功能键。见图 9-44、图 9-45。

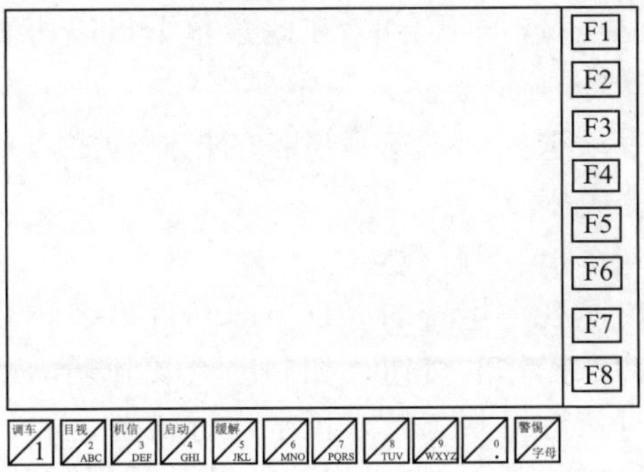

图 9-44　DMI 功能键布置图

- 功能键
  - 数据（F1）
    - 司机号（F1）
      - 确定（F6）
      - 删除（F7）
      - 取消（F8）
    - 车次号（F2）
      - 确定（F6）
      - 删除（F7）
      - 取消（F8）
    - 列车数据（F3）
      - 确定（F6）
      - 删除（F7）
      - 取消（F8）
    - 向上（F4）
    - 向下（F5）
    - 返回（F8）
  - 模式（F2）
    - 调车（F1）
      - 确定（F6）
      - 取消（F8）
    - 目视（F2）
      - 确定（F6）
      - 取消（F8）
    - 机信（F3）
      - 确定（F6）
      - 取消（F8）
    - 返回（F8）
  - 载频（F3）
    - 上行（F1）
      - 确定（F6）
      - 取消（F8）
    - 下行（F2）
      - 确定（F6）
      - 取消（F8）
    - 返回（F8）
  - 等级（F4）
    - CTCS3（F1）
      - 确定（F6）
      - 取消（F8）
    - CTCS-D3（F2）
      - 确定（F6）
      - 取消（F8）
    - CTCS2（F3）
      - 确定（F6）
      - 取消（F8）
  - 其他（F5）
    - 制动测试（F1）
    - 音量（F2）
      - 大（F1）
      - 小（F2）
      - 返回（F8）
    - 亮度（F3）
      - 亮（F1）
      - 暗（F2）
      - 返回（F8）
    - 返回（F8）
  - 启动（F6）
    - 确定（F6）
    - 取消（F8）
  - 缓解（F7）
    - 确定（F6）
    - 取消（F8）
  - 警惕（F8）

图 9-45　功能键结构图

(1)可扩展功能键详细说明

【数据】(F1):按该键后,显示数据子菜单,在此菜单下可以查看文本信息或进入下一级菜单修改司机号、车次号、列车数据等信息。

【模式】(F2):允许司机手动选择列控车载设备的控制模式,可选择的模式包括:目视行车模式、调车模式和机车信号模式。

【载频】(F3):用于选择列车上、下行载频。

【等级】(F4):用于司机切换列车运行的 CTCS-3、CTCS-2 和 CTCS-3D 等级。

【其他】(F5):用于执行特殊操作的按钮。如制动测试、调节 DMI 屏幕亮度、调节音量等。

【启动】(F6):用于开车时从待机状态转入正常运行状态。

【缓解】(F7):在人控优先的状态下,如果列车触发了常用制动,当列车运行速度低于允许缓解速度后,列控车载设备允许司机缓解制动。当 DMI 上给出允许缓解的提示后,司机按下【缓解】键,列控车载设备结束制动。在机控或人控优先的状态下,如果列车触发了紧急制动,当列车停车后,列控车载设备允许司机缓解制动。当 DMI 上给出允许缓解的提示后,司机按下【缓解】键,列控车载设备结束制动。

【警惕】(F8):当列控车载设备处于目视行车模式、引导模式(CTCS-2 级,且无目标距离曲线时)或机车信号模式(当收到限制码)时,司机在 60 s 或者 300 m(机车信号模式下为 200 m)内按【警惕】键,否则列控车载设备输出紧急制动使列车停车。此键还用于响应列控车载设备发送给司机的需要确认的消息。当有多个信息需要确认时,将需要确认的信息放入等待确认列表,由司机逐个进行确认。

(2)固定功能键

固定功能键在平时执行的是按键上角标注的功能,在输入状态下,各按键成为数字、字母输入键,每个按键代表的数字、字母为按键下角标注的字符。

在输入状态下,【警惕/字母】键用于切换数字和字母及特殊符号。

固定功能键中,数字“8”和“9”对应的按键在非输入状态和完全监控模式下,用于放大和缩小计划区的显示。

本节介绍的所用按键,分为可用和不可用两类。在可扩展功能键区,以按键图标底色区分按键是否可用。若底色与 DMI 背景色相同,表示按键可用。若底色为灰色,表示按键不可用例如图 9-46 中红色框中所示,其中【数据】、【模式】、【载频】和【其他】所对应的可扩展功能按键的【F1】、【F2】、【F3】和【F5】可以按下进行相应的操作,而【等级】、【启动】、【缓解】和【警惕】相对应的【F4】、【F6】、【F7】和【F8】为不可用状态,司机按下按键后 DMI 不会有任何提示,也不会进行与其相应的操作。可用的按键按下时,按键有效,并发出按键音。不可用按键按下时,按键无效,只发出按键音。若某可扩展功能键不可用时,对应的固定功能键也不可用。

图 9-46 功能键的可用与不可用状态

二、特殊说明

1. 打开/关闭驾驶台

在 CTCS-2 或 CTCS-3 级下，如果 DMI 主机收到车载安全计算机关闭显示屏数据命令时，DMI 会关闭屏幕显示，呈黑屏状态。

2. 按键动态屏蔽

上电任务启动过程或运行在 CTCS-3 级下时，车载安全计算机将发送按键可用性信息，DMI 根据该信息实现按键动态屏蔽功能。

3. 过分相区显示

过分相区过程中，DMI 上只显示 图标，列车通过分相区的过程见图 9-47。图中位置(1)(2)(3)分别代表列车收到分相区显示信息、进入分相区和离开分相区时的示意位置；在这 3 个位置点 DMI 屏幕上图标显示区域将发生相应变化。

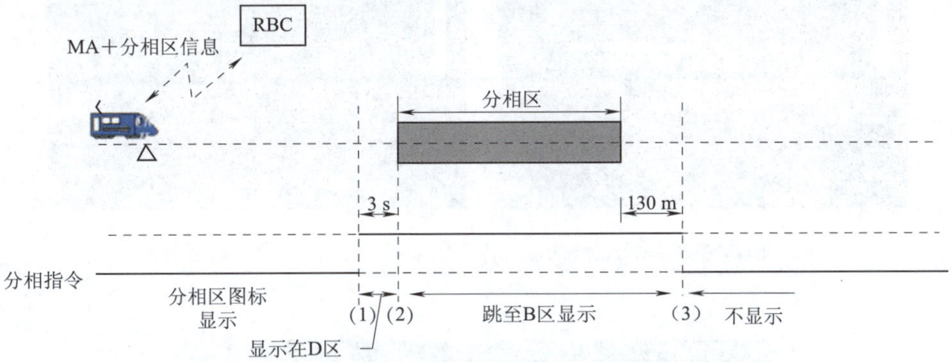

图 9-47　列车通过分相区阶段图例

DMI 收到分相区显示信息。分相区图标开始显示，见图 9-48。

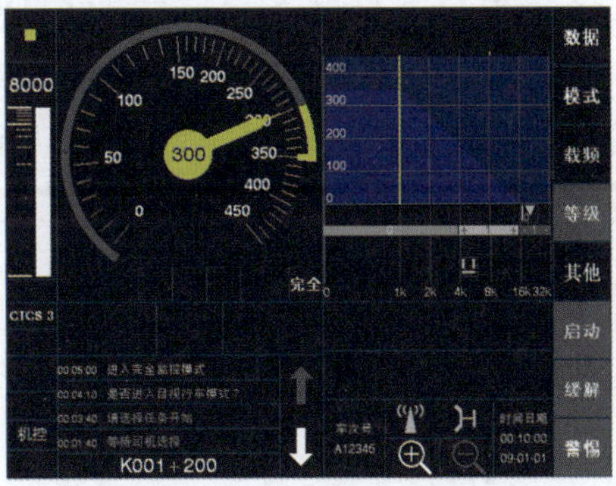

图 9-48　阶段(1)时分相显示

列车进入分相区。图标由 D 区跳转至 B3/4/5 区显示，在 D 区不显示(图 9-49)。

过分相区后，分相区图标消失，见图 9-50。

对于通过桥梁、车站、隧道及临时限速区，其显示过程类似于过分相。

4. 列车超速显示

当列车速度超过或等于紧急制动速度时，会触发列车紧急制动。DMI 速度指针、制动预警区会变成红色，并显示紧急制动图标。具体显示示意图见图 9-51。

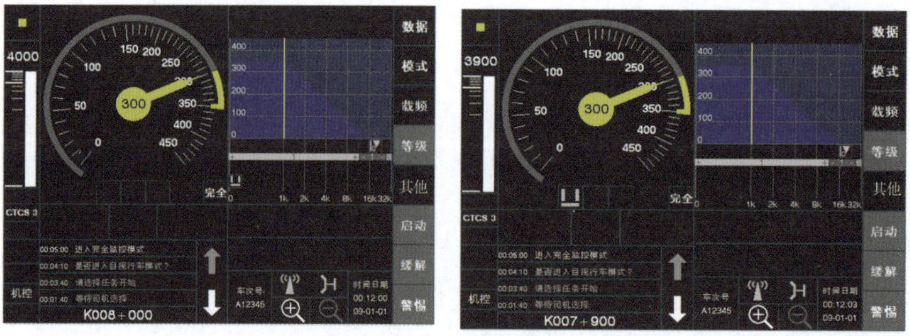

图 9-49　阶段(2)时分相显示

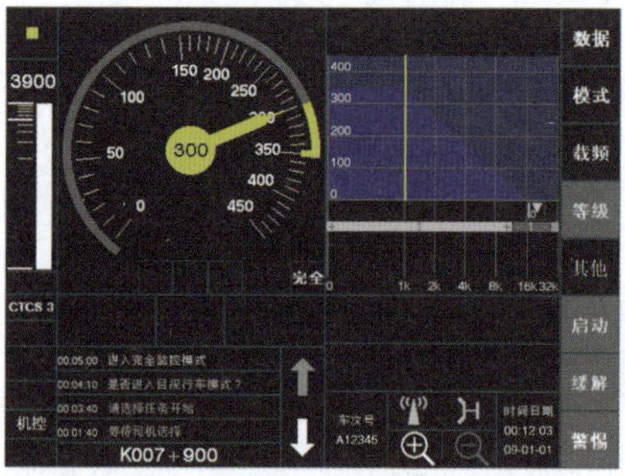

图 9-50　阶段(3)时无分相显示

图 9-51　列车超速显示

第五节　列控系统主要运营场景

一、CTCS-3 级列控车载设备按 CTCS-2 级控车时列控运营场景

1. 驶出动车段(图 9-52)

(1)列车以调车模式在总出站信号机前停车，将 ATP 车载设备转为部分监控模式。

(2)列车根据地面及车载信号指示进入区间，接收到应答器及轨道电路信息后自动转为完全监控模式运行。

2. 引导接车

(1)引导接车时，在列车接收 HB 码区段前，进站信号机显示红灯，列控车载设备生成机外停车模式曲线。

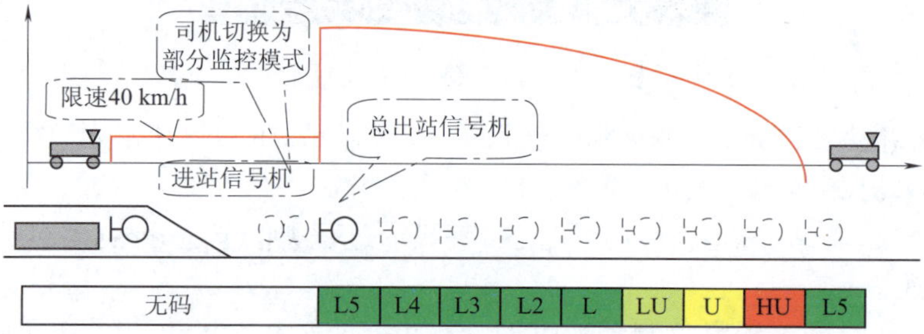

图 9-52　驶出动车段

(2)收到 HB 码后,列控车载设备生成目标点在进站信号机处、目标速度为 40 km/h 的模式曲线。

(3)当列车进入接近区段,接收到 HB 码,越过进站信号机进入车站后,进入咽喉区无码区段,列控车载设备转入部分监控模式,保持 40 km/h 的限速模式。

(4)引导时车载列控车载设备只给出限速值,不计算速度曲线。见图 9-53。

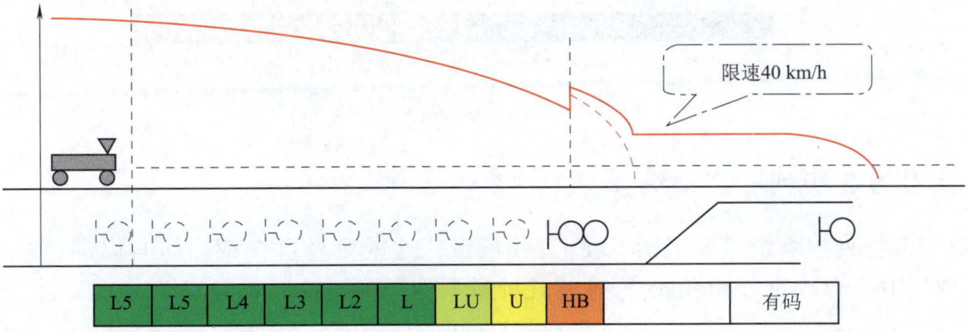

图 9-53　引导接车

3. 引导发车

(1)引导发车时,股道上轨道电路发送 HB 码,列车收到 HB 码,生成目标点在出站信号机处、目标速度为 40 km/h 的模式曲线。

(2)当列车越过出站信号机后,进入咽喉区无码区段,ATP 转入部分监控模式,列车保持 40 km/h 的限速。

(3)接收到连续轨道电路等信息后,产生目标距离模式曲线并自动转为完全监控模式进行工作。见图 9-54。

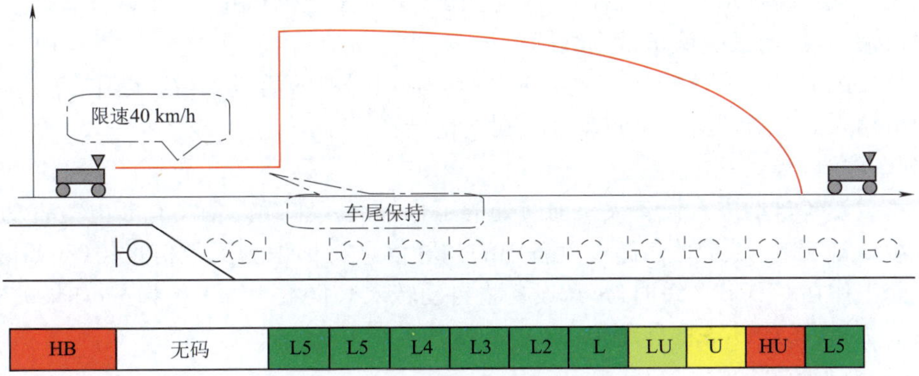

图 9-54　引导发车

4. 中间站侧线接车(18 号道岔)

(1)经 18 号及以上道岔侧向通过时,在列车到达 U2S 码区段前,按照进站信号机显示红灯、生成机外停车的目标距离模式曲线。

(2)收到 U2S 码后,重新生成目标点在进站信号机处、目标速度为 80 km/h(没有特别说明时的默认值)的目标距离模式曲线。

(3)列车越过进站信号机进入车站后,根据进站口处应答器提供的进路线路参数信息、轨道电路信息码产生在股道停车的目标距离模式曲线,监控列车安全运行。见图 9-55。

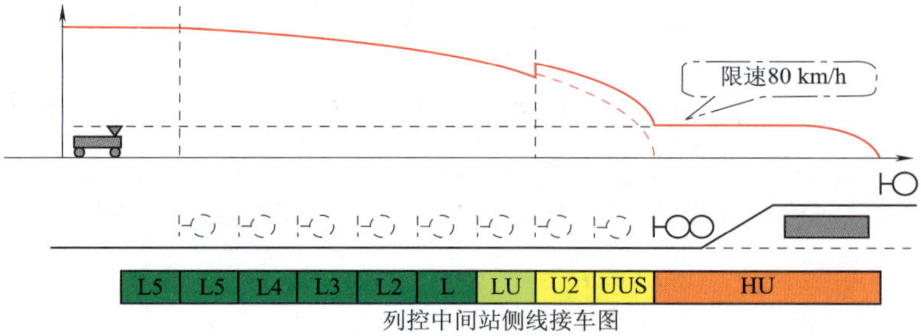

图 9-55　中间站侧线接车

二、CTCS-3 级列控运营场景

CTCS-3 级列控系统主要包括 14 种运营场景。这里只着重介绍注册与启动、注销、等级转换、RBC 切换、自动过分相、临时限速等几种重点的运营场景。

(一)注册与启动

注册与启动描述停在车站股道或线路上的列车,从车载设备上电、司机开启驾驶台、具备发车条件至列车启动时信号系统的工作过程。

(1)设备上电

动车组机械师或司机闭合动车组为列控车载设备(含非本务端)提供电源的供电开关,车载设备开始自检。完成自检后,列控车载设备自动进入待机模式(SB)。

(2)列车唤醒

司机开启驾驶台,处于待机模式(SB)的列控车载设备将被唤醒,其操作过程如下:

①司机开启驾驶台,列控车载设备的 DMI 开始投入正常工作。

②列控车载设备提示司机进行制动功能测试,司机按压测试按钮,车载设备触发制动,动车组给出反馈信息,司机确认正常则继续。

③司机按照 DMI 提示输入司机号,DMI 验证司机号有效后进入后续操作。

④司机输入的有效司机号被自动存入司法记录器。

(3)列车注册

列控车载设备自动进入设备关机前所处的工作等级。车载设备具有断电检查功能,一旦检测到车载设备断电,则此时存储在设备中的位置信息将标识为无效信息。(300T 型 ATP)如果关机前工作在 CTCS-2 级时,车载设备将自动转入 CTCS-2 级工作状态;如果关机前工作在 CTCS-3 级时,车载设备将自动转入 CTCS-3 级工作状态。

(4)输入列车数据

当列控车载设备进入确定的工作等级(CTCS-3 级或 CTCS-2 级)后,要求司机输入控车所需列车参数(列车长度)和车次号等数据,其操作过程如下:

①司机通过 DMI 输入列车参数(列车长度)和车次号(车次号包括英文字母)。

②如果是在 CTCS-3 级工作状态,数据将传送给 RBC 存储,RBC 再将数据发送给 CTC,并向车载发送回执信息。

③列控车载设备提示司机按压“启动”键。

(5)准备发车

司机按压“启动”键。如果列控车载设备工作在 CTCS-3 级,车载设备向 RBC 请求行车许可(MA)。

（6）启动列车

车载设备正式投入工作后，如果 CTC 控制联锁办理了发车进路，车载设备可以通过 RBC 或轨道电路得到发车的行车许可（MA），其中：

①工作在 CTCS-3 级时，车载设备从 RBC 获得行车许可。

②工作在 CTCS-2 级时，车载设备从轨道电路获得行车许可。

（二）注　销

注销描述了列车停车后，从注销列车信息至关闭车载设备电源的工作过程。

1. RBC 注销列车信息

列车停车后，司机关闭驾驶台，车载设备进入待机模式（SB）。如果车载设备工作在 CTCS-3级，系统还将进行下列操作：

（1）车载设备将向 RBC 报告任务结束。

（2）RBC 通知 CTC 列车进入待机模式（SB），并命令车载设备关闭与 RBC 的通信会话。

（3）车载设备关闭与 RBC 的通信会话。

（4）通信会话被关闭后，RBC 注销该列车的注册信息。

2. 关闭电源

断开为列控车载设备提供电源的供电开关，车载设备断电。

列控车载设备断电后，除此前最后使用的工作等级以及连接 RBC 所需的信息外，其他所有列控信息均将变为无效。

（三）等级转换

1. 等级转换的描述（图 9-56）

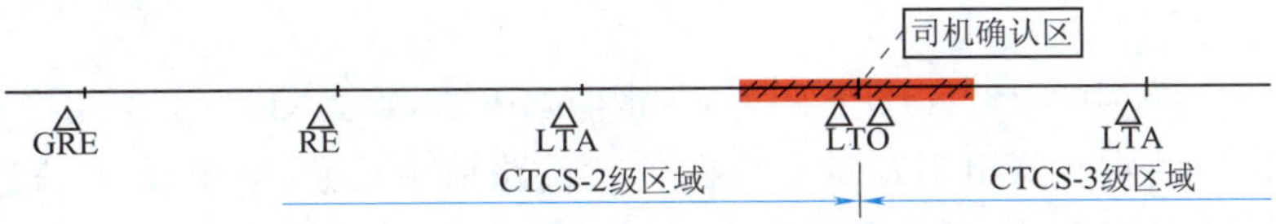

图 9-56　CTCS-3 级列控等级转换场景图

（1）等级转换描述了列车在 CTCS-3 级区段和 CTCS-2 级区段的边界，列控系统应遵守的原则和车载设备等级转换过程。

（2）等级转换考虑了 CTCS-2 级→CTCS-3 级、CTCS-3 级→CTCS-2 级的转换过程。正常情况下等级转换将在 CTCS-3 级系统控制下，在固定地点进行转换。

（3）在 CTCS-2 级→CTCS-3 级转换前，应完成的工作包括 GSM-R 车载电台注册到 GSM-R 网络、车载设备与 RBC 建立通信会话、车载设备从 RBC 获得系统配置参数和行车许可等信息。如果在转换边界不具备 CTCS-3 级控车条件时，列车将继续按 CTCS-2 级运行，直至 CTCS-3 级控车条件具备后，车载设备将自动转入 CTCS-3 级工作。

（4）当进行 CTCS-3 级→CTCS-2 级转换开始时，RBC 提前一定距离开始给列车发送等级转换预告信息，同时在转换分界点设置应答器发送无条件等级转换命令信息，强制车载设备在通过分界点后转换为 CTCS-2 级控车。

（5）在等级转换时，车载设备的 CTCS-2 级控制单元与 CTCS-3 级控制单元应互相通信，确保不因转换触发制动。

2. 转换点、标志牌和确认区的设置

CTCS-3 级与 CTCS-2 级之间的转换需要设置转换点、标志牌和确认区。

3. RBC 容量保护

在同一时间，RBC 只能与最大数量的 CTCS-3 级车载设备通信。当达到这个极限，就不能与列车开始任何新的通信会话。所有在 CTCS-2 级下运行的列车将继续以 CTCS-2 级运行。

当激活会话的数量距最大值仅有较小的余量时，RBC 将向 CTC 报警。应把最大值余量作为一个固定值在工程应用数据中定义，默认值是 3 个会话。调度员可以命令停在 RBC 区域内的列车的司机，关闭 RBC 通信以缓解容量压力。

4. 无线覆盖距离

必须在从 CTCS-2 级转换到 CTCS-3 级前向列车发送呼叫 RBC 的命令。从 GSM-R 车载电台开始注册 GSM-R 网络至具备等级转换条件的时间由以下因素决定：

(1)GSM-R 网络注册时间。

(2)车载设备与 RBC 的连接时间。

(3)建立通信会话后，RBC 与车载设备之间传输必要信息的估计时间(RBC 给列车发送配置参数、行车许可和等级切换命令，车载设备向 RBC 发送位置报告)。

(4)进行等级转换前司机确认的时间。

5. 司机的显示及操作

根据 RBC 传送的等级转换命令，车载设备将向司机显示即将进行的等级转换操作。当列车运行接近 CTCS-2/CTCS-3 级转换边界一定距离时，车载设备将请求司机确认即将进行的等级转换，列车前端进入 CTCS-3 级区域并自动转为 CTCS-3 级系统工作后 5 s 内允许司机继续进行确认。如果司机未确认，将对其非正常操作进行记录。当列车前端越过转换点后，车载设备自动由 CTCS-2 级系统转换到 CTCS-3 级系统工作。

(四)RBC 切换

1. 概述

在 RBC 切换过程中，RBC1(移交 RBC)负责向 RBC2(接收 RBC)发送切换预告信息(车载设备 ID、RBC 边界的应答器组 ID、列车数据等)、进路请求信息、切换通告信息、切换确认信息、切换取消信息。RBC2 负责向 RBC1 发送进路信息、接管列车信息。为消除 RBC 切换对列车正常运行的影响，车载设备应设置两个独立 GSM-R 通信电台，当列车距 RBC 切换边界一定距离(列车走行 40 s 所需要的距离)时，在 RBC1 控制下通过另一部电台开始呼叫 RCB2 并进行连接注册。

当其中一部 GSM-R 通信电台故障时，车载设备仍能用正常电台进行 RBC 切换，但如果切换时间超过车地间允许通信中断时间，列车正常运行会受到一定影响。由于在 CTCS-3 级线路上所有 RBC 都连接到相同的 GSM-R 无线网络上(即同一个 GSM-R 网络运营商网络)，在 RBC 正常切换时，不需要考虑任何新的 GSM-R 无线网络注册。

RBC 切换包括两部 GSM-R 无线电台都正常和只有一部 GSM-R 无线电台正常的场景，适用于列车在本线不同 RBC 控制区域间 RBC 对列车控制权的切换，也适用于不同线路间 RBC 对列车控制权的切换。

2. 预告点、切换点及标志牌的设置

(1)RBC 切换命令由 RBC/应答器提供。见图 9-57。

(2)在转换点设置“切换执行应答器组”、在转换点前方适当距离设置“切换预告应答器组”。

(3)预告点和切换点的设置：

预告点：当车载设备向 RBC 发送通过该应答器的位置报告后，RBC 判断可以开始向列车发送 RBC 切换信息。

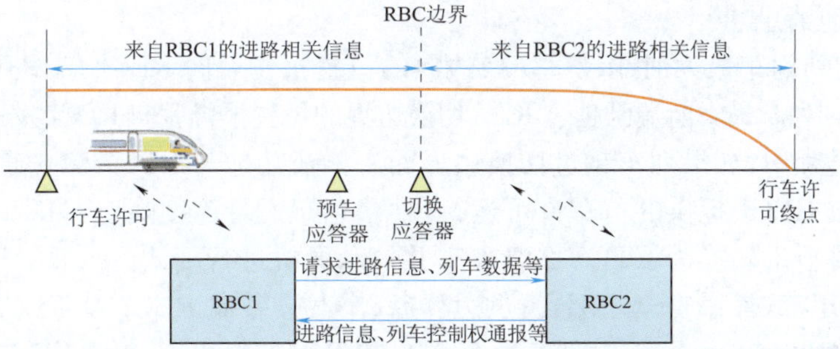

图 9-57　CTCS-3 级列控 RBC 切换场景图

切换点：当列车前端通过该点时，当前 RBC 停止对列车的控制，切换到另一个 RBC 进行控制。同时，处于休眠模式(SL)的车载设备记录与新 RBC 连接所需要的信息。

(4)列车受到 RBC1 控制，根据 RBC1 提供的行车许可运行。

(5)RBC1 从 RBC2 获得进路信息，生成延伸到 RBC2 管辖范围的行车许可，同时 RBC1 命令另一个 GSM-R 车载电台呼叫 RBC2，与 RBC2 建立通信。

(6)列车头部通过切换应答器后，列车受到 RBC2 的控制。

(7)列车尾部通过切换应答器后，终止与 RBC1 的通信，完成 RBC 切换。列车根据 RBC2 提供的行车许可运行。

3. RBC 切换流程

两部 GSM-R 无线电台(定义为电台 1 和电台 2)都正常时，RBC1→RBC2 的切换流程如下：

(1)列车在 RBC1 的控制区域内正常运行并接近 RBC1/RBC2 边界(假定车载设备使用电台 1 与 RBC1 通信)。列车通过了 RBC 切换预告应答器组后，车载设备向 RBC1 发送列车位置报告。

(2)RBC1 接收到位置报告后，将向车载设备发送 RBC 切换命令(信息包 131)，该命令包括至 RBC1/RBC2 切换点的距离、RBC2 的 ID 以及 RBC2 的电话号码。同时 RBC1 向 RBC2 发送移交列车预告信息和进路请求信息。预告信息包括车次号、边界应答器组号、车载设备工作模式、列车数据(信息包 11)等；进路请求信息包括至行车许可终点距离、临时限速个数、附加的限制条件等。

(3)RBC2 接收到 RBC1 的进路请求信息后，根据联锁系统的信号授权向 RBC1 发送进路信息。进路信息包括行车许可(信息包 15)、线路坡道(信息 21)、静态速度(信息包 27)及其他与行车许可附加信息包。当 RBC2 管辖范围内进路发生变化时，RBC2 应当及时将进路信息发送给 RBC1。RBC1 根据 RBC2 提供的进路信息，向车载设备发送延伸至 RBC2 区域内的行车许可。为使列车不减速越过切换边界，RBC1 提供行车许可将在 RBC2 管辖区域延长一个 40 s 正常行驶距离＋完整制动距离的长度。

(4)根据 RBC1 提供的电话号码，列控车载设备使用电台 2 开始呼叫 RBC2。呼叫成功后，列控车载设备通过电台 2 向 RBC2 发送通信初始化信息(M155)、RBC2 向列车发送通信版本信息(M32)、车载设备向 RBC2 发通信建立信息(M159)。至此，车载设备与 RBC2 建立了通信会话。

(5)列车继续前行，在到达切换边界前，车载设备保持使用 RBC1 提供的行车许可监控列车运行，并向 RBC1、RBC2 发送位置报告。

(6)当列车头部(最大安全前端)越过边界后，车载设备向 RBC1 及 RBC2 发送位置报告。自此，车载设备开始只使用从 RBC2 接收到的消息，并拒绝接受 RBC1 除终止会话信息(信息包 42)之外的其他消息。

(7)RBC1 接到列车最大前端越过切换边界的位置报告后向 RBC2 转发列车位置信息。

(8)RBC2 收到列车最大前端已越过 RBC 切换边界的位置报告后向 RBC1 发送接管列车信息。

(9)在切换过程中,如果列车越过切换边界而未能成功地与 RBC2 建立通信会话并获得行车许可,将继续按 RBC1 提供的行车许可运行,并在列车运行速度降至 CTCS-2 级系统允许运行速度时,系统将自动转换为 CTCS-2 级控车并提示司机进行确认。

(10)当列车尾部(最小安全末端)越过边界后,车载设备向 RBC1 及 RBC2 发送位置报告。

(11)RBC1 根据列车提供的位置报告命令车载设备切断电台 1 与 RBC1 的通信会话,同时将其从 RBC1 的列车清单中删除。

(12)车载设备接收到 RBC1 的切断无线连接的命令后,切断与 RBC1 的通信连接。

(13)列车尾部通过切换应答器组(RN)后,处于休眠模式(SL)的车载设备记录 RBC2 的呼叫信息。

(14)车载设备通过电台 2 继续保持与 RBC2 的通信会话并接收行车许可,监控列车安全运行,至此完成 RBC1 到 RBC2 的切换。

当只有一部 GSM-R 无线电台正常时,RBC1→RBC2 的切换流程如下:

(1)列车在 RBC1 的控制区域内正常运行并接近 RBC1/RBC2 边界。列车通过 RBC 切换预告应答器组后,车载设备向 RBC1 发送列车位置报告。

(2)RBC1 接收到位置报告后,将向车载设备发送 RBC 切换命令(信息包 131),该命令包括至 RBC1/RBC2 切换点的距离、RBC2 的 ID 以及 RBC2 的电话号码;向 RBC2 发送移交列车预告信息和进路请求信息,预告信息包括车次号、边界应答器组号、车载设备工作模式、列车数据(信息包 11)等,进路请求信息包括至行车许可终点距离、临时限速个数、附加的限制条件等。

(3)RBC2 接收到 RBC1 的进路申请信息后,根据联锁系统的信号授权向 RBC1 发送进路信息。进路信息包括行车许可(信息包 15)、线路坡道(信息 21)、静态速度(信息包 27)及其他与行车许可相关的附加信息包。当 RBC2 管辖范围内进路发生变化时,RBC2 应当及时将进路信息发送给 RBC1。RBC1 根据 RBC2 提供的进路信息,向车载设备发送延伸至 RBC2 区域内的行车许可。为使列车不减速越过切换边界,RBC1 提供行车许可应在 RBC2 管辖区域延长一个不少于 40 s 正常行驶距离+完整制动距离的长度。

(4)当列车头部(最大安全前端)越过边界后,车载设备向 RBC1 发送位置报告。自此,车载设备拒绝接受 RBC1 除终止会话信息(信息包 42)之外的其他消息。

(5)RBC1 接到列车最大前端越过切换边界的位置报告后向 RBC2 转发列车位置信息。

(6)RBC2 收到列车列车最大前端已越过 RBC 切换边界的位置报告后向 RBC1 发送接管列车信息。

(7)当列车尾部(最小安全末端)越过边界后,车载设备向 RBC1 发送位置报告。处于休眠模式(SL)的车载设备记录 RBC2 的呼叫信息。

(8)RBC1 根据列车提供的位置报告命令车载设备切断电台 1 与 RBC1 的通信会话,同时将其从 RBC1 的列车清单中删除。

(9)车载设备接收到 RBC1 的切断无线连接的命令后,切断与 RBC1 的通信连接。车载设备根据 RBC1 先前下达的切换命令,开始呼叫 RBC2。呼叫成功后,列控车载设备向 RBC2 发送通信初始化信息(M155)、RBC2 向列车发送通信版本信息(M32)、车载设备向 RBC2 发通信建立信息(M159)。至此,车载设备与 RBC2 建立了通信会话。

(10)RBC2 根据联锁的信号授权生成行车许可(MA)并发送给列控车载设备,RBC2 监控列车的运行。至此 RBC1 到 RBC2 的切换完成。

从车载设备与 RBC1 断开连接到与 RBC2 建立通信会话并获得新的行车许可,约需 40 s 的时间,此过程中车载设备使用 RBC1 先前提供的延伸到 RBC2 控制区域的行车许可监控列车运行,如果切换时间超过系统允许车地连接通信中断时间(T_NVCONTACT),将导致列车常用制动。当列车运行速度降至CTCS-2级系统允许运行速度时,系统将自动转换为 CTCS-2 级进行控车并提示司机进行确认。

(五)自动过分相

1. CTCS-3 级列控系统自动过分相概述(图 9-58)

(1)分相区信息包括:至分相点距离、分相区长度等。

(2)CTCS-3 级控车时:牵引供电分相区信息与列车行车许可(MA)一起由 RBC 提供给列车。

(3)CTCS-2 级控车时:牵引供电分相区信息与线路数据一起由应答器提供给列车。

(4)车载设备接收到分相点信息后,实时监督列车运行速度和位置,并进行如下操作:

(a)当列车前端距分相区还有 10 s 走行距离时,车载设备向司机发出提示;

(b)当列车前端距分相区还有 3 s 走行距离时,车载设备向动车组发送过分相指令;

(c)当列车前端越过分相区后,车载设备取消原触发动车组相关过分相的操作。

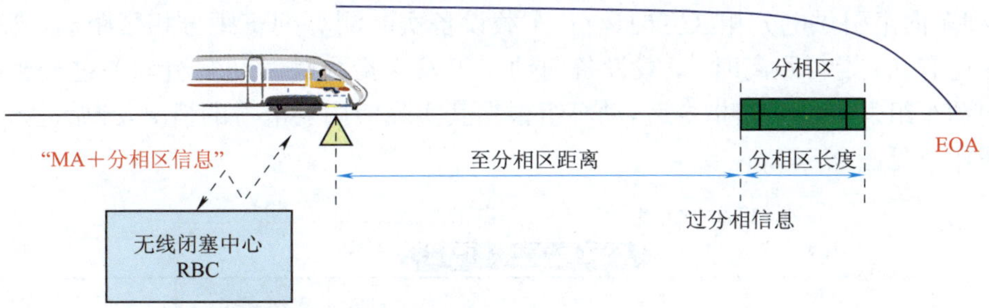

图 9-58　CTCS-3 级列控自动过分相场景图

由于 RBC 为列车生成的行车许可中存在分相区,所以 RBC 向车载设备发送 MA 时,也发送分相信息,包括:至分相点距离、分相区长度等。

2. C3 列控系统过分相流程

(1)列车按 CTCS-3 级列控系统控制运行时,CTCS-3 级车载设备将向动车组发送并保持屏蔽"磁钢"信息指令。见图 9-59。

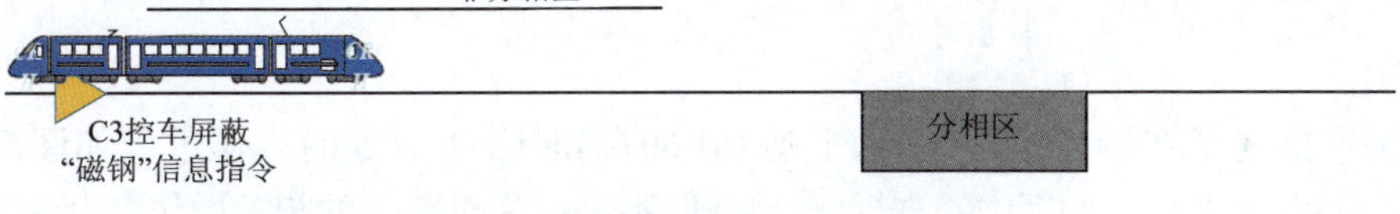

图 9-59　C3 控车屏蔽"磁钢"信息

(2)列车向牵引供电分相区方向运行,当 RBC 向列车发送的行车许可延伸到分相区所在区段时,发送的信息除行车许可外还包括前方分相区信息。见图 9-60。

(3)列车向牵引供电分相区方向运行,车载设备实时测算列车距分相区距离,当列车前端距分相区还有 10 s 走行距离时,车载设备通过 DMI 自动向司机发出前方过分相区的提示。见图 9-61。

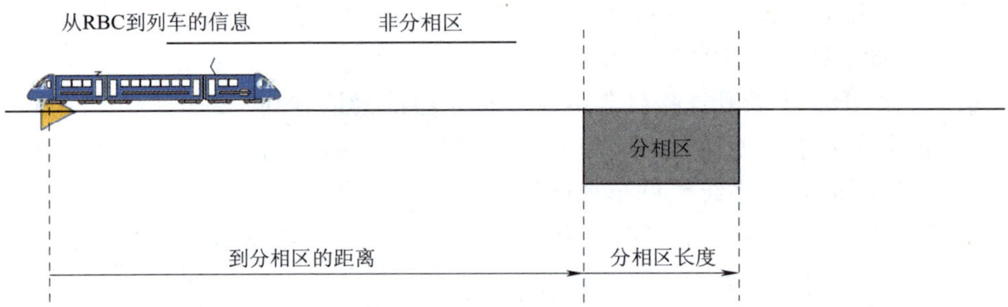

图 9-60 RBC 发送分相区信息

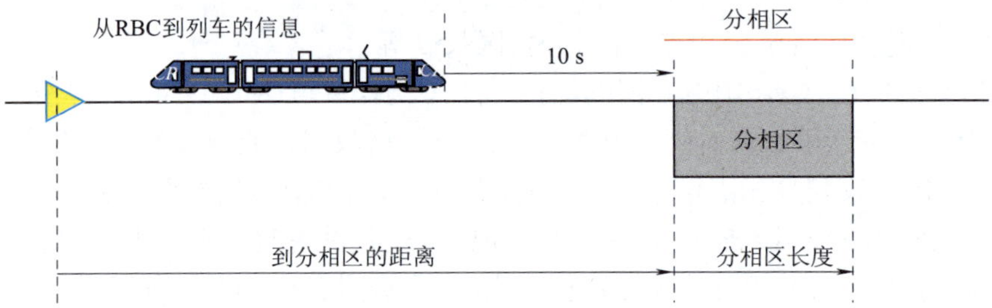

图 9-61 车载设备过分相提示

(4)列车向牵引供电分相区方向运行,车载设备实时测算列车距分相区距离,当列车前端距分相区还有 3 s 走行距离时,车载设备向动车组发送指令触发动车组相关过分相操作。车载设备向动车组发出过分相指令后,动车组根据其实际使用受电弓的情况,开始进入过分相区的相关操作。见图 9-62。

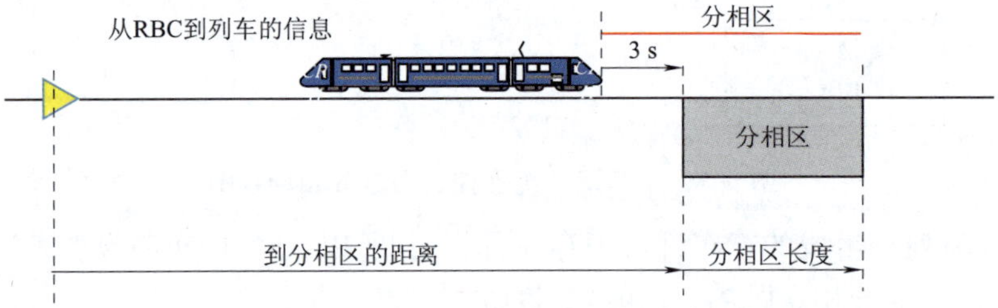

图 9-62 车载设备触发断电

(5)当列车前端驶出分相区后,车载设备向动车组发送指令触发动车组过分相操作。动车组根据车载设备发送的指令,开始进行驶出分相区的相关操作。见图 9-63。

(六)临时限速

1. 概述

临时限速描述了在调度中心设置、下达和取消临时限速命令的工作过程如图 9-64 所示。临时限速的设置、取消均在调度中心进行,车站一般不进行临时限速的相关操作。设置与取消临时限速采用相同的操作原则调度中心设置专用临时限速操作终端(放置在 CTC 维护台),施工调度员通过该终端对全线有计划的限速进行拟定,经行调员通过 CTC 行调台确认,形成临时限速调度命令并储存在调度中心临时限速服务器中。临时限速服务器不断检查其存储的临时限速命令计划,即将到达执行时间的限速命令将通过临时限速操作终端提示给施工调度员进行激活。施工调度员确认并择机激活,经信号安全数据通信网分别下达给 RBC 和 TCC,RBC 和 TCC 分别处理执行。

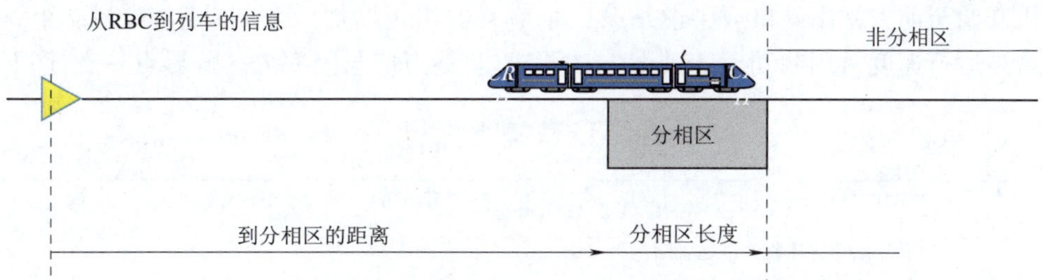

图 9-63　车载设备触发闭合信息

CTCS-3 级和 CTCS-2 级采用统一的临时限速设置原则，限速命令、管辖范围应保持一致。临时限速管辖范围应从本站进站信号机开始至前方站出站口或中继站第二个应答器组再增加一个制动距离，制动距离应保证列车由最高运行速度常用制动至 45 km/h 的要求，且终点应与闭塞分区分界点一致。

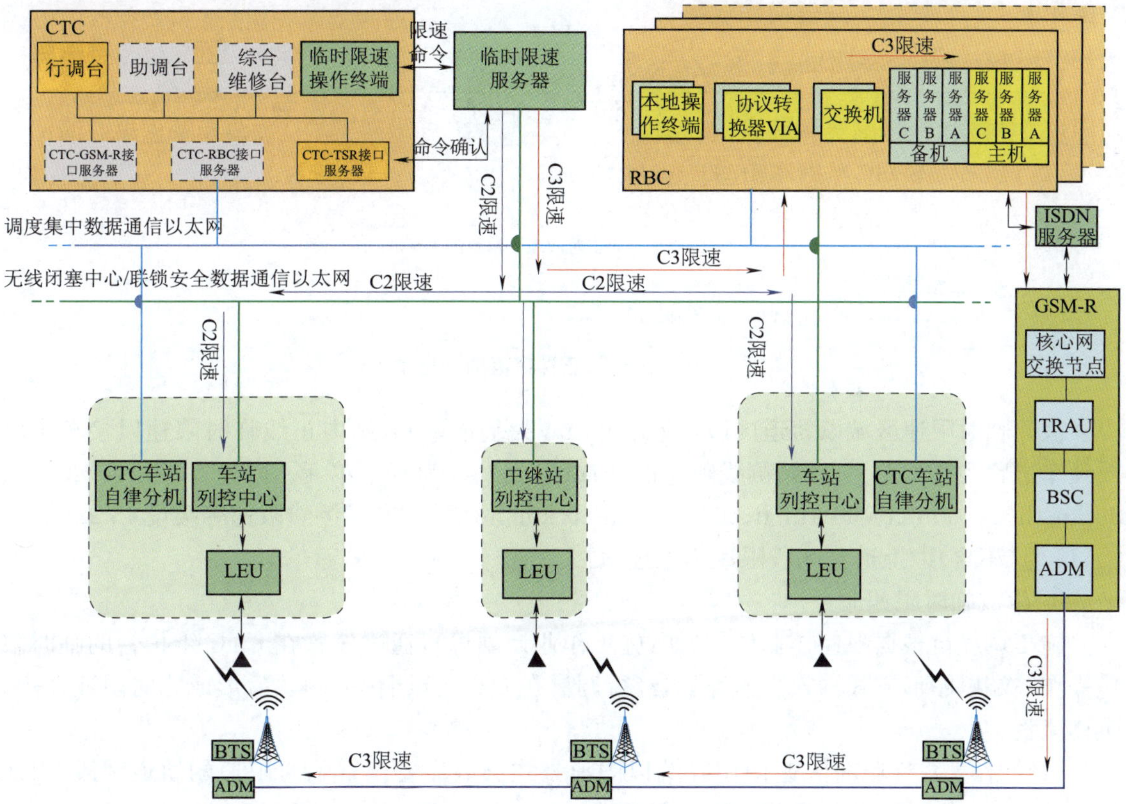

图 9-64　临时限速设备构成及信息流程示意图

调度中心设置专用临时限速操作终端(放置在 CTC 维护台)，施工调度员通过该终端对全线有计划的限速进行拟定，经行调员通过 CTC 行调台确认，形成临时限速调度命令并储存在调度中心临时限速服务器中。

临时限速服务器不断检查其存储的临时限速命令计划，即将到达执行时间的限速命令将通过临时限速操作终端提示给施工调度员进行激活。施工调度员确认并择机激活，经信号安全数据通信网分别下达给 RBC 和 TCC，RBC 和 TCC 分别处理执行。临时限速管辖范围应从本站进站信号机开始至前方站出站口或中继站第二个应答器组再增加一个制动距离，制动距离应保证列车由最高运行速度常用制动至 45 km/h 的要求，且终点应与闭塞分区分界点一致(图 9-65)。

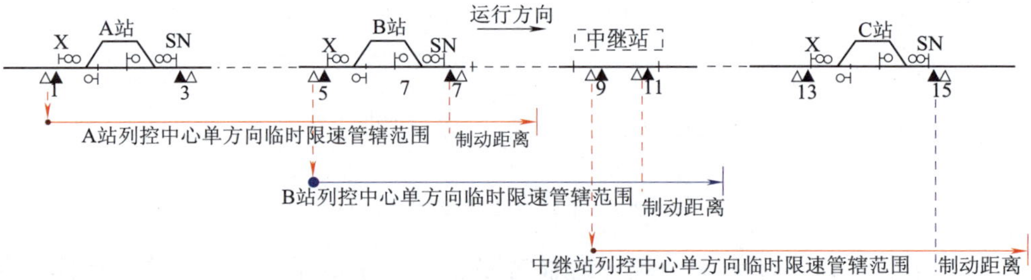

图 9-65　临时限速管辖范围示意图一

各限速管辖范围内，可分别设置一处临时限速，当两相邻临时限速区段管辖范围的重叠区域设置临时限速，两相邻限速区段只设置一处临时限速。见图 9-66。

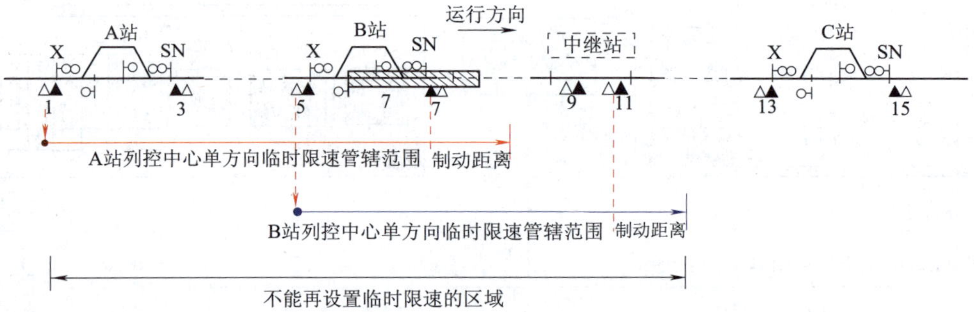

图 9-66　临时限速管辖范围示意图二

区间临时限速区域以轨道区段(约 1 000 m)为基本单元，站内正线临时限速以接车进路或发车进路为基本单元，车站侧线限速以咽喉区、到发线为基本单元。限速等级设 45 km/h、80 km/h、120 km/h、160 km/h、200 km/h、250 km/h 六挡。车站侧线限速等级设 45 km/h 一挡，18 号(不含)以上道岔区段限速为上述六挡。

2. 生成临时限速命令

施工调度员根据限速作业计划(如:施工作业计划等)，通过放置在 CTC 维护台的临时限速操作终端以图形方式输入限速计划，经行调员在 CTC 行调台上确认后形成临时限速命令。工作流程：

(1)操作人员在临时限速操作终端以图形方式选取需要设置临时限速的轨道区段、限速值、限速时间等参数，数据送临时限速服务器。

(2)临时限速服务器根据临时限速设置规则，对限速设置的合理性进行检查，并形成相应的文本形式临时限速调度命令，送临时限速操作终端显示。

(3)施工调度员对服务器生成的临时限速调度命令进行确认后送 CTC 行调台。

(4)行调员通过 CTC 行调台对限速计划命令进行确认后，限速调度命令被存入临时限速服务器。

3. 执行临时限速命令

调度中心临时限速服务器不断对其中存储的临时限速调度命令进行检查，在计划时间到来前通过放置在 CTC 维护台的临时限速操作终端自动提示施工调度员激活已到时间的临时限速。施工调度员对存储在其中的临时限速进行激活并下达给相应的 RBC 和 TCC。

(1)施工调度员根据临时限速操作终端提示，打开存储在临时限速服务器中的临时限速清单，选取即将执行的临时限速调度命令。

(2)经安全信号数据通信网络分别下达给 RBC 和 TCC。

(3)RBC 和 TCC 分别接收临时限速调度命令，对命令进行合理性判断正确后，将接收临时限速调度命令返送回调度中心临时限速服务器。

(4)临时限速服务器对其一致性进行比较，如果一致，则将临时限速调度命令回送临时限速操作终端；如果不一致，则向临时限速操作终端报设置错误或由临时限速服务器重新向相关 RBC、TCC 再发送一次临时限速调度命令。

(5)施工调度员通过临时限速操作终端对回送的临时限速调度命令进行比较确认，如与其即将执行的命令一致，则进行确认。如果不一致，则取消先前下达的命令。

(6)临时限速服务器将调度员的确认信息或取消信息分别送给相关 RBC 和 TCC。

(7)相关 RBC 和 TCC 根据调度员的确认信息，分别对临时限速进行执行，并分别向临时限速服务器回送已执行信息。

(8)临时限速服务器对回送的已执行信息进行比较，并将结果送临时限速操作终端。如果一致，则通知相关施工作业可以开始工作；如果不一致，则不能开始相关施工作业，调度员将重新下达限速调度命令或取消命令。向列车发送临时限速被执行后，RBC 和 TCC 分别通过 GSM-R 无线通信和应答器将限速命令传送给列车，通过车载设备在限速区段使列车限速。

①CTCS-3 系统发送

激活的临时限速总是与相应的行车许可同时发送给列车。当临时限速被激活后，RBC 立即给接近临时限速区段的列车发送该临时限速命令。

②CTCS-2 系统发送

根据临时限速命令，TCC 从其存储的应答器报文中选取相应的应答器报文传送给进出站、中继站等处的有源应答器，当列车从应答器上通过时即可接收相应的限速报文，进行相关限速操作。

4. CTCS-3 级列控临时限速

(1)临时限速的设置、取消均在调度中心进行，车站一般不进行临时限速的相关操作。设置与取消临时限速采用相同的操作原则。

(2)临时限速命令由临时限速服务器统一管理。

(3)CTCS-3 级和 CTCS-2 级采用统一的临时限速设置原则，限速命令、管辖范围保持一致。

(4)RBC 将临时限速与行车许可一起通过 GSM-R 传送给车载设备。见图 9-67。

(5)TCC 根据进路状态及临时限速信息，进行实时组帧，通过位于车站/中继站的有源应答器传送给车载设备。

注：由于 RBC 为列车生成的行车许可中存在临时限速度区段，所以 RBC 向车载设备发送 MA 时，也发送临时限速信息，包括至限速区段的距离、限速区段长度、限速值等。

(七)降级情况

1. 区间轨道非正常占用

(1)本区段内轨道电路故障

列车在 35 信号点防护区段内运行，列车所在闭塞分区轨道电路故障。在这种情况下，由于联锁提供给 RBC 的 35G 锁闭进路状态仍然是“使用(Used)”状态，RBC、车载不作任何反应，保持原有工作状态。见图 9-68。

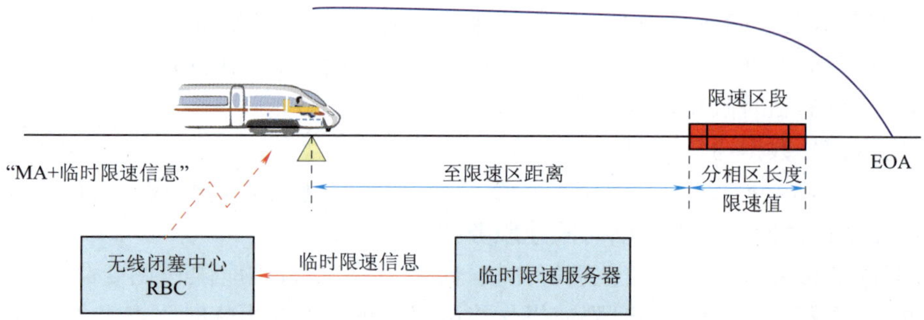

图 9-67 CTCS-3 级列控临时限速场景图(将分相区长度改为限速区长度)

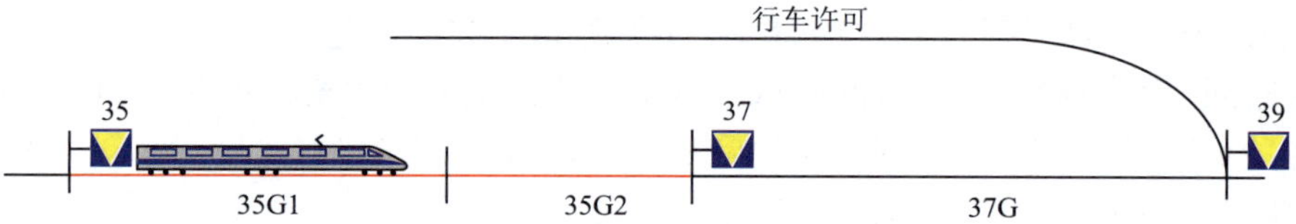

图 9-68 本区段内轨道电路故障

(2)进路前方轨道电路故障

列车在 35 信号点防护区段运行,行车许可已延伸至 41 信号点,39 信号点防护的区段轨道电路故障。见图 9-69。

①联锁置 39G 锁闭进路状态转为"使用(Used)"状态。

②RBC 将向列车发送一个以 39 信号点为目标点的有条件紧急停车消息(CEM)。

③车载设备生成一个以 39 信号点为目标点的缩短行车许可(SMA),并向 RBC 发送确认已执行有条件紧急停车消息(CEM),列车根据缩短行车许可(SMA)实施制动。

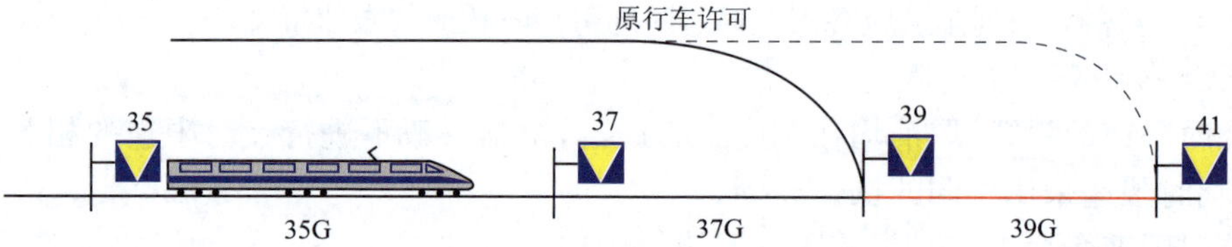

图 9-69 进路前方轨道电路故障

(3)通过故障区段

37 信号点防护区段轨道电路故障,列车已在 37 信号点前停车。见图 9-70。

①根据运行规则,列车在故障轨道区段 37G 入口前停车 2 min。

②司机按压"越行"按钮。

③车载设备自动转入目视行车模式(OS),向 RBC 报告已转入目视行车模式(OS),然后按固定限速 40 km/h 监控列车运行。

④列车以目视行车模式(OS)越过 37 信号点进入 37G 故障轨道区段。

⑤当列车经过参考位置应答器并到达工作正常且锁闭的 39G 轨道区段时,向 RBC 报告有效的位置。

⑥当新的进路占用与列车报告位置的时间间隔在 6 s 以内时,RBC 将向列车发送新的完全监控行车许可。否则列车将继续以目视行车模式(OS)向 41 信号点运行。

⑦车载设备获得新的行车许可(MA)后,自动转为完全监控模式(FS)继续运行。

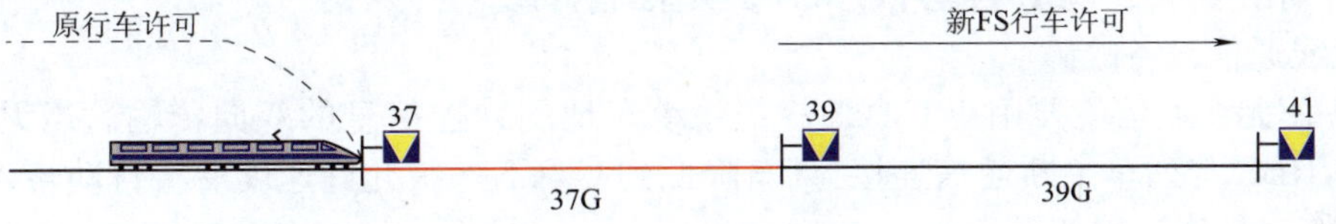

图 9-70　通过故障区段

关于退出目视行车模式(OS):当轨道区段呈现占用状态时,可能是轨道电路设备故障,也有可能是有列车占用。根据需要,列车可以采用目视行车模式(OS)进入呈现使用状态的轨道区段。当列车驶出呈现使用状态的轨道区段时,对于 CTCS-3 级系统,RBC 必须判断列车前方无其他列车,才可以向该列车发送完全监控行车许可,否则列车将继续保持目视行车模式(OS)运行。

一般情况下,采用当 39G 区段为"使用(Used)"状态时 RBC 向列车发送有条件紧急制动消息(CEM)的方法识别轨道占用是否为受控列车进入。由于列车以目视行车模式(OS)运行时,不对有条件紧急停车消息(CEM)进行相应处理,为此采用只有当新的进路占用与列车报告位置的时间间隔在 6 s 以内时的方法,即判为受控列车占用进路。

2. 站内轨道非正常占用

对于区间有道岔的轨道区段,将视同站内接发车进路轨道区段故障,列车停车后,司机必须等待调度员命令才能移动列车。

(1)进路未锁闭,当车站接发车进路还未办理或锁闭时,站内轨道区段发生故障,调度员可以通过办理引导进路接发列车。

①调度员办理了引导发车进路 XI-39。

②车站联锁设备将引导发车进路信息 SA-39 传送给 RBC。

③RBC 向列车发送至 39 信号点为引导模式(CO)的行车许可:→39 MA(CO)。

④列车收到行车许可后,列车以引导模式(CO)发车。

⑤列车出清进路后,调度员人工解锁车站联锁引导发车进路。见图 9-71。

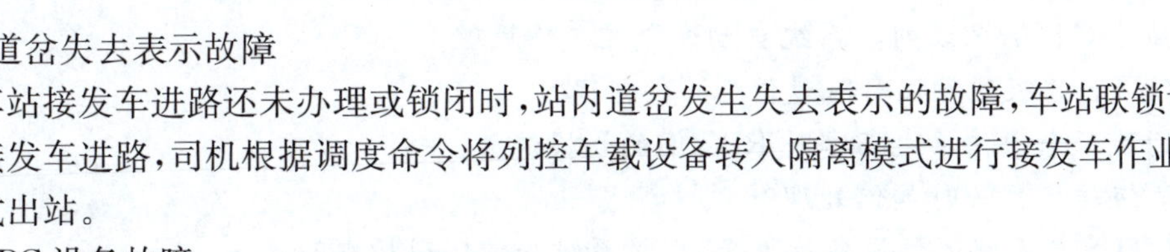

图 9-71　进路未锁闭

(2)道岔失去表示故障

当车站接发车进路还未办理或锁闭时,站内道岔发生失去表示的故障,车站联锁设备将无法办理接发车进路,司机根据调度命令将列控车载设备转入隔离模式进行接发车作业,列车以隔离模式出站。

3. RBC 设备故障

RBC 采用双套冗余设备。当两套设备均故障后,受其控制的列车将中断与 RBC 之间的通信连接,通信超时后,由于列车不能从 RBC 收到任何消息,将实施制动。列车运行速度降至满足 CTCS-2 级系统运行所允许的速度时,自动转为 CTCS-2 级系统继续运行。故障 RBC 设备区域内所有 CTCS-3 级列车注册信息将在 5 min 后被自动删除。列车经过 RBC 连接应答器(RE),列车将呼叫 RBC 并重新进行注册并申请行车许可。列车在获得 CTCS-3 级的行车许可后,自动由 CTCS-2 级转换到 CTCS-3 级系统控车。

4. 无线通信设备故障

GSM-R 无线通信主要用于 CTCS-3 级系统车地间列控信息的双向传输。当无线通信单元故障后,RBC 与列车中断通信连接,列车降低到 CTCS-2 级允许速度后将自动转入 CTCS-2 级系统工作。具体过程如下:

(1)区域内工作在 CTCS-3 级状态的列车将使用原有的行车许可继续运行,直至行车许可结束或与 RBC 通信超时。

(2)当与 RBC 通信超时后,工作在 CTCS-3 级状态的列车将实施最大常用制动,速度降到 CTCS-2 级系统允许的运行速度后自动转换到 CTCS-2 级系统继续工作。车载设备关闭与 RBC 的通信连接,删除故障 RBC 的呼叫信息。

(3)通信中断 5 min 后,RBC 删除相关列车的注册信息。

(4)转换到 CTCS-2 级系统继续工作的列车,当经过了带有与 RBC 建立通信连接会话命令的应答器组时,如果无线通信单元故障已经修复,车载设备开始尝试与 RBC 重新建立新的连接。

(5)当列车与 RBC 重新建立新的连接并获得行车许可后,将自动由 CTCS-2 级转到 CTCS-3 级系统进行控车。

复习思考题

1. 何谓列控系统?
2. 列控系统在安全防护方面的功能有哪些?
3. 列控系统的人机界面有哪些功能?
4. 列控系统由哪几部分组成?
5. 列控系统的发展方向有哪些?
6. CTCS-3 级列控系统由哪几部分组成?
7. CTCS 根据功能要求分如何划分等级?
8. 300T 列控车载信号设备系统如何构成?
9. BTM 应答器传输模块的作用是什么?
10. CTCS-3 级列控车载设备有哪些功能?
11. CTCS-3 级列控车载设备有哪些工作模式?
12. 300T 型列控车载设备的组成有哪些?各部分有什么功能?
13. 300S 型列控车载设备的组成有哪些?各部分有什么功能?
14. 简述 CTCS-3 级列控系统自动过分相工作原理。
15. CTCS-3 级列控临时限速信息如何传递?
16. 简述两个通信单元正常时 RBC 间的切换流程。
17. 等级转换失败时如何处理?
18. CTCS-3 无线通信设备故障后,列控系统如何实现控车?
19. CTCS-3 级列控车载设备有哪些功能?
20. CTCS-2 级列控车载设备有哪些工作模式,其如何实现安全监控功能?
21. CTCS-3 级列控车载设备有哪些工作模式,其如何实现安全监控功能?
22. 什么是部分监控模式,其控车模式有何特点?

第十章　客运专线防灾系统

第一节　防灾安全监控系统概述

安全是交通运输方式的先决条件，是高效运输和持续发展之本，是铁路运输的生命线。高速铁路由于列车高速度、高密度运行，一旦发生事故，后果相当严重。因此，高速铁路对行车安全保障体系提出了更高的要求。除了要求保证线路、机车车辆、牵引供电以及通信信号等设备高安全性外，对各种可能发生的灾害，如自然灾害强风、暴雨、大雪、地震，轨温及火灾，突发性灾害坍方落石、异物侵入限界、非法侵入等，都要实施全面监测，即建立防灾安全监控系统，实施全面、准确、实时的安全监控，预防灾害的突然袭击。

一、防灾安全监控系统的总体构成和功能

防灾安全监控系统由风、雨、雪、地震以及异物侵限现场监测设备(以下简称:监测设备)，现场监控单元(以下简称:监控单元)，监控数据处理设备，调度所设备，传输及网络设备等组成。

二、防灾安全监控系统的监测设备和功能

1. 风、雨、雪、地震监测设备由风速风向(含气温、气压，下同)计、雨量计、雪深计、地震仪等组成。

2. 异物侵限监测设备由异物侵限监测传感器和轨旁控制器组成。

3. 风、雨、雪、地震监测设备实时监测风速风向、降雨量、积雪深度、地震动加速度等安全环境数据并通过标准的通信接口传送至监控单元。异物侵限监测传感器实时监测异物侵限状态并传送至监控单元。

三、防灾安全监控系统监控单元的功能

1. 监控单元采用模块化结构，能够根据需要，完成风速风向、降雨量、积雪深度、地震动加速度等监测数据的现场采集、初步分析和处理以及异物侵限监测传感器的实时状态监测。

2. 将风速风向、降雨量、积雪深度、地震动加速度等监测数据以及异物侵限监测传感器的实时状态信息传送至监控数据处理设备。

3. 触发列控、联锁系统及牵引供电系统，使列车紧急制动、接触网停电。

4. 具备自检和对监测设备工作状态的检测功能，实现故障诊断、定位及报警；同时，能够将故障信息上传至监控数据处理设备并接受监控数据处理设备的集中检测管理。

四、防灾安全监控系统监控数据处理设备的功能

1. 监控数据处理设备由数据库服务器、应用服务器、存储设备、工务终端、维护终端、网络设备以及打印机等组成。能够接收管辖区内的各监控单元上传的风速风向、降雨量、积雪深度、地震动加速度、异物侵限监测数据及设备工作状态信息。

2. 按设定的报警门限值和业务处理规程，对风、雨、雪、地震、异物侵限等灾害的监测信息进行综合分析处理，根据灾害强度，生成各类报警、预警信息以及相应的行车管制预案并在工务终端上生成文本、图形显示及音响报警；同时，将风雨、雪、地震、异物侵限等灾害的报警、预警信息以及相应的行车管制预案传送至调度所防灾终端。存储风、雨、雪、地震等灾害监测数据以及报警、预警及设备故障信息，存储时间不少于 3 年。各类报警、预警信息的内容包括灾害种类、发生时间、地段、灾害级别、行车管制预案等。

3. 具备对各类信息按指定时段的统计分析功能，并为维护管理人员提供监测报警、预警及设备故障等信息的查询显示和报表打印功能，提供包括基础数据维护、系统运行参数配置、用户权限管理及访问日志等在内的系统管理功能，具有自检和对监测设备、监控单元的故障监测、报警功能，向各监控单元授时，同步监控单元时钟。

4. 预留与上级管理部门信息系统的通信接口，传送灾害报警、预警信息及设备故障信息，并根据需要传送灾害监测数据报表，预留与国家气象、地震部门的通信接口，接收灾害预报、预警信息。

五、防灾安全监控系统调度所设备的功能

1. 调度所设备由防灾终端、通信接口设备等组成。防灾终端以文本、图形等方式显示风、雨、雪、地震、异物侵限等灾害的报警、预警信息及相应的行车管制预案，并提供音响报警。

2. 利用通信接口设备实现与 CTC 系统、运营调度系统接口，传送相关信息。

3. 利用通信接口设备接收铁路时间同步网二级母钟设备的授时信号并向监控数据处理设备授时。

六、防灾安全监控系统传输及网络设备的功能

1. 防灾安全监控系统涉及行车安全，构建带宽不低于 2 Mbit/s 的业务专网，实现监控单元、监控数据处理设备以及调度所设备间的数据传输。传输网络采用双以太网、TCP/IP 协议网络结构应满足信息传输的实时性要求。

2. 为确保传输网络的可靠性，双网络通道应分别接入不同的业务板卡，传输及网络设备具备通信接口，同时采取有效措施，防止计算机病毒的侵入与传播。

七、防灾安全监控系统设备质量的管理

1. 防灾安全监控系统设备须安全可靠，直接对列车限速的软、硬件设备须考虑冗余设计。防灾安全监控系统信息传送采用高速铁路专用数据通信网，灾害信息传送具有实时性，保证高速运行中的列车在临灾之前，能得到有效的控制。

2. 应建立灾害资料存贮库。任何时候发生的任何灾害，系统都能在灾害前、灾害中、灾害后根据操作者要求随时调出，以便查找、分析事故原因。同时为以后修改、完善系统报警条件和拟订救灾方案积累经验。针对不同的灾害和事故，结合高速铁路的实际情况，制定不同的防灾安全对策，将灾害和事故带来的损失降到最低，确保高速铁路的安全运行。

第二节　防灾安全监控系统子系统

一、防灾安全监控系统雨量监测子系统概述

因铁路洪水灾害不像地震、风灾那样具有突发性，而是按积少成多、循序渐进的规律，因汛

期雨水多而形成灾害。处于河流下游平原地区的高速铁路，当沿线地区日最大降雨量大于100 mm，铁路桥涵及线路易受汛期江河下游大范围洪涝灾害、江河决堤、水库溃决等影响，路基常处在淹没状态，造成线路溜坡、沉降、坍塌和冲毁路基及桥涵设施。为了防止洪水对高速铁路带来的灾害，需要建立雨量及洪水监测子系统。

二、防灾安全监控系统雨量监测子系统设计原理

该系统根据高速铁路沿线气象、水文、灾害历史以及线路的路基、桥梁等设计状况，有针对性地设置监测终端，有效地制订运营及防洪措施(图 10-1)。

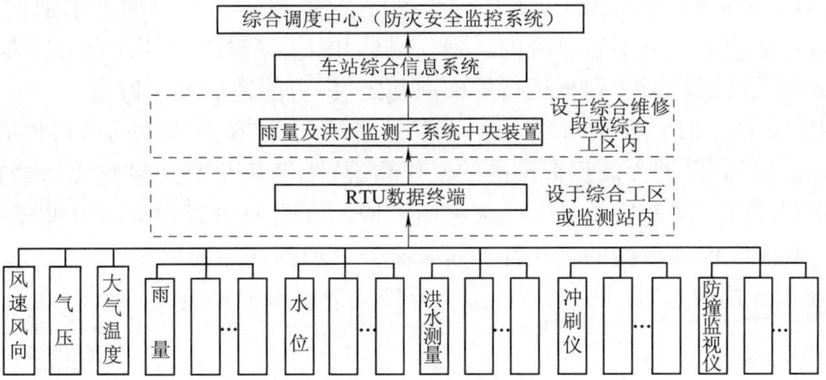

图 10-1　雨量及洪水监测子系统结构图

三、防灾安全监控系统雨量监测子系统结构

系统由水文气象数据采集终端(风速、风向、气温、气压、雨量、水位、冲刷探测、洪水测量及防撞监视等)、数据处理与预报(中央装置)、数据传输与控制三大部分组成。

四、防灾安全监控系统雨量监测子系统功能

1. 高速铁路受降雨及洪水的破坏，主要表现在路堤、桥梁破坏以及路堑自然边坡破坏三大方面。路堤破坏类型主要有边坡侵蚀、堤内水位上升、排水不良、周围环境影响；桥梁破坏主要有桥墩台过度冲刷、桥梁撞击、水位过高；路堑自然边坡破坏，很大一部分也是由雨水冲刷造成。因此，应针对上述情况考虑设计相应的探测及数据采集设备。

2. 雨量及洪水监测子系统由数据采集、数据传输、监测终端等设备构成。设置在各地点的雨量计通过各自的带阻滤波器连接在一对芯线上，通过各自对应的频率发生器发送信号，接收记录装置分别接收各自频率的信号，分析统计各地点的雨量信息(图 10-2)。

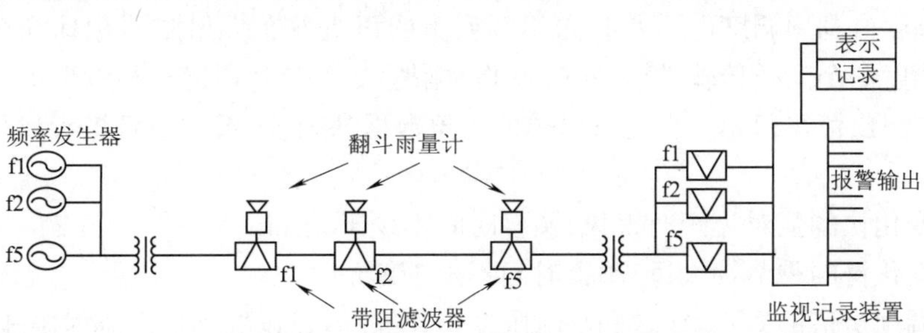

图 10-2　雨量监测子系统构成图

五、防灾安全监控系统雨量监测子系统控制与运用

降雨警报标准的确定是非常复杂的问题，报警限速虽然保证了灾害发生时的安全，但如果灾害没有发生就会使列车误点或停运，破坏了正常运输。为此，设定限速标准时，要确实把握现场情况，既要保证安全，又要使运输损失控制在最小程度；同时还要根据恢复整治的加固、环境的变化，经常予以调整。

六、防灾安全监控强风天气预警风监测子系统的概述

1. 高速铁路与普通铁路相比，一方面列车运行速度要快，另一方面列车轴重要轻。因此，风对高速铁路安全的影响是不容忽视的。强横风作用下，接触网可能引起强烈摆动、翻转；作用于车辆的侧向大风则将影响列车运行的横向稳定性，可能造成列车倾覆。

2. 长大桥、车站一般要设风向风速计，空旷地带风期长、风力强劲的风口也应设置风向风速计，而气象部门只能提供大面积范围内的气候概况，不能满足高速铁路点、线特点和具体数据的实时性要求，所以，高速铁路针对风灾害所采取的安全对策是建立风监测子系统（系统还需与气象部门联网以保证数据的合法性和对未来天气的预测需要）。

3. 该系统由风向风速计、发送装置、接收分析记录显示装置组成（图 10-3）。

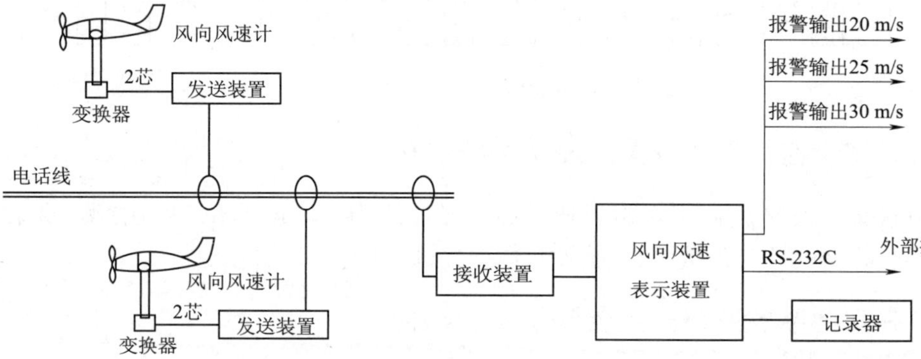

图 10-3　风向风速子系统构成图

七、防灾安全监控系统风监测子系统的功能与运用

1. 大风监测报警，一般情况下，报警时限为风速达到报警门限不大于 10 s 报警；解除报警时限为大风降级后不大于 10 min。但是，在实际运用中应结合本线的大风特征，及时调整报警时限和解除报警时限。

2. 行车调度员利用调度电话及时向相应列车的司机发布大风临时限速命令；同时，借助 CTC 系统的调度命令无线传输功能，将大风临时限速命令及时传送至相应列车。

3. 大风监测预警在积累一个完整风季的气象数据基础上，系统应具备大风预警功能并满足以下要求：

(1)风速变化快的强对流短时大风，预警时间不少于 2 min。

(2)风速变化慢的季节性大风，预警时间不少于 5 min。

(3)行车调度员借助 CTC 终端和临时限速操作终端，以设置和取消临时限速为手段，使列车自动限速运行；同时，可借助 CTC 系统的调度命令无线传输功能，将大风预警临时限速命令

及时传送至相应列车运行。警报标准根据线路条件、列车抗风性能、周围环境等因素综合考虑。

八、防灾安全监控系统地震监测子系统的概述

在影响高速铁路运行安全的自然灾害中，地震是一种发生概率相对较少但危害性最大的一种特殊灾害。因此，借鉴国外地震预警的经验，开发适于我国高速铁路线路、构造物特点，并反映历史震灾情况及未来发展趋势的高速铁路地震预警系统，是十分必要的。

九、防灾安全监控系统地震监测子系统的结构

1. 用于地震监测预警主要有二类系统：一类是在烈度大于或等于Ⅶ度(相当于地震动峰值加速度为 0.1g)的线路区段的变电所内，设置地震监测设备。监测设备有两种形式：一种是加速度报警仪，我国采用的报警加速度为 0.45 m/s^2(45 gal)，日本采用的报警加速度为 0.4 m/s^2(40 gal)；另一种是显示用的地震仪，该地震仪能显示监测点的地震加速度波形，可进一步判断发出的警报是否可靠。另一类系统是日本新近开发的地震早期监测预警系统。

十、防灾安全监控系统地震监测子系统的控制与运用

在地震波中，包含有基岩中传播速度快、振动幅值小、人体几乎感觉不到的 P 波(初期微动，$v\approx8$ km/s)，以及传播速度慢、振动幅值大、人体感觉明显、造成构造物损坏的 S 波和面波(主震，$v\approx4$ km/s)。沿线变电所内的地震仪通常是在主震袭击线路后才报警，如果此时有高速列车正好在地震受灾区运行，很可能因来不及减速而掉道翻车。为了能提早检测到地震的发生，在地震主震到达线路之前，有尽可能多的时间让高速运行的列车减速，并防止列车进入受灾区。

十一、防灾安全监控系统地震监测子系统的控制原理

其工作原理是，地震发生时，由设置在检测点的 P 波检测仪检测 P 波，在 4 s 内推断地震的震级、位置及震源深度，并对可能受害的线路区段发出警报，感震器就会启动，停止对前后约 40 km 区间的供电，区段内的列车就地实施紧急制动，停止运行，减小有可能产生的损失或事故发生的概率(图 10-4)。

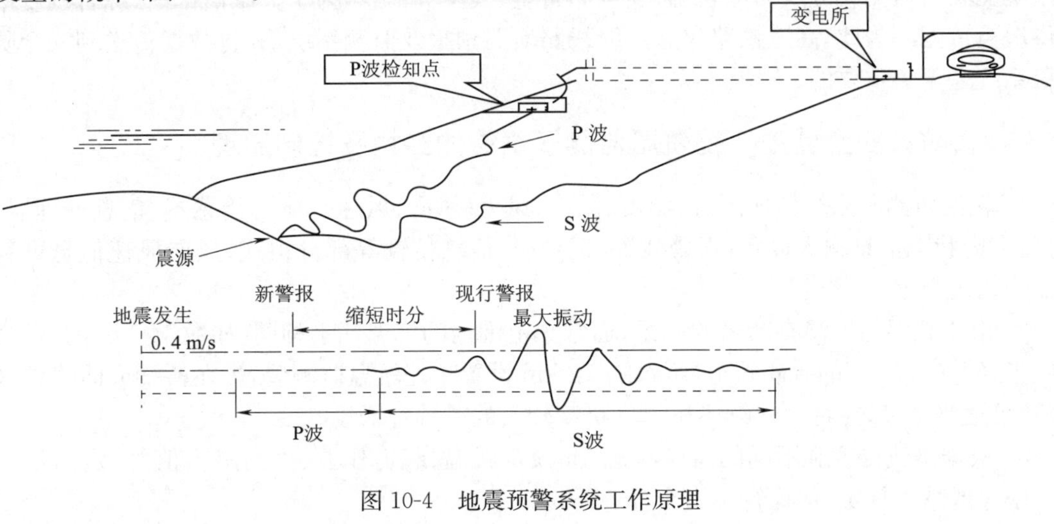

图 10-4　地震预警系统工作原理

十二、防灾安全监控系统雪害监测子系统的概述

在年降雪量和积雪深度大的地区，下雪时积雪过大会对高速铁路动车组运行带来危害。为此应采用相应措施，例如日本在风口地段设置防雪栅或防护林，防止在线路和设施上形成雪堆，同时在适当地点应设置防雪崩桩或檐棚，阻止斜坡发生雪崩；降雪路段配备自动喷水器进行洒水融雪；人工或机械清除积雪；车体下部易凝雪的地方加设防护装置和加热融雪装置；道岔处采用电气温风融雪机；设置雪害监测设备等。

十三、高速铁路雪害对动车组运行的危害

1. 暴风雪形成的雪堆，过高时影响行车安全。

2. 高速列车气动力卷起积雪并凝结在列车车体底部，导致车辆绝缘失效。

3. 列车从降雪地区行至温暖地区，车下积雪或结冰脱落，砸向道床，使道砟飞起，危害车辆设备及附近建筑物和人员，积雪使道岔扳动失灵。

十四、防灾安全监控系统雪害监测子系统的控制原理

雪害监测设备包括降雪计、积雪深度计、自动控制部分及除雪(热风融雪、温水喷射融雪)设备等。降雪期间，对应于钢轨上的积雪厚度进行监控，并控制动车组运行及规定列车慢行的运行速度。

十五、防灾安全监控系统轨温监测子系统

高速铁路全线铺设跨区间无缝线路，在夏季，随着轨温的升高无缝线路长钢轨的纵向应力将增大，如果在该季节进行夜间大型养路机械作业，作业后将改变有砟轨道道床作业前的状态，实测表明道床的纵向横向阻力均有所下降，此时无缝线路保持稳定的安全储备量将减少。如果轨温继续升高达到(或超出)某一临界值时，只要有任意的激扰，如过车时的振动、列车在该地段制动、线路维修等，无缝线路将失去保持稳定的能力从而发生胀轨跑道事故，对高速铁路的行车安全构成威胁。

工务部门在夏季能否保证进行养护维修作业后，特别是进行大型养路机械作业后的线路在次日轨温条件下具有安全储备，需借助于精度较高的轨温预报及监测系统。轨温预报及监测系统能实时监测无缝线路的轨温、安全储备量、气象等信息，为工务维修部门、综合调度中心提供决策依据。为此，高速铁路建立无缝线路轨温预报及监测系统，并将数据传送到安全防灾报警系统是至关重要的。

十六、防灾安全监控系统轨温监测子系统的结构及控制原理

1. 轨温监测子系统构成图，由温度、湿度、风力(风向、风速)、应力传感器，信息处理器、显示器，道床状态信息输入设备，报警装置、记录仪、信息传输等部分组成，风向风速信息可利用风监测系统数据。

2. 由于轨温与气温有紧密的联系，通常小范围内的气温几乎相同(如数 10 km 内)，因此，曲线半径≤6 000 m 的有砟轨道，可每隔 70 km 设置一处轨温监测装置，在桥梁或曲线较多的地段，可适当增设，在特大连续梁桥温度跨度较大的梁端宜增设。

3. 根据钢轨温度和不同的道床状态(如锁定轨温、起道作业、横向阻力值等)定出不同的行车限速或禁行规定，保证行车安全(图 10-5)。

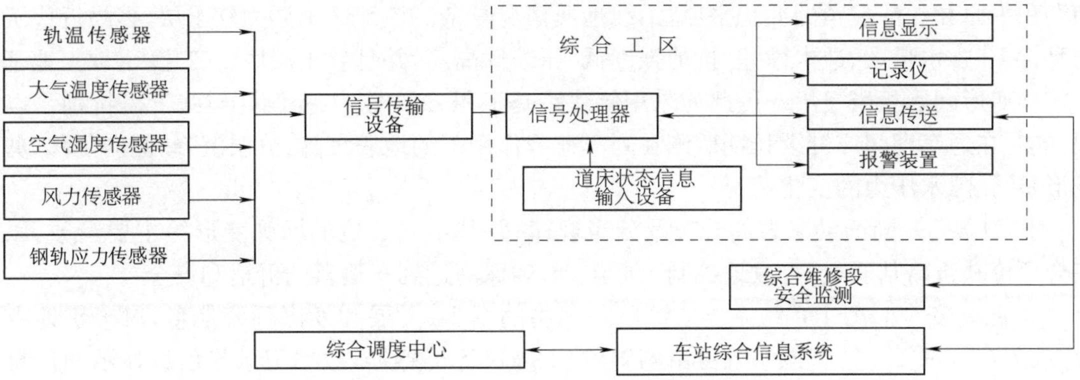

图 10-5　轨温监测子系统构成

十七、防灾安全监控系统长大隧道安全监测子系统

1. 高速铁路条件下的隧道灾害，主要表现为火灾、水灾、空气动力学问题和隧道内的通常病害、侵限及结构失稳问题。隧道病害在非特大灾害条件下(如爆炸、地震、山体滑坡等)，一般来说发展较为缓慢，有一定的时间发现和整治，可通过提高工程设计和施工质量相应提高其抗灾能力。

2. 对于长大隧道在交付高速铁路运营后的安全监测是必不可少的。比如隧道壁衬砌混凝土的应变监测，可在施工中预先考虑。日本青函海底隧道在正洞海底段有 4 个地点的断面上埋设有应变计，用以量测衬砌混凝土表面应变，在同一位置上还对气压、气温、湿度进行监测。有关隧道病害的监测、检测、状态评估和整治能够独立进行操作，可不列入高速铁路安全监测系统范畴内。而隧道内列车火灾是长大隧道内危害最大的灾害，具有突发性，常常造成灾难性后果，应纳入防灾安全监控系统。根据隧道内列车火灾的特点，应最大限度地防止列车在隧道内发生火灾和已发生火灾的列车进入隧道；在隧道中已发生火灾的列车尽可能地拖出隧道。高速铁路长大隧道防灾安全监测子系统应由火灾检测、通风排烟、紧急避难、定点灭火、引导疏散、温度湿度检测、通信、供电、救援等几部分组成，经过火灾确认、火灾等级判定，由综合调度中心统一指挥处理。

十八、防灾安全监控系统长大桥梁安全监测子系统

1. 高速铁路桥梁及高架线路往往占有较大的比重，桥梁及高架线路的可靠程度和状态，将直接影响高速铁路运营的安全和效益。除各种自然灾害对桥梁有其特殊的危害外，针对长大桥梁自身在高速荷载作用下的稳定性以及对通航河流桥墩的防护，需对桥梁结构设置加速度仪、桥墩防撞仪等进行监测。在与公路和既有线交叉处，还要安装必要的限界障碍检测和桥墩防护工程。

2. 火灾对桥梁本身的危害，主要是超出设计耐火极限引起的结构失效或对结构造成的破坏。通过市区的高架桥，或桥下已被利用的高架桥，一旦发生火灾，应立即停运。火灾后调查结构物状态，并根据受损程度再决定是否限速运行。

十九、防灾安全监控系统路基安全监测子系统

1. 路基工程中最突出的问题是软土路基的下沉，首先应该依靠工程设计和施工质量予以解决，其次才是在列车运营期间实施安全监测。例如京沪高速铁路的沪宁段通过宁镇地区、太

湖湖积平原和长江三角洲冲积平原，沿线地质情况复杂。该地区土质为软土层，多为近代沉积的黏性土，含水量大、透水性差、抗剪强度低、压缩性高等，并且软土层厚度变化大，软土地基的稳定和变形问题相当突出。因此如采用修建路基工程方案时，工程设计与施工需特别予以重视，同时在通车期间应继续长期监测在列车荷载作用下的地表沉降、分层沉降、侧向位移(剪切变形)及孔隙水压力的变化情况。

2. 测量路基断面动应力的分布及分布规律，路基不同部位的回弹变形等主要参数，以便综合评价软土路基质量，有效地控制工后沉降，确保高速列车运营的舒适和安全。

3. 路基安全监测子系统主要监测路基病害的发生、发展和发出预警信息，对个别地点的塌方、落石也进行监视。该系统可由测斜仪、沉降仪等传感器，数据记录与信息显示和信息传输三部分组成，一般设置在软土路基路堤和滞洪路堤的必要地点。

二十、防灾安全监控系统大型车站防灾安全监测子系统

大型车站应设有自己的防灾中心，采集的信息有火、烟及各通道滚梯运行状况等。一旦有非常事态发生，可及时自动采取灭火、排烟、隔离火源等措施，并有效地疏导旅客。

大型车站内的旅客导向信息系统，是列车运行管理系统中的一部分，对车站安全起到辅助作用，通过向导显示板和广播，除提供日常服务信息外，还可提供事故信息、疏导向导。例如，日本东京车站内防灾控制中心内的综合显示板，可实时显示楼层、各安装位置上的自动扶梯，热、烟探头，各重要通道上的摄像机工作情况，便于工作人员掌握。

二十一、其他灾害监测及安全防护工程概述

1. 为避免闲人进入高速铁路线路范围内有碍高速列车运行，应沿线路两侧或在铁路用地限界处，设置金属防护网；每隔一定距离设禁止入内警示牌。线路上有可能发生崩坍、落石的地段，应设置防护栅及监视报警系统，以保证高速线路受侵的信息及时传输到综合调度中心，控制列车的运行。凡有高速列车通过的站台，在站台安全线设置固定防护栅和车门处的活动防护栅。

2. 公路跨越高速铁路或与高速铁路并行(公路低于铁路 1.5 m 以上除外)，在公路与高速铁路的交界处，应设置防止汽车翻落及异物跌落的防护工程，并考虑在汽车的来向端及去向端适当延长防护工程范围。与防护工程同时设置边界故障报警装置。高速铁路跨越或并行公路、既有铁路，其桥墩外侧面认为有必要时，应设防护撞击设施。

3. 线路两侧交错设置列车防护开关，站台上每隔一定距离设置列车防护开关。发生突发事故(如发现线路内有障碍物、乘客从站台上跌落或线路异常等)时，线路巡道员或车站值班员操作列车防护开关，及时关闭 ATC 信号，使正在接近的列车停车，防止事故发生。设置防护开关的地点设置防护电话，便于现场与综合调度中心联系，防护电话可采用有线或无线通信。

复习思考题

1. 防灾安全监控系统由哪些监测子系统构成？
2. 高速铁路雪害对动车组运行的危害有哪些？

第十一章　高速铁路基础设备

第一节　动车组信号系统

一、高速铁路信号系统

客运专线的信号与控制系统，是高速列车安全、高密度运行的基本保证，世界各国发展客运专线都非常重视行车安全及其相关支持系统的研发。

客运专线的信号与控制系统是集微机控制与数据传输于一体的综合控制与管理系统，是铁路适应高速运营、控制与管理而采用的最新综合性技术，通称为先进列车控制系统。

二、高速铁路通信信号系统结构

1. 客运专线的信号与控制设备，是以电子器件或微电子器件为主的集中管理、分散控制为主的集散式控制方式，分为行车指挥自动化与列车运行自动化两大部分。

2. 客运专线信号系统主要由调度集中系统（用于指挥行车），车站联锁系统（用于控制进路），列车运行控制系统（用于控制列车间隔），代用信号设备和专用通信设备等组成。

三、高速铁路信号系统主要功能

1. 客运专线通信系统的主要功能是，能够完成指挥列车运行的各种调度命令信息及时、准确的传输，是列车高速、安全运行的重要保证。

2. 为旅客提供各种服务的通信，为设备维修及运营管理提供通信条件，能够实现维修人员沿线作业时的信息需求。

四、高速铁路通信信号系统主要技术应用

1. 客运专线运营调度系统是高速铁路运营管理现代化、自动化、安全高效的标志，它根据旅客出行需求，动车组配备和动力特性、车站装备及作业、沿线线路和设备状态、相邻线路列车运行的状态等，统筹编制列车运行计划、集中指挥列车运行和协调铁路运输各部门的工作。

2. 客运专线运营调度指挥系统涉及运输组织、动车组、通信信号、供电、安全监控、维护救援、旅客服务等多学科，是铁路运输指挥的基础设施，是运输生产的重要技术装备。

3. 客运专线运营调度系统集成化程度高、技术复杂、可靠性要求高。运营调度系统客运专线运营调度系统集计算机、通信、网络等现代化技术为一体，完成列车的计划、运行、维修等一系列任务，是完成客运专线运输组织特别是日常运营的根本保证，也为完成运输生产提供有力保障，为人们出行提供便利。

4. 运营调度系统一般包括运输计划管理系统、动车管理系统、综合维修管理系统、车站作业管理系统、调度指挥管理系统、安全监控系统、系统运行维护体系。

五、信号机点灯控制

客运专线应设置进站信号机、出站信号机、调车信号机、进站预告标。区间无岔站线路所参照进站信号机、出站信号机设置相应防护信号机。

六、网络功能需求

客运专线信号安全数据网接入设备包括：列控中心（TCC）、计算机联锁（CBI）、临时限速服务器（TSRS）、无线闭塞中心（RBC）。

七、客运专线信号安全数据网

客运专线信号安全数据网应满足以下设备间的信息传输。

1. TCC 与 TCC。
2. TCC 与 CBI。
3. TSRS 与 RBC。
4. TSRS 与 TCC。
5. TSRS 与 TSRS。
6. RBC 与 CBI。
7. RBC 与 RBC。

八、安全信息可靠传输

客运专线信号安全数据网应确保 RBC、TSRS 等中心设备与其他相邻线路安全数据网的安全信息可靠传输。网络设备中单节点信息传输时延不大于 50 μs，单网络内数据通信自愈时间不大于 50 ms。网络间数据通信自愈时间不大于 500 ms。

九、安全数据网功能

客运专线安全数据网应满足高可靠、高可用和高可维护性的要求，设置网络管理系统，实现数据记录、故障报警、状态预测等功能。

十、客运专线信号安全数据网基本要求

客运专线信号安全数据网应采用工业以太网网络设备（工业级交换机）构成冗余双环网，双网间物理隔离，网络设备间应采用专用单模光纤连接。

第二节　牵引供电系统

一、高速铁路牵引供电系统的概述

高速铁路均采用牵引供电的电气化铁路，牵引供电系统由牵引变电所（含 AT 所、分区所、开闭所等）和接触网组成，其结构和接线形式由供电自身的要求决定。本章主要介绍电气化铁路的发展历程、牵引供电系统的基本结构、电能质量以及新型供电技术。

二、我国电气化铁路发展历程的概述

自1961年8月15日我国开通了第一条电气化铁路——宝鸡——凤州段，至今已有六十余年。在这六十余年中，我国电气化铁路建设有了迅速的发展，取得了巨大的成就。

我国电气化铁路的发展和建设历程主要分为四个阶段：第一条电气化铁路的诞生（1953～1961年）；恢复时期电气化铁路建设（1968～1980年）；改革开放后电气化铁路建设（1981～2000年）；新世纪电气化铁路建设（2001年至今）。从第一条电气化铁路开始修建到2012年12月1日“哈（哈尔滨）大（大连）”高速铁路正式开通，中国电气化铁路总里程在54年突破4.8万公里，超越俄罗斯位居世界第一位。这是中国铁路建设史上的一项重大成就，也是中国铁路现代化进程中的一个重要里程碑。

三、高速铁路牵引供电的技术概述

1. 充足、可靠的供电系统牵引供电，向高速动车组输送充足、可靠、高质量的电能，确保动车组安全、平稳、高速运行。

2. 其关键技术主要有：(1)高速接触网技术；(2)自动过分相技术；(3)高速线岔技术；(4)远程监控技术。

四、高速铁路牵引供电系统的构成

高速电气化铁路都采用工频（50 Hz），额定电压为27.5 kV或2×27.5 kV的单相交流制，牵引供电系统的构成见图11-1。相对牵引变电所而言，通常把为其供电的电力系统称为外部电源或一次系统。牵引供电系统由牵引变电所和牵引网组成。

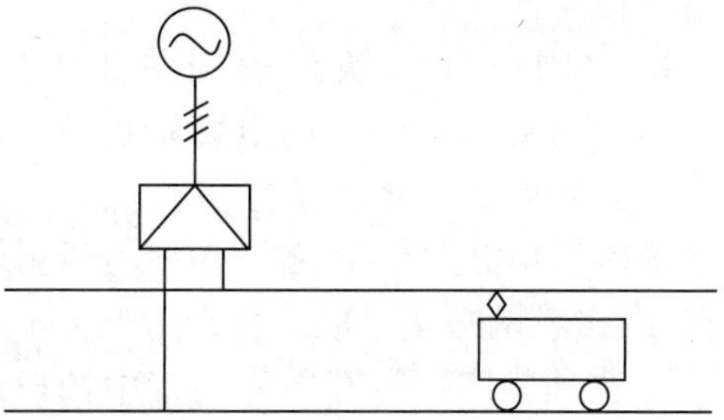

图11-1　牵引供电系统构成

五、高速铁路供电系统牵引变电所功能概述

牵引变电所是电气化铁路供电系统中的心脏，无论一般线路还是高速线路都要求它具有高度的可靠性。我国电气化铁路采用的是工频单相25 kV交流制，而电力系统是一个三相交流系统，需要经过变换电压等级和由三相变换成单相才能使用。电气化铁路产生的负序和高次谐波对电力系统会造成多种不良影响，需要通过牵引变电所来解决。

六、高速铁路供电系统牵引变电所的作用

1. 变电所将电力系统的电能变换成适合动车组使用的电能。在牵引变电所内装设有牵引变压器（也称主变压器），将电力系统的高压（一般为110 kV或220 kV）降为27.5 kV或2×27.5 kV（自耦变压器供电方式），以单相电馈送给接触网，供动车组使用。

2. 降低电气化铁路对电力系统的影响。电气化铁路的单相牵引负荷是一个不对称的负荷，对三相电力系统产生负序电流和负序电压。

3. 电力系统对电气化铁路供电，要求功率因数达到0.85以上，而牵引负荷的自然功率因数仅为0.8左右。功率因数低会使供电系统设备能力不能充分利用，降低了使用效率，增加了能量损耗。因此，需要在牵引变电所安装并联电容补偿装置，将功率因数提高到0.85以上。

七、高速铁路牵引网的供电方式

高速铁路牵引网的供电方式是由牵引网所完成的特殊输电功能的技术要求和经济性能所决定的，基本上可以按分区所运行状态和牵引网设备类型进行分类。按分区所的运行状态，通常分单边供电、双边供电两种方式；按牵引网设备类型，目前主要采用直接供电方式（带回流线）和（自耦变压器）供电方式。

八、高速铁路接触网的基本功能

接触网是牵引供电系统的重要组成部分，牵引变电所通过接触网向列车（动车组）供电，而列车（动车组）通过受电弓从接触网取电。

九、高速铁路接触网的基本组成

高速接触网一般由支柱与基础、支持装置、定位装置、接触悬挂以及附加悬挂等五部分组成。见图 11-2。

图 11-2 高速接触网的基本组成

十、高速铁路接触网的电分相

1. 中国电气化铁路采用单相工频 25 kV供电制式，对于三相电力系统而言，电力牵引负荷是单相大功率负荷，为从宏观上平衡三相电力负荷，各牵引变电所需轮换相序向接触网供电。因此，接触网上有三相交流电存在，接触网必须采取分相措施。

2. 高速铁路接触网均采用带中性段的锚段关节式电分相，在实际工程中有多种结构形式，一般由位于两相接触网之间的一个中性锚段（俗称小锚段）和带电的两相接触网组成两个绝缘锚段关节，通过受电弓在锚段关节和中性段上的转换实现换相。

3. 六跨电分相绝缘关节处共设 2 台单极电动隔离开关并纳入远动系统，以防止动车组误停在无电区内无法启动，分相关节须距车站最外信号机 300 m 以外。

十一、高速铁路接触网的基本特性和运营要求

1. 接触网向电力牵引单元供应牵引电能，高速铁路接触网是接触网的一种特殊应用形式。“高速”本身是一个相对的概念，“高速铁路接触网”也是一个相对的称谓，与之对应的是“普速铁路接触网”。

2. 高速铁路接触网和普速铁路接触网无明显差异，均包括“支柱与基础、支持装置、定位装置、接触悬挂以及供电辅助设施”五大部分，但就其各自的“机电特性、设计考量、技术要求、施工工艺、维修理念、运营管理”而言，高速铁路接触网和普速铁路接触网存在较大差异。高速铁路接触网的侧重点除弓网几何匹配外，还应重点关注电气匹配和弓网动态（振动、波动）匹配。

十二、高速铁路接触网的基本特性及运营特性

接触网的本质是高压电力输电线，但因其服务对象的唯一性和特殊性，使得表面看起来仅由几根导线组成的结构并不复杂的接触网变得非常复杂了，其复杂性不在于它的结构，而在于弓网之间的匹配以及这种匹配对二者的性能要求。因此，接触网实际上包含了输电与高速受电弓动

态配合的问题，在几何空间位置和状态上都受到极其严格的限制，在机电性能上受到极其严格的苛求。与普速铁路接触网相比较，高速铁路接触网的运营环境发生了较大变化，最主要体现在列车运行速度提高到 300 km/h 左右，牵引功率是普速列车的 3～4 倍，白天运营、晚上停运。

十三、高速铁路接触网、弓网系统的特性变化因素

1. 列车运行速度提高使弓网的匹配特性发生了根本变化，普速铁路接触网与受电弓的匹配重点是几何关系，而高速铁路接触网与受电弓的匹配除了几何关系外，更重要的是机电匹配关系，几何关系已转换到基础地位。

2. 运行速度提高使高速列车所需的牵引功率是普速列车的 3～4 倍，牵引电流的加大使电流热效应突显，接触网线索的物理性能和工程寿命均受到一定影响。牵引电流的加大对接触线和滑板材质的机电要求增加；牵引电流的加大和波动使网中高次谐波电流绝对值增大，对接触网周围的电磁环境和电子设备的影响加大。

3. 运行速度提高使受电弓的动态抬升量和摆动量增加，受电弓动态包络线成为弓网几何耦合的一个重要因素。

4. 列车运行速度加大，气流对弓网接触力的影响明显，多条线路试验均证实了这一点。

5. 列车运行速度加大，钢轨及接触线任何一点的不平顺都极易造成接触线—受电弓系统的振动，这种振动的幅度与列车速度成正比。这种振动导致弓网动态接触力上下波动、弓网接触质量变差，甚至离线，加剧受电弓滑板和接触线的机电磨耗。

6. 运营环境的变化，对接触网适应气候的性能要求更高，气象三要素（温度、覆冰、风）对接触网性能和安全的影响突显。

十四、高速铁路对接触网基本性能的要求

1. 具备良好的电气性能，具备良好的机械性能，具备良好的环境适应能力，具备稳定的空间几何参数，具有灵活合理的电气分段。

2. 高速铁路接触网应具有合理的电气分段，供电灵活、安全，事故影响范围小，便于检修和抢修，便于运营管理。

十五、高速铁路接触网的电分段和电连接

为增加接触网供电灵活性和安全性，缩小停电事故范围，满足供电、检修以及其他特殊需要，需对同相接触网进行电气绝缘分段，简称接触网电分段。

十六、高速铁路接触网的电分段的设置原则

1. 多个电化车场的接触网之间应设横向电分段。

2. 枢纽站内，上下行正线间，外包线与其他线路间应设横向电分段。

3. 铁路枢纽地区各站间及编组站各分场间应根据行车组织及检修需要设横向电分段。

4. 大型客运站应根据客运需要按不同方向的列车进路或站台划分设横向电分段。

5. 站内货物装卸线、旋客列车整备线、机车整备线及路外专用线均应单独电分段。

6. 电力机务段、折返段，动车组维修基地内，各检查坑所在线路及需上车顶作业的线路均应根据检修需要单独电分段。

7. 单线电气化区段，在车站两端的电源侧应设绝缘锚段关节式纵向电分段。

8. 双线电气化区段，应按满足上下行正线分别停电、检修安全的要求设置绝缘锚段关节式纵向电分段，安装负荷开关或消弧电动开关，并纳入SCDA远动系统。

9. 区间一定长度的接触网之间应设绝缘锚段关节式纵向电分段。

10. 大型桥梁或隧道的接触网应单独电分段。

十七、高速铁路接触网设置电分相的一般规定

1. 接触网电分相一般设置在牵引变电所和分区亭出口处，两供电臂交界处，铁路局分界处。具体位置应充分考虑线路、列车运行方式、调车作业、供电线路分布、进站信号机位置等条件。

2. 距进站信号机500 m的范围内不得设电分相，6‰以上的坡道区不得设电分相。因客观原因确实无法满足上述要求时，应根据线路通行的电力机车功率、牵引质量和线路坡度等条件进行技术校验，确保列车不会停滞在接触网无电区内。

3. 为避免分区所开关设备承受线间电压，两相邻变电所之间的接触网宜采用同相电供电。

4. 电分相无电区的设置必须满足两点：

(1)列车因故停车时，机车受电弓不能处于电分相无电区内；

(2)列车因故停车启动后，应能保证列车具备足够的动能闯过无电区。

十八、高速铁路接触网电分相结构

1. 高速铁路接触网采用绝缘锚段关节式电分相结构。所谓绝缘锚段关节式电分相结构，即由三跨、四跨、五跨绝缘锚段关节的不同组合形成分相区。

2. 中国高速铁路接触网常用电分相结构主要有六跨、七跨、八跨、九跨、十二跨、十六跨，根据电分相结构的断口数量，可分为两断口和三断口两种形式。

十九、列车自动过电分相技术

1. 在高速铁路中，均采用列车自动过分相技术，主要方式有：地面开关自动切换方式和车载设备自动断电方式。

2. 车载自动断电过分相装置，安装于电分相区的四个地面感应器、安装于动车底部的车载地面感应信号接收器、安装于司机室内的控制系统和安装于司机室的信号指示系统四个部分组成。车载自动过分相系统结构简图见图11-3。

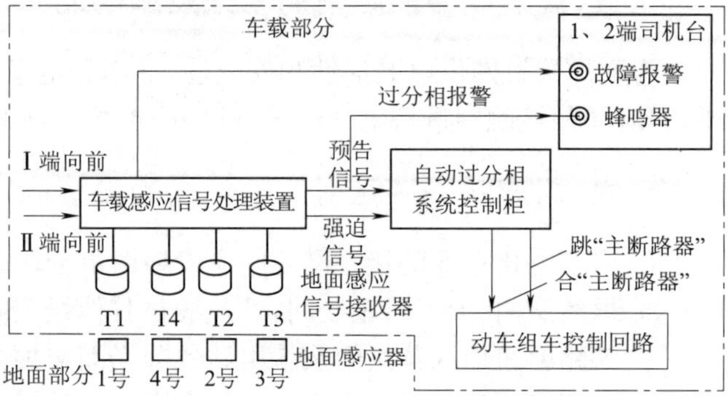

图11-3　车载自动过分相系统结构简图

3. 地面感应装置是嵌入专用轨枕里的耐高温、耐腐蚀、不易损坏的永久磁铁。

4. 地面感应信号接收器是安装在电气列车转向架上，通过感应地面感应装置完成列车定位和过分相动作触发。

5. 列车定位是自动过分相的关键技术之一，定位准确和可靠是保证系统可靠运行的基础，当电气列车通过电分相区时，地面感应信号接收器将感应一个幅值和宽度与机车运行速度相对应的信号。

图11-4及图11-5为车载自动过分相系统地面感应器布置示意图。

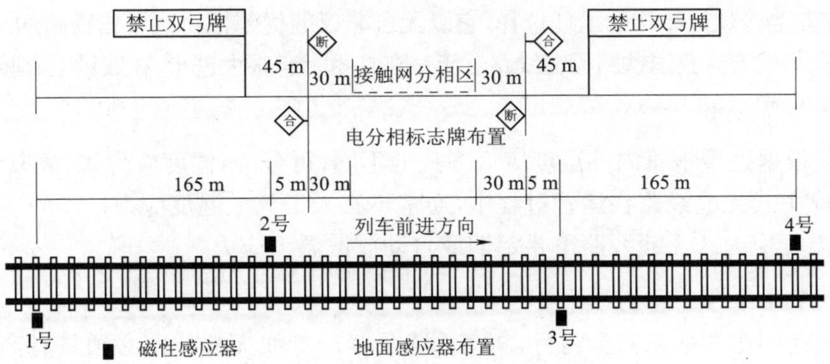

图 11-4　地面感应器布置示意图

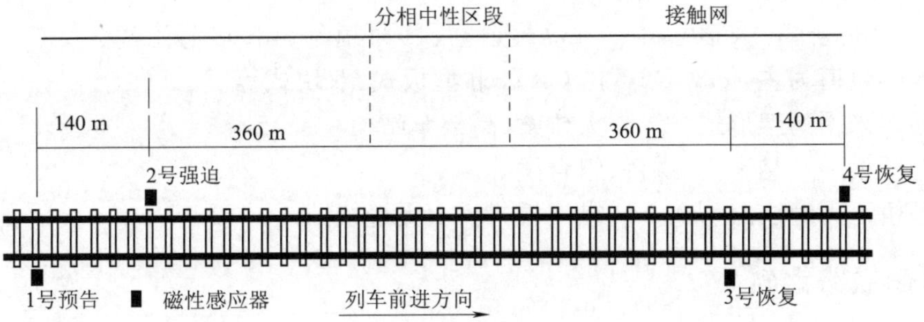

图 11-5　250 km/h 以上地面感应器布置示意图

地面感应信号接收器共四个，1 号和 2 号互为备用，其安装位置在机车转向架处，距钢轨中心(300±10)mm，距钢轨轨面(110＋10)mm(图 11-6)。

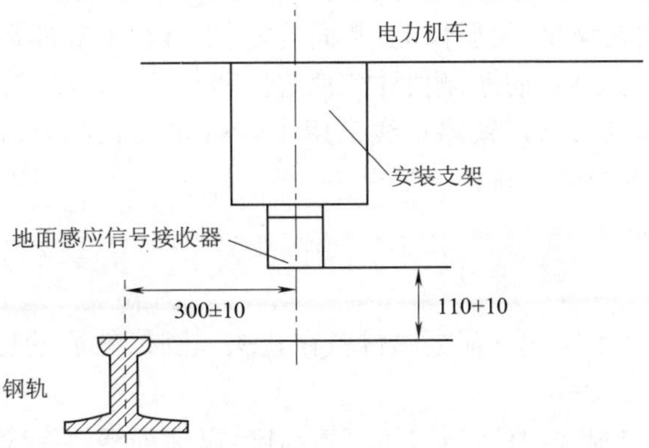

图 11-6　地面感应信号接收器安装位置示意图

第三节　客运专线线路与道岔基本知识

一、无缝线路

(一)无缝线路的概念

所谓无缝线路就是把钢轨焊接起来的线路，所以又称焊接长钢轨线路。

无缝线路是当今轨道结构的最佳选择，它以无可非议的优越性得到各国铁路的承认。几十年来，世界各国竞相发展。我国铁路无缝线路近年来在技术上有很大进步，在数量上有较快增长。

(二)无缝线路类型

无缝线路根据处理钢轨内部温度应力方式的不同，可分为：温度应力式、放散温度应力式。

1. 温度应力式无缝线路在运营过程中，通常不必人工放散温度应力；

2. 放散温度应力式无缝线路需要定期或自动放散温度应力。

(三)高速铁路客运专线无缝线路特点

为保证高速列车的平稳安全运行，高速铁路及客运专线无缝线路必须具有高平顺性及高稳定性。为此，与传统无缝线路相比，高速铁路及客运专线无缝线路采用了更高的设计及施工标准，并且在结构上具有以下特点：

1. 大号码高速道岔及道岔群——39 号道岔、41 号道岔、42、62 号道岔。

2. 以无砟轨道为主——CRTSⅠ、CRTSⅡ型板式、双块式等。

3. 区间多采用高架形式——长大桥梁、高架车站。

4. 新型桥梁——悬索桥、拱桥、组合梁等。

5. 新型桥上无缝线路型式——纵连板式桥上无缝线路。

二、高速铁路钢轨

钢轨是轨道结构的主要部件之一。钢轨支承并引导机车车辆的车轮，直接承受来自车轮和其他方面的力并传递给轨枕，同时为车轮的滚动提供阻力最小的表面。对高速铁路而言，钢轨要提供的轮轨踏面平顺性和钢轨内侧工作边平顺性比普通铁路高得多。为保证列车高速运行的平顺性，线路下部基础、轨道上部结构以及各轨道部件，都要为钢轨的正常工作提供良好条件。而钢轨本身，其内在质量、材质性能、断面公差、平直程度等都是十分重要的特性。钢轨在技术上要能保证足够的强度、韧性、耐磨性、稳定性和平顺性，在经济上要能保证合理的大修周期，减少养护维修工作量。高速铁路正线采用 100 m 定尺长的 60 kg/m 无螺栓孔新钢轨，其质量应符合相应速度等级的钢轨相关要求。

(一)钢轨断面及尺寸

1. 选择钢轨断面

选择钢轨断面实质上是合理分配金属材料在轨头、轨腰、轨底的比例，主要考虑钢轨的刚度、稳定性、耐磨性和轮轨关系。

为使钢轨具有足够的刚度，要适当增加钢轨高度，以保证钢轨有较大的水平惯性矩。同时为使钢轨具有足够的稳定性，在设计轨底宽度时应尽可能宽一些。为使刚度与稳定性有最佳的匹配，通常在设计钢轨断面时控制轨高与轨底之比，即 H/B，一般 H/B 控制在 1.15～1.248。

改进轨头断面设计可同时提高钢轨刚度、耐磨性和改善轮轨关系。

高速铁路钢轨的断面在既有铁路使用成熟的钢轨中选择。我国钢轨也已形成 75 kg/m、60 kg/m 和 50 kg/m 的断面系列，高速铁路应用最为广泛的钢轨主要为 60 kg/m 钢轨。

中国 60 kg/m 标准断面见图 11-7。

2. 钢轨定尺长度

钢轨定尺长度不仅反映一个国家的钢轨生产水平，而且也反映钢轨使用部门的管理水平。

对高速铁路而言，钢轨定尺长度越长，对确保高平顺性的轨道越有利。德国（蒂森）、奥地利（奥钢联）出厂的钢轨长度可达 120 m，法国（哈亚士）为 80 m，日本（NSC、NKK）为 50 m。我国几个生产钢轨的工厂经过技术改造，都可以生产 100 m 定尺长度钢轨。

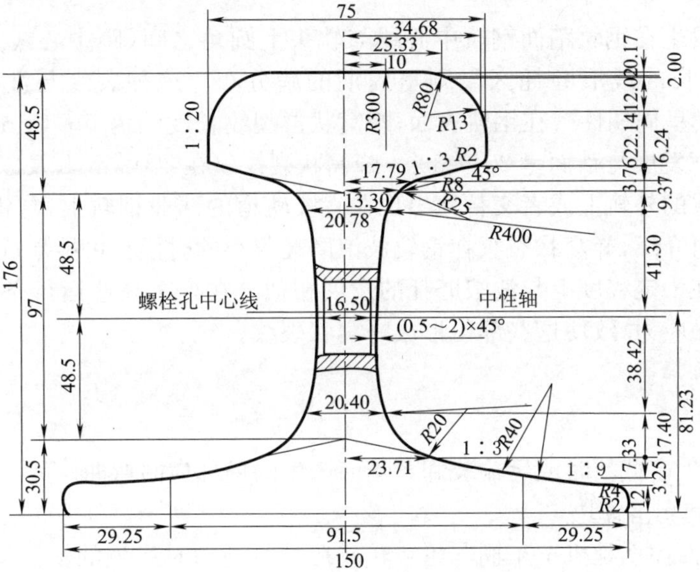

图 11-7　中国 60 kg/m 标准断面图

100 m 定尺轨出厂后，需要到运送到各焊接基地后，通过焊接机将 100 m 长的钢轨条焊接成 500 m 长的钢轨。钢轨每米重 60 kg，一条 500 m 长的钢轨重达 30 吨。

3. 钢轨材质要求

因高速运行的特殊要求，国外高速铁路对钢轨材质的要求是十分严格的，多年的运用实践也证明是成功的。结合国外高速铁路的运用经验、高速铁路钢轨伤损特点、我国钢轨的具体条件和提速区段上钢轨伤损情况，目前，我国铁路常用的钢轨有 U75V、U71Mn 和 U71Mnk 及其热处理钢轨。其中，U75V 热轧钢轨的最低抗拉强度为 980 MPa，热处理后可达到 1 230 MPa；U71Mn 和 U71Mnk 热轧钢轨的最低抗拉强度为 880 MPa，U71Mnk 为350 km/h 客运专线用钢轨。

（二）钢轨伤损

由于高速铁路列车运行速度高、动车组轴重轻、钢轨垂直和水平磨耗都比较小，钢轨表面的接触疲劳伤损成为主要伤损。

1. 轨头龟裂

轨头龟裂是指在钢轨表面出现的细小裂纹（在轨距角踏面处呈斜线状），裂纹间距约为 0.5～10 mm 不等，连续出现。表面裂纹最初以 10°～15°向踏面下发展，然后向轨头深处发展，角度越来越大。踏面斜向排列的裂纹向踏面下发展时可能合拢和形成剥离掉块；向踏面下发展时可能转变为隐伤型（限于轨角处踏面的隐伤）；向踏面深处发展时可能导致钢轨横向断裂。

2. 隐伤（又称踏面裂纹或踏面压溃）

隐伤通常发生在直线或大半径曲线地段的钢轨踏面上，特别在高速铁路上出现得比较多。出现隐伤的钢轨，在踏面能观察到呈半围形或 V 形的裂纹，该处踏面比周围表面低，颜色明显发暗，宽度稍宽。隐伤最初的形态是在踏面的内侧上圆角处出现表面裂纹，然后与踏面呈较小的角度向内和向运行方向扩展，同时裂纹上部材料的塑性变形造成踏面局部凹陷，致使轮轨不接触或产生锈蚀，从而使凹陷部位变暗。隐伤与轨头龟裂一样，其产生与表层金属的塑性变形以及变形层处萌生疲劳裂纹密切相关，本质上属于踏面剥离裂纹类伤损。

3. 蜂窝状裂纹

蜂窝状裂纹发生在钢轨踏面钢轨中心线与轨头上圆角之间(距中心线大约 10～25 mm)条状范围内，在较长的波浪磨耗区段则呈周期的簇分布。这种裂纹与波峰的间距为 20～100 mm，出现规律呈周期性。在钢轨表面，蜂窝状群裂纹长度约为 5～15 mm，与钢轨纵轴夹角约 45°，倾斜向下发展与踏面呈 20°～30°。蜂窝状裂纹仅在 200 km/h 及以上的线路上出现，主要在大半径曲线的外轨上或者交替地出现在直线轨道的两股钢轨上，与钢轨波浪磨耗同时存在。据有关资料介绍，蜂窝状裂纹在钢轨波浪磨耗很小的时候也可能形成，裂纹的增长和新裂纹的产生过程在一定程度上与波浪磨耗的发展相似。在列车高速运行条件下，波峰的前方会产生较大的接触应力，致使这些部位形成蜂窝状裂纹。

(三)常见钢轨病害

1. 钢轨硬弯

产生原因：在生产截断时或运输装卸不当而产生的局部横向弯曲。

2. 轨面擦伤和剥落掉块

产生原因：轨面擦伤是机车车辆车轮空转或在紧急制动时产生的轨面局部凹槽伤损及龟裂，它极易发展为轨头横向裂纹。剥落掉块是由于钢轨制造工艺不良，或金属强度不足，接触应力过大，以及非金属夹杂物所引起的，有的能变为轨头横向裂纹。

3. 钢轨低头和马鞍型磨耗

产生原因：钢轨低头是由于捣固不良，存在空吊板，接头道床松软，或金属强度不足等原因，在车轮的反复冲击下产生的局部向下弯曲、轨端踏面低踏和磨耗。钢轨马鞍型磨耗是由于淬火工艺不良，在端部顶面淬火区与非淬火区之间硬底过渡不均匀，运用中在该处出现压陷和磨耗。

4. 曲线钢轨磨耗

产生原因：曲线拨正的方法不当，超高设置不合适，轨底坡设置不合理，以及钢轨本身材质问题是曲线钢轨产生不正常磨耗的主要原因。

5. 钢轨锈蚀

产生原因：有盐碱侵蚀的地段和隧道内。

(四)钢轨病害对行车的危害

钢轨因材质或加工、施工工艺造成钢轨病害，会降低钢轨硬度、强度和塑性，加快轮轨磨耗，破坏钢轨表面的平整性和钢轨的整体强度，恶化轮轨接触关系。在列车高速运行中，轻者影响列车运行的平稳性，增加列车横向摆动和垂向冲击，重者会因轮轨接触关系的恶化造成轮轨短暂分离，影响列车加减速性能，甚至造成脱轨危险。

三、轨道结构类型及扣件

(一)有砟轨道及配套扣件

1. 轨枕

目前，客运专线Ⅲ型枕主要有客运专线预应力混凝土有挡肩枕(简称为Ⅲc 型枕)、与Ⅳ型扣件配套的Ⅲ型预应力混凝土无挡肩枕(简称为Ⅲb 型枕)、客运专线预应力混凝土桥枕(简称为Ⅲqc 型桥枕)。

2. 扣件

客运专线轨道扣件主要有弹条Ⅳ型扣件、弹条Ⅴ型扣件及 FC 型扣件。

(1)弹条Ⅳ型

弹条Ⅳ型扣件为无螺栓扣件,用于有砟轨道的无挡肩混凝土轨枕。

每套扣件由两件弹条、两件预埋铁座、两件绝缘轨距块和一件橡胶垫板组成。

(2)弹条Ⅴ型

弹条Ⅴ型为有螺栓扣件,用于有砟轨道的有挡肩混凝土轨枕。

每套扣件由两件螺旋道钉、两件平垫圈、两件弹条、两件绝缘轨距块、一件轨下垫板和两件预埋套管组成。

(3)FC 型

FC 型扣件为无螺栓扣件,用于有砟轨道的无挡肩混凝土轨枕。

每套扣件由两件弹条、两件预埋铁座、两件绝缘轨距块和一件橡胶垫板组成。

3. 道砟

高速铁路有砟轨道采用特级道砟。

(二)无砟轨道

1. 无砟轨道结构类型

通过近十年来无砟轨道的理论研究、室内模型试验、桥上和隧道内试验段铺设,我国逐步形成了 CRTS Ⅰ型、Ⅱ型板式轨道、CRTS Ⅰ型、Ⅱ双块式无砟轨道。

图 11-8　CRTS Ⅰ型板式轨道

(1)CRTS Ⅰ型板式轨道(图 11-8)

应用于武广客运专线、沪宁城际铁路、哈大客运专线等,结构特点:单元式结构、预制轨道板、CA 砂浆调整、凸台限位。

(2)CRTS Ⅱ型板式轨道(路基段)(图 11-9)

原型德国博格板式轨道,应用于京津城际铁路、京沪高速铁路等,结构特点:连续式结构、预制轨道板、BZM 砂浆调整、依靠整体性限位。

图 11-9　CRTS Ⅱ型板式无砟轨道

(3)CRTS Ⅱ型板式轨道(桥上)

除上述特点外,还具有轨道板全桥纵向连续、轨道板型式统一,底座板与桥梁之间设置滑动层、桥上设置横向限位装置、梁端设置泡沫塑料、桥梁固定支座处设置固结机构、路基上设一定长度摩擦板和锚梁。见图 11-10。

图 11-10 成灌线新型板式轨道

(4)CRTS Ⅰ型双块式轨道(图 11-11)

原型为德国 Rheda 轨道,武广客运专线等,结构特点:路基上连续式、桥梁上单元式结构、预制轨枕、现浇道床板、路基上依靠整体性连续、桥梁上凸台限位、轨排法施工。

(5)CRTS Ⅱ型双块式轨道(图 11-12)

原型德国 Rheda 轨道,应用于郑西客运专线等,结构特点:路基上连续式、桥梁上单元式结构、预制轨枕、现浇道床板、路基上依靠整体性连续、桥梁上凸台限位、轨枕压入法施工。

图 11-11 CRTS Ⅰ型双块式轨道

图 11-12 CRTS Ⅱ型双块式无砟轨道

2. 无砟轨道结构横截面

通过图 11-13 可以计算出路基上轨道结构高度为 787 mm,一般简支梁及无填土箱型桥上轨道结构高度为 687 mm,采用小阻力扣件的连续梁、大跨度梁及部分简支梁上轨道结构高度为 688 mm。在道岔区、设置伸缩调节器等设计标高地段受其他因素控制的桥梁上,Ⅰ型板式无砟实际轨道结构高度应以轨面高程为准进行计算,通常通过底座厚度调整。

3. 轨道板结构类型

轨道板长度可分为 4 962 mm、4 856 mm、3 685 mm、5 500 mm,宽度为 2 400 mm、厚度为 200 mm,承轨台厚 20 mm。标准轨道板包括 P4962、P4856、P4856A、P3685、P4962A 5 种,异型轨道板主要包括 P4856B、P3685B、P5500 型 3 种。

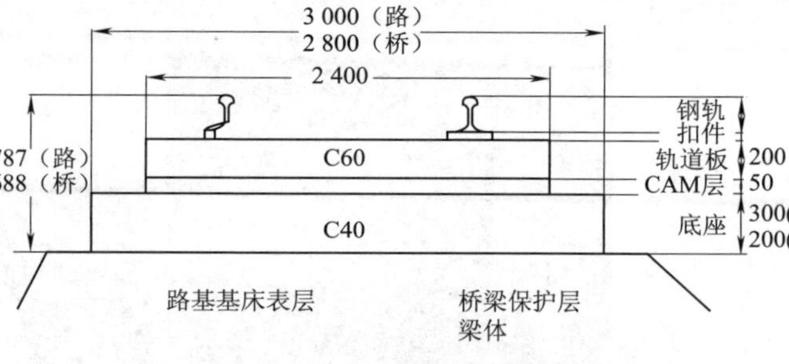

图 11-13 Ⅰ型板式无砟轨道横断面图

(三)配套扣件

扣件分类按与道床的连接方式区分:不分开式扣件、分开式弹性扣件;按承受水平力的方式区分:有挡肩、无挡肩扣件。主要扣件类型有 WJ-7B 型和 WJ-8B 型。

1. WJ-7B 型扣件

WJ-7B 型扣件(以下简称扣件)由 T 形螺栓、螺母、平垫圈、弹条、绝缘块、铁垫板、轨下垫板、绝缘缓冲垫板、重型弹簧垫圈、平垫块、锚固螺栓和预埋套管组成，此外为了钢轨调高的需要，还包括轨下调高垫板和铁垫板下调高垫板。见图 11-14、图 11-15。

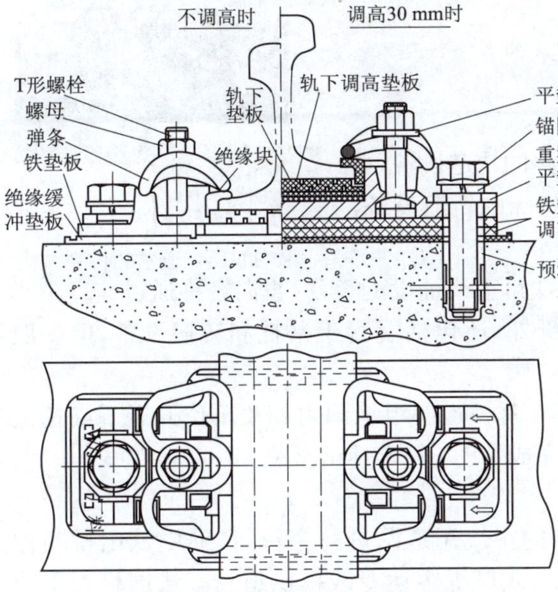

图 11-14　WJ-7B 扣件组装图

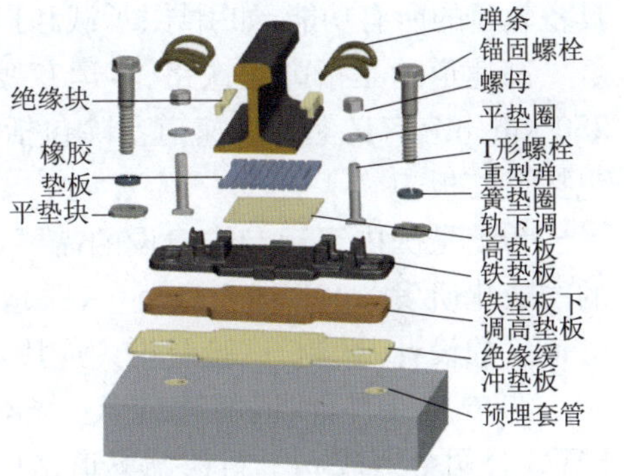

图 11-15　WJ-7B 扣件分解图

扣件节点间距一般为 629 mm，困难情况下不宜大于 650 mm，特殊不利情况下大跨连续梁梁缝处不宜大于 725 mm。路基及一般简支梁连续梁地段采用 WJ-7B 常阻力扣件，区间铺设Ⅰ型板式无砟轨道连续梁采用 WJ-7B 小阻力扣件。温度跨度较大的连续梁一端或两端相邻的简支梁上也采用小阻力扣件。

2. WJ-8B 型扣件

WJ-8B 型扣件由 T 形螺栓、平垫圈、弹条、绝缘块、轨距挡板、橡胶垫板、铁垫板、锚固螺栓、铁垫板下弹性垫组成，该种扣件在京沪铁路Ⅱ型板上普遍使用。见图 11-16、图 11-17。

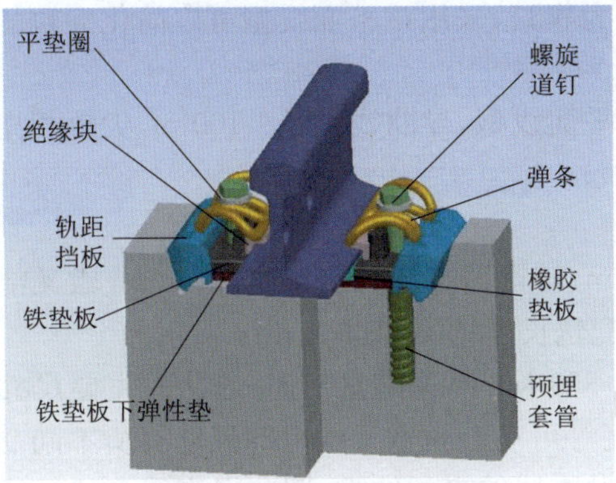

图 11-16　WJ-8B 扣件组装图

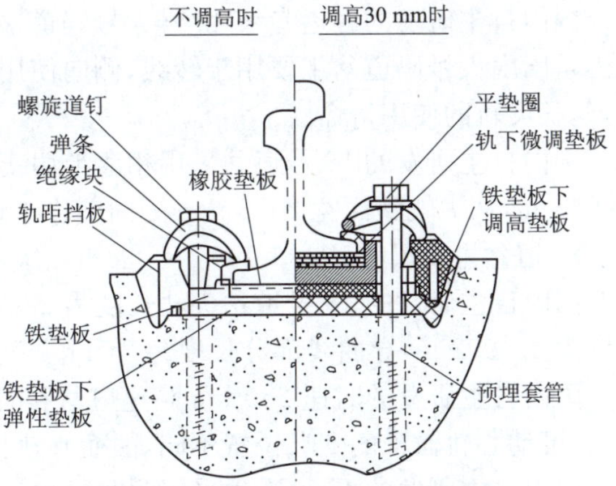

图 11-17　WJ-8B 扣件组织及分解

WJ-8B型扣件高度32 mm。扣件垫板静刚度为20～30 kN/mm，扣件系统节点静刚度为35 kN/mm。路基、桥台上、32 m和24 m简支梁桥上的扣件采用W1型弹条，每组扣件扣压力大于18 kN，钢轨纵向阻力大于9 kN。连续梁桥上的扣件采用X2型弹条，每组扣件扣压力大于12 kN，钢轨纵向阻力4 kN。

3. 道岔扣件系统(图11-18)

道岔通用扣件采用弹条Ⅱ型分开式扣件。

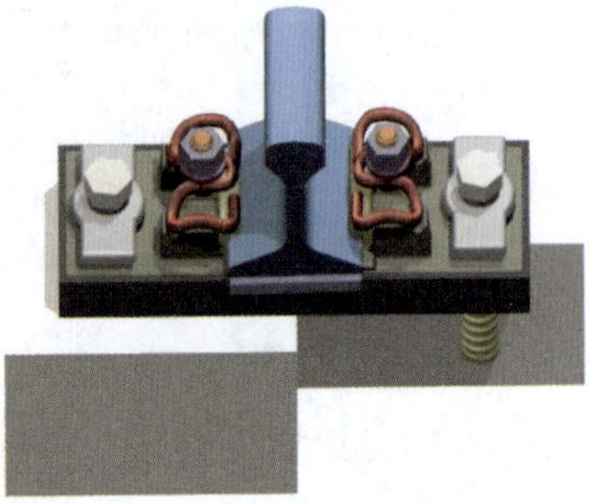

图11-18 道岔扣件系统

四、道岔及调节器

道岔是指将一条铁路线分成两条或以上线路的轨道设备，主要由钢轨件、扣件和连接零件等组成。道岔是特殊的轨道设备，具备轨道的所有功能，如引导、承载和提供弹性等。

高速道岔是指高速铁路、客运专线或城际铁路正线铺设的道岔，直向容许通过速度不小于250 km/h。广义上的高速道岔除包括道岔本身外，还包括混凝土岔枕和转换设备，但一般不包括道岔板。

为满足国内客运专线建设的需要，2005年6月铁道部组织国内相关单位开展了高速道岔的国产化研发，2005年8月至今，课题组先后完成了时速250 km、350 km客运专线60-18、42号道岔的设计、试制、试验及推广应用。

2006年3月，铁道部针对十一条客运专线的正线用道岔进行招标，目前中铁山桥与德国BWG公司合资成立了新铁德奥道岔厂，为京津、武广等客运专线提供道岔。法国科吉富公司对中铁宝桥进行了技术转让，为合宁、武合、郑西等客运专线提供了道岔。

目前国内有三个系列的高速道岔，分别为德国技术、法国技术和国内自主研发的高速道岔。在短期内，出现了三种道岔并存的局面。但从长期来看，由于三种道岔互不兼容，为方便站场设计和养护维修，有必要对道岔进行统一。

(一)高速铁路道岔平面线形和主要尺寸

1. 道岔平面线型

对于侧向通过速度较高的大号码道岔，当用于渡线时，由于两反向曲线间夹直线较短，为避免列车通过圆直点和直圆点时产生的冲击振动叠加，一般采用圆曲线与缓和曲线的组合平面线型，其中缓和曲线一般采用三次抛物线(或放射螺旋线)。

国内自主研发的客运专线42号大号码道岔，采用圆曲线＋缓和曲线的平面线型，其主要原因是国内大号码道岔主要用于转线，侧向使用较为频繁，采用该平面线型可以简化尖轨的制造，延长尖轨的使用寿命。

国内自主研发的18号道岔采用相离半切线的平面线型，导曲线半径1 100 m，尖轨相离值为12 mm，从尖轨断面宽26.8 mm处向前作半切线。

2. 道岔主要尺寸(表11-1)

国内自主研发的18号道岔尖轨长度为21.45 m，转辙器部分长度为23.392 m，辙叉部分长度为20.992 m，导曲线部分长度为24 m。道岔配轨长度均不超过25 m。

国内自主研发的时速250 km高速道岔和时速350 km高速道岔相比，道岔的主要尺寸相同，但可动心轨辙叉的咽喉位置不同，因而心轨长度等可动心轨辙叉的内部尺寸有所不同。

国内自主研发的42号道岔采用圆曲线＋三次抛物线的平面线型，圆曲经半径5 000 m，尖轨为半切线型尖轨，尖轨长度为44.24 m，尖轨半切断面轨头宽为3.7 mm，圆曲线与缓和曲线的切点在曲尖轨支距 636.1 mm，缓和曲线的顶点位于道岔跟端，用于 4.6 m 线间距的渡线时，两道岔可以直接对接。

国内自主研发的 62 号道岔采用圆曲线＋缓和曲线的平面线型，圆曲经半径 8 200 m，尖轨为半切线型尖轨。尖轨长度为 54.440 m，基本轨长 56.392 m，辙叉长 38.992 m，全长 201 m，岔枕 434 根。

表 11-1　道岔技术参数

序号	道岔名称	道岔号数	道岔总长(m)	前长(m)	后长(m)	辙叉角度	岔区道岔结构高度(mm)	
							有砟	无砟
1	自主研发	18	69.0	31.729	37.271	3°10′47.39″	448	415
2	自主研发	42	157.2	60.573	96.627	1°21′50.13″		415
2A	自主研发	62	201	70.783 7	130.216 3	55′26.56″		
3	技术引进(法国)	18	69.0	31.729	37.271	3°10′47.39″	431	408
4	技术引进(法国)	41	140.599	56.319	84.280	1°23′50″	431	408
5	技术引进(法国)	58	214.588	91.998	122.590	0°59′15.93″	431	408
6	BWG	18	69.0	31.729	37.271	3°10′47.39″	443	423
7	BWG	39.113	141.114	62.862	82.421	1°34′42.74″		423
8	BWG	50	180.000	90.481	89.519	1°08′44.67″		423

（二）高速铁路道岔构造

1. 主要技术参数(表 11-2)

表 11-2　平面线型尺寸

道岔号数	全长(m)	前长(m)	后长(m)	辙叉角	线型
18	69.000	31.729	37.271	3°10′47.39″	1 100 m 圆曲线
42	157.200	60.573	96.627	1°21′50.13″	5 000 m 圆曲线＋缓和曲线
62	201.000	70.784	130.216	0°55′26.56″	圆曲线(8 200 717.5)＋缓和曲线(∞)

2. 主要结构特征

道岔主要由钢轨件可动心轨辙叉部分组成。

(1)钢轨件

①基本轨(图 11-19)

②尖轨

尖轨采用 60AT 轨制造，跟部为弹性可弯式，尖轨长度为 13.88 m，直向尖轨为直线型，侧向尖轨为曲线型。尖轨尖端为藏尖式结构如图 11-20 所示，从尖轨顶端 2 mm 处作藏尖补充刨切。尖轨藏于基本轨轨距线下 3 mm。尖轨刨切长度为 6 165 mm，尖轨跟部结构为普通夹板联结，并设置限位器，限位器活动间隙为±7 mm。

尖轨设置两个牵引点，采用分动外锁闭转换装置，第一牵引点动程为 160 mm，第二牵引点动程为 75 mm。为便于捣固，牵引点转换装置各杆件安装在特制的钢岔枕内。

滑床垫板采用弹片扣压基本轨，并穿入销钉压紧弹片，见图 4-23。滑床垫板的安装要求：直股全部采用偏心距为 0 的滑床板，侧股按表 11-3 所示要求安装。

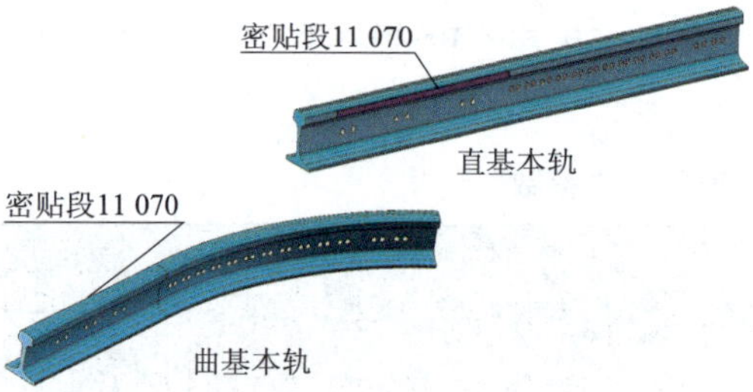

图 11-19　基本轨

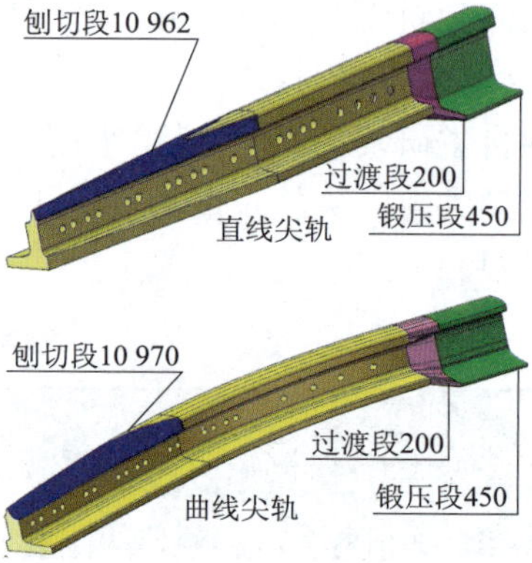

图 11-20　尖轨

表 11-3　滑床板安装要求

滑床板偏心距(mm)	0	3	6	9
铺设位置(岔枕号)	7	8～12	14、16～19	20～24

顶铁、限位器采用防松螺母。基本轨轨头下颏在尖轨与之密贴的全长范围内轨距线以下,相应作 1∶4.47 的斜切,以保证基本轨设 1∶40 轨底轨后与尖轨的密贴。

③基本轨、尖轨安装位置(图 11-21)

④尖轨与转换设备的连接(图 11-22)

图 11-21　基本轨、尖轨安装

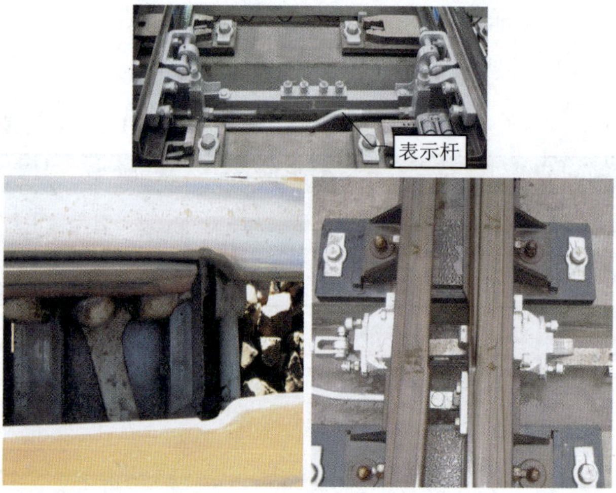

图 11-22　尖轨与转换设备的连接

自主研发的 18 号道岔尖轨跟端采用斜接,与岔跟尖轨拼接,42 号道岔采用双肢弹性可弯结构。

(2)可动心轨辙叉部分(图 11-23)

国内自主研发及法国技术的心轨均采用 60D40 钢轨组合的结构,具有制造简单、实现容易的特点,缺点是工电结合部的设计较为困难,整体性较差。但国内有多年的使用经验,技术相对成熟。

国内自主研发高速道岔取消了心轨前端的转换凸缘,采用机加工的方式进行制造。见图 11-24。

图 11-23　可动心轨辙叉

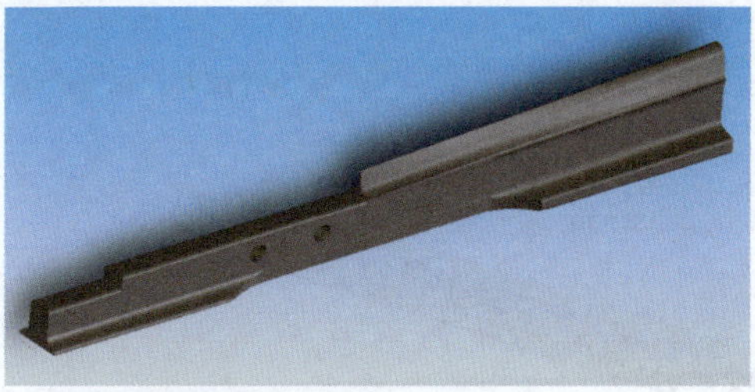

图 11-24　国内自主研发心轨

对于国内自主研发和法国技术的时速 350 km 道岔，心轨前端采用水平藏尖结构，见图 11-23。为此心轨与时速 250 km 的高速道岔有所不同。心轨采用水平藏尖结构，道岔铺设时需保证心轨尖端至翼轨前端的距离。

①翼轨(图 11-25)

②长心轨(图 11-26)

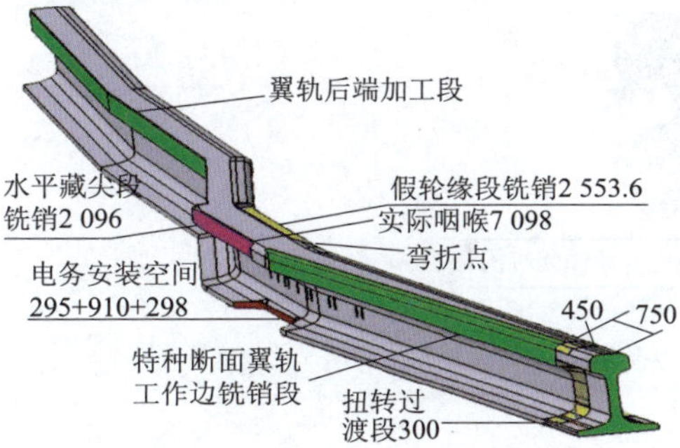

图 11-25　翼轨

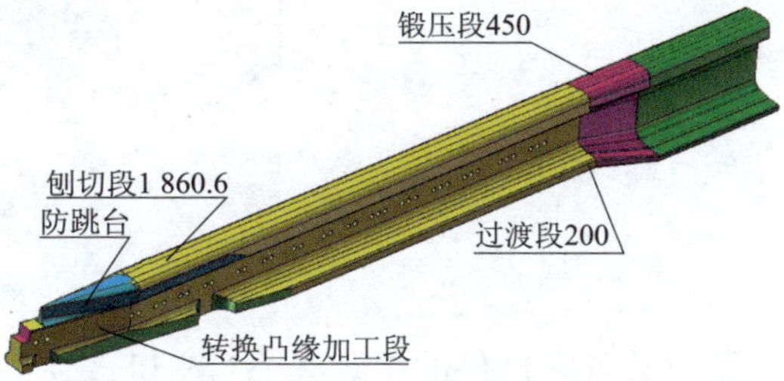

图 11-26　长心轨

③短心轨(图 11-27)

④叉跟尖轨(图 11-28)

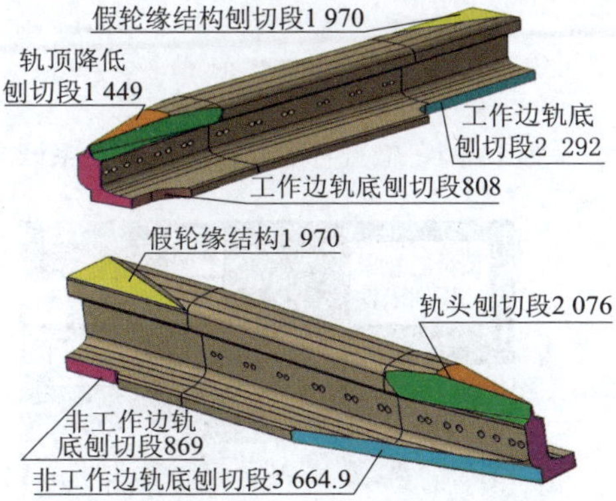

图 11-27　短心轨

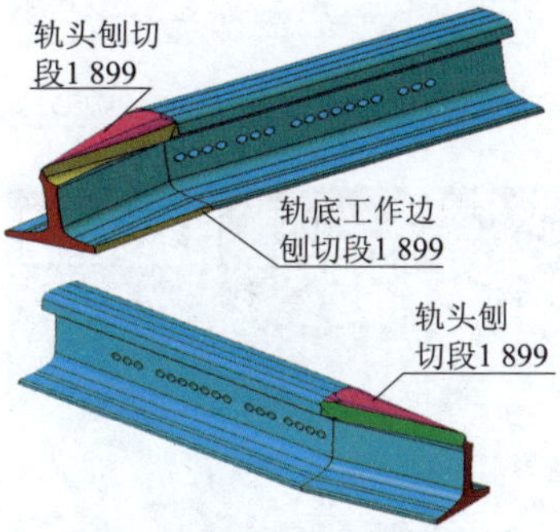

图 11-28　叉跟尖轨

⑤护轨(图 11-29)

⑥辙叉各轨件的位置关系(图 11-30)

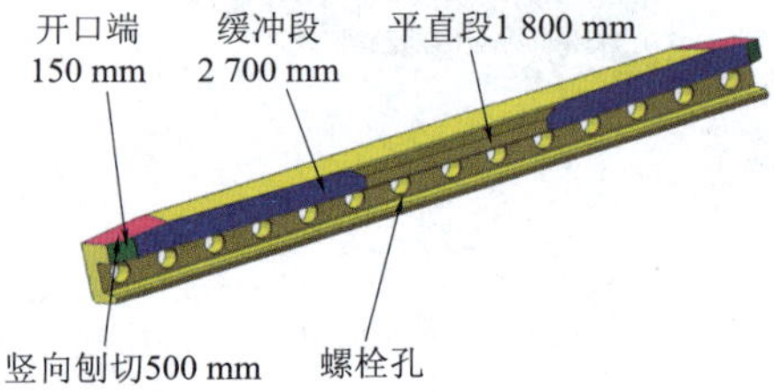

图 11-29　护轨

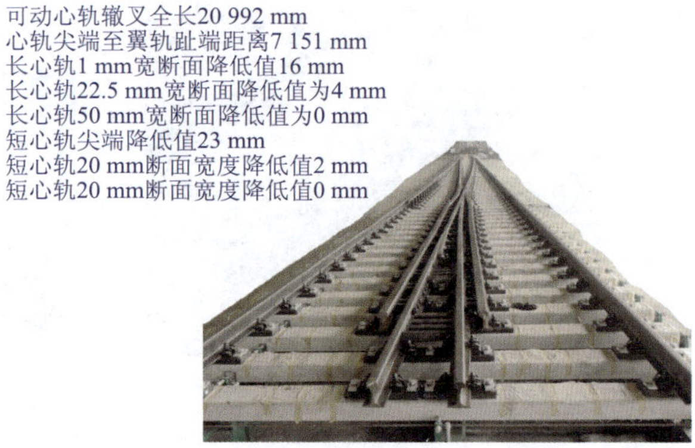

图 11-30　辙叉各轨件的位置关系

⑦辙叉的转换装置(图 11-31)

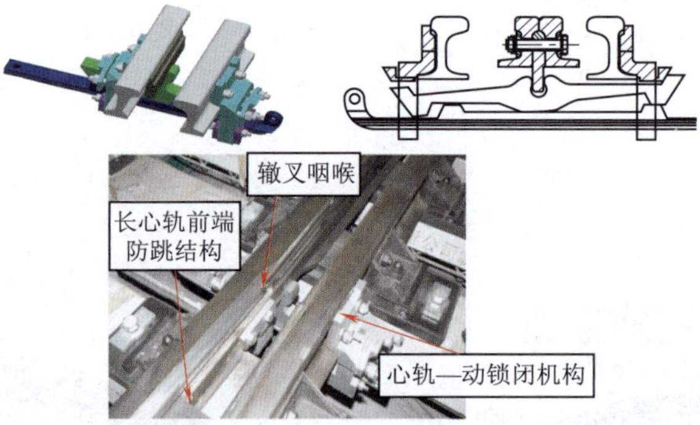

图 11-31　辙叉的转换装置

⑧辙叉各零部件的组装关系(图 11-32)

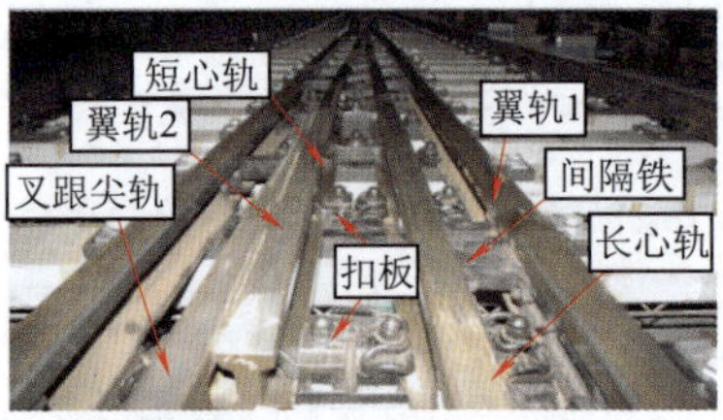

图 11-32　辙叉各零部件的组装关系(1/4)

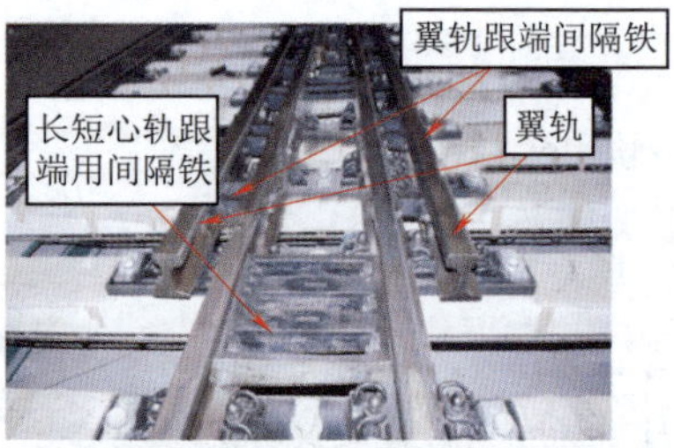

图 11-32　辙叉各零部件的组装关系(2/4)

图 11-32　辙叉各零部件的组装关系(3/4)

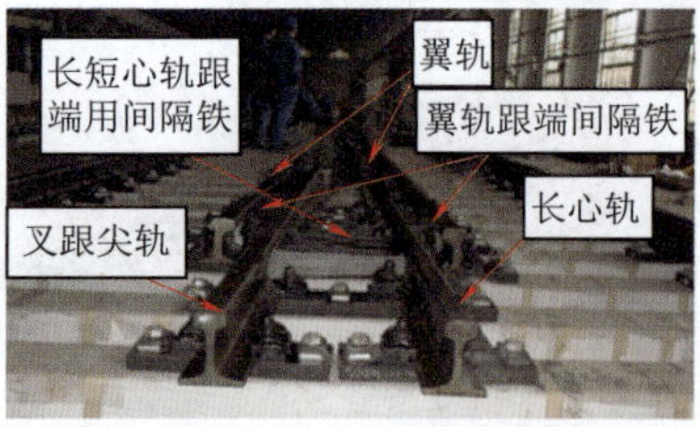

图 11-32　辙叉各零部件的组装关系(4/4)

3. 特殊零部件

(1)滑床板(图 11-33)

（2）辊轮与辊轮滑床板（图 11-34）

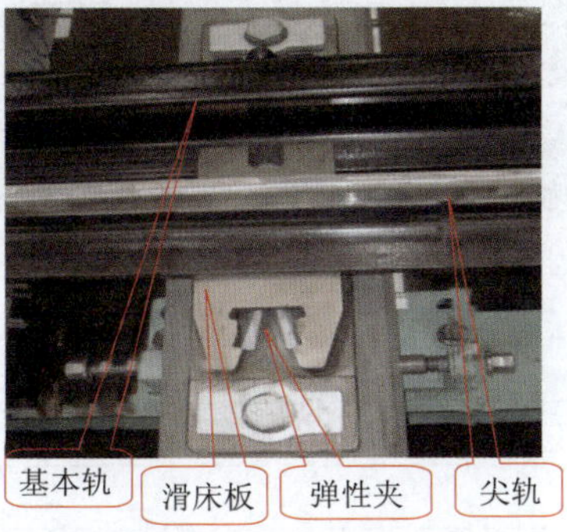

图 11-33　滑床板

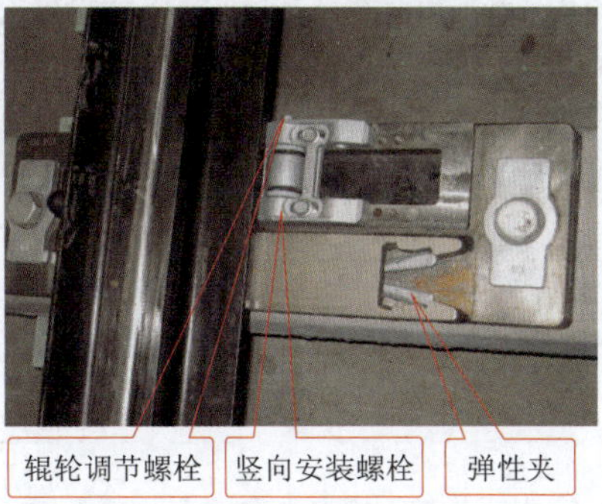

图 11-34　辊轮与辊轮滑床板

（3）施维格弹性夹（图 11-35～图 11-37）

4. 岔枕

（1）无砟 18 号岔枕

①无砟岔枕其特征为底部有钢筋桁架，转辙机安装岔枕分左、右开。

②岔枕最短 2.34 m、最长 4.63 m，共计 23 种。

③序号 4、5、12、13、21、22、92、93、98、99 岔枕两端各有 3 个 M24 螺栓孔安装转辙机托架；序号 8、16 岔枕中部有 4 个 M24 螺栓孔安装密贴检查器。

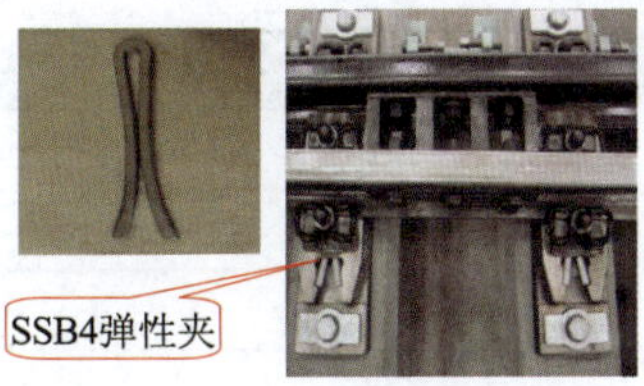

图 11-35　SSB4（大号）用于尖轨跟端

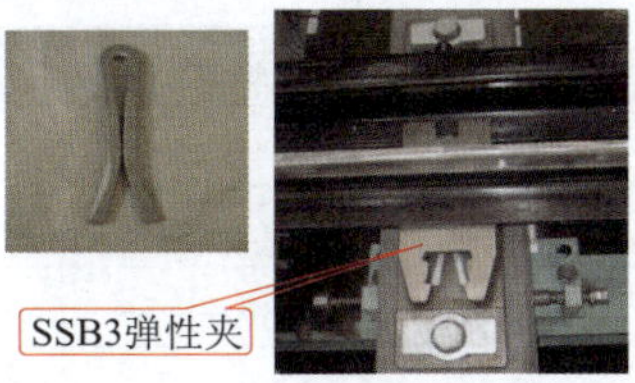

图 11-36　SSB3（中号）用于滑床板

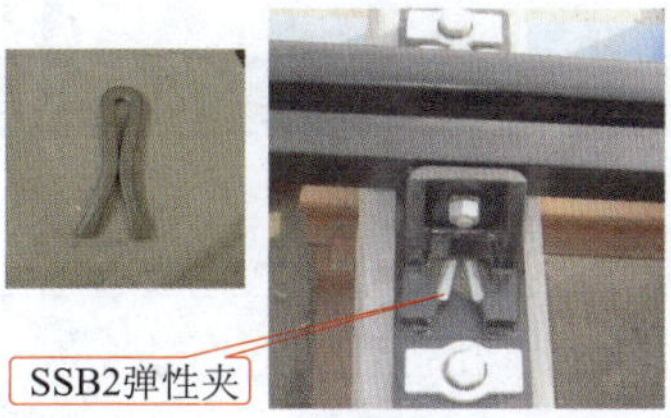

图 11-37　SSB2（小号）用于护轨垫板

（2）无砟 42 号道岔混凝土岔枕最短 2.34 m、最长 4.65 m，共计 27 种。

5. 转换锁闭设备（表 11-4、表 11-5）

客运专线道岔转换设备主要包括转辙机、外锁闭装置、密贴检查器、安装装置等。

表 11-4　时速 350 km 18 号道岔转换设备主要参数

350-18	尖轨牵引点数	3
	尖轨密检器数	2
	心轨牵引点数	2
位置	尖轨开口（mm）	转辙机动程（mm）
尖轨一动	160	220
尖轨二动	118	220（170）*
尖轨三动	71	150（150）*
心轨一动	119	220
心轨二动	59	150（150）*

* 注：如果使用电液转辙机主辅机方式，则尖轨二动、尖轨三动、心轨二动采用转换锁闭器，动程为 170 mm、150 mm、150 mm。

表 11-5 时速 350 km 42 号道岔转换设备主要参数

350-42	尖轨牵引点数	6
	尖轨密检器数	4
	心轨牵引点数	3
位置	尖轨开口(mm)	转辙机动程(mm)
尖轨一动	160	220
尖轨二动	136	190
尖轨三动	111	165
尖轨四动	87	140
尖轨五动	62	120
尖轨六动	33	120
心轨一动	113	220
心轨二动	79	220
心轨三动	36	150

6. 60 kg/m-62 号道岔

长春西站铺设了 2 组 60 kg/m-62 号道岔，该道岔是目前世界最大号码的无砟道岔。

(1)道岔结构型式及技术参数(表 11-6)

表 11-6 60 kg/m-62 号道岔结构型式及技术参数

序号	项目	单位	P60 kg/m-62
1	全长	m	201
2	岔前	m	70. 783 7
3	岔后	m	130. 216 3
4	岔后无轨地带	m	37. 2
5	道岔角度	度 分 秒	55′26. 56″
6	线型特征	(mm)	圆曲线(8 200 717. 5)+缓和曲线(∞)
7	道岔的尖轨长度	m	54. 440
8	道岔的基本轨长度	m	56. 392
9	可动心轨辙叉长度	m	38. 992
10	最长配轨长度	m	49. 192
11	基一尖轨重量	t	12
12	可动心轨辙叉重量	t	16
13	49. 192 m 导轨重量	t	3
14	47. 992 m 导轨重量	t	2. 9
15	47. 392 m 导轨重量	t	2. 85
16	47. 376 m 导轨重量	t	2. 85
17	39. 600 m 导轨重量	t	2. 4
18	39. 593 m 导轨重量	t	2. 4
19	17. 992 m 导轨重量	t	1. 08
20	尖轨牵引点数量	个	8
21	心轨牵引点数量	个	4

续上表

序号	项目	单位	P60 kg/m-62
22	轨枕数量	根	434
23	最长岔枕长度	m	4.7
24	直向通过速度	km/h	350
25	侧向通过速度	km/h	220

(2)主要技术标准

①结构组成

路基地段道岔区轨枕埋入式轨道结构组成为:钢轨、扣件系统、岔枕、钢筋混凝土道床板和钢筋混凝土底座,设计轨道结构高度为 860 mm。

②道床板

道床板采用强度为 C40 纤维素钢筋混凝土结构,道床板内上、中、下层非接地纵向钢筋与横向钢筋、岔枕桁架钢筋交点处及纵向钢筋搭接处均绝缘;岔枕地段直向中心线部位道床厚度为 330 mm,岔区道床板轨道结构高度为 590 mm。道床分单元设置,单开道岔各单元道床板从道床内侧线向线路外侧设置 0.5%的横向排水坡,其中客专正线从道床内边缘直股端向道床外边缘侧股端横向排水,联络线从道床内边缘侧股端向道床外边缘直股端横向排水。岔区道床板分单元之间设置横向伸缩缝,伸缩缝宽 20 mm,下部用聚乙烯泡沫板填充,上部 35 mm 用聚氨酯密封胶封面。

③岔后双块式无砟轨道结构设计

轨道结构:岔后及道岔间双块式无砟轨道主要由钢轨、WJ-8 型扣件、双块式轨枕、道床板、底座组成,轨道结构高度为 860 mm。

钢轨:钢轨采用 60 kg/m、U71Mn(k)、100 m 定尺长无螺栓孔新钢轨。

扣配件:采用 WJ-8B 型扣件,配 W1 型弹条及橡胶垫板,扣件质量应符合《WJ-8B 型扣件暂行技术条件》的要求。

轨枕:采用双块式轨枕,轨枕中心间距控制在 600～650 mm 之间,施工时可根据连接段实际长度适当调整,轨枕间距调整原则为:最小轨枕间距≥550 mm,最大轨枕间距≤650 mm,且相邻轨枕间距差不得大于 50 mm。

(三)道岔常见病害

1. 转辙部分

(1)尖轨与基本轨在竖切部分不密贴;

(2)基本轨横移;

(3)尖轨轧伤和基本轨非正常磨耗。

2. 连接部位

(1)道岔导曲线部分

道岔导曲线部分半径小,一般没有设置超高,列车通过时产生离心力,对导曲上股产生横向挤推力,造成轨距扩大、曲线方向不良、上股钢轨磨耗加重、反超高等病害,致使连接部分易产生空吊、低接头等病害。

(2)辙叉部分常见病害

①辙叉下沉;

②辙叉左右横移方向不良，心轨磨耗不均匀；

③轨距变化大，查照间隔和护背距离不能保持。

3. 道岔水平、高低不良

造成道岔水平、高低不良的因素主要有：直曲股列车行车密度不同，造成岔枕单侧机械磨损不一致；长岔枕中部低洼，造成导曲股反超高，直内股水平低，辙叉心沉落；钢轨接头的错开铺设，造成水平高低不良；养护不到位，道床脏污，排水不良。

（四）道岔病害对行车的危害

由于道岔在固定行车设备中属于需经常转换的部件，其病害很容易造成轨距发生变化，增加列车通过道岔时加剧横向摆动甚至造成爬轨脱轨事故。

五、曲线超高设置

1. 超高设置原则

(1)全高速的客运专线无砟轨道曲线超高应满足旅客舒适度的要求。

(2)高速列车覆盖普速线路，低速列车不上高速线路。

(3)高中速共线的客运专线无砟轨道曲线超高应满足旅客舒适度的要求。

(4)初期兼顾货运的客运专线宜优先满足旅客舒适度要求，同时兼顾货运列车对钢轨磨耗的影响。

(5)短期兼顾客运提速、随后又保持正常客运速度的城际轨道交通客运专线，应按正常设计速度目标值设置超高，以满足长期运营时旅客舒适度要求。短期内客运提速时，应在保证行车安全条件下尽量照顾舒适条件。

2. 曲线超高设置基本原理

(1)安全条件：列车在曲线上停车或低速通过曲线时，在外轨超高和侧向风力的共同作用下，应保证车辆不致向内侧倾覆。列车高速通过曲线时，在内侧风力、离心力和外轨超高的共同作用下，应保证车辆不致向外侧倾覆。

(2)舒适条件：当列车以高于或低于超高设置速度（即均衡速度）的速度通过曲线时，将产生未被平衡超高（即欠超高或者过超高）。未被平衡超高过大会使旅客感觉不适，故需限制未被平衡超高在一定允许值以内，以确保旅客乘坐舒适度要求。

(3)养路条件：从养路条件考虑，对有砟轨道而言，若超高过大，势必增大道床外侧道砟厚度，边坡变陡，砟肩道砟就不易保持完好，将会增大道床边坡作业量，因此超高也不宜过大。但就无砟轨道而言却无此问题，只要扣件的扣压力和纵横向阻力满足一定的要求便可。

3. 欠超高

(1)当列车以高于按均衡速度设置超高的曲线，即 $v>v_m$ 时，将会产生未被平衡的离心加速度，即欠超高。欠超高过大对列车通过曲线的安全性、舒适性和轨道横向稳定性都会带来影响，故应对欠超高加以限制。

(2)修建新线时，若为客运专线，为更好地满足旅客旅行的舒适要求，未被平衡横向加速度 α 可采用较高标准，即较小的 α 值。若为客货混运线路，可用较大的 α 值。

(3)既有线提速改造时，为充分发挥既有设备的效能，减少改建工程，可用较大的 α 值，即标准低些。在既有线改造中，对速度 $v\leqslant 200$ km/h 的线路，法国和德国用到 $\alpha=0.85$ m/s^2

($h_q=130$ mm)，通过实践认为，还不至于对行车造成妨碍。

(4)因未被平衡横向加速度与车辆重心高度有关，故重心较低的车辆可采用较大的 α 值。客运专线铁路由于采用同一类型车辆又固定编组的运输模式，故可采用较小 α 值，以提高列车运行的平稳性和旅客的舒适性。

4. 过超高

(1)过超高的危害

当列车以低于均衡速度的速度通过曲线，即 $v<v_m$ 时，将会产生过超高现象。

以往认为，过超高会使内轨因增载而产生压溃、飞边和磨耗。而在实际上，不仅是内轨磨耗严重，外轨也要磨耗。这是因为，当出现过超高时，轮对靠向内轨，车轮在内轨上的滚动圆半径大，而在外轨上的滚动圆半径小，车轮转动一周在外轨上前进的距离短，同时由于在曲线上外轨比内轨长，这样就必然产生滑动。又因内轨轮缘紧贴内轨轨头，有一定的摩擦阻力，而使外轮踏面在外轨上大量向前滑动，使外轨磨耗严重。同时，内轨轮缘紧压内轨，仍可能会有少量滑动，转动加滑动要切割内轨轨头，内轨磨耗也较剧烈。显然，若过超高越大，这种现象就越严重，内外轨磨耗就越厉害。

(2)过超高允许值

一般原则：对客货共线轨道过超高的规定远小于欠超高允许值，主要是考虑货物列车比客运列车不仅轴重大，轴数也多，会加剧对钢轨的损伤和轨道的破坏。故需严格限值过超高值。

对高中速共线的客运专线轨道，动车组车辆性能远优于货车性能，并且速度相差不大，故可放宽对过超高的规定。

对全高速客运专线而言，参考铁科院对小半径($R=1\ 000$ m、800 m)曲线过超高为 90 mm 时，所测列车脱轨系数、轮重减载率和轮对横向力等安全参数均小于有关规定，列车运行安全性和轨道横向稳定性是有充分保证的。故可认为过超高与欠超高对旅客乘坐舒适度的影响是同等的。

5. 最大超高允许值

我国客运专线无砟轨道：

“设规”规定 $h_{max}=170$ mm；

“通知”规定 $h_{max}=175$ mm；

“维规”规定 $h_{max}=180$ mm。

六、精测网设置、维护及应用

(一)高速铁路精测网设置标准

高速铁路工程测量平面控制网按分级布网的原则分四级布设，第一级为框架控制网，简称为 CP0 控制网，是高速铁路工程勘测、施工和运营维护平面控制测量的坐标基准，是采用卫星定位测量方法建立的三维控制网；第二级为基础平面控制网，简称为 CPⅠ控制网，主要是线路平面控制网(CPⅡ)测量平面坐标起闭的基准，是采用卫星定位测量方法建立的二维平面控制网；第三级为线路平面控制网，简称 CPⅡ控制网，是线路勘测和线下工程施工阶段的平面控制网，也是轨道控制网(CPⅢ)测量平面坐标起闭的基准，一般情况下 CPⅡ要求采用卫星定位测量的方法测量，但在隧道洞内却只能采用导线环网的方法测量；第四级为轨道控制网，简称 CPⅢ控制网，是轨道施工和运营维护的平面坐标和高程基准，其平面测量采用智能型全站仪以自由测站边角交会网的方法进行，其高程测量采用电子水准仪以水准测量的方法进行，一般要求在线下工程施工完成后进行施测。

(二)精密控制网的应用

1. 平面控制网测量与设定

(1)轨道控制网平面控制测量应采用自由设站后方交会法进行,控制网的主要技术指标应满足表 11-7 的要求。

表 11-7 CPⅢ平面网的主要技术指标

控制网级别	测量方法	方向观测中误差	距离测量的中误差	可重复性测量精度	相对点位精度
CPⅢ	自由测站边角交会	±1.8″	±1.0 mm	±1.5 mm	±1 mm

注:可重复性测量精度指:控制点两次测量,其 X、Y 方向坐标差的中误差。相对点位精度指的是相邻两点间相对点位误差椭圆长短轴平方和的开根号值。

(2)轨道控制网可选择以下三种方式之一与基础控制网或线路控制网每 800 m 左右联测一次。联测精度不低于四等导线精度要求。

①在 CPⅡ和距 CPⅡ最近的 CPⅢ之间用导线方式联测。

②在 CPⅡ与 CPⅢ之间通过 GPS 方式联测。

③在 CPⅡ和距 CPⅡ最近的 CPⅢ之间通过自由设站方式联测。

(3)轨道控制网平面控制测量宜使用自动跟踪、自动测量和自动记录的全战仪及专用球棱镜进行。

2. 高程控制网测量与设定

轨道控制网高程控制测量的主要精度指标应满足表 11-8 的要求。

表 11-8 CPⅢ高程网的主要技术指标

控制网级别	测量方法	测量精度等级	M_Δ	M_W	可重复性测量精度
CPⅢ	水准测量	精密水准	±2 mm	±4 mm	±1.5 mm

注:M_Δ 为根据水准测段往返测高差较差计算的每千米水准测量的高差偶然中误差。M_W 为根据闭合环闭合差计算的每千米水准测量的高差全中误差。可重复性测量精度指的是控制点两次测量,其高程差的中误差。

七、线路标记

(一)线路标记内容

线路标记包括公里标、半公里标、百米标、曲线标、竖曲线标、坡度标、涵洞标、轨道板标、道岔区轨枕标、位移观测标、无缝线路锁定轨温标记、道岔标记。

(二)线路标记印刷要求

标记一律采用红底白字。在钢轨上印刷的,字号采用高度为 40 mm,宽度为 30 mm。有防撞墙的在防撞墙外侧对应位置上喷涂文字说明。

1. 公里标、半公里标、百米标

公里标、半公里标、百米标的确切位置在行车方向左侧钢轨外侧轨腰上用"↓"标识,并在"↓"右侧印刷数值,如"K100"、"+500"、"+600"等,字体纵向排列。防撞墙上标记字号采用高度为 120 mm,宽度为 80 mm。

2. 曲线标、竖曲线标

(1)曲线标(直缓点、缓圆点、曲中点、圆缓点、缓直点)、竖曲线标(竖曲起点、竖曲中点、竖曲终点)的确切位置在行车方向左侧钢轨外侧轨腰上用"↓"标识,同时在"↓"右侧印刷具体里程数值，如曲线直缓点“ZH K100＋258.320”、曲中点“QZ K100＋520.430”；竖曲线直圆点“SZY K100＋345.780”、曲中点“SQZ K100＋350.450”，字体竖向排列。防撞墙的上字号采用高度为 60 mm，宽度为 42 mm。曲线标示见图 11-38。

(2)在曲线头、尾的轨腰内侧，印刷曲线要素，各要素间隔 1 个字符。

(3)曲线正矢点以 5 m 一点设置。正矢点在钢轨内侧用“＋”标记，在曲线上股钢轨内侧轨腰上顺序印刷曲线正矢点号、正矢和超高值。缓和曲线需印刷正矢点号、正矢和超高值；圆曲线在 HY 或 YH 点标注正矢点号、正矢和超高值，其他仅标注正矢点号。

图 11-38　曲线标示

3. 坡度标

坡度标的确切位置在行车方向左侧钢轨外侧轨腰上用“↓”标识，同时在“↓”右侧印刷数值，如“PD K100＋650”。字体竖向排列，有防撞墙的在防撞墙外侧对应位置上喷涂文字说明。字号采用高度为 60 mm，宽度为 42 mm。

4. 涵洞标

涵洞的中心位置在行车方向左侧钢轨外侧轨腰上用“↓”标识，同时印刷数值（有防撞墙的在防撞墙外侧对应位置印刷数值），如“涵 K100＋534.435”，字体竖向排列。防撞墙上的字体采用高度为 60 mm，宽度为 42 mm。

5. 轨道板标

以每公里起点开始编号，依次以“1、2、3、4…”表示，标注在增里程方向每块轨道板板面的右后方，字体顺列车运行方向印刷。字号采用高度为 60 mm，宽度为 40 mm。

6. 道岔区轨枕标

道岔岔枕按道岔铺设图的岔枕编号，每 10 根岔枕进行标注，依次以“10、20、30…”进行编号，标注在增里程方向岔枕近枕端的枕面上，字体顺列车运行方向印刷，字号采用高度为 60 mm，宽度为 40 mm。

7. 位移观测标

(1)位移观测标的布置

线路上每个单元轨节设置 5 对位移观测标。当单元轨节≤1 200 m 时，单元轨节始终点各设置一对、始终点 100 m 左右设一对、中间设一对；当单元轨节＞1 200 m 时，单元轨节始终点各设置一对、中间设一对、轨节中间前后 500 m 各设一对。

每组道岔上设置 5 对位移观测标，分别设置在基本轨接头、限位器、岔跟和道岔前后各 50 m。两组道岔之间距离大于 50 m 时应在中间设位移观测标，小于 50 m 时可不设观测标。长度大于 3 km 的隧道口，长度大于 500 m 的桥梁两端，单跨跨度大于 100 m 的连续梁、连续刚构、提篮拱或系杆拱两端 100～150 m 处应增设位移观测标。

(2)位移观测标的标识

在每单元轨节和每组道岔对应的位移观测标位置的钢轨外侧轨脚与轨下铁垫板外边缘处设零点（标尺中间设零点，标尺采用铝合金材料制成，表面涂反光油漆，尺寸为 20×100 mm，厚度为 0.5 mm，最小刻度为 1 mm)，贴上观测标尺，同时在观测标尺的“0”刻度对应垂直面轨道板上用红白相间油漆标识。

(3)位移观测标的编号

观测标编号标注在标尺前方外侧轨腰上,如“1#、3#”,采用红底白字。字号采用高度为40 mm,宽度为30 mm。

(4)位移观测桩的设置

线路位移观测桩标记设置在最近的接触网支柱上。道岔位移观测桩需埋设 ϕ30 圆钢,顶部中心钻 ϕ 孔、深3 mm,圆钢顶部距路肩顶面150 mm,圆钢打入地下1.2 m,内侧距线路中心3.1 m。

8. 无缝线路锁定轨温标记(图11-39)

在每单元轨节起终点钢轨内侧轨腰上标注无缝线路长轨条编号、锁定轨温,利用接触网支柱作为观测桩。观测桩上的观测点,用红色等边三角形(边长15 mm),箭头指向观测点。观测桩上在对应观测点位置要标明无缝线路资料,包括单元轨节-轨条-桩号(如:1-2-2表示第一单元轨节第二轨条第二观测桩)、观测桩所在里程、ts左、ts右等资料。无缝线路单元轨条两端(左右股)要标明无缝线路的基本资料,包括公里位置、单元轨节编号、轨条编号、每一股的锁定轨温(ts左、ts右)、铺设日期等。

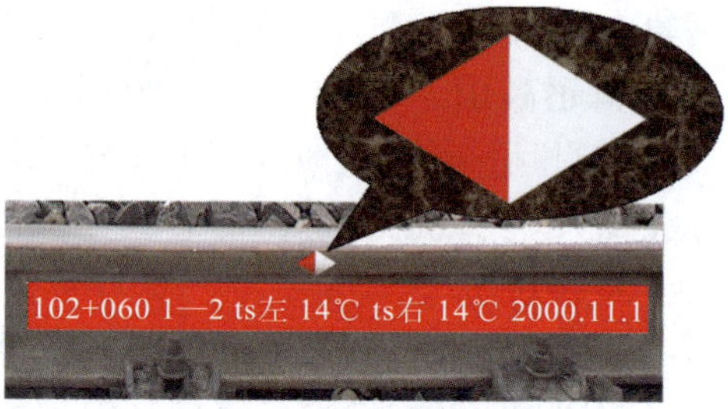

图11-39 锁定轨温标记

采用红底白字。字号采用高度为40 mm,宽度为30 mm。

9. 道岔标记

道岔标记主要包括道岔支距、道岔框架尺寸、轨距加宽值,标注在对应位置上,每组道岔的直基本轨钢轨内侧轨腰上标注道岔编号和道岔类型。如“6# P60-1/18”。字号采用高度为40 mm,宽度为30 mm。

第四节 行车组织和调度指挥系统

一、CTC分散自律调度集中系统概述

包含了行车调度指挥的所有功能,列车运行监视、车次号自动跟踪、到发点自动采集、实际运行图自动生成、日班(阶段)计划的自动调整、调度命令的网络下达、车站行车日志自动生成等,在此基础上进一步实现了车站信号设备的集中控制、列车进路的按图排路。

二、CTC分散自律调度集中系统结构技术特点

1. 分散自律调度集中系统(FZk-CTC),综合了计算机、网络通信和现代控制技术,采用智能化分散自律设计原则,以列车运行调整计划控制为中心的高度自动化调度指挥系统。既是新型的行车指挥和信号控制设备,同时也是一种新的高效的运输组织管理模式。

2. 系统关键单元1+1防护,故障情况下无需人工干预热备切换。

3. 分散自律功能配置,在中央故障时仍可完成大部分自动控制功能。

4. 符合人机工程原理的标准化图形用户界面。

5. 完善的故障诊断功能,减少系统维护时间。

6. 与各种微机联锁、ATP、ATO和车地通信系统的无缝集成。

7. 基于UNIX、关系型数据库和面向对象技术的高可靠性设计保证系统运行的稳定可靠。

8. 全系统的时钟同步。

9. 传输系统采用数字传输通道，提供标准的接口。

10. 系统全面实现结构标准化、接口标准化、采样方法标准化、工程图纸标准化等，方便用户自行改造和扩容。严格遵循统一的接口规范、通信协议和数据格式。

11. 系统采用双网结构设计，设备之间通过网络设备快速交换信息。网络中任一处设备（如：网卡、集线器和网线）故障，系统仍能够正常工作，有效提高了系统长期工作的可靠性。

12. 系统关键设备（如CAD主机、通信机、自律分机等）采用双机热备，关键数据进行了异地防灾备份。

13. 严密的网络安全系统（防火墙系统、入侵检测系统、防病毒系统等），能阻止病毒的入侵和恶意攻击，并进行实时监测，保障系统的信息安全。

14. 集中分布式的广域网结构设计，方便系统扩展。

15. 系统充分考虑了与客运专线其他系统、既有线系统的集成，便于今后系统需求变化调整后与其他外部系统的接口。

16. 系统完全模块化设计，不论是调度中心子系统，还是车站子系统都具有很好的可扩展性；可通过增加系统模块，对系统功能进行扩展。

三、CTC系统的控制模式

1. 分散自律控制的基本模式，用列车运行调整计划自动控制列车运行进路，同时在分散自律条件下调度中心具备人工办理列车、调车进路，车站具备人工办理调车进路的功能。

2. 非常站控模式，指当调度集中设备故障、发生危及行车安全的情况或设备天窗维修、施工需要时，脱离系统控制转为车站传统人工控制的模式。

四、CTC系统主要功能

1. 行车信息实时显示功能。
2. 车站实时信息站间透明显示功能。
3. 列车车次号生成功能。
4. 列车无线车次号校核功能。
5. 实时自动跟踪列车运行功能。
6. 列车运行自动报点。
7. 调度命令管理与下达。
8. 无线调度命令自动下达指定车站和机车的功能。
9. 临时限速命令自动下达功能。
10. 自动描绘列车实际运行图功能。
11. 自动早正晚点统计功能。
12. 阶段计划编制、调整和下达。
13. 甩挂计划下达。
14. 按列车阶段计划，自动办理列车进路并自动信号开放功能。
15. 根据供电状态自动卡控电力机车运行进路功能。
16. 动车组进路和高站台的信息提示功能。

17. 自动控制调车进路及开放调车信号功能。
18. 监控轨道电路分路不良功能。
19. 设备运行状态、网络状态监督功能。
20. 与相邻系统及其他系统信息交换。

五、CTC 系统分散自律的概述

1. CTC 系统分散，是指由调度中心控制车站作业改变为由车站独立控制各自的列车和调车作业。

2. CTC 系统自律，是指系统按照《技规》、《行规》、《调规》和《站细》等自动协调列车调车作业矛盾，控制进路。

六、CTC 系统指挥列车作业项目

1. 接收日班计划。
2. 阶段计划、人工自动调整。
3. 列车进路人工、自动办理。
4. 列车运行监视、车次追踪。
5. 自动采点，实际运行图自动生成。

七、CTC 系统指挥调车作业项目

1. 调车计划。
2. 调车进路人工、自动办理。
3. 勾参考时分人工、自动处理。
4. 调车作业通知单无线传送。

八、CTC 系统发布调度命令项目

1. 机车调度命令。
2. 车站调度命令。
3. 临时限速调度命令。
4. 行车凭证。
5. 接车进路预告信息。

九、CTC 系统指挥施工维护项目

1. 施工计划。
2. 封锁、临时限速。
3. 要点联系。

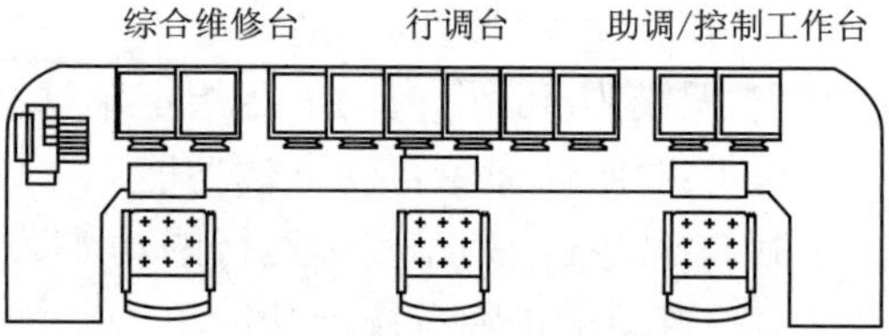

调度所调度台设备平面布置示意图

图 11-40 调度员工作站

十、CTC 系统中心调度台结构组成

1. 调度员工作站(图 11-40)。
2. 助理调度员/控制工作站。
3. 综合维修工作站。

4. 值班主任工作站。

十一、CTC系统中心调度台调度员工作站作用

调度员工作站采用双机工作方式，配置为高性能工作站，主要实现监控管辖区段范围内列车运行位置、指挥列车运行的功能（人工编制和调整列车运行计划、调度命令的下达、与相邻区段调度员工作站交换信息）。如：站场显示、运行图管理（调整与浏览）、调度命令管理、站存车及列车编组信息显示等。

十二、CTC系统中心调度台助理调度员/控制工作站作用

1. 助理调度员/控制工作站工作站采用配置为高性能工作站，主要用来实现无人车站的调车作业计划的编制、调整和指挥、人工进路操作控制、非常处理等功能。

2. 可以监视车站站场显示、列车计划、调车计划和实际运行图，并可实现调车作业计划的人工编制和调整。如：站场显示、运行图浏览、调度命令查询、站存车及列车编组信息管理、进路操作显示及调车计划编制、浏览及提交确认等。同时，实现调度中心人工进路操作控制、闭塞办理、设备非常处理的功能。

十三、CTC系统中心调度台综合维修工作站作用

综合维修工作站采用配置为高性能工作站，主要用于设备日常维护、天窗修、施工以及故障处理方面的登销记手续办理，并具有设置临时限速，区间、股道封锁等功能。如：站场显示、运行图浏览、调度命令查询、所有行车设备的现场维修调度指挥等。

十四、CTC系统中心调度台值班主任工作站作用

中心调度台值班主任工作站，主要实现行车信息显示、下达调度命令、查询列车运行调整计划和实际列车运行图的功能。如：站场显示、运行图浏览、调度命令管理（下达前确认或直接编制下达）等。

十五、CTC系统与其他系统接口

1. 与联锁系统接口。
2. 与车站列控中心接口。
3. 与无线闭塞中心RBC接口。
4. 与TSR服务器的接口。
5. 与既有TDCS/CTC系统接口。
6. 与中国铁路总公司调度中心的接口。
7. 与牵引供电及电力调度系统的接口。
8. 与动车组调度系统的接口。
9. 与旅客服务系统的接口。
10. 与集中监测系统的接口。
11. 与防灾安全监控系统的接口。
12. 与异地备份中心的接口。
13. 与GSM-R系统的接口。

十六、CTC 系统与联锁系统接口作用

车站联锁通过控显机接入 CTC 车站局域网，具体连接见图 11-41。车站联锁与 CTC 车站自律机交互站场表示信息、按钮信息、进路排列等信息。CTC 车站交换机为联锁控显机预留接口。

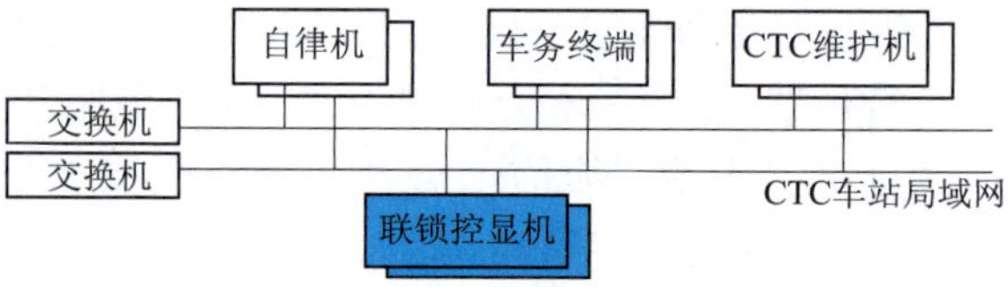

图 11-41　CTC 系统与联锁系统连接

十七、CTC 系统与车站列控中心接口作用

车站自律机和车站列控系统使用光电隔离器进行电气隔离，保证二者电气上的独立性。车站自律机和车站列控系统采用带交叉的四线连接，保证通信的可用性。

十八、CTC 系统与无线闭塞中心 RBC 接口作用

1. CTC 系统在调度中心通过“RBC 接口服务器”和 RBC 系统通信。

2. 接口信息，由 CTC 发送到 RBC 的信息：

(1)建立连接信息，CTC 向 RBC 请求建立连接。

(2)连接检查信息，CTC 向 RBC 发送的心跳信息，同时报告 RBC 接口服务器状态。

(3)关闭连接，CTC 向 RBC 请求关闭连接。

(4)紧急停车控制命令。

(5)时钟同步信息。

(6)文本信息。

3. 由 RBC 发送到 CTC 的信息：

(1)列车位置、车次号等列车状态信息。

(2)速度信息、停稳信息。

(3)连接状态信息，包含 RBC 工作状态。

(4)报警信息。

(5)操作反馈信息。

十九、CTC 系统与 TSR 服务器的接口作用

调度中心设置 TSR 接口服务器与 TSR 服务器连接。如图 11-42 所示。临时限速在调度台拟定，通过 CTC-TSR 接口服务器发送给 TSR 服务器保存，并由 TSR 服务器下达给 RBC 和列控中心。

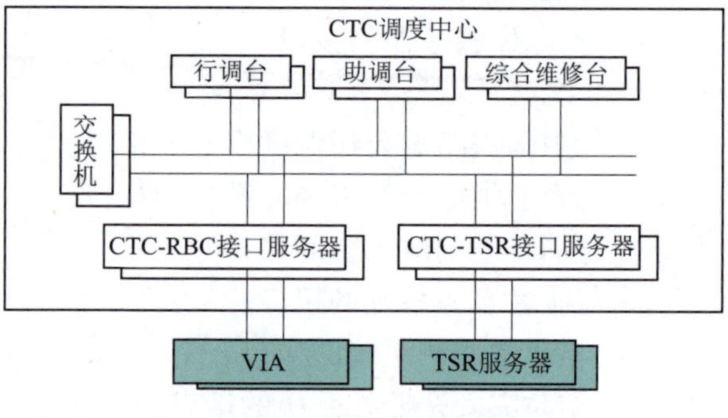

图 11-42　CTC 系统与 TSR 服务器连接

二十、CTC 系统与集中监测系统的接口作用

CTC 系统与集中监测系统的接口设置在各 CTC 车站，接口形式为以太网通信。CTC 车站通过 CTC 维护机接入集中监测车站局域网，交互 CTC 设备状态信息和报警信息等。

二十一、CTC 系统与 GSM-R 系统的接口作用

1. GSM-R 作为无线综合通信平台，CTC 系统可通过 GSM-R 实现进路自动预告、无线调度命令传输（含行车凭证）、无线调车作业单传输、无线调车机车信号和监控、无线车次校核、列车停稳以及列车完整性报警等功能。

2. GSM-R 应用环境下，机车和调度集中系统之间通过基于 UDP 的点到点连接通信，机车将采用固定的 IP 地址，并在蜂窝技术支持下自动保持移动的不中断连接。

3. GSM-R 系统与调度集中系统只在调度中心有接口。

第五节 高速铁路列车通信设备

一、无线通信设备概述

1. 无线通信包括话音、数据等业务，随着通信技术的发展和业务需求的不断增加，列车无线通信的内容也得到了完善与发展，并形成了列车综合无线通信平台。

2. 根据实际运用需求要求进行功能模块配置，列车综合无线通信设备（CIR）可覆盖 450 MHz调度通信系统（包括话音通信、调度命令、列尾、无线车次号等）、800 MHz列尾和 800 MHz列车安全预警及二次防护系统、GSM-R 数字移动通信系统（话音通信、数据通信）、高速数据传输等。

二、无线通信设备主要功能

1. 具有《列车无线调度系统制式及主要技术条件》中规定的机车电台功能。

2. 具有 450 MHz 机车电台自动和手动转换工作模式功能，并具有承载列车尾部风压、无线车次号、调度命令等数据信息的传输功能。

3. 具有 GSM-R 调度通信系统功能。

4. 具有 GSM-R 通用数据传输功能，可根据承载业务的需要提供 GPRS 或电路方式数据传输链路。

5. 支持《800 MHz 列尾和安全预警综合系统主要技术条件》规定中车载电台的功能。

6. 具有 GSM-R 工作模式与 450 MHz 工作模式自动切换和手动切换功能。

7. 具有向用户提供 GPS 原始信息、公用位置信息的功能。

8. 操作显示终端具有 GSM-R 调度通信、通用数据传输、应用的操作、状态显示以及语音提示的功能。

9. 主机具有信息存储和导出功能。

10. 具有人工系统复位功能（按键采用硬复位以确保任何状态下复位有效）。

11. 主、副 MMI 之间具有通话功能。

12. 具备 IEEE 802.11b 标准中规定的数据传输功能。

13. 具备《CIR 库检设备技术条件 V1.0》（草案）中规定的出入库检测功能。

三、无线通信设备组成

1. 综合无线通信设备由操作显示终端（以下简称 MMI）、主机、打印终端、扬声器（外置可选）、连接电缆、天线、射频馈线等构成。

2. MMI包括显示器、送受话器、扬声器(内置可选)、按键、电源开关、外部接口等。

3. 标准型CIR主机包括机柜(含子架)、总线板、主控单元、接口单元、电源单元、后备电源(蓄电池)单元、GPS单元、GSM-R话音单元、GSM-R数据单元、高速数据单元、记录单元、天馈单元、450 MHz机车电台单元(450 MHz调度命令单元)、800 MHz列尾和列车安全预警车载电台(简称800 MHz车载电台)单元等,各组成部分模块化,可根据功能要求进行模块配置。

4. 紧凑型CIR无高速数据单元、无800 MHz单元。

四、无线通信设备CIR主机A单元组成及功能

1. 打印终端可在MMI的控制下打印输出纸质调度命令等信息。

2. MMI实现人机信息的交互。

3. 主控单元实现对各模块单元的控制及部分数据信息的记录。

4. 接口单元连接设备内部有关单元及为数据应用业务提供接入接口。

5. 电源单元为设备提供供电电源(450 MHz机车电台单元、800 MHz车载电台单元单独供电方式)。

6. 后备电源(蓄电池)单元为外界直流供电切断后进行GSM-R功能号注销提供备用电源。

7. GPS单元为设备提供公用GPS位置信息,其中时钟信息作为设备的标准时钟。

8. GSM-R话音单元在主控单元的控制下完成GSM-R调度通信功能。

9. GSM-R数据单元在主控单元的控制下完成数据的收发(支持GPRS方式、CSD电路连接方式)。

10. 高速数据单元支持IEEE 802.11b标准中规定的通用数据传输功能。

11. 记录单元记录话音通信中的语音及调度命令、车次号等数据。

12. 450 MHz机车电台单元在主控单元的控制下完成450 MHz调度通信功能。

13. 450 MHz调度命令单元在主控单元的控制下完成450 MHz调度命令信息的传递。

14. 800 MHz车载电台实现《800 MHz列尾和列车安全预警系统主要技术条件(暂行)》规定的车载设备功能。

五、无线通信设备主要性能及技术要求

1. 工作电源:45~130 V直流供电。

2. 工耗要求:满配置时不大于200 W。

3. 平均无故障时间(MTBF):不小于600 h。

4. 环境温度:主机−25~+55 ℃。

5. MMI:−10~+55 ℃。

6. 天线:−40~+70 ℃

7. 相对湿度:95%(+30 ℃)。

8. 振动试验:10~30 Hz,0.75 mm;30~55 Hz,0.25 mm,三个方向。

9. 冲击试验:35 g。

10. 连续工作时间:24 h。

11. 安装条件:安装在车体内部(除天线外)。

六、无线通信设备操作注意事项

1. 选择“设置自动工作模式”时,MMI主界面状态栏显示“自动”。

2. 手动选择工作模式后，MMI 主界面状态栏显示“手动”。

3. 如果当前工作模式由 GPS 决定或显示车站站名，必须选择“设置自动工作模式”。

七、无线通信系统的主要功能

1. 支持 TB/T 3052—2002《列车无线调度通信系统制式及主要技术条件》规定的机车电台功能。

2. 支持 450 MHz 承载的调度命令传输功能。

3. 支持 450 MHz 承载的无线车次号传输功能。

4. 支持 450 MHz 承载的列车尾部风压传输功能。

5. 支持 GSM-R 调度通信系统功能。

6. 支持 GSM-R 通用数据传输功能，可根据承载业务的需要提供 GPRS 或电路方式数据传输链路。

7. 支持《800 MHz 列尾和列车安全预警系统主要技术条件(暂行)》规定的功能。

8. 支持 IEEE 802.11b 标准中规定的通用数据传输功能。

9. 支持 GSM-R 工作模式、450 MHz 工作模式自动切换和手动切换功能。

八、450 MHz 列车无线调度通信系统概述

无线调度通信系统包括调度总机、车站电台、机车电台、便携台以及区间设备、配套的检测设备等。可满足车站值班员、助理值班员、司机、车长、调度员之间的话音通信。

1. 调度员可对区段内所有机车进行呼叫、通话，并发布通告。调度员选站呼叫司机并通话。

2. 司机呼叫调度员并通话。

3. 车站台、机车台、便携台之间呼叫并通话，也可采用话音直接呼叫便携台。

4. 机车台、车站台和调度设备之间具有双向数据传输功能。

5. 调度员与司机间通话时应具有越区切换功能(仅 B 制式)。

6. 机车出入库自动检测功能。

九、GSM-R 调度通信系统概述

1. 系统主要由网络交换子系统、基站子系统、操作支持子系统、固定用户接入交换机 FAS、调度台、车站台、机车综合通信设备 CIR、作业手持台 OPH 及其他固定终端等构成。

2. 系统业务包括列车调度通信、货运调度通信、牵引变电调度通信、其他调度及专用通信、站场通信、应急通信、施工养护通信和道口通信等。

3. 呼叫采用功能寻址、位置寻址、ISDN、MSISDN 方式。

4. 呼叫方式有个呼、组呼、广播、紧急呼叫。呼叫级别分为 0、1、2、3、4 级。

十、GSM-R 调度通信系统选呼呼叫方式

1. 移动终端按 MSISDN 号码呼叫移动终端。

2. 移动终端按功能寻址呼叫移动终端。

3. 移动终端按 ISDN 号码寻址呼叫固定终端。

4. 移动终端按位置寻址(短号码)呼叫固定终端。

5. 固定终端按 MSISDN 号码呼叫移动终端。

6. 固定终端按功能寻址呼叫移动终端。

十一、GSM-R 调度通信系统组呼呼叫方式

1. 移动终端发起组呼。
2. 固定终端发起组呼。
3. GSM-R 广播。
4. 紧急呼叫。

十二、GSM-R 通用数据通信设备组成

1. GSM-R 调度命令无线传输系统，由 GSM-R 数字移动通信网、GSM-R 机车综合通信设备(含操作显示终端、打印终端)、GPRS 接口服务器、CTC/TDCS 等设备组成。

2. 数据传输采用 GPRS 方式，建立机车号与 IP 地址对应关系，并将车次号信息送对应 CTC/TDCS。

十三、GSM-R 通用数据通信系统发送调度命令、行车凭证功能控制

1. 调度员(车站值班员)在 CTC/TDCS 行车调度台(车站值班员终端)编辑调度命令并发送。

2. CTC/TDCS 根据调度命令中的机车号查找对应的目的 IP 地址并将调度命令发送。操作显示终端接收调度命令后，发送自动确认，同时显示调度命令并发出阅读提示音。

3. 司机进行签收。司机根据需要，可以按“打印”键打印调度命令。

4. 命令信息为多包时只在收齐一个完整命令后进行显示、发出阅读提示音。CTC/TDCS 系统接收到自动确认、签收时在调度命令发送方显示。

十四、GSM-R 通用数据通信系统发送调车请求功能控制

1. 司机根据调车通知单需要进行调车作业时，在操作显示终端上按“调车请求”键，操作显示终端则将调车请求信息按照当前目的 IP 地址发送给 CTC/TDCS 系统。

2. CTC/TDCS 系统接收到请求信息后自动发送确认信息，操作显示终端收到调车请求确认信息则在 MMI 上显示接收到的确认信息。

十五、GSM-R 通用数据通信系统传送列车接车进路预告信息功能控制

1. 列车在前方车站通过出站信号机后，本站接车进路如果排定，则 CTC/TDCS 将本站列车进路预告信息进行发送，发送的目的 IP 地址由 CTC/TDCS 按照机车号进行自动查找。

2. 列车接车或通过进路发生变更时，立即向列车发送已变更的列车接车进路预告信息。

十六、GSM-R 通用数据通信系统向辖区内所有列车发送调度命令功能控制

CTC/TDCS 需要向辖区内所有列车发送调度命令时，CTC/TDCS 对区间内所有列车按机车号查找目的 IP 地址，按数据格式要求分别打包发送。

十七、GSM-R 通用数据通信系统向在规定时间内通过某站的所有列车发送调度命令功能控制

CTC/TDCS 需要向在规定时间内通过某站的所有列车发送调度命令时，当列车离开前方站后将调度命令按数据格式要求进行打包发送。

十八、GSM-R 无线车次号传输系统功能控制

1. 系统由 GSM-R 数字移动通信网、监控数据采集处理装置、GSM-R 机车综合通信设备(CIR)、GPRS 接口服务器(GRIS)、CTC/TDCS 等设备组成。

2. 数据传输采用 GPRS 方式。在 CIR 中设定归属服务器的 IP 地址。

3. CIR 开机向归属服务器申请当前接口服务器(GRIS)IP 地址。

十九、无线通信系统 CIR 的功能控制

1. CIR 对机车数据采集编码器发送的信息进行实时分析，数据内容符合以下条件之一时则发送一次车次号信息。

(1)监控状态下，列车进入新的闭塞分区、进站、出站。

(2)非监控状态下，列车运行速度由 0 变为 5 km/h。

(3)非监控状态转为监控状态时。

(4)列车停稳时发送一次列车停稳信息，列车启动时发送一次列车启动信息。

(5)补机不发送车次号信息、列车启动和停稳信息。

2. GRIS 收到车次号信息、列车启动和停稳信息后转发给 CTC/TDCS。

(1)CIR 能与列尾主机建立和拆除唯一对应关系。

(2)CIR 提供司机查询列车尾部风压的功能。

(3)CIR 能语音提示和显示接收到的列车尾部风压数值。

(4)风压数值超过规定时间没有更新时，CIR 应进行声光报警。

(5)CIR 具有控制列尾主机排风制动的功能。

(6)CIR 能接收列尾主机发送的电池电量不足报警信息和列车管风压低于设定值时的报警信息，并进行声光报警。

二十、无线通信系统 CIR 输入并注册车次号功能号

1. 车次功能号注册后，相关人员可以通过车次功能号呼叫司机；司机呼叫相关人员时也会带上功能号，被叫方能识别呼叫者的身份。

2. 车次功能号注册后，才能发起对运转车长的呼叫。

3. 注册车次号后，地面 CTC/TDCS 系统才能通过车次号向列车传送调度命令，列车才能向地面传送车次号信息、列车启动和停稳信息，地面的列控监测系统才能监测到本次列车的 ATP 状态信息。

复习思考题

1. 客运专线信号系统主要由哪些设备构成？

2. 接触网电分相的作用及动车组列车自动过分相的控制原理是什么？

3. 高速道岔常见病害有哪些，对行车有哪些危害？

4. CTC 系统主要功能有哪些？

5. GSM-R 调度通信系统组呼呼叫方式及注意事项有哪些？

第十二章　动车组司机室设备检查和操作

本章介绍如何检查和操作CRH380A系列动车组司机室的设备和开关、扳钮，依据CRH380A系列动车组《维护检修手册》、《司机操作手册》和《机车综合无线通信设备使用说明书》、《CTCS-300T列控车载设备通用DMI司机操作说明V4.0》、2014年3月版《CTCS-300S型列控车载设备司机操作说明》、2014年5月版《CTCS-300T型列控车载设备司机操作说明书》，重点阐述各设备、开关、扳钮的检查与操作、列车无线调度通信设备（CIR）的显示界面与操作、列控车载设备的人机交互显示与操作。

第一节　司机室内设备检查

一、防护备品检查

（一）止　轮　器

CRH380A型以及CRH380AL型动车组未安装停放制动装置，均使用人工设置的止轮器进行无动力停放时的防溜。止轮器的检查标准为无辗轧痕迹、外观良好，每个司机室配备两个止轮器，数量应齐全。

（二）灭　火　器

CRH380A系列动车组灭火器安放在司机座椅左后方的灭火器存放柜中（图12-1、图12-2）。灭火器的检查标准为：灭火器铭牌应完整清晰；保险锁和铅封应完好；灭火器筒体喷嘴、压把等不应有锈蚀、开裂、损伤现象；灭火器的压力指示器的指针应指在绿区、灭火器应在有效期内。

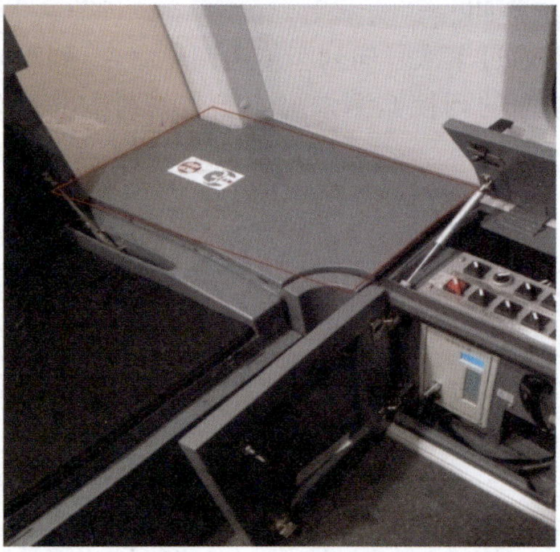

图12-1　灭火器存放柜

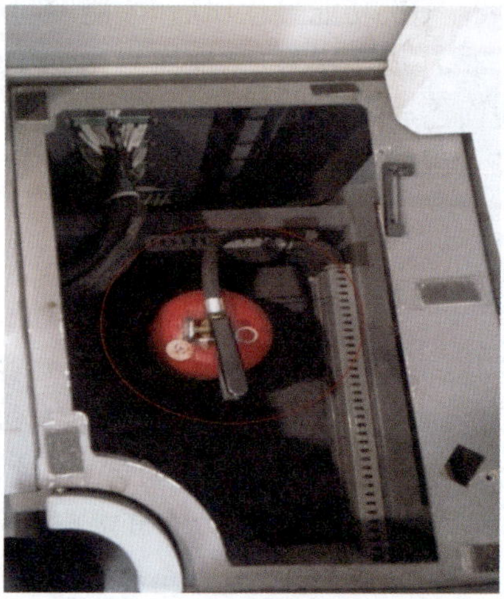

图12-2　灭火器

二、开关和仪表检查

（一）仪表检查（图 12-3、表 12-1）

图 12-3　CRH380A 型动车组司机室操纵台仪表

表 12-1　CRH380A 型动车组司机操纵台仪表检查

序号	名称	检查要求
1	网压表	受电弓升起、闭合 VCB 后，网压表应能显示接触网网压。CRH380A 系列动车组的早期型号曾安装网侧高压互感器，现阶段已经全部拆除，所以只有在升弓、闭合 VCB 后方能显示网压
2	蓄电池电压表	蓄电池电压表可以通过电压切换开关的选择来显示蓄电池和应急蓄电池的电压显示。库内接车时蓄电池电压必须大于 87 V，否则必须在库内对蓄电池进行充电
3	总风、制动缸压力表	总风、制动缸压力在司机操纵台上的一个双针压力表显示，其中总风压力用红针表示，制动缸压力用黑针表示

（二）转换开关盘-1 检查（图 12-4、表 12-2）

图 12-4　CRH380A 型动车组司机室转换开关盘-1

表 12-2　CRH380A 型动车组司机室转换开关盘-1 检查

序号	名称	检查要求
1	受电弓切换	检查受电弓切换扳钮的位置（4 或 12 车、6 或 14 车）
2	辅助空气压缩机启动	该扳钮为弹簧复位的扳钮，正常指向左侧
3	保护接地切除	该扳钮为弹簧复位的扳钮，应指向左侧
4	强制罩闭	该扳钮为弹簧复位的扳钮，应指向左侧
5	保温	不需要对水平阀等的保温加热器加热时应指向左侧

续上表

序号	名称	检查要求
6	应急灯切换	不需要在蓄电池断开状态启动司机室、客室应急照明时，应指向左侧
7	受电弓升起	该扳钮为弹簧复位的扳钮，应指向左侧
8	启动试验	该扳钮为弹簧复位的扳钮，应指向左侧
9	车上试验	动车组处于运营状态时，必须指向左侧
10	车门锁紧	该扳钮为弹簧复位的扳钮，应指向左侧
11	列车无线应急电源切换	不需要在蓄电池断开的情况下使用列车无线调度通信设备时，应指向左侧
12	空挡	运营状态的动车组，必须指向左侧
13	保温试验 SW	运营状态的动车组，必须指向左侧
14	应急蓄电池切除	动车组正常工作时，应指向左侧
15	VCB 合	该扳钮为弹簧复位的扳钮，应指向左侧
16	应急蓄电池合	不需要使用蓄电池维持通风换气系统时，必须指向左侧

（三）转换开关盘-2 检查（图 12-5、表 12-3）

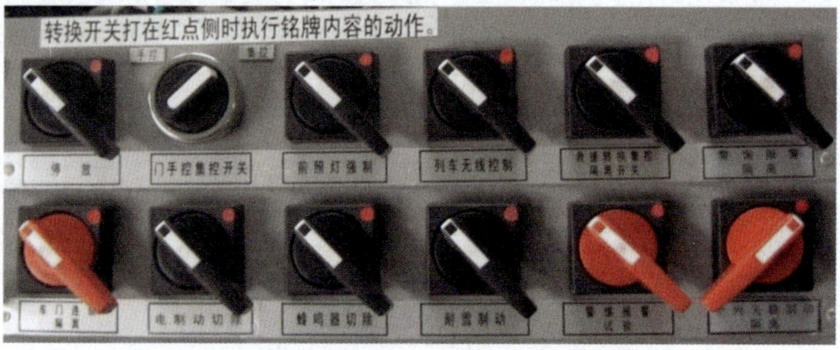

图 12-5　CRH380A 统型动车组司机室转换开关盘-2

表 12-3　CRH380A 型动车组司机室转换开关盘-2 检查

序号	名称	检查要求
1	列车无线控制	动车组正常情况下，该开关应指向左侧
2	耐雪制动	正常运行情况下，该开关必须指向左侧
3	前照灯强制	正常运行情况下，该开关必须指向左侧
4	蜂鸣器切除	正常运行情况下，该开关必须指向左侧
5	门手控集控开关	不需要单独开、关头车车门时，该开关必须指向左侧
6	电制动切除	不需要切除电气制动情况下，应指向左侧
7	停放	运营状态动车组，必须指向左侧
8	车门联锁隔离	动车组正常情况下，该开关必须指向左侧
9	警惕报警试验	不需要在速度为零的情况下试验警惕功能时，该开关必须指向左侧
10	全列失稳制动隔离	动车组正常情况下，该开关必须指向左侧。需隔离转向架失稳检测装置(BIDS)触发的 B7 级制动时指向右侧
11	警惕报警隔离	警惕功能正常时，该开关应指向左侧
12	救援转换集控隔离开关	非救援情况下，该开关必须指向左侧

（四）司机室配电盘-1 检查（图 12-6、表 12-4）

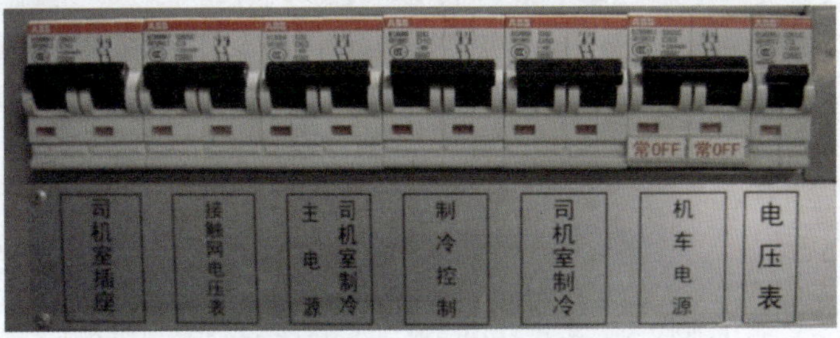

图 12-6　CRH380A 统型动车组司机室配电盘-1

表 12-4　CRH380A 型动车组司机室配电盘-1 检查

序号	名称	检查要求
1	司机室插座	动车组正常情况下，该空气断路器应在闭合状态
2	接触网电压表	动车组正常情况下，该空气断路器必须在闭合状态
3	司机室制冷主电源	司机室空调系统压缩机正常情况下，该空气断路器应在闭合状态
4	制冷控制	司机室空调控制系统正常情况下，该空气断路器应在闭合状态
5	司机室制冷	司机室空调系统正常情况下，该空气断路器应在闭合状态
6	机车电源	不使用外部电源供电情况下，该空气断路器应在断开位
7	电压表	运营状态动车组，必须指向左侧

（五）司机室配电盘-2 检查（以 CRH380A 统型动车组为例）（图 12-7、表 12-5）

图 12-7　CRH380A 统型动车组司机室配电盘-2（列车间隔检测装置仅配置于 1 车）

表 12-5　CRH380A 型动车组司机室配电盘-2 检查

序号	名称	检查要求
1	警惕装置	警惕装置工作正常时，此空气断路器应闭合
2	列车无线	占用端司机室，此空气断路器必须闭合；非操纵端司机室，此空气断路器按规定断开

续上表

序号	名称	检查要求
3	救援指令器	运营状态动车组,此空气断路器须断开;在使用 BP 救援装置救援其他动车组时,须闭合此空气断路器
4	电加热玻璃	无需加热前窗玻璃时,此空气断路器应断开
5	联解控制	正常状态时,此空气断路器应断开;解编、重联时此空气断路器必须闭合
6	设备室灯 1	正常状态时,此空气断路器应断开;需进入设备舱时闭合此空气断路器,打开设备室 1 照明
7	设备室灯 2	正常状态时,此空气断路器应断开;需进入设备舱时闭合此空气断路器,打开设备室 2 照明
8	保护接地	正常状态时,此空气断路器应断开;需强制性将接触网接地或维修人员需对高压设备箱进行作业时,必须闭合此空气断路器
9	辅助制动	制动系统在正常状态时,此空气断路器应断开;制动系统故障需要投入辅助制动时,闭合此空气断路器,闭合后只能在头、尾车产生相当于 1、4、7 级的纯空气制动
10	救援转换装置	正常状态时,此空气断路器应断开;需使用机车救援或无火回送时,必须闭合此空气断路器,闭合后接通制动指令转换器电源,将 BP 管压力变化转变为动车组制动指令信号
11	ATP 系统电源	占用端司机室,此空气断路器必须闭合;非操纵端司机室,此空气断路器必须断开
12	ATP 显示器 1	运营状态动车组,此空气断路器与 ATP 显示器 2 空气断路器必须闭合其中的一个
13	ATP 显示器 2	运营状态动车组,此空气断路器与 ATP 显示器 1 空气断路器必须闭合其中的一个

在本配电盘中,上表未提及的空气断路器在运营状态的动车组,都必须在闭合位置。

(六)解联试验开关盘检查(图 12-8、表 12-6)

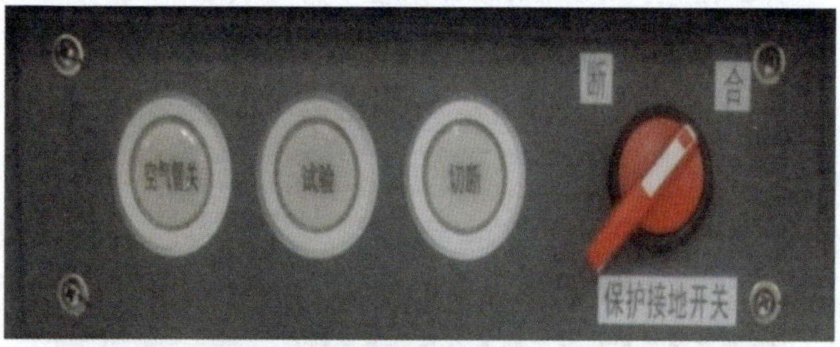

图 12-8　CRH380A 系列动车组 1 车解联试验开关盘

表 12-6　CRH380A 系列动车组解联试验开关盘

序号	名称	检查要求
1	保护接地开关	正常状态时,此开关必须处于"断"位;需强制性将接触网接地或维修人员需对高压设备箱进行作业时,必须将此开关置"合"位
2	空气管关	正常状态时,此开关必须处于"断"位;若按下此开关则会强制将空气管开闭器转换为"关闭位置"
3	切断	正常状态时,此开关必须处于"断"位;若按下此开关则会强制断开重联动车组的电气连接
4	试验	正常状态时,此开关必须处于"断"位; 模拟动车组 5 km/h 速度信号输出,和解编旋钮配合使用可关闭头罩

（七）联解控制盘检查（图 12-9）

解联控制盘是手动进行解编、重联的控制盘，在运营状态下该控制盘的各开关、扳钮都必须在断开位。

（八）救援（HELPS）开关检查

救援（HELPS）开关有“救援”和“正常”两个位置（图 12-10），正常情况下该开关必须置于“正常”位；当同型号或同系列动车组相互救援，电气连接器不能正常使用，需要使用两列动车组连挂端的 32 芯救援连接器和 7 芯救援连接器进行连接时，将救援（HELPS）开关置于“救援”位。

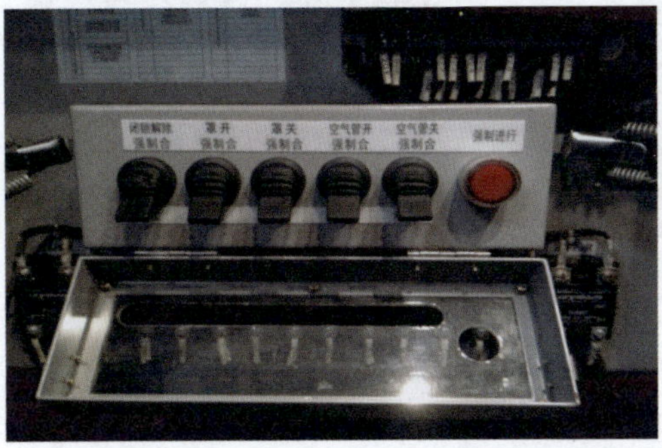

图 12-9　CRH380A（统）型联解控制盘

图 12-10　CRH380A 系列动车组救援（HELPS）开关

（九）停放制动开关检查[仅 CRH380A 统型车]

目前 CRH380A 统型车装备了停放制动，在司机室操纵台上设有停放制动控制开关，用来施加和缓解停放制动（当运行速度大于 5 km/h 时，停放制动施加按钮不起作用）。该开关设有“释放”和“施加”两个位置，正常情况下应将停放制动开关置于“释放”位。

（十）头罩开闭控制盘检查[仅 CRH380AL 型车]

CRH380AL 型动车组装备了头罩开闭控制盘，运营状态下该控制盘中的头罩控制开关必须在“0”位、头罩闭指示灯（绿灯）和头罩被锁指示灯（黄灯）必须在点亮状态。

（十一）紧急制动拉式开关检查

紧急制动拉式开关（图 12-11）正常状态下必须在关断位置（非拉出状态），若该开关处于拉出状态则动车组紧急制动无法缓解。

图 12-11　CRH380A 型动车组司机室紧急制动拉式开关

第二节　司机室内设备操作

一、库内上电操作

（一）外观检查：确认动车组型号及编组正确、止轮器设置状态[CRH380A 统型动车组装备停放制动，防溜办法由铁路局制定]、防护信号已撤除。

（二）从动车组非操纵端进入司机室，确认司机室 NFB 盘（“保护接地”、“救援转换装置”、

“机车电源”、“辅助制动”开关在断开位，CRH380A(统)型动车组“救援指令器”开关在断开位)、司机控制开关盘、操纵台各开关、手柄位置正确；闭合“列车无线”开关。

(三)确认制动手柄处在“拔出”位(图 12-12)，插入主控钥匙插入钥匙孔(图 12-13)，顺时针旋转到投入位，解锁制动控制器。

图 12-12　制动手柄“拔出”位

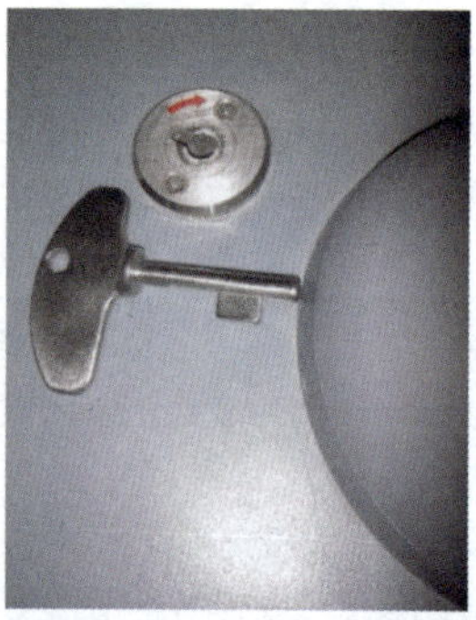

图 12-13　主控钥匙与钥匙孔

(四)将制动手柄向移动至“快速”位(图 12-14)，从而激活占用的司机室。将 MON 显示屏页面切换至“电源电压页面”，确认蓄电池电压不低于 87 V(图 12-15)。

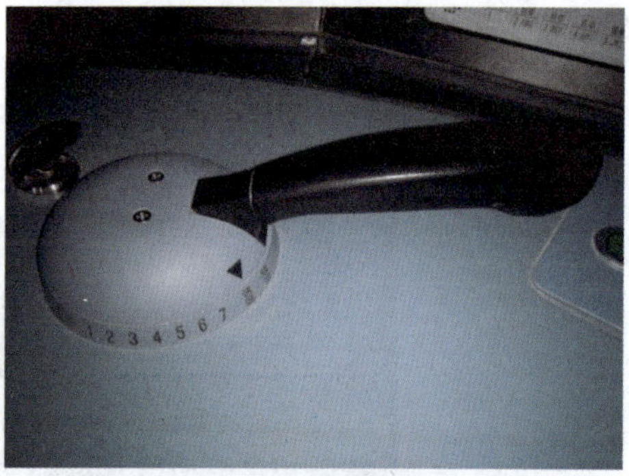

图 12-14　制动手柄快速位

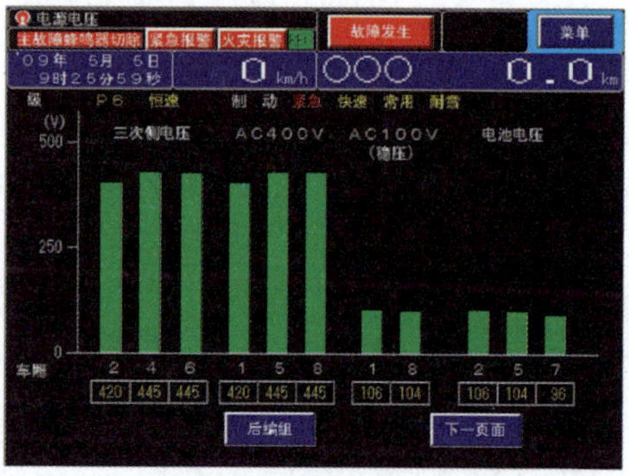

图 12-15　MON 屏电源电压页面

(五)激活占用端司机室后，在动车组无故障的情况下，驾驶台列车故障显示屏(图 12-16)应点亮“紧急制动”、“电气设备”、“VCB”、相应“单元”灯，其余均应熄灭；若此时总风压力低于 640 kPa 还应点亮“准备未完”灯。

图 12-16　CRH380AL 型动车组驾驶台列车故障显示屏

“准备未完”灯在 CRH380A 系列动车组不具备受电弓升弓、VCB 闭合条件时点亮，右旋司机室转换开关盘-1 中的“辅助空压机启动”自复式扳钮，启动辅助空气压缩机，待压力上升至满足要求，故障显示灯“准备未完”灯熄灭。

(六)通过 MON 显示屏车辆信息第二页面确认 EGS 断开(图 12-17),若 EGS 在闭合状态则会造成受电弓无法升起;通过行驶状态页面确认列车编组正确(图 12-18),发现当前故障信息及时通知随车机械师或动车所调度。

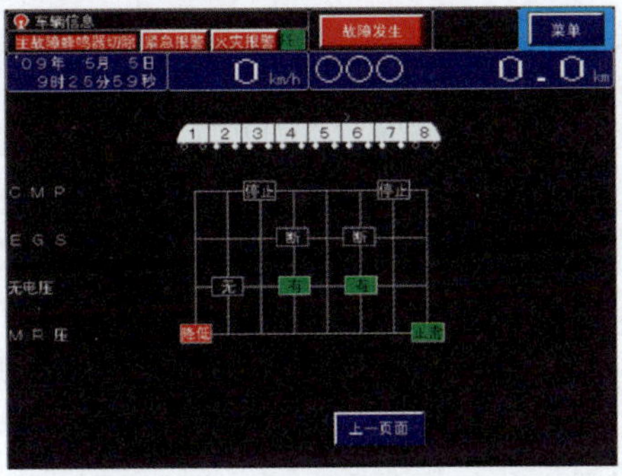

图 12-17　车辆信息第二页面

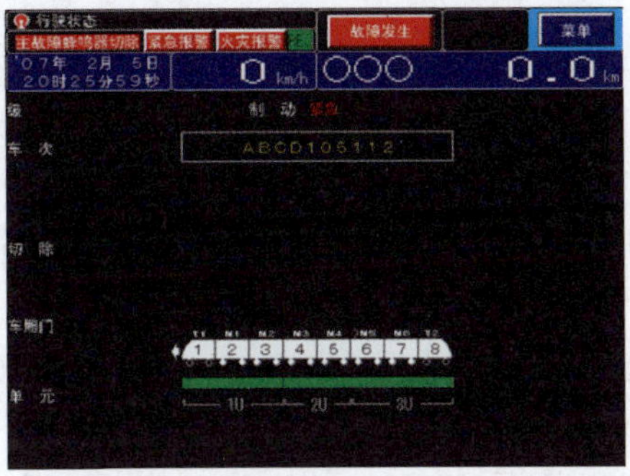

图 12-18　MON 屏电源电压页面

二、升弓、闭合 VCB 操作

(一)受电弓切换

司机在升起受电弓之前应根据随车机械师的要求,将受电弓切换扳钮切换至相对应位置。

为降低 CRH380A 系列动车组非工作端高压设备谐振、放电的可能性,防止低温天气下动车组换弓出现受电弓不能升起现象,低温天气时,CRH380A 系列动车组在出库前由随车机械师通知司机通过 MON 屏远程切除当日不用的受电弓后,方准再升当日所用的受电弓,当天运行使用同一受电弓;动车组出现受电弓不能升起、自动降弓、列车无网压等故障,按照动车组途中应急故障处理手册相关办法操作,此时根据情况允许换弓。

(二)升起受电弓

右旋司机室转换开关盘-1 中的“受电弓升起”扳钮,可以升起升电弓,然后通过 MON 屏确认受电弓的升起状态。

需要说明的是,除 EGS 闭合会导致不能升弓外,VCB 闭合状态下受电弓也不能升起(CRH380A 系列动车组在网压为零的情况下可以闭合 VCB)。

(三)闭合 VCB

在 MON 屏上确认受电弓已经正常升起后,通过右旋司机室转换开关盘-1 中的“VCB 合”扳钮,或者按下司机驾驶台上的“VCB 合”按钮来闭合 VCB,闭合 VCB 后需要在操纵台上的网压表中确认接触网网压正常、确认故障显示屏中的“VCB”灯和“电气设备”灯熄灭。

三、断开 VCB、降弓操作

(一)断开 VCB

按压司机驾驶台上的“VCB 断”按钮即可,VCB 断开后应在故障显示屏中点亮“电气设备”、“VCB”、相应“单元”灯。

(二)降弓操作

确认 VCB 断开后,按压司机驾驶台上的“降弓”按钮,其后司机必须确认 MON 屏中受电弓图标状态。

四、其他操作

(一)紧急制动复位

需缓解动车组自身输出的紧急制动时,正常情况下总风压力需大于 780 kPa(在"救援转换 NFB 闭合时,总风压力需大于 340 kPa),制动手柄在"快速"位(CRH380A 统型车施加停放制动时,全列车无条件输出紧急制动,紧急制动复位操作前还需要确认停放制动在释放位置),按压司机操纵台上"紧急复位"按钮,此时动车组缓解紧急制动,同时故障显示屏中的"紧急制动"灯和"单元"灯熄灭。

CRH380A 系列动车组中,均装备有 CTCS-300S 型 ATP(CRH380A 统型车固定装备该型 ATP),由于该型 ATP 的制动试验需要在车辆紧急制动缓解的前提下进行(否则 ATP 会宕机),所以必须在 CTCS-300S 型 ATP 进行制动测试之前复位紧急制动,然后根据 CTCS-300S 型 ATP 制动测试的要求将制动手柄置于 B4 级。

(二)换室操作

需要更换驾驶室进行操纵时,按表 12-7 中的步骤操作。

表 12-7 CRH380A 系列动车组换室操作步骤

步骤	操　作
1	将制动手柄置"拔出"位
2	左旋电钥匙至关闭位,取出
3	关闭本端司机配电盘-2 中的"列车无线"
4	锁闭好本端司机门,行走至另一端司机室
5	检查另一端司机室(详见本章第一节)
6	闭合另一端司机室配电盘-2 中的"列车无线"
7	插入电钥匙并右旋至投入位
8	将制动手柄置"快速位"
9	按压"紧急复位"开关,缓解紧急制动(CRH380A 统型车在操作前还须将"停放制动"扳钮置"释放"位)

注:第一步操作时,若 VCB 在断开状态则会造成全车失电、车门自动关闭的现象。

(三)恒速操作

CRH380A 系列动车组在运行中具有恒速控制功能,在动车组满足表 12-8 中的条件时,通过司机按压司机驾驶台上的"恒速"按钮,使动车组进入恒速控制。

表 12-8 CRH380A 系列动车组恒速控制先决条件

序号	先决条件
1	运行方向控制开关在"前"或"后"位
2	制动控制手柄在"运行"位
3	ATP 处于正常工作状态
4	ATP 无制动指令输出
5	当前列车速度≥30 km/h
6	牵引控制手柄级位≥P2 级

(四)恒速切除操作

CRH380A 系列动车组在恒速控制状态时,司机通过按下司机驾驶台上的"恒速切"按钮,即可解除动车组的恒速控制。此外,任意挪动牵引控制手柄或制动控制手柄的位置,恒速控制也将自动解除。

（五）开、关门操作

CRH380A 系列动车组司机驾驶台上有车门开启、关闭按钮，按左、右侧对应的关系设置于驾驶台左、右侧开关盘中。例如需要开启动车组左侧车门时，在驾驶台左侧开关盘中按压“开左门”按钮；需要关闭动车组左侧车门时，在驾驶台左侧开关盘中按压“关左门”按钮。

司机在驾驶台上进行开、关车门操作后，可以通过表 12-9 中的显示来判断操作是否成功。

表 12-9　CRH380A 系列动车组车门状态显示

序号	名　称	显　示	车门状态
1	“关门”灯	亮黄色灯光	全列车门已关闭
2	“关门”灯	灯光熄灭	至少有一扇车门未关闭
3	MON 屏行驶状态页面	车厢门状态栏无显示	全列车门已关闭
4	MON 屏行驶状态页面	车厢门状态栏有黄色方块显示	该车厢车门未全部关闭

（六）遮阳帘升降操作

CRH380A 系列动车组在司机室前窗玻璃处安装有遮阳帘（图 12-19），该遮阳帘有自动和手动两种操作方式。正常情况下司机操作驾驶台上的遮阳帘升、降开关控制遮阳帘的升降；还有一个手动控制遮阳帘升降的装置（图 12-20）安装在司机座椅的正上方，逆时针拧开封堵后（图 12-21），插入六角形手动钥匙顺时、逆时针旋转可降下、升起遮阳帘。

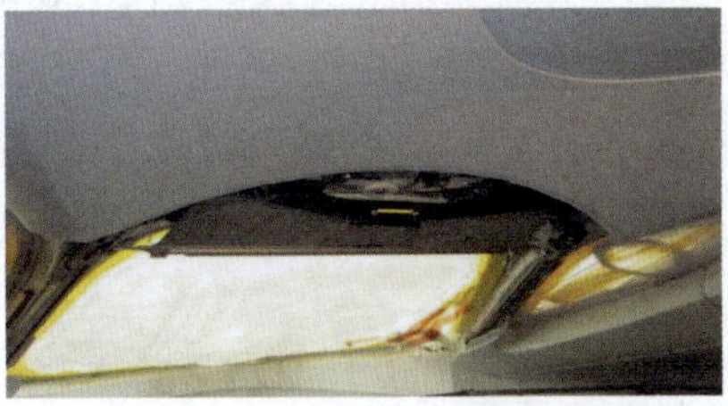

图 12-19　司机室前窗玻璃遮阳帘

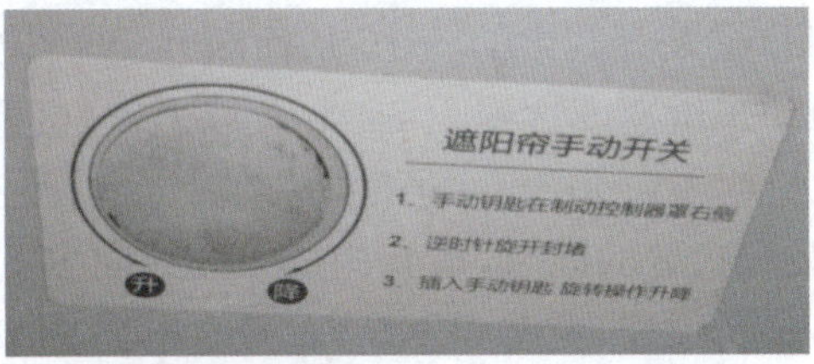

图 12-20　司机室遮阳帘手动开关

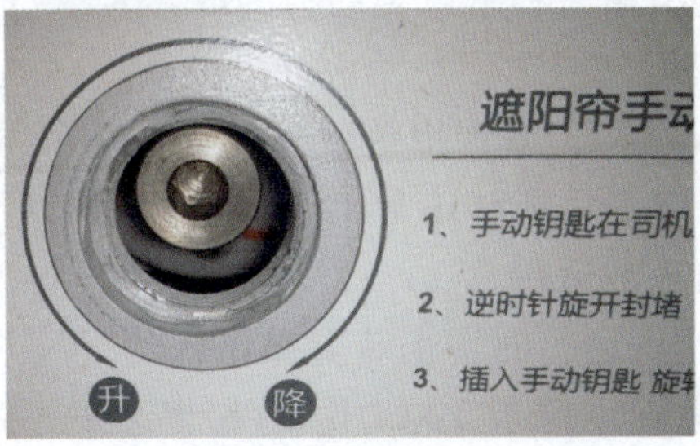

图 12-21　司机室遮阳帘手动开关旋开封堵后

（七）司机警惕装置操作［仅 CRH380A（统）型动车组装备］

动车组运行时，司机需在规定时间内操作警惕脚踏或手按警惕按钮，否则警惕装置将发出声光报警（蜂鸣器报警的同时，驾驶台上警惕报警灯也将点亮），如在声光报警后仍未操作警惕脚踏或警惕按钮，动车组将触发紧急制动停车，具体原理及操作如下：

1. 警惕装置工作原理：

如图 12-22 所示，103 线向 WUR 加压的电路有三条。

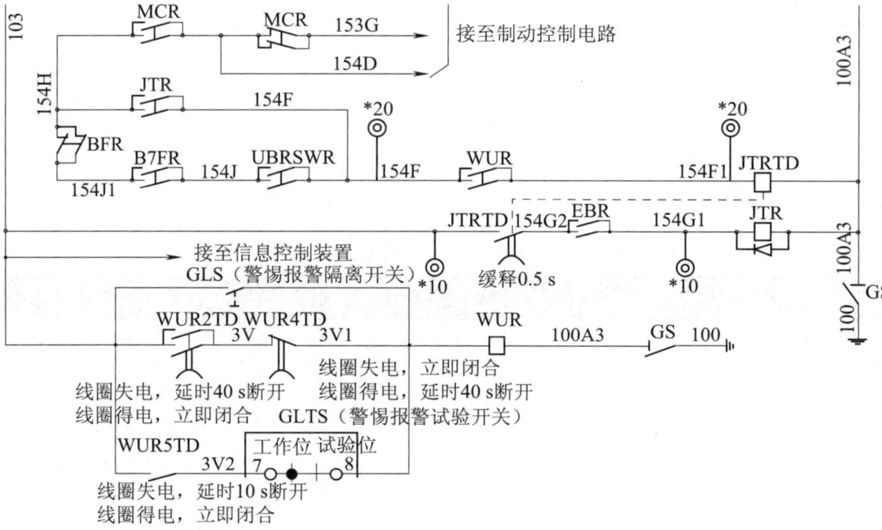

图 12-22　CRH380A(统)型动车组司机警惕装置工作电路

(1)警惕报警隔离开关在投入位时(指向右侧)，可直接构成 103 线向 WUR 加压。

(2)当司机操作警惕脚踏或警惕按钮时，WUR2TD 得电闭合但 WUR4TD 得电后延时 40 s后断开；当司机释放警惕脚踏或警惕按钮时，WUR4TD 失电闭合但 WUR2TD 失电后延时 40 s 后断开。所以司机在 40 s 内没有改变警惕脚踏或警惕按钮的状态时，WUR2TD 与 WUR4TD 会断开其中的一个，从而断开 103 线向 WUR 加压的电路。

(3)动车组速度达到 5 km/h 及以上，司机警惕装置将触发声光报警、WUR5TD 延时继电器失电、延时 10 s 断开。司机如果在 10 s 内改变警惕脚踏或警惕按钮的状态，则会在消除司机警惕装置报警的同时，重新构成 103 线向 WUR 加压。

(4)一但 103 线向 WUR 加压的电路断开，其联锁将断开向 154D 线加压电路，同时 JTRTD 的加压电路被断开，JTRTD 非励磁后延时 0.5 s 断开 JTR 的励磁电路，发出快速制动指令，制动指令器将按照快速制动力和紧急制动力的取大者执行。

2. 静态时的警惕报警试验：

司机室转换开关盘-2 中设置有“警惕报警试验”扳钮，动车组在静止状态时将该扳钮置投入位(右侧)，测试无人警惕系统是否能够正常工作。试验完毕后必须将该扳钮恢复至正常位(左侧)，否则将影响动车组的正常运行。

3. 动车组超过 5 km/h 速度运行时警惕装置操作：

动车组静止状态或启动后速度低于 5 km/h 时，警惕装置不起作用。

列车启动前，警惕报警试验开关和警惕报警隔离开关均应处于正常位(左侧)。列车启动后，车速达到 5 km/h 时，警惕装置发出声光报警，司机需要立即操作警惕脚踏或警惕按钮(持续操作时间不得大于 30 s)，直至声光报警消除；如果司机未在 10 s 内进行上述操作，司机警惕装置将触发警惕制动，0.5 s 后将触发动车组的紧急制动。

4. 当动车组以超过 5 km/h 的速度运行时，司机应该每隔 30 s 内至少操作 1 次警惕脚踏或警惕按钮(持续操作时间不得大于 30 s)。如果警惕装置触发声光报警，司机需立即操作警惕脚踏或警惕按钮，直至声光报警解除。如果司机在声光报警触发后的 10 s 内未进行上述操作，司机警惕装置将触发警惕制动，0.5 s 后将触发动车组的紧急制动。

(六)风笛高、低音选择(仅 CRH380A 统型动车组装备)

CRH380A 统型动车组的风笛分为高音风笛和低音风笛,司机通过司机驾驶台右侧开关盘中的“风笛选择”开关来切换,其工作原理见图 12-23。

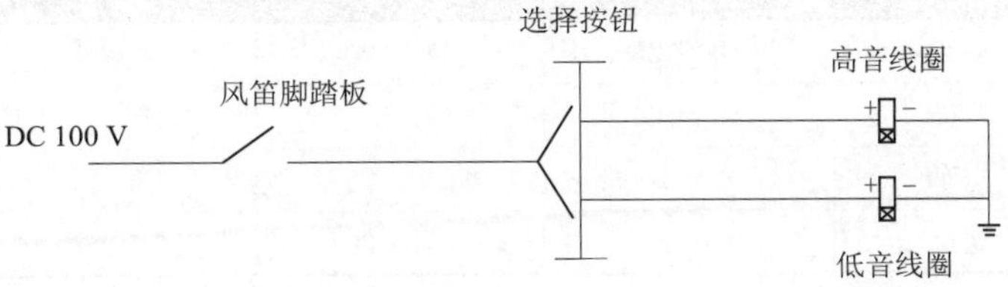

图 12-23　CRH380A 统型动车组风笛高、低音切换电路

司机在操作“高音”选择旋钮后,在需要鸣笛时,司机脚踩“风笛脚踏板”,高音风笛电磁阀线圈得电,高音风笛响。

司机在操作“低音”选择旋钮后,在需要鸣笛时,司机脚踩“风笛脚踏板”,低音风笛电磁阀线圈得电,低音风笛响。

第三节　制动、电气试验

一、制动试验

(一)制动试验前的操作

1. 列控车载设备输出制动时,制动试验将无法进行,在制动试验前 ATP 必须按照表 12-10 进行设置。

表 12-10　制动试验前 ATP 的模式设定

序号	ATP 类型	模　式	说　明
1	CTCS-300T	ATP 上电后,数据输入前的待机模式	CTCS-300T 型 ATP 启机后,在数据输入之前的待机状态不输出任何制动
2	CTCS-300S	ATP 上电后,按压“制动测试确定”键之前的待机模式	CTCS-300S 型 ATP 启机后,在按压“制动测试确定”键之前的待机状态不输出任何制动
3	CTCS-300H	C2 等级调车模式	CTCS-300H 在上电后,只有在调车模式时不输出任何制动

2. 牵引控制手柄必须在“切位”。
3. 将 MON 显示屏置于“制动信息”页面。

(二)制动试验步骤

1. 制动手柄“快速”位,通过 MON 显示器确认 BC 压力:各车 BC 压力不小于 210 kPa;
2. 制动手柄移置“运行”位,通过 MON 显示器确认各车 BC 压力为 0 kPa;
3. 制动手柄移置“B7”位,通过 MON 显示器确认 BC 压力:各车 BC 压力不小于 140 kPa;
4. 制动手柄移置“B4”位,通过 MON 显示器确认 BC 压力:各车 BC 压力不小于 90 kPa;
5. 制动手柄移置“B1”位,通过 MON 显示器确认 BC 压力:各车 BC 压力不小于 40 kPa;
6. 试验完毕,将制动手柄移至“B4”位。

CRH380A 系列动车组上述步骤的对应 BC 压力分别见表 12-11、表 12-12。

表 12-11　CRH380A 统型动车组 0 km/h 状态制动压力对应表

车辆类型	定员状态	BC 压力(kPa)			
		B1	B4	B7	EB
拖车	空车	100±20	140±20	180±20	250±20
	定员	100±20	140±20	180±20	270±20
动车	空车	80±20	130±20	180±20	290±20
	定员	90±20	150±20	210±20	350±20

表 12-12　CRH380A 基本型、CRH380AL 型动车组 0 km/h 状态制动压力对应表

车辆类型	定员状态	BC 压力(kPa)			
		B1	B4	B7	EB
拖车	空车	90±20	140±20	170±20	240±20
	定员	100±20	140±20	180±20	260±20
动车	空车	80±20	130±20	180±20	290±20
	定员	90±20	150±20	210±20	350±20

二、牵引试验

(一)牵引试验前的操作

1. 动车组必须处于受电弓升起、VCB 闭合状态。
2. ATP 未输出任何制动。
3. 制动手柄必须置于 B7 级,确保动车组进行牵引试验时的静止状态。
4. 车门处于关闭状态。不具备关闭车门的条件时,应将司机室转换开关盘-2 中的“车门连锁隔离”扳钮旋转置右侧,从而短路“门互锁继电器”。
5. 将 MON 显示屏置于“牵引变流器编”页面。

(二)牵引试验步骤

1. 换向手柄“前”位,牵引手柄 P1 位,扳动司机室转换开关盘-1 中的“启动试验”扳钮。
2. 在 MON 显示屏确认“接触器 K”接通,MM 电流约 340 A,直流电压约 2 600 V。
3. 牵引手柄至“切”位。
4. 换向手柄“后”位,牵引手柄 P1 位,扳动启动试验开关。
5. 在 MON 显示屏确认“接触器 K”接通,MM 电流约 340 A,直流电压约 2 600 V。
6. 牵引手柄至“切”位、换向手柄置“关”位。
7. 牵引试验完毕后,“车门连锁隔离”扳钮必须置于左侧。

第四节　行车安全装备操作

一、列车无线调度通信设备(CIR)的操作

列车无线调度通信设备(CIR)的主要作用有:1. 司机与车站、列车调度员、其他列车司机

进行语音通话的主要设备。2. 列车调度员按照机车号或车次号进行点对点的发布调度命令，司机可以直接在 CIR 上签收、打印。3. 紧急情况下司机可使用 CIR 发出紧急呼叫或 LBJ 报警。列车无线调度通信设备(CIR)的基本界面见图 12-24。

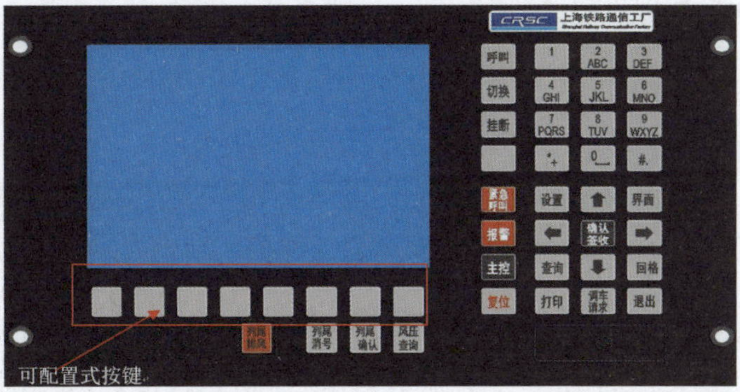

图 12-24　列车无线调度通信设备(CIR)外观

(一)开　　机

闭合操作端司机室配电盘-2 中的“列车无线”空气断路器，CIR 电源指示灯点亮。大约 15 s 后，操作显示终端(以下简称 MMI)根据上次关机时的状态进入 450 MHz 模式或 GSM-R 模式主界面，见图 12-25、图 12-26。

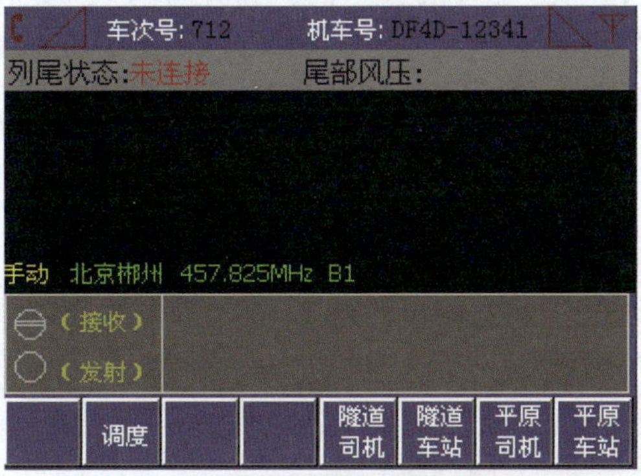

图 12-25　450 MHz 模式主界面

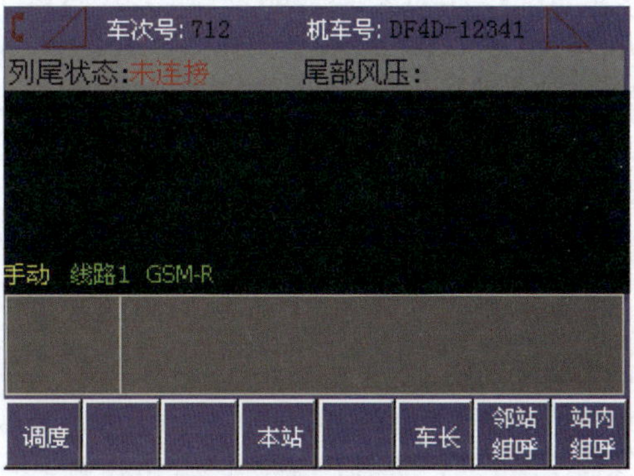

图 12-26　GSM-R 模式主界面

界面上显示当前的机车号、车次号，左上角为音量指示，右上角为 GSM-R 调度通信模块的信号强度。界面下方的提示框内显示了支持的单键呼叫类型，按下提示框下方的按键即可发起对应的呼叫。

(二)工作模式切换

1. 自动切换

在主界面按下“设置”键，进入设置界面。通过“↑”和“↓”键将光标移至“2. 运行区段”并按“确认”键，进入下一级菜单。将光标移至“1. 自动”并按“确认”键，CIR 即进入自动切换模式。

在自动切换模式下，CIR 将根据 GPS 信息自动切换工作模式(GSM-R 工作模式或 450 MHz工作模式)或在 450 MHz 工作模式下自动切换 450 MHz 工作频点。工作模式切换时，MMI 会发出语音提示。

2. 手动切换

在主界面按下“设置”键，进入设置界面。通过“↑”和“↓”键将光标移至“2. 运行区段”并按“确认”键，进入下一级菜单。选择路局，按“确认”键进入下一级菜单。将光标移动到要选择的线路上并按“确定”键，即可切换到相应的工作线路。

（三）GSM-R 工作模式

1. 注册/注销

(1)机车功能号注册/注销

开机后，CIR 自动向网络注册机车功能号，并语音和文字提示注册结果。注册成功后，主界面上显示的机车号变为白色。当设备关机或者工作模式转换为 450 MHz 时，自动对机车功能号进行注销操作。

(2)车次功能号的自动注册/注销

当满足注册条件时，CIR 自动向网络注册车次功能号，并语音和文字提示注册结果。注册成功后，主界面上显示的车次号变为白色。当满足注销条件时，CIR 自动对车次功能号进行注销操作。

(3)车次功能号的手动注册/注销

如当前未注册车次功能号，在主界面按下“设置”键，进入设置界面。将光标移动至“1. 车次功能号注册”并按确认键。输入车次号后按“确认”键，从随后弹出的界面上根据需要选择“本务机”或“补机 1”—“补机 4”，按下“确认”键后 CIR 向网络注册车次功能号，并语音和文字提示注册结果。注册成功后，主界面上显示的车次号变为白色。

如当前已注册车次功能号，在主界面按下“设置”键，进入设置界面。将光标移动至“1. 车次功能号注销”，按下“确认”键后 CIR 向网络注销当前的车次功能号，并语音和文字提示注册结果。注销成功后，主界面上显示的车次号变为黑色。

2. 呼叫

(1)主呼

①单键呼叫

在守候状态下摘机，根据需要呼叫的对象按下屏幕下方相应的按键，在屏幕下方的通话状态显示区显示“正在呼叫×××”，接通时显示“↗×××”。通话完毕时，挂机，则显示“通话结束”。进行组呼通话时需要按下手柄上的 PTT 键抢占上行信道，界面显示当前状态(可以讲话，不能讲话等)，听到提示音后方可讲话。

②拨号呼叫

使用者也可以在守候状态下直接输入对方的 MSISDN 号码或功能号，按“呼叫”键发起呼叫。此时，按“挂断”按键或直接挂机可结束通话。

(2)被呼

GSM-R 状态下被呼时，在通话状态显示区显示“×××呼入”并有振铃提示，此时摘机即可进行通话。优先级为二级或二级以上的呼叫自动接听，并且二级或二级以上的组呼不能强制退出。守候状态下，三级组呼也自动接听。

3. 重拨

在 GSM-R 工作模式主界面下按“呼叫”键，屏幕上显示司机最新拨打的号码，再次按“呼叫”键能够方便地进行重拨。按“回格”键可修改或重新输入号码进行呼叫。

4. 通讯录

在主界面按下“设置”键，进入设置界面。将光标移至“3. 查询通讯录”并按“确认”键，即可进入通讯录查询界面。通讯录中的号码以及号码对应的身份是由维护人员预先存储好的，通过“↑”和“↓”键选中号码，摘机按“呼叫”键可进行相应的呼叫。

(四)450 MHz 工作模式

1. 车次号设置

在主界面按下“设置”键，进入设置界面。将光标移动至“1. 车次号设置”并按确认键。输入车次号后按“确认”键，从随后弹出的界面上根据需要选择“本务机”或“补机 1”-“补机 4”，按下“确认”键后完成车次号设置。

2. 调度通信

摘机并分别按下屏幕的“调度”、“隧道司机”、“隧道车站”、“平原司机”、“平原车站”键进行相应的呼叫，通话完毕后挂机。

被呼时，9 s 内可听到对方的话音，若此期间内未摘机，则通话将被自动挂断。

(五)调度命令无线传送

CIR 支持 450 MHz 和 GSM-R 两种模式下的调度命令无线传送。两种模式下，调度命令功能操作方式相同。

1. 接收调度命令

CIR 接收调度命令后，在 MMI 上显示接收到的调度命令，同时发出阅读提示音，使用者阅读调度命令后按“确认”键发送手动签收信息。如果当前处于补机状态下，按下确认后将不会向地面发送手动签收信息。

2. 查询调度命令

在主界面下按“查询”按键，进入调度命令查询界面。选择要查询的调度命令类型后按“确认”键，屏幕上即显示查询到的调度命令信息索引，将光标移动到要查看的条目上后按“确认”键即可查看该条调度命令的全部内容。

3. 打印调度命令

在调度命令界面下，按“打印”按键，MMI 将控制打印终端打印当前显示调度命令的详细内容。只有签收过的调度命令才能被打印。

(六)无线车次号数据传输

CIR 支持 450 MHz 和 GSM-R 两种模式下的无线车次号数据传输。在 450 MHz 工作模式下，如果 CIR 发送车次号时正在进行通话，通话将被打断片刻，车次号发送结束后通话立即自动恢复。

(七)列车防护报警

CIR 可以通过 LBJ(800 MHz 机车电台)发送和接收列车防护报警信息和列车防护报警解除信息，还可以接收施工防护报警信息、道口报警信息等其他报警信息。

1. 发送列车防护报警信息

CIR 发送报警信息有两种方法：

第一种，按下 MMI 上的“报警”键并持续 3 s 以上；

第二种，按下“报警”键后 5 s 内再按“确认”键；

按以上操作后，CIR 发送列车防护报警信号，同时发出“间歇性的蜂鸣音”。

当需要解除报警时，司机再次按下 MMI 的“报警”键。CIR 发送一次报警解除信息，同时发出“连续性的蜂鸣音”(持续 5 s)。

2. 接收列车防护报警信息

CIR 接收到列车防护报警信息时，MMI 屏幕上显示报警内容“紧急，×××次列车×××.×公里事故，注意运行”，并每隔 5 s 发出一次提示音。司机可以按下“确认”键来停止提示语音。

CIR 接收到报警解除信息时，MMI 显示报警解除信息的内容“×××次列车报警解除，注意运行”，并连续发出两次提示语音。

注：CIR 接收到施工防护报警信息、道口报警信息等其他报警信息的处理方法与列车防护报警相同，只是 MMI 提示内容不同。

(八)设　　置

“设置”界面里可进行的操作分为两类：一类是电台使用者可以进行操作的，操作菜单位于“设置”界面下，如扬声器和耳机的音量调整、查询通讯录、运行区段的手动选择、车次号注册/注销、状态查询等；另一类是需要维护人员来操作的，操作菜单位于“维护”界面下。

音量调整分为扬声器和耳机两种音量调整。选择“扬声器音量调整”并确认，通过“←”和“→”键可调节扬声器的音量；选择“听筒音量调整”并确认，通过“←”和“→”键可调节听筒的音量。

为了防止误操作，“维护”界面需要输入密码才能进入。维护界面中的设置内容包括：IP 地址、库检配置、450 M 电台功能单元测试、维护密码设置、ID 配置、数据设置、时间设置及程序版本信息查询等。

(九)送(受)话器

如图 12-27 和图 12-28 所示，送(受)话器有两个呼叫按键：当 CIR 在 GSM-R 工作模式时，按键Ⅰ定义为“调度”，按键Ⅱ定义为“车站”；当 CIR 工作在 450 MHz 工作模式时，按键Ⅰ定义为“隧道车站”，按键Ⅱ定义为“平原车站”。紧凑式送(受)话器另有两个预留按键，分别为按键Ⅲ和按键Ⅳ，目前这两个按键没有定义功能。

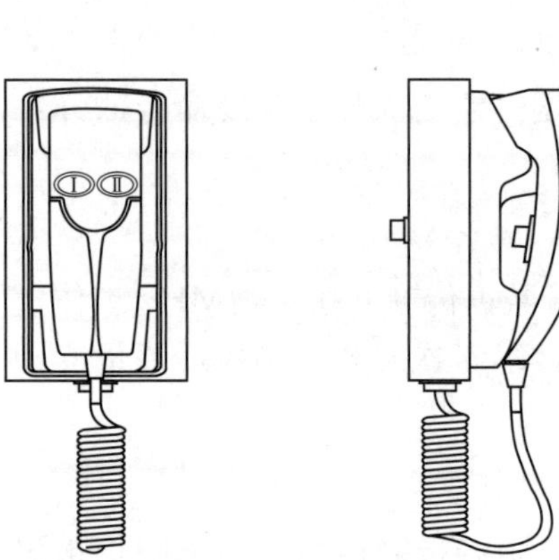

图 12-27　通用式送(受)话器

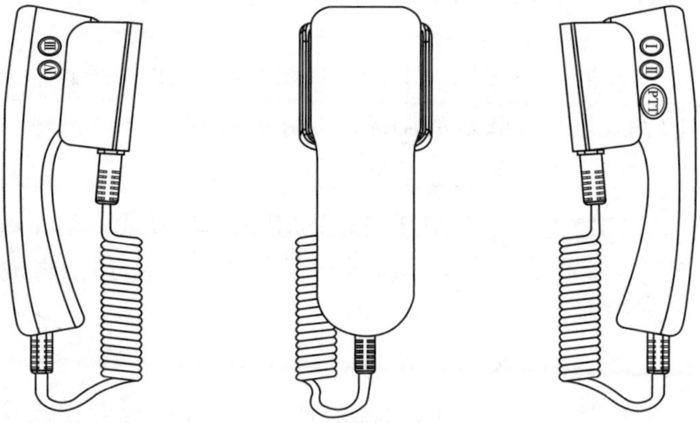

图 12-28　紧凑式送(受)话器

二、列控车载设备的操作

(一)列控车载设备的上电操作

CRH380A 系列动车组在司机室配电盘-2 中设置有“ATP 系统电源”、“ATP 显示器 1”、“ATP 显示器 2”、“JRU 控制”四个空气断路器。

1. 列控车载设备上电前，“ATP 显示器 1”、“ATP 显示器 2”两个空气断路器只能闭合其中的一个,"JRU控制"(司法记录仪)空气断路器必须在闭合状态。

2. 闭合"ATP系统电源"空气断路器,列控车载设备开始上电。

(二)CTCS-300T型列控车载设备上电后的操作

1. CTCS-300T型列控车载设备上电后的操作(表12-13)

表12-13　CTCS-300T型列控车载设备上电后的操作

序号	DMI显示和声音	状态/描述	司机操作
1		DMI屏没有点亮;车载设备施加制动	1. 在断电后至少等30 s后才能重新上电。 2. 扳动车载设备电源开关,给车载设备上电
2		1. 车载设备开始进行内部测试。 2. DMI显示文"ATP正在启动,请等待"	等待车载设备自检,进入下一步
3		1. 车载设备自检成功结束。 2. 车载设备制动缓解。 3. DMI显示文"驾驶室未激活"	见启动过程

2. CTCS-300T型列控车载设备启动过程(图12-29)

整个启动流程中需保持动车组在静止状态,如果在启动过程结束之前列车移动了,车载设备将施加制动,直至列车重新停稳后,列控车载设备的DMI才会提示允许缓解。

3. CTCS-300T型列控车载设备输入司机号和车次号操作

司机号和车次号是司法记录仪(JRU)正确记录运行数据的保证,列控车载设备对车次号仅对格式有效性进行判断。因此,输错车次号并不影响车载设备启动进入下一步流程,但是会造成调度指挥运行图无法正常显示该次列车情况、司法记录仪不能生成正确的记录文件。司机号和车次号的输入操作见表12-14。

4. CTCS-300T型列控车载设备制动测试操作

ATP每次上电启动必须进行制动测试,制动测试成功后才能投入运营;制动测试时,列车必须在静止状态,且在车体不施加常用制动及紧急制动的情况下,如果车体施加了常用制动或紧急制动将影响车载设备制动测试。执行制动测试的具体操作见表12-15。

5. CTCS-300T型列控车载设备选择应用等级操作

CTCS-300T型列控车载设备上电过程中,若不使用默认等级,则必须在输入列车数据前切换等级。当默认等级为CTCS-3,需手动切换到CTCS-2等级时,除了必须在输入列车数据前切换等级外,还应在DMI上选择"数据"并进行列车数据输入与确认,否则列车移动会导致停车防护制动。具体操作见表12-16。

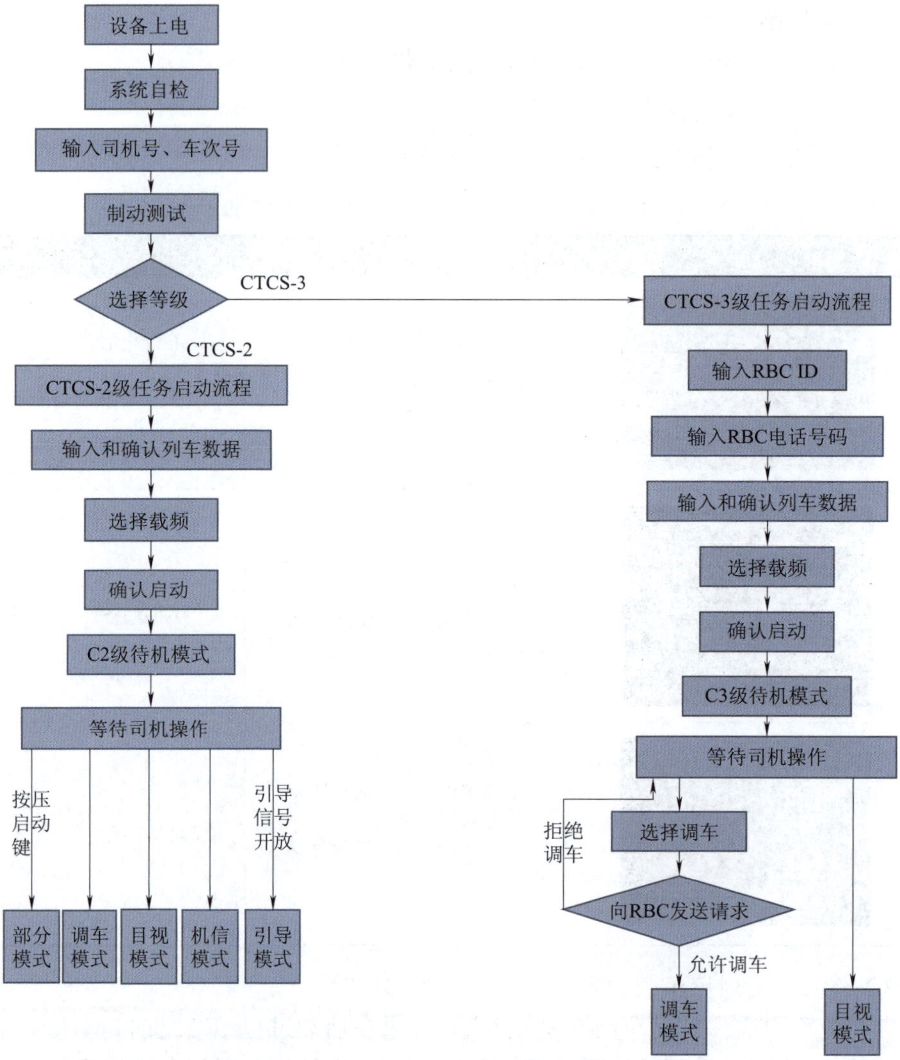

图 12-29　CTCS-300T 型列控车载设备启动流程

表 12-14　CTCS-300T 型列控车载设备启动过程中司机号和车次号的输入操作

序号	DMI 显示和声音	状态/描述	司机操作
1	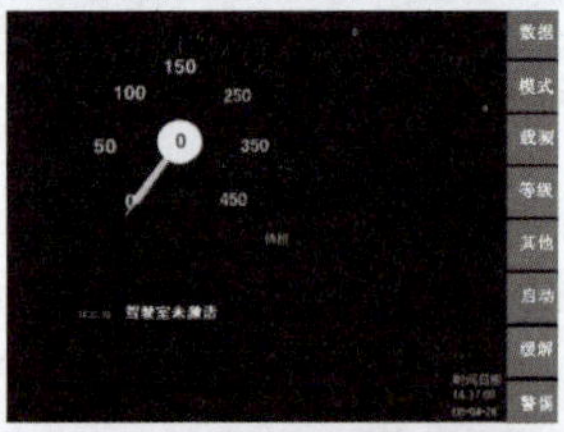	驾驶台未激活	激活驾驶台
2	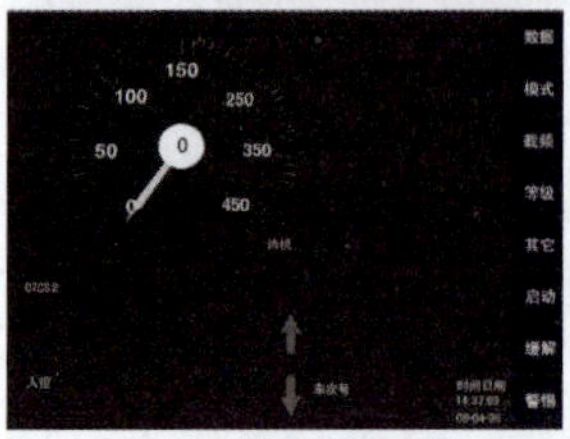	DMI 显示 8 个按钮：数据、模式、载频、等级、其他、启动、缓解、警惕	无动作

续上表

序号	DMI 显示和声音	状态/描述	司机操作
3	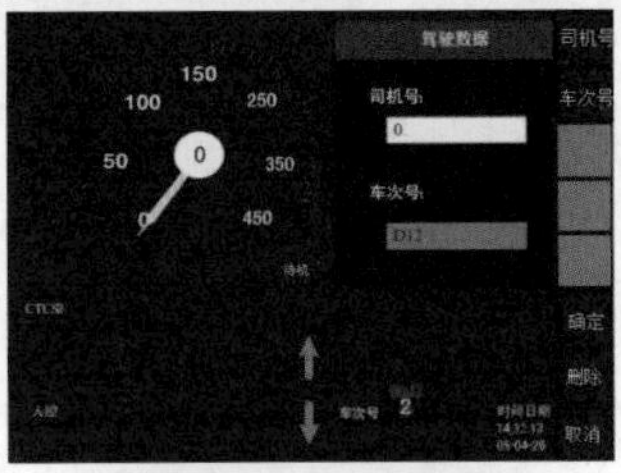	DMI 要求司机输入司机号和车次号	无动作
4	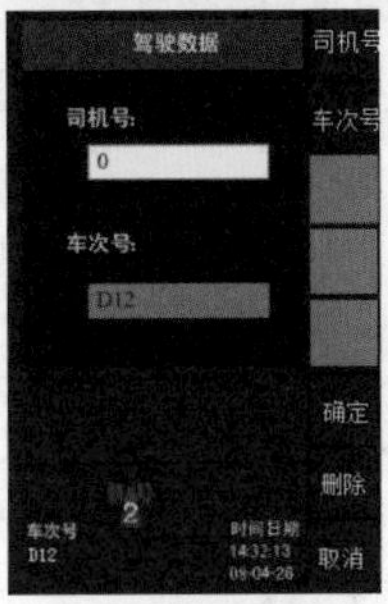	选中的数据项为白色，未选中的为灰色	1. 使用显示屏下方的按键输入新的数据。 2. 使用“删除”按钮删除当前数据重新输入正确数据。 3. 按“确定”进入下一步，按机号和车次号

表 12-15　CTCS-300T 型列控车载设备启动过程中制动测试的操作

序号	DMI 显示和声音	状态/描述	司机操作
1	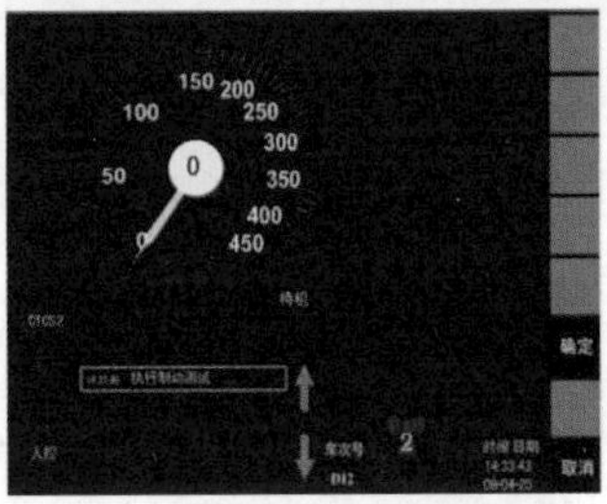	DMI 上显示闪烁的文本“执行制动测试”	1. 按“确定”按钮，进行制动测试。 2. 禁止按压“取消”键取消制动测试
2	显示文本：“正在进行制动测试”	1. 如果司机按压钮，开始制动测试，同时启动过程继续进行。 2. 制动测试自动进行，不需要司机干预	1. 等待下条文。 2. 在制动测试成功之前，禁止选择等级和输入列车数据
3	显示文本：“制动测试将在×小时后超时”	每隔 30 h，就要进行一次成功的制动测试，显示此文本表示需要制动测试	司机确认，应在停车后进行制动测试
4	显示文本：“制动测试超时”	制动测试过程中制动测试超时导致的制动测试失败	司机确认后，应检查制动手柄位置，确认车辆未施加制动，立即进行制动测试
5	显示文本：“无法启动制动测试”	不能进行制动测试，并显示文“无法启动制动测试”	检查制动手柄位置。司机确认车辆未施加制动。制动测试成功之前不能进行下一步操作。若一直显示此文重启 ATP，重新进行制动测试
6	显示文本：“制动测试中断，重新测试？”	制动测试终止，显示文本信息“制动测试中断，重新测试？”	重启 ATP，重新进行制动测试

续上表

序号	DMI 显示和声音	状态/描述	司机操作
7	显示文本:"制动测试失败,重新执行测试"	如果制动测试失败,在 DMI 上将显示失败消息	1. 检查制动手柄位置,确认车辆未施加制动,确认该文再次进行制动测试。 2. 如果还是测试失败,应重启 ATP
8	显示文本:"制动测试成功"		进行下一步操作

表 12-16　CTCS-300T 型列控车载设备启动过程中选择应用等级操作

序号	DMI 显示和声音	状态/描述	司机操作
1	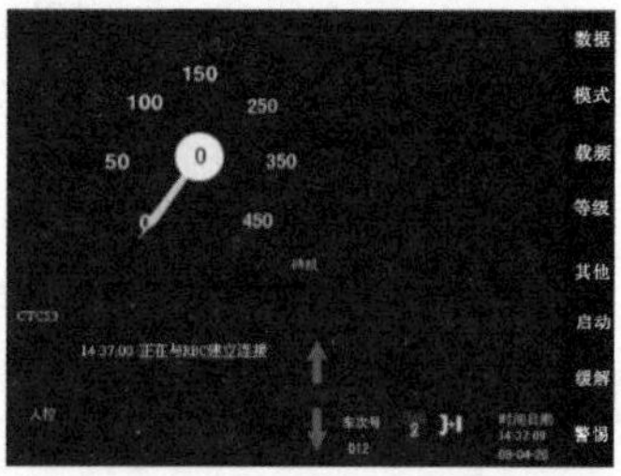	1. 如果车载默认以 CTCS-3 级启动且 RBC-ID 和电话号码都有效,将直接开始与 RBC 建立连接,并显示 CTCS-3 等级。 2. 在 DMI 上显示文本"正在与 RBC 建立连接"	1. 等待无线连接建立的结果。 2. 在 DMI 显示"RBC 建立连接"或与 RBC 建立连接之前不应进行任何操作
2	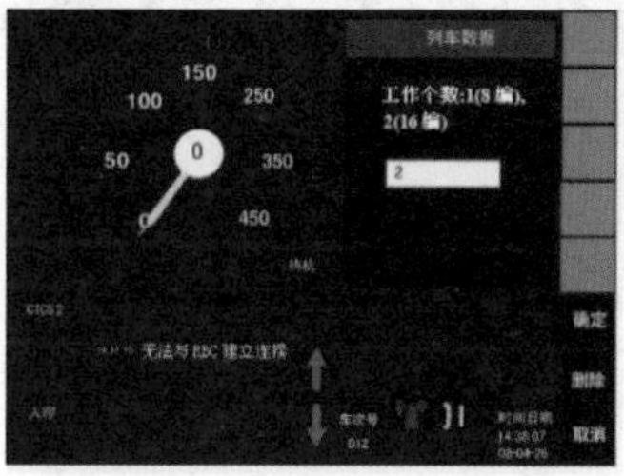	如果启机无法与 RBC 建立连接,在 DMI 上显示文本"RBC 建立连接"	1. 若司机以 CTCS-2 级发车,取消输入列车长度,选择 CTCS-2 级,之后按压数据键输入列车数据。 2. 若司机以 CTCS-3 级发车,取消输入列车长度,选择 CTCS-3 级,重新输入 RBC ID 和电话号码。 3. 若与 RBC 成功建立连接,按压数据键输入列车数据。 4. 若依然与 RBC 无法建立连接,转到 CTCS-2 级后重启 ATP
3	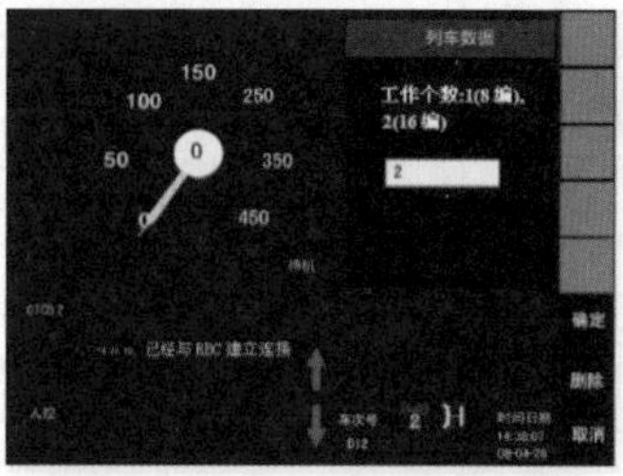	如果启机与 RBC 连接建立成功,在 DMI 上显示文本"已经与 RBC 建立连接"	进入下一步操作
4	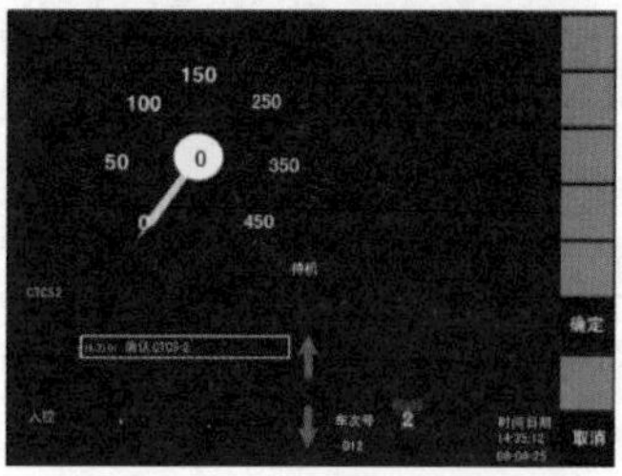	若默认以 CTCS-2 级启动,DMI 上显示闪烁的文本"确认 CTCS-2"菜单上显示"确定"和"取消"两个按钮	1. 如果需要使用 CTCS-2 等级,按"确定"按钮。 2. 如果需要选择 CTCS-3 等级,按"取消"按钮,进入下一步操作

续上表

序号	DMI 显示和声音	状态/描述	司机操作
5	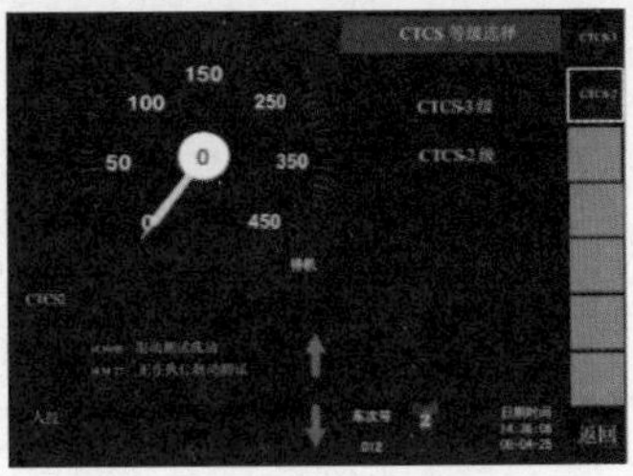	所有可能的等级都显示在等级选择菜单上,可用的等级为蓝色,不可用的等级为灰色	1. 从可用的等级中选择希望使用的等级。 2. 如果司机选择了“回”按钮,应对默认的等级进行确认

6. CTCS-300T 型列控车载设备输入 RBC 数据的操作

CTCS-300T 型列控车载设备在启动过程中选择 C3 等级后,需要输入与 RBC 连接所需的数据,若 RBC ID 输入为非管辖本区段的号码,则会导致开车后 DMI 显示文本信息“不在 RBC 管辖范围”,列控车载设备不能转入完全模式;若 RBC ID 错误输入为无法识别的号码,则会导致列控车载设备无法连接 RBC,此时司机只有等待 DMI 提示文本信息“无法与 RBC 建立连接”后,转入 CTCS-2 等级重启。具体操作见表 12-17。

表 12-17　CTCS-300T 型列控车载设备启动过程中输入 RBC 数据的操作

序号	DMI 显示和声音	状态/描述	司机操作
1	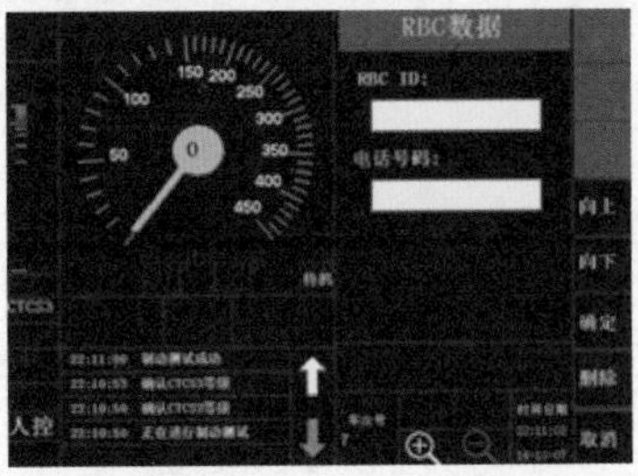	在 DMI 上提示输入 RBC ID、电话号码	1. 司机根据发车地点所在的 RBC 辖区,输入正确的 RBC ID 和电话号码。 2. 输入过程中若发现输入错误,可按“删除”键进行更正

7. CTCS-300T 型列控车载设备列车数据的输入操作

列车数据(列车长度)是列控车载设备生成连续速度控车曲线并监控运行的重要依据,列控车载设备在启动过程中未按规定进行输入、确认列车数据时,列控车载设备列会在车速度达到5 km/h因数据不全而触发防止制动;此外输入不正确时则会导致列车尾部超速的风险。具体操作见表 12-18。

表 12-18　CTCS-300T 型列控车载设备启动过程中输入列车数据的操作

序号	DMI 显示和声音	状态/描述	司机操作
1	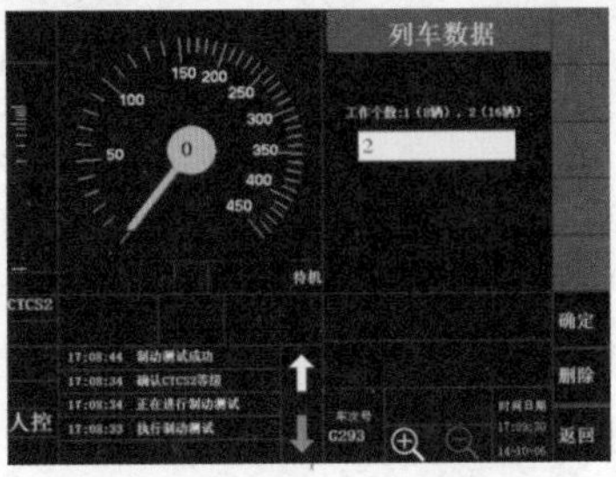	在 DMI 上提示选择列车的工作个数;1 表示单组,2 表示双组。进入列车数据输入界面后,默认的列车工作个数为 2	1. 根据列车实际长度,司机可以修改列车的工作个数;按“确定”键确定修改后的工作个数。 2. 若不需要修改列车数据,直接按压确定键。 3. 如果司机按“取消”按钮,应重新选择“数据”输入列车数据

续上表

序号	DMI 显示和声音	状态/描述	司机操作
2	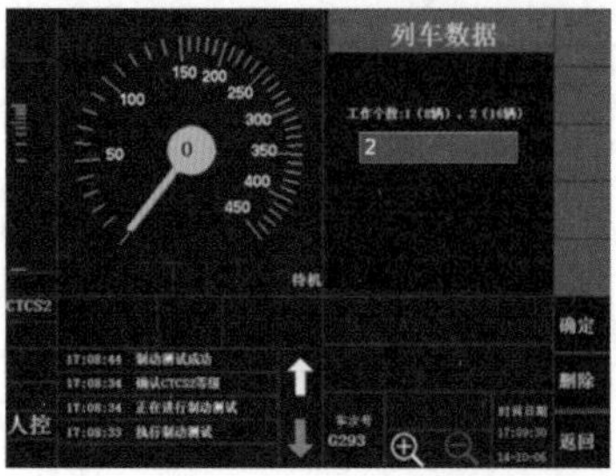	输入列车数据后，DMI 提示司机确认输入的数据	1. 如果数据正确，按“确定”按钮进行确认，后台自动将司机输入的工作个数转换为单、双组的列车长度。 2. 按“取消”按钮，重新选择“数据”输入列车数据入

8. CTCS-300T 型列控车载设备载频选择操作

正确选择载频是列控车载设备正常工作的基础，列控车载设备在启动过程中只有选择了正确的载频，列控车载设备才能正确的读取轨道电路信息。具体操作见表 12-19。

表 12-19　CTCS-300T 型列控车载设备启动过程中载频选择的操作

序号	DMI 显示和声音	状态/描述	司机操作
1	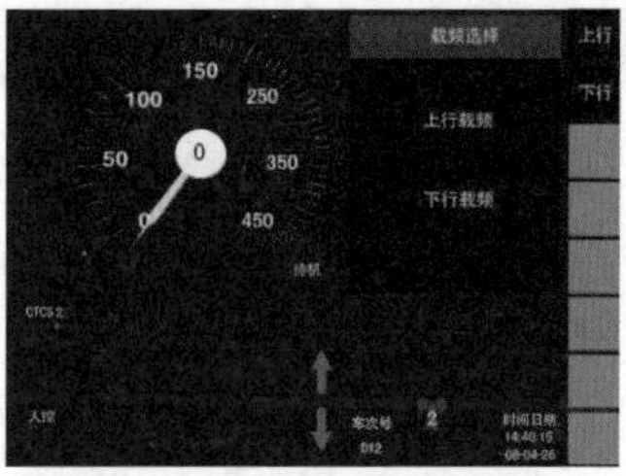	显示选择载频对话框和菜单，包括“上行”键“下行”	1. 按“上行”键选择上行载频。 2. 按“下行”键选择下行载频
2	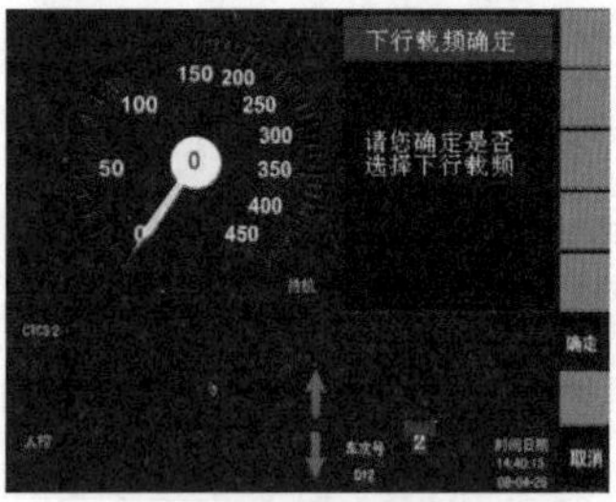	显示确认载频选择对话框和菜单，包括“确定”和“取消”按键	司机选择要确定的载频，按“确定”按键，否则按“取消”按键返回上级菜单，重新选择上下行
3	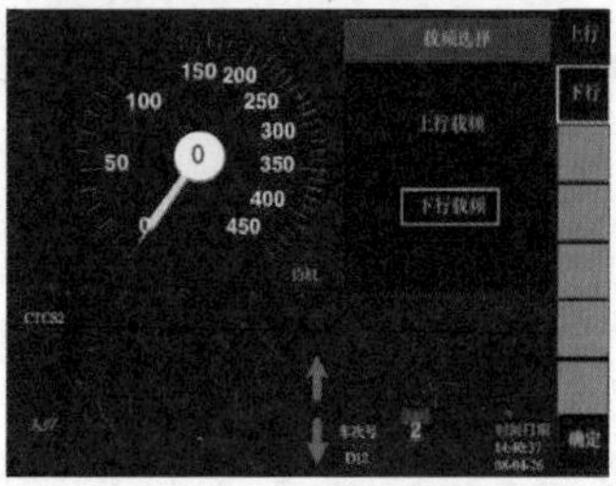	显示再次确认载频选择对话框和菜单	司机再次确认选择的载频，按“确定”按键若司机选择了错误的载频，按压后重新进行载频选择

9. CTCS-300T 型列控车载设备启动确认操作

当 ATP 自检通过、制动测试成功、各种驾驶所需的数据均已输入后，列控车载设备完成上电，此时 DMI 会提示司机确认启动完成，具体操作见表 12-20。

表 12-20　CTCS-300T 型列控车载设备启动完成的确认操作

序号	DMI 显示和声音	状态/描述	司机操作
1	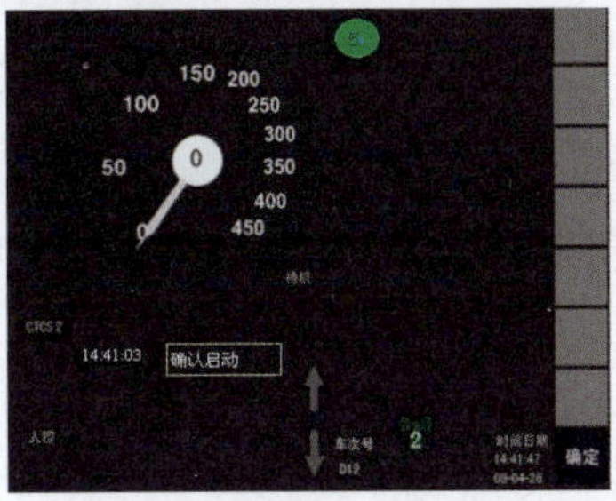	DMI 上显示闪烁的文本“确认启动”，要求司机确认启动完成	1. 按“确定”按钮确认启动过程。 2. 进入下一步，确认运行模式

10. CTCS-300T 型列控车载设备部分监控模式操作

部分监控模式只用于 CTCS-2 级。部分监控模式可由待机模式、完全监控模式、目视监控模式和引导模式进入。具体操作见表 12-21。

表 12-21　CTCS-300T 型列控车载设备进入部分监控模式的操作

序号	DMI 显示和声音	状态/描述	司机操作
1	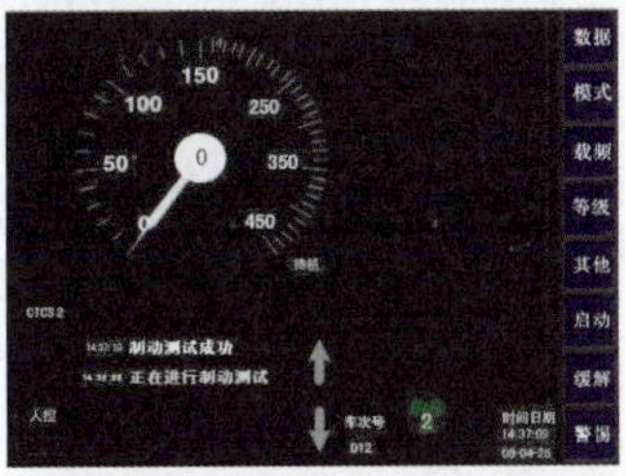	1. ATP 启动完成，进入待机模式。 2. 司机按“启动”键后，进入启动确认界面	1. 确保列车在停车状态。 2. 施加制动。 3. 司机按启动键
2	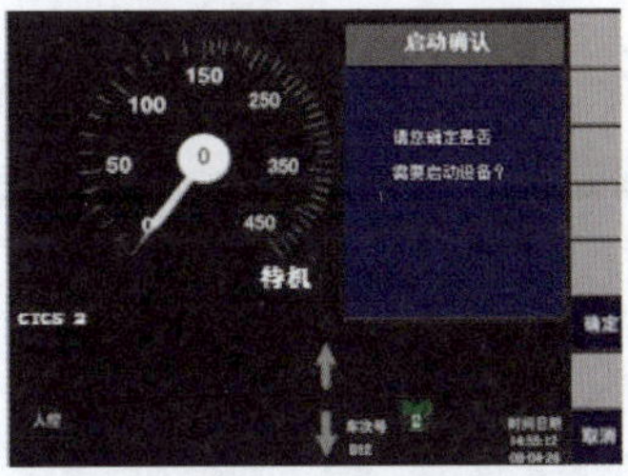	DMI 显示启动确认菜单，司机按“确定”按钮进行确认，按“取消”按钮取消该操作	1. 司机按确定键后进入部分监控模式。 2. 司机按取消键后取消该操作
3	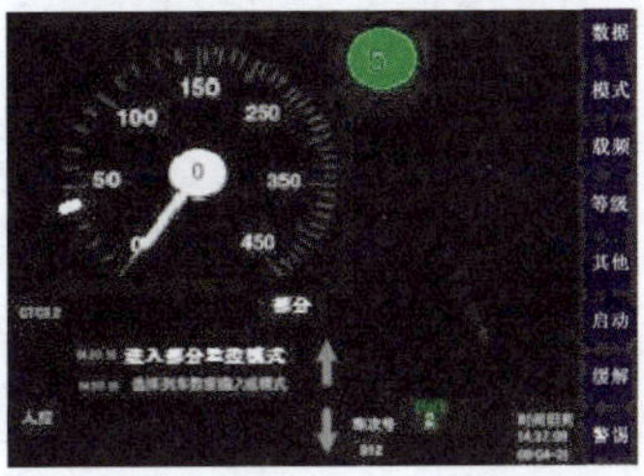	CTCS-2 部分监控模式	

11. CTCS-300T 型列控车载设备目视行车模式操作(表 12-22)

表 12-22　CTCS-300T 型列控车载设备进入目视模式的操作

序号	DMI 显示和声音	状态/描述	司机操作
1	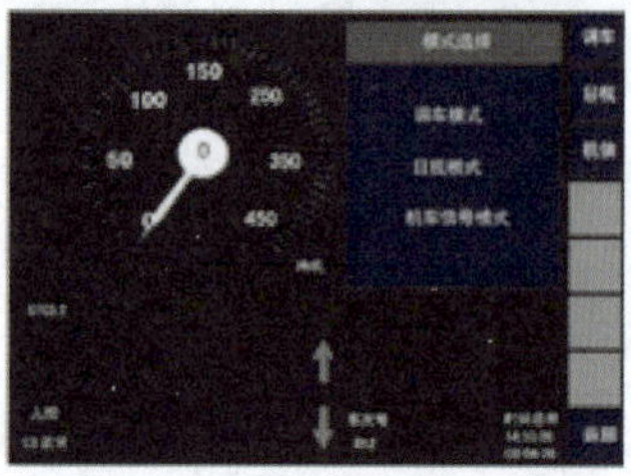	1. 在 CTCS-2 级,由完全监控模式、部分监控模式和引导模式进入。 2. 接收非运行信号	1. 确保列车在停车状态。 2. 司机按压“模式”键,在模式选择页面选择目视并确认
2		CTCS-2 级目视行车模式	1. 固定限速 40 km/h。 2. 300 m 或 60 s 内按警惕键进行确认,否则输出紧急制动停车
3	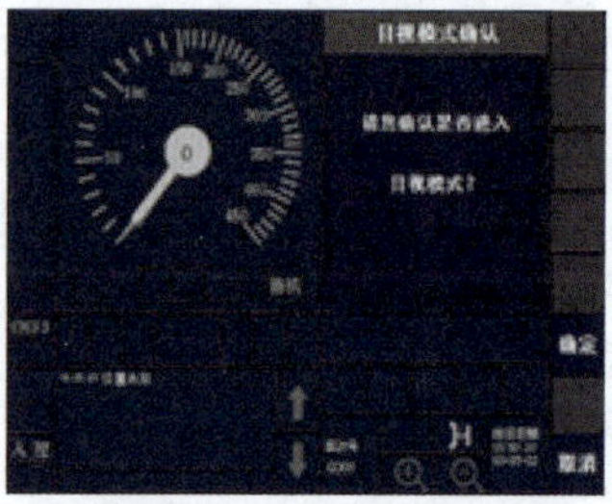	CTCS-2 进入部分监控模式	
4		在 CTCS-3 级,由待机模式、完全监控模式、引导和冒后模式进入	1. 确保列车在停车状态。 2. 司机按压“模式”键,在模式选择页面选择“目视”模式后,DMI 提示“越行确认”,司机要在 5 s内确认,否则应重新选择目视模式
5		CTCS-3 级目视行车模式	1. 进入 CTCS-3 级目视模式后,需确保在 60 s 内移动列车越过前方目标点(启动时默认为车头前 12 m),否则将会出现列车制动并进入冒进模式。 2. CTCS-3 下司机需在 300 m 或60 s内对“目视确认”文本进行确认,否则输出紧急制动停车

12. CTCS-300T 型列控车载设备引导模式说明(表 12-23)

表 12-23 CTCS-300T 型列控车载设备进入引导模式的操作

序号	DMI 显示和声音	状态/描述	司机操作
1	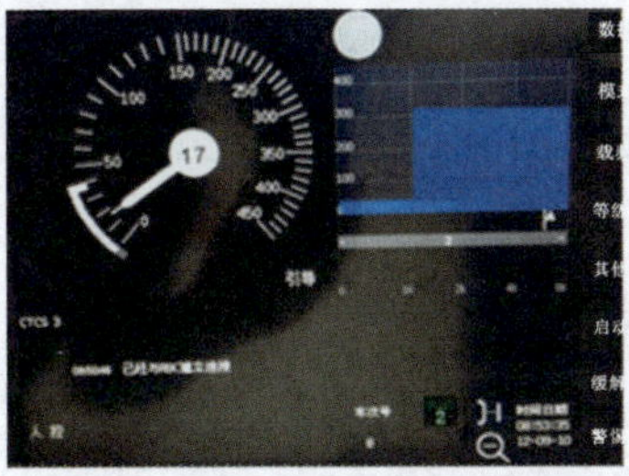	1. 在 CTCS-3 级由待机模式、完全监控模式、目视模式和冒后模式进入; 2. 在 CTCS-2 级由部分监控模式和完全监控模式进入	1. 在 CTCS-3 级,车载设备接收 RBC 引导模式转换信息,DMI 上显示:带有闪烁框的“确认引导模式”文本。如果司机不进行模式转换确认,车载设备在列车进入引导模式区域后,进入引导模式,并施加制动直到确认。DMI 每隔 200 m 或 50 s,进行一次“引导确认”语音提示”;需按一次“警惕”键,否则列车制动停车。停车后,先按“警惕”键再缓解制动。 2. 在 CTCS-2 级,由部分监控模式和完全监控模式进入。在 CTCS-2 级,车载设备接收到引导模式转换信息(收到 HB 码且当前速度低于 40 km/h),如果当前运行模式为完全监控模式,DMI 上显示带闪烁框的“引导确认”文本,司机需按压“确定”键,如果为其他模式,车载设备自动进入引导模式

13. CTCS-300T 型列控车载设备调车模式操作(表 12-24)

表 12-24 CTCS-300T 型列控车载设备调车模式的操作

序号	DMI 显示和声音	状态/描述	司机操作
1	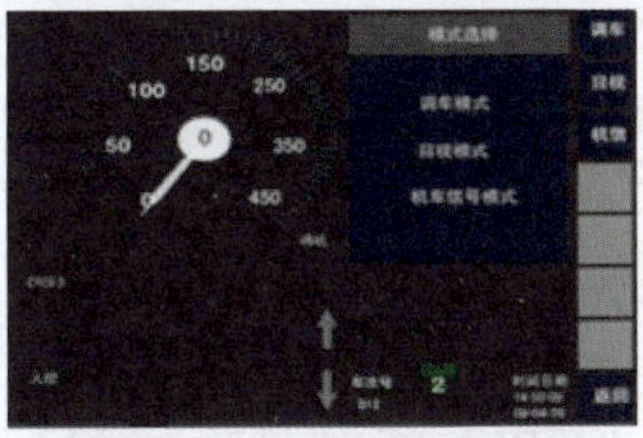	CTCS-2 级由待机模式、引导模式、目视行车模式、部分监控模式和完全监控模式进入	1. 确保列车在停车状态。 2. 按压模式键,在模式选择页面按压“调车”键
2		CTCS-2 级调车模式	固定限速 40 km/h
3	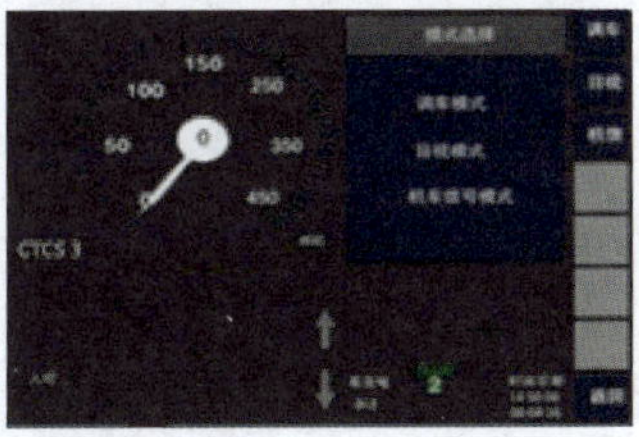	CTCS-3 级由待机模式、完全监控模式、引导模式、目视行车模式和冒后模式进入	1. 确保列车在停车状态。 2. 按压模式键,在模式选择页面按压“调车”键。 3. RBC 允许调车请求后,才能进入调车模式

续上表

序号	DMI 显示和声音	状态/描述	司机操作
4		CTCS-3 级调车模式	固定限速 40 km/h

调车模式模式注意事项：

(1)在 CTCS-2 等级下，除了接收到禁止调车报文，车载设备忽略其他所有地面信息，司机可以驾驶列车前进。

(2)收到调车危险，CTCS-2 级触发紧急制动；CTCS-3 级转入冒进模式，输出紧急制动。在停车确认转入冒后模式后，需要司机重启 ATP 后发车。

(3)调车作业完成后，等列车停稳后，按“模式”键。再按“退出调车”键退出调车；在 CTCS-2、CTCS-3 级，退出调车后转入待机，系统自动重新进行启动过程。

(4)禁止在调车模式下选择修改等级，且 CTCS-3 等级下按压“调车”键后在 DMI 未显示调车处理结果前禁止选择等级(按压“等级”键)。

(5)当控车模式处于调车模式时，需先退出调车模式，再选择修改控车等级(按压“等级”键)。

(6)CTCS-3 等级下按压“调车”键后，可能出现四种情况：①无法与 RBC 建立连接；②调车请求超时；③RBC 拒绝调车；④RBC 接受调车。在 DMI 提示这四种情况之前不得选择等级(按压“等级”键)。如选择等级，需先退出调车模式。

14. CTCS-300T 型列控车载设备机车信号模式说明(表 12-25)

机车信号模式注意事项：

(1)当列车在机车信号模式下收到限制码(HU、HB 变无码)，DMI 每隔 150 m 或 50 s 播放一次“机信确认”语音。若未及时按“警惕”键进行确认，车载设备输出紧急制动停车。停车后，需先按“警惕”键再缓解制动。

(2)机车信号模式下，车载列控车载设备只封 80 km/h 的顶棚速度，低于 80 km/h 的临时限速须按调度命令执行，线路静态速度低于 80 km/h 的区段需要司机人工保证列车运行安全。

表 12-25　CTCS-300T 型列控车载设备机车信号模式的操作

序号	DMI 显示和声音	状态/描述	司机操作
1	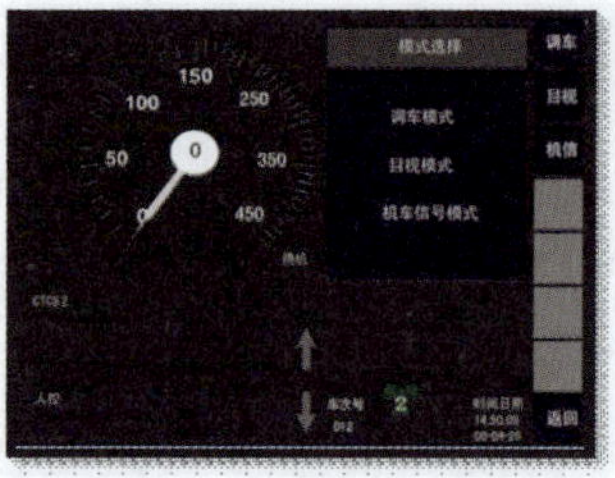	机车信号模式为 CTCS-2 级下的运行模式，用于 CTCS-0/CTCS-1 级线路运行，可由待机模式、完全监控模式进入。在机车信号模式下，地面信号显示为行车凭证，车载设备仅进行最高顶棚速度 80 km/h 的超速防护，低于 80 km/h 的临时限速须按调度命令执行，线路静态速度低于 80 km/h 的区段须由司机负责控制列车运行速度	1. 确保列车在停车状态。 2. 按压模式键，在 CTCS-2 行级的模式选择页面按压“机信”键

（三）CTCS-300S 型列控车载设备上电后的操作

1. 列控车载设备自检测

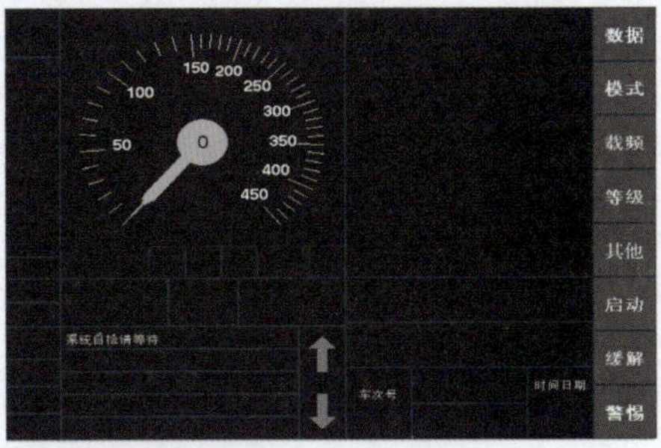

图 12-30a　ATP 自检界面

列控车载设备得电后，进行设备自检测(图 12-30a)。自检通过后，就进入任务启动流程(图 12-30b)，首先会在 DMI 上显示“执行制动测试”提示文本(图 12-30c，司机必须先缓解车辆紧急制动(将制动手柄置于快速位，然后按压车辆紧急复位按钮)，待确认车辆无紧急制动的情况下、将制动手柄置于 B4 级，再按压“确认”(F8)键执行制动测试(图 12-30d)，否则会因制动测试失败导致设备宕机，DMI 显示“与 CPU2 通信中断”、“与 EVC 通信中断”、“TMM 故障”等故障提示文本。

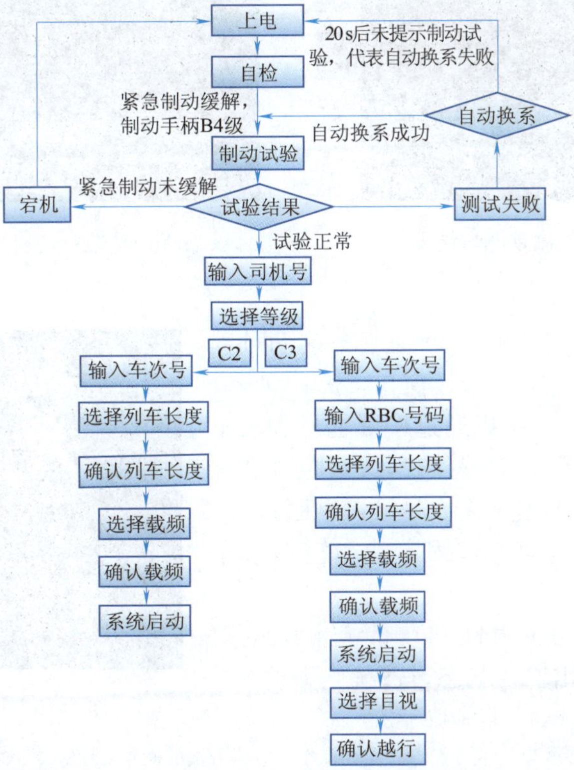

图 12-30b　任务启动流程图

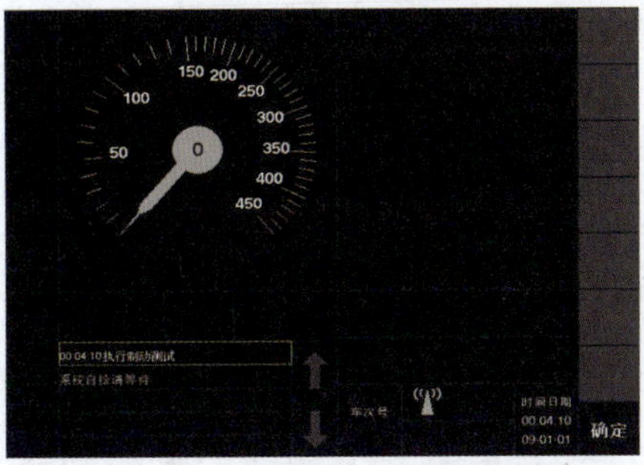

图 12-30c　提示司机制动测试

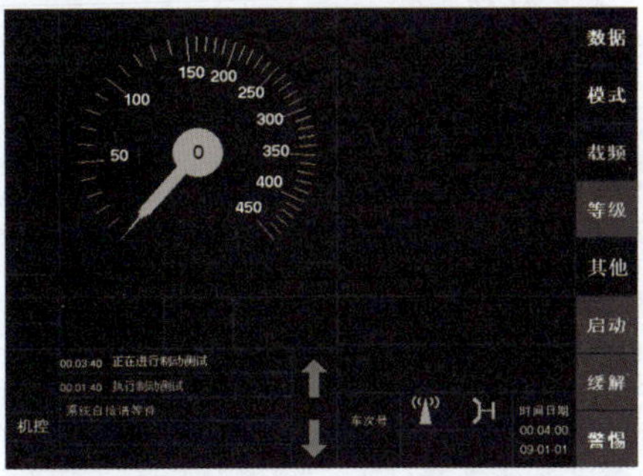

图 12-30d　司机按压“确定”键执行制动测试

2. 司机号输入

司机号输入的方式有两种,一种是制动测试完成后(图 12-30e),车载设备自行弹出司机号输入窗口。另一种是,【司机号】按键可用时,司机可以通过按键选择进入司机号输入界面。司机按【数据】键(F1),进入“数据”菜单后,按【司机号】键(F1),进入司机号输入界面。

在司机号输入界面,司机按固定功能键(相应数字)输入司机号。在输入过程中,按【删除】键(F7)删除已输入的数据,按【取消】键(F8)退出输入状态,按【确定】键(F6)确认输入的数据。操作界面见图 12-31。

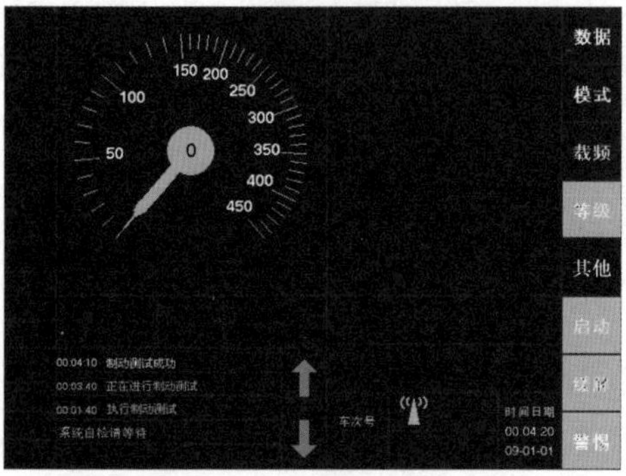

图 12-30e 制动测试结果

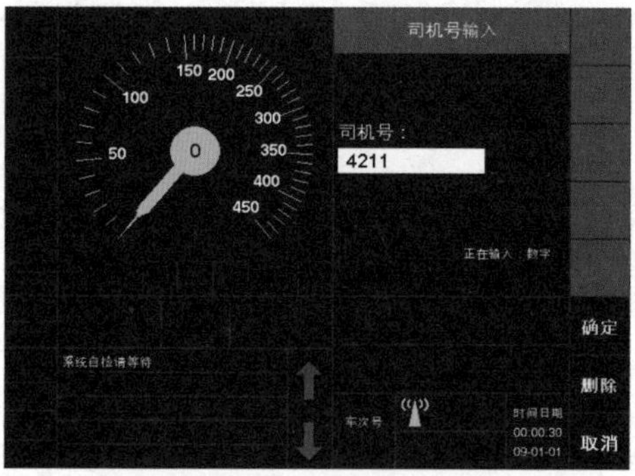

图 12-31 司机号输入界面

3. 车次号输入

车次号输入的方式有两种,一种是任务启动过程中,车载设备自行弹出车次号输入窗口。另一种是,【车次号】按键可用时,司机可以通过按键选择进入车次号输入界面。司机按【数据】键(F1),进入“数据”菜单后,按【车次号】键(F2),进入车次号输入界面。

在车次号输入界面,司机按固定功能键输入车次号。

在输入过程中,按【删除】键(F7)删除已输入的数据,按【取消】键(F8)退出输入状态,按【确定】键(F6)确认输入的数据。操作界面见图 12-32。

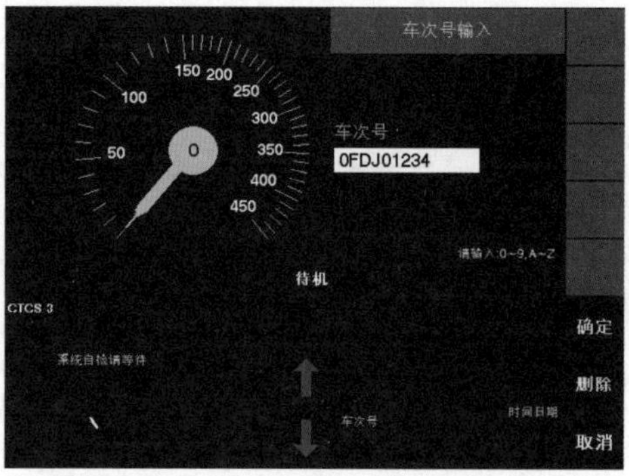

图 12-32 车次号输入界面

注意:车次号的输入原则必须符合《关于公布铁路列车车次编码方案的通知》(铁运[2005]72 号)和《CTCS-3 级列控车载设备人机界面(DMI)显示规范(V2.0)》(运基信号[2010]848 号)附件 2 的有关规定,否则,设备将提示数据输入错误。

4. 列车数据输入

列车数据输入的方式有两种,一种是任务启动过程中,车载设备自行弹出列车数据输入窗口。另一种是,【列车数据】按键可用时,司机可以通过按键选择进入列车数据输入界面。司机按【数据】键(F1),进入“数据”菜单后,按【列车数据】键(F3),进入列车数据输入界面。

列车长度有两档选择,分别为【420】键(F1)和【210】键(F2),司机可通过按键选择车长。DMI 显示的输入默认值为 420,司机可按【210】键(F2)输入 210。按【取消】键(F8)退出输入状态,按【确定】键(F6)确认输入的数据。见图 12-33。

5. 日期时间输入

司机按【数据】键(F1),进入“数据”菜单后,按【日期时间】键(F6),进入日期时间输入界面。按【日期】键(F1)输入相应年/月/日到日期输入框,在日期输入完毕后;按【时间】键(F2),切换至时间输入框,输入相应时间值。

在输入过程中,按【删除】键(F7)删除已输入的数据,按【取消】键(F8)退出输入状态,按【确定】键(F6)确认输入的数据。操作界面见图 12-34。

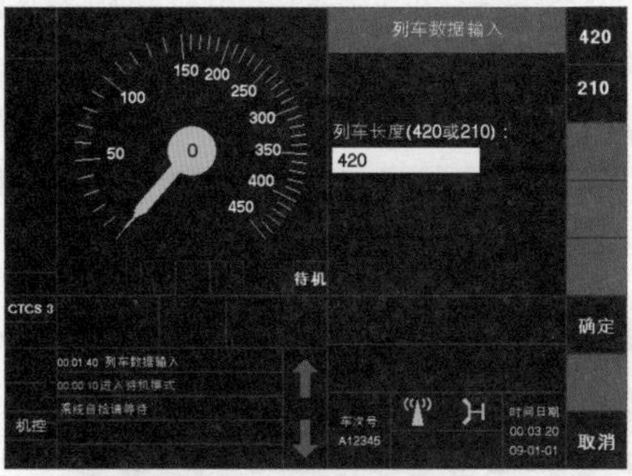

图 12-33　列车数据输入界面

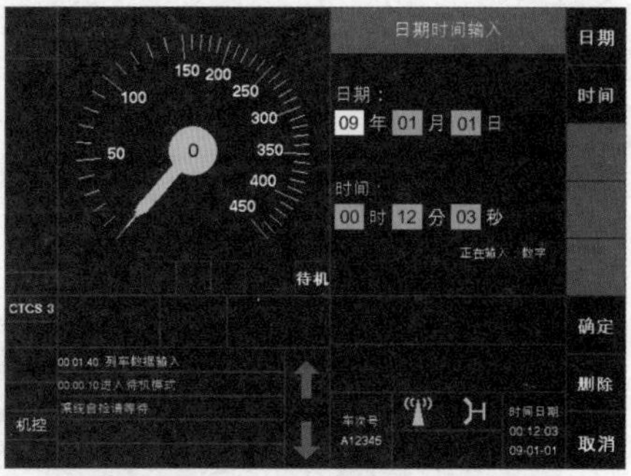

图 12-34　日期时间输入界面

6. 模式选择

司机按【模式】键(F2),进入"模式选择"菜单,手动可选模式有三种:调车模式、目视行车模式和机车信号模式。选择相应模式按键,会出现"模式确认"界面(如按【调车】键,会出现"调车模式确认"界面)。司机也可以通过按下固定功能键的【1\调车】、【2\目视】或【3\机信】来选择相应的模式,直接进入"模式确认"界面,见图 12-35。

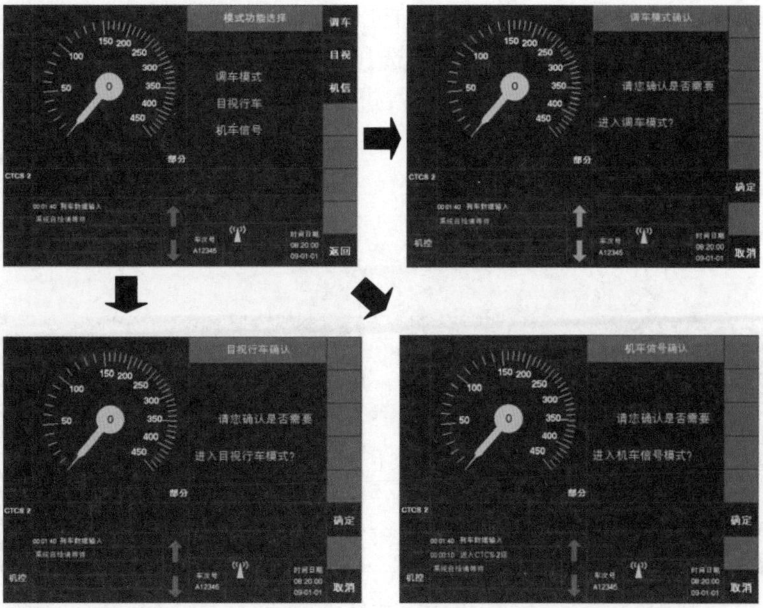

图 12-35　模式选择界面

对于"调车"与"机车信号"模式,如未处于这两种模式,则进入确认界面时,提示为"请您确认是否需要进入调车模式"和"请您确认是否需要进入机车信号模式";如此时已处于上述两种模式,提示为"请您确认是否需要退出调车模式"和"请您确认是否需要退出机车信号模式"。

对于"目视行车"模式,提示只为"请您确认是否需要进入目视行车模式"。

在“模式选择”菜单下，按【返回】键(F8)可退出选择状态。

在“模式确认”界面下，按【取消】键(F8)退出输入状态，按【确定】键(F6)确认选择相应的模式。

7. 载频选择

载频输入的方式有两种，一种是任务启动过程中，车载设备自行弹出载频输入窗口。另一种是，【载频】按键可用时，司机可以通过按键选择进入载频输入界面。司机按【载频】键(F3)，进入“载频”菜单后，按【上行】键(F1)或【下行】键(F2)，进入“载频确认”界面。

在“载频”菜单下，按【返回】键(F8)可退出选择状态。

在“载频确认”界面下，按【取消】键(F8)退出输入状态，按【确定】键(F6)确认选择相应的载频方式。见图12-36。

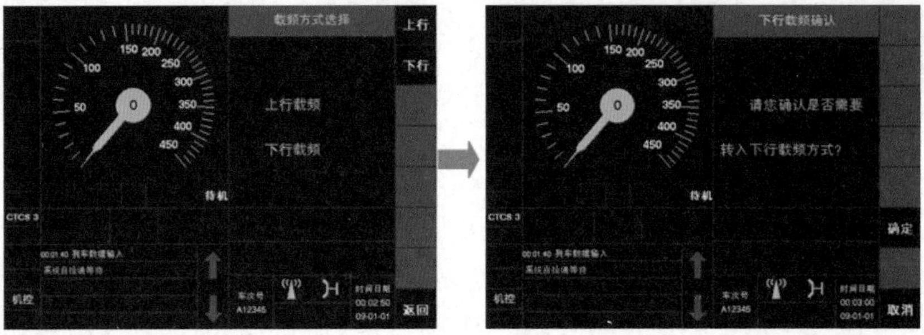

图12-36　载频选择界面

8. 等级选择

等级选择的方式有两种，一种是任务启动过程中，车载设备自行弹出等级选择窗口。另一种是，【等级】按键可用时，司机可以通过按键选择进入等级选择界面。司机按【等级】键(F4)，进入“CTCS等级选择”菜单后，按相应等级键，进入“等级确认”界面(如按【CTCS-3】键，将进行“转换到CTCS-3级确认”界面)。

在“CTCS等级选择”菜单下，按【返回】键(F8)可退出选择状态。

在“等级确认”界面下，按【返回】键(F8)返回到等级选择状态，按【确定】键(F6)确认选择相应的等级方式。见图12-37。

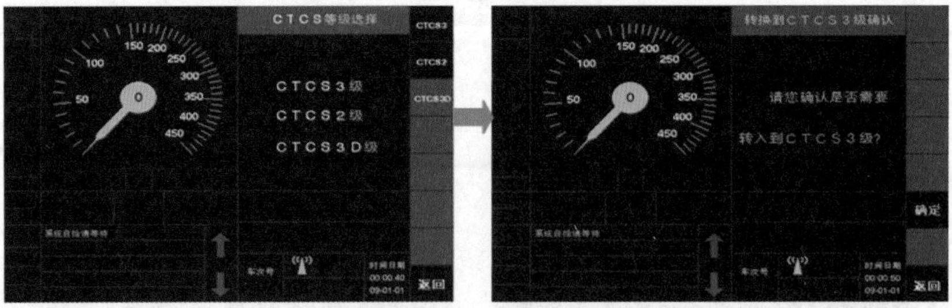

图12-37　等级选择界面

(1)选择CTCS-3

若按下【CTCS3】键(F1)，DMI将进入级别确认窗口。如确认选择CTCS3级，则要求司机输入RBC号码。见图12-38。

在RBC号码输入界面下，可按【删除】键(F7)删除已输入的数据，按【返回】键(F8)返回到等级选择状态，按【确定】键(F6)确认输入的数据。

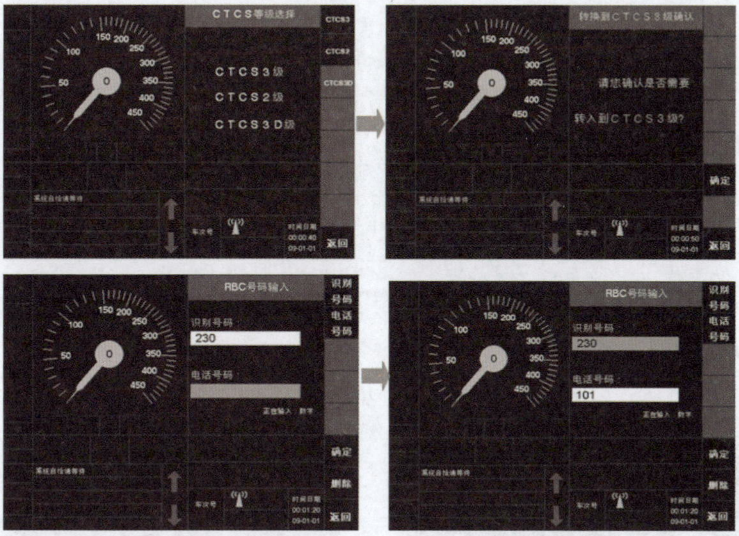

图 12-38　选择 CTCS-3 并输入 RBC 号码界面

输入 RBC 号码后，司机按【确定】键(F6)，将等级信息和 RBC 号码发送至车载设备，若按【返回】键(F8)，司机应重新选择级别。

车载设备收到数据后，将进行 RBC 连接。见图 12-39。

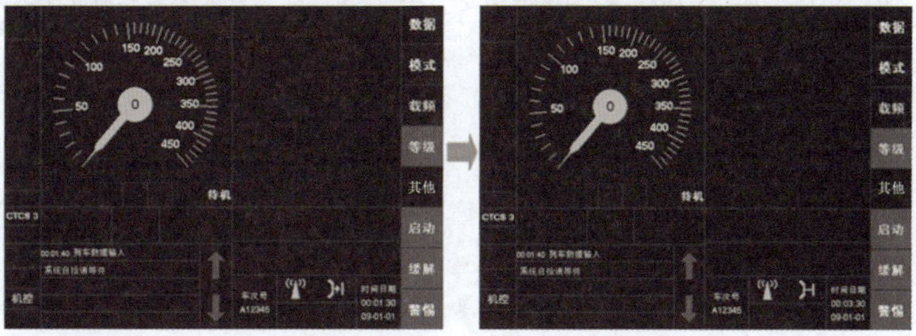

图 12-39　车载设备连接 RBC 界面

(2)选择 CTCS-2

若按下【CTCS2】键(F2)，将进入 CTCS-2 级确认窗口，见图 12-40。

9. 音量调节(图 12-41)

司机按【其他】键(F5)，进入“其他选项”菜单后，按【音量】键(F2)，进入“声音设置”界面。在该界面下，按【大】键(F1)可增加 DMI 播放音量，按【小】键(F2)可减小 DMI 播放音量，按【返回】键(F8)可退出“音量设置”界面。

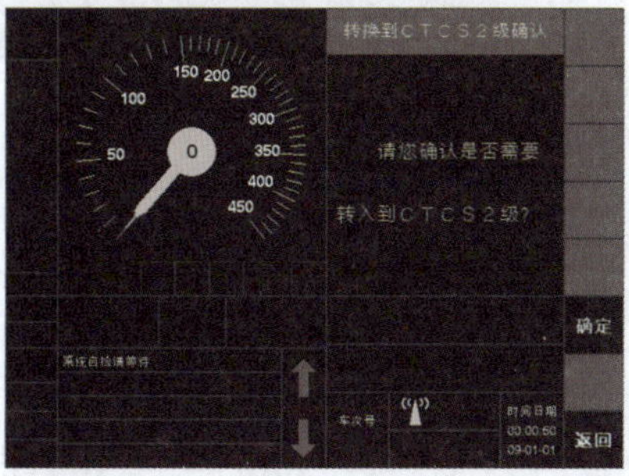

图 12-40　CTCS-2 级选择界面

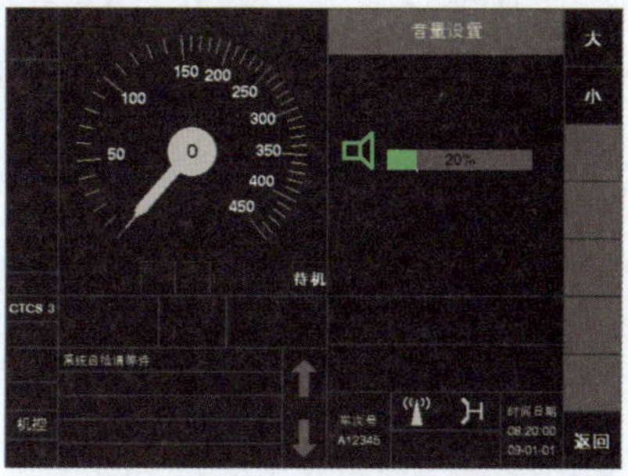

图 12-41　声音设置界面

10. 亮度调节(图 12-42)

司机按【其他】键(F5),进入“其他选项”菜单后,按【亮度】键(F3),进入“亮度设置”界面。在该界面下,按【亮】键(F1)可增加 DMI 显示亮度,按【暗】键(F2)可减小 DMI 显示亮度,按【返回】键(F8)可退出“亮度设置”界面。

11. 任务启动(图 12-43)

任务启动方式有两种,一种是任务启动过程中,设备自行弹出启动确认窗口。另一种是当【启动】键可用时,司机可以按【启动】键(F6),进入启动确认界面。

在启动确认界面下,按【取消】键(F8)放弃启动任务,按【确定】键(F6)确认启动任务。司机也可按 DMI 固定功能按键中的【4/启动键】进入“启动模式确认”界面,下图以系统在 CTCS-3 级的任务启动为例(CTCS-2 级的任务启动操作步骤相同)。

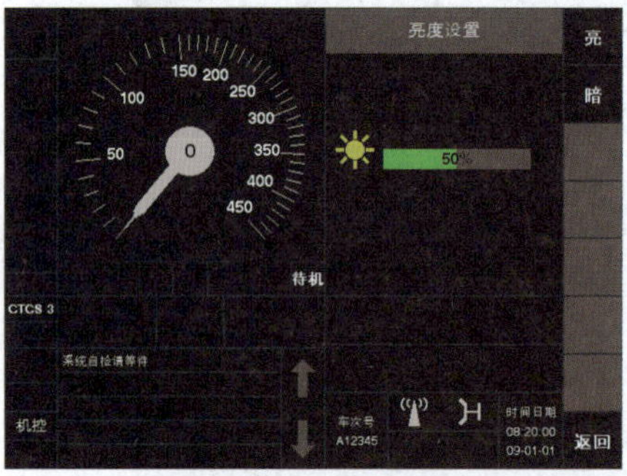

图 12-42 亮度设置界面

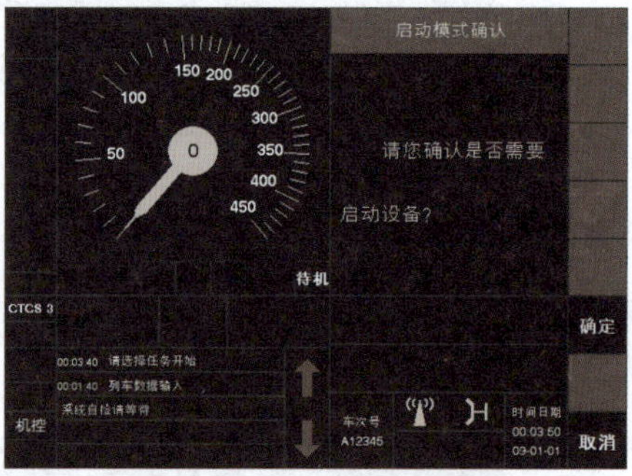

图 12-43 任务启动界面

12. 缓解操作

在 CTCS-2 级下,人控优先的状态下,如果列车触发了常用制动,当列车运行速度低于允许缓解速度后,列控车载设备允许司机缓解制动。当 DMI 上给出允许缓解的提示后,司机按下【缓解】键或者是固定功能按键中的【5/缓解】,进入“缓解模式确认界面”(图 12-44),当按下【确定】键后,列控车载设备结束制动。如按【取消】,则不进行缓解操作。

在 CTCS-2 级下,机控或人控优先的状态下,如果列控车载设备触发了紧急制动,当列车停车后,列控车载设备允许司机缓解制动。当 DMI 上给出允许缓解的提示后,司机按下【缓解】键,进入“缓解模式确认界面”(图 12-44),当按下【确定】键后,列控车载设备结束制动。(CRH380A 统型车在 ATP 触发紧急的 0.5 s 后,车辆也施加紧急制动,所以 CRH380A 统型车的缓解操作除按压列控车载设备 DMI 的缓解键外,还需要制动手柄在快速位的情况下按压“紧急复位”按钮)

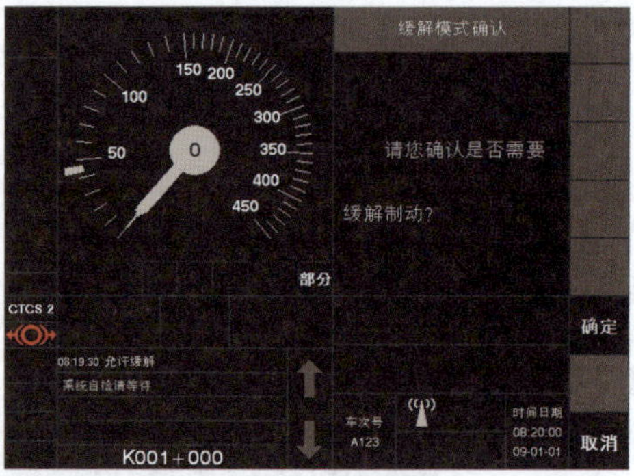

图 12-44 缓解模式界面

注意:【缓解】按键仅在 CTCS-2 级下可用。由于运行在 CTCS-3 级下,司机无需进行【缓解】键(F7)操作,为防止司机误操作,设备将【缓解】键(F7)设为不可用。

13. 警惕操作

列控车载设备处于 CTCS-2 级的目视行车模式(允许速度 40 km/h)、引导模式(顶棚速度 40 km/h)或机车信号模式(HU 码区,顶棚速度 20 km/h;或 HB 码转无码后)下,司机 60 s 或

300 m(机车信号模式下为 200 m)内按【警惕】键(屏幕右侧可扩展功能键的【警惕】(F8)键或屏幕下方固定功能键的【警惕】键),以表明司机了解当前车载设备处于特殊模式下。

列控车载设备处于 CTCS-3 级目视行车模式,司机每 60 s 或 300 m 亦需按压警惕键(每隔 50 s 或列车走行 200 m,DMI 语音提示司机目视确认),警惕键位置同上。

注意:在"目视"模式,关闭驾驶台前,如果 DMI 语音提示司机目视确认,司机须按【警惕】键后,才能关闭驾驶台。

14. 文本信息查看

司机按【数据】键(F1),进入"数据内容"界面(图 12-45)后,通过按【向上】(F4)或【向下】(F5)来使 E 区文本显示上移一条或下移一条。

当图中的向上和向下的箭头图标为灰色的时候,表示无法向上或向下翻看文本;只有当箭头图标为白色的时候,才能通过【向上】(F4)或【向下】(F5)来使 E 区文本显示上移一条或下移一条。

15. 计划区放大与缩小

通过固定功能键中数字【8】和【9】对应的按键在非输入状态(D 区无对话框显示),且车载设备处于完全监控模式或引导模式下,用于放大和缩小计划区的显示。

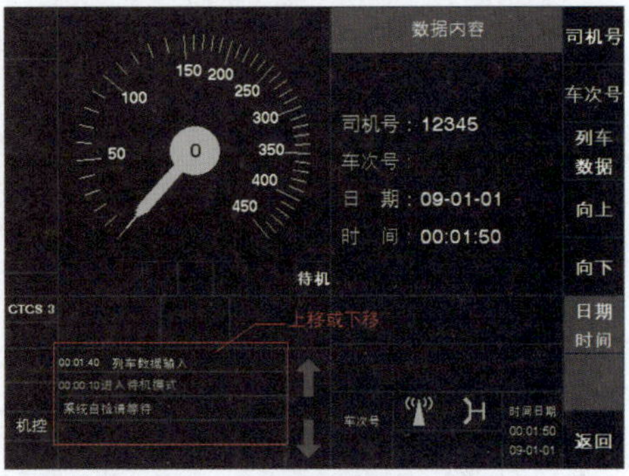

图 12-45　数据内容界面

当 D 区横坐标中显示的最大值为 32k 时,E 监控信息区中,放大图标为白色,缩小图标为灰色,表示放大键可以使用,而缩小键不可用;当 D 区横坐标中显示的最大值为 16k 时,E 监控信息区中,放大图标和缩小图标均为白色,为灰色表示放大键和缩小键均可以使用;当 D 区横坐标中显示的最大值为 8k 时,E 监控信息区中,缩小图标为白色,放大图标为灰色表示缩小键可以使用,而放大键不可用;见图 12-46。

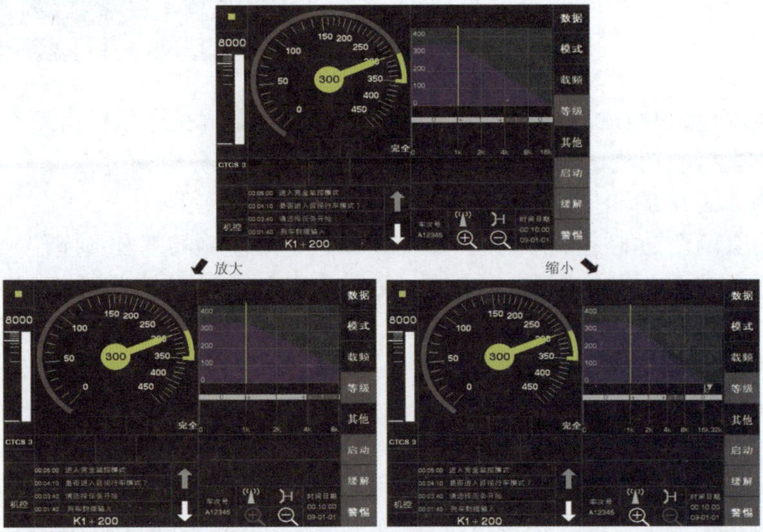

图 12-46　计划区放大与缩小

16. 打开/关闭驾驶台

在 CTCS-2 或 CTCS-3 级下,如果 DMI 主机收到车载安全计算机关闭显示屏数据命令时,DMI 会关闭屏幕显示,呈黑屏状态。为防止驾驶台关闭和开启时间隔过短,导致 ATP 工作模式转换时错误,关闭驾驶台时,应待 DMI 黑屏后,制动手柄在“拔取”位至少保持 5 s,再开启驾驶台。

17. 按键动态屏蔽

上电任务启动过程或运行在 CTCS-3 级下时,车载安全计算机将发送按键可用性信息,DMI 根据该信息实现按键动态屏蔽功能。

按键分为可用和不可用两类。在可扩展功能键区,以按键图标底色区分按键是否可用。若底色与 DMI 背景色相同,表示按键可用。若底色为灰色,表示按键不可用。可用的按键按下时,按键有效,并发出按键音。不可用按键按下时,按键无效,只发出按键音。

若某可扩展功能键不可用时,对应的固定功能键也不可用。

18. 级间切换

途中经过级间切换点,DMI 显示级间切换确认信息时,司机应及时按压“确认”键。

19. 异常处理

(1)按键粘连

DMI 上按键粘连超过 5 s 后,在文本区提示文本“显示器故障”,提示司机发生了按键粘连。当某一按键粘连后,不影响其他按键的使用。

(2)通信中断

当 DMI 与车载设备发生通信中断时,DMI 上 A、B、D 区黑屏显示,其他区域冻结显示,文本区显示文本“与 EVC 通信中断”、“与 CPU2 通信中断”。见图 12-47。

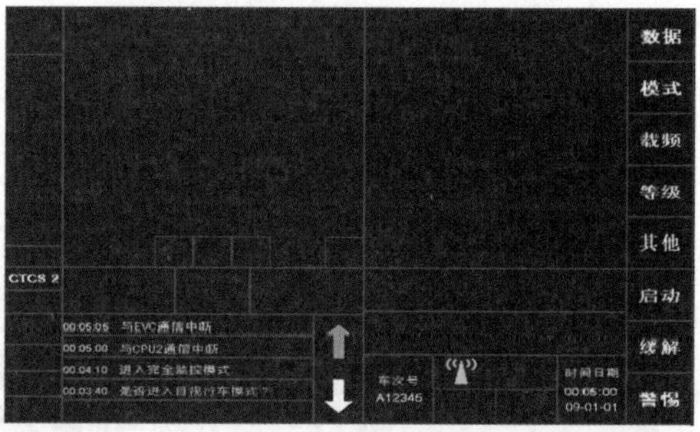

图 12-47 通信中断

(3)主备系切换

列控车载设备由主备两系构成,正常情况下列控车载设备主系控制列车运行,备系处于热备状态。当主系发生故障时会触发紧急制动导致列车停车。当主系故障触发紧急制动,列车停稳后,20 s 内系统会自动切换到备系控车,此过程不需要人工干预。列控车载设备主、备系切换成功后,DMI 提示司机执行制动测试[CRH380A(统)型车先缓解车辆紧急制动再进行制动测试],制动测试成功后重新进行任务启动过程。

(4)DMI1 和 DMI2 的切换

在驾驶室内有两个功能完全相同的 DMI:DMI1(正对左侧的驾驶员座位)和 DMI2。在驾驶室后面的面板上有两个空气开关,分别是 DMI1、DMI2。通常情况下,DMI1 处于“ON”状态,DMI2 处于“OFF”状态。当发生异常情况导致 DMI1 无法上电启动等情况时应首先断开 ATP 断路器开关(司机驾驶室后侧的面板上),再将空气开关 DMI1 置于“OFF”状态,空气开关 DMI2 置于“ON”状态,最后闭合列控车载设备断路器开关重新启动设备。

(5)ATP 隔离运行

当由于设备故障等原因需要将列控车载设备隔离以驾驶员人控方式运行列车时,需将列控车载设备电源开关置于“OFF”状态,将隔离开关置于“ISOLATED”状态。

(四)CTCS-300H 型列控车载设备上电后的操作

1. 列控车载设备自检测

列控车载设备上电后,进行设备自检测,DMI 显示初始界面(图 12-48a),自检通过后进入任务启动流程(图 12-48b)。

2. 司机号输入

司机按【数据】键(F1),进入“数据”菜单后,按【司机号】键(F1),进入司机号确认界面。显示主控设备发来的司机号,按【确定】确认该司机号,按【取消】进入输入界面修改司机号;如果主控单元发来的司机号为无效值,则显示框为灰色,不显示任何数值,界面上只有【取消】按键,没有【确定】按键。确认界面见图 12-49。

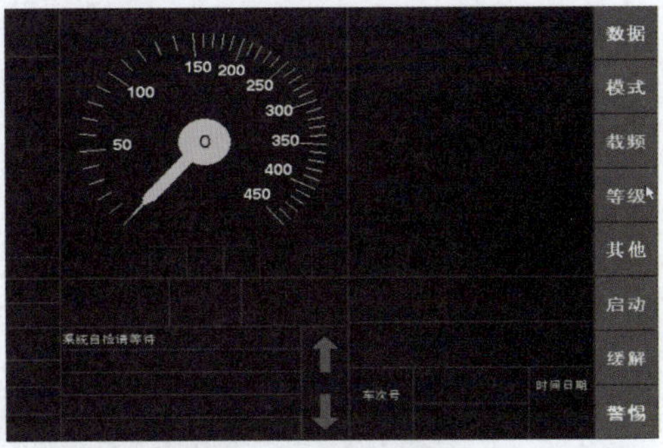

图 12-48a　ATP 自检界面

在输入界面下,按【删除】键(F7)删除已输入的数据,按【取消】键(F8)退出输入状态,按【确定】键(F6)确认输入的数据。输入界面见图 12-50。

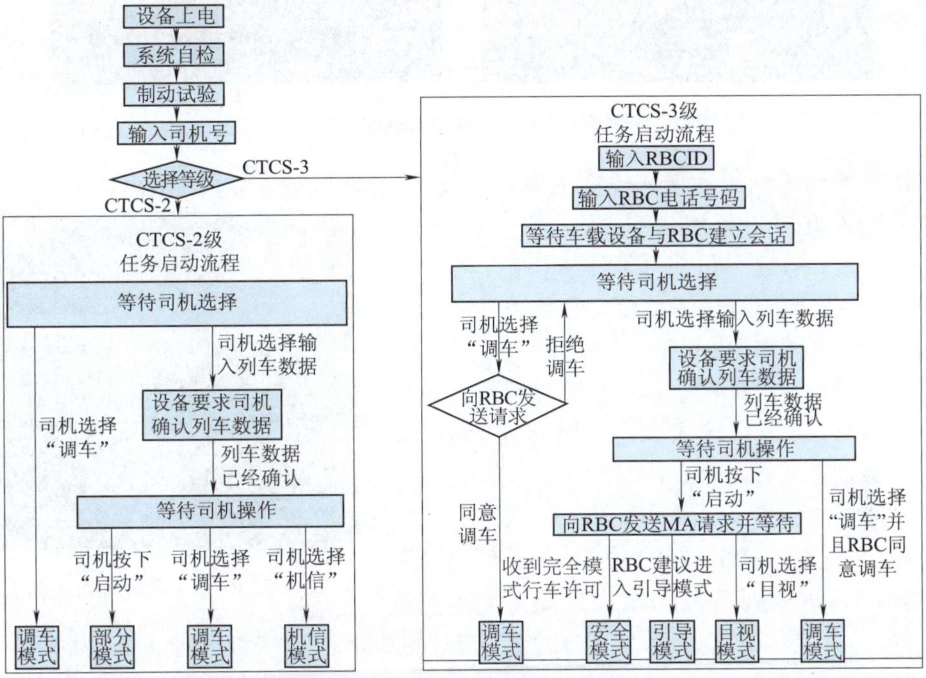

图 12-48b　任务启动流程图

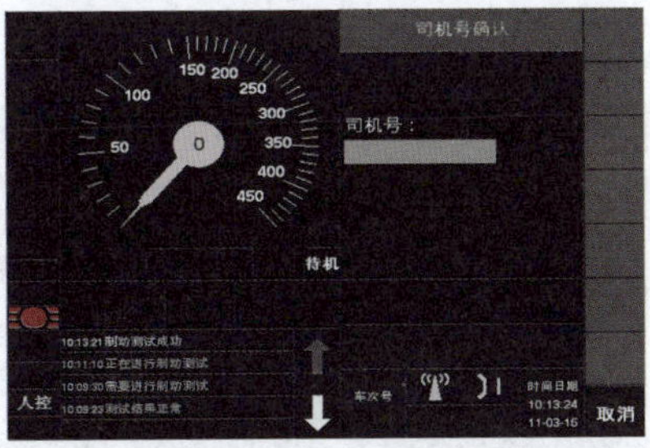

图 12-49　司机号确认界面

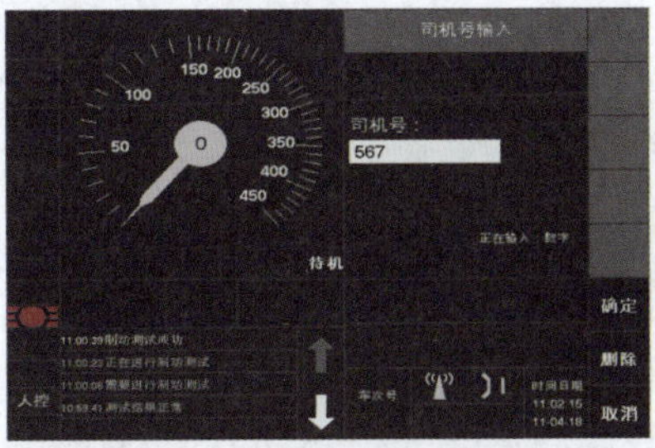

图 12-50　司机号输入界面

另外一种司机号的输入方式是:在上电启动过程中,DMI 自动弹出司机号确认界面,司机可按照以上描述确认或重新输入司机号。

3. 车次号输入

司机按【数据】键(F1),进入“数据”菜单后,按【车次号】键(F2),进入车次号确认界面。

在确认界面中显示列控车载设备保存的司机号,按【确定】确认该司机号,按【取消】进入编辑界面修改车次号;如果列控车载设备保存的司机号为无效值,则司机号的显示框为灰色,不显示任何数值,界面上只有【取消】按键有效,没有【确定】按键。车次号确认界面见图 12-51,左图为数据有效情况,右图为数据无效的情况。

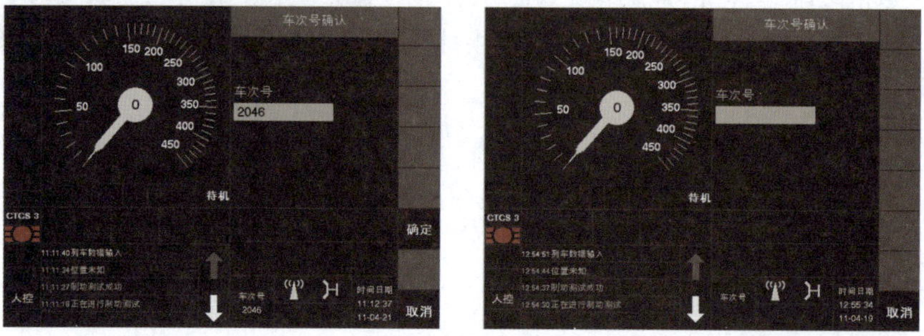

图 12-51　车次号确认界面

从车次号确认界面进入输入界面的方式是按【取消】键,输入界面见图 12-52。

车次号输入方式为数字、字母混合输入,只要按键间隔小于 500 ms,数字和字母可任意切换,例如:数字按键 2/ABC;只要连续按下数字 2 按键其中间隔小于 500 ms,则切换顺序为2→A→B→C→2……

在输入过程中,按【删除】键(F7)删除已输入的数据,按【取消】键(F8)退出输入状态,按【确定】键(F6)确认输入的数据。

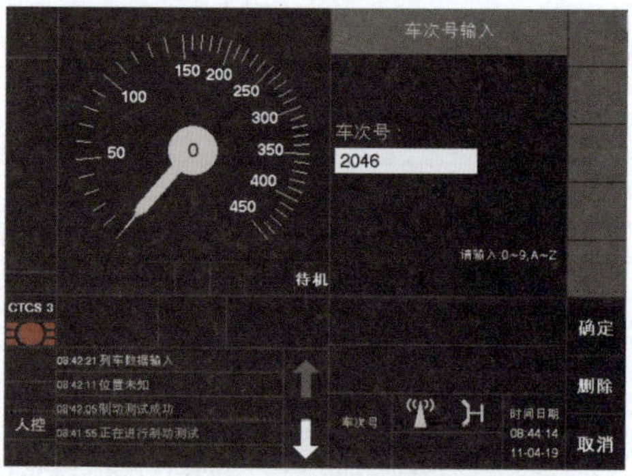

图 12-52　车次号输入界面

4. 列车数据输入

司机按【数据】键(F1),进入“数据”菜单后,按【列车数据】键(F3),进入列车数据输入界面。列车长度有两档选择,分别为【420】键(F1)和【210】键(F2),司机可通过按键选择车长。DMI 显示的输入默认值为 420,司机可按【210】键(F2)输入 210。车长只能通过按键进行选择,数字输入无效。选择车长之后按司机按【确定】键(F6),自动进入列车数据确认界面,若按【取消】键(F8)则退出输入状态。见图 12-53。

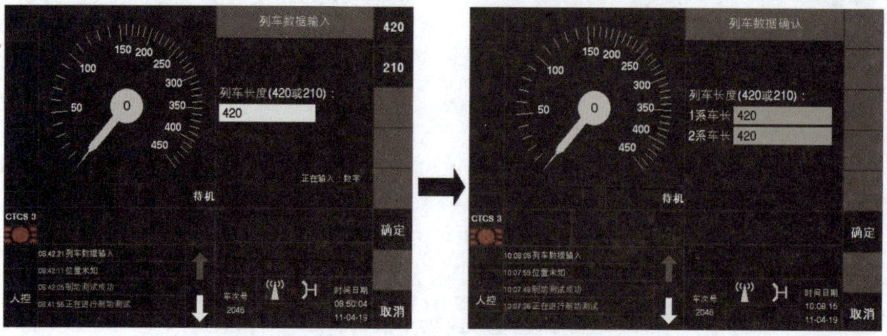

图 12-53　列车数据输入界面

进入数据确认界面后，司机需要A、B两系的列车长度进行确认，两系列车长度一致时按【确定】；不一致时（图12-54），必须按【取消】重新输入列车数据，如果在两系列车长度不同的情况下按压【确定】键，则动车组存在运行中尾部超速的风险。

5. 日期时间输入

司机按【数据】键（F1），进入“数据”菜单后，按【日期时间】键（F6），进入日期时间输入界面。按【日期】键（F1）输入相应年/月/日到日期输入框，在日期输入完毕后；按【时间】键（F2），切换至时间输入框，输入相应时间值。

在输入过程中，按【删除】键（F7）删除已输入的数据，按【取消】键（F8）退出输入状态，按【确定】键（F6）确认输入的数据。操作界面见图12-55。

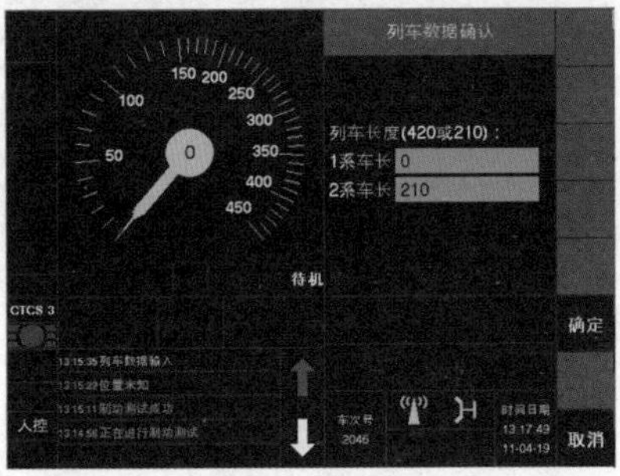

图12-54　两系列车长度不一致情况

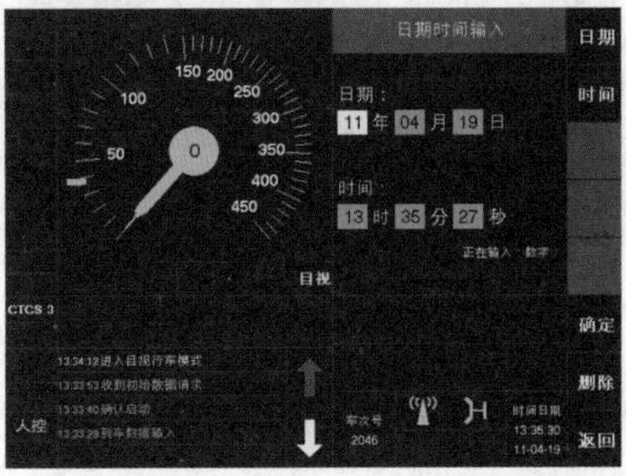

图12-55　日期时间输入界面

6. 模式选择

司机按【模式】键（F2），进入“模式选择”菜单，手动可选模式有三种：调车模式、目视行车模式和机车信号模式。选择相应模式按键，会出现“模式确认”界面（如按【调车】键，会出现“调车模式确认”界面）。司机也可以通过按下固定功能键的【1\调车】、【2\目视】或【3\机信】来选择相应的模式，直接进入“模式确认”界面，见图12-56。

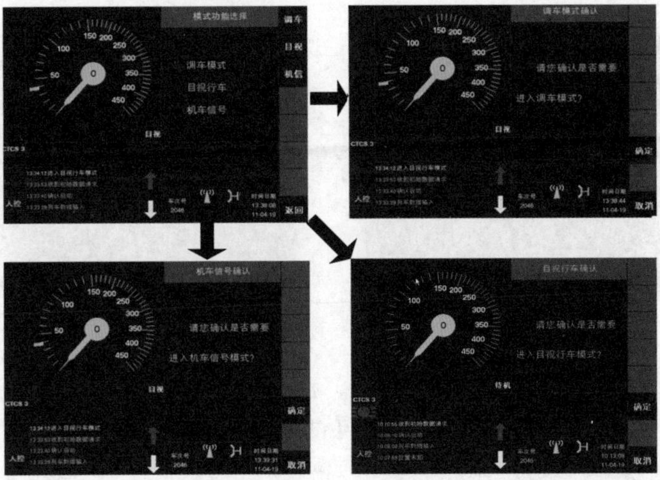

图12-56　模式选择界面

对于“调车”与“机车信号”模式，如未处于这两种模式，则进入确认界面时，提示为“请您确认是否需要进入调车模式”和“请您确认是否需要进入机车信号模式”；如此时已处于上述两种模式，提示为“请您确认是否需要退出调车模式”和“请您确认是否需要退出机车信号模式”。

对于“目视行车”模式，提示只为“请您确认是否需要进入目视行车模式”。

在“模式选择”菜单下，按【返回】键(F8)可退出选择状态。

在“模式确认”界面下，按【取消】键(F8)退出输入状态，按【确定】键(F6)确认选择相应的模式。

7. 载频选择

司机按【载频】键(F3)，进入“载频”菜单后，按【上行】键(F1)或【下行】键(F2)，进入“载频确认”界面。见图 12-57。

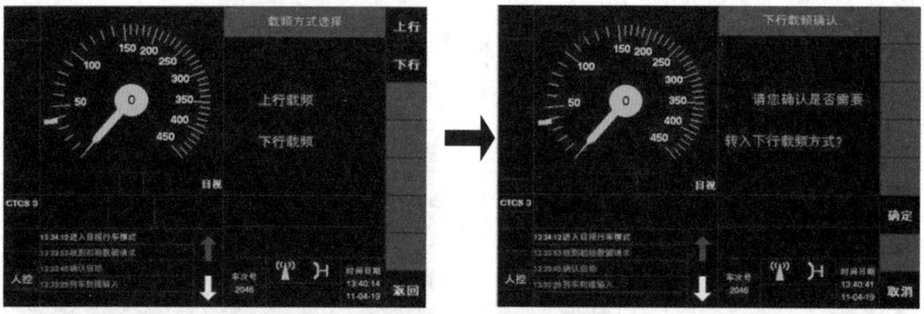

图 12-57　载频选择界面

在“载频”菜单下，按【返回】键(F8)可退出选择状态。

在“载频确认”界面下，按【取消】键(F8)退出输入状态，按【确定】键(F6)确认选择相应的载频方式。

8. 等级选择

司机按【等级】键(F4)，进入“CTCS 等级选择”菜单后，按相应等级键，进入“等级确认”界面(如按【CTCS3】键，将进行“转换到 CTCS3 级确认”界面)。

在“CTCS 等级选择”菜单下，按【返回】键(F8)可退出选择状态。

在“等级确认”界面下，按【返回】键(F8)返回到等级选择状态，按【确定】键(F6)确认选择相应的等级方式。见图 12-58。

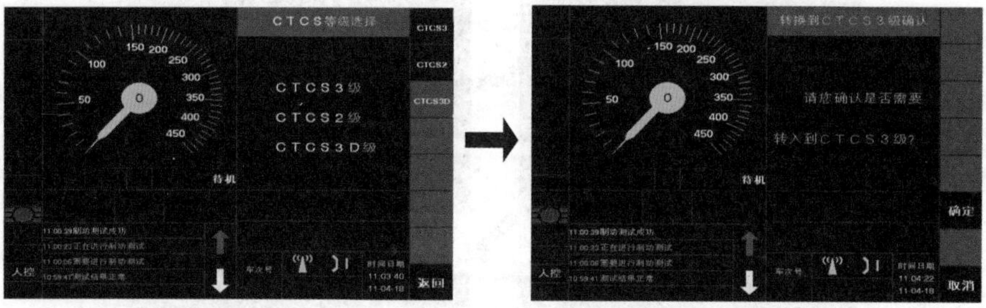

图 12-58　等级选择界面

9. RBC 数据输入

司机按下【RBC 数据】会进入“RBC ID、电话号码、网络号码输入”界面，通过按下【RBC ID】(F1)或【电话号码】(F2)或【网络号码】(F3)，在指定输入框中输入相应号码。见图 12-59。在该界面下，可按【删除】键(F7)删除已输入的数据，按【返回】键(F8)返回到等级选择界面，按【确定】键(F6)确认输入的数据。

另外一种 RBC 数据的输入方式是：在上电启动过程中，DMI 自动弹出 RBC ID 输入界面和 RBC 电话号码输入界面，司机可根据提示输入信息。

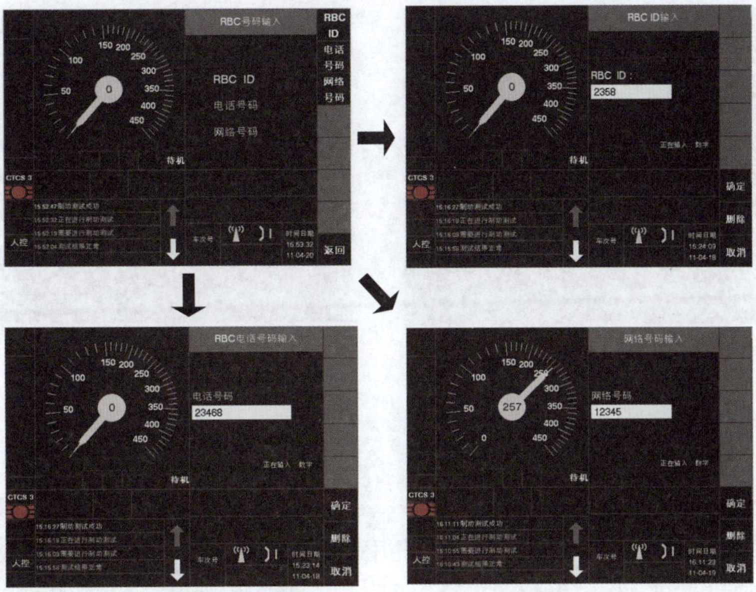

图 12-59　RBC 号码及网络号码输入界面

在现阶段【网络号码】的功能不支持，该功能键处于无效状态。

10. 音量调节

司机按【其他】键(F5)，进入“其他选项”菜单后，按【音量】键(F2)，进入“声音设置”界面。见图 12-60。在该界面下，按【大】键(F1)可增加 DMI 播放音量，按【小】键(F2)可减小 DMI 播放音量，按【返回】键(F8)可退出“声音设置”界面。

11. 亮度调节

司机按【其他】键(F5)，进入“其他选项”菜单后，按【亮度】键(F3)，进入“亮度设置”界面。见图 12-61。在该界面下，按【亮】键(F1)可增加 DMI 显示亮度，按【暗】键(F2)可减小 DMI 显示亮度，按【返回】键(F8)可退出“亮度设置”界面。

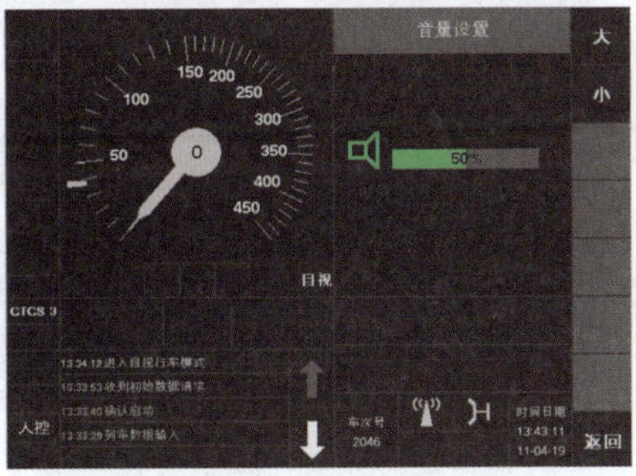

图 12-60　声音设置界面

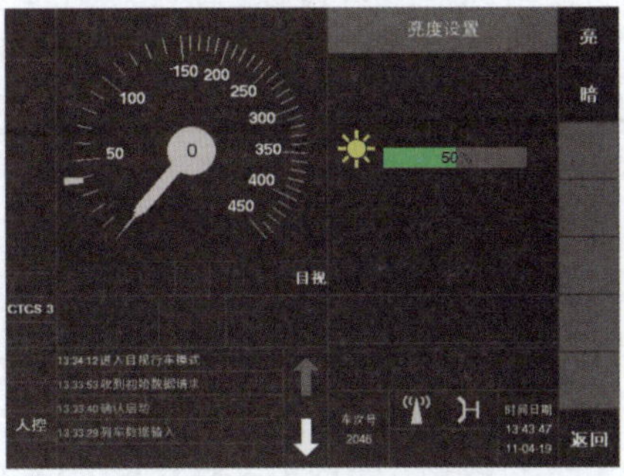

图 12-61　亮度设置界面

12. 任务启动

司机按【启动】键(F6)，进入“启动确认”界面，在该界面下，按【取消】键(F8)放弃启动任务，按【确定】键(F6)确认启动任务。司机也可按 DMI 固定功能按键中的【4/启动键】进入“启动确认”界面，图 12-62 以系统在 CTCS-3 级的任务启动为例(CTCS-2 级的任务启动操作步骤相同)。

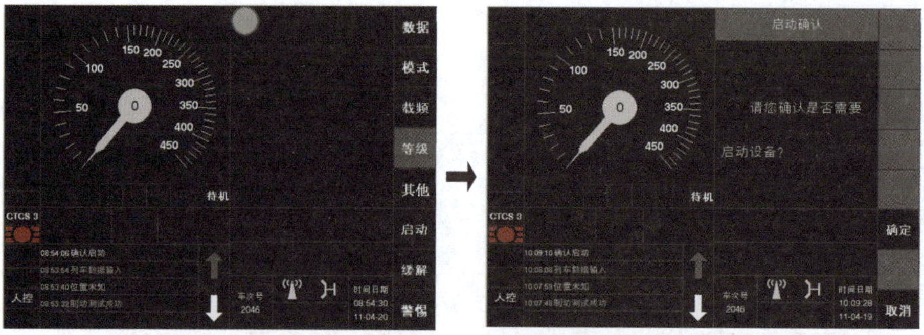

图 12-62　任务启动界面

注:必须在看到文本区提示“确认启动”文本后,司机才能按【启动】键(F6),进入启动确认界面操作,按【确定】键(F6)后,启动设备,否则,将导致无法启动。

13. 缓解

在人控优先的状态下,如果列车触发了常用制动,当列车运行速度低于允许缓解速度后,列控车载设备允许司机缓解制动。当DMI上给出允许缓解的提示后,司机按下【缓解】键或者是固定功能按键中的【5/缓解】,进入“缓解模式确认界面”(图12-63),当按下【确定】键后,列控车载设备结束制动。如按【取消】,则不进行缓解操作。

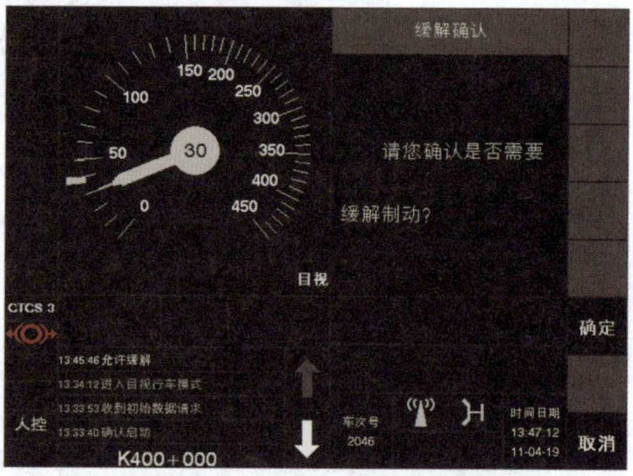

图 12-63　缓解模式界面

在机控或人控优先的状态下,如果列车触发了紧急制动,当列车停车后,列控车载设备允许司机缓解制动。当DMI上给出允许缓解的提示后,司机按下【缓解】键,进入“缓解模式确认界面”(图12-63),当按下【确定】键后,列控车载设备结束制动。如按【取消】,则不进行缓解操作。

14. 警惕

列控车载设备处于目视行车模式、引导模式或机车信号模式(收到限制码)下,司机需每隔一定时间或距离,按一次【警惕】键(屏幕右侧可扩展功能键的【警惕】(F8)键或屏幕下方固定功能键的【警惕】键),以表明司机了解当前车载设备处于特殊模式下。

15. 文本信息查看

司机按【数据】键(F1),进入“数据内容”界面后,通过按【向上】(F4)或【向下】(F5)来使E区文本显示上移一条或下移一条。见图12-64。

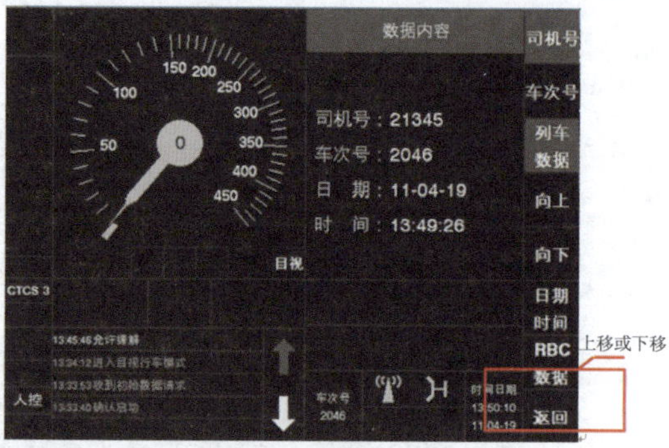

图 12-64　数据内容界面

当图中的向上和向下的箭头图标为灰色的时候,表示无法向上或向下翻看文本;只要当箭头图标为白色的时候,才能通过【向上】(F4)或【向下】(F5)来使E区文本显示上移一条或下移一条。

16. 计划区放大与缩小

通过固定功能键中数字【8】和【9】对应的按键可以在非输入状态、完全监控模式或引导模式下进行放大和缩小计划区的显示。

当 D 区横坐标中显示的最大值为 32k 时，E 监控信息区中，放大图标为白色，缩小图标为灰色表示放大键可以使用，而缩小键不可用；当 D 区横坐标中显示的最大值为 16k 时，E 监控信息区中，放大图标和缩小图标均为白色，为灰色表示放大键和缩小键均可以使用；当 D 区横坐标中显示的最大值为 8k 时，E 监控信息区中，缩小图标为白色，放大图标为灰色表示缩小键可以使用，而放大键不可用。见图 12-65。

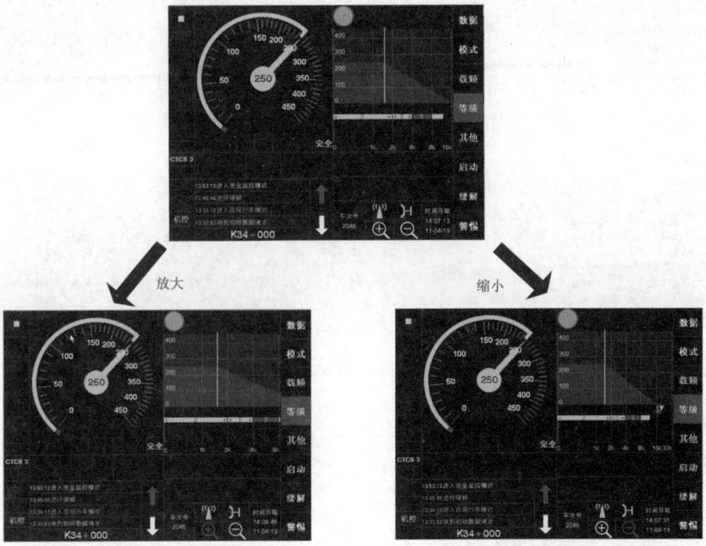

图 12-65　计划区放大与缩小

17. 打开/关闭驾驶台

当司机打开驾驶台时，车载设备进入待机模式；当司机关闭驾驶台时，车载设备进入休眠模式，DMI 会关闭屏幕显示，呈黑屏状态。

按键动态屏蔽：上电任务启动过程或运行在 CTCS-3 级下时，车载安全计算机将发送按键可用性信息，DMI 根据该信息实现按键动态屏蔽功能。

按键分为可用和不可用两种。在可扩展功能键区，以按键图标底色区分按键是否可用。若底色与 DMI 背景色相同，表示按键可用。若底色为灰色，表示按键不可用。可用的按键按下时，按键有效，并发出按键音。不可用按键按下时，按键无效，只发出按键音。

18. 异常处理

(1)按键粘连

DMI 上按键粘连超过 5 s 后，DMI 将该故障报告给安全计算机(VC)，VC 输出紧急制动停车，于此同时，DMI 在文本区提示四条文本来提示司机发生了按键粘连："安全计算机 1 系故障"、"安全计算机 2 系故障"、"显示器故障"、"安全计算机双系故障"，此时司机需要重新启动 ATP。见图 12-66。

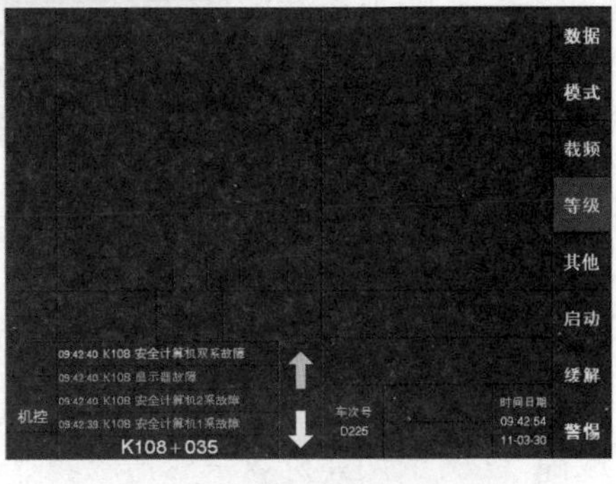

图 12-66　发生按键粘连后 DMI 的故障显示

(2)BTM1 和 BTM2 的切换

在 ATP 机柜上有两个功能完全相同的 BTM，其中有一个 BTM 处于冷备冗余状态。在

ATP 机柜上有 BTM 的切换开关，手柄处于“1”的位置，表示 BTM1 处于工作状态；当 BTM1 发生异常时应首先关闭 ATP 电源开关，再将 BTM 切换开关的手柄转至“2”的位置，使 BTM2 进入工作状态而停止 BTM1 的工作，最后按照前面介绍的流程重新启动 ATP 设备。BTM 切换开关见图 12-67。

(3)ATP 隔离运行

当设备故障或者其他原因需要将 ATP 系统隔离，司机以人控方式运行列车时，需先打开隔离开关保护罩，将隔离开关置于“隔离”位置(图 12-68a)。当 ATP 在非故障条件下，打到隔离运行，则 DMI 上的界面如图 12-68b 所示。需要注意的是，对于已经处于隔离模式的车载设备，即使将隔离开关置于“正常”位置，车载设备仍保持隔离模式。

图 12-67　BTM 切换开关

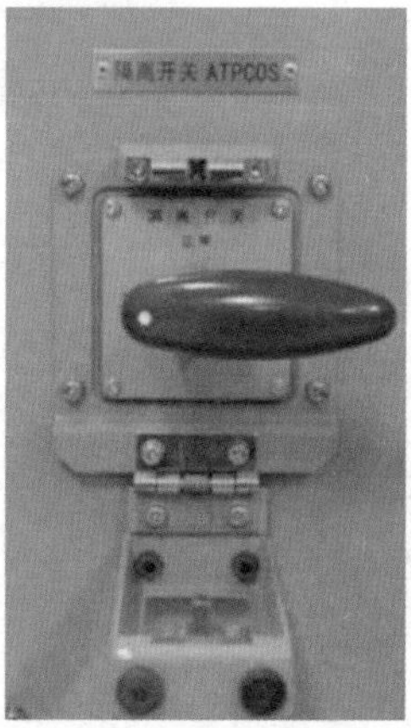

图 12-68a　处于隔离位置的隔离开关

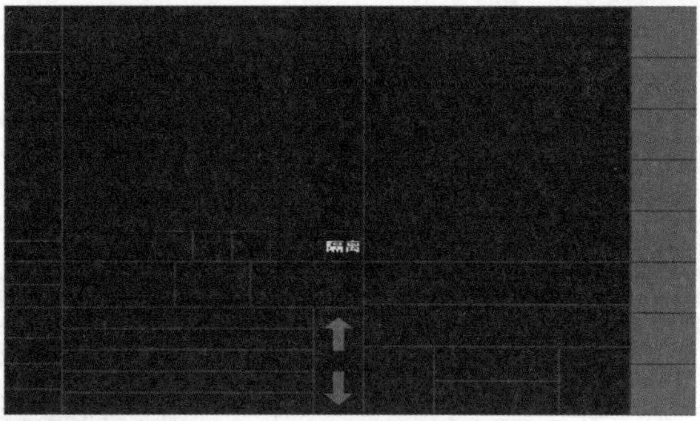

图 12-68b　隔离模式界面

(4)通信中断

当 DMI 与车载设备发生通信中断时(以双系同时通信中断为例)，DMI 上 A、B、D 区黑屏显示，其他区域冻结显示，文本区显示文本“安全计算机 1 系通信故障”、“安全计算机 2 系通信故障”、“安全计算机双系通信故障”、事件发生时的公里标。见图 12-69。

(五)关闭列控车载设备的操作

运行中关闭列控车载设备时会触发常用制动和紧急制动，因此必须保证列车在静止状态下，将“ATP 系统电源”空气断路器断开。此外，VCB 在断开状态下将制动手柄置“拔出”位也可直接关闭列控车载设备。

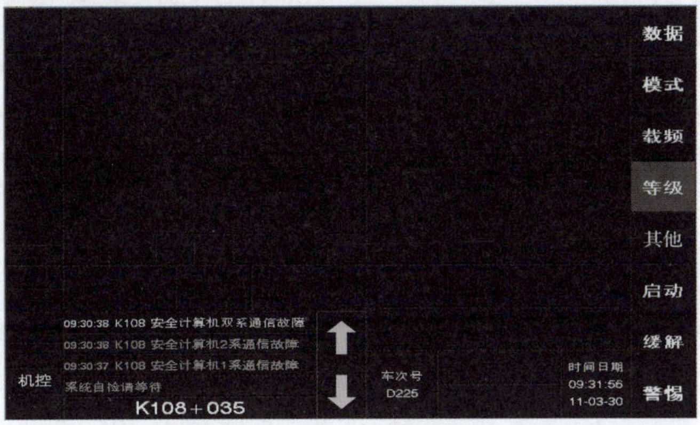

图 12-69　双系通信中断

复习思考题

1. 接车后发现总风压力过低导致受电弓无法正常升起时如何处置?

2. 运行中遇大雨而刮雨器控制开关故障时如何处置?

3. 装备 CTCS-300S 型列控车载设备的 CRH380A 系列动车组,在设备上电过程中有何要求?

4. 如何发送列车防护报警?

5. CTCS-300T 型列控车载设备的 CTCS-3 级的目视模式操作有何要求?

第十三章　动车组操纵

本章根据《CRH 系列动车组操作规则》结合 CRH380A 系动车组技术特点，介绍动车组出入段和运行途中的操作，并根据《动车组回送作业办法》(铁总〔2014〕157 号)对动车组重联与解编和回送救援基本操作进行阐述。

第一节　出入段操纵

一、出段作业

(一)接　　车

动车组司机按规定时间到动车段(所)调度室签到，领取主控钥匙、司机室门钥匙，根据动车段(所)调度的通知参加出库联检，办理电务车载设备检测合格证交接、签认《动车组出所质量联检记录单》。

(二)出库检查程序

1. 非出库端

(1)确认动车组型号正确。

(2)确认本端止轮器设置状态。

(3)进入司机室，确认司机室 NFB 盘(“保护接地”、“救援转换装置”、“机车电源”、“辅助制动”开关在断开位，CRH380A 统型动车组“救援指令器”开关在断开位)、司机控制开关盘、操纵台各开关、手柄位置正确；闭合“列车无线”开关。

(4)投入主控钥匙解锁制动控制器，激活司机室。

(5)确认操纵台各指示灯显示正常(“VCB”、“电器设备”、“紧急制动”、“单元”灯亮，其余均应熄灭；风压不足时“准备未完”灯亮，如“准备未完”灯点亮操作“辅助压缩机控制”旋钮并保持 3 s)。

(6)通过 MON 确认 EGS 断开，确认列车编组正确，发现当前故障信息及时通知随车机械师或动车所调度。

(7)根据随车机械师的要求选择相应的受电弓，升起受电弓后闭合主断路器。

(8)确认网压在正常范围内。

(9)闭合“列控车载设备系统电源”开关，确认列控车载设备上电，总风压力大于 780 kPa，按压“紧急复位”按钮复位紧急制动。

(10)车辆制动试验的时机(一级修检修作业后的动车组在出发前司机不再进行全部制动试验，需进行全部制动试验时，由动车段(所)调度通知司机)。

①300T 型列控车载设备，在上电后的待机状态下先进行车辆制动试验。车辆制动试验完毕后，再进行列控车载设备操作。

②300S、300H 型列控车载设备，在上电后先进行列控车载设备制动测试。300S 型列控车载设备在上电后的待机状态下，进行车辆制动试验；300H 型列控车载设备须在 C2 级【调车】模式下进行车辆制动试验。

（11）简略制动试验办法：

①制动手柄“快速”位，通过 MON 显示器确认 BC 压力：各车 BC 压力不小于 210 kPa；

②制动手柄移置“运行”位，通过 MON 显示器确认各车 BC 压力为 0；

③制动手柄移置“B7”位，通过 MON 显示器确认 BC 压力：各车 BC 压力不小于 140 kPa；

④制动手柄移置“B4”位，通过 MON 显示器确认 BC 压力：各车 BC 压力不小于 90 kPa；

⑤制动手柄移置“B1”位，通过 MON 显示器确认 BC 压力：各车 BC 压力不小于 40 kPa；

⑥试验完毕，将制动手柄移至“B4”位。

（12）撤除本端止轮器。

（13）断开 CIR 及“列控车载设备系统电源”开关，将制动手柄置于拔取位，拔出主控钥匙，退出司机室占用，确认操纵台各开关、手柄位置正确；

（14）离开司机室时确认司机室门窗锁闭。

2. 出库端

（1）进入操纵端司机室，检查及作业程序参照非操纵端；

（2）制动手柄置于 B6 及以下级位，输入列控车载设备、CIR 有关数据；

（3）未装备停放制动装置的动车组在检修库外停放时，动车组司机按规定撤除防溜，并通知随车机械师确认签字后方可动车。

（三）出所作业

1. 按调车方式出段（所）：

（1）正确设置列控车载设备参数，对 CIR、GSM-R 手持终端注册列车车次，选定 CIR 设备运行区段（线路）和工作模式，列控车载设备采用 C2 等级调车模式。

（2）联系机械师到位后，与动车段（所）、车站联系，了解出段（所）经路。确认信号显示正确，按规定鸣笛（限鸣区段除外，下同），准时出段（所），严格执行确认呼唤（应答）制度。

（3）按调车方式出段（所）时，执行先联控后动车，由近及远确认信号，严守速度。

2. 按列车方式出段（所）：

（1）正确设置列控车载设备参数，对 CIR、GSM-R 手持终端注册列车车次，选定 CIR 设备运行区段（线路）和工作模式，列控车载设备采用 C2 级【部分监控】模式。

（2）联系机械师到位后，与动车段（所）、车站联系，了解出段（所）经路。

（3）信号开放后，确认行车凭证和开车时间，车门关闭后，准确呼唤，按规定车机联控，鸣笛启动列车。

作业要求：

（1）遇动车组通过检修、检测、清洗等设备时，应按相关规定，执行一度停车、联控、换弓、限速等要求。

（2）在动车段（所）内运行遇列控车载设备输出制动停车时，司机须与车站（段、所）联控确认后，方可继续运行。

（3）进站停车时，按列车编组一次稳、准对标停车，停妥后使列车保持制动状态。司机根据列车长的开门通知，集控开启站台侧车门。

（4）CRH380A 统型动车组应注意确认停放制动开关在缓解位。

二、入段作业

（一）入　所

（1）动车组列车终到站停车后，保持列车制动状态，按规定开启车门。

（2）重新将CIR注册为入库车次。

（3）动车组选择C2级【调车】模式，按列车方式入段（所）时，在CTCS-2/3级区段，选择C2级【部分监控】模式发车。

（4）接到列车长关门通知后，关闭车门，确认行车凭证，按规定执行车机联控，鸣笛入段（所）。

（5）遇动车组通过检修、检测、清洗等设备时，应按相关规定，执行一度停车、联控、换弓、限速等要求。

（6）动车组入段（所）后应停放在指定地点，按规定办理防溜、交接手续。

（二）入库停放操作

1. 正常停放操作

（1）动车组制动停车，将制动手柄置"B7"位，换向手柄置"关"位；

（2）CRH380A统型动车组安装有停放制动控制装置，施加停放制动进行停放防溜，确认停放制动施加正常；

（3）按压"VCB断"按钮，确认故障显示灯"VCB"灯点亮；

（4）按压"受电弓折叠"按钮，通过MON确认受电弓降下；

（5）制动手柄置"拔取"位，锁闭制动控制器，拔下主控钥匙，各显示灯、显示屏熄灭；

（6）通过双针压力表确认MR压力大于780 kPa；

（7）无停放制动控制装置的动车组，采用止轮器停放，下车按指定位置安放止轮器，确认受电弓降下；

（8）锁闭司机室门锁。

2. 库内通电加压状态停放操作。

（1）制动手柄置"快速"位，确认各车BC压力不小于210 kPa；

（2）换向手柄置"关"位；

（3）CRH380A统型动车组安装有停放制动控制装置，施加停放制动进行停放防溜，确认停放制动施加正常；

（4）制动手柄置"拔取"位，锁闭制动控制器，拔下主控钥匙；

（5）无停放制动控制装置的动车组，采用止轮器停放，下车按规定位置安放止轮器；

（6）锁闭司机室门锁。

第二节　运行途中操纵

一、途中运行基本要求

1. 运行中应参照列车操纵示意图、提示卡操纵列车，严格执行确认呼唤和联控制度，做到"彻底瞭望、确认信号、准确呼唤、手比眼看"。

2. 服从命令，听从指挥，牢固树立安全、正点意识。遵守列车运行图规定的运行时刻和各项允许及限制速度。

3. 动车组司机在运行中必须在运行方向前端司机室操纵，行车安全装备必须全程运转，严禁擅自关机。非操纵端司机室门、窗及各操纵开关、手柄均应置于断开或锁闭位，关闭非操纵端司机室 CIR 设备电源。

4. 动车组在始发前、更换动车组司机(同向换乘除外)、更换操纵端后、使用紧急制动停车后、途中解编或重联后开车前需进行简略制动试验。

5. 不得违规擅自切除动车组安全保护功能。安装司机警惕装置的动车组，按规定操作。

二、限　　速

在下列情况下，动车组限速运行：

1. 在环境风速不大于 15 m/s 时，可以正常速度运行；环境风速不大于 20 m/s 时，运行速度不大于 300 km/h；环境风速不大于 25 m/s 时，运行速度不大于 200 km/h；环境风速不大于 30 m/s 时，运行速度不大于 120 km/h；环境风速大于 30 m/s 时，严禁动车组列车进入风区。

2. 在线路中心线距站台边缘为 1 750 mm 的正线、到发线办理动车组列车通过时，在环境风速不大于 15 m/s 情况下，速度不得超过 80 km/h；当环境风速超过 15 m/s 时，动车组运行速度不得超过 45 km/h，并注意运行。

3. 风速监测子系统故障期间，故障区段如遇天气预报 7 级及以上大风天气时，工务部门应及时向列车调度员提交天气预报信息，列车调度员按照天气预报的最大风级向相关列车发布限速调度命令。相关限速规定如下：当最大风速达 7 级时，运行速度不大于 300 km/h；8 级、9 级时，运行速度不大于 200 km/h；10 级时，运行速度不大于 120 km/h；11 级及以上时，禁止列车进入风区。限速里程由工务部门根据故障情况以及天气预报信息确定后，通知列车调度员。

4. 遇有降雨天气，重点防洪地段 1 h 降雨量达到 45 mm 及以上时，列车限速 120 km/h；1 h降雨量达到 60 mm 及以上时，列车限速 45 km/h。当 1 h 降雨量降至 20 mm 及以下、且持续 30 min 以上时，可逐步解除限速。

5. 遇有降雨天气，重点防洪地段 1 h 降雨量达到 45 mm 及以上时，列车限速 120 km/h；1 h降雨量达到 60 mm 及以上时，列车限速 45 km/h。当 1 h 降雨量降至 20 mm 及以下、且持续 30 min 以上时，可逐步解除限速。

6. 动车组空气弹簧故障时，随车机械师应通知司机限速要求限速 120 km/h。

7. 车窗玻璃破损导致车厢密封失效时，限速 160 km/h。

8. 当确认轴承温度超过报警温度时，立即停车请求处理。

9. 动车组列车运行中，司机发现积水高于轨面时，应立即停车，并报告列车调度员。

10. 运行途中列车司机发现晃车时，应立即减速运行并报告列车调度员，待本列无异常状况后恢复常速运行。

三、发车准备与发车

1. 正确设置列控车载设备参数，对 CIR、GSM-R 手持终端注册列车车次，选定 CIR 设备运行区段(线路)和工作模式；

2. 在 CTCS-2/3 级区段的车站始发开车，选择 C2 级【部分监控】模式开车；

3. 确认操纵台各仪表、显示屏显示正常，各开关、手柄位置正确，司机室各门窗处于锁闭状态；

4. 确认行车凭证和开车时间，车门关闭后，准确呼唤，按规定车机联控，鸣笛启动列车；

5. 起车时，主控(牵引)手柄在"1"位(最小牵引位，下同)稍作停留，再根据目标速度选择适当级位，做到起车稳、加速快。上坡道起车时，不具备保持制动功能的动车组，可先将牵引手柄置适当级位后,再缓解制动。

四、途中运行

(一)手柄操作

1. 经济合理操纵动车组列车,做到安全正点、运行平稳、停车准确、节能环保。

2. 列车启动后应根据目标速度及时加速,适时使用恒速功能,保持列车匀速运行。遇恒速功能作用不良时,调整主控(牵引)手柄级位,控制动车组按规定速度运行。

3. 正常情况下,增加或减少牵引力、制动力时,主控(牵引或制动)手柄应逐步进行。牵引、制动工况转换时应在“0”位(“切”位,下同)稍作停留。牵引“1”位(最小牵引位,下同)、制动“1”位(最小制动位,下同)与“0”位转换时,应在牵引“1”位、制动“1”位稍作停留。

4. 实施常用制动时,应结合列车速度、线路情况、目标速度、目标距离等条件,准确掌握制动时机和制动级位,在列车产生初步制动力后再逐步增加制动力,避免频繁往复操作制动手柄,保持列车均匀减速。

5. 列车运行中或未停稳前,严禁换向操作;中间站停车时,换向手柄不得置“0”位。

(二)列车进站停车时

1. 列车进站前,按规定进行车机联控或确认 CIR 进路预告信息,确认进站信号、列控车载设备显示的允许运行速度值,控制列车运行速度。

2. 列车进站后,根据列车编组确认停车位置。

3. 正常情况下,应稳定使用中级挡位以下的制动,随着速度的降低,逐级回到制动“1”位停车。

4. 一次稳准对标停车,停车后保持制动状态,确认站台方向,按规定执行开门操作。

5. 列车停留时,司机必须坚守岗位,不得擅自离开司机室。遇发生身体不适等特殊情况需临时离开时,应提前报告列车调度员,通知随车机械师看守司机室。

(三)注意事项

1. 动车组运行中应使用自动过分相功能。在经过乘务区段第一个分相区时,需验证自动过分相功能,当自动过分相装置故障时,应采用手动过分相。列车通过分相区后,确认操纵台各显示屏和仪表显示状态。

2. 始发站、办客站、终到站在列车越过车站最外方道岔或停妥后,在司机手账上记录列车到、开时分。

3. 遇临时限速,应提前确认,控制列车运行,防止超速。

4. 运行中遇非正常停车后,司机必须立即向列车调度员(车站值班员)报告停车原因、停车地点,并通知随车机械师、列车长。

5. 冰雪天气线路积雪,应投入耐雪制动功能。

6. 运行途中遇突发难于抵抗的身体急症时,要立即报告列车调度员(车站值班员),不能维持驾驶操纵时要立即采取停车措施。

7. 动车组列车级间自动转换失败时,应立即报告列车调度员(车站值班员),并按下列规定办理:

(1)由 CTCS-3 级区段向 CTCS-2 级区段运行时,停车后手动转换。

(2)由 CTCS-2 级区段向 CTCS-3 级区段运行时,维持 CTCS-2 级方式继续运行。

(3)由 CTCS-2 级区段向 CTCS-0 级区段运行时,停车后根据调度命令手动转换。

(4)由 CTCS-0 级区段向 CTCS-2 级区段运行时,可维持按 LKJ 方式继续运行。

8. 动车组列车运行中在列车车次变化地点，应检查确认 CIR 操作显示终端（MMI）显示的车次号是否正确，遇自动注册不成功时，采用手动注册（含 GSM-R 手持终端），并报告列车调度员（车站值班员）。

五、车站换端（乘）作业

（一）同向继乘

1. 交班司机

(1)保持列车制动状态。

(2)填写《动车组运用技术状态交接簿（单）》。

(3)向接班司机交接调度命令、动车组技术状态、动车组钥匙、电务车载设备检测合格证。

(4)注销 GSM-R 手持终端车次功能号。

2. 接班司机

(1)按规定与交班司机交接，对交接内容进行确认。

(2)修改列控车载设备司机代码等相关参数。

(3)注册 GSM-R 手持终端车次功能号。

(4)确认司机室门锁闭，做好开车准备。

（二）换端作业

1. 本班司机折返

(1)施加停放制动，将主手柄置于“0”位。

(2)注销 CIR、GSM-R 手持终端车次功能号，关闭 CIR 设备电源。

(3)制动手柄拔取位，退出司机室占用，确认操纵台各开关、手柄位置正确，锁闭司机室门。

(4)换端后投入主控钥匙激活司机室，按规定进行制动试验。

(5)输入 CIR、列控车载设备数据参数。

(6)确认司机室门锁闭，做好开车准备。

2. 换乘折返

(1)交班司机

①按同向继乘交班司机作业内容。

②离开司机室时确认司机室门锁闭。

(2)接班司机

①按规定与交班司机交接，对交接内容进行确认。

②换端后投入主控钥匙激活司机室，根据不同列控车载设备型号，进行制动试验。

③输入 CIR、列控车载设备数据参数。

④注册 GSM-R 手持终端车次功能号。

⑤确认司机室门锁闭，做好开车准备。

第三节　动车组重联与解编

一、CRH380A 型动车组连挂与解编控制原理

1. CRH380A(统)型动车组可与同型动车组重联运行，两列 CRH380A(统)动车组的连挂

与解编可以在司机室操作自动进行，紧急情况下也可以手动操作。连挂与解编作业要求司机与随车机师共同进行，司机负责操纵动车组，随车机师负责检查连接装置和显示信号。

2. CRH380A(统)型动车组重联必须 1 车与 0 车之间连挂，不允许 1 车与 1 车或 0 车与 0 车之间连挂。两列动车组重联运行时，运行前进方向第一列动车组负责操纵，第二列动车组不必安排司机。

3. 重联运行时第二列动车组司机室制动手柄“拔取”位，牵引手柄“切”位，主控钥匙拔出，司机室门锁闭。

二、CRH380A 型动车组连挂与解编装置构成

1. 前端罩盖开闭装置：

前端罩盖由 FRP 制成，分为左右两部分，依靠 1 个气缸的动作开闭。前端罩盖在「开」及「闭」的位置均由锁销固定。锁销依靠气缸动作。

2. 密接式车钩：

密接式车钩下部装有空气管座，在车钩连挂的同时，可实现空气管的连接。

3. 电气连接器：

在密接式车钩上部，安装有电气连接器，用于重联状态连接电气线路。当车辆连挂时，防尘罩自动抬起，连接面有防水密封垫，当车辆解编电气连接器分离时，防尘罩自动复位，可保护连接面。

4. 空气管开闭器：

司机室左侧检修门内安装有空气管开闭器。动车组解编与连挂操作中，空气管开闭器自动进行车辆连挂和解编后的总风管(MR)空气回路接通和切断动作。

5. 连接切换器：

司机室左侧检修门附近下部安装有连接切换器，连接切换器可通过气缸的动作，将连接导线切换到“合并”或“分割”位置。

6. 表示灯、开关及控制盘：

(1)连挂：设置在操纵台面上。如图 13-1 所示按下该按钮，可将解编与连挂装置的各相关设备切换至连挂状态。

图 13-1 连挂准备

(2)解编：重联动车组需进行解编时，按下该按钮，自动解编模式。

(3)连挂试验开关盘：设置在司机室右侧底柜中，1 车装有“空气管关”、“断开”、“试验”开关，8 车只有“空气管关”、“断开”。

(4)列车分合控制盘：

①闭锁解除。

②罩开。

③罩闭。

④空气管开。

⑤空气管关。

⑥强制进行。

三、CRH380A 型动车组自动连挂操作

1. CRH380A 型动车组连挂准备工作(图 13-2)

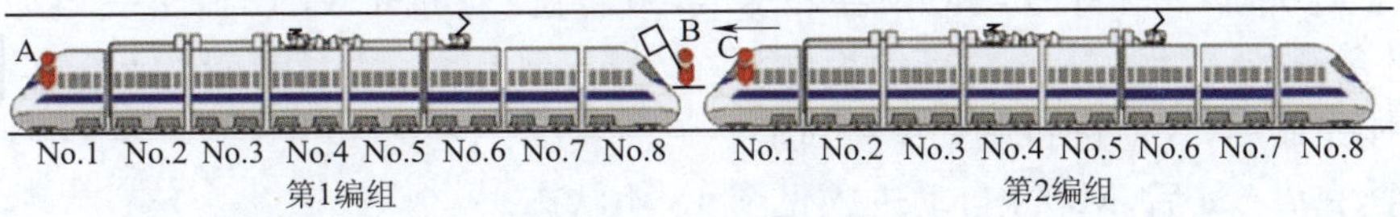

图 13-2　连挂操作准备

A:第 1 编组司机—负责连挂后的驾驶(连挂时无特别操作)。

B:第 1 编组随车机械师—进行连挂时的辅助操作。

C:第 2 编组司机—负责连挂时的驾驶。

(1)动车组第 1 编组进入连挂线路停车,将制动手柄置"B7"位,随车机师换端操作。

(2)动车组第 2 编组进入连挂线路,距离第 1 编组 10 m 左右停车。

2. CRH380A 型动车组连挂作业程序

(1)B 进入第 1 编组 8 车司机室,按下"连挂准备"按钮,连挂动作开始。MON 自动进入"联解编组信息"页面。MON 依次显示"连挂准备—打开头罩锁—打开头罩—锁住头罩—连挂准备完成"。解除前端罩盖锁定、打开前端罩盖,并锁定。

(2)B 下车确认第 1 编组罩盖打开状态,检查密接式车钩、电气连接器状态良好。A 操作第 1 编组 1 车的 MON,查看连挂信息。

(3)C 按下第 2 编组 1 车"连挂准备"开关,MON 显示器自动进入"联解编组信息"页面。MON 上依次显示"连挂准备—打开头罩锁—打开头罩—锁住头罩—连挂准备就绪"。

(4)动车组自动解除前端罩盖锁定、打开前端罩盖,并锁定。

(5)C 操作另一 MON 显示器向上翻页,显示连挂车辆的距离。见图 13-3。

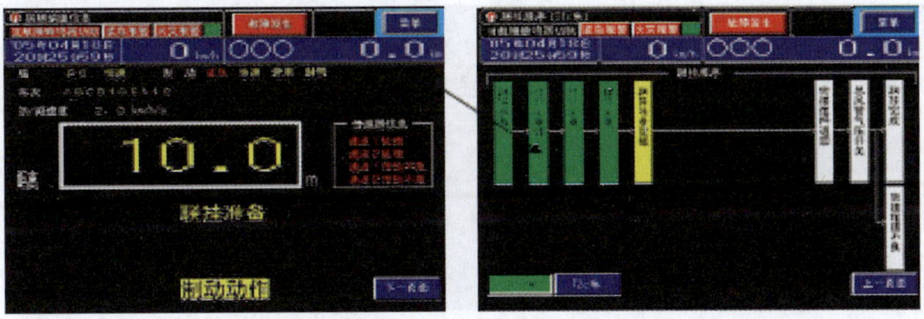

图 13-3　连挂作业程序

(6)B 确认两列动车组连挂准备完成,具备连挂条件后,向第 2 列编组显示连挂信号。

(7)C 确认"连挂准备就绪"键变为黄色,并注意 MON 显示的距离,操纵动车组以不超过 5 km/h的速度连接密接式车钩。

(8)A、C 通过 MON 显示器确认,密接连杆退回、总风管气压开关、连挂完成依次变为绿色。C 确认连挂完成后,第 2 列编组自动起紧急制动。

(9)C 将制动手柄置"拔取"位,拔出主控钥匙。

(10)B 确认连挂状态正常后,返回第 1 列编组。

(11)A 查看 MON 上车辆信息、行驶状态页面,确认整个 16 辆编组传送正常,复位紧急制动。

3. CRH380A 型动车组连挂作业完成

(1)连挂完成后,A 需确认两列动车组受电弓升起的车号,正常情况下应为 4 和 12,或者为 6 和 14。

(2)如果是 6 和 12 车升弓,MON 会提示故障信息。应断开 VCB,降下受电弓,然后重新选择正确组合升弓。

(3)连挂完成后,A 应进行制动系统试验。

(4)连挂完成 5 s 后,MON 自动进入见图 13-4 状态。

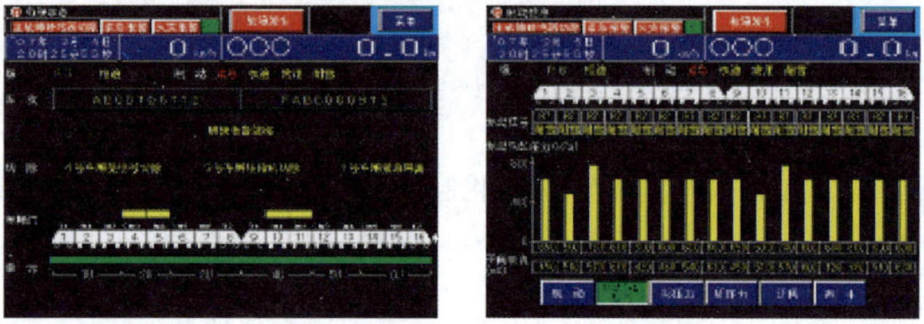

图 13-4　MON 连挂完成后界面

四、CRH380A 型动车组自动解编操作

1. 准备工作

两列动车组重联状态进入解编线路后停车,动车组均处在制动状态。第 2 编组随车机师进入 1 车。

2. 解编作业程序(图 13-5)

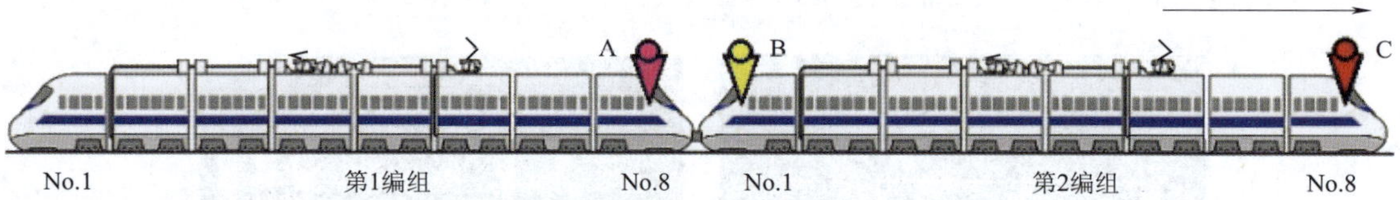

图 13-5　解编准备

A:第 1 编组司机—负责解编后的驾驶(解编时无特别操作)。

B:第 2 编组随车机师—进行解编时的辅助操作。

C:第 2 编组司机—负责解编时的驾驶。

(1)C 操作动车组停车后,必须先将制动手柄置于运行位一次后,再置于快速位置,并将换向手柄置于前进位置。

(2)A 进入与第 2 编组相连接侧的司机室(8 车)。

(3)第 2 编组随车机师 B 通过车内联络通知司机 C 准备进行解编操作,并右旋“解编”开关。解编作业自动进行,两编组紧急制动动作。

(4)司机 C 接到随车机师 B 的通知,确认紧急制动灯点亮后,按下紧急复位按钮,将制动手柄置于运行位,提牵引手柄,尽快离开第 1 编组。

(5)第 2 编组后方的车头罩在车速达到 5 km/h 时自动关闭。第 1 编组前部的车头罩在两编组的车钩脱离 10 s 后自动关闭。

五、CRH380A 型动车组手动操作

1. 手动操作主要用于紧急情况下重联与解编操作或动作试验。见图 13-6。

2. 手动操作面板位于驾驶席右侧边柜转换开关盘下方。手动操作前应先将联解限位 NFB 开关置 OFF。

3. 头罩开：

(1)将列车分合控制盘内“闭锁解除”开关置“强制合”。

(2)将“罩开”开关置“强制合”，确认前端罩盖打开。

(3)将“闭锁解除”、“罩开”开关恢复常位。

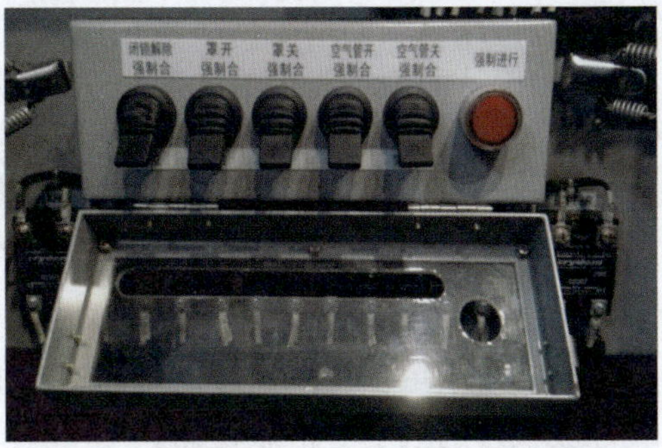

图 13-6　列车分合控制盘及手动操作面板

4. 头罩闭：

(1)将列车分合控制盘内“闭锁解除”开关置“强制合”。

(2)将“罩闭”开关置“强制合”，确认前端罩盖闭合。

(3)将“闭锁解除”、“罩闭”开关恢复常位。

5. 空气管开：

(1)将列车分合控制盘内“闭锁解除”开关置“强制合”。

(2)将“空气管开”开关置“强制合”，确认空气管开闭器手柄处在“开”位置。

(3)将“闭锁解除”、“空气管开”开关恢复常位。

6. 空气管关：

(1)将列车分合控制盘内“闭锁解除”开关置“强制合”。

(2)将“空气管关”开关置“强制合”，确认空气管开闭器手柄处在“关”位置。

(3)将“闭锁解除”、“空气管关”开关恢复常位。

注意：不能将“空气管开”开关和“空气管关”开关都打到“强制合”状态。

7. 空气管开闭器手动操作：

(1)将空气管开闭器手柄置“开”位，可接通两编组空气管。

(2)将空气管开闭器手柄置“关”位，可断开两编组空气管。

8. 强制关闭前端罩盖：

(1)8 车操作司机室后墙上的“强制罩闭”开关。

(2)1 车右旋“解编”开关，按压“试验”按钮，“试验”按钮点亮，前端罩盖关闭后，恢复“试验”开关。

六、CRH380A 型动车组连挂操作故障处理

1. 动作顺序故障(图 13-7)：

如果 MON 显示动作顺序故障，自动连挂中途停止，从故障处改为手动操作。

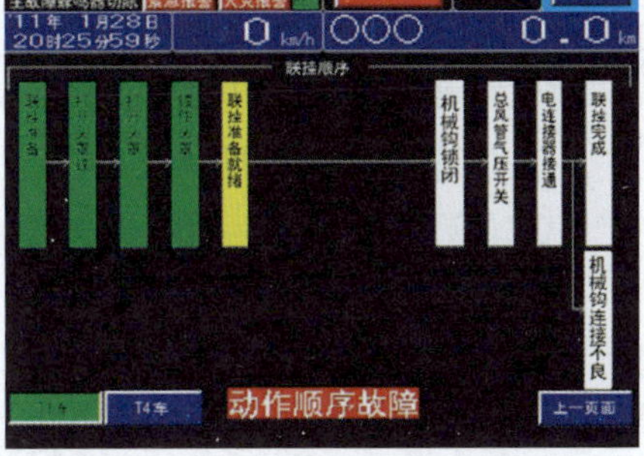

图 13-7　MON 显示动作顺序故障

2. 电气连接器故障：

如果电气连接器发生故障，无法构成连接传输回路，使用跨接式电缆连接传输。操作步骤如下：

(1)两列动车组密接式车钩连挂完成。

(2)两列动车组均将主控钥匙拔出。

(3)连接跨接式电缆。

(4)将 HELPS 开关置“救援”位。

(5)将操纵端制动手柄解锁。

(6)确认两编组光传输状态

第四节　动车组回送与救援操作

CRH380A 和 CRH380A 统型动车组可以一列回送,也可以两列重联回送,CRH380AL16 辆编组动车组可以一列回送。每列动车组均配备有过渡车钩、BP 橡胶软管、MR 橡胶软管、安装橡胶软管的扳手等搭载物品。

动车组回送分为有动力回送和无动力回送。

一、动车组有动力回送原理

新造或检修出厂的动车组回送前,造修单位负责组织行车安全装备设备单位对车载设备(ATP、LKJ、CIR)状态进行检查确认,保证状态良好。新造动车组出厂回送时,造修单位及列控车载设备生产厂家应派员押运。

有动力回送前,动车组技术状态及车载行车安全设备技术性能均需满足上线运行的条件;回送途中,动车组采用列控车载设备或列车运行监控记录装置(ATP/LKJ 控车,按动车组标尺速度运行。

安装 CTCS-3 级列控车载设备的动车组新造出厂时按 C2 模式行车,在测速雷达没有标定时,为防止速度跳变出发制动,最高速度 250 km/h。

二、动车组无动力回送原理

(一)无动力回送方式

动车组的回送采用回送车与动车组固定连接,而后由客运机车牵引回送。由于动车组两头车采用密接车钩,其高度为1 000 mm,而回送车车钩距轨面高度为880 mm,CRH380A、CRH380AL 为 15 车钩,CRH380A 统型为 10 车钩,所以回送车与动车组通过过渡车钩连接,连接方式见图 13-8。

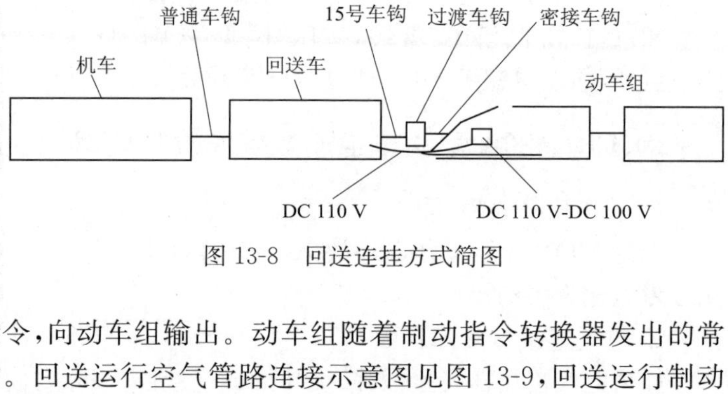

图 13-8　回送连挂方式简图

短距离回送时,也可采用机车与动车组直接连挂的方式。

(二)无动力回送运行时制动指令转换器的连接

当牵引机车发出制动指令时,制动指令转换器将列车管压力信号转换成常用制动用的电气指令,向动车组输出。动车组随着制动指令转换器发出的常用制动 1 挡～7 挡的指令进行制动。回送运行空气管路连接示意图见图 13-9,回送运行制动指令转换器与电气系统连接示意图见图 13-10。

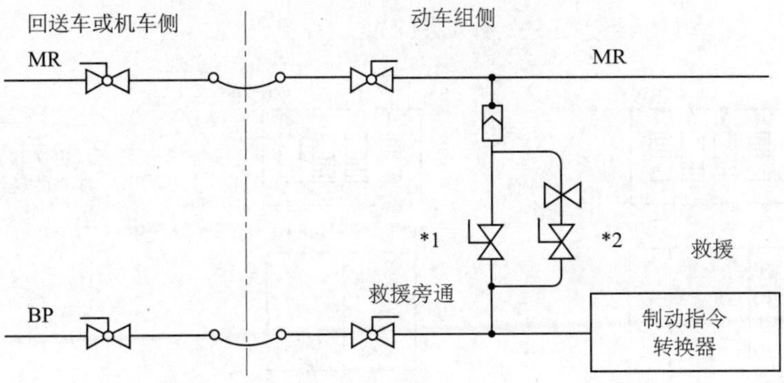

图 13-9　回送运行空气管路连接示意图

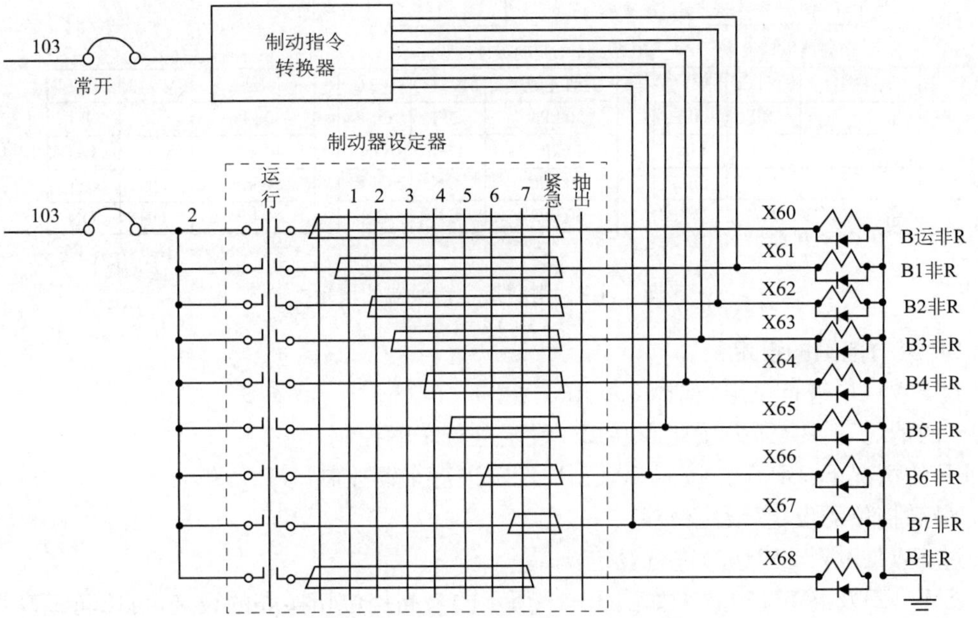

图 13-10　回送运行制动指令转换器与电气系统连接示意图

（三）动车组无动力回送机车及回送过渡车连挂方式

动车组无动力回送时，先与 1 辆回送车连接组成固定编组，再与动车组连挂，机车在 1 位端和 2 位端均可连挂和牵引。

机车与回送车连接回送见图 13-11。

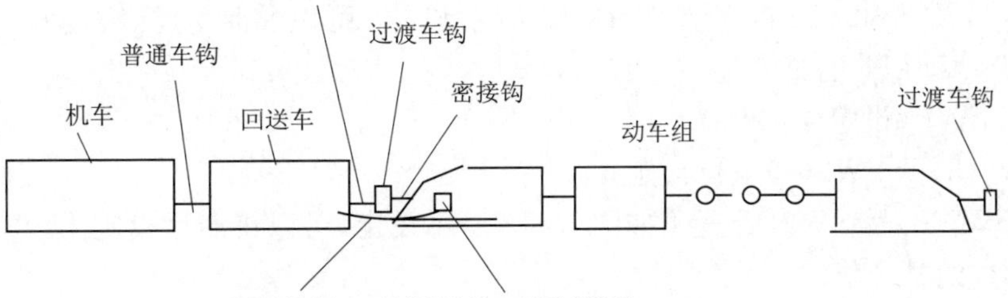

图 13-11　机车通过回送车连挂方式

(四)制动指令转换器的设定方法(图 13-12)。

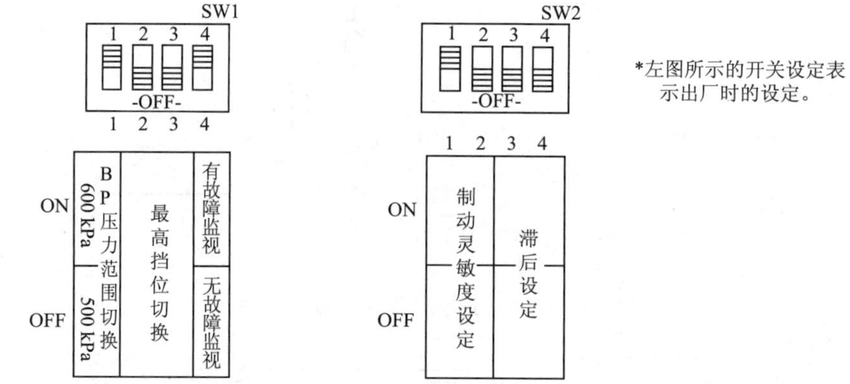

最高挡位切换表

最高挡位	SW1(2)	SW1(3)
7 N	OFF	OFF
6 N	OFF	ON
5 N	ON	OFF

另外，SW1(2)、SW1(3)双方均ON时判断为7 N

制动灵敏度设定表

制动灵敏度	SW2(1)	SW2(2)
30 kPa	OFF	OFF
40 kPa	OFF	ON
50 kPa	ON	OFF
60 kPa	ON	ON

滞后设定表

滞后	SW2(3)	SW2(4)
30 kPa	OFF	OFF
40 kPa	OFF	ON
50 kPa	ON	OFF
60 kPa	ON	ON

图 13-12 制动指令转换器的设定

1. BP 压力范围的设定

通过 SW1(1)进行设定(选择 600 kPa):

ON 的情况下:BP 压力按照 600 kPa 设定进行车辆控制。

OFF 的情况下:BP 压力按照 500 kPa 设定进行车辆控制。

2. 最高挡位的设定(设定 7 N)

通过 SW1(2)及 SW1(3)进行设定。

将 SW1(2)及 SW1(3)置于如图 13-12 所示的最高挡位切换表的设定,可以将最高挡位设定为 5 N～7 N 的某个值。

3. 是否进行故障检测的设定

通过 SW1(4)进行设定(通常设定 ON)

ON 的情况下:进行故障检测。

OFF 的情况下:不进行故障检测。

4. 制动灵敏度的设定(设定 40 kPa)

通过 SW2(1)及 SW2(2)进行设定。

将 SW2(1)及 SW2(2)置于如图 13-12 所示设定,可以将制动灵敏度设定为 30 kPa、40 kPa、50 kPa、60 kPa 的某个值。

5. 滞后的设定(设定 40 kPa)

通过 SW2(3)及 SW2(4)进行设定。

通过将 SW2(3)及 SW2(4)置于如图 13-12 所示设定,可以将滞后设定为 30 kPa、40 kPa、50 kPa、60 kPa 的某个值。

注意事项:BP 压力范围的设定、最高挡位的设定、制动灵敏度的设定、滞后的设定只在电源开启时读入 1 次(在电源处于 ON 的状态下,即使切换拨动开关,设定也不会改变)。要切换设定时，请先关闭 1 次电源，然后切换扳动开关，再次接通电源。

（五）制动指令转换器的转换特性

通过以上设定，图 13-13 所示为 BP 压力 0～600 kPa、最大制动级位为 7 N 的情况下各制动级位对应 BP 管压力值，其各制动级位以均等分配的方式来输出电气制动指令。

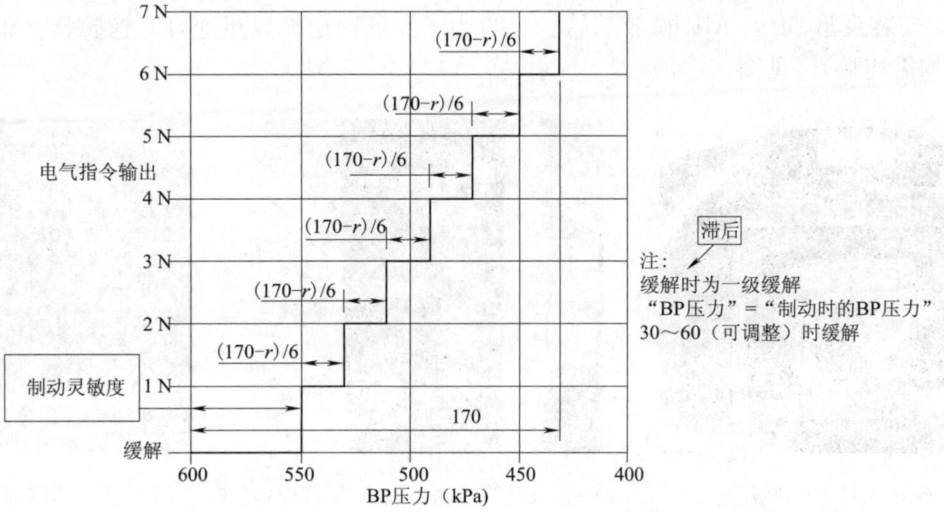

图 13-13　BP 压力指令转换器转换电气指令特性图

三、动车组回送技术要求

（一）连挂前的准备

1. 确认动车组状态正常，满足 120 km/h 运行要求，铁鞋安放正确。

2. 确认回送用器材已准备完成：

回送用过渡车钩：数量：2

BP 橡胶软管：数量：2

MR 橡胶软管：数量：2

3. 动车组总风(MR)压力须在 600 kPa 以上（必要时启动空气压缩机），空气弹簧需充气至正常高度。

4. 动车组蓄电池的电压至少须在 87 V 以上（低于该数值时需进行充电）。插入钥匙之前，确认 BC 压力须在 290 kPa 以上。

5. 插入主控钥匙，复位紧急制动，将制动手柄置运行位，通过 MON 确认全车的 BC 压力为零。

6. 确认上述项目后，将制动手柄保持在“B7”级位置。

7. 接通司机室制动指令转换器的电源（司机室后面板“救援转换装置”NFB 置于 ON）。

8. 确认设置在驾驶员背后设备箱内制动指令转换器的设定（参照制动指令转换器的设定方法）。

9. 为确保电源容量，仅将各回路回送时必须处于接通状态的断路器闭合。

10. 使用列车分合控制盘内的开关来打开头车罩盖。

11. 将过渡车钩安装在头车的密接车钩上，确认锁销相互咬合状况。

因过渡车钩的重量为 64 kg，所以在搬运及安装作业时须注意安全。

过渡车钩安装作业操作步骤：

(1)将过渡车钩的锁钩定位在释放位置；

(2)将过渡车钩与动车组连接器(车钩)对准后推入；

(3)使过渡车钩与动车组连接器(车钩)紧密相嵌后松开释放杆，以释放杆的动作来确认双方锁钩相互咬合的状况。

12. 安装头车 BP 及 MR 橡胶软管。(注：为了保证回送充风迅速，BP 橡胶软管和 MR 橡胶软管均需连接)。见图 13-15。

图 13-14　打开后的头罩

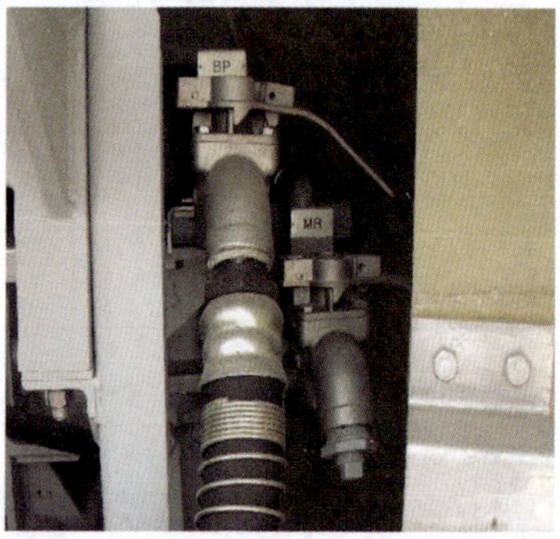

图 13-15　BP 管旋塞(左)、MR 管旋塞(右)

图 13-16　MR 橡胶软管

注：BP 橡胶软管必需连接，MR 橡胶软管可不连接。橡胶软管存放在前罩室内。

操作步骤：

(1)使用扳手将 BP 及 MR 管折角塞门防尘堵拆下；

(2)拧入 BP 及 MR 橡胶软管(注意调整软管连接器的角度朝向)。

13. 目视确认动车组的两个受电弓均处于降下状态。

14. 靠近牵引机车一端列控车载设备柜内的隔离开关至于隔离位。

注意：动车组主控钥匙必须是只插在靠近牵引机车端司机室驾驶台上(如回送过程中机车需换向牵引时，回送车值乘司机须把钥匙取出，插在靠近牵引机车端司机室驾驶台上)。

(二)回送时司机室运行配电盘 NFB 闭合图

司机室配电盘在司机座椅左侧柜中，下图中 NFB 处于“NO”状态表示回送时最低限度必须接通的设备。

1. 1 车司机室配电盘

(1)司机室配电盘 1 见图 13-17。

司机室插座	接触网电压表	制冷控制	司机室制冷主电源	司机室制冷	机车电源	电压表							
OFF	OFF	OFF	OFF	OFF	OFF	ON							

图 13-17　1 车司机室配电盘 1

(2)司机室配电盘 2 见图 13-18。

后部标志灯电源	前部标志灯电源	集中控制1	集中控制2	集中控制3	受电弓VCB	保护接地	蓄电池接触器	监视器1	监视器2	切除指令	显示灯电源	关门	关车门安全	广播	电压表照明	应急灯切换	列车无线	无线蓄电池控制	风笛加热器	联解控制	SDMS
ON	OFF	ON	ON	ON	OFF	OFF	ON	ON	ON	OFF	OFF	OFF	OFF	OFF	OFF	OFF	OFF	OFF	OFF	ON	OFF

司机室灯1	司机室灯2	司机室灯3	司机室加热器1	司机室加热器2	车内压力释放	24V电源	应急蓄电池控制	数据记录仪	电动遮阳帘控制	玻璃墙反光电源	刮雨器控制电源	车地通信主机	设备室灯1	设备室灯2	电加热玻璃	前窗玻璃加热控制	辅助制动				
ON	OFF	OFF	OFF	OFF	OFF	ON	OFF	OFF	OFF	OFF	OFF	OFF	OFF	OFF	OFF	OFF	OFF				

救援转换装置	ATP系统电源	ATP显示器	ATP系统电源	JRU控制				仪灯表
OFF	ON	OFF	OFF	OFF				OFF

图 13-18　1 号司机室配电盘 2

2.0 车司机室配电盘

(1)0 车司机室配电盘 1 见图 13-19。

司机室插座	接触网电压表	制冷控制	司机室制冷主电源	司机室制冷	机车电源	电压表								
OFF	OFF	OFF	OFF	OFF	OFF	ON								

图 13-19　0 车司机室配电盘 1

(2)0 车司机室配电盘 2 见图 13-20。

后部标志灯电源	前部标志灯电源	集中控制1	集中控制2	集中控制3	受电弓VCB	保护接地	蓄电池接触器	监视器1	监视器2	切除指令	显示灯电源	关门	关车门安全	广播	电压表照明	应急灯切换	列车无线	无线蓄电池控制	风笛加热器	联解控制	SDMS
ON	OFF	ON	ON	ON	OFF	OFF	ON	ON	ON	OFF	OFF	OFF	OFF	OFF	OFF	OFF	OFF	OFF	OFF	ON	OFF

司机室灯1	司机室灯2	司机室灯3	司机室加热器1	司机室加热器2	车内压力释放	24V电源	应急蓄电池控制	数据记录仪	电动遮阳帘控制	玻璃墙反光电源	刮雨器控制电源		设备室灯1	设备室灯2	电加热玻璃	前窗玻璃加热控制	辅助制动				
ON	OFF	OFF	OFF	OFF	OFF	ON	OFF	OFF	OFF	OFF	OFF		OFF	OFF	OFF	OFF	OFF				

救援转换装置	ATP系统电源	ATP显示器1	ATP显示器2	JRU控制				仪灯表
OFF	ON	OFF	OFF	OFF				OFF

图 13-20　0 车司机室配电盘 2

3. 1/0 车二位端配电室(客室侧)(图 13-21)

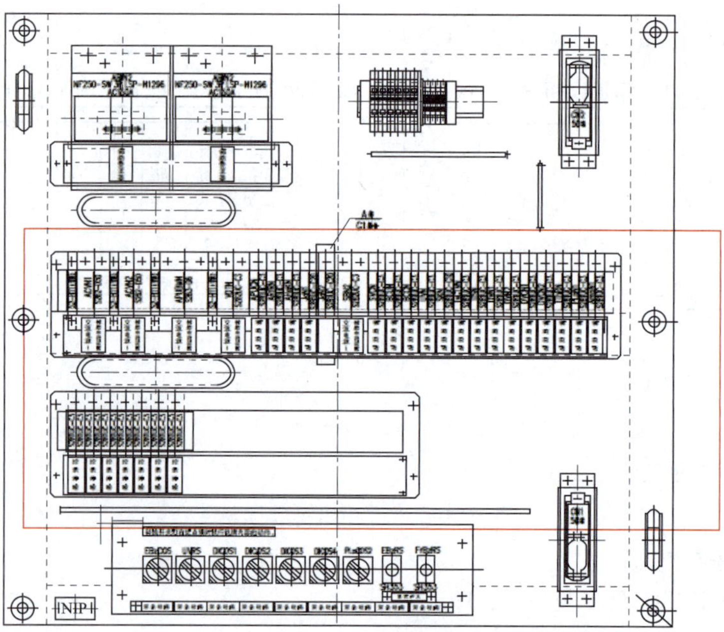

图 13-21　1/0 车二位端配电室

4. 运行配电盘

(1)1 车运行配电盘见图 13-22。

辅助电源装置交流电源1	辅助电源装置交流电源2	辅助电源装置	辅助电源输入电压	辅助电源装置控制	辅助电源接触器	保温接触器	保温1	保温2	辅助制动	紧急制动转换控制	制动控制装置	制动控制	紧急制动	防滑控制阀	踏面清扫	关门开关	关门机构1	关门机构2	关门1	关门2	轴温检测	显示灯电源	广播1
OFF	OFF	OFF	OFF	OFF	OFF	OFF	OFF	OFF	OFF	ON	ON	ON	ON	ON	ON	OFF	OFF	OFF	OFF	OFF	OFF	OFF	OFF

监控器	控制传输	车门开闭音响装置	主动控制	转向架不稳检测控制电源	门控开关3	VIP门
ON	ON	OFF	OFF	OFF	OFF	OFF

图 13-22　1 车运行配电盘

(2)0 车运行配电盘见图 13-23。

(三)制动机试验

1. 机车向动车组充风至 600 kPa。
2. 复位动车组紧急制动,动车组制动手柄至于“运行”位。
3. 确认动车组全列制动缓解。
4. 列车管减压 50 kPa。
5. 确认动车组全列空气制动施加。

辅助电源装置交流电源1	辅助电源装置交流电源2	辅助电源装置	辅助电源输入电压	辅助电源装置控制	辅助电源接触器	保温接触器	保温1	保温2	辅助制动	紧急制动转换控制	制动控制装置	制动控制	紧急制动	防滑控制阀	踏面清扫	关门开关	关门机构1	关门机构2	关门1	关门2	轴温检测	显示灯电源	广播1
OFF	OFF	OFF	OFF	OFF	OFF	OFF	OFF	OFF	OFF	ON	ON	ON	ON	ON	ON	OFF	OFF	OFF	OFF	OFF	OFF	OFF	OFF

监控器	控制传输	车门开闭音响装置	主动控制	转向架失稳检测控制电源	门控开关3	VIP门
ON	ON	OFF	OFF	OFF	OFF	OFF

图 13-23　0 车运行配电盘

四、动车组 2 h 内的无动力回送作业

本作业程序适用 CRH380A 系动车组(8 辆单组、同型短编重联或 16 辆长编)直接连挂，或动车组与加挂回送车进行连挂的无动力回送。

(一)动车组回送作业分工

1. 随车机械师：负责过渡车钩和专用风管的拆装，电气连接线的连接与摘解，动车组截断塞门操作，车门开关，连挂状态确认，开闭机构手动操作，及连挂、解编作业中其他开关操作，运行途中动车组状态监控等。

2. 动车组司机：负责连挂端激活(退出)、司机室占用，操作受电弓、主断路器、司机警惕装置、列控车载设备，自动开启头罩，牵引制动试验。运行中监控总风压力、蓄电池电压及列车运行状态，配合随车机械师安装与拆卸过渡车钩和专用风管。

3. 机车司机：负责机车与回送过渡车的连挂和回送过渡车与机车间车钩、软管摘解(单班单司机值乘由车辆乘务员负责)，机车折角塞门的操作，其他按照《铁路技术管理规程》规定执行。

4. 回送过渡车押运员：负责回送过渡车与机车间软管连接，回送车折角塞门操作。单班单司机值乘时负责回送过渡车与机车间车钩、软管摘解和机车与回送过渡车的连挂。其他按照《铁路技术管理规程》规定执行。负责运行过程中过渡车运行状态的监控与车上设备的操作。

(二)动车组与机车连挂准备

1. 动车组停车，制动手柄移置"B7"位，保持动车组制动状态，确认动车组总风缸压力在 780 kPa以上，蓄电池电压 87 V 以上；断开主断路器，降下受电弓；闭合司机室配电盘内(联解控制)和(联解限位开关)断路器，打开连挂端开闭机构。确认连挂端头罩打开后，断开(联解控制)断路器；闭合(救援转换装置)断路器，分别将两端司机室总配电盘内"救援转换集控隔离开关"合上(动车组重联回送时 4 个司机室总配电盘内"救援转换集控隔离开关"都必须合上)，准备工作完毕。

2. 目视确认动车组所有受电弓均处于降下状态；确认连挂端开闭机构打开，检查密接式车钩、电气连接器状态良好。

3. 安装过渡车钩，确认状态良好。

4. 机车停在距离动车组约 3 m 的位置，确认机车车钩置于全开位。

(三)连挂作业

1. 机车以不超过 5 km/h 的速度连挂，连挂后试拉，确认车钩连接良好。

2. 连接机车与动车组的供风管：若机车采用单管供风，将机车的列车管与动车组的 BP 软管连接。打开机车的列车管和动车组 BP 管的折角塞门，打开“救援旁通断”塞门，确认动车组的 MR 压力达到 600 kPa 时，关闭“救援旁通断”塞门，打开“救援断”塞门。

3. 若机车采用双管供风，将机车列车管、总风管与动车组 BP 管、MR 管连接。打开动车组 BP 管、MR 管和机车列车管、总风管折角塞门。

4. CRH380A(统型)1、3、7、8 车停放制动。

(四)制动试验

按动车组回送技术要求中制动试验执行。

(五)运行监控

1. 运行中总风压力不低于 530 kPa，蓄电池电压不低于 84 V。电压降至 84 V 时，动车组司机通知本务司机申请就近站停车后升弓充电，待蓄电池电压高于 87 V 以上后，动车组方可继续回送。

2. 监视动车组的制动和缓解情况，确认途中无异常声响和振动。

3. 运行中应尽量避免紧急制动，发生紧急制动后须检查过渡车钩状态。

(六)机车摘解

1. 列车停车。

2. 制动手柄移置“B7”位，保持动车组制动状态。

3. 关闭机车列车管折角塞门。

4. 单管供风时，关闭动车组 BP 管和“救援断”塞门；采用双管供风时，关闭动车组 BP 管、MR 管和机车列车管、总风管折角塞门。

5. 将机车与动车组的供风管分离，将动车组侧 BP 管软管连接器、MR 管软管连接器拆下。

6. 摘解车钩。

7. 拆卸过渡车钩。

8. 恢复电气开关。

五、动车组 2 h 以上的无动力回送作业

(一)动车组与回送过渡车的连挂

1. 将回送车停在距离动车组 3 m 以上的位置。

2. 将回送车的车钩(15 车钩)置于释放状态。

3. 确认回送车的车钩大概处于轨道的中心位置。

4. 以 5 km/h 以下的速度移动回送车并使回送车与动车组连挂。

5. 确认车钩中心高度差在 15 mm 以内，并进行试拉，确认连接是否正常。

6. 分别将回送车的列车管、总风管与动车组的 BP、MR 橡胶软管对应连接。

7. 打开回送车列车管、总风管和动车组 BP、MR 管的折角塞门。

8. 关闭所有动车组头车 BP-MR 之间的塞门(∗1 救援旁通和 ∗2 救援，见图 13-24)。

注意：回送中 BP 管和 MR 管均需连接，“＊1 救援旁通阀门”、“＊2 救援阀门”均关闭。如回送中只连接 BP 管，不连接 MR 管，在连接 BP 管后，打开 BP 管折角塞门，并先打开“＊1 救援旁通阀门”，确认机车的 BP 压力达到 600 kPa 时，关闭“＊1 救援旁通阀门”，打开“＊2 救援阀门”（将动车组 BP→MR 转换为通过节流阀连接）。

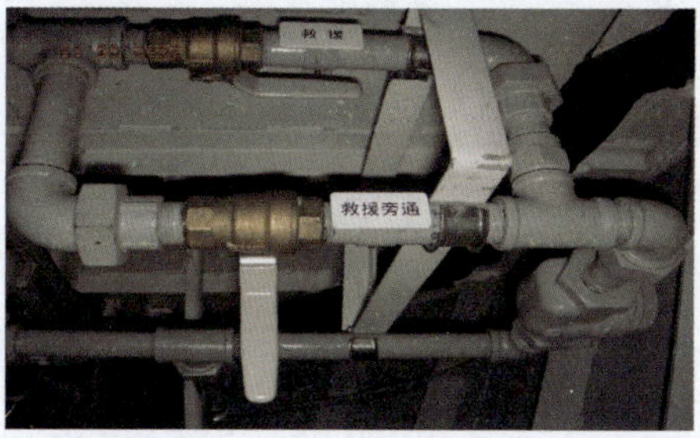

图 13-24　救援旁通

如动车组保留有足够的 MR 压力时，不需要打开“＊1 救援旁通阀门”的操作，只需连接 BP 管，打开“＊2 救援阀门”即可。

9. 连接动车组与回送车间的 DC 110 V 电源线并固定（跨接电缆存放在设备室内）。见图 13-25。

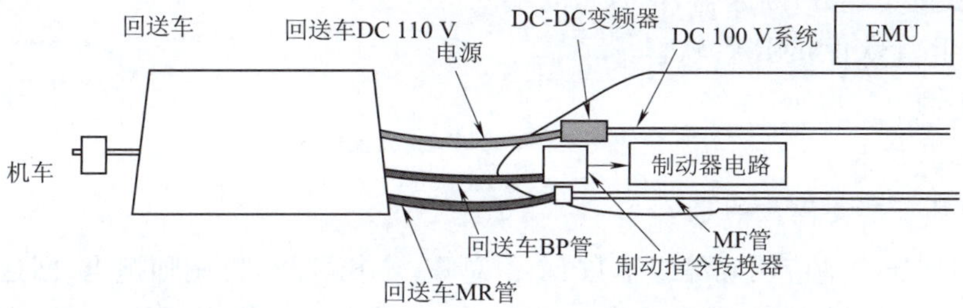

图 13-25　回送车与动车组空气管路及电源连接示意图

图 13-26　头车

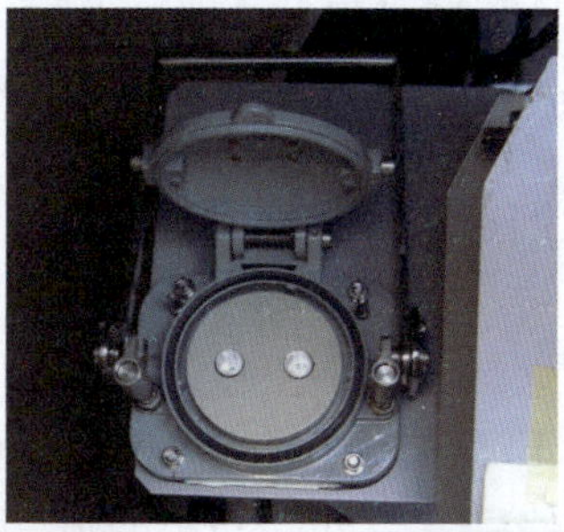
图 13-27　DC 110 V 插座

10. 启动回送车发电机组，确认发电机组工作正常，确认回送车供电正常。

11. 单编组动车组回送时，将连挂处头车的“机车电源”开关置 ON 位，确认直流电压为 100 V。动车组重联回送时，闭合重联端两个司机室内的“机车电源”开关以及回送车连挂端司机室配电盘“机车电源”开关，确认直流电压为 100 V。

12. 动车组重联回送时，确认重联端两头车司机室和重联动车组与回送过渡车连挂端司机室配电盘“机车电源”开关（共 3 处）为断开状态，将两根动车组连挂回送用 DC 100 V 电缆的两端，分别压接在重联处两动车组头车 DC 110/100 V 电源变换装置输出端的 103 Y 和 100 A7 处，闭合连挂处两头车的“机车电源”断路器，将靠近回送过渡车侧的 2 号或 6 车的“蓄电池接触器”“直流电源 2”“电压检测器”断路器闭合保留，断开其他所有蓄电池车的上述三个断路器。

（二）机车连挂

机车以不超过 5 km/h 的速度与回送过渡车连挂，连挂操作按照《铁路技术管理规程》相关规定执行。

(三)制动试验

按动车组回送技术要求中制动试验执行。

(四)运行监控

运行监控同 2 h 内无动力回送执行。

(五)回送过渡车摘解

1. 列车停车。

2. 动车组司机将动车组制动手柄置"B7"位,保持动车组制动状态。

3. 停止回送过渡车向动车组供电。

4. 断开动车组与回送车连挂端司机室的"机车电源"断路器。重联动车组还应断开重联端两司机室的"机车电源"断路器,拆除重联端的 DC 100 V 电缆。

5. 拆下 BP 管软管、MR 管软管。

6. 摘解车钩。

7. 恢复电器开关。

(六)回送环节需要确认的事项

1. 动车组回送申请应明确编组辆数、牵引总重、全长、随车机械师担当,回送日期时刻、回送区段、回送方式、回送要求、回送径路。调度命令须明确乘务担当、回送方式、回送径路等。

2. 动车组跨局回送径路按总公司公布的跨局回送径路执行,局管内回送径路由各铁路局自行公布。回送径路发生变化时,须由相关路局对弓网、电务设备等匹配条件进行核准确认。

3. 动车组有动力回送时,配属局依据调度命令规定的回送径路,负责确认车载电务设备相关数据。

4. 有动力回送区段超过配属局动车组司机乘务交路担当区段时,途经局应提前安排司机带道或值乘。

5. 动车组一般情况下不得通过半径小于 250 m 的曲线,且通过半径为 250 m 的曲线时,须限速 15 km/h;所有动车组不得侧向通过小于 9 号的单开道岔和 6 号的对称双开道岔。

6. 通过和停靠 1 200 mm 以上的站台时,须确认站台边缘距轨道中心线距不小于 1 750 mm。

7. 动车组无动力回送,制动可用时限速 120 km/h,制动不可用时限速 5 km/h。

8. 动车组无动力回送时,发生紧急制动后,本务司机必须通知随车机械师,经随车机械师检查过渡车钩状态良好后方可继续运行。

9. 动车组无动力回送时列车管压力为 600 kPa。使用统型过渡车钩时,须确认相互连挂的车钩中心水平线高度差不得超过 50 mm,如超限,由随车机械师调整过渡车钩高度。

10. 动车组在回送途中应避免紧急制动,不得已实施紧急制动停车后,本务司机应立即通知随车机械师,经随车机械师检查确认过渡车钩状态良好后方可继续运行。

11. 动车组回送全过程不进行列检作业。

六、救　援

(一)适用范围

适用于 CRH2A、CRH2C、CRH2B、CRH2E、CRH380A、CRH380AL CRH380 统型动车

组同型之间及相互之间的救援作业。

（二）总体要求

1. CRH380A 系动车组被救援，常用制动、紧急制动有效，运行限速 120 km/h；常用制动、紧急制动无效，运行限速 5 km/h。

2. 不得通过半径小于 180 m 的曲线；不得侧向通过小于 9 号道岔和 6 号对开道岔。

3. 通过和停靠 1 200 mm 以上站台时，须确认站台边缘距轨道中心距不小于 1 750 mm。

4. 8 辆编组与 16 辆编组连挂最大长度为 606 m，16 辆编组与 16 辆编组连挂最大长度为 806 m，救援时应考虑车组总长对站台及线路股道有效长、信号、车尾保持的影响。

5. 8 辆编组的 CRH2A 型救援 16 辆编组动车组时，牵引能力不能在大于 10‰的坡道上启动；8 辆编组的 CRH2C/CRH380A 型救援 16 辆编组动车组时，牵引能力不能在大于 12‰的坡道上启动。

6. 救援连挂仅允许一列动车组的 1 车与另一列动车组的 8(或 16)号车进行连挂。

7. 因被救援动车组故障原因不明，为了防止扩大故障，被救援动车组在被救援之前首先通过远程切除的方式切除所有 VCB 和受电弓，救援过程中不得升弓、合 VCB。

8. 动车组连挂端头罩的开启、关闭操作由司机在司机室内自动完成，随车机械师下车确认(开启及关闭需保持 1 分钟)；对于不能由司机自动完成上述操作时，由随车机械师在车下手动操作完成。

9. 若被救援动车组无制动，禁止采用救援动车组在后部，被救援动车组在前部的推动救援模式。

（三）救援作业办法

1. 连挂前的准备工作

(1)被救援动车组

司机打开并锁闭连挂端头罩，通过远程操作将 VCB、受电弓切除，拔取主控，将列控车载设备隔离开关置于隔离位。

随车机械师下车观察头罩打开并锁闭(保持 1 min)，检查确认密接式车钩状态良好且位置正常，目视确认动车组所有受电弓均处于降弓状态。

(2)救援动车组

司机操作进入连挂线路，距离被救援动车组 10 m 左右时停车；在连挂端打开并锁闭头罩。

随车机械师下车观察头罩打开锁闭并保持一段时间(1 min)，检查确认密接式车钩状态良好且位置正常；具备连挂条件后，向司机传达连挂信号。

3. 动车组连挂作业

(1)救援动车组司机将救援动车组停在距离被救援动车组 3 m 以外的位置，以不超过 5 km/h的速度操纵动车组连接密接式车钩，连挂后试拉。

(2)两列动车组随车机械师车下确认密接连杆退回，连接良好。

(3)救援动车组司机断 VCB，降弓并将制动手柄置“拔取”位，拔出主控钥匙。

(4)两列动车组随车机械师负责将两列动车组连挂端的 32 芯救援连接器和 7 芯救援连接器进行连接，并确认连接状态良好之后(将连接线进行捆绑固定，但不能影响运行时转弯等的余量)，传达信息给救援动车组司机。

(5)两列动车组司机接到信息后分别将各自动车组连挂端的救援开关置“救援”位，确认各自头车的连接切换器处于“分割”位。将各自动车组连挂端的总风管导通(8 编组通过手动打开空气管开闭器完成,16 编组通过打开司机左台体检修门内的“总风缸”和“MR 贯通”截断塞门完成)。

(6)救援动车组司机换端进入非连挂端司机室,插入主控钥匙,重新上电,复位紧急制动,升受电弓、闭合 VCB。

(四)制动试验程序

1. 救援动车组司机操作制动手柄从“快速”位逐级递减到“B1”位,救援动车组司机和被救援动车组司机分别通过 MON 屏制动信息页面确认动车组的制动状态。

2. 两列动车组随车机械师分别通过车下制动闸片的抱紧情况确认两列动车组制动良好后通知动车组司机。

3. 救援动车组司机将制动手柄置于“运行”位,两列动车组司机分别通过 MON 屏制动信息页面确定动车组的缓解状态。

4. 两列动车组随车机械师分别通过车下制动闸片的抱紧情况确认两列车缓解良好,通知动车组司机制动试验完毕。

5. 救援连挂后,在施加快速制动时,出现被救援动车组制动压力为快速制动下的制动压力,但不显示快速制动位,而仍显示 B7 的情况时,仅确认制动缓解施加正常和一致动作即可。

(五)救援途中注意事项

1. 由于不同型(包括 CRH2—061C～CRH2—090C 与 CRH2—091C 后动车组)动车组之间快速制动和紧急制动力不一致以及被救援动车组制动状况无法确定,运行过程中,避免施加快速制动和紧急制动。

2. 在连挂完成后直至解编,不能在被救援动车组司机室内进行任何操作,被救援动车组司机只需监视蓄电池电压、风压,确认其在要求范围内。

3. 在动车组救援过程中,被救援动车组为纯空气制动,无再生制动力。

(六)动车组解编作业

1. 救援动车组司机操纵动车组停车,施加制动,降下受电弓,断开 VCB,拔取主控。

2. 两列动车组司机分别关闭各自动车组连挂端的总风管(8 编组关闭空气管开闭器,16 编组关闭总风管截断塞门)。

3. 两列动车组司机分别将救援开关置“正常”位,被救援动车组司机恢复列控车载设备隔离开关到正常位。

4. 两列动车组随车机械师断开救援连接器。

5. 随车机械师手动解除机械钩锁定,再解编(移动救援动车组离开被救援动车组)。

6. 关闭头罩。

复习思考题

1. 司机在库内接车有哪些注意事项?

2. 简述 CRH380A 系动车组制动试验程序。

3. 动车组按调车方式出段的操作要点有哪些?

4. 入库停放操作时,正常操作里程及注意事项有哪些?

5. 司机运行中发现因大风出现晃车现象时如何处理?

6. 动车组进站停车操作要点有哪些?
7. 调速操纵的注意事项有哪些?
8. 哪些情况下,动车组需限速运行?
9. 动车组与回送车连挂前的准备有哪些?
10. 试述动车组回送时的限制因素。
11. 简述动车组 2 h 内无火回送制动机试验步骤。
12. 动车组 2 h 内无火回送途中需要确认的事项有哪些?
13. 回送运行时制动指令转换设置状态如何确认?
14. CRH380A 型动车组自动解编操作准备工作有哪些?
15. 重联动车组连接端电气连接器故障时如何处理?
16. CRH380A 型动车组连挂作业程序是什么?

第十四章　故障处理及非正常行车

本章依据《铁路技术管理规程》(高速铁路部分 TG/01—2014)、“中国铁路总公司运输局关于发布《动车组列控车载设备和 CIR 设备应急操作指南》的通知”(运电高信函〔2014〕102号)等文件,主要对动车组司机职责范围内的移动行车设备的故障处理、非正常行车处理以及相关典型案例进行的梳理和汇总,以供读者在学习以及日常工作过程中参考。故障处理是以理论为支撑的,通过对前面章节的学习,读者可以结合理论知识对案例现象进行分析,通过案例引发思考,从而规范自己工作时的作业流程,减少失误操作,提高动车组司机在高速铁路移动、固定设备故障时的分析、判断以及处理能力。

第一节　动车组设备故障处理

一、动车组故障处理基本原则

在动车组列车乘务组人员构成中,动车组司机的主要职责是负责列车运行的安全正点,因此在行车设备发生故障时,故障处理应遵循以下原则:

1. 为保证动车组列车运行安全,司机和随车机械师应随时注意动车组运行状态,发现故障时应立即通知对方。遇动车组供电、空调故障等原因影响列车服务质量时由随车机械师通知列车长;动车组故障造成列车停车、运缓或需要停车处理时,司机应向就近车站、列车调度员报告,并通知列车长。

2. 动车组途中发生故障时,司机应按车载设备信息监控装置的提示,按步骤及时处理,并通知随车机械师。

3. 经处理确认无法正常工作时,司机应按车载信息监控装置的提示和随车机械师的要求,选择维持运行或停车等方式,并使用无线调度通信设备报告列车调度员或车站值班员。

4. 在运行中,司机不得离开座位;在停车状态下,除特殊情况外,司机不得离开司机室。

5. 故障处理时司机主要负责:

(1)行车安全装备司机室内开关、终端的操作;司机室内操控设备的操作;停车状态下司机室内可独立进行的其他开关的操作;

(2)为配合机械师处理故障司机室内相关开关的操作,司机应根据随车机械师的要求进行。

二、CRH380A 系动车组基本设备故障处理

CRH380A 系动车组各类故障处理应遵循铁路总公司发布的《关于印发〈CRH380A(L)型动车组途中应急故障处理手册〉的通知》的文件要求执行,下面仅对该系动车组在进行故障处理时的基本操作进行讲解。

(一)高压设备故障

动车组高压系统设备是其动力系统的主要组成部分,同时还为客服系统提供电源,当高压

系统设备发生故障，在进行故障处理或后续行车组织时，必须考虑客服系统的因素。当高压系统设备故障不能为客服系统提供电源时，应遵循相关规定组织旅客运输。

动车组司机操纵不当或因设备输出紧急制动等，都会造成动车组列车停接触网分相无电区。正常情况下，动车组列车都具备采用换弓、退行闯分相等方式自救的可能性，只要列控车载设备设置得当，司机掌握了自动过分相装置的控制原理，依照动车组有两个或多个受电弓的条件，当停在分相无电区时，可以根据具体的停车位置、本身的设备条件、牵引供电设备状况等，司机确定是否可以采用换弓、退行闯分相等方式自救。

当具备自救条件时，司机应准确报告动车组停车位置，由列车调度员、供电调度员共同根据动车组类型、停车位置、牵引供电设备状况等确定自救方案，组织自救。

列车调度员还可根据运输组织情况采用向中性区远动送电的方式恢复列车运行。

（二）复位操作

1. RS复位操作

RS复位操作只对保护电器的轻故障起作用，当按压RS复位按钮时，恢复该设备控制电路上保护电器的联锁开关，使该设备重新投入工作。

在进行RS复位操作前，操作人员按压主控端司机室操纵台上的【复位】开关2～3 s，同一故障复位操作2～3次仍无效时，通知随车机械师处理。

具备复位操作的故障见表14-1。

表14-1　RS复位故障一览表

故障种类	保护动作			显示			复位方法及步骤
	VCB跳闸	K断开	变流器不输出	故障指示灯	显示器画面		
					故障代码	其他显示画面	
变压器三次侧接地	√	√	√	VCB	164	配电盘信息	RS复位，再次闭合VCB
直流过电压3	—	√	√	—	004	变流器(各车)	RS复位
直流100V异常	—	√	√	—	004	变流器(各车)	RS复位
控制电源异常	—	√	√	—	004	变流器(各车)	RS复位
闸控电源异常	—	√	√	—	004	变流器(各车)	RS复位
微机异常	—	√	√	电气设备	139	配电盘信息	RS复位
牵引电机过电流2	—	√	√	—	004	变流器(各车)	RS复位
牵引电机电流不平衡	—	√	√	—	004	变流器(各车)	RS复位
脉冲发生器异常	—	√	√	—	004	变流器(各车)	RS复位
主变压器二次侧接地1	—	√	√	—	004	变流器(各车)	RS复位
主变压器二次侧接地2	√	—	—	电气设备 VCB	142 004	变流器(各车) 配电盘信息	RS复位，再次接通VCB

2. 大复位操作

所谓大复位操作是指对动车组所有设备进行断电重置操作，对网络系统进行重新配置，因列车断电后，制动系统会输出紧急制动，因此大复位操作应在停车状态下进行。

停车后，司机应断开VCB、降下受电弓，关闭全列车侧拉门，将制动手柄置于“拔取”位，30 s后重新投入制动手柄。

大复位操作后须对行车安全装备重新进行设置。

三、典型案例

案例1:受电弓无法升起

案例概况:

CRH380A—60××动车组00车主控,在运行途中04车受电弓自动降下,远程切除04车受电弓,升06车受电弓,06车受电弓也无法升起。司机将04车受电弓远程切除复位后,换01车主控分别重新升04、06车受电弓,能够升起;保持受电弓升起、VCB闭合状态之后再换回00车主控,继续行车。

原因分析:

00车总配电盘F板上15(110线)、16(111线)针铜箔烧损,造成升弓时检测EGS、VCB状态回路的110线及111线断开,相当于EGS、VCB处于闭合状态,主控端VCBRR、EGSR继电器不能励磁,造成受电弓无法升起。

换01车主控时,由于烧损的是00车总配电盘F板上15、16针铜箔,01车VCBRR、EGSR继电器仍可励磁,受电弓能够升起。

案例评述:

(1)运行途中,遇受电弓自动降下时,司机未经机械师允许,不得自行进行升弓操作,必要时随车机械师应下车目视检查受电弓状态。

(2)随车机械师应检查故障原因时,应从升降弓控制电路及受电弓工作原理入手,将两端司机室配电盘纳入检查范围,尽快排出故障恢复或维持列车运行。

案例2:过分相后司机进行升弓操作时无法升起受电弓

案例概况:

CRH380AL—6×××在经过分相时按要求降弓通过,当越过分相后司机进行升弓操作时发现无法升起受电弓。随后司机立即按压“VCB断”“受电弓折叠”按钮,再次进行升弓操作后,受电弓正常升起。

原因分析:

由于动车组在越过分相后时,地面的磁钢点发出闭合“VCB”的指令,当“VCB”在闭合状态时将无法升起受电弓。动车组列车在高速铁路上使用RBC过分相时,分相前降弓越过分相后由于RBC发出“主断合”的指令,所以动车组也将无法升起受电弓。

案例评述:

由于CRH380A系动车组升弓控制电路串有VCB联锁,当VCB处于闭合状态时,升弓控制回路被切断,在进行升弓操作时受电弓将无法升起,遇有此种情况时司机应进行断电、降弓操作后,再次进行升弓作业。

案例3:牵引变流器故障

案例概况:

CRH380A—60××动车组运行途中,07车报牵引变流器故障(005、141)。司机得到机械师RS复位通知后进行复位操作,随车机械师发现7车牵引变流器显示CI故障和主电路元件异常。随车机械师立即通知司机远程切除7车,并闭合VCB维持运行。随车机械师前往7车,断开CICN1牵引变流器空开,数秒后合上。接着通知司机远程恢复7车,故障消除。

原因分析:

网压异常波动,引起牵引变流器故障。

案例评述：

牵引变流器故障(005、141)，在RS复位无效后，可对设备进行断电复位操作，切除故障牵引变流器所在动车后，可尝试断开【牵引变流器1】复位。

案例4：辅助电源装置135故障

案例概况：

CRH380A—60××动车组运行途中，在过分相区后，MON报04、05车牵引变流器004、MTR油流、5车辅助电源装置135故障。随车机械师根据车辆故障及监视器画面信息，判定为05车APU3故障后造成其他两个故障的连带发生后，通知司机配合进行了BKK2扩展供电，由00车APU对二单元04、05车风机负载进行供电，维持运行。列车折返运行5 min后，监视器报00车APU故障135。随后随车机械师将二单元04、05车动车及风机负载切除，并且01车对00车进行了BKK扩展供电，维持运行。

原因分析：

05车APU3故障是由于APU3内输入电源接触器K1卡滞，造成APU3报135故障，后续00车APU故障是由于扩展供电后“BKK延时控制”断路器未合导致，复位后即可恢复。

案例评述：

辅助电源装置故障时，因影响车厢客服系统电器工作，因此正常情况下机械师应进行BKK/BKK2扩展供电，在操作时，司机可根据随车机械师的通知配合作业，机械师作业完毕后应通知司机，司机须通过MON屏进行必要的检查和确认。

案例5：重联继电器烧损故障

案例概况：

CRH380A—6××1+CRH380A—6××2列重联运行，6××2动车组00车主控，经过分相区时，6××1全列无电，列车起紧急制动。随车机械师接通6××1列1车总配盘102E与105应急开关后，6××1全列恢复供电，紧急复位后紧急解除。

原因分析：

6××1列01车总配电盘F板JBVR1并联的二极管击穿，造成6××1(后列)105线失电，随即6××1全列失电，产生紧急制动。

案例评述：

动车组重联运行时，在通过分相无电区后列动车组起紧急制动时，大多情况是重联连接发生故障，在紧急制动停车后，司机根据机械师要求进行配合作业，必要时进行解编重联作业。当紧急制动安全回路失电时，动车组会起紧急制动，随车机械师可优先尝试将后列动车组重联端总配电盘短接开关盘中的102E与105线短接。

案例6：侧拉门无法打开

案例概况：

CRH380A—60××动车组运行到站，司机集控开门时，发现1车1位侧车门无法打开，为确保途中运行安全，随车机械师将该车门隔离后通知司机正常运行。

原因分析：

车门外侧手动锁卡滞，使车门开关动作机构处于压紧状态，车门无法开启。

案例评述：

站停时，随车机械师可尝试到门外对手动锁进行复位操作。

案例7：抱死1

案例概况：

CRH380A—60××运行途中00车报“抱死1故障(151)”、“制动控制装置速度发电机断线1(060)”故障。司机立即采取快速制动停车，停车后随车机械师立即对故障车做了关门车处理，司机将手柄放在快速位并进行紧急复位，恢复运行。

原因分析：

速度传感器上黏着的铁丝将一对磁极连接，导致速度传感器检测失效，导致BCU检测不到1轴的速度信号，进而报抱死1故障。

案例评述：

发生抱死1故障(151)、制动控制装置速度发电机断线1(060)时，司机应规定采用快速制动停车，停车后随车机械师应按规定下车检查走行部状态，进行速度不超过5 km/h的滚动试验，以检查轮对状态。

案例8：轴温报警

案例概况：

CRH380A—60××动车组运行途中，03车报轴温1、轴温2故障(154、155)。司机停车，随车机械师立即下车对故障部位用点温仪测量温度。03车实际检测温度为8 ℃，又检测相邻两车温度以作比较，02车实际检测温度为6 ℃，04车实际检测温度为5 ℃，温度正常，动车组继续运行。

原因分析：

03车轴温传感器故障。

案例评述：

动车组运行途中发生轴温故障报警或接到轴温报警的通知时，司机应根据实际情况采用不同等级的制动措施立即停车，随车机械师需下车检查轴箱及齿轮箱的温度，并反馈司机。

案例9：蜂鸣器长鸣

案例概况：

CRH380A—6××1＋CRH380A—6××2重联动车组运行途中，过完分相后，四个司机室设备紧急蜂鸣器长鸣不止，随车机械师分别将四个司机室蜂鸣器切除旋钮开关断开后再复位，故障未消除。

原因分析：

6××1列04车终端装置CN2航插22针接触不良，电源输入线M280失电。

案例评述：

蜂鸣器是动车组设备故障的声音报警信号，在列车运行中不得随意切除，故障未排除前，随车机械师应尝试将各车厢组合配电盘中【故障蜂鸣器断开切除开关】断开再投入来判断故障点，不可随意将司机室蜂鸣器开关做切除处理。

案例10：空压机油温高

案例概况：

CRH380A—60××动车组运行途中，03车报“空气压缩机油温高”，故障代码为080，随车机械师查看MON屏中03车配电盘信息，发现“压缩机”项显示红色，其他信息显示正常。检查03车组合配电盘，发现“空气压缩机控制”空开断开，其他空开均处于正常位，通知司机远程切除03车空压机继续运行。5 min后随车机械师将“空气压缩机控制”恢复到“开”位，并通知司机恢复空压机，故障消除。

原因分析：

主空压机散热不良。

案例评述：

(1)CRH380A 系动车组几台空气压缩机通过同步继电器控制同时进行工作，当发生一台空气压缩机油温高故障时，可及时切除故障空压机，待冷却后复位。

(2)当有压缩机停止工作或被切除后，司机要注意观察总风压力状况，确认压缩机泵风时总风压力回升情况，并密切关注总风压力。

第二节　列控系统故障处理

一、车载设备故障处理原则：

当 CTCS-3 级列控车载设备发生功能故障时，应尽可能使用 CTCS-2 后备系统维持运行，当向 CTCS-2 级级间自动转换失败，由司机报告列车调度员或车站值班员，停车后手动转换。由 CTCS-2 级向 CTCS-3 级转换失败时，应维持 CTCS-2 级方式继续运行，直到实现自动转换。

二、CTCS-3 级列控车载设备应急操作

(一)地面设备故障

1. 区间轨道电路故障

1)CTCS-3 级控车时

(1)现象描述：

DMI 机车信号显示红黄码，目标速度为 0。

(2)操作步骤：

列车在靠近区间信号机标志牌前停车后，司机按照有关行车办法执行，如需越过该信号机，则选择目视行车模式。

按压 DMI 下方硬键盘【目视】键(或在 DMI 右侧软键盘上顺序选择【模式】键，【目视】键，最后选择【确定】键)，进入目视模式，控制列车以 40 km/h 的速度限速运行。运行中根据语音提示(每隔 50 s 或 200 m 输出提示音)按压 DMI 下方硬键盘【警惕】键。当列车收到地面允许信息后，自动进入完全监控模式。

(3)注意事项：

ATP 进入目视模式行车后，司机要在 60 s 内控制列车头部越过前方第一个区间信号标志牌，若超过 60 s 还未越过，则车载设备会触发紧急制动(冒进)，停车后司机确认并缓解制动后，选择目视模式并按压【启动】键后继续运行。

在目视模式下，如果司机如未及时按压【警惕】键，车载设备输出紧急制动停车后，司机应先按压【警惕】键，再按压【缓解】键才能缓解车载设备输出制动。

(4)“冒进”后现象：

DMI 机车信号显示红码或无码，目标速度为零。

(5)操作步骤：

车载设备输出制动停车后，司机立即向列车调度员报告，转目视行车模式。

2)CTCS2 级控车时

(1)现象描述：

DMI 机车信号显示红码、红黄码或无码，目标速度为 0。

(2)操作步骤:

列车应靠近区间信号机标志牌前停车,司机按照有关行车办法执行,如需越过该信号机,则选择目视行车模式。

按压 DMI 下方硬键盘【目视】键(或在 DMI 右侧软键盘上顺序选择【模式】键,【目视】键,最后选择【确定】键),进入目视模式,控制列车以 40 km/h 的速度限速运行。运行中根据语音提示(每隔 50 s 或 200 m 输出提示音)按压 DMI 下方硬键盘【警惕】键。当列车收到地面允许信息后,自动进入完全监控模式。

(3)注意事项:

在目视模式下,如果司机如未及时按压【警惕】键,车载设备输出紧急制动停车后,司机应先按压【警惕】键,再按压【缓解】键才能缓解车载设备输出制动。

2. 应答器故障或丢失

1)侧线接车时进站应答器故障或丢失

(1)适用范围

CTCS-2 级区段。

(2)现象描述:

侧线接车通过进站应答器组时,对于 CTCS-300T 设备,DMI 显示"应答器信息缺失"或"有源应答器默认",车载设备触发最大常用制动停车;对于 CTCS-300S 设备和 CTCS-300H 设备,DMI 显示"应答器信息缺失"或"默认报文",车载设备转为部分监控模式,触发最大常用制动停车。

(3)操作步骤:

停车后,司机立即向车站值班员、列车调度员报告,转目视行车模式。

(4)注意事项:

在目视模式下,如果司机忘记按"警惕"键,车载设备输出紧急制动,停车后,司机要先按"警惕"键,再按"缓解"键才能缓解制动。

2)出站口应答器故障或丢失

(1)适用范围:CTCS-2 级区段

(2)现象描述:列车侧线发车(含正线始发),越过出站口应答器组后,车载设备仍保持部分监控模式。

(3)操作步骤:司机报告车站值班员、列车调度员,维持部分监控模式运行或停车。

3. 进、出站信号故障停用

1)可以开放引导信号

(1)适用范围:CTCS-2 级、CTCS-3 级区段。

(2)现象描述:DMI 上轨道电路码显示为 HB 码。

(3)操作步骤:车载设备收到 HB 码,司机确认引导信号显示正确后,进入引导行车模式。司机控制列车以最高不超过 40 km/h 的速度限速运行,在 CTCS-2 等级下,如收到语音提示(每隔 50 s 或 200 m 输出提示音)按压 DMI 下方硬键盘【警惕】键。

(4)注意事项:

在目视模式下,如果司机忘记按"警惕"键,车载设备输出紧急制动,停车后,司机要先按"警惕"键,再按"缓解"键才能缓解紧急制动。

2)不可以开放引导信号

(1)适用范围:CTCS-2 级、CTCS-3 级区段。

(2)现象描述:DMI 上机车信号显示停车信号(无码或 HU 码)。

(3)操作步骤:司机根据调度命令,选择隔离模式运行。

(4)注意事项:

地面发车进路已建立但机车信号显示无码时,司机需检查载频选择是否正确。

4. C3 行车许可不更新

(1)适用范围:CTCS-3 级区段。

(2)现象描述:DMI 上机车信号显示前方进路开放,但 C3 等级下的行车许可没有更新,无法继续运行。

(3)操作步骤:司机按照有关行车办法执行后,如需继续运行,选择目视模式行车。

(二)车载设备故障

1. 车载设备上电自检不通过

(1)适用范围:CTCS-2 级、CTCS-3 级区段。

(2)现象描述:对于 CSCT-300T 设备,系统上电后,DMI 一直显示“ATP 正在启动,请等待”超过 2 min,没有进入待机模式;对于 CTCS-300S 设备,系统上电后,在进行制动测试时,DMI 上显示“与 EVC 通信中断”、“与 CPU2 通信中断”,或者车载设备上电后,DMI 上一直显示“系统自检请等待”,无法进入待机模式;对于 CTCS-300H 设备,系统上电后, DMI 上一直显示“系统自检请等待”,无法进入待机模式。

(3)操作步骤:重新启动,如还不能正常启动则切换到备用车载设备,并报告车站值班员、列车调度员。

(4)注意事项:启动时司机应确认制动手柄处于 B7(含 B7)以下且 B1(含 B1)以上位置,且动车组未输出紧急制动。

2. 制动测试失败

(1)适用范围:CTCS-2 级、CTCS-3 级区段。

(2)现象描述:系统上电后,在进行制动测试时,对于 CSCT-300T 设备,DMI 显示“制动旁路故障”;CSCT-300S 设备,DMI 显示“与 EVC 通信中断”、“与 CPU2 通信中断”;对于 CTCS-300H 设备,DMI 上显示“常用制动故障”或“紧急制动故障”。

(3)注意事项:启动时司机应确认制动手柄处于 B7(含 B7)以下且 B1(含 B1)以上位置,且动车组未输出紧急制动。

3. DMI 黑屏或者白屏(包括系统时间不刷新)

(1)适用范围:CTCS-2 级、CTCS-3 级区段。

(2)现象描述:DMI 黑屏或白屏,系统时间停止。

(3)操作步骤:司机操作制动手柄施加制动停车,停车后,切换到备用车载设备或备用 DMI,重新启动车载设备,并报告列车调度员、车站值班员。

4. 系统故障

(1)适用范围:CTCS-2 级、CTCS-3 级区段。

(2)现象描述:对于 CSCT-300T 设备,DMI 显示“ATPCU 故障”、“安全软件故障”、“主机与 DMI 通信中断”等信息,车载设备触发制动;对于 CSCT-300S 设备,DMI 显示“与 EVC 通信中断”、“与 CPU2 通信中断”,车载设备触发制动;对于 CTCS-300H 设备,DMI 上显示“安全计算机 1 系故障”、“安全计算机 2 系故障”、“安全计算机双系故障”,车载设备触发制动。

(3)操作步骤:停车后切换到备用车载设备后重启,并报告车站值班员、列车调度员。

5. 在 CTCS-3 级区段 CTCS-2 主机故障

(1)适用范围:CTCS-3 级区段。

(2)现象描述:DMI 显示“CTCS 故障”,无机车信号及公里标显示。

(3)操作步骤:按确认键确认故障信息,不影响 CTCS-3 控车,可继续运行,报告车站值班员、列车调度员。

注:此项只针对 CSCT-300T 设备。

6. 在 C2 区段 C2 主机故障

(1)适用范围:CTCS-2 级、CTCS-3 级区段。

(2)现象描述:DMI 显示“CTCS2 故障”,车载设备触发紧急制动。

(3)操作步骤:停车后切换到备用车载设备重启,并报告车站值班员、列车调度员。

注:此项只针对 CSCT-300T 设备。

7. BTM 故障

(1)适用范围:CTCS-2 级、CTCS-3 级区段。

(2)现象描述:DMI 显示“BTM 故障”,车载设备触发最大常用制动或紧急制动。

(3)操作步骤:停车后切换到备用车载设备重启,并报告车站值班员、列车调度员。

8. 测速测距故障

(1)适用范围:CTCS-2 级、CTCS-3 级区段。

(2)现象描述:对于 CSCT-300T 设备,DMI 显示“SDP 故障”和“主机与 DMI 通信中断”信息,车载设备触发制动;对于 CSCT-300S 设备,DMI 显示“里程计故障”,车载设备触发紧急制动;对于 CTCS-300H 设备,DMI 上显示“测速计故障”和“测速单元故障”,车载设备触发紧急制动。

(3)操作步骤:停车后,切换到备用车载设备重启,并报告车站值班员、列车调度员。

9. 列车接口故障

(1)适用范围:CTCS-2 级、CTCS-3 级区段。

(2)现象描述:DMI 显示“主机与 DMI 通信中断”,车载设备触发制动。

(3)操作步骤:停车后切换到备用车载设备重启,并报告车站值班员、列车调度员。

注:此项只针对 CSCT-300T 设备。

10. C2 级控车时 TCR 故障

(1)适用范围:CTCS-2 级、CTCS-3 级区段。

(2)现象描述:对于 CSCT-300T 设备,DMI 显示“轨道电路传输模块故障”;对于 CSCT-300S 设备,DMI 显示“轨道电路信息异常”;对于 CTCS-300H 设备,DMI 上显示“安全计算机双系故障”“TCR 双系故障”。

(3)操作步骤:停车后,切换到另一套车载设备重启。如故障不恢复,司机与车站值班员、列车调度员联系,可根据调度命令将车载设备隔离按调度命令行车。

11. 车载设备制动不缓解

(1)适用范围:CTCS-2 级、CTCS-3 级区段。

(2)现象描述:在允许信号下,车载设备制动后不缓解,DMI 未显示输出制动,按压“缓解”键无效。

(3)操作步骤:将车载设备隔离开关置隔离位,然后检查车辆状态,如制动缓解,则重启车载设备,并报告车站值班员、列车调度员。无效时,检查车辆状态。

(4)注意事项:若是在目视行车模式、引导模式等情况下,由于未按压警惕键,车载设备输出制动，先按“警惕”键，再按“缓解”键就可以缓解制动。

12. 牵引继电器故障

(1)适用范围：CTCS-2 级、CTCS-3 级区段。

(2)现象描述：车载设备在 CTCS-3 等级下正常行驶，转入 CTCS-2 级后输出不可缓解的制动。

(3)操作步骤：换系重启车载设备，如故障不恢复，司机报告车站值班员、列车调度员。

注：此项只针对 CTCS-300S 设备。

13. 方向继电器故障

(1)适用范围：CTCS-3 级区段。

(2)现象描述：车载设备在 CTCS-3 等级下输出紧急制动，DMI 上显示文本“列车溜逸防护确认”信息。

(3)操作步骤：换系重启车载设备，如故障不恢复，司机报告车站值班员、列车调度员。

注：此项只针对 CTCS-300S 设备。

14. 驾驶台激活继电器故障

(1)适用范围：CTCS-2 级、CTCS-3 级区段。

(2)现象描述：车载设备在 CTCS-3 等级下正常行驶时，DMI 上无显示内容但存在背光，车载设备触发紧急制动。重启后，DMI 上一直显示“系统自检请等待”，无法进入待机模式。

(3)操作步骤：换系重启车载设备，如故障不恢复，司机报告车站值班员、列车调度员。

注：此项只针对 CTCS-300S 设备。

15. EVC 板故障

(1)适用范围：CTCS-2 级、CTCS-3 级区段。

(2)现象描述：车载设备每隔半小时触发一次紧急制动，DMI 上显示“与 EVC 通信中断”、“与 CPU2”通信中断。

(3)操作步骤：停车后，车载设备自动切换到备用系，司机缓解制动并报告车站值班员、列车调度员。

注：此项只针对 CTCS-300S 设备。

(三)其他故障

1. RBC 故障、无线通信故障(地面故障)

(1)适用范围：CTCS-3 级区段。

(2)现象描述：对于 CTCS-300T 设备和 CTCS-300H 设备，DMI 提示“无线超时制动”，车载设备输出最大常用制动，当速度降到 CTCS-2 允许速度后，经司机确认后切换到 C2 级运行；对于 CTCS-300S 设备，DMI 显示“无线超时制动”，输出制动 40 s 后，当速度降到 C2 控车速度后，经司机确认后切换到 C2 级运行。

(3)操作步骤：司机需在收到等级切换提示 5 s 内确认，并向车站值班员、列车调度员报告。

2. 两系车载设备均不能正常工作

(1)适用范围：CTCS-2 级、CTCS-3 级区段。

(2)现象描述：两系车载设备多次重启，均无法进入待机模式。

(3)操作步骤：如果仍需使列车前行，司机向列车调度员请求转入隔离模式的调度命令，将车载设备转入隔离模式行车。

CTCS3-3 级列控车载设备应急操作速查表见表 14-2。

表 14-2　CTCS3-3 级列控车载设备应急操作速查表

序号	故 障 类 型	操 作 步 骤	备 注
一、地面设备故障			
1	区间轨道区段故障	目视行车模式	若在"目视模式"下由于忘记按【警惕】键输出紧急制动，司机应先按【警惕】键，再按【缓解】键才能缓解紧急制动
2	应答器故障或丢失		
2.1	侧线接车时进站应答器故障或丢失	如果停车，司机手动缓解后按目视模式运行	若在"目视模式"下由于忘记按【警惕】键输出紧急制动，司机应先按【警惕】键，再按【缓解】键才能缓解紧急制动
2.2	出站口应答器故障或丢失	继续按部分模式运行	此项仅针对 300S 设备和 300H 设备
3	进出站信号机故障停用(可以开放引导信号)	引导模式	若在"目视模式"下由于忘记按【警惕】键输出紧急制动，司机应先按【警惕】键，再按【缓解】键才能缓解紧急制动
4	进出站信号机故障停用(不可以开放引导信号)	隔离模式	地面发车进路已建立但机车信号显示无码时，司机需检查载频选择是否正确
5	C3 行车许可不更新	目视行车模式	
二、车载设备故障			
1	车载设备上电自检不通过	重启或切换到备用车载设备	
2	制动测试失败	确认车辆未施加紧急制动和常用制动，重新进行制动测试；如果故障仍存在，重启车载设备	
3	DMI 黑屏或白屏(包括系统时间停止)	停车后，切换到备用车载设备或切换到备用 DMI，重启车载设备	
4	系统故障	停车后，切换到备用车载设备，重启车载设备	
5	在 C3 控车时 C2 故障	按确认键确认故障信息	此项只针对 300T 设备
6	在 C2 控车时 C2 故障	停车后，切换到备用车载设备重启	此项只针对 300T 设备
7	BTM 故障	停车后，切换到备用车载设备重启	
8	测速测距故障	停车后，切换到备用车载设备重启	
9	列车接口故障	停车后，切换到备用车载设备重启	此项只针对 300T 设备
10	C2 控车时 TCR 故障	停车后，切换到备用车载设备重启	
11	车载设备制动不缓解	隔离车载设备后检查制动是否缓解，如果缓解则重启车载设备。无效时，检查车辆状态	
12	牵引继电器故障	换系重启车载设备	此项只针对 300S 设备
13	方向继电器故障	换系重启车载设备	此项只针对 300S 设备
14	驾驶台激活继电器故障	换系重启车载设备	此项只针对 300S 设备
15	EVC 板故障	停车后自动切换到备用系车载设备	此项只针对 300S 设备
三、其他故障			

续上表

序号	故障类型	操作步骤	备注
1	RBC故障、无线通信故障	切换到C2级运行	
2	两系车载设备均不能正常工作	如果仍需使列车前行，司机向列车调度员请求转入隔离模式的调度命令，将车载设备转入隔离模式行车	

注意：两套DMI设备不能同时上电，CTCS-3级区间换系或重启后优先选择C3等级运行。

第三节　非正常行车处理

一、概　　述

为适应高速铁路应急处置、救援的特点，满足高速铁路应急处置、救援需要，进一步增强应对高速铁路突发事件的能力，铁道部发布了《高速铁路突发事件应急预案（试行）》（铁运【2012】33号）文件，自2012年3月1日起实施。本章节结合《铁路技术管理规程》（高速铁路部分），根据客运专线动车组运用实际，以33号文件为基础，对机务应急组织与安全管理进行探讨，探寻行之有效的方法和模式，以确保高铁行车安全与运输效率的持续稳定。

二、高速铁路非正常情况机务应急处置办法

（一）站车发生火灾、爆炸事故时的应急处置程序

1. 动车组列车工作人员（含司机、随车机械师、乘警、客运、餐饮、保洁等人员，下同）发现或接到旅客反映车厢内有爆炸、明火、冒烟或消防设施报警时，应立即施救并通知列车长。列车长接到通知后，应会同随车机械师、乘警进行现场确认。

2. 在确认爆炸或火情后，列车工作人员应立即启动紧急停车装置（或按下火灾报警按钮），同时列车长（或随车机械师）立即通知司机。司机应立即采取停车措施（尽量避免列车停在隧道、长大下坡道、油库等重要建筑物以及居民区，选择便于旅客疏散的地点）使列车停于安全地点，断开主断路器并降弓。停车后，司机应立即向列车调度员或车站值班员（车务应急值守人员，以下同）报告，配合列车长、随车机械师、乘警进行火灾扑救、旅客疏散等工作。有制动停放装置的由司机负责实施防溜，无制动停放装置的由随车机械师做好防溜、防护工作。

3. 车站值班员报告列车调度员。列车调度员（车站值班员）接到报告后，立即通知邻线相关列车及本线后续列车停车，不再向区间放行列车。现场需停电时，列车调度员通知供电调度员停电。

4. 列车长应立即指挥扑救，乘警、随车机械师等列车工作人员应积极配合，同时组织事故车厢的旅客向安全车厢疏散。随车机械师接到通知后及时赶到相应车厢关闭空调、通风系统或设备设施电源，并将设备状况通知列车长和司机。

停车后，随车机械师应对车辆设备进行检查，准确判断，果断处理，确认不影响行车安全时，签认后通知司机正常运行。

5. 待全部人员向安全车厢疏散完毕，火势仍未得到有效控制，需向地面疏散时，列车长应立即通知司机、随车机械师或其他列车工作人员关闭通道阻火门。司机根据列车长的请求，向列车调度员报告，请求向地面疏散，现场救援。

6. 组织旅客疏散时，必须扣停邻线列车。司机在接到列车调度员已扣停邻线列车的口头指示后，立即通知列车长，列车长接到司机通知后应立即指挥列车工作人员打开车门，根据需要安装好应急梯，组织旅客向地面安全地带疏散。

7. 重联动车组列车需解编时，由随车机械师负责引导，司机确认并拉开安全距离。解编后，动车组应分别按规定采取防溜措施。

列车工作人员应维护好旅客疏散秩序，确保人员安全。

8. 列车工作人员应对受伤人员开展紧急救护，并做好对重点旅客的服务工作。

9. 列车工作人员应积极配合公安部门保护好事故现场，协助调查取证。

10. 如遇火灾危及旅客安全，又未能及时接到扣停邻线列车的命令，列车长应会同司机，组织列车工作人员打开运行方向左侧车门(无线路一侧)，结合现场实际，确定旅客疏散方向和疏散方式，列车工作人员应做好旅客安全宣传和防护，严禁旅客跨越线路。

(二)动车组列车晚点的应急处置程序

1. 行车设备发生故障造成动车组非正常运行或停车时，动车组司机、随车机械师应按照有关规定进行处理。司机应及时将故障信息报告发生地铁路局列车调度员或就近车站值班员，随车机械师须立即向故障发生地铁路局动车调度报告，然后向本属动车段(所)调度报告，动车段(所)调度及时报告所属铁路局动车(车辆)调度员。

动车组发生故障后，如果区间、站内停车超过规定时间(一般要求区间 20 min、站内 30 min)后，仍无法判明故障原因或虽已判明故障原因，但短时间内难以处置修复时，随车机械师须及时果断通知司机请求救援。当故障造成动车组无法运行并全列空调失效时，随车机械师应立即通知司机请求救援。

2. 列车运行晚点超过 15 min 时，列车长应及时联系列车运行地所在局客运(客服)调度或通过司机联系列车调度员，了解晚点原因和列车运行情况，代表铁路向旅客致歉，并通报晚点原因，每次致歉间隔时间不超过 20 min。

(三)遇有站车发生重大疫情，旅客食物中毒事件，旅客因伤、病必须临时停车抢救时的应急处置程序

1. 动车组列车发生重大疫情，旅客食物中毒事件，旅客因伤、病必须临时停车抢救时，列车长应立即向司机和上级主管部门报告，司机向列车调度员报告，列车调度员立即向值班主任报告，值班主任立即向铁路疾控部门报告。

2. 列车调度员根据铁路局有关部门确定的处置方案，安排动车组在最近具备医疗抢救条件的车站停车，并通知前方停车站做好抢救准备。列车长接司机指定站停车的通知后，做好交站等相关准备工作，车站及铁路疾控部门做好接车紧急处置准备。

(四)动车组列车故障需启用热备动车组的应急处置程序

动车组故障无法及时修复时，应及时启用热备动车组。热备动车组定员少于故障动车组实际人数时，有条件时，使用定员能满足需要的其他动车组组织旅客换乘。

1. 动车组出动

动车组救援出动时，应就近组织，需跨局救援时，由中国铁路总公司调度发布救援调度命令。局管内救援时，由铁路局调度统一指挥。

热备动车组的机务、车辆、客运和保洁等乘务人员必须按运营要求配备，并在热备动车组上待命，有关单位在接到调度命令后，应迅速完成热备动车组出动前的各项准备工作，确保接

令后在车站热备的动车组 10 min、在车站外热备的动车组 20 min 具备车站发车条件。备用动车组救援时，要尽快出动，并配齐机务、车辆、客运和保洁等乘务人员。

连挂前，司机须与列车调度员联系，列车调度员发布邻线列车限速 160 km/h 及以下的调度命令，限速位置按列车停车位置前后各 1 km 确定。司机在接到列车调度员已发布邻线限速调度命令的口头指示后，方可开始作业。

对担当换乘任务的动车组列车应优先放行，确保及时到位及返回归位。

2. 旅客换乘组织

动车组列车故障确需换乘时，由铁路局分管运输副局长（或总调度长）批准并指定现场救援指挥负责人，安排客运、公安、车辆等足够应急力量在现场救援指挥负责人的统一指挥下组织换乘。

列车调度员要将救援方案及时通知司机，司机通知列车长和随车机械师。

(1)站内换乘热备动车组的处置程序

组织旅客换乘时，原则上应在车站进行。故障车停靠站台时，换乘时应尽可能安排在同一站台面，不能在同一站台面换乘时，应组织旅客通过天桥或地道换乘，严禁跨越股道换乘。故障车在站内没有停靠站台时，换乘处置程序比照区间换乘热备动车组的处置程序办理。

(2)区间换乘热备动车组的处置程序

在区间组织旅客换乘时，列车调度员组织担当换乘任务的动车组列车进入邻线指定位置停车。担当换乘任务的列车到达邻线指定位置停妥后，司机向列车调度员报告。列车调度员通过申请换乘的列车司机通知列车长组织旅客换乘。

在组织换乘前，应判明动车组列车区间换乘条件，并执行以下要求：

①铁路局指定的现场救援指挥负责人要率领客运、公安等足够应急力量随车登乘救援动车组赴区间换乘现场进行指挥。

②在换乘前，列车调度员要扣停有关列车，封锁邻线区间。

③救援动车组列车到达指定位置，由现场救援指挥负责人统一指挥，司机和列车长负责对准故障动车组车门，救援动车组与被救援动车组列车长组织乘务组人员手动打开指定车厢车门（随车机械师配合），放置好过渡板，会同公安、客运等应急人员共同做好防护、组织旅客有序换乘。对由于线路、动车组重联等无法实现各车厢车门对位时，应使用应急梯。换乘过程中，动车组禁止移动。

④在隧道内换乘时，列车调度员通知设备管理单位或部门操作开启隧道内的应急照明装置，隧道内的应急照明装置应设置远动开关。

⑤担当换乘任务的列车长确认旅客换乘完毕后通知司机，司机得到列车长通知，确认车门关闭，具备开车条件后启动列车，并向列车调度员报告。

(五)动车组空调失效时应急处置

1. 基本要求

严格执行动车组管理制度，动车组空调机组故障时不得上线运行。

旅客列车空调失效时，按规定启动相应的应急预案。有关人员应及时向铁路局调度汇报，铁路局调度应及时向中国铁路总公司调度汇报。必要时，铁路局客运调度员应通知前方办客站限制或停止发售车票。区间换乘或救援时，司机应将区间封锁、接触网停（送）电命令通知列车长。

2. 处置流程

(1)空调失效超过 20 min 不能恢复但列车能够正常运行时，列车长可视情况通知司机向列车调度员提出在前方最近客运站停车的请求，列车调度员安排列车在前方最近客运站停车。

(2)列车长组织列车员在司机、随车机械师的配合下,在车厢内运行方向左侧(非会车侧)车门处安装防护网、打开车门。防护网的安装需在列车停车状态下进行,打开车门的具体位置、数量由列车长根据动车组乘务人员的配置情况确定。

(3)防护网安装完毕,打开车门后,由列车长组织乘警、列车员、餐车工作人员及随车保洁员值守,严禁旅客自行下车。列车乘务人员(含餐饮保洁)应当将车门处的旅客动员到车内,严格值守车门,直到车门关闭。列车长确认防护网安装牢固、看护到位后报告司机。

(4)动车组列车安装好防护网、打开部分车门,由列车乘务人员防护的情况下允许限速60 km/h运行,通过高站台时限速 40 km/h。司机根据列车长的报告,向列车调度员申请打开车门限速运行的调度命令。列车调度员向沿途各站及司机(救援时,同时向救援机车司机)下达"×次因空调失效开放部分车门运行,限速 60 km/h(通过高站台时限速 40 km/h 运行)"的调度命令。

(5)列车因故停车不能维持运行且空调失效超过 20 min 不能恢复时,列车长应及时与司机、随车机械师沟通,视情况做出打开车门决定,并通知司机转报列车调度员。

(6)调度部门积极采取启用热备动车组、机车救援或组织旅客改乘其他旅客列车等救援组织方式。特殊情况下,可采取停运其他始发列车、调整动车组交路等方式。

需要组织旅客下车或换乘其他列车时,应在车站站台进行,车站与列车一起组织旅客乘降。必须在站内正线或区间组织旅客下车或换乘时,需经铁路局主管运输副局长(总调度长)批准,同时要做好安全防护,以防发生意外。CRH1、CRH2、CRH3 型动车组若停靠在500 mm及以下站台或无站台时,需组织旅客通过应急梯下车。

3. 动车组应急备品

CRH380A 系动车组每 8 辆编组配备防护网 8 套,每 8 辆编组配备应急梯 4 个。动车组应急备品存放在备品柜内的由车辆部门保管,存放在储物柜内的运行中由客运部门保管。

(六)动车组列车运行中出现故障时

1. 动车组列车运行中出现故障时,司机应按车载信息监控装置的提示,按规定及时处理;需要由随车机械师处理时,司机应通知随车机械师。经处置确认无法正常运行时,司机应按车载信息监控装置的提示和随车机械师的要求,选择维持运行或停车等方式,并报告列车调度员或车站值班员。

2. 司机发现或得到基础制动装置故障致使车轮抱死不缓解的报告时,应立即停车,报告列车调度员(车站值班员)停车原因和停车位置,车站值班员报告列车调度员。列车调度员(车站值班员)应立即通知区间内后续列车停车,不再向该区间放行列车。司机在接到列车调度员已发布邻线列车限速 160 km/h 及以下调度命令的口头指示后,通知随车机械师下车检查处理。当动车组列车制动系统故障须切除单车制动力时,随车机械师应将切除制动力的情况及限速要求通知司机,司机报告列车调度员(车站值班员)后,按限速要求运行;车站值班员接到报告后,应及时报告列车调度员,列车调度员及时通知本调度区段相关车站值班员,跨调度区段运行时还应通知邻台列车调度员。

全列车制动不缓解,司机、随车机械师按故障应急手册或车载信息系统的提示处理;全列常用制动不施加,司机立即将制动手柄拉到紧急制动位或按压紧急停车按钮,使动车组紧急停车。动车组停车后,司机复位紧急制动,由随车机械师进行故障处理。司机在开车前必须进行一次完整的制动试验,确认制动系统功能正常。动车组发生制动系统失效情况时,由司机请求救援。

3. 动车组车窗玻璃破损导致车厢密封失效时,列车长或随车机械师应通知司机,司机控制动车组列车限速 160 km/h 运行并报告列车调度员(车站值班员),车站值班员报告列车调度员。

4. 动车组空气弹簧故障时，随车机械师应通知司机限速要求（CRH2/CRH380A/CRH380AL 型限速 120 km/h，其余车型限速 160 km/h），司机控制动车组列车限速运行并报告列车调度员（车站值班员），车站值班员报告列车调度员。

5. 当车载信息监控装置提示轴承温度超过报警温度时，司机应立即停车，报告列车调度员（车站值班员）停车原因和停车位置，通知随车机械师处理，车站值班员报告列车调度员。列车调度员（车站值班员）应立即通知区间内后续列车停车，并不得再向该区间放行列车。随车机械师检查后，需要限速运行时，通知司机限速要求，司机报告列车调度员（车站值班员）后，按限速要求运行。不能继续运行时，及时请求救援。

6. 发现或接到转向架监测故障、车辆下部异音、异状的通知时，司机（列车工作人员）应立即采取紧急停车措施，司机向列车调度员（车站值班员）报告，车站值班员报告列车调度员。列车调度员（车站值班员）应立即通知区间内后续列车停车，不再向该区间放行列车。司机在接到列车调度员已发布邻线列车限速 160 km/h 及以下调度命令的口头指示后，通知随车机械师下车检查处理。随车机械师检查后，需要限速运行时，通知司机限速要求，司机报告列车调度员（车站值班员）后，按限速要求运行。不能继续运行时，及时请求救援。

（七）动车组列车在区间被迫停车时

1. 列车在区间被迫停车不能继续运行时，司机应立即使用列车无线调度通信设备通知列车调度员（两端站）及随车机械师（车辆乘务员），报告停车原因和停车位置，根据需要迅速请求救援。

（1）随车机械师、客运乘务组均应听从司机指挥，处理有关行车、列车防护和事故救援等事宜。

（2）列车调度员（车站值班员）接到司机通知后，应将区间内列车运行情况通知司机，并立即使用列车无线调度通信设备通知区间内后续列车停车，在停车原因消除前不得再向区间内放行列车。

（3）对已请求救援的列车，不得再行移动，并按规定对列车进行防护。

（4）列车在区间被迫停车后，应保证就地制动，防止列车溜逸。

（5）需要防护时，列车前方由司机负责，列车后方由随车机械师负责，配备列车防护报警装置的列车应首先使用列车防护报警装置进行防护。单班单司机值乘的列车防护作业办法由铁路局规定。

2. 列车被迫停车可能妨碍邻线时，司机应立即使用列车无线调度通信设备通知邻线上运行的列车和列车调度员（两端站），与随车机械师（车辆乘务员）分别在列车头部或尾部附近对邻线来车方向短路轨道电路，配备列车防护报警装置的列车应首先使用列车防护报警装置进行防护。司机应亲自或指派人员沿邻线一侧对列车进行检查，发现妨碍邻线时，应立即报告列车调度员（两端站）。如发现邻线有列车开来时，应鸣示紧急停车信号。列车调度员（车站值班员）接到列车被迫停车可能妨碍邻线的通知后，应立即通知邻线有关列车停车，在原因消除前不得向邻线放行列车。

单班单司机值乘的列车防护作业办法由铁路局规定。

3. 列车在区间被迫停车后，根据下列规定防护：

（1）已请求救援时，从救援列车开来方面（不明时，从列车前后两方面），距离列车不小于 300 m处放置响墩防护；在仅运行动车组列车的线路上，列车在区间被迫停车后已请求救援时，由随车机械师在救援列车开来方面，距离列车不小于 300 m 处人工进行防护，不再放置响墩防护。

（2）列车分部运行，机车进入区间挂取遗留车辆时，应从车列前方距离不小于 300 m 处放置响墩防护。

(3)防护人员设置的响墩在停车原因消除后,由防护人员撤除。

4. 需下车处理时,列车调度员发布邻线列车限速 160 km/h 及以下的调度命令,限速位置按停车列车位置前后各 1 km 确定;需组织旅客疏散时,必须扣停邻线列车。司机在接到列车调度员已发布邻线列车限速调度命令或邻线列车已扣停的口头指示后,通知有关作业人员办理。

(八)站内轨道电路故障红光带

进站(接车进路)信号机故障或接车进路上道岔失去表示、轨道电路非列车占用红光带时,工务、电务等有关部门人员现场检查前,应本线封锁、邻线限速 160 km/h 及以下。待工务、电务等有关部门现场检查和确认具备列车放行条件后,列车调度员确认故障区段空闲后,按以下规定办理行车。

1. 列车调度员(车站控制时为车站值班员)通知设备管理单位进行检查处理,在《行车设备检查登记簿》内登记。

2. 设备故障修复,列车调度员(车站控制时为车站值班员)根据设备管理单位的销记,开放进站(接车进路)信号办理接车。

3. 设备故障暂时无法修复,具备放行列车条件时,列车调度员(车站控制时为车站值班员)根据设备管理单位登记的行车限制条件组织行车。

(1)进站(接车进路)信号机引导信号能够开放时,在确认接车进路空闲、进路准备妥当后,开放引导信号办理接车。

(2)进站(接车进路)信号机引导信号不能开放时,在确认接车进路空闲、进路准备妥当后,列车调度员发布准许越过该信号机的调度命令,司机凭调度命令越过该信号机。

(九)动车组司机运行途中接到危及行车安全通知时

1. 立即采取停车措施,并报告列车调度员或车站值班员,待危及行车安全情况消除后,方可恢复正常运行。

2. 需下车处理时,列车调度员发布邻线列车限速 160 km/h 及以下的调度命令,限速位置按停车列车位置前后各 1 km 确定。司机在接到列车调度员已发布相关调度命令的口头指示后,通知随车机械师手动开门下车处理,下车处理人员下、上车时与司机共同签认。

(十)动车组故障不能继续运行请求救援

列车调度员接到动车组司机请求救援的报告后,应根据实际情况,组织符合要求的动车组或机车担当救援,并立即将有关情况向调度所值班主任(值班副主任)报告。

已请求救援的动车组,不得再行移动。列车调度员发布救援命令后,动车组司机应了解救援列车开来方向,通知随车机械师做好防护工作。

如需接触网停电作业,须按规定办理停电手续。

故障动车组应尽可能保证辅助供电系统工作正常,若辅助供电系统不能保证工作正常时,应优先保持基本的列车通风、照明。

动车组无外部供电的情况下,如蓄电池不能维持供电运行到终点站,应将故障动车组牵引至客运站组织旅客换乘或启用热备车底组织换乘。

(十一)动车组救援动车组

动车组运行途中故障需要救援时,优先采用动车组救援动车组,其次采用机车救援动车组。

1. 使用动车组救援动车组时

(1)动车组相互救援时,有关要求如下:

CRH2A、CRH2C、CRH2B、CRH2E、CRH380A、CRH380AL 型动车组同型之间及相互之间可以实施救援。

(2)列车调度员接到救援申请,按规定发布调度命令封锁区间,并报告值班主任(值班副主任)。

(3)列车调度员将救援方案通知车站值班员和请求救援的动车组司机。担当救援的动车组列车需要跨区段担当救援任务时,列车调度员须通知机车调度员(动车司机调度员)指派带道人员。

(4)列车调度员及时发布有关调度命令。担当救援的动车组司机接到救援命令后,必须认真确认。命令不清、停车位置不明确时,不准动车。

(5)向封锁区间发出救援动车组时,不办理行车闭塞手续,以列车调度员的命令,作为进入封锁区间的许可。

(6)救援列车的出发或返回,均应通知列车调度员及对方站(与本站为同一人办理时除外)。如事故现场设有临时线路所时,列车调度员(车站控制时为车站值班员)应于发车前,商得线路所车站值班员的同意。

(7)发生事故时,在事故调查组人员到达前,站长(副站长)应随乘发往事故地点的第一列救援列车到事故现场,负责指挥列车有关工作。

(8)在故障动车组前部救援时,担当救援的动车组按隔离模式进入区间,在接近被救援列车 2 km 时,以在瞭望距离内能够随时停车的速度运行,最高不超过 20 km/h,在距被救援列车不小于 300 m 处一度停车,与被救援列车联系确认后进行作业;在故障动车组尾部救援时,开放出站信号,担当救援的动车组按完全监控模式进入区间,在行车许可终点停车,与被救援列车联系确认后,按目视行车模式进入前方闭塞分区,以在瞭望距离内能够随时停车的速度运行,最高不超过 20 km/h,在距被救援列车不小于 300 m 处一度停车(行车许可终点距被救援列车不足 300 m 时除外),与被救援列车联系确认后进行作业。

连挂前,司机须与列车调度员联系,在接到列车调度员已发布邻线限速 160 km/h 及以下的调度命令(妨碍邻线及组织旅客疏散时为已扣停邻线列车)的口头指示后,方可开始作业。

(9)被救援动车组转入或退出隔离模式不发布调度命令。

(10)当故障动车组处理后可继续运行时,列车调度员应根据司机请求,取消前发救援调度命令。

2. 使用机车、救援列车救援时

(1)列车调度员根据情况确定使用内燃(电力)机车或救援列车担当救援,并将救援方案通知车站值班员和请求救援列车司机。担当救援的列车需要跨区段担当救援任务时,列车调度员须通知机车调度员(动车司机调度员)指派带道人员。

(2)救援列车进入封锁区间后,在接近被救援列车或车列 2 km 时,要严格控制速度,同时,使用列车无线调度通信设备与请求救援的列车司机进行联系,或以在瞭望距离内能够随时停车的速度运行(最高不得超过 20 km/h),在防护人员处或压上响墩后停车,联系确认,并按要求进行作业。

(3)使用机车救援动车组时,应进行制动试验,制动主管压力采用 600 kPa。具备升弓供电条件时,允许动车组升弓供电。当使用电力机车担当救援机车,如动车组升弓,由动车组司机通知救援机车司机,救援机车司机在通过分相区前通知动车组司机断电并降弓。

连挂前,司机须与列车调度员联系,在得到列车调度员已发布邻线限速 160 km/h 及以下的调度命令(妨碍邻线及组织旅客疏散时为已扣停邻线列车)的口头指示后,方可开始作业。

救援机车司机在救援作业过程中,要严格遵守有关限速规定,与动车组司机保持联系。救援运行中尽可能避免实施紧急制动。

(4)动车组由机车牵引继续运行时,列车调度员根据随车机械师提出的限速要求,向救援机车司机发布限速运行的调度命令。

(5)使用机车救援动车组时,动车组列控车载设备转入或退出隔离模式不发布调度命令。

(6)当故障列车处理后可继续运行时,列车调度员应根据司机请求,取消前发救援调度命令。

救援有关限速的规定见表 14-3。

表 14-3 救援有关限速规定

项目			现场场景	限制条件	限速	依据文件
动车救援动车组	连挂前	1	在故障动车组尾部救援时,救援动车组按完全监控模式进入区间,在行车许可终点停车,与被救援列车联系确认后,按目视行车模式进入前方闭塞分区,以在瞭望距离内能够随时停车的速度运行,最高不超过 20 km/h。在距被救援列车不少于 300 m 处一度停车(行车许可终点距被救援列车不足 300 m 时除外)后进行作业	按照列控车载设备显示运行	正方向运行按常速:接近被救援列车 2 km 时不超过 20 km/h 运行	铁总科技〔2014〕172 号第 451 条
		2	在故障动车组前部救援时,救援动车组按隔离模式进入区间,在接近被救援列车2 km 时,以在瞭望距离内能够随时停车速度运行,最高速度不超过 20 km/h。在距被救援列车不少于 300 m 处一度停车,与被救援列车联系确认后作业		隔离模式按 40 km/h;接近救援列车 2 km 时不超过 20 km/h 运行	铁总科技〔2014〕172 号第 451 条
	连挂后	3	动车组救援 CRH2 型/CRH2C 二阶段/CRH380A/CRH380AL 型动车组	常用制动、紧急制动有效	120 km/h	铁运〔2012〕33 号
		4	动车组救援 CRH2 型/CRH2C 二阶段/CRH380A/CRH380AL 型动车组	常用制动、紧急制动无效	5 km/h	
机车救援动车组	连挂前	1	自动闭塞区间救援机车正方向进入区间救援,距离被救援列车 2km 时,以不超过 20 km/h速度运行,在防护人员处压上响墩后停车,按照十、五、三车控制速度,距离被救援动车组不少于 3 m 停车,以不超过 5 km/h速度连挂	区间按照 LKJ 通常模式运行	正方向运行按常速:接近被救援列车 2 km 时不超过 20 km/h 运行	铁运〔2012〕281 号(机车操规)第 41 条
		2	自动闭塞区间反方向,半自动闭塞区间及自动站间闭塞区间机车救援时,应使 LKJ 处于调车工作状态,距离被救援列车 2 km 时,以在瞭望距离内能够随时停车的速度运行,最高不过 20 km/h,在防护人员处压上响墩后停车,按照十、五、三车控制速度,距离被救援动车组不少于 3 m 停车,以不超过 5 km/h 速度连挂	区间按照 LKJ 调车模式运行	调车模式按 40 km/h;接近救援列车 2 km 时不超过 20 km/h 运行	铁运〔2012〕281 号(机车操规)第 41 条
	连挂后	3	机车救援 CRH1、CRH2 系列,CRH380A、CRH380AL 动车组	常用制动、紧急制动有效	120 km/h	铁运〔2012〕33 号
				常用制动、紧急制动无效	5 km/h	

注:此表未注明限速按有关规定执行。

(十二)接触网故障停电、受电弓故障及挂有异物

1. 接触网故障停电

(1)遇接触网停电时,司机应立即停车并降弓,报告列车调度员(车站值班员)停车原因及

停车位置，通知随车机械师（车辆乘务员）、列车长，车站值班员报告列车调度员。供电调度员发现接触网停电时，应立即确认停电范围并通知列车调度员。

（2）列车调度员（车站值班员）接到接触网停电的报告后，应立即扣停未进入停电区域的相关列车，对已进入停电区域的列车应通知司机停车。列车调度员并立即通知供电调度员确认停电范围，通知供电部门检查处理，在 CTC 上设置停电标识。

（3）接触网跳闸重合或送电成功，原因不明时，供电调度员应立即将接触网跳闸情况、故障标定装置指示地点的里程及限速要求通知列车调度员。列车调度员立即向尚未经过该地点的本线及邻线首列列车发布口头指示限速 80 km/h 注意运行，限速位置原则上按故障标定装置指示地点前后各 2 km 确定。司机应注意观察接触网设备状态，发现影响行车异常情况时应立即停车并向列车调度员报告，列车调度员立即通知尚未经过异常地点的后续列车停车，不得再向该区间放行列车，并立即通知供电部门检查处理，列车调度员按供电部门登记的行车限制条件组织行车；无异常时，司机在通过限速地点后立即向列车调度员报告。列车调度员根据本线司机确认本线无异常的报告组织本线后续列车正常运行，根据邻线司机确认邻线无异常的报告组织邻线后续列车正常运行。

（4）同时，供电调度员应立即组织供电人员登乘本线或邻线列车巡视检查设备。供电人员根据需要及时向列车调度员提出利用动车组列车运送人员处理故障的申请，列车调度员应及时安排。

2. 受电弓故障应急处理办法

（1）列车在运行途中，因不明原因降弓，应立即切断主断路器并按压降弓按钮，采取停车措施，同时查看降弓地点公里标，向列车调度员（车站值班员）报告。列车调度员（车站值班员）应立即通知区间内后续列车停车，不再向该区间放行列车，列车调度员将降弓情况转报供电调度员。动车组列车随车机械师应根据故障信息记录，及时向司机反馈故障发生时间等信息，由司机报告列车调度员，列车调度员及时转报供电调度员。

（2）列车调度员根据司机（动车组列车为随车机械师通过司机提出的）下车检查或登顶作业的请求，发布邻线列车限速 160 km/h 及以下调度命令；需登顶作业时，列车调度员还应通知该供电臂内的列车停车并降弓，与供电调度员办理接触网停电手续，得到供电调度员接触网已停电的通知后，发布准许登顶作业的调度命令。

（3）司机接到列车调度员已发布邻线列车限速 160 km/h 及以下调度命令的口头指示后，通知随车机械师下车检查受电弓状态。列车调度员及时通知供电调度安排接触网工区进行巡视检查。随车机械师按规定程序下车检查、确认：

①经初步检查确认接触网正常，受电弓外观可见部分无明显异常或超限但未能判明降弓原因时，随车机械师应立即将检查情况报告司机，司机报告列车调度员。司机按随车机械师要求切除已降下的受电弓，换弓运行，限速 160 km/h 运行至前方站。

如前方站为终点站，列车调度员应提前安排启动热备动车组替换，替换下的故障动车组限速 160 km/h 返回动车所进行处理。

如前方站为非终点站时，随车机械师在停站后使用望远镜或其他手段进行进一步检查确认，如确认受电弓外观整体正常或不影响运行安全时，动车组以正常速度维持运行至终点站，列车调度员应提前安排启动热备动车组替换，替换下的故障动车组限速 160 km/h 返回动车所进行处理；如不能确认，则必须登顶检查。

②如检查时发现受电弓轻微损坏，且无部件脱落危险时，随车机械师通知司机切除受损的受电弓，换弓后以不高于 120 km/h 的速度运行进入前方车站停车，停车后，随车机械师下车

进一步确认，如确认受电弓无脱落危险时，通知司机限速 160 km/h 运行；如发现受电弓损坏部位有扩展趋势，则必须登顶检查处理。

③如检查时发现受电弓刮弓或损坏较严重，有部件脱落危险时，随车机械师应通知司机请求接触网停电。司机向列车调度员汇报并请求，在得到接触网已停电准许登顶作业的调度命令和列车调度员已发布邻线列车限速 160 km/h 及以下调度命令的口头指示后，切除受损的受电弓后升另一良好受电弓，与随车机械师共同确认无网压，合接地装置实施放电后，通知随车机械师进行登顶检查；随车机械师用验电器确认接触网停电后挂接地杆，登车顶检查处理，捆扎受损受电弓，确保受损受电弓离开接触网的距离大于 300 mm，无部件脱落危险，且距离车顶高压器件的距离大于 300 mm；处理完毕后，在司机手账上签认，通知司机使用良好受电弓正常运行。

④如经现场登顶确认全部受电弓受损严重，在所有受损受电弓捆扎完毕，确认受损受电弓、车顶其他部件离开接触网的距离大于 300 mm 后，通知司机请求救援。在等待救援时，司机和随车机械师按规定做好列车防溜，同时司机应将制动手柄置于最大制动位，保持客室内应急灯亮，头灯及车尾标志灯亮。随车机械师启动应急通风装置，司机监视蓄电池电压符合规定，低于规定值时关闭蓄电池；无应急通风装置或蓄电池电压低于规定值时，通知列车长组织安装防护网、开启指定车门通风并做好防护。

(4)经检查处理，列车恢复运行后，司机应立即报告列车调度员，列车调度员应立即向本线尚未经过该地点的首列列车发布口头指示限速 80 km/h 注意运行，限速位置原则上按司机汇报故障地点前后各 2 km 确定。司机应注意观察接触网设备状态，发现影响行车异常情况时应立即停车并向列车调度员报告，列车调度员立即通知尚未经过异常地点的后续列车停车，不再向该区间放行列车，并立即通知供电部门检查处理，列车调度员按供电部门登记的行车限制条件组织行车。无异常时，司机在通过限速地点后立即向列车调度员报告，列车调度员根据司机确认无异常的报告组织后续列车正常运行。

3. 接触网、受电弓挂有异物应急处理办法

列车运行途中，司机接到受电弓挂有异物通知时，应立即降弓、停车，向列车调度员(车站值班员)报告，车站值班员报告列车调度员。需下车检查或登顶作业时，司机(动车组列车为随车机械师通过司机)及时向列车调度员提出请求。

列车调度员(车站值班员)得到报告后，应立即通知区间内后续列车停车，不得再向该区间放行列车。列车调度员根据下车检查或登顶作业的请求，发布邻线列车限速 160 km/h 及以下调度命令；需登顶作业时，列车调度员还应通知该供电臂内的列车停车并降弓，与供电调度员办理接触网停电手续，得到供电调度员接触网已停电的通知后，发布准许登顶作业的调度命令。

司机在接到邻线列车限速 160 km/h 及以下调度命令已发布的口头指示后，下车检查(动车组列车为司机通知随车机械师下车检查)。

司机接到接触网已停电准许登顶作业的调度命令和邻线列车限速 160 km/h 及以下调度命令已发布的口头指示后，切除挂有异物的受电弓后升另一良好受电弓，并与随车机械师共同确认无网压，合接地装置放电，然后通知随车机械师下车作业。随车机械师在确认接触网停电及动车组放电完毕后，下车用令克棒(绝缘棒)在非会车侧清除受电弓异物，如无法清除时，按规定作业程序登车顶清除异物，并检查受电弓情况，受电弓如有损伤，随车机械师按规定对受损受电弓进行处理完毕后，在司机手账上签认后通知司机正常运行。

随车机械师现场检查发现受电弓滑板及托架有损伤或接触网有异状时，应及时报告列车

调度员，列车调度员扣停后续列车，并通知供电部门对接触网设备进行检查处理，根据供电部门在《行车设备检查登记簿》内登记的行车限制条件组织行车。

异物处理完毕后，司机应报告列车调度员，列车调度员与供电调度员办理接触网送电手续，通知该停电供电臂内的列车升起受电弓，取消邻线限速，恢复正常行车。需限速运行时，司机根据随车机械师的通知限速运行。

(十三)列车停在接触网分相无电区

1. 动车组列车停在接触网分相无电区不能继续运行时，司机应立即降弓，并报告列车调度员(车站值班员)，车站值班员报告列车调度员。列车调度员(车站值班员)立即通知已进入区间的后续列车停车，不再向该区间放行列车。

2. 具备采用换弓、退行闯分相等方式自救时，司机应准确报告动车组停车位置，由列车调度员、供电调度员、动车司机调度员共同根据动车组类型、停车位置、牵引供电设备状况等确定自救方案，组织自救。

3. 不具备自救条件时，按以下规定处理：

(1)具备向中性区远动送电时，可在该分相后方接触网供电臂办理停电后，由列车调度员向供电调度员办理向中性区远动送电手续，通知停在该分相的列车升弓，待该列车驶出分相区后，再通知供电调度员恢复原供电方式并向后方接触网供电臂送电，恢复后续列车正常运行。

(2)不具备向中性区远动送电时，列车调度员发布邻线限速160 km/h及以下的调度命令，司机组织相关人员按规定对列车进行防护，并确认列车前、后方接触网无电区长度，向列车调度员报告。列车调度员根据司机有关前、后方接触网无电区长度的报告，确定救援方案，组织救援。

(十四)运行途中晃车

1. 运行途中列车司机发现晃车时，应立即减速运行并向列车调度员(车站值班员)报告晃车地点及晃车时列车运行速度，待本列无异常状况后恢复常速运行。

2. 晃车时列车运行速度为160 km/h以下时，列车调度员(车站值班员)立即通知已进入区间的后续列车停车，不再向该区间放行列车，通知工务部门。列车调度员根据工务部门上道检查的申请，及时发布本线封锁、邻线限速160 km/h及以下的调度命令后，准许上道检查。工务检查设备后，根据现场具体情况，确定列车放行条件。

3. 晃车时列车运行速度为160 km/h及以上时，列车调度员应向后续首列发布限速120 km/h的调度命令，限速位置按司机汇报的晃车地点前后各1 km确定。列车通过晃车地点后，司机应立即向列车调度员报告运行情况。若仍晃车，列车调度员立即通知已进入区间的后续列车停车，不再向该区间放行列车，通知工务部门，根据工务部门上道检查的申请，及时发布本线封锁、邻线限速160 km/h及以下的调度命令后，准许上道检查；工务检查设备后，根据现场具体情况，确定列车放行条件。若不再晃车，则按160 km/h、250 km/h、常速逐级逐列提速。

4. 在逐级逐列提速的过程中，再次发生晃车时，列车调度员应立即通知已进入区间的后续列车停车，不再向该区间放行列车，通知工务部门，根据工务部门上道检查的申请，及时发布本线封锁、邻线限速160 km/h及以下的调度命令后，准许上道检查。工务检查设备后，根据现场具体情况，确定列车放行条件。

(十五)动车组运行中碰撞障碍物或撞人

1. 动车组运行中碰撞障碍物影响行车安全或撞人时，司机应立即采取停车措施，并报告列车调度员或车站值班员碰撞异物地点、碰撞异物情况及停车地点，通知随车机械师。列车调度员(车站值班员)立即通知本线已进入区间的后续列车停车，不再向该区间放行列车。

2. 需下车处理时，列车调度员根据司机请求及时发布邻线列车限速 160 km/h 及以下的调度命令。司机在接到列车调度员已发布相关调度命令的口头指示后，通知随车机械师手动开门下车确认动车组技术状态。

3. 经检查确认若可以继续运行时，司机按随车机械师签认要求常速或限速运行，并报告列车调度员；若不能继续运行时应及时请求救援，并按规定进行防护。

如检查未发现异常情况，列车调度员向本线后续首列发布口头指示限速 160 km/h 运行，限速位置按碰撞异物地点前后各 2 km 确定，司机应加强瞭望，确认线路和接触网有无异常状态，在通过限速地点后立即向列车调度员报告，列车调度员在得到司机无异常的报告后，组织本线后续列车恢复正常运行；有影响行车异常情况时，列车调度员根据司机报告，扣停后续列车或组织后续列车限速运行，及时通知有关部门按规定上道检查处理。

经下车检查确认不能继续运行时应及时请求救援，并按规定进行防护。

4. 碰撞异物侵入邻线影响邻线行车安全时，列车调度员(车站值班员)接到报告后，应立即通知邻线尚未经过该地点的列车停车，不再向邻线该区间放行列车，并通知有关部门按规定上道检查处理。

5. 碰撞异物情况不明，不能确定是否影响邻线时，列车调度员接到报告后，应立即向邻线尚未经过该地点的首列发布口头指示限速 160 km/h 运行，限速位置按碰撞异物地点前后各2 km确定。

邻线首列列车司机应加强瞭望，确认线路和接触网有无异常状态，在通过限速地点后立即向列车调度员报告，列车调度员在得到司机无异常的报告后，组织邻线后续列车正常运行。有影响行车异常情况时，列车调度员根据司机报告，扣停后续列车或组织后续列车限速运行，及时通知有关部门按规定上道检查处理。

(十六)列控车载信号与机车信号不一致时

1. 列控车载信号显示停车信号而机车信号显示进行信号时，按列控车载信号显示立即停车。

2. 列控车载信号显示进行信号而机车信号显示停车信号：

(1)在区间运行时，动车组司机须立即停车，并向列车调度员汇报。列车调度员确认前方闭塞分区无车占用后通知司机。司机以遇到阻碍能随时停车的速度运行至前方次一信号机或闭塞分区入口处，如列控车载信号与机车信号均显示进行信号，按车载信号显示运行；如列控车载信号显示进行信号而机车信号仍显示停车信号，按上述规定处理。

(2)在车站发车时，司机应立即向列车调度员汇报。列车调度员应确认第一个闭塞分区空闲、道岔位置正确及进路空闲后通知司机发车，司机在出发信号机前以遇到阻碍能随时停车的速度运行，如列控车载信号与机车信号均显示进行信号，按车载信号显示运行；如列控车载信号显示进行信号而机车信号仍显示停车信号，司机以遇到阻碍能随时停车的速度运行至前方次一信号机或闭塞分区入口处，按上述区间规定处理。

(十七)动车组列控车载设备故障应急处置

1. 动车组列车运行中遇列控车载设备故障并导致列车停车后，司机应报告列车调度员(车站值班员)，并通知随车机械师。车站值班员报告列车调度员。司机转换冗余切换开关(开关不在司机室时，司机通知随车机械师进行转换)启动冗余设备或将列控车载设备断电 30s 后重新启动，设备恢复正常时，报告列车调度员，继续运行。

2. 已在区间内运行的未装备 LKJ 的动车组列车列控车载设备故障，不能恢复正常运行时，司机应报告列车调度员（车站值班员），车站值班员报告列车调度员。列车调度员（车站值班员）不再向该区间放行列车，并通知已进入区间的后续列车立即停车。确认该列车至前方站（线路所）间空闲后，列车调度员发布改按隔离模式运行的调度命令，列车改按隔离模式，按地面信号显示以不超过 40 km/h 的速度运行至前方站（线路所）。该列车到达前方站（线路所）后，列车调度员方可通知后续列车恢复运行。

3. 动车组列控车载设备故障不能恢复正常运行在车站出发时，未装备 LKJ 的动车组列车改按隔离模式运行。

4. 电务部门应设立应急技术支持电话，并在车载设备适当位置明示。电务值班人员在接到车载设备故障报告后，应了解故障现象并指导处理。

5. 动车组出所前发生列控车载设备故障时，电务人员应迅速处理，若故障无法立即修复，应立即报告动车所调度。重联动车组重联端车载设备检测良好的，可换端重联出所。

出库后的动车组，列控车载设备上电自检、制动测试不通过，换系、重启两次仍不通过的，司机应报告列车调度员或车站值班员，按调度命令执行。

第四节　典　型　案　例

本节主要对铁路系统已发生的动车组相关典型案例进行了梳理，以错误操作动车组设备类、错误操作行车安全装备类、调车作业事故类、违反劳动（作业）纪律等对案例进行了分类，对案例发生的原因进行了简要的剖析，以供读者参考与借鉴，在今后的作业中以避免此类事故的发生。

一、错误操作动车组设备类

案例 1：错误操作动车组“停放”旋钮

案例概况 1：

CRH380A 始发前，司机发现全列 K 不闭合、无牵引电流输出，司机立即报告列车调度员，后启用热备动车组担当该次交路，构成铁路交通一般 D15 类事故。

原因分析：

随车机械师错误操作动车组司机室“停放”旋钮至作用位，导致全列 K 不闭合，牵引无流。

案例概况 2：

CRH380A 统型动车组担当列车值乘任务，司机在运城北站站折换端后进行警惕试验时，未确认“警惕试验”扳钮位置，错误将“停放”扳钮转至停放位，造成全列车厢停电、空调失效、牵引无流，影响本列始发晚点 28 min，构成铁路交通一般 D15 类事故。

原因分析：

动车组司机在站换端进行警惕试验时，未确认“警惕试验”扳钮位置，错误操作“停放”扳钮，导致动车组车厢停电、空调失效、牵引无流。

案例评述：

（1）CRH380A 系动车组停放状态，是动车组在低温天气下保持升弓受流，以给动车组各防冻设备加热装置提供电源，对动车组进行保温的一种工作方式，当该旋钮投入时，动车组只保留最低耗电状态，空调断电，无动力输出。

（2）此类型故障已发生多起，基本都是错误操作引起，因此动车组司机或机械师都应掌握停放状态的现象，作业过程中认真检查各项设备，做到不错不漏。

案例 2:未确认换向手柄位置

案例概况:

CRH380A 型动车组担当值乘任务。15 时 19 分,出站信号开放后,司机发现 ATP 行车许可限速为零,判断 ATP 车载设备故障,立即向列车调度员报告,在得到列车调度员准许后对 ATP 进行重启复位,15 时 25 分,复位后列车开车,晚开 5 min。

原因分析:

造成这起列车晚开的原因是动车司机,在与路局司机站换交接时,对换向手柄位置在"中立位"未确认,出站信号开放,发现 ATP 行车许可限速为零(C2 部分模式开车),又盲目向列车调度员汇报,错误对 ATP 进行重启复位,造成列车晚开 5 min。

案例评述:

(1)行车安全装备具备多种控制功能,其控制模式需采集换向手柄方向信号或牵引手柄级位信号,当该信息未获取时,其输出制动防止列车移动。动车组司机应掌握行车安全装备基本控制原理,避免对设备正常控制功能的错误判断。

(2)动车组司机在继乘站作业时,由于作业时间短,容易简化作业项目,漏检设备状态,疏忽大意从而造成不必要的损失。

案例 3:擅自开车

案例概况:

司机在接到列车长关门通知后操作关闭车门,在未确认出站信号开放状态的情况下,擅自开车,列车运行速度 10 km/h 时触发 ATP 常用制动停车,停车后距出站信号 64 m,构成铁路交通一般 D12 类事故。

原因分析:

司机未落实标准化作业,未确认出站信号开放状态,未确认 ATP 开口速度,擅自开车。

案例评述:

此类事故案例也已发生过多起,特别是在列车晚点的情况下,动车组司机往往有着较强烈的正点意识,对于列车开车条件未予以认真确认,习惯性认为停车后开车前出站信号都已开放,未执行出站信号开放、车门关闭、到点开车"三确认"制度,匆忙开车从而导致事故的发生。

二、错误操作行车安全装备类

案例 4:错误操作列控车载设备

案例概况:

CRH380A 型动车组列车值乘任务,司机在车站与地勤司机交接后,本务司机没有将 ATP 断电重启,直接进行司机代号与车次号的更改操作。6 时 49 分,司机阅读作业提示卡,发现按照作业流程要求,接出库车底出库端司机室作为列车始发端操作司机室时,需要对 ATP 车载设备进行重启操作,6 时 50 分,本务司机对 ATP 进行了重启操作,6 时 53 分,司机发现 ATP 在超过启动时间 1 min 53 s 后,DMI 屏上依然显示"系统等待当中。"司机向列车调度员进行了汇报,同时对 ATP 进行了再次重启操作,ATP 在超过启动时间 1 min 53 s 后,DMI 屏上依然显示"系统等待当中。"7 时 05 分,司机将 ATP 进行了换系重启,7 时 15 分电务技术人员上车,在输入司机代号和车次号过程中,DMI 显示主机与 DMI 通信中断,司机向调度员提出救援请求,同时电务技术人员对 ATP 再次进行了重启,7 时 25 分 ATP 启动正常,司机及时将信息向调度员进行了汇报。7 时 27 分该次列车晚点 27 min 开出。

原因分析：

(1)本务司机对 ATP 控制模式不了解，违反 ATP 重启作业流程，在重启 ATP 的过程中，没有执行断电时间 30 s 以上的要求，且对 ATP 正常启动所需时间不清楚，导致 ATP 不能正常启动。

(2)司机违反一次作业流程，简化作业项目，在当前 ATP 车载设备功能不够完善的情况下，未能有效从作业层面防止设备功能缺陷。

案例评述：

CTCS-3 级列控系统在目前在功能上未满足设计要求，动车组出库作业时采用的是 CTCS-2 级控车模式，车载设备在从存放点至始发站的走行过程中不能完成至 CTCS-3 级完全监控模式的自动转换，当出库端司机室作为列车始发端值乘司机室时，应对列控车载设备进行重新启动，清除已接收到的数据，确保始发站控车模式正常。

案例 5：错误操作列控车载设备

案例概况：

CRH380AL 型动车组担当值乘任务，10 点 59 分开车，12 点 22 分 44 秒，列车 243 km/h 速度运行至区间 1 504 km+101 m 时，ATP 限制速度突降为 0 km/h，ATP 触发紧急制动并显示“冒进”，ATP 界面显示信号为 L5。12 点 23 分 42 秒，列车停于 1 506 km+291 m 处，司机立即汇报列车调度员停车原因及停车位置。

由于停车位置列车头部处于分相断电标处，且为 8.2‰上坡道，司机电话汇报 110 信息台，110 值班人员指导其切除 5 车 2 位弓，采用 13 车 2 位弓运行(运行方向最后一位受电弓)。12 点 26 分司机受电弓切除操作完毕后，并将列控车载设备转入目视行车模式，联控列车调度员，得到列车调度员前方闭塞分区空闲的通知后，12 点 29 分 20 秒司机按目视模式启动列车。启动后，司机按压列控车载设备【警惕】键 3 次，12 点 31 分 35 秒左右，ATP 第四次提示目视确认时，由于司机忙于确认通过电分相情况，未及时按压警惕键，12 点 31 分 40 秒，在列车速度达到 25 km/h 时，ATP 触发紧急制动。司机再次汇报调度，并及时向 110 寻求技术支持，由于列车停车位置为进站前第一闭塞分区，此时采用 C3 目视模式进站行车凭证不对，110 值班人员指导其采用 C2 部分模式，凭 C2 部分模式下列控车载设备显示的允许运行信号运行。12 点 36 分 20 秒，司机汇报列车调度员并得到其许可后，将列控车载设备转入 C2 部分监控，12 点 36 分重新启动列车。

原因分析：

(1)司机在 ATP 发生冒进模式后，进入目视模式前，没有按 ATP 操作规程按压【启动】键，直接进入目视模式，造成列车在越过区间 15069 信号标志牌时不能转入 C3 完全模式；

(2)司机当时停车位置处于分相断电标前，切除前受电弓使用后弓通过分相时，蜂鸣器一直处于报警状态，在列控设备提示“目视确认”时，未及时按压警惕键造成触发紧急制动。

案例评述：

(1)司机在非正常情况下的综合应对能力不强。列控设备触发紧急制动停于分相区域时，应首先明确通过电分相的操作重点，再明确 ATP 处理重点，由于处理流程不清晰，未把握阶段控制重点，造成多种非正常复杂环境交织的情况下抓不住重点顾此失彼。

(2)故障处理的主体为动车组司机，在过程控制上 110 信息台值班人员只能对动车组司机的处理过程进行技术指导，司机参照指导依时依势自行判断处理，而不能完全依靠或执行技术指导人员的指示操作。

案例 6：级间切换未及时按压【确认】键

案例概况：

CRH380AL 型动车组担当列车值乘任务，运行至站间列控车载设备级间切换点列控车载设备执行切换时，司机未正确按压【确认】键，而是错误按压了【警惕】键，造成 ATP 未能完成级间转换，输出最大常用制动停车，构成铁路交通一般 D15 类事故。

原因分析：

动车组运行至列车车载设备级间切换点时，司机未按照列车车载设备提示，正确按压【确认】键，错误按压【警惕】键，导致列控车载设备输出制动控制动车组列车停车。

案例评述：

因 CRH380A 系动车组装备了多型号列控车载设备，各设备控车模式有所区别，动车组司机在作业过程中要熟悉各型号列控车载设备的基本操作要求，做好充分预想防止误操作导致事故的发生。

复习思考题

1. 在动车组设备发生故障时，动车组司机处理故障的基本原则有哪些？

2. 按压“复位”按钮进行故障设备复位操作时有哪些注意事项？

3. 进行紧急制动复位操作在哪些情况下复位无效？

4. 动车组列车在通过级间转换点时，哪些情况下列控车载设备不能进行正常级间转换？司机应如何处理？

5. 200 km/h 客运专线出站信号机故障时如何行车？列控车载设备如何正确操作？

6. 采用“目视”模式行车时有哪些注意事项？

7. 如何检查区分是列控车载设备还是动车组自身输出的制动指令？

8. 遇动车组列车晚点时司机应做到哪些？

9. 结合所学专业知识，讲述 8 辆编组动车组列车在进站信号前分相无电区停车后的处置流程。

10. 动车组司机接到利用动车组列车运送人员至区间处理故障的调度命令后，简述正确处理的流程。

11. 380A 系动车组处于“停放”状态时有哪些特征？

12. 装备列控车载设备的动车组在哪些情况下列控车载设备允许列车移动？

13. 通过分析本章事故案例，你认为在日常工作中如何防范行车事故的发生？

附录一　列控系统基本概念和名词术语

ALA:ATP 逻辑设备(ATP Logic Apparatus)

ATP:列车超速防护系统(Automatic Train Protection),能够自动监测列车的安全运行速度,调整列车运行间隔,确保列车安全、高效的运行的电子系统。

ATO:列车自动驾驶系统(Automatic Train Operation)

B1N:弱常用制动(Service Braking Level 1)

B4N:中等常用制动(Service Braking Level 4)

B7N:最大常用制动(Service Braking Level 7)

BTM:应答器信息传输模块(Balise Transmission Module),该模块可以通过无线天线将应答器发送的报文读取出来。

CO:引导模式(Calling-On Mode)

CS:机车信号模式(Cab Signal mode)

CSM:顶棚速度监控区(Ceiling Speed Monitoring Section)

CTC:列车调度集中控制系统(Centralized Traffic Control),以列车运行调整计划控制为中心,兼顾列车与调车作业的高度自动化的调度指挥系统。

CTCS:中国列车运行控制系统 (Chinese Train Control System),为了保证列车安全运行,对未来统一的、系列化的、标准化的中国列车运行控制系统,对铁路运输管理层、网络传输层以及地面和车载设备层的框架和设计原则,以分级形式满足不同线路运输需求的技术规范。

DMI:人机界面单元(Driver Machine Interface unit)

DMIS:调度指挥管理信息系统(Dispatching Management Information System)

EB:紧急制动(Emergency Brake)

EOA:行车许可终点(End of Movement Authority)

FS:完全监控模式(Full Supervision Mode)

GSM-R:铁路综合专用数字移动通信系统(Global System for Mobile Communications for Railway)

LEU:轨旁(地面)电子单元(Line side Electronic Unit),一种将列控中心发出的基带信号调制到室外应答器的电子设备。

LMA:列车停车界限(Limit of Movement Authority),根据地面信号列车应该停止的停止轨道电路边界。

LMA:行车许可限制(Limit of Movement Authority)

MA:行车许可(Movement Authority)

MRSP:最低限速(Most Restrictive Speed Profile),综合考虑线路信息、SSP,TSR 信息所有的条件后的低位限速信息。

MTBF:平均无故障时间(Mean Time Between Failures)

MVB:多功能车辆总线(Multi-function Vehicle Bus)

NB:常用制动(Normal Brake)

NBP:常用制动模式曲线(Service Brake Profile)

OS:目视行车模式(On Sight mode)

P:表示允许速度(The Permitted Speed Limit)

RBC:无线闭塞中心(Radio Block Center)

RSS:无线子系统(Radio Sub System)

RTM:无线传输模块(Radio Transmission Module)

SB:待机模式(Stand-By mode)

SBI:常用制动干预限值(Service Brake Intervention limit)

SDP:速度及距离处理单元(Speed & Distance Processing unit)

STM:轨道电路信息接收模块(Specific Transmission Module)

STU-V:车载安全传输单元(Safe Transmission Unit-Vehicle)

TCC:列控中心(Train Control Center),是设于各车站的安全设备,CTCS的地面设备之一,根据调度命令、进路状态、线路参数等产生进路及临时限速等相关控车信息,通过有源应答器及轨道电路传送给列车。

TCR:轨道电路信息读取器(Track Circuit Reader)

TDCS:列车调度指挥系统(Train Dispatch Command System),是一种能覆盖全国铁路,实现全国铁路系统内有关列车运行、数据统计、运行调整及数据资料的数据共享、自动处理与查询的大型复杂系统。

TR:冒进模式(Trip mode)

TSM:目标速度监控区(Target Speed Monitoering Section)

TSR:临时限速(Temporary Speed Restriction)

TSRS:临时限速服务器(Temporary Speed Restriction Server)

VC:安全计算机(Vital Computer)

附录二　电气缩略语中英对照表

序号	图示标称	英文全称	中文名称
1	153K	153 line Kontactor	153 线接触器
2	155R	155 line Relay	155 线继电器
3	156R	156 line Relay	156 线继电器
4	160SAR1,2		速度辅助继电器
5	30DLR	30 km/h Door Lock Relay	30 km/h 门锁继电器
6	30SR	30 km/h Speed Relay	30 km/h 速度继电器
7	5DLR	5 km/h Door Lock Relay	5 km/h 门锁继电器
8	5SR	5 km/h Speed Relay	5 km/h 速度继电器
9	A5SR	5 km/h Speed Relay Auxiliary Relay	5 km/h 速度继电器辅助继电器
10	70SR	70 km/h Speed Relay	70 km/h 速度继电器
11	ACK1	Alternating Current Kontactor 1	交流电接触器 1
12	ACK1R	Alternating Current Kontactor 1 Relay	交流电接触器 1 继电器
13	ACK2	Alternating Current Kontactor 2	交流电接触器 2
14	ACK2R	Alternating Current Kontactor 2 Relay	交流电接触器 2 继电器
15	ACLN	Air CLeaner NFB	滤清器 NFB
16	ACM	Auxiliary Compressor Motor	辅助压缩电机
17	ACMGV	Auxiliary Compressor Motor GoVernor	辅助压缩电机控制器
18	ACMGVR1、2	Auxiliary Compressor Motor GoVernor Relay 1、2	辅助压缩电机控制器继电器 1、2
19	ACMHe	Auxiliary Compressor Motor Heater	辅助压缩电机加热器
20	ACMK	Auxiliary Compressor Motor Kontactor	辅助压缩电机接触器
21	ACMN	Auxiliary Compressor Motor NEB	辅助压缩电机 NEB
22	ACMR1、2	Auxiliary Compressor Motor Relay 1、2	辅助压缩电机继电器 1、2
23	ACMS	Auxiliary Compressor Motor Switch	辅助压缩电机开关
24	ACOCR1、2	Alternating Current Over Current Relay 1、2	交流电过流继电器 1、2
25	ACOCRR1、2	Alternating Current Over Current Reserve Relay 1、2	交流电过流预留继电器 1、2
26	ACOSN		
27	ACVN1、2	Alternating Power NFB 1、2	转换电源 NFB 1、2
28	ADCD1、2	Automatic Door Control Device 1、2	自动门控设备 1、2
29	ADCOS11～12、21～22	Automatic Door control device Cut Out Switch 11～12、21～22	自动门控设备切断开关 11～12、21～22
30	ADN1、2	Automatic Door Control Device NFB 1、2	自动门控设备 NFB 1、2
31	AHeK	Auxiliary Heater Kontactor	辅助加热器接触器
32	AHeKN	Auxiliary Heater Kontactor NFB	辅助加热器接触器 NFB
33	AHeS	Auxiliary Heater Switch	辅助加热器开关
34	AHWN	Automatic Hand Washstandbowl NFB	自动洗手盆 NFB
35	AMLpR1～3	Mark Lamp Reserve Relay 1～3	标志灯预留继电器 1～3

续上表

序号	图示标称	英文全称	中文名称
36	AmpN1、2	Amplifire NFB 1、2	放大器 NFB 1、2
37	AOCN	Alternating Current Over Current NFB	交流电过流 NFB
38	APCR	Air Pipe Close Relay	空气管路关闭继电器
39	APCS	Air Pipe Close Switch	空气管路关闭开关
40	APCV	Air Pipe Close Valve	空气管路关闭阀
41	APOR	Air Pipe Open Relay	空气管路开启继电器
42	APOV	Air Pipe Open Valve	空气管路开启阀
43	APPS	Air Pipe Pressure Switch	空气管路压力开关
44	APU	Auxiliary Power Unit	辅助电源装置
45	APUCN	Auxiliary Power Unit Control NFB	辅助电源装置控制 NFB
46	APUBMN	Auxiliary Power Unit Blower Motor NFB	辅助电源装置通风机电机 NFB
47	ARf	Auxiliary Rectifier	辅助整流器
48	ARfK	Auxiliary Rectifier Kontactor	辅助整流器接触器
49	ARfKR	Auxiliary Rectifier Kontactor Relay	辅助整流器接触器继电器
50	ARfN2	Auxiliary Rectifier NFB 2	辅助整流器 NFB 2
51	ARfRN	Auxiliary Rectifier Kontactor NFB	辅助整流器接触器 NFB
52	Arr	Arrestor	避雷器
53	ASCN	Active Suspension Control NFB	激活的悬挂控制 NFB
54	ATCBR	ATC Brake Relay	ATC 制动继电器
55	ATCKB1R		ATP 弱制动继电器
56	ATCKB4R		ATP 中级制动继电器
57	ATCKB7R		ATP 强制动继电器
58	ATCKBR		ATP 快速制动继电器
59	ATN	Auxiliary Transformer NFB	辅助变压器 NFB
60	ATPBTMN	ATP BTM unit power NFB	ATP BTM 装置电源 NFB
61	ATPCOR	ATP Cut Out Relay	ATP 切断继电器
62	ATPDMIN	ATP DMI unit power NFB	ATP DMI 装置电源 NFB
63	ATPDRUN	ATP DRU unit power NFB	ATP DRU 装置电源 NFB
64	ATPFN	ATP Fan power NFB	ATP 风扇电源 NFB
65	ATPN1	ATP main power NFB 1	ATP 主电源 NFB 1
66	ATPPK	ATP main Power Kontactor	ATP 主电源接触器
67	ATPSTMN	ATP STM unit power NFB	ATP STM 装置电源 NFB
68	ATPVCN	ATP unit Voltage Controller NFB	ATP 装置电压控制器 NFB
69	ATr	Auxiliary Transformer	辅助变压器
70	B 运非 R	Brake control handle「运转-快速」position Relay	制动控制手柄「运转-快速」定位继电器
71	B1 非 R	Brake control handle「1N-快速」position Relay	制动控制手柄「1N-快速」定位继电器
72	B2 非 R	Brake control handle「2N-快速」position Relay	制动控制手柄「2N-快速」定位继电器
73	B3 非 R	Brake control handle「3N-快速」position Relay	制动控制手柄「3N-快速」定位继电器

续上表

序号	图示标称	英文全称	中文名称
74	B4 非 R	Brake control handle「4N-快速」position Relay	制动控制手柄「4N-快速」定位继电器
75	B5 非 R	Brake control handle「5N-快速」position Relay	制动控制手柄「5N-快速」定位继电器
76	B6 非 R	Brake control handle「6N-快速」position Relay	制动控制手柄「6N-快速」定位继电器
77	B7 非 R	Brake control handle「7N-快速」position Relay	制动控制手柄「7N-快速」定位继电器
78	B 非 R	Brake control handle「快速(运转-7N)」position Relay	制动控制手柄「快速(运转-7N)」定位继电器
79	B1～3K	Brake control handle「1N-3N」position Kontactor	制动控制手柄「1N-3N」定位接触器
80	B4～5K	Brake control handle「4N-5N」position Kontactor	制动控制手柄「4N-5N」定位接触器
81	B6～7K	Brake control handle「6N-7N」position Kontactor	制动控制手柄「6N-7N」定位接触器
82	B 非 K	Brake control handle「非常」position Kontactor	制动控制手柄「非常」定位接触器
83	Bat	Battery	蓄电池
84	BatK1、2	Battery Kontactor 1、2	蓄电池接触器 1、2
85	BatK2R	Battery Kontactor 2 Relay	蓄电池接触器 2 继电器
86	BatKCN	Battery Kontactor Control NFB	蓄电池接触器控制 NFB
87	BatKN	Battery Kontactor NFB	蓄电池接触器 NFB
88	BatN1、2	Battery NFB 1、2	蓄电池 NFB 1、2
89	BatVDN	Battery Voltage Detect NFB	蓄电池电压检测 NFB
90	BCCN	Brake Control unit Control NFB	制动控制单元控制 NFB
91	BCU	Brake Control Unit	制动控制单元
92	BCUHe	Brake Control Unit Heater	制动控制单元加热器
93	BCUN	Brake Control Unit NFB	制动控制单元 NFB
94	BKK		辅助三相电源延展接触器
95	BKKN		辅助三相电源延展接触器 NFB
96	BKKR		辅助三相电源延展接触器继电器
97	BMK	Blower Motor Kontactor	风机电机接触器
98	BR1	Brake Relay 1	制动继电器 1
99	BTRCN	Brake command TRansformation Control unit NFB	制动命令转换控制单元 NFB
100	BV	Brake Valve	制动阀
101	BVN	Brake Valve NFB	制动阀 NFB
102	BVR	Brake Valve Relay	制动阀继电器
103	BVR1、2	Brake Valve Relay 1、2	制动阀继电器 1、2
104	BVTR	Brake Valve Time Limit Relay	制动阀限时继电器
105	BzS	Buzzer Switch	蜂鸣器开关

续上表

序号	图示标称	英文全称	中文名称
106	CabGS	Cab Ground Switch	司机室接地开关
107	CabHe1、2	Cab Heater 1、2	司机室加热器 1、2
108	CabHeN1、2	Cab Heater NFB 1、2	司机室加热器 NFB 1、2
109	CabHeS1、2	Cab Heater Switch 1、2	司机室加热器开关 1、2
110	CabLp	Cab Lamp	司机室照明灯
111	CabLpN	Cab Lamp NFB	司机室照明灯 NFB
112	CabLpS	Cab Lamp Switch	司机室照明灯开关
113	CabRLpConR	Cab Room Lamp Connector Receptacle	司机室室内照明灯接触器插座
114	CabRrLp	Cab Reserve Lamp	司机室预留灯
115	CabRrLpN1,2	Cab Reserve Lamp NFB	司机室预留灯 NFB
116	CabTeLp	middle Cab Test Lamp	中间司机室测试灯
117	CabTeS	middle Cab Test Switch	中间司机室测试开关
118	CDR1,2	Current Detect Relay	电流检测继电器
119	CI	Converter Inverter	变流器逆变器
120	CIBM1～3	Converter Inverter Blower Motor 1～3	变流器逆变器风机电机 1～3
121	CIBMN1～3	Converter Inverter Blower Motor NFB 1～3	变流器逆变器风机电机 NFB 1～3
122	CIBMNR	Converter Inverter Blower Motor NFB Relay	变流器逆变器风机电机 NFB 继电器
123	CICN1、2	Converter Inverter Control NFB 1、2	变流器逆变器控制 NFB 1、2
124	CIFR1、2	Converter Inverter Failer Relay 1、2	变流器逆变器故障继电器 1、2
125	CIGRR1、2	Converter Inverter Ground Relay 1、2	变流器逆变器接地继电器 1、2
126	CM	Compressor Motor	压缩机电机
127	CMCN	Compressor Motor Control NFB	压缩机电机控制 NFB
128	CMCOR	Compressor Motor Cut Out Relay	压缩机电机切断继电器
129	CMCOR-R	Compressor Motor Cut Out Relay-Reset	压缩机电机切断继电器-重新设置
130	CMCORR1、2	Compressor Motor Cut Out Repeat Relay 1、2	压缩机电机切断重复继电器 1、2
131	CMGV	Compressor Motor GoVrenor	压缩机电机控制器
132	CMK	Compressor Motor Kontactor	压缩机电机接触器
133	CMN	Compressor Motor NFB	压缩机电机 NFB
134	CMSN	Compressor Motor Synchronize NFB	压缩机电机同步 NFB
135	CMV	Compressor Motor Valve	压缩机电机阀
136	CMVTR	Compressor Motor Valve Timer Limit Relay	压缩机电机阀限时继电器
137	CORR	Cut Out Repeat Relay	切断重复继电器
138	COSN	Cut Out Switch NFB	切断开关 NFB
139	COSN1	Cut Out Switch NFB 1	切断开关 NFB 1
140	CrFM	Crew room Fan Motor	乘务员室风扇电机
141	CrFMN	Crew room Fan Motor NFB	乘务员室风扇电机 NFB
142	CrFMS	Crew room Fan Motor Switch	乘务员室风扇电机开关
143	CSR	Constant Speed Relay	恒速继电器
144	CT1	Current Transformer 1	电流变压器 1

续上表

序号	图示标称	英文全称	中文名称
145	CT3	Current Transformer 3	电流变压器 3
146	CttCN	Contactor Control NFB	接触器控制 NFB
147	CUHCS	CoUpler Handle Close Switch	车钩手柄关闭开关
148	CUHOS	CoUpler Handle Open Switch	车钩手柄开启开关
149	CVT	Contant Voltage Transformer	恒压变压器
150	DCR	DC power supply Relay	直流电源继电器
151	DICOS1、2	Door Interlock Cut Out Switch 1、2	门互锁切断开关 1、2
152	DIR	Door Interlock Relay	门互锁继电器
153	DIRR11、12	Door Interlock Reserve Relay 11、12	门互锁预留继电器 11、12
154	DIRR21、22	Door Interlock Reserve Relay 21、22	门互锁预留继电器 21、22
155	DIRR31、32	Door Interlock Reserve Relay 31、32	门互锁预留继电器 31、32
156	DIRR41、42	Door Interlock Reserve Relay 41、42	门互锁预留继电器 41、42
157	DIRS	Door Interlock Relay Switch	门互锁继电器开关
158	DLS	Door Lock Switch	门锁开关
159	DMS1～4	Door Micro Switch 1～4	门微型开关 1～4
160	DN	Door NFB	门 NFB
161	DOCHN	DOorCHime NFB	门鸣叫 NFB
162	DPSR 1～4	Door Push Sense Relay 1～4	门按扭传感继电器 1～4
163	DS1～4	Door Switch 1～4	门开关 1～4
164	DSN	Door Switch NFB	门开关 NFB
165	DV11、12、21、22	Door Magnetic Valve 11、12、21、22	门磁阀 11、12、21、22
166	DV31、32、41、42	Door Magnetic Valve 31、32、41、42	门磁阀 31、32、41、42
167	DVCN1、2	Door Valve Control NFB 1、2	门上阀门控制 NFB 1、2
168	DVCR1、2	Door magnetic Valve Close Relay 1、2	门磁阀关闭继电器 1、2
169	DVN1、2	Door Valve NFB 1、2	门阀 NFB 1、2
170	DVOR1、2	Door magnetic Valve Open Relay 1、2	门磁阀开启继电器 1、2
171	DVR 11、12、13、21、22、23	Door magnetic Valve Relay 11、12、13、21、22、23	门磁阀继电器 11、12、13、21、22、23
172	DVS1、2	Door Magnetic Valve Switch 1、2	门磁阀开关 1、2
173	EBR	ATP Emergency Brake Relay	ATP 紧急制动继电器
174	EBz	Emergency Buzzer	紧急蜂鸣器
175	EBzCOS	Emergency Buzzer Cut Out Switch	紧急蜂鸣器切断开关
176	EBzR	Emergency Buzzer Relay	紧急蜂鸣器继电器
177	EBzRR	Emergency Buzzer Reset Relay	紧急蜂鸣器重启继电器
178	EBzRS	Emergency Buzzer Reset Switch	紧急蜂鸣器重启开关
179	EBzS1、2	Emergency Buzzer Switch 1、2	紧急蜂鸣器开关 1、2
180	ECgConR	Electric Changer Contact Relay	电子转换器接触继电器
181	ECgConV	Electric Changer Contact Valve	电子转换器接触阀
182	ECgRIsR	Electric Changer Contact Release Relay	电子转换器接触缓解继电器
183	ECgRIsV	Electric Changer Contact Release Valve	电子转换器接触缓解阀
184	EGCN	Emergency Ground Switch Control NFB	紧急接地开关控制 NFB
185	EGCS1、2	Emergency Ground Switch Close Switch 1、2	紧急接地开关关闭转换器 1、2

续上表

序号	图示标称	英文全称	中文名称
186	EGCV	Emergency Ground Switch Close Valve	紧急接地开关关闭阀
187	EGCVN	Emergency Ground Switch Close Valve NFB	紧急接地开关关闭阀 NFB
188	EGOCK	EGS Open and close CocK	EGS 开启和关闭阀
189	EGOS1、2	Emergency Ground Switch Open Switch 1、2	紧急接地开关开启开关 1、2
190	EGOV	Emergency Ground Switch Open Valve	紧急接地开关开启阀
191	EGOVN	Emergency Ground Switch Open Valve NFB	紧急接地开关开启阀 NFB
192	EGS	Emergency Ground Switch	紧急接地开关
193	EGSHe	Emergency Ground Switch Heater	紧急接地开关加热器
194	EGSR	Emergency Ground Switch Relay	紧急接地开关继电器
195	EL1、2	Electric Luminescence 1、2	电子照明 1、2
196	ELN	Electric Luminescence NFB	电子照明 NFB
197	EVBat	Emergency Ventilation Battery	紧急通风蓄电池
198	EXConR	External Power Source Connector Receptacle	外部电源连接器插座
199	EXR1、2	External Power Source Relay 1、2	外部电源继电器 1、2
200	ExTh	External Thermal	外部热量
201	FrBz	Fire Buzzer	防火蜂鸣器
202	FrBzR	Fire Buzzer Relay	防火蜂鸣器继电器
203	FrBzRS	Fire Buzzer Reset Switch	防火蜂鸣器重启开关
204	FrBzS1、2	Fire Buzzer Switch 1、2	防火蜂鸣器开关 1、2
205	FrLP	Fire Lamp	防火灯
206	FVSN	Flash Valve Sensor NFB	瞬时阀传感器 NFB
207	GB11～14	Ground Brush 11～14	接地刷 11～14
208	GB21～24	Ground Brush 21--24	接地刷 21～24
209	GHe	Glass Heater	玻璃加热器
210	GHeN	Glass Heater NFB	玻璃加热器 NFB
211	GHeTh	Glass Heater Thermal	玻璃加热器热量
212	GR3	Ground Relay 3	接地继电器 3
213	GRR3-1	Ground Reserve Relay 3	接地预留继电器 3
214	GRR3-2	Ground Reserve Relay 3	接地预留继电器 3
215	GRT	Ground Relay Transformer	接地继电器变压器
216	GS	Ground Switch	接地开关
217	HELPS	HELP Switch	救助开关
218	HLp1～4	Head Lamp 1～4	头灯 1～4
219	HLp1～4HR	Head Lamp 1～4 High lighting Relay	头灯 1～4 远光灯继电器
220	HLp1～4LR	Head Lamp 1～4 Low lighting Relay	头灯 1～4 近光灯继电器
221	HMLpDS	Head Mark Lamp Dimmer Switch	头部标志灯变光开关
222	HMLpN	Head Mark Lamp NFB	头部标志灯 NFB
223	HMLpS	Head Mark Lamp Switch	头部标志灯开关
224	HmRS	Hour meter Reset Switch	小时计重启开关
225	Innet1～2N	Internet service NFB	Internet 运行 NFB

续上表

序号	图示标称	英文全称	中文名称
226	IVK1		
227	JAHeK	Junction Auxiliary Heater Kontactor	连接辅助加热器接触器
228	JAHeR	Junction Auxiliary Heater Relay	连接辅助加热器继电器
229	JaN1、2、3	Jacket NFB 1、2、3	机套 NFB 1、2、3
230	JBVR	Junction Battery Relay	连接蓄电池继电器
231	JCMR	Junction Compressor Motor Relay	连接压缩机电机继电器
232	JRrLpK	Junction Reserve Lamp Kontactor	连接预留灯接触器
233	JRrLpR	Junction Reserve Lamp Relay	连接预留灯继电器
234	JTR		
235	KBA1R	Brake「1N」Auxiliary Relay	制动「1N」辅助继电器
236	KBA4R	Brake「4N」Auxiliary Relay	制动「4N」辅助继电器
237	KBMg	Key Box Magnet coil	主控制箱磁性线圈
238	KBMgN	Key Box Magnet coil NFB	主控制箱磁性线圈 NFB
239	KBMgS	Key Box Magnetic coil Switch	主控制箱磁性线圈开关
240	KRR	Kontactor Reserve Relay	接触器预留继电器
241	LKJCOR	LKJ Cut Out Relay	LKJ 切断继电器
242	LKJN	LKJ NFB	LKJ NFB
243	LKJPK	LKJ Power Kontactor	KJ 电源接触器
244	LvADCD	Lavatory Automatic Door Control Device	盥洗室自动门控设备
245	LvADN	Lavatory Automatic Door NFB	盥洗室自动门 NFB
246	LvDCS1、2	Lavatory Automatic Door Close Switch 1、2	盥洗室自动门关闭开关 1、2
247	LvDOS1、2	Lavatory Automatic Door Open Switch 1、2	盥洗室自动门开启开关 1、2
248	LVHe1～4	Leveling Heater 1～4	调整加热器等级 1～4
249	LvLp	Lavatory Lamp	盥洗室灯
250	LvLpN	Lavatory Lamp NFB	盥洗室灯 NFB
251	LvLpS1、2	Lavatory Lamp Switch 1、2	盥洗室灯开关 1、2
252	MaRConR1	Machine Room Connector Receptacle	设备室接触器插座
253	MaRLp1、2	Machine Room Lamp 1、2	设备室内照明 1、2
254	MaRLpN1、2	Machine Room Lamp NFB 1、2	设备室室内照明 NFB 1、2
255	MC	Master Controller	主控制器
256	MCN1～3	Master Controller NFB 1～3	主控制器 NFB 1～3
257	MCPR	Master Controller Powering Relay	主控制器接通继电器
258	MCR	Master Controller Relay	主控制器继电器
259	MCRR	Master Controller Reserve Relay	主控制器预留继电器
260	MC 切 R	Master Controller「切」position Relay	主控制器「切」定位继电器
261	MLpN	Mark Lamp NFB	标志灯 NFB
262	MLpR1、2	Mark Lamp Relay 1、2	标志灯继电器 1、2
263	MLpS	Mark Lamp Switch	标志灯开关
264	MMBM1、2	Main Motor Blower Motor 1、2	主电机风机电机 1、2
265	MMBMN1、2	Main Motor Blower Motor NFB 1、2	主电机风机电机 NFB 1、2
266	MMCOR	Main Motor Cut Out Relay	主电机切断继电器
267	MMCOR-R	Main Motor Cut Out Relay-Reset	主电机切断继电器—重新设置

续上表

序号	图示标称	英文全称	中文名称
268	MONN1、2	Monitor Device NFB 1、2	监控器设备 NFB 1、2
269	MOTN1、2	MOnitor Terminal device NFB 1、2	监控器终端设备 NFB 1、2
270	MRHPS	Main Reservoir High Pressure Switch	主风缸高压开关
271	MRLPS	Main Reservoir Low Pressure Switch	主风缸低压开关
272	MRPSR	Main Reservoir air Pressure switch Select Relay	主风缸空压开关选择继电器
273	MRrAPSR	Main Reservoir Air Pressure Switch Relay	主风缸空压开关继电器
274	MSP1、2	Monitor Speaker 1、2	扬声器监控器 1、2
275	MTBM	Main Transformer Blower Motor	主变压器风机电机
276	MTBMN	Main Transformer Blower Motor NFB	主变压器风机电机 NFB
277	MTCOR	Main Transformer Cut Out Relay	主变压器切断继电器
278	MTCOR-R	Main Transformer Cut Out Relay-Reset	主变压器切断继电器—重新设置
279	MTCORR	Main Transformer Cut Out Reserve Relay	主变压器切断预留继电器
280	MTOFR	Main Transformer Oil Flow Relay	主变压器油流量继电器
281	MTOFRR	Main Transformer Oil Flow Reserve Relay	主变压器油流量预留继电器
282	MTOPM	Main Transformer Oil Pump Motor	主变压器油泵电机
283	MTOPMN	Main Transformer Oil Pump Motor NFB	主变压器油泵电机 NFB
284	MTr	Main Transformer	主变压器
285	MTThR	Main Transformer Thermal Relay	主变压器热动继电器
286	MTThRR	Main Transformer Thermal Reserve Relay	主变压器热动预留继电器
287	MXR	Mix Relay	混合继电器
288	MXRN1、2	Mix Relay NFB 1、2	混合继电器 NFB 1、2
289	NBR	Normal Brake Relay	正常制动继电器
290	NBTR	Normal Brake Timer Limit Relay	正常制动限时继电器
291	NRLpR	NumbeR Lamp Relay	一定数量照明继电器
292	NVR	No Voltage Relay	无电压继电器
293	NVR1N	No Voltage Relay 1 NFB	无电压继电器 1 NFB
294	NVR1VD	No Voltage Relay 1 Voltage Detector	无电压继电器 1 电压检测仪
295	OCTN	Over Current Transformer NFB	过流变压器 NFB
296	PaConR1～4N	PC ConnectoR NFB	PC 接触器 NFB
297	PaIvN	PC Inverter NFB	PC 逆变器 NFB
298	Pan	Pantograph	受电弓
299	PanCGS	Pantograph ChanGeover Switch	受电弓转换开关
300	PanCOR	Pantograph Cut Out Relay	受电弓切断继电器
301	PanCOR-R	Pantograph Cut Out Relay-Reset	受电弓切断继电器—重新设置
302	PanDAR	Pantograph Down command Auxiliary Relay	受电弓降弓命令辅助继电器
303	PanDRN	Pantograph Down command Relay NFB	受电弓降弓命令继电器 NFB
304	PanDS	Pantograph Down Switch	受电弓降弓开关
305	PanDWR	Pantograph DoWn Relay	受电弓降弓继电器
306	PanIR	Pantograph Interlock NFB	受电弓互锁 NFB
307	PanN	Pantograph NFB	受电弓 NFB
308	PanUCK	Pantograph Up keep off CocK	受电弓升弓保持阀
309	PanUR	Pantograph Up Relay	受电弓升弓继电器

续上表

序号	图示标称	英文全称	中文名称
310	PanUS	Pantograph Up Switch	受电弓升弓开关
311	PanUV	Pantograph Up Valve	受电弓升弓阀
312	PanUVN	Pantograph Up Valve NFB	受电弓升弓阀 NFB
313	PCON	Pressure Cut Out NFB	压力切断 NFB
314	PCOR	ATP Powering Cut Out Relay	ATP 供电切断继电器
315	PCOV	Pressure Cut Out Valve	压力切断阀
316	PG1～4	Pulse Generator 1～4	脉冲发生器 1～4
317	PLpCOS1、2	Pilot Lamp Cut Out Switch 1、2	主照明切断开关 1、2
318	PLpN1、2	Pilot Lamp NFB 1、2	主照明 NFB 1、2
319	PR	Powering Relay	供电继电器
320	PS1～4	Pressure Switch 1～4	压力开关 1～4
321	RCAR	Command Auxiliary Relay	牵引命令辅助继电器
322	RConN	Room Connector NFB	室内接触器 NFB
323	RConR1、2	Room Connector Receptacle 1、2	室内接触器插座 1、2
324	RLp	Room Lamp	室内照明
325	RLpCAR	Room Lamp Control Auxiliary Relay	室内照明控制辅助继电器
326	RLpConR	Room Lamp Connector Receptacle	室内照明接触器插座
327	RLpK	Room Lamp Kontactor	室内照明接触器
328	RLpN1～3	Room Lamp NFB 1～3	室内照明 NFB 1～3
329	RrLp	Reserve Lamp	预留灯
330	RrLpCgK	Reserver Lamp Change Kontactor	预留灯转换接触器
331	RrLpCgN	Reserver Lamp Change NFB	预留灯转换 NFB
332	RrLpCgN2	Reserver Lamp Change NFB 2	预留灯转换 NFB 2
333	RrLpCgR	Resever Lamp Change Relay	预留灯转换继电器
334	RrLpCgS	Reserver Lamp Change Switch	预留灯转换开关
335	RrLpN	Reserver Lamp NFB	预留灯 NFB
336	RS	Reset Switch	重启开关
337	RSR1	Reset Switch Relay	重启开关继电器
338	SBN1、2	Sub Brake NFB 1、2	子制动 NFB 1、2
339	SBNR	Sub-Brake Relay	子制动继电器
340	SBN1R	Sub-Brake Relay 1	子制动继电器 1
341	SBN1 补接	Sub-Brake NFB 1 补接	子制动 NFB 1 补接
342	SCNCRN1、2	Section Control MCR NFB 1、2	部分控制 MCR NFB 1、2
343	SCN1～3	Section Control NFB 1～3	部分控制 NFB 1～3
344	SCK	Section Control Kontactor	部分控制接触器
345	SCR	Section Control Relay	部分控制继电器
346	SCTR1、2	Section Control Timer Limit Relay 1、2	部分控制限时继电器 1、2
347	SGZR1、2	Section Gu Zhang Relay 1、2	部分故障继电器 1、2
348	SMCR1、2	Section MCR1、2	部分 MCR1、2
349	SVCBCR	Section VCB Close Relay	部分 VCB 关闭继电器
350	SVCBOR	Section VCB Open Relay	部分 VCB 开启继电器
351	SConN1～4	Service Connector NFB 1～5	运行接触器 NFB 1～5

续上表

序号	图示标称	英文全称	中文名称
352	SePR	Sensor Power Relay	传感器电源继电器
353	SePN	Sensor Power NFB	传感器电源 NFB
354	SG	Speed Generator	速度发生器
355	SIV	Static InVerter	静态逆变器
356	SKG1～4	anti-SKid Generator 1～4	防滑发生器 1～4
357	SKN	anti-SKid NFB	防滑 NFB
358	SKVR	anti-SKid Valve Relay	防滑阀继电器
359	SKVRR	anti-SKid Valve Reserve Relay	防滑阀预留继电器
360	SLR	SLip detect Relay	防滑检测继电器
361	SLRR	SLip detect Reserve Relay	防滑检测预留继电器
362	SP	SPeaker	扬声器
363	SPCOS	Speaker Cut Out Switch	扬声器切断开关
364	SqS	Sequence Switch	顺序开关
365	SS1～4	Speed Sensor 1～4	速度传感器 1～4
366	SVCBCR	Section Vacuum Circuit Breaker Close Relay	部分真空电路断路器关闭继电器
367	SVCBOR	Section Vacuum Circuit Breaker Open Relay	部分真空电路断路器开启继电器
368	TAX2N	TAX2 NFB	TAX2 NFB
369	TAX2PK	TAX2 Power Kontactor	TAX2 电源接触器
370	TeLp	Test Lamp	测试灯
371	TInFN	Train InFormation device NFB	列车信息设备 NFB
372	ToBz	Toilet Buzzer	卫生间蜂鸣器
373	ToBzR	Toilet Buzzer Relay	卫生间蜂鸣器继电器
374	ToBzS1～3	Toilet Buzzer Switch 1～3	卫生间蜂鸣器开关 1～3
375	ToConN	Toilet Connector Receptacle NFB	卫生间连接器插座 NFB
376	ToConR1、2	Toilet Connector Receptacle 1、2	卫生间连接器插座 1、2
377	ToFM1、2	Toilet Fan Motor 1、2	卫生间风扇电机 1、2
378	ToFMN1、2	Toilet Fan Motor NFB 1、2	卫生间风扇电机 NFB 1、2
379	TSC1N	TSC1 NFB	TSC1 NFB
380	TSC1PK	TSC1 Power Kontactor	TSC1 电源接触器
381	TSHeN	Toilet Seat Heater NFB	卫生间座位加热器 NFB
382	TThRN	Truck (Tyre) Thermal Relay NFB	车辆热动继电器 NFB
383	TThRR	Truck (Tyre) Thermal Reserve Relay	车辆热动预留继电器
384	TWBat	Train Wireless radio Battery	列车无线广播蓄电池
385	TWBatN	Train Wireless radio Battery NFB	列车无线广播蓄电池 NFB
386	TWCN	Train Wireless radio charger Control NFB	列车无线广播充电器控制 NFB
387	TWEmCgK	Train Wirelessradio Emergency Change Kontactor	列车无线广播紧急转换接触器
388	TWEmCgS	Train Wireless radio Emergency Charger Switch	列车无线广播紧急充电器开关
389	TWN	Train Wireless radio device control NFB	列车无线广播装置控制 NFB
390	TyClV	Tyre Cleaning Valve	轮胎清洁阀
391	TyClVN	Tyre Cleaning Valve NFB	轮胎清洁阀 NFB
392	UBR	Urgency Brake Relay	紧急制动继电器

续上表

序号	图示标称	英文全称	中文名称
393	UBRS	Urgency Brake Reset Switch	紧急制动重启开关
394	UBRSR	Urgency Brake Reset Switch Relay	紧急制动重启开关继电器
395	UBRSWR	Urgency Brake Reset SWitch Relay	紧急制动重启开关继电器
396	UBS1、2	Urgency Brake Switch 1、2	紧急制动开关 1、2
397	UBTR1、2	Urgency Brake Time Limit Relay 1、2	紧急制动限时继电器 1、2
398	UR0	Unit command Relay	设备命令继电器
399	UVN	Urgency magnet Valve NFB	紧急磁阀 NFB
400	UVR	Urgency magnet Valve Relay	紧急磁阀继电器
401	UVR1、2、3	Urgency magnet Valve Relay 1、2、3	紧急磁阀继电器 1、2、3
402	UVRS	Urgency magnet Valve Relay Short Switch	紧急磁阀继电器短路开关
403	V1	Volt meter 1	电压计 1
404	V3	Volt meter 3	电压计 3
405	V4	Volt meter 4	电压计 4
406	VCB		真空电路断路器
407	VCBARN	Vacuum Circuit Breaker Auxiliary Relay NFB	真空电路断路器辅助继电器 NFB
408	VCBA1R	Vacuum Circuit Breaker Auxiliary Relay	真空电路断路器辅助继电器
409	VCBCOR	Vacuum Circuit Breaker Cut Out Relay	真空电路断路器切断继电器
410	VCBCOR-R	Vacuum Circuit Breaker Cut Out Relay-Reset	真空电路断路器切断继电器-重启
411	VCBCR1、2	Vacuum Circuit Breaker Close Relay 1、2	真空电路断路器关闭继电器 1、2
412	VCBCS	Vacuum Circuit Breaker Close Switch	真空电路断路器关闭开关
413	VCBHe	Vacuum Circuit Breaker Heater	真空电路断路器加热器
414	VCBN	Vacuum Circuit Breaker NFB	真空电路断路器 NFB
415	VCBOAR	Vacuum Circuit Breaker Open Auxiliary Relay	真空电路断路器开启辅助继电器
416	VCBOR1、2	Vacuum Circuit Breaker Open Relay 1、2	真空电路断路器开启继电器 1、2
417	VCBOS	Vacuum Circuit Breaker Open Switch	真空电路断路器开启开关
418	VCBRR	Vacuum Circuit Breaker Reserve Relay	真空电路断路器预留继电器
419	VCgS	Volt meter Change Switch	电压计转换开关
420	VDTN	Voltage Detect Transformer NFB	电压检测变压器 NFB
421	VeFM	Ventilating Fan Motor	通风风扇电机
422	VeFMCN1、2	Ventilating Fan Motor Control NFB 1、2	通风风扇电机控制 NFB 1、2
423	VeFMN	Ventilating Fan Motor NFB	通风风扇电机 NFB
424	VN1	Volt meter NFB 1	电压计 NFB 1
425	VN3	Volt meter NFB 3	电压计 NFB 3
426	VN4	Volt meter NFB 4	电压计 NFB 4
427	WaPFS	Water Pump Float Switch	水泵浮动开关
428	WaPHe	Water Pump Heater	水泵加热器
429	WaPHm	Water Pump Hour meter	水泵小时计
430	WaPMV1	Water Pump Magnetic Valve 1	水泵磁阀 1
431	WaPMV2	Water Pump Magnetic Valve 2	水泵磁阀 2
432	WaP	Water Pump	水泵
433	WaPN	Water Pump NFB	水泵 NFB
434	WaPR	Water Pump Control Relay	水泵控制继电器

续上表

序号	图示标称	英文全称	中文名称
435	WaPTh	Water Pump Heater Thermostat	水泵加热器恒温器
436	WhDR	Whistle sound Down Relay	鸣笛声下降继电器
437	WhDV	Whistle sound Down Valve	鸣笛声下降阀
438	WHeN1、2	Water Heater NFB 1、2	水加热器 NFB 1、2
439	WLMN	Water Level Meter NFB	水位计 NFB
440	WLMR	Water Level Meter Relay	水位计继电器
441	WPN	WiPper NFB	雨刮器 NFB
442	WVCN		
443	24 V 电源 N	NFB for 24V Power Circuit	24 V 电源断路器
444	前进 R	reverser「前进」position Relay	换向开关「前进」定位继电器
445	后进 R	reverser「后进」position Relay	换向开关「后进」定位继电器
446	牵引指令 R	Traction Injunction Relay	牵引指令继电器
447	恒速 SW	Constant Speed Switch	恒速开关
448	恒速切 SW	Constant Speed Change Switch	恒速切开关
449	复位 SW	Reset Switch	复位开关
450	启动试验 SW	Turn On Test Switch	启动试验开关
451	车上试验 SW	Train Test Switch	车上试验开关
452	耐雪 SW	耐雪 Switch	耐雪开关
453	空挡 R	Shift Relay	空挡继电器
454	收音机架电源 N	NFB for Radio Rack	收音机机架电源 N
455	别车 EgCR	Coupling Position Relay for Changing of Coupling to Other Car	其他车辆联挂切换合并位置继电器
456	保温试验 SW		
457	水封装置 1He	Heater for Water Encloser	水密封装置 1 加热器
458	计器灯 SW		
459	给汤器 N	NFB for Hot-Water-Supply Machine	开水器断路开关
460	给汤器 ConR	Receptacle for Hot-Water＝Supply Machine	开水器插座
461	乘务员室 ConN	NFB for Receptacle of Crew's cabin	乘务员室插座用断路器
462	乘务员室 ConR1、2	Receptacle of Crew's cabin	乘务员室插座 1、2
463	联络用 SW	Help Switch	联系用开关(残疾人用厕所)
464	LMPN	Locomotive Power supply NFB	机车电源 NFB
465	LvDECS	Lavatory Door	盥洗间门
466	LvDHS	Lavatory Door	盥洗间门

附图2　CRH380A型动车组制动控制系统图

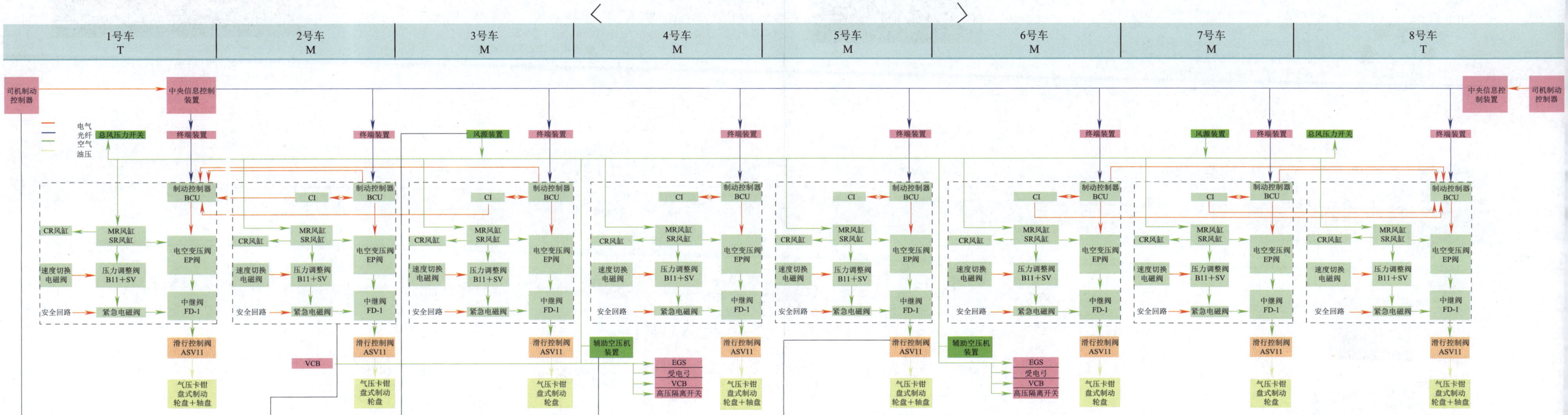

共分10个挡位：
运行、1-7N、快速、拔取

常用、快速制动输出控制、传输监视信息、
检测滑行再粘着控制、检测制动不缓解。

主要用于受电弓升弓、EGS开关、VCB以及高压隔离开关供风

接受BCU发出的制动、缓解信号，控制供给制动缸的压缩空气的打开、关闭及排气，防止车轮打滑。

说明：新一代16辆编组制动系统示意图基本上同新一代8编组；空压机在3、5、13、15号车；辅助空压机在3、5、9、13号车。

附图1　CRH380A型动车组牵引传动系统图

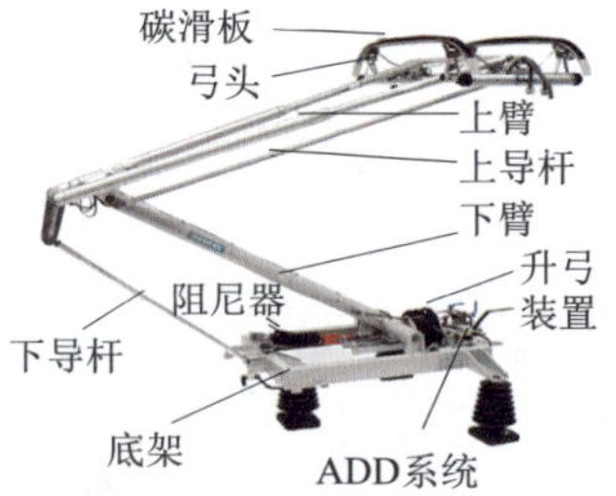

受电弓
型号：TSG19A
结构：单臂受电弓
运用速度：350 km/h　额定电压：25 kV
额定电流：700 A
最高作用高度：6 500 mm（距轨面）
最低作用高度：4 800 mm（距轨面）
折叠后高度：650 mm（含绝缘子）

高压电压隔离开关
标称电压：25 kV
额定电压：30 kV
额定电流：500 A
额定频率：50 Hz
控制电压：DC 100 V
最小动作电压：DC 77 V
额定工作气压：400~1 000 kPa
最小动作气压：350 kPa

高压电压互感器
型号：LOC03
额定输入电压：AC 25 kV
瞬时最高输入电压：AC 31 kV
额定频率：50 Hz
额定电压比：25 000/100
准确级次：0.5级

真空断路器VCB
额定电压：AC 30 kV(瞬间最大电压AC 31 kV)
额定电流：AC 200 A
额定频率：50 Hz
额定开断容量：100 MV·A
断路时间：3周以下（50 Hz）
额定闭合电流：10 000 A
额定瞬间电流：4 000 A（2 s）
额定断路电流：3 400 A

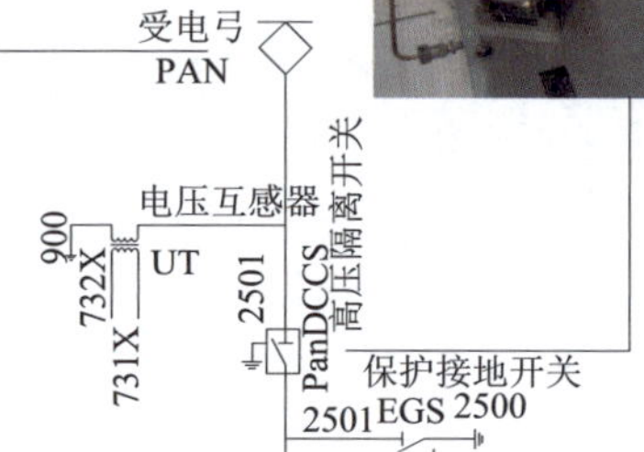

保护接地开关EGS
额定电压：30 kV 单相
额定频率：50 Hz
额定瞬间电流：6 000 A(15周)
额定操作空气压力：784 kPa(8 kgf/cm²)
额定操作电压：DC 100 V

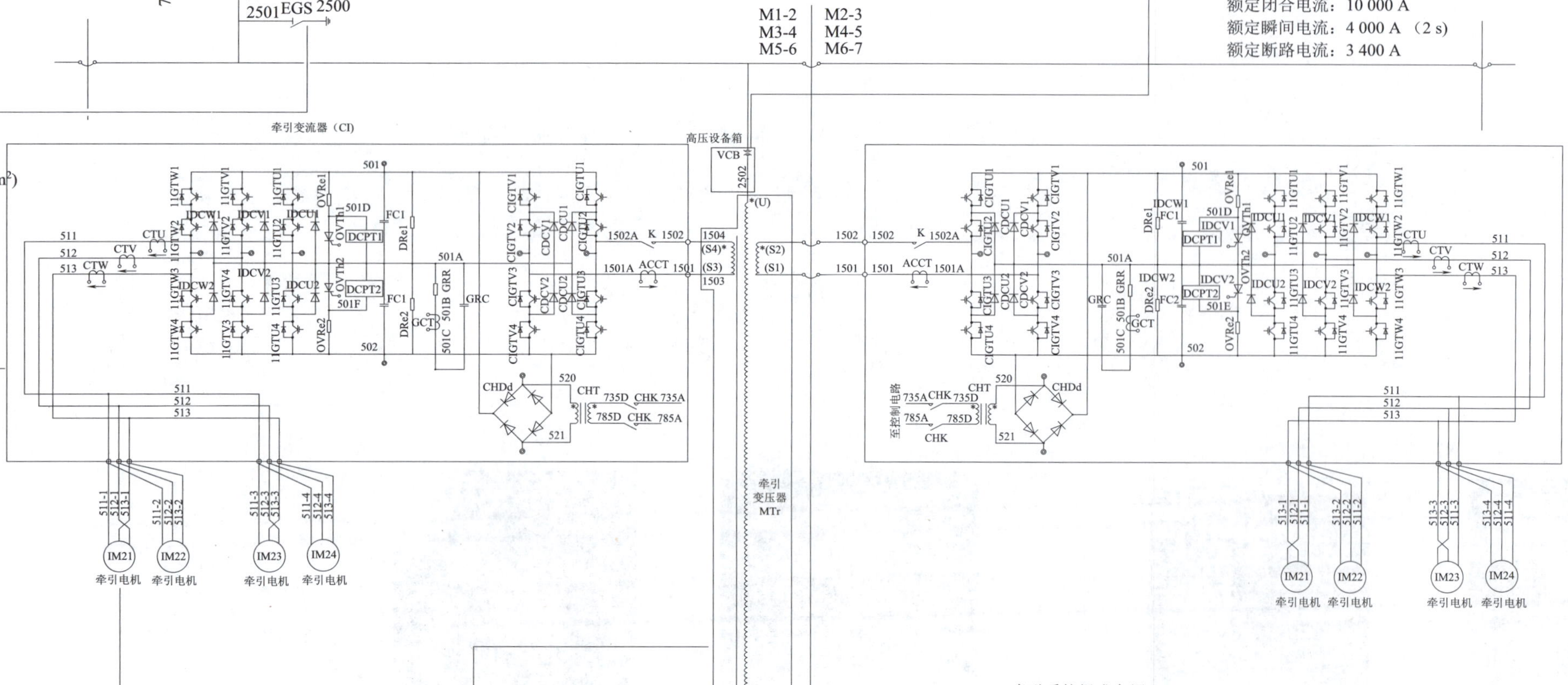

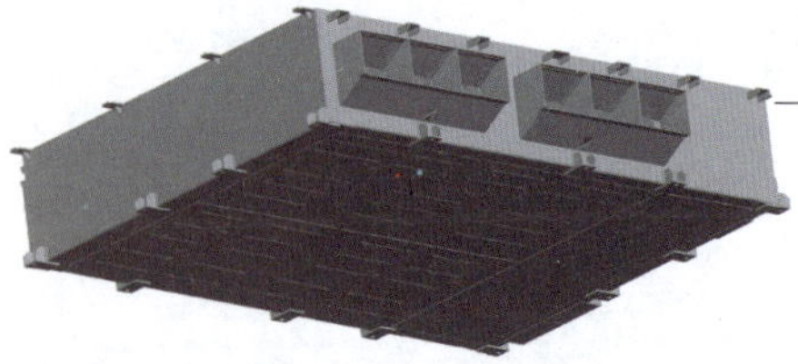

牵引变流器
电路方式
牵引变流器采用电压型3点式电路，由脉冲整流器、中间直流电路、逆变器构成，模块具有互换性。
功率半导体
IGBT或IPM：3 300 V、1 500 A
钳位半导体：3 300 V、1 500 A

牵引电机
额定参数：功率：365 kW(持续运行400 kW)
电压：2 000 V
电流：106 A 频率：140 Hz
转差：1.4% 转速：4 140 r/min
效率：0.94　功率因数：0.86

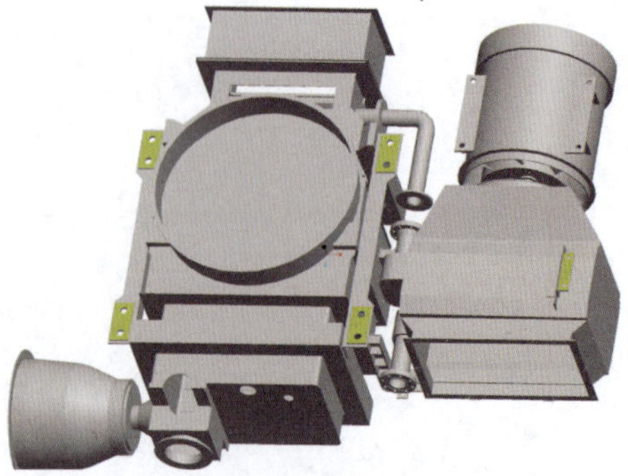

牵引变压器
牵引变压器额定性能参数值

	原边绕组	牵引绕组	辅助绕组
容量	4 174 kV·A	3 654 kV·A	520 kV·A
电压	25 000 V	1 658 V	400 V
电流	167 A	1 102 A×2	1 300 A
频率	50 Hz	50 Hz	50 Hz
额定种类	连续	连续	连续

一、牵引系统组成介绍
牵引系统由高压系统或电气传动系统组成，为动车组提供牵引动力和电制动力。
1. 高压系统
高压系统包括受电弓、高压隔离开关、保护接地开关、高压互感器、电流互感器、真空断路器以及高压电缆接头等设备。
2. 电气传动系统
采用交流传动系统，动车组由受电弓从接触网获得AC25 kV/50 Hz电源，通过牵引变压器降压后，经牵引变流器向牵引电机提供电源，系统主要包括牵引变压器、牵引变流器以及牵引电机等部件，具有牵引和再生制动功能
二、主要部件功能介绍
1. 牵引变压器
牵引变压器把接触网上取得的25 kV高压电变换为适合牵引变流器及辅助电源装置工作的电压，牵引变压器绕组包括原边绕组、牵引绕组、辅助绕组。
2. 牵引变流器
牵引变流器由脉冲整流器、中间直流电路器、逆变器、真空交流接触器等主电路设备以及无触点控制装置、控制电源等装置组成。牵引变流器输出电压、频率可调的三相交流电驱动牵引电机。
3. 牵引电机
动车组采用三相鼠笼式异步电机，每辆动车配置4台牵引电机。